皆川完一
山本信吉 編

国史大系書目解題 下巻

吉川弘文館

目次

日本後紀（新訂増補第三巻）　山本信吉……一
一　概要……一
二　書名……二
三　巻数と巻次の構成……三
四　編纂の経由と編者……六
五　編纂方針……一一
六　史料の取扱い……一六
七　天皇の謚号、尊号・尊称の表記について……二〇
八　内容の特色……二四
九　伝来と伝本について……三〇
一〇　逸文……三五

続日本後紀（新訂増補第三巻）　笹山晴生……四一
一　はじめに……四一
二　編纂の事情……四一
三　内容および構成……四七
四　史書としての特色……五一
五　諸本と本文の校訂……五七

日本文徳天皇実録（新訂増補　第三巻）　松崎英一……六九
一　書　名……六九
二　撰修年代……七〇
三　撰　者……七五
四　編　成……八三
五　内　容……八五
六　底本及び諸本……九四
類聚国史（新訂増補　第五—第六巻）　吉岡眞之……九七
一　『類聚国史』の概要……九七
二　書名と本書の性質……九八
三　撰者と本書の成立……一〇〇
四　体　裁……一〇九
五　構　成……一一一
六　『類聚国史』の諸本と伝来……一三〇
神道五部書（新訂増補　第七巻）　岡田莊司……一六一
一　はじめに……一六一
二　書名・内容・諸本……一六二
三　研究史……一七二
四　成立年代とその背景……一七三
五　神蔵十二巻秘書……一七八
日本書紀私記（新訂増補　第八巻）　北川和秀……一八三
一　概　要……一八三
二　日本書紀講書……一八五
三　書　名……一九八
四　内容・構成……二〇〇

五　底本・諸本および逸文……二〇六

釈日本紀（新訂増補 第八巻）……佐藤洋一……二一五

一　書　名……二一五
二　著　者……二一六
三　著述事情……二一八
四　成立年代……二三一
五　内容・構成……二三七
六　底本並びに諸本……二四三

日本逸史（新訂増補 第八巻）……山本信吉……二五一

一　概　要……二五一
二　書名および巻数……二五二
三　編纂方針および引用史料……二五三
四　本文の史料の扱い……二五九
五　『日本逸史』の板行……二六四
六　撰者鴨祐之……二六五

日本紀略（新訂増補 第十—第十一巻）……石井正敏……二六七

はじめに……二六七
一　書　名……二六八
二　諸　本……二六九
三　編者・成立年代……二七三
四　編纂の依拠資料……二七七
五　内容と価値……二八二
六　抄出方法の問題点……二八六
むすび……二九八

百錬抄（新訂増補 第十一巻）　近藤成一……三〇五

一　書名……三〇五
二　体裁と内容……三〇八
三　成立と伝来……三一四
四　編者と編纂材料に関する諸説……三二〇
五　諸本……三二三

扶桑略記（新訂増補 第十二巻）　堀越光信……三三一

はじめに……三三一
一　書名……三三二
二　著者・撰者等……三三四
三　成立年代と編纂目的……三四三
四　内容・構成及び出典……三四八
五　諸本……三五一
六　結語……三六一

帝王編年記（新訂増補 第十二巻）　田島公……三七一

一　書名・編者と編修の由来
　—序文の検討を中心に—……三七一
二　内容
　—構成と引用史料を中心に—……三七四
三　成立年代
　—全三十巻説を中心に—……三八一
四　諸写本
　—近世前期の写本を中心に—……三八三
結び……三九七

水　鏡（新訂増補　第二十一巻上）　益　田　宗……四〇七
一　はじめに……四〇七
二　利用した材料はなにか……四一〇
三　書いたのはいつごろか……四一四
四　書いた人は誰か……四一九
五　どちらの本文が原本文か……四二三
六　異本はどうしてできたか……四二八
大　鏡（新訂増補　第二十一巻上）　松　本　治　久……四三一
一　書　名……四三一
二　著　者……四三四
三　著述の事情と著作目的……四四〇
四　成立年代……四四三
五　内容・構成……四四九
六　底本・諸本……四五四
七　参考文献……四五七
今　鏡（新訂増補　第二十一巻下）　加　納　重　文……四六一
一　語り手と書名……四六一
二　構成と内容……四六二
三　作　者……四七二
四　成　立……四七五
五　諸　本……四七六
六　研究史……四七九

増鏡（新訂増補 第二十一巻下）　大隅和雄……四八七
一 書名……四八七
二 著者……四八八
三 成立の背景……四八九
四 成立年代……四九一
五 構成と内容の概観……四九一
六 史書としての特色……四九七
七 諸本と翻刻、註釈書など……五〇二

律（新訂増補 第二十二巻）　高塩博……五〇七
まえがき……五〇七
一 書名……五〇七
二 構成と各篇の内容……五〇八
三 日本律の特徴……五一二
四 編纂者……五一六
五 成立年と編纂事情……五二〇
六 底本ならびに諸本……五二七
七 「附収」書目解題……五三三
八 主要参考文献……五三七

令義解（新訂増補 第二十二巻）　石上英一……五三九
一 編纂……五四〇
二 写本……五四七
三 伝授と講説……五六二
四 近世における版本刊行……五六四
五 現代における利用環境……五六六

令集解（新訂増補 第二十三—第二十四巻）　水本浩典……五七三

一　『令集解』研究史……五七三
二　著者・書名……五七五
三　『令集解』引載私記及び文献…五八七
四　金沢文庫本『令集解』からみた『令集解』の世界……五九九
五　伝本と諸本の特色……六一〇

弘仁格抄（新訂増補 第二十五巻）　川尻秋生……六一七

はじめに……六一七
一　『弘仁格抄』の伝来……六一八
二　『弘仁格抄』の書誌的特徴……六一九
三　『弘仁格抄』の復原……六二四
四　『弘仁格』編纂における格文の改変……六三八
五　『弘仁格』および『類聚三代格』編纂段階での格の分割……六四七
六　研究の現状……六五一
おわりに……六五二

法曹類林（新訂増補 第二十七巻）　西岡芳文……六五九

はじめに……六五九
一　本書の成立と転写過程……六六〇
二　本書の構成……六六一
三　現存する『法曹類林』……六六四
四　称名寺新出残巻……六六六
むすび……六七〇

続左丞抄（新訂増補 第二十七巻）　皆川完一……六八三
一　書名……六八三
二　編者……六八四
三　新写古文書……六八五
四　内容……六八八
五　底本……六九〇
六　刊本・写本……六九二

別聚符宣抄（新訂増補 第二十七巻）　清水潔……六九七
一　書名……六九七
二　内容と構成……六九九
三　成立と伝来……七〇六
四　伝本……七〇九

本朝文粋（新訂増補 第二十九巻下）　後藤昭雄……七一七
一　書名……七一七
二　編者……七一八
三　成立年時……七一九
四　分類・配列……七二五
五　作者……七三一
六　諸本……七三六

本朝続文粋（新訂増補 第二十九巻下）　後藤昭雄……七四五
一　編者……七四五
二　成立年時……七四七
三　構成・巻数……七五〇
四　編纂事情……七五六
五　作者……七六二
六　諸本……七六四

日本高僧伝要文抄（新訂増補 第三十一巻）　横内裕人……七六九
一　書名と伝来……七六九
二　撰述の特色……七七〇
三　形態と構成……七七一
四　成立と配列……七七四
五　素　材……七七六
六　中世僧侶の学問と僧伝研究……七八三
むすび……七八九
吾妻鏡（新訂増補 第三十二―第三十三巻）　五味文彦・井上聡……八〇三
一　構成と編纂……八〇三
二　特　徴……八〇六
三　諸本と伝来……八〇九
四　『吾妻鏡』関係文献一覧……八一八
徳川実紀・続徳川実紀（新訂増補 第三十八―第五十二巻）　小宮木代良……八二三
一　概　要……八二三
二　作成の契機……八二五
三　作成過程……八三七
四　作成方針と内容・特色……八四四
五　引用書目……八四九
六　小　結……八六四
七　『続徳川実紀』について……八六五
八　『徳川実紀』のその後の影響
　　―結びに替えて……八六七

公卿補任（新訂増補第五十三—第五十七巻）　美川　圭……八八一
一　成立と内容……八八一
二　底本並びに諸本……八八四
三　冷泉家時雨亭文庫蔵本について……八八九
四　「補任切」について……八九八

尊卑分脈（新訂増補第五十八—第六十巻上・下）　皆川完一……九〇七
一　書名……九〇七
二　編者・編纂事情……九〇九
三　構成……九一三
四　伝来……九二八
五　諸本……九三四
六　刊本……九四三

新訂増補国史大系校訂分担者一覧……九五一

日本後紀

山本信吉

一　概　要

『日本後紀』(四十巻)(以下、『後紀』と略称する)は『日本書紀』『続日本紀』に次ぐ三番目の国史で、嵯峨天皇の弘仁十年(八一九)から仁明天皇の承和八年(八四一)にかけて編纂された。その内容は『続日本紀』を受けついで、桓武・平城・嵯峨・淳和の四代の天皇の治政を記述したもので、桓武天皇の治政途中の延暦十一年(七九二)正月から始まり、淳和天皇が譲位した天長十年(八三三)二月まで、約四十二年間を対象としている。

しかし、この『後紀』は恐らく室町時代の京都戦乱の中で本文の約四分の三を散逸し、現存するのは、

巻第　五(自延暦十五年七月至同十六年三月)

巻第　八(自延暦十八年正月至同年十二月)

巻第　十二(自延暦二十三年正月至同二十四年六月)

巻第　十三(自延暦二十四年七月至大同元年五月)

巻第　十四（自大同元年五月至同年九月）
巻第　十七（自大同三年四月至同四年四月）
巻第　二十（自弘仁元年九月至同十二月）
巻第二十一（自弘仁二年正月至同年閏十二月）
巻第二十二（自弘仁三年正月同四年二月）
巻第二十四（自弘仁五年七月至同六年十二月）

の十巻に過ぎない。このため『後紀』は江戸時代を通じて捜書の対象となり、その欠文を補うため『日本逸史』が編纂され、また逸文の蒐集も行われている。

この『後紀』の概要については近代に入って、和田英松・佐伯有義・岩橋小弥太・坂本太郎各氏らの論考があり[1]、また本文の内容・選者・諸本・逸文等については多くの研究がある。以下、それら先学の業績に基づいてその概要を述べてみると次のとおりである。

二　書名

『類聚国史』（巻第百四十七、文部下、国史）に収める承和七年十二月九日の「日本後紀序」中に「名曰㆓日本後紀㆒」とあり、『続日本後紀』承和八年十二月甲申（十九日）条に「修㆓日本後紀㆒訖、奏御」と『後紀』撰上の記事があって、その書名は明らかである。但し、この書名は『続日本紀』が前史である『日本書紀』を継いだ国史であることをその書名に明らかにしているのに比べ、前史である『続日本紀』との前後関係は必ずしも明瞭ではなく、むしろ『日本書紀』を意識した書名とも云える。このため佐伯有義氏はその解題の中で、「本史は続日本紀に次ぎたるものなれば、続々日本紀と号すべきども、さる名もいか丶なれば、漢書に対する後漢書などの例を思ひて、日本後紀と名づけられしにやあらむ、書名を選ぶことは容易ならぬことなれば、種々の議ありしなるべけれど、文献の徴すべきものなければ知るに由なし」と、その書名の在り方に一応の疑問を提している。[2] 尤もな説であって、内容的には桓武天皇紀を受け継いで『続日本後紀』と称するのも一案でありながら、『続日本紀』の存在をあまり尊重せず、独自の姿勢を示した書名とみることもできる。『続日本紀』の編纂は完成に至るまで多難であったことはよく知られているが、あるいはその編纂の在り方、内容に対する批判的意識と、『続日本紀』が奈良時代（南朝）の史書であるのに対し、新しい国史は平安京の歴史であるという意識が『日本後紀』編纂者の中にあって、その書名の決定に影響を与えた可能性もあったかもしれない。

三　巻数と巻次の構成

巻数は序に「上下卌二年、勒以成二卌巻一」とあって、四十二年間の歴史を四十巻に分装して記述している。巻数の内訳は桓武天皇紀（十三年六ヶ月）を十三巻、平城天皇紀（三年）を四巻、嵯峨天皇紀（十四年八ヵ月）を十四巻、淳和天皇紀（九年）を九巻とし、ほぼ一ヶ年を一巻としている。『続日本紀』が九十五年を四十巻としているのに比べ、記事は稠密であるといえる。

各巻の構成は恐らく『続日本紀』の先例に倣い、正月から始めて十二月（閏十二月）で終える方針であったと思われる（『続日本紀』は歴代天皇紀を即位・譲位の年を除いて各巻を正月から起して十二月で終えている）。しかし、『後紀』の巻立ての実状を『日本紀略』を参照してみてみると、淳和天皇紀である巻第三十一から第四十の十巻はいずれも正月から始めて十二月を末としているのに対し、桓武・平城・嵯峨各天皇紀で同じ姿をとっているのは桓武天皇紀巻第一（延暦十一年）、第八（同十八年）、嵯峨天皇紀巻第二十一（弘仁二年）の三巻のみで、淳和天皇紀の構成と大きな差異をみせている。通例、編年記の場合、各巻の所収記事量の平均を考えて巻立てを行う場合もあり、所収の月日にこだわる必要はないが、『後紀』の場合は巻第一から第三十の三十巻と、巻第三十一から第四十までの十巻とはその差異があまりにも判然としていて、これには編者による編纂方針に差異があったとみるべきであろう。

なお、巻の構成について附言すれば、『後紀』の巻次は全貌が明らかでない。その事情は『校訂標注六国史』日本後紀逸文の凡例に記されているが、特に巻第十五・第十六の二巻（大同元年十月から同四年四月）は『本朝国史目録』に巻第十五・十六の年月の記載がないため、両巻の巻次の堺目の年月が不明となっている。また、巻第十四は平城天皇の大同元年五月から同年九月に至る五ヶ月、巻第二十は嵯峨天皇の弘仁元年九月から同年十二月に至る四ヶ月で、他の巻に比べ期間が著しく短かく、かつ記事量も少ない。この両巻が持つ特異性について注目されたのは中西康裕氏(3)で、同氏は巻第十四について、平城天皇の即位および神野親王（のちの嵯峨天皇）の立太弟の記事に即位ならびに立太弟の宣命がないこと、および叙位・任官の記事が殆どないことを指摘され、その理由はそれらの宣命に嵯峨・仁明天皇にとって不都合な内容があり、一旦完成した本紀を再編纂する中で記事が整わず、その間に叙位・任官記事が脱漏した可能性があると論じられた。また巻第二十については薬子の変が起った九月を巻首にし、同年十二月を巻末としため、結果として所収記事の少ない巻となったと推定されている。確かに巻第十四の巻首部分は他巻に比べて記事に精粗の差が見受けられることは事実であって、とくに叙位・除目の記事の省略は伝本書写の間に生じたものではなく、『後紀』本文の当初の姿であったらしいことは『類聚国史』との対比によってほぼ確認される。それがどのような編纂事情によるものであったかについては中西氏の指摘も考慮しつつ、今後の検討が必要であると思われる。

附言すれば、巻第十三・第十四の巻の構成については『後紀』編者にとって何かと苦心があったところと思われる。巻第十三・第十四は共に大同元年の紀であるが、巻第十三は桓武天皇紀で延暦二十四年三月に崩御した桓武天皇の葬送の次第と崩御後の約二ヶ月間皇太子として称制した平城天皇の即位前紀を収め、巻第十四は平城天皇紀として大同元年五月辛巳（十八日）の即位記事から巻を立てている。他方、嵯峨・淳和天皇紀は共に受禅の記事から巻を起しているが、これは両天皇がいずれも先帝の譲位によって直ちに受禅・即位しているためである。しかし、桓武天皇の崩御後服喪の期間を置いて帝位を嗣いだ平城天皇の場合は何時から天皇紀を立てるかについては恐らく議論があり、結果として『続日本紀』が称徳天皇の崩御後、光仁天皇が皇太子として称制した約二ヶ月間の記事を称徳天皇紀に収め光仁天皇紀を即位から立てた先例に従って、平城天皇紀を即位の記事から起こしたものと思われる。しかしながら光仁天皇即位前の記事は称徳天皇の葬送に関する内容が中心であるのに対し、平城天皇の即位前の記事は桓武天皇の葬送に関する記事だけではなく、平城天皇が度々の百官の要請をうけて延暦二十五年四月辛亥（十八日）に令旨を改めて勅として事実上受禅して帝位に就いたこと。大納言に藤原雄友・同内麻呂を任命し、以下中納言・参議等の新人事を定め、さらに皇位継承に関係深い諸親王の身分を決するなど政治の新体制を整えたこと。出挙の負担あるいは諸国の貢進物を減じ不急の造作を停めるなど桓武朝下で疲弊した農民の救済に努めたこと等の重要施策を掲げている。つまり、巻第十三に記された平城天皇即位前紀が国史の記事として充実した内容を持っているのに対し、巻第十四冒頭の即位後の記載は簡略でいささか粗漏の感があるといえる。また坂本太郎氏は年号の立て方について、『後紀』の編者は巻第十四の冒頭に大同改元について踰年改元をしなかったことの非礼を厳しく論賛しながら、巻第十三の桓武天皇紀について延暦二十五年の年号を用いず大同元年の年号を記しているのは編者の手落ちであると非難されている。このように平城天皇紀をどのように立てるかという編纂上の苦労が結果として巻第十四冒頭の記事の粗漏さを生じさせた可能性もあると考えられる。

四　編纂の経由と編者

『後紀』の編纂事情を伝えた史料は、前述した承和七年十二月九日の「日本後紀序」が殆んど唯一である。『続日本後紀』は『日本後紀』について承和八年十二月甲申（十九日）条に「修㆓日本後紀㆒訖、奏御」と記しているのみで、編纂の進行、編者の任命、あるいは撰進後の編者に対する褒賞などの記事は全く掲げていない。このことは『後紀』が前史である『続日本紀』について、延暦十三年八月癸丑（十三日）条、あるいは同十六年二月己巳（十三日）条等において、編纂の労苦の程を詳細に記し、編者の労を賞する桓武天皇の詔まで掲げているのに比べて、極めて対照的である。従って『後紀』の編纂の経由、およびその編者については「日本後紀序」によって始めて判明すると言って過言ではない。この序は編纂の過程を三次に分けて記載している。

第一次は嵯峨天皇が弘仁十年（八一九）に大納言正三位兼行左近衛大将陸奥出羽按察使藤原冬嗣（時に四十五歳）、正三位行中納言兼民部卿藤原緒嗣（時に四十六歳）、参議従四位上行皇后宮大夫兼伊勢守藤原貞嗣（時に六十一歳）、参議左衛門督従四位下兼守右大弁行近江守良岑安世（時に三十五歳）等に命じて国史を「監修撰集」せしめたとしている。

第二次は編纂途中で三臣が相尋いで薨逝し（藤原貞嗣が弘仁十五年〔天長元年〕正月に、藤原冬嗣が天長三年七月に、良岑安世は天長七年七月にそれぞれ薨じている）、藤原緒嗣が独り存したため、淳和天皇が左近衛大将従三位兼守権大納言行民部卿清原夏野、中納言従三位兼行中務卿直世王、参議正四位下守右近衛大将兼行春宮大夫藤原吉野、参議従四位上守刑部卿小野岑守、従五位上勲七等行大外記兼紀伝博士坂上今継、従五位下行大外記嶋田清田等を副えて修緝を継続した。佐伯有義氏はその補充の時期について、序に記された編者の官職によって天長三年に冬嗣が薨じたのち、清原夏野（天長五年三月十九日任権大納言）・小野岑守（天長五年閏三月九日兼刑部卿）は天長五年閏三月以降の任命、直世王（天長七年八月四日兼中務卿）・藤原吉野（天長七年八月四日任右大将）は天長七年八月以降の任命としている。しかし、序はこの第二次編者は天長十年二月に淳和天皇の譲位のことがあり、編修の日時がなかったと述べている。

第三次は仁明天皇の時代で、天皇は度々勅命を下して編纂を督促したが遅延した。このため天皇は改めて詔をもって、左大臣正二位藤原緒嗣・正三位守右大臣兼行東宮傅左近衛大将源常・正三位行中納言藤原吉野・中納言従三位兼行左兵衛督陸奥出羽按察使藤原良房・参議民部卿正四位下勲六等朝野鹿取等五人（官位・官職は承和七年の序当時を記している）に編纂の完成を命じ、前和泉守従五位下布留高庭・従五位下行大外記山田古嗣等に銓次させて釈文を準備させた。そして『日本後紀』四十巻が完成し、朝堂に詣でて奏進したと述べて、承和七年十二月九日の日付を記している。なお、撰進の日時について『続日本後紀』は承和八年十二月甲申（十九日）条に記して序と一年の差異がある。(4)

この三次に亙る編纂事業のうち、第一次の編纂開始の時期について、序は弘仁十年とのみ記して日時を明らかにしていない。これについて佐伯有義氏は編纂開始の時期について、序に記された編纂者の官職は、それぞれ編者任命時の官職を示すと考えて、編者藤原貞嗣が参議に任じられた三月一日を上限として、それ以降に始められたと考証された。これについて松崎英一氏は、「藤原貞嗣は『公卿補任』によれば、同年七月兼治部卿に任じられているのに、序中の官職にそのことが見えないことから、編纂の詔は七月以前、つまり弘仁十年三月から七月の間に出された。」とされている。(5)

『後紀』の編纂が弘仁十年から始められたことについて坂本太郎氏は「弘仁十年といえば、続日本紀の奏上せられた延暦十六年（七九七）から二十二年の後である。桓武・平城の二朝を経て、嵯峨天皇が新政を始めてからすでに十一年目を迎えた時である。それは奇しくも桓武天皇の延暦十年が即位後十一年目であったのと一致する。嵯峨天皇は父帝が延暦十年に国史撰修の命を下したのにならって、みずからを弘仁十年という年を選んで修史を下命したのではあるまいか。」と述べられた。その背景として坂本氏は嵯峨天皇が律令制度上の基本史料の編纂に熱心であって、弘仁三年五月に删定令を刊改し、同十一年四月に弘仁格十巻、弘仁諸司式四十巻を施行し、同十二年に内裏式を完成させており、弘仁十年の国史編纂事業の開始は時宜を得たものと評された。

弘仁十年は、その前年の九年に右大臣藤原冬嗣が四十四歳で大納言に昇って、太政官の筆頭となった翌年に当たる。当時の太政官の構成は、大納言一人（藤原冬嗣）、中納言二人（藤原緒嗣・文室綿麻呂）、参議七人（秋篠安人・多治比今麻呂・良岑安世・藤原三守・春原五百枝・藤原貞嗣・安倍寛麿）であった。この構成の中から、『後紀』の編者に前記の大納言一人（藤原冬嗣）、中納言一人（藤原緒嗣）、参議二人（良岑安世・藤原貞嗣）を充てたことは、嵯峨天皇が『後紀』の編纂を重視していたことを示している。

編者に公卿が占める割合が高いのは『後紀』編纂の特徴で、第二次編者は右大臣一人、権大納言一人・中納言一人・参議二人・大外記二人と七人中公卿が五人を占め、第三次は左・右大臣各一人・中納言二人・参議一人・和泉守・大外記各一人と七人中五人を占めている。この編者の構成を前史である『続日本紀』の場合と比較してみると、『続日本紀』の編纂は衆知のとおり複雑な経由を辿り、編纂もおおむね四次に亘っているが、各段階での編者は公卿は右大臣もしくは中納言のいずれか一人で、四位・五位官人二人の三人前後であった。

国史の編纂については『新儀式』（五、修国史事条）がその標準的規模について『新国史』編纂の在り方などを反映して、

第一大臣、執行参議一人、大外記幷儒士之中、択下堪二筆削一者一人上、令レ制二作之一、諸司官人堪レ事者四五人令レ候二其所一、

と述べていて著名な史料となっているが、これに比べても『後紀』の編者の構成は大規模であった。しかし、『後紀』については編纂の組織等に関する所見はない。国史の編纂にさいし、「撰日本紀所」「撰国史所」「修国史局」などと呼ばれた修史編纂所が置かれたことはよく知られている。『続日本紀』編纂にさいしても「撰日本紀所」が置かれ、太政官・式部・中務・民部各省の史生らと式部書生が従事していたことが判明している。『後紀』編纂にさいしても同じく何らかの編纂組織が置かれたと思われるが、その事実を確認できる史料はない。ただ岩橋小弥太氏は『恒貞親王伝』(6)に天長九年、嵯峨太上天皇が淳和天皇に皇子恒貞親王が聡明であることを賞された手書を送られ、天皇がその手書を史局に賜わってその事を注記せしめたとある記事に留意され、その史局とは当時編纂が行われていた『後紀』の編纂所を指すものと指摘されている(7)。

この編者の構成について、外記の在り方を指摘されたのが笠井純一氏である。同氏は国史編纂に占める外記の重要性に注目され、序によれば『後紀』の第一次編者に大外記がいないこと、第二次編者に大外記坂上今継・嶋田清田と二名が記されていること、第三次編者に大外記山田古嗣がいることに着目され、『外記補任』本文について精緻な復元考証を通じて、坂上今継が弘仁十年、遅くとも同十一年には大外記に任用されていたことを立証され、今継は第一次編者として『後紀』の編纂に参加し、第一・第二次を通じて編纂実務の中心者であったことを論証された(8)。国史編

纂に占める外記の役割の大きさを考えると重要な指摘である。

なお附言すれば、『後紀』は桓武天皇の時代を『続日本紀』に引き続いて編纂していることに特色があるが、第一次の編者の公卿四人のうち、藤原冬嗣（藤原内麻呂子）は良峯安世（桓武天皇皇子）と同母の兄弟であり、藤原緒嗣（藤原百川子）は桓武天皇擁立の功臣の子として格別の地位にあった。つまり『後紀』の撰者四人のうち三人は桓武天皇と特別の関係にあった公卿によって構成されていたことになる。桓武天皇後半期の治政時代である延暦十一年からの歴史を編纂する新しい国史の担当者としては、最も適切な人選であったと考えられる。

これらの編者のうち『後紀』の編纂に最も強い影響を与えたのは藤原緒嗣であるとされたのは坂本太郎氏である。(9) 同氏は緒嗣が終始一貫して編者の地位にあったこと、また『後紀』がしばしば明らかにしている厳しい歴史観、ことにその薨卒伝にみる峻厳な評語は緒嗣の見識を反映したものであることを論ぜられている。ただ、『後紀』が嵯峨・淳和・仁明の三代に亙り、三次の編者の交代を経て完成したことを考慮すると、林陸朗氏あるいは松崎英一氏が論ぜられているように、(10) 嵯峨・淳和・仁明三代における緒嗣が占めた政治的地位は必ずしも一貫したものではなく、嵯峨天皇の時代にあっては藤原冬嗣、仁明天皇の時代には冬嗣の子良房の存在が注目されるのであって、緒嗣が太政官の筆頭として、また天皇の外威としての立場を保ったのは淳和天皇の時代であった。政治的地位が国史の編纂にどのような影響を与えるかということは微妙な問題であるが、後述するように『後紀』の編纂方針は必ずしも一貫したものではなく、編者の変更による変化が認められる。緒嗣が『後紀』編纂に与えた影響については緒嗣の人格と『後紀』の性格とには深い関連があるとされた坂本氏の識見を尊重しつつ、その細部については慎重な検討が必要であろう。(11)

なお、『後紀』は各巻の内題の下に記された撰者名を全巻共に藤原冬嗣等の奉勅撰としている。これについて坂本氏は「完成にあずかった最後の撰者の代表者が、みずからの名を記すのは常識であって、以後の三国史もみなそうである。後紀だけ最初に勅を奉った人、冬嗣の名になっているのはどういうわけであろうか」と疑問を呈され、結論として「(藤原)緒嗣がみずからの名を記すのを控えて、最初の奉勅者冬嗣に譲ったという謙譲さを讃えてよいのではないかと考える。」と述べられている。(12)

五　編纂方針

『後紀』を通読して先ず感じるのは桓武天皇とその皇子である平城・嵯峨・淳和天皇の併せて四代を一環した時代として捉えようとしていることである。(13)この四代を聖代としてみようという意識が淳和天皇の時代にあったことは、天長二年十一月の嵯峨上皇の四十賀にさいして皇太子正良親王(嵯峨天皇皇子)が、その祝賀の上奏文中に、桓武天皇を聖帝と称し、淳和天皇に至る四代を漢の高祖から文帝に至る四帝に比定したことによっても窺われる(『類聚国史』巻第二十八・太上天皇算賀)。ことに嵯峨・淳和両天皇については「今有㆓両君絶世之譲㆒、已越㆓尭舜㆒」と両天皇の徳義が厚かったことを強調していることは(同上巻第一九四、天長三年三月藤原緒嗣上表)、国史としての『後紀』の性格を考えるとき注目すべき点であると思われる。ただし、これらの意識は『後紀』が新たに平安京を定めた律令国家の歴史を伝えるための国史であることを前提としたものであって、次代の国史である『続日本後紀』から次第に顕著となる天皇実録への傾斜は未だ現われていない。

『後紀』が編纂された時代は、坂本太郎氏が指摘されたように律令制に関する種々の史書が編纂された時代である。

衆知のように朝廷の儀式については『弘仁儀式』『内裏式』が作成され、格式としては『延暦交替式』『弘仁格式』『天長格式』の編纂が相ついで行われた。また、この時代の特色としては官司が実務を執行するさいの行政資料ともいうべき各種の先例、法令集が作成されたことが指摘されている。桓武天皇時代の『官曹事類』（三十巻）、『外官事類』（十一巻）、嵯峨天皇時代の『天長格抄』（三十巻）、『事抄』（九巻）、淳和天皇時代の『天長格式』『次事抄』（五巻）、さらには諸司例として「新弾例」「民部省例」などが撰述された時代であった。

従って『後紀』を編纂した時代は律令国家として法制、行政史料が整っていた時期であり、これらの諸史料を編纂した実績・経験が『後紀』の編纂にも反映したと考えられる。

『後紀』の編纂方針はその序に記されている。それによると、

（前略）錯二綜群書一、撮二其機要一、瑣詞細語、不レ入二此録一、接二先史後一、綴叙已畢、但事縁レ例行、具載二曹案一、今之所レ撰、棄而不レ取、（後略）

と述べて、群書を錯綜して其の機要を撮り、小さくて細かいことは記載せず、先史『続日本紀』に接続して記述し畢った。但し、事柄によって例によって行う恒例の行事は、具さに曹案に載せてあるので、この国史編纂には棄てて取らなかったと述べている。しかしこの内容は極めて概念的、抽象的であって、これによって『後紀』の編纂方針を具体的に知ることは難しい。

こうした国史編纂の方針をやや具体的に記しているのが『官曹事類』および『天長格抄』に記された編纂事由である。『官曹事類』（三十巻）は『続日本紀』編纂後の延暦二十二年二月に同紀の記事を類別し、曹司の引閲に備えた類書として知られているが、同書は類別にさいして、

（前略）元会之礼、大嘗之儀、隣国入朝、朝廷出使、如レ此之類、別記備存、為レ事煩多、不レ復二於此一、至レ如二米塩一、砕二簡牘常語一、式文古朴而難レ解、或理蒙籠而不レ明、然而既経二行用一行二用事一、須二司存一、故全取二本案一、別成二巻帙一、以レ類相附、令レ易二披尋一、合卅巻、名曰二官曹事類一、（後略）

と述べて、元会之礼・大嘗之儀などの節会・朝儀の類、隣国入朝・朝廷出使等の外交関係などについてはそれぞれに記録があって改めて類別する必要がなく、また煩砕なことは省略したが、すでに実施された行政事項で、官司に存すべきものはすべて本書の対象として分類したと記している。

同様の文章は、『後紀』を撰するにさいして抄出・選書されたと伝える『天長格抄』にもあって、

天長格抄、選二日本後紀一之次、所二抄出一之例也、起二桓武天皇延暦十一年正月丙辰一、迄二後（淳和）太上天皇十年二月乙亥一、編二次行事一成□、其臨時小事、朝堂大儀、入朝出使之類、有司所レ存者、文詞繁多、不二必録一、至二於事一経二行用一、必須レ為レ例、一依二本案一、不レ労二改張一、但以レ類相次、（後略）

と、臨時の小事、朝堂大儀、入朝出使の類で、すでに関係官司に史料があるものは『天長格抄』としては扱わず、行政運営上「至二於事一経二行用一」て、すべからく例となすものは「本案」によって手を入れず、類別したと述べている。(14)これによれば当時の各所司には、どのような形であるか、その内容は明らかでないが、公務運営上に必要である蓄積された行政史料集があり、『後紀』編纂にさいして外記を中心に編纂材料として取捨選択されていたことが推察される。『後紀』が『続日本紀』に比べ、朝儀・諸節会その他の年中行事に関する記載がはるかに明確であり、観射・相撲・遊宴・巡行・遊猟などの天皇の動向あるいは渤海など外国使節等外交関係の記事がはるかに整っているのは、それらに関する史料が別途整備されていたことを示しているのであろう。

それでは『官曹事類』『天長格抄』などに「至二於事一経二行用一、必須レ為レ例」とされた行政史料の内容は何であったのであろうか。それが『続日本紀』の場合では『官曹事類』が目録に掲げた八十部の部類であり、『後紀』では『天長格抄』が掲げる五十八部類の項目であったと思われる。この両書が掲げる部類項目のうち、互いに重複する項目は、

神事・仏寺（仏事）・釈奠・国忌・僧綱・蠲免・供御・国郡・倉廩・賞賜・授位・租税・置官・官位・考選・上日・位禄・季禄・公廨・馬料・要劇・朝儀・把笏・銓擬・国造・調庸・粮食・義倉・交易年料・舂米・出納・孝義産婦・衣服・紙筆・牒式・交替・駅伝・雑補・厩牧・兵器・兵士防人・衛士仕丁・雑徭・使部・蕃客・夷禄・禁制・弾例・刑法・賜官・雑部

の五十一部である。これに対し、『官曹事類』になく、『天長格抄』のみに見える分類項目は、

出挙・封戸・賜田・国料・官舎・夷俘・賜地・賻物

の八項目で、『官曹事類』にあった、

斎王・斎会・高僧・善政・封田・禄法・月料・出雲国・氏上・献納・沽価・祥瑞・贖労・雑戸・奪禄・贈物・諫詞

の十七項目は『天長格抄』にみえていない。

これらの項目はどのような観点、基準によって立てられたのかは未詳であるが、注目されるのは、それが類書の概念で立てられていることであろう。『官曹事類』が『続日本紀』の本文を当時唐で盛行していた類書に準じて部類したもので、のちの『類聚国史』に先行したものであったことはすでに坂本太郎氏等が指摘されていることである。『後紀』編纂に伴って撰出された諸例集である『天長格抄』が『官曹事類』と同じく類書の概念で類聚されているこ

とは、一つには弘仁格のような諸司格では多様化する行政運営に対応できなくなった事態に対処したものであり、一つには『後紀』編纂作業を円滑に行うために必要な部類であったと思われる。

『後紀』を通読して感じることは、桓武天皇から淳和天皇に至る四代の時代の姿を後世に客観的に伝えようと努力していることである。例えば皇親あるいは特定の公卿・官人に対して行われた「賜田」「賜地」は桓武天皇時代以降に顕著にみられる事例で、天皇と近侍の貴族官人層との間に形成された新しい関係を示すものであった。『天長格抄』がその部類項目に新しく「賜田」「賜地」の項を立てているのは『後紀』の編者がこの新しい現象に留意・着目していたことを示している。

その他こうした例としては、服制あるいは奉献の記事がある。嵯峨天皇の時代は唐制を尊重したことはよく知られているが、服制においても唐制を規範とし、官人の威儀を重視して、しばしば礼服・朝服の着用を奨励した。このため服飾が華美になり、のちに「弘仁年中、世風奢麗、王公貴人、頗好㆓鮮衣㆒」と評された。[15]『後紀』は本文中にこうした傾向を指摘した記事は掲げていないが、服制に関する史料を比較的丁寧に記載し、その上で弘仁十四年十二月甲申(四日)条に公卿の意見を聞く淳和天皇の詔を掲げて、その文中に当時の官人が「礼服難㆑辨、多闕㆓朝賀㆒」と、礼服を用意することができず、そのため朝廷の儀式に欠席している状況を語らせている。

また、嵯峨・淳和天皇紀を中心に天皇に対する奉献の記事が綿密に記載されているのも『後紀』の特色である。この時代の奉献が持つ歴史的意義については目崎徳衛氏の論考に詳しいが、[16]『後紀』の編者が当時嵯峨天皇を中心に形成しつつあった新しい宮廷社会の動向に注目し、その中で奉献が持つ意義にも留意して本文の構成を行っていたことを示している。ことに『後紀』が弘仁五年三月辛亥(四日)条(『類聚国史』巻第七十八・奉献部)に右大臣藤原園人の奏言を掲げ、その奏言を通して国郡官司が奉献することの弊害を指摘していることは、前述した服制の場合と同じく『後紀』が時勢批判を行う場合の手法として注目される。

こうした編纂方法は財政問題でも行われている。弘仁十四年十一月の淳和天皇の大嘗会挙行にさいし、同年十一月癸亥（十三日）条（『類聚国史』巻八・大嘗会）は、右大臣藤原冬嗣・大納言藤原緒嗣は皇位の交替が相続き、大嘗会が頻りに行われたため人民が疲弊している。このため此度の大嘗会は倹約して行いたいと奏上した。これに対し淳和天皇は趣旨は認めながら、神態については如何かと躊躇するのに対し、冬嗣は緒嗣を検校として行わせたいと奏請して勅許を得たことを記している。『後紀』逸文はついでその大嘗会が清素に行われた次第を詳述しているが、「斯以㆔頻有㆓大嘗会㆒、国民彫弊者也」と述べているのは国史としては大胆な記述というべきであろう。

『後紀』が持つ時代批判の厳しさは、桓武天皇紀延暦二十四年十二月壬寅（七日）条で、勅して藤原緒嗣と菅野真道に天下徳政を論じさせ、緒嗣が「方今天下所㆑苦、軍事与造作也」と言ったことを記載していることでよく知られている。こうした時代が持つ特色について、まず関係史料を客観的に掲げ、その問題点を勅問・公卿奏言という天皇と臣下とのいわば質疑応答形式の中で指摘し、天皇の英断の形でその対応の在り方を示しているのは『続日本紀』になかった手法であり、『後紀』が持つ編纂法の特徴であった。

六　史料の取扱い

『後紀』が国史として天皇・朝廷の動静だけでなく、平安時代前期における律令国家の在り方をどのように伝えているかということは、国史としての評価を行う場合重要なことであろう。

その評価をどのように行うかということは、さまざまな視点があって、簡単ではないが、一つの方法としては『後紀』が当時の史実を示す基本史料、例えば詔勅・太政官符あるいは上表文など国政に関する公文書をどれだけ、どのように取り入れているか、その在り方をさぐることも一つの在り方である。

その方法を試みられたのは坂本太郎氏で、『続日本紀』以下の五国史について『類聚三代格』所収格の約48%が何らかの形で『後紀』に収められていること、その掲載率は『続日本紀』『三代実録』の57%に次ぐもので、『続日本後紀』の39%、『文徳実録』の13%に比べて、史料性が高いことを指摘された[17]。ただこの数字は見方を変えれば、坂本氏も附言されているように、国史は、当時公布された格をよくても半ば近くしか掲げていないということでもあり、史料集としての国史の不完全さを示していることにもなる。しかし、この方法はいわば国史と『類聚三代格』という編纂目的を異にする典籍と史料集との比較であって、国史を史料集の一つとしてみる一応の目安とはなっても、必ずしも適確な評価法とはいえないであろう。

『後紀』と『類聚三代格』所収格を比べた場合、気がつくことは『後紀』は太政官符をそのままの形で引載していないことである。その引載の型は大別して四通りに分れている。

(一)勅として掲げる場合

『後紀』は太政官符に上卿宣として掲げられた奉勅の文を「勅」として掲載している場合が多い。

例えば『後紀』延暦十五年十一月庚子(十三日)条、

勅、納貢之本、任㆓於土宣㆒、物非㆑所㆑出、民以為㆑忠、今備前国、本無㆓鍬鐵㆒、毎㆑至㆓貢調㆒、常買㆓比国㆒、自今以

後、宜二停レ貢レ鐵、非レ絹則糸、隨レ便令レ輸、

の文は『類聚三代格』巻第八（調庸事）所収、延暦十五年十一月十三日太政官符の「奉勅」以下の文と全く同文である。こうした太政官符の奉勅文を「勅」として引用する例は随所にしばしば見受けられる。時には勅文だけではその趣旨が明らかでない場合は、太政官符の事書あるいは勅文に先行する奏請文を要約して補入している場合もある。この場合『後紀』の編者は、その編纂材料を太政官符から抄出したとみてよいであろう（但し、史料としては太政官符作成以前の太政官議定にさいして勅裁を伝えた上卿宣旨によった可能性もある）。

ただし、記事に「勅」として掲げられた場合でも、現存する太政官符の「奉勅」の部分と比べると記事の表現、内容に差異がある場合もある。例えば『後紀』弘仁三年三月戊寅（二十日）条は、勅として大同の初めに畿内諸国の講師を講説専従の職としたことを改め、今後は畿内・諸国共に部内の諸寺を検校することと定めたことを伝えているが、『類聚三代格』巻三（国分寺事）所収の弘仁三年三月二十日太政官符は、延暦十四年に国師を改めて講師とし講説に専従させたことを改め、諸寺を検校させるとしている。この場合、『後紀』の編者は太政官符とは別の材料によって記事を作成したことが判明する。

(二)上奏文として掲げる場合

太政官符・太政官謹奏で、その内容が臣下の奏状によって発議され、勅裁を得て（公式令でいう論奏式、奏事式によって）太政官符となった場合、『後紀』は「公卿奏曰」「公卿奏議曰」「（某人）上表曰」「式部省言」「僧綱言」「（某）言」等と臣下の発議文として掲げ、その末に「勅」として官符の奉勅文を記している。

例えば『後紀』弘仁三年九月乙丑（十日）条は、

右大臣従二位兼左近衛大将藤原朝臣内麻呂、中納言兼右近衛大将従三位勲三等巨勢朝臣野足等上表曰、

として、左右近衛大将の鄭重な上表文を掲げ、近衛府に各五十人の長直を置くことを需めて、勅許を得たことを記している。しかし、『類聚三代格』巻第四（加減諸司官員幷廃置事）所収の弘仁二年九月十九日太政官符は「右、左右近衛府奏上偁」として、その要約した内容を掲げている。この場合『後紀』が掲げる上奏文等の内容が太政官符に比べて詳細であり、上表者として太政官符にない左右近衛大将の人名を記していることは、編者が太政官符等とは別の材料によって編纂したことを示している。

㈢制として掲げる場合

『後紀』が「制」として掲げた記事は、現存本文にはおよそ二七例があり、そのうち六例が『類聚三代格』によって原材料は太政官符であったことが確認される。その「制」の内容は、従前の施策の励行、あるいは変更、または官制・制度の改正を示すもので、『後紀』が「勅」として掲げている政令と同一の性格であり、「制」すなわち「勅」とみて差支えないものが殆んどである。それらを「制」として「勅」と区別しているのは行政運営に関する「勅」が何らかの形で法制集としてまとめられていて、それから『後紀』の本文編纂に用いられた可能性がある。この「制」の文に勅裁を示す文がないのはそのためであると思われる。

㈣本文記事として扱われている場合

文の冒頭に勅・制等の表記がなく、編纂記事として扱われている場合で、その内容は官司等の廃置、官員の増減に関するものが殆んどである。こうした記載は『後紀』の本文の各所にみえ、例えば延暦十五年十月条には、

壬戌（五日）、始置二典薬寮史生四人、造酒司史生二人一、

戊辰（十一日）、造宮職算師為二従八位一、
辛未（十四日）、始置二主鷹司史生二人一、

などとあって、その例は枚挙にいとまがない。これらの記事は、いずれも太政官符を反映したものであったことは明らかである。例えば『後紀』延暦十五年十月甲申（二十七日）条は「陸奥国博士医師官位准二少目一」と記しているが、これは『類聚三代格』巻第五（定官員并官位事）に掲げる延暦十五年十月二十八日太政官符と同じである。また弘仁三年四月乙丑（二日）条は「定二鎮守官員、将軍一員、軍監一員、軍曹二員、医師弩師各一員一」と掲げているが、これは同じく『類聚三代格』巻第五（加減諸国官員并廃置事）に収める弘仁三年四月二日太政官符によるものである。これらの太政官符はいずれも奉勅の文を掲げた官符であるが、それを勅とも制とも表記しないで、本文記事としているのは、これらの史料が、例えば『天長格抄』のような何らかの事例・法令集から採用された可能性が考えられる。

七　天皇の諡号、尊号・尊称の表記について

我が国の国史は歴代の天皇を中心とする編年体の国史であって、その歴代の天皇を尊号としてどのように表記するかという問題は編者にとって大きな課題であったと思われる。ことに『後紀』編纂の時代は和風諡号と漢風尊号とがいわば併用されていた時代であった。と同時に諡号・尊号の用法と関連して、天皇を「天皇」と記すか、「皇帝」と表記するかという尊称の在り方も検討の対象となったと考えられる。

ことに、これら天皇の諡号・尊号、尊称の問題はすでに先史である『続日本紀』で表面化していたことであり、そ

の取り扱いには慎重さが要求されたはずである。このため『後紀』における天皇の諡号、尊号の在り方について、㈠巻の内題の表記、㈡薨卒伝における表記、㈢本文中の表記の三つの観点から概観すると次の通りである。

㈠巻別の内題にみる天皇の表記

『後紀』は各天皇紀の巻首に記された天皇表記、つまり内題は桓武天皇紀は「皇統弥照天皇」、平城天皇を「天推国高彦天皇」、嵯峨天皇を「太上天皇」と掲げている（淳和天皇紀は写本が存在しないため内題の表記は未詳であるが、おそらく「今上天皇」であったと推測される。なお、各巻の巻頭に小書された桓武天皇あるいは平城天皇の尊号・追号は後の追記であることは小論で述べたことがある）[18]。和風諡号を重んじたこの表記は『続日本紀』の記載例に准じたものである。

㈡薨卒伝における天皇表記

天皇の表記は『後紀』が掲げる皇親・公卿・官人・僧侶の薨卒伝にしばしば見受けられる。桓武・平城・嵯峨の各天皇紀所収の伝記中にみえる天皇の表記は和風諡号に統一されているのが特徴で、例えば桓武天皇を、

皇統弥照天皇甚信重焉、（延暦十八年正月乙酉〔二十日〕条、和気広虫卒伝）

延暦五年、弥照天皇擢任二律師一、（延暦二十三年五月辛卯〔十八日〕条、僧善謝寂伝）

親王者皇統弥照天皇第五女也、（弘仁三年八月辛卯〔六日〕条、布勢内親王薨伝）

などと記し、平城天皇については、

推国天皇為二太子一時、（大同三年六月甲寅〔三日〕条、藤原乙叡薨伝）

天推国高彦天皇、在二儲宮一納レ之、（弘仁三年七月壬戌〔六日〕条、伊勢継子卒伝）

などと表記している（但し、弘仁六年六月癸亥〔二十四日〕条に掲げる業子内親王薨伝は「皇帝之第一女也」として嵯峨天皇を

皇帝と表記している）。

これに対し、淳和天皇紀所掲の伝記は『類聚国史』の薨卒伝によれば桓武天皇に和風諡号を用いず、「桓武天皇」の漢風尊号で表記していて、桓武・平城・嵯峨天皇紀の表記と差異をみせている。これは恐らく第一・二次の編者と第三次編者の方針の違いを示したものと思われる。

㈢本文にみえる天皇の表記

『後紀』は本文では天皇の尊称について、天皇と皇帝の二種の表記を用いている。その用例は大別して次の通りである。

(1)和文の宣命では「天皇」と表記する。
(2)漢文の詔勅では「皇帝」と表記する。
(3)外国への国書では「天皇」とする。
(4)天皇に対する公卿等臣下の上表文では「皇帝陛下」を用いる。
(5)本文の編纂記事では「天皇」「皇帝」の併用。

である（勿論例外もあって、(4)については延暦十六年二月乙巳（十三日）条に掲げる続日本紀完成の上表文には「伏惟天皇陛下」とある）。

天皇の尊称は「公式令」（平出条）に天子・天皇・皇帝等の表記があって、特に差別がないのが通例であるが、国史編纂という立場からみれば、その用法には何らかの留意があったと思われる。その点、前記(1)(2)(3)(4)の宣命・詔勅・国書・上表文にみる表記はいわば『後紀』が史料として引載した公文書中の用例であって、当時の朝廷における慣用的用法を示している。㈤の本文の編纂記事では『続日本紀』の光仁・桓武天皇紀は表記を天皇で統一しているのに対し『後紀』は桓武天皇紀は天皇・皇帝の両記併用となり、平城天皇紀・嵯峨天皇紀はほぼ皇帝で統一している。これに対し、淳和天皇紀は皇帝を主としながら天皇・皇帝の称の用法が極めて雑然としている。その混用の状況は、例えば正月元旦の朝賀の記事において、天長五年条には、

　皇帝御二大極殿一、受二朝賀一、

と記して、翌天長六年条には、

　天皇御二大極殿一、受二朝賀一、

と述べている。著しい場合には弘仁十四年九月癸亥（十二日）条のように、

　太上天皇（嵯峨天皇）幸二嵯峨荘一、先レ是中納言藤原朝臣三守奏下可二行幸一状上、皇帝（淳和天皇）即勅二有司一、令レ設二御輿及仗衛一、太上天皇辞而不レ受、皇帝再三苦請、太上皇帝固辞、遂騎二御馬一、無二前駈幷兵杖一、（『類聚国史』巻第三十一、太上天皇行幸）

と同一日の記事の中で皇帝・太上皇帝・太上天皇を混用している場合がある。淳和天皇の時代に上表文などの公文書に皇帝の称を用いていたことは、例えば天長五年八月甲子（十一日）条に収める藤原緒嗣等の上奏文が淳和天皇を指して「皇帝陛下」と称していたことによって判明するから、『後紀』が淳和天皇紀について平城・嵯峨天皇紀に準じて皇帝の称を中心としながら天皇の称を併用したのは皇帝から天皇へと指向しながら、恐らく表記の統一を計る暇がなかったことを示すものであろう。なお、『続日本後紀』は仁明天皇の即位前紀では皇帝の称を用いているが、本紀では天皇で統一している。これは唐風全盛時代であった嵯峨天皇時代への反省も含まれていたと思われる。

八　内容の特色

『後紀』が前史である『続日本紀』にはみられなかった様々な特色を持っていると指摘されたのは坂本太郎氏である。同氏はまず『後紀』が歴史および人物観に高い識見を示している例として桓武・平城両天皇に加えられた論賛と薨卒伝に記された伝記を挙げられた。ついで『後紀』は和歌の収録が多いことに着目され、編纂を主催した藤原緒嗣が国風文化に関心が高かったことの表れとされた。その他、和気清麻呂伝の詳密なこと、石上神宮神宝の記事、遣唐大使藤原高野麻呂の報告が当時の唐の情勢を端的に示していること、などの諸点を列挙されている。それらの点に説明を加えておくと次の通りである。

㈠薨卒伝について

『後紀』は天皇・皇親・公卿・四位以上の官人と後宮に仕えた女性および伝燈法師位の僧侶について、その薨卒日に伝記を掲げている。時にはその人の関連する最終記事に略伝を併記する場合があり、例えば延暦二十四年七月壬辰（二十五日）条の帰朝した遣唐使に叙位を行った記事に、在唐中に卒した故副使石川道益に従四位下を贈位し、ついで道益の略伝を併記しているが、これも卒伝の一つと言える。また、四位以下の官人についても、例えば外従五位下伊与部家守のように遣唐使の一員として入唐し、儒学者として功績があった所謂異能の士について、その伝を掲げている場合もある（『日本紀略』延暦十九年十月庚辰十五日条）。亀田隆之氏はこの薨卒伝について『後紀』現存本文に三二例、『類聚国史』に三六例、『日本紀略』に四例、さらに逸文とみられる伝として『公卿補任』に四例、『扶桑略記抄』に

二例を拾って総計七八例を数えている。(19)

これら薨卒伝のうち公卿・官人の伝の構成の基本型は『続日本紀』と同じで、(1)出自（祖父・父・第何子、地方出身者は生国）、(2)官歴（五位の叙爵から極官まで、時に内舎人・文章生等年少時の経歴を記す場合がある）、(3)人物評語、(4)没年齢の四要素から構成される。勿論これは原則のことで、伝のない者、あっても各要素のいずれかを欠くものもあり、出自についても祖父・父の記載の在り方は統一されている訳でもなく、官歴にも精粗がある。

これらの薨卒伝にみられる一つの特色は、他戸親王・伊予親王・薬子の変の関係者については特に説明を加えていることである。なお、薨卒伝ではないが、父の功によって加授された槻本奈氏麻呂等の叙位・改姓の記事は、その亡父外従五位下槻本老と他戸親王との関係を伝えた伝でもある（『類聚国史』巻第七十九、賞功）。光仁天皇の皇子である他戸親王については藤原内麻呂の薨伝（弘仁三年十月辛卯六日条）に、他戸親王が皇太子時代に親王が好んで名流の家の者を害そうとした時、無事その害をまぬがれた人物として記されていて、暗に他戸親王の人柄にふれているのが注目される。また桓武天皇皇子の伊予親王に関しては藤原乙叡（大同三年六月甲寅三日条）、安倍兄雄（大同三年十月丁卯十九日条）、安倍鷹野（大同四年閏二月甲辰二十八日条）、藤原雄友（弘仁二年四月丙戌二十三日条）、橘永継（『類聚国史』弘仁十二年三月庚申二十四日条）、橘安麿（『類聚国史』弘仁十二年七月乙巳十一日条）、藤原友人（『類聚国史』弘仁十三年八月癸酉十六日条）の七名がある（なお、弘仁十二年正月十日に薨じた秋篠安人は『後紀』が本文を逸し、『日本紀略』が伝を省略しているが、『公卿補任』大同三年条は安人がこの事件によって左遷されたことを伝えていて、当然その薨伝にはその記載があったと思われる）。桓武天皇の第二皇子として兄平城天皇の皇太子となった伊予親王が大同二年十月に謀叛の疑いで母藤原吉子（藤原是公女）と共に河原寺に幽閉され、同年十一月十二日に母子共に急死した事件は、『後紀』が本文を逸したこともあって、事件の内容は未詳であるが、これら関係者の薨卒伝の記事は事件の性格・規模を伝えた重要な史料ともなっている。

また薬子の変については藤原仲成・同薬子の記事に加えて、藤原真雄（弘仁二年七月庚子八日条）、賀陽豊年（弘仁六年六月丙寅二十七日条）、上毛野穎人（弘仁十二年八月辛巳十八日条）、紀田上（『類聚国史』天長三年四月丙戌十三日条）があり、この変に遭遇した人々の動向と苦悩の一端を伝えている（なお、これらの薨卒伝のうち、賀陽豊年の卒伝は四位官人の伝としては詳細で、官人の伝というよりは文人伝というにふさわしい内容を持っている。漢文学全盛時代に需められた主君に忠節を尽す理想的な義臣像がこの伝にはこめられている）。この他戸親王・伊豫親王および薬子の変は、光仁天皇を中興の祖とする桓武・平城・嵯峨・淳和天皇の四朝にとってはいわば皇統の継承について皇親にからんだ事件であった。このため意識的に関係者の伝記に取り上げて、本紀では表記できない史実を語らせる場合もあったと思われる。

こうした薨卒伝の中で、特に異彩をはなっているのは和気清麻呂の伝記である。道鏡の横暴から皇統を守ったことを伝えたこの伝は、延暦十八年正月二十日に卒した姉広虫の伝と一体をなし、いわば清麻呂・広虫姉弟の伝として記述されている。しかもこの伝の内容は天長元年九月二十七日に高雄寺（神願寺）が定額寺に定められるにさいして、神願寺の建立が仏力の加護によって皇統を守ろうとした宇佐八幡大神の託宣とそれを受けた清麻呂の発願に基づくものとして重ねて記されている（『類聚国史』巻第百八十、諸寺）。このように清麻呂および和気氏が特別視された背景には、光仁天皇およびその皇統の出現が清麻呂ら姉弟の功績によったとする意識があったことを示している。

僧伝は現存本文に六僧の卒伝が伝えられている（『扶桑略記』大同三年三月条の僧仁秀の伝を『後紀』の逸文とすると七僧となる）。いずれも伝燈大法師位以上の僧についてで、俗姓、生国、師匠、僧歴、行状、卒年を記している。僧伝が整った形で記載されることは『続日本紀』になかったことで、ことに師匠を明記し、その行状を持戒・智行等の評価を加えて記していることは注目される。但し、これら高僧は本紀に記載がなく、卒伝によって始めてその存在が知られる人も多く、また僧歴の一部に本紀の記載と年次を異にした記事もあって、[20] その内容はおそらく僧綱所などで選録した何らかの僧伝に基づいて記されたものと思われる。また伝中には本紀では判明しない平安時代前期の南都仏教界の動向を伝えた記事もあって注目される。

『後紀』が掲げる薨卒伝の作成は本紀の編纂とはある段階まで作業を別にして行われ、のちに本紀に組み込まれた可能性がある。その理由は伝にみる天皇の表記が本紀の表記と異なって和風諡号でほぼ統一されていることで、その点は前述した通りである。巻第八、延暦十八年正月乙丑（二十日）条に掲げる和気広虫卒伝に「今上思二旧労一、追二贈正三位一」の文があって、淳和天皇を今上と記し、天長二年の贈位のことを述べていて、この卒伝が淳和天皇時代に作成されたことを告げる記事として有名である。薨卒伝の多くが淳和天皇時代に作られたらしいことは、前述したように伝中に平城天皇の表記に和風諡号（天長元年七月九日贈諡）を用いていることによっても推察されるが、と同時にその草稿の作成は数次に亙って行われたと思われる。それは薨卒伝の評語の文体が天皇紀によって変化があることで、桓武天皇紀は人物の評価にさいして、

為レ人質直、無レ所二容舎一、（延暦十八年正月辛酉十六日条、紀作良卒伝）

為レ人木訥、無二才学一、（延暦二十三年四月辛未二十七日条、和家麻呂伝）

と「為レ人云々」と表記するのに対し、平城天皇紀・嵯峨天皇紀は、

性恭謹少レ文、接レ物淡若、（大同元年四月丁巳二十四日条、神王伝）

性頑驕好レ妾、（大同三年六月甲寅三日、藤原乙叡伝）

性殊偏急、多忤二於物一（弘仁五年閏七月壬午八日条、吉備泉伝）

とし、そのほか、「清慎作性」「有二仁慈之性一」「性狼抗使酒」「資性婉順」などと「性云々」の表現となっている。それが淳和天皇紀になると、その表現は必ずしも統一的ではないが、

性質素無レ所レ餝、歴二任内外一、毀譽不レ聞、（『類聚国史』巻第六十六、天長三年正月庚午三日条、石川継人伝）

性質素無二才学一、歴二職内外一、不レ聞二善悪一、（同上、天長三年五月丁卯朔条、安倍男笠伝）

性質素少レ所レ欲、隠二居交野一、無レ意二出仕一、（同上、天長六年十二月乙丑十九日条、橘浄野伝）

などと、「性質」云々という表現が中心となり、「知レ乏二才華一、不レ耻二下問一」「雖レ乏二才学一、将之器也」などの表現が現れるようになり、内容もそれまでに見られた特定な視点に基づく主観的な評価から、短所もあれば長所もあるという客観的記述になっている。

桓武天皇から嵯峨天皇に至る時代は、遷都という時代の変動期の中で、歴代に亙り皇太子の廃立が起るなど政情不安が続いた時期であった。その間、貴族・上級官人の動向についても様々な緊張感があったと思われる。その中で例えば藤原乙叡のように伊豫親王の事件に巻き込まれて「自知二無罪一、以レ憂而終」った人もあり、藤原内麻呂が桓武・平城・嵯峨三主に仕えて「凡典二枢機一、十有余年、靡レ有二愆失一」と、政界の中枢に十数年間位置して過失なきことが称えられた時代であった。評伝中に酒色に耽り、鷹猟に興じる記事が多いのもこの三代の間の薨卒伝の特色であるが、それはこの時代に生きた人々が持った緊張感の一面を示していると思われる。嵯峨天皇紀以前と淳和天皇紀の評伝にみる文体と峻厳さの差異は、編者の人物観の変化を示すとともに、時代の違いをも反映したものであったろ

う。こうした薨卒伝は次の『続日本後紀』では人物の評価から逸事を伝えることに視点が置かれ、『文徳実録』では林陸朗氏が「人物中心の国史」と評されたように、(21)いわば人間模様を通じてその時代を理解することも可能となっている。

㈡和歌と国風文化

坂本太郎氏は『後紀』が行幸や宮廷の遊宴に因んでの和歌を克明に載せていることに注目され、それは『後紀』の撰者が当時の漢文化流行の中にあって、我が国固有の和歌が宮廷で吟られたことに意義を認め、その時代の和歌を国史に掲げることの必要性を認めたからであるとして『後紀』に国風尊重の性格があったことを指摘された。この和歌の在り方を奉献と関連づけて考察されたのが目崎徳衛氏で、同氏は『後紀』の逸文から和歌八例を検索されている。その所収歌は延暦十四年四月から弘仁四年四月に至る間のもので、桓武天皇紀の桓武天皇六首、平城天皇紀の神野皇太弟一首、嵯峨天皇紀の藤原園人一首であって淳和天皇紀には記載例がない。これは前述した天皇の国風諡号が尊重された嵯峨天皇紀以前に和歌の所収があり、漢風尊号が中心となった淳和天皇紀に和歌の所見がないことになり、この前後の編者に国風文化に対する姿勢に差があったことを伺わせている。

㈢外交関係

『後紀』は唐および渤海に関する記事を詳細に掲げているが、その場合に先史である『続日本紀』の記事との関連性に留意しているのが特徴である。例えば唐との関係で言えば延暦二十四年六月乙巳(八日)条に遣唐使藤原葛野麻呂の帰朝報告を掲げて、唐・徳宗の崩御、順宗の即位を告げ、併せて当時の唐の国内事情を述べているが、この報告文の構成は明らかに『続日本紀』宝亀九年九月乙未(二十二日)条に記された遣唐使判官小野滋野の報告に准じた文章となっている。また渤海についても『後紀』は延暦十五年四月戊子（二十七日）条に渤海国使の到来を告げているが、その文末に記された渤海国の由来および我が国との歴史的関係を伝えた文章は、『続日本紀』神亀四年十二月丙申（十日）条に記された渤海郡に就いての記事を補正するもので、『続日本紀』がしばしば渤海と高麗とを混用している誤りを正す内容となっている。

㈣神社・寺院関係記事

『後紀』の記事を『続日本紀』と較べた時注目されるのは、神社および寺院・僧侶に関する記載が稠密になっていることである。『後紀』は神祇については神社の修造、あるいは神祇諸職制度に関する立案・施行を伝える記事が急速に現われる。また、平安遷都に伴う石上・賀茂・稲荷など大和・山城の諸社の動向を卒直に伝えていることも注目される。寺院では官寺だけではなく私寺である定額寺についての記載も増え、僧侶に対する様々な規制の在り方も伝えている。ことに注目されるのはこれら寺院・僧侶に関する記事が僧綱など仏教界からの進言・献策に基づいて編纂されている傾向が見受けられることで、天台・真言の新仏教の擡頭を迎えた仏教界が活性化していた情況を伝えている。

九　伝来と伝本について

㈠伝来

『後紀』の伝来については和田英松・佐伯有義・坂本太郎(22)および西本昌弘(23)各氏の論考がある。和田・佐伯・坂本各氏の考察は概論であるが、比較的詳細に述べられたのは佐伯氏で、同氏は『日本紀略』『通憲入道蔵書目録』『花園院宸記』『仙洞御文書目録』『本朝書籍目録』等によって伝来の状況を検討され、『仙洞御文書目録』が中原盛氏らによって注進された南北朝時代の文和三年六月頃までは全巻が整って伝来していたと考えられること、永正二年八月に中原師名が書写した『本朝書籍目録』成立頃には完備していたことは疑わしいことを述べられている。ついで同氏は江戸時代寛政十一年および享保二年に塙保己一の門人稲山行教が『後紀』十巻を京都で写得し、寛政十一年・享和元年に刊行したこと、また『増補六国史』日本後紀を出版するにさいして三条西伯爵家から「三条西本」(五冊)の存在を確認するに至った次第を略述されている。この「三条西本」については坂本氏が室町時代末の戦乱期に国史の書写に努めた三条西実隆・公条父子の姿を明らかにする中で言及され(24)、堀池春峰氏も実隆・公条父子が行った「三条西本」書写の在り方を紹介されている(25)。

近時、『後紀』が平安時代から江戸時代まで、どのように伝来していたかという全体像を明らかにされたのが西本氏である。同氏は『後紀』に関する史料を諸書から博捜されて、平安時代には藤原通憲の文庫を始めとして東大寺・醍醐寺の学僧が利用できる状態で存在したこと、鎌倉時代には九条家・卜部家にも伝来し、南北朝時代には持明院統の仙洞御所、あるいは万里小路家にもまとまって存在していたが、応仁・文明の乱を契機に殆んど散逸したことを詳述された。そして江戸時代における『後紀』捜書の状況を概説され、ついで愛知・西尾市立図書館岩瀬文庫にある寛文八年の柳原紀光書写本を紹介し、この柳原本が本奥書によって三条西本を親本としていること、塙保己一の門弟稲山行教が京都で転写した本は伏見宮本ではなく、この柳原本である可能性が高いと論証された。この西本氏の説はその後、森田悌氏の研究によって検証され(26)、塙保己一校刊本が三条西本を祖本とすることが確認されている。

(二)伝本

『後紀』の伝本は「三条西家本」が室町時代後期書写になる唯一の古写本で、江戸時代写本として「岩瀬文庫本」「塙保己一校印本」があり、他に「狩谷棭斎校合本」「谷森善臣校合本」「井上頼圀校合本」等の存在が知られている。これらの諸伝本は近年の研究によれば「三条西家本」を祖本とした伝写本であると判断されている。ただし、「三条西家本」は後述するように本文に欠失部分があり、また誤写・脱漏があるため、「三条西家本」が伝写される間に、それぞれの段階で『類聚国史』『日本紀略』等の諸書によって本文の補正あるいは校定が行われ、結果として同一系統の伝写本でありながら各種の校訂本としての諸本が成立したと考えられている。『旧輯国史大系』『新訂増補国史大系』および『増補六国史』がいずれも底本として「塙保己一校印本」を用いたのは同本が校訂本として安定した本文を伝えていると考えられたからである。以下、主要な諸伝本について概要を述べると次の通りである。

(1)三条西家本

現在、天理大学附属天理図書館所蔵の『日本後紀』(十巻、五冊)は、『後紀』諸本中の最古本で、現存諸本の唯一の祖本と目されている。その内容は昭和五十三年三月に『天理図書館善本叢書』(和書之部、第二十八巻)として精密な影印本が八木書店から公刊された。同書には堀池春峰氏の詳細な解題が付されていて書誌的な内容がほぼ明らかにされている。以下、同氏の解題によってこの三条西家本について略述すると次の通りである。

この「三条西家本」は巻第五・第八・第十二・第十三・第十四・第十七・第二十・第二十一・第二十二・第二十四の十巻で袋綴冊子本、現状は巻第五・第八・第二十四を各巻一冊、巻第十二・第十三・第十四と巻第二十・第二十一・第二十二を各一冊とし、合せて五冊本としている。共に縦二八cm、横二一・五cmの大型本で、本文料紙は楮紙を

用い、本文は半葉十三行、毎行ほぼ二十五字で書写している。本奥書および書写奥書は六巻の末にあって、

（巻第五）　本云、延久六年六月廿七日未時比校了、

大永四年九月十九日以二中書王（貞敦親王）御本一書二写之一、

（巻第八）（朱）天文二三廿一、一見加二朱点一了、

（巻第十三）　天文二五月、命二大史（小槻）于恒宿禰一書写、同一校了、

（巻第十七）　天文元臘廿八、書写了、

（巻第二十二）　右、命二于恒宿禰一、令レ書レ之、加二一見一加レ点点（ママ）了、于レ時天文二年九月十日、

（巻第二十四）　右、情二于恒宿禰手一令レ書レ之、于レ時天文二年重九之後一日、加二一見一、又加二朱点一了、

とある。これらの奥書について、堀池氏は朱墨共に同筆で、坂本氏の説によって三条西公条筆と認定されている。なお、巻第二十四の奥書中の日付「重九之後一日」については、重陽の後の一日、つまり九月十日と解されている。

これらの書写奥書によれば、巻第五は平安時代の延久六年（一〇七四）六月の校合奥書がある本を、大永四年（一五二四）九月、中書王すなわち中務卿伏見宮貞敦親王から借用して書写し、ついで巻第八以下の本は八年後の天文元年（一五三二）十二月から同二年九月にかけて書写したことが判明する。

各巻の本文の筆者については堀池氏は巻第五、第八、第十七、第二十は三条西公条の筆、巻第十二、第十三、第十四、第十七、第二十一、第二十二、第二十四の六巻については、公条の命をうけて書写に当った小槻宿禰于恒の筆とされている。但し巻第十二は筆跡からみて公条の筆とすべきであろう。

以上が三条西本の概要であるが、佐伯氏は巻第五が大永四年の書写奥書があり、巻第八以下の天文元・二年書写本

と書写年代を異にしているため、巻第五を他巻と別本と考えられた。確かに巻第五は書写の筆致が他巻に比べて整然としており、また他巻が書写にさいし、原則として天皇・皇帝詔などの文字を一字欠字もしくは平出しているのに対し、欠字しないなどの差異はあるが、半葉十三行、原則として一行二十五字という書写の体裁は同じであって、別本とみる理由はないと思われる。

但しこの三条西本の特徴は、巻によって巻首の欠失部が著しいことである。三条西本は恐らくその親本を忠実に書写したものと思われるが、その親本の祖本はかつて巻子装本であった時にその巻首が朽損していたと思われる。特に巻第十二、第十七、第二十二は破損の度合いが比較的著しいことが注目される。このため、三条西家本は伝写の段階で巻頭の部分が補写あるいは補訂が行われていた可能性がある。

(2) 塙保己一校印本

「塙本日本後紀」と呼ばれる十巻本で、塙保己一の門人稲山行教が寛政十一年に京都で巻第五・第八・第十三・第十四・第十七・第二十・第二十二・第二十四の八巻を得て出版し、ついで享和二年に巻第十二・第二十一の二巻を刊行した。塙保己一の校合奥書は巻第二十一・第二十四の末にあって、

(巻第二十四) 右、日本後紀残缺第五・第八・第十三・第十四・第十七・第二十・第廿二・第廿四合八巻、門人稲山行教於二京都一写レ之、以二類聚国史・日本紀略等諸書一校合畢、寛政十一年十月日、検校保己一、

(巻第二十一) 右、日本後紀残冊第十二・第廿一、門人稲山行教於二京都一写レ之、以二類聚国史・日本紀略等諸書一校合畢、享和元年十一月日、検校保己一、

と記しているが、この書を京都の何処で写得したかについては記載がない。このため、本書と三条西家本との関係に

ついては、両書の本文に文字の異同が少なくないため別本と考えられていた。しかし、近年柳原紀光が三条西家から借覧・書写した岩瀬文庫本の存在が確認され、森田悌氏はこの岩瀬文庫本が塙保己一校印本の親本であったと推定されている。

一〇　逸　文

『後紀』の逸文は近代に入って、多くの研究者によって調査・蒐集が行われた。まとまった研究は戦前では『国書逸文』（和田英松纂輯・森克己校訂、昭和十五年四月刊）、『増補六国史』日本後紀逸文（佐伯有義校訂標注、昭和十六年七月、朝日新聞社刊）がその代表的なものであり、戦後の研究者の業績は『新訂増補国書逸文』（国書逸文研究会編、平成七年二月、国書刊行会刊）に集大成されている。

このうち『増補六国史』日本後紀逸文は亡失した三十巻の逸文を『日本紀略』を参考として巻次別に編年に記載して復元的編纂を試みたもので、『類聚国史』『日本紀略』を中心として『扶桑略記』『政事要略』『公卿補任』『祭主補任』『令集解』『釈日本紀』『東大寺要録』『本朝月令』『小野宮年中行事』『淳和天皇御即位記』『河海抄』『二十二社註式』『弘法大師行化記』『祈雨日記』『覚禅抄』『越後居多神社文書』等から逸文を採録している。その内容は『国書逸文』が掲げる三十条の逸文のうち二十九条を収めているが、『国書逸文』は『類聚国史』『日本紀略』以外の諸書にみる逸文を対象としている。しかしその多くは『類聚国史』と重複するため『増補六国史』日本後紀逸文には『類聚国史』として収められている。なお、『国書逸文』に収められて『増補六国史』日本後紀逸文が採用しなかったのは、

『覚禅抄』の延暦二十二年閏十月二十三日の最澄に関する記事であるが、その内容は『後紀』の逸文とは認め難く、『増補六国史』は採用しなかったのであろう。また西本昌弘氏は『後紀』の逸文について「国史云」とあっても、その本文は『後紀』直接の本文でなく『類聚国史』からの引用である場合があることを述べられているのは留意すべき指摘であろう。

註

（1） 和田英松『本朝書籍目録考証』（昭和十一年十一月・明治書院刊）、佐伯有義『増補六国史』巻五「日本後紀」（昭和十五年六月・朝日新聞社刊）解説、岩橋小弥太『増補上代史籍の研究』上巻（昭和四十八年三月二版・吉川弘文館刊）、坂本太郎『日本古代史の基礎的研究』上・文献篇（昭和三十九年・東京大学出版会刊）、『六国史』（日本歴史叢書27、昭和四十五年十一月・吉川弘文館刊）、「六国史の伝来と三条西実隆父子」（『古典と歴史』昭和四十七年六月・吉川弘文館刊）、なお坂本氏の論考は坂本太郎著作集第三巻『六国史』（昭和六十四年一月、吉川弘文館刊）に再録されている。

（2） 佐伯有義前掲書

（3） 中西康裕「『日本後紀』の編纂について」（『続日本紀研究』第三一一・三一二合併号、平成十年二月刊）。同氏は『後紀』現存巻の各巻の記事分量について精細な分析を行われ、その記事分量は「新訂増補国史大系本」の印刷行数に換算して、最多は巻第十七の二四四行、最少は巻第一四の一〇三行で、十巻分の平均は一九五・五行と計算され、巻第十四が一〇三行、第二十が一三七行で、この二巻が他の八巻に比べ本文量が極端に少ないことを指摘された。

（4） 「日本後紀序」と『続日本後紀』との撰進の日の差異について、坂本太郎氏は序に掲げる撰者の官位は承和七年十二月の時のもので『続日本後紀』の記事に誤りがあるとされた（前掲『六国史』）。これに対し中西氏は前掲論文において『後紀』は承和七年に一度奏進されたが巻第十四を一年をかけて再撰修し、承和八年に再奏されたので、『続日本後紀』の「修日本後紀訖、奏御」の修字は修訂の意味であると解されている。

（5） 松崎英一「日本後紀編纂過程の研究」（竹内理三博士古稀記念会編『続律令国家と貴族社会』昭和五十三年一月・吉川

弘文館刊）

（6）『続群書類従』伝部所収

（7）岩橋小弥太前掲書所収「国史と撰国史所」

（8）笠井純一「『日本後紀』の撰者と編纂の背景」（直木孝次郎先生古稀記念会編『古代史論集』下、平成元年一月・塙書房刊）所収

（9）坂本太郎「六国史とその撰者」（『日本古代史の基礎的研究』上・文献篇、昭和三十九年・東京大学出版会刊）所収、同氏前掲著作集に再録

（10）林陸朗「藤原緒嗣と藤原冬嗣」（『上代政治社会の研究』昭和四十四年九月・吉川弘文館刊）所収、松崎英一前掲論文

（11）『後紀』独特の批判精神を示す記事として一例を挙げれば巻第十四・平城天皇紀冒頭の大同元年五月辛巳（十八日）条、大同改元に対する非礼論が有名である。この記事は先帝が立てた年号を年を踰ずに改元することは一年に二君があることとなり、孝子の心に違うものだと大同改元を批判したもので、坂本氏は「政治に対する思いきった批判であり、国史には珍らしい論賛の文である。」と述べられて『後紀』が有する歴史批評の厳しさの証の一つとされた。ただし、この大同改元に対する批判は『後紀』編纂にさいして意識されたものではなく、改元当時から既に存在していたらしい。その証が弘仁元年九月丙辰（十九日）条に掲げる弘仁改元の詔で、この詔は文首に元号が大化の称に始まることを述べ、この度の改元が「朕以二眇虚一、嗣二守丕業一、昭二臨四海一、于レ茲二周、雖二日月淹除一、而未レ施二新号一」と、即位以降二年を経ても新号を制定しなかったことを述べている。改元にさいしてそれが踰年改元の制を守ったものであることを殊更述べることは従前の改元の詔にみえなかったことであり、明らかに大同改元に対する批判を意識したものであったことを示している。つまり大同元年五月紀の大同改元批判の論賛と大同五年九月紀の弘仁改元詔は互に補完した記事として『後紀』の本文を構成しており、さらに言えば大同元年五月紀の論賛は弘仁改元詔の存在を前提として成立しているといえる。弘仁改元詔公布時には藤原緒嗣はまだ参議であった。したがって大同改元批判はあながち緒嗣の意見に基づいたとはいえないであろう。

（12）坂本太郎『六国史』、同氏前掲著作集に再録

（13）光仁天皇の時代を「南朝」と称することがあったことは『続日本後紀』承和十一年九月丙寅（十六日）条の藤原貞主卒

伝、同紀嘉祥三年二月乙丑（十六日）条の藤原富士麻呂卒伝にそれぞれ「南朝参議」「故南朝右大臣」という表記があって判明する。また延暦年間以前を古い時代と意識していたことは、同紀承和五年三月乙丑（八日）条の池田春野の卒伝で、春野（天平宝字元年生）を指して「天応以往之人也」と表現していることによっても窺える。あるいは『後紀』の時代を平安京遷都を行った桓武天皇以降の新しい時代と考える意識が潜在し、桓武天皇以降を聖代とする考え方を高めた可能性もあったと思われる。

(14) ここにいう「本案」とは官司にあった行政史料の控という意味と思われる。『類聚国史』（巻八十、雑公文）は弘仁十年十月甲子（十九日）条に「民部省言」として主税寮の公文のうち大宝元年から大同三年に至る八千七十一巻が紛失し、大同四年から弘仁七年に至る八十七巻については前任官人が費用を出し、後任官人が写を作って補填することとし許可を得たことを記している。

(15)『続日本後紀』承和元年二月甲午（十三日）条、明日香親王薨伝

(16) 目崎徳衛「平安時代初期における奉献—貴族文化成立論の一視角として」（『平安文化史論』昭和四十三年十一月・桜楓社刊）所収

(17) 坂本太郎「史料としての六国史」（『日本古代史の基礎的研究』上、文献篇）、同氏前掲著作集に再録

(18) 山本信吉「日本後紀の編纂過程」（『新訂増補国史大系月報』五一、昭和四十一年八月・吉川弘文館刊）

(19) 亀田隆之「『日本後紀』における「伝」」（『日本古代制度史論』昭和五十五年四月・吉川弘文館刊）

(20) 例えば、弘仁三年八月戊申（二十三日）卒の伝燈大法師善議、同五年十月乙丑（二十二日）卒の興福寺伝燈大法師位常樓は国史に記載がなく、『僧綱補任』にも不見であり、また延暦二十三年五月辛卯（十八日）に卒した伝燈大法師位善謝は伝中に延暦五年任律師としているが『続日本紀』は延暦九年九月辛未（八日）条に任律師のことを記して差異をみせている。

(21) 林陸朗「人物中心の国史」（『新訂増補国史大系月報』五一、昭和四十一年八月・吉川弘文館刊）

(22) 註(1)参照

(23) 西本昌弘「『日本後紀』の伝来と書写をめぐって」（『続日本紀研究』三一一・三一二合併号、平成十年二月刊）

(24) 坂本太郎「六国史の伝来と三条西実隆父子」（『古典と歴史』昭和四十七年六月・吉川弘文館刊）、同氏前掲著作集に再

録

(25) 堀池春峰『天理図書館善本叢書和書之部』第二十八巻、日本後紀解題（昭和五十三年三月・天理大学出版部刊）
(26) 森田悌「『日本後紀』塙本の原本」（『続日本紀研究』三二九号、平成十二年十二月刊）

続日本後紀

笹山晴生

一　はじめに

『続日本後紀』は、仁明天皇一代、天長十年（八三三）二月乙酉（二十八日）から嘉祥三年（八五〇）三月己亥（二十一日）に至る十八年間の史書で、全二十巻。日本古代の国家の正史である「六国史」の第四にあたる。清和天皇の貞観十一年（八六九）八月十四日、太政大臣藤原良房・参議春澄善縄によって完成・進上された。その書名は、先行する『日本後紀』に次ぐ史書の意で、『日本紀』（日本書紀）に次ぐ史書としての『続日本紀』と同様の位置にある。

二　編纂の事情

『続日本後紀』編纂の事情は、その「序」によると、以下の通りである。

清和天皇の父文徳天皇は、前帝仁明天皇の治世の記録が失われるのを恐れ、藤原良房・藤原良相《よしみ》・伴善男《とものよしお》・春澄善縄・県犬養《あがたのいぬかい》貞守らに、仁明天皇一代の正史の撰修を命じた。しかし筆削を始めて間もなく文徳天皇は崩じ、事業は中絶した。あとを継いだ清和天皇は、旧史の欠けるのを嫌い、先帝の志の遂げないのを恨んで、重ねて藤原良房らに勅し、その完成を促した。しかし事業が遅々として進まないうちに、右大臣藤原良相は病に倒れ、大納言伴善男は罪を犯して配流され、散位県犬養貞守も事業の完成を見ないままに地方官に転出し、結局藤原良房と春澄善縄との二人によってその完成を見た、ということである。

『続日本後紀』編纂事業の開始の年時については「序」には記されていないが、『日本文徳天皇実録』によれば、それは斉衡二年（八五五）二月のことである。同月丁卯（十七日）の条に、右大臣藤原朝臣良房・参議伴善男・刑部大輔春澄善縄・少外記安野豊道らに詔し、国史を修せしめたとあるのがそれを示していよう。

さて、この二つの史料をもとに、『続日本後紀』編纂の経緯を辿ってみよう。

斉衡二年の編纂開始時に名の見える四人のうち、貞観十一年の完成に至るまで一貫して編纂の任にあったのは、藤原良房と春澄善縄とであった。

斉衡二年当時、太政官で修史に参画したのは右大臣藤原良房と参議伴善男の二人で、「序」にいう藤原良相の名はそこには見えない。当時良相は権大納言で、右大臣の良房が太政官を代表して修史を領導し、二年後の天安元年（八五七）、良房が太政大臣となり、良相が代わって右大臣となった時点で、良相も修史事業に参画するようになったのであろう。

良相は良房の同母弟で、以後貞観九年（八六七）の死没まで、左大臣源信《まこと》についで右大臣の地位にあった。『日本三代実録』の伝には大学に学んで才弁あり、文学の士を愛好したとあり、修史の担当者としても適任であった。

つぎに参議伴善男は、内記・蔵人・弁官と実務系の官職を歴任し、嘉祥元年（八四八）蔵人頭を経て参議となり、右大弁を兼ねた。斉衡二年の時点で中納言安倍安仁《やすひと》らをさしおいて善男が修史の任に当ることになったのは、若くして校書殿（文殿）に勤めて書籍に親しみ、政務や朝廷の制度に精通していた、その才能に期待してのことであろう。善男はのち中納言、大納言へと昇進したが、貞観八年、応天門放火の首謀者として伊豆に配流され、失脚した。『続日本後紀』の「序」に善男について、「罪を公門に犯し、身を東裔に竄《かく》す」とあるのは、このことを指している。

さて斉衡二年の『文徳実録』の記事には、「序」にある県犬養貞守の名が見えず、かわりに安野豊道の名が見えている。

安野豊道は斉衡二年当時正六位上少外記で、二年後の天安元年（八五七）正月には下総介に転出しており、これ以後は事業に携わらなかったと見られる。これに対し県犬養貞守は、『続日本後紀』嘉祥二年（八四九）二月条に少内記とあるのを初見とし、斉衡二年従五位下和泉守となり、貞観五年（八六三）二月散位頭から駿河守となっている。厳密にいつからかは判然としないが、安野豊道が外官に転出した天安元年以降、散位頭在任時に編纂事業に関与したのであろう。しかしそれも短期間で、貞観五年には駿河守に転じた。「序」に「散位貞守且《しばら》く其事に参じ、斯の功を遂げず、出でて辺州に吏となり、蹤《あと》を京兆に没す」とあるのは、このことを指している。

良房とともに終始編纂の任に当たり、事業の実務を担ったのは、春澄善縄であった。『続日本後紀』以下の諸国史や『三代実録』の伝によると、善縄の事跡はおおよそ次の通りである。

善縄は延暦十六年（七九七）の誕生で、本姓猪名部《いなべ》造、祖父財麻呂は伊勢国員弁《いなべ》郡の少領であった。のち左京に移貫し、天長五年（八二八）に春澄宿禰、仁寿三年（八五三）に春澄朝臣の姓を賜わった。善縄の女掌侍高子（洽子）が貞観十五年（八七三）、氏神奉幣のため伊勢に赴いていることからすると、その後も伊勢の在地との関係を維持していたことが窺われる。

祖父財麻呂は善縄の才能を見て熱心に養育し、善縄は天長の初年奉試及第して文章生、天長五年文章得業生となり、学問の世界に身を置くことになった。同七年対策に及第、淳和天皇の抜擢によって少内記、ついで大内記となり、九年叙爵、十年、新帝仁明天皇のもとで立太子した淳和皇子恒貞親王の東宮学士となった。小野篁《たかむら》と相並んでの任命である。『三代実録』元慶四年八月三十日条の菅原是善の伝によれば、当時小野篁は詩家の宗匠、春澄善縄・大江音人は在朝の通儒であり、是善はこれらと文章をもって相許したという。仁明朝は、平安初期漢文学を代表する学者たちがその才を競った時代であった。

承和九年（八四二）、皇太子恒貞親王が廃される事件があり（承和の変）、東宮学士たる善縄も周防権守に左遷された。しかし翌十年には文章博士となった。『三代実録』の善縄の伝によれば、善縄が文章博士となった時には、博士に名家が揃い、相軽んじて謗《そし》り、弟子門を異にして分争する風があったが、善縄は門徒を謝し、ついに謗議の及ぶところとならなかったという。善縄が文章博士となった背景には、彼のこのような公正かつ慎重な人生への態度と、仁明天皇の深い信頼のあったことが察せられるが、同時に、同十一年八月、大内記菅原是善とともに大納言藤原良房の諮問をうけ、物恠《もののけ》を先霊の祟りとすることを戒めた嵯峨上皇の遺誡を改め、卜筮《ぼくぜい》によるべきことを進言しているように、良房との関係の強さをも窺うことができる。

善縄は大学において『後漢書』などを講じ、また仁明天皇には『荘子』や『漢書』を講じた。承和十四年五月、清涼殿上で行われた『荘子』の竟宴にあたってはとくに恩杯を賜わり、束脩の礼を行い御衣を賜わった。「当代の儒者、共に以て栄となす」と『続日本後紀』にはある。

善縄の学者としての活動は、つぎの文徳朝においても著しかった。斉衡元年（八五四）十月には、文章博士菅原是善・民部少輔大江音人とともに刑部大輔として蔵人所に召され、重陽節《ちょうようのせち》に文人の奉った詩の評を行った。翌二年には先述の通り、藤原良房のもとで、のちに『続日本後紀』となる国史編纂の任に当たった。さらに『文選』『晋書』を講じ、斉衡三年の『晋書』の講義にあたっては、文徳天皇みずからこれを受読した。

清和天皇即位後の貞観二年（八六〇）、善縄は従四位上で参議に列し、同十一年八月には『続日本後紀』が完成してこれを献上、太政官に蔵せられた。しかし間もなく、翌十二年二月危篤におちいり、朝廷は善縄をとくに正四位下から従三位に叙し、太政大臣藤原良房は内裏直廬《じきろ》において朝服を脱ぎ、その身に加贈した。同二月十九日、参議従三位で没。七十四歳。男女四人（具瞻・魚水・洽子〔高子〕ほか一名）があったが、家風を継ぐ者はなかったという。このように見てくると、善縄はその死期の近いのを悟って『続日本後紀』の完成を急いだのであり、『続日本後紀』の編纂と善縄の存在とは切っても切れない関係にあったことが推測される。

善縄の作品としては、『経国集』に詩一篇があり、また『本朝文粋』巻三には、文章得業生都言道《みやこのことみち》（良香）に対する「神仙」および「漏剋」の策文を収める。川口久雄氏は、この対策問や、承和十四年の『荘子』進講のことなどから、善縄に老荘思想への傾倒がとくに強かったことを指摘している（『〈三訂〉平安朝日本漢文学史の研究』上一五〇～一六二頁）。

さて最後に、『続日本後紀』編纂事業の総師としての藤原良房にとって、斉衡二年の編纂開始から貞観十一年の完成までの十五年間はどのような時期であったのかについて考察したい。

藤原良房は、斉衡二年の前年にあたる同元年、左大臣源常《ときわ》の死をうけて右大臣として太政官の首座についている。しかし良房は、すでに仁明朝において政界の覇権を確立していた。

藤原良房の覇権確立の出発点となったのは、承和九年（八四二）のいわゆる承和の変であった。弘仁十四年（八二三）の嵯峨天皇の退位後、宮廷は嵯峨上皇の家父長的権威のもとで安定した状況を示していたが、上皇の近臣である藤原冬嗣の娘順子が仁明天皇の皇子道康親王を生んだことにより、淳和上皇の皇子である皇太子恒貞親王はその地位を脅かされ、承和九年、皇太子の地位を追われ、かわりに道康親王が皇太子に立てられたのである。この承和の変で、淳和天皇の近臣である大納言藤原愛発《あらち》、中納言藤原吉野らが政界を追われ、順子の兄に当たる良房が中納言から大納言へと昇進することになった。

嘉祥三年（八五〇）、仁明天皇が没し、道康親王が即位して文徳天皇となると、良房の女明子の生んだ皇子惟仁親王が生後わずか九ヵ月で皇太子に立てられた。天安元年（八五七）、良房は文徳天皇によって太政大臣に任じられ、翌二年天皇が急逝すると、年九歳の新帝清和天皇のもとで政務を総覧する任務を担うことになり、貞観八年（八六六）、応天門放火事件が起こったのを機に、勅によって正式に天下の政を摂行する摂政の地位につくことになる。『続日本後紀』が完成・進上されたのは、その三年後のことである。

『続日本後紀』の編纂が行われた斉衡二年からの十五年間は、良房がめざましい勢いでその権勢を伸張させていく時期に当たっていた。その時期に、仁明朝を権勢発展の出発点とする藤原良房と、天皇の厚い恩顧をうけた春澄善縄とを中心として、『続日本後紀』の編纂事業は進められたのである。

三　内容および構成

『続日本後紀』の「序」はその編纂の方針について、「春秋の正体に依り、甲子を聯《つら》ねて以て銓次し、考ふるに始終を以て其の首尾を分かつ」と記している。中国の史書『春秋』に倣った編年体の体裁をとり、ことの起こった日の順に従ってその記事を立てていく、というのがその方針で、『日本書紀』以来の日本古代の正史の伝統を引き継ぐものであった。

巻別の編成を見ると別表（第一表）の通りで、巻一・二、巻十一・十二、および巻二十の五巻を除いては、すべて一年を一巻としている。このうち巻一・二（天長十年）については、巻一に天皇即位のことがあり、巻十一・十二（承和九年）については、巻十二に嵯峨上皇の崩御といわゆる承和の変のことがあり、巻二十（嘉祥三年）は三月の天皇崩御・喪葬のことで終わっている。十八年間の記事を二十巻に配置するための配慮がなされていることが窺われる。

一年を一巻とし、記事の多い場合は六月・七月の間で切って二巻とするということは『続日本紀』以来行われていることであるが、先行する『日本後紀』では必ずしもそうなってはおらず、嵯峨天皇代の巻三十一までは不統一で、巻三十二、淳和天皇の代以後になって初めて一年一巻の整然とした編成をとるようになる。一方『続日本後紀』のあとを継ぐ『日本文徳天皇実録』においては、『続日本後紀』と同様、ほぼ一年を一巻とする原則が貫かれている。これは、『続日本後紀』の前後から正史に実録的な性格が強まっていくという事情と関係するものであろう。

各巻の内容と注目される点について、以下に簡単に述べる。

表１　『続日本後紀』の編成

序		1～2頁	（２）
巻１	天長10年２月～５月	3～12頁	(10)
巻２	天長10年６月～12月	13～19頁	（７）
巻３	承和元年正月～12月	21～33頁	(13)
巻４	承和２年正月～12月	35～45頁	(11)
巻５	承和３年正月～12月	47～61頁	(15)
巻６	承和４年正月～12月	63～71頁	（９）
巻７	承和５年正月～12月	73～82頁	(10)
巻８	承和６年正月～12月	83～96頁	(14)
巻９	承和７年正月～12月	97～113頁	(17)
巻10	承和８年正月～12月	115～126頁	(12)
巻11	承和９年正月～６月	127～134頁	（８）
巻12	承和９年７月～12月	135～149頁	(15)
巻13	承和10年正月～12月	151～164頁	(14)
巻14	承和11年正月～12月	165～172頁	（８）
巻15	承和12年正月～12月	173～181頁	（９）
巻16	承和13年正月～12月	183～194頁	(12)
巻17	承和14年正月～12月	195～203頁	（９）
巻18	承和15年正月～嘉祥元年12月	205～218頁	(14)
巻19	嘉祥２年正月～閏12月	219～232頁	(14)
巻20	嘉祥３年正月～３月	233～239頁	（７）

（備考）頁数は新訂増補国史大系による（( )内は分量)。現行の『続日本後紀』には錯脱が多いので、分量はあくまで参考のためのものである。

巻一はまず即位前紀にあたる記事として、天皇の父母、誕生にあたっての母橘嘉智子の夢想、弘仁十四年（八二三）の立太子などのことを記し、ついで天長十年（八三三）二月の践祚から恒貞親王の立太子、そして三月の即位に至る経緯について記す。この間、淳和天皇の譲位の宣命、天皇（皇太子正良親王）の抗表、恒貞親王立太子の宣命、親王の父淳和上皇の立太子を辞するの書、天皇のそれに対する答表などを子細に掲げ、嵯峨天皇から弟の淳和天皇へ、淳和から嵯峨の子の仁明へ、そして仁明から淳和の子恒貞へと皇位が伝えられていく、嵯峨・淳和両皇統の美しく親密な関係を強調している。三月には恒貞親王の天皇・太上天皇への朝観《ちょうきん》の記事を載せて、「時に皇太子春秋九齢、しかるにその容儀礼数、老成の人の如し」と記し、また四月には皇太子が初めて孝経を読んだ記事を載せて、その資質を賛美している。同類のことは巻二、七月の田邑《たむら》親王（文徳天皇）朝覲の記事にも、「時に春秋纔《わずか》にこれ七歳、しかるに動止端審、成人の若《ごと》きあり。観る者これを異とす」とあって、将来の天皇の資質のすぐれたさまが記述されている。

なお巻一、二月丁亥（三十日）条の後には、この月の干支に合わない日付をもつ賜姓記事が多数連なっており、大系本の鼇頭の注は、これを類聚したものと推測している。

翌天長十一年（八三四）正月、承和への改元が行われる。以下巻三から巻十一までの各巻で注目されるのは、詳密な外交関係の記事である。承和元年正月には藤原常嗣以下の遣唐使が任命されるが、この遣唐使は渡航に再度失敗した後、承和五年七月に進発、翌年八月、新羅船に乗じて帰国した。この間には渡航しなかった副使小野篁の配流などの事件もあったが、『続日本後紀』は精細に、事実上最後の遣唐使となったこの時の遣使の顚末を記録している。

外交関係記事でとくに注目されるのは、承和三年十二月条に見える新羅国執事省の日本国太政官あての牒や、巻十一、承和九年三月〜四月条に見える渤海国王の啓状と渤海国中台省の日本国太政官あての牒、また日本から渤海国王への国書と日本国太政官から渤海国中台省あての牒など、外交関係の文書そのものが掲載されていることである。このおりの咸和十一年（八四一＝承和九年）の渤海国中台省牒の案は、宮内庁書陵部所蔵の壬生家文書に収められており、これらは古代東アジア諸国間の国際関係を考察する上での貴重な史料と言うことができる。

承和九年は国の内外にわたって事件の多い年であり、『続日本後紀』は例外的に、この年を六月までは巻十一、七月以降は巻十二と二巻に分かって記す。この前年、中国・日本との交易の権を握っていた新羅の張宝高（張弓福）が死没したことの余波が日本にも及び、九年正月には筑紫大津（博多）に到着した新羅人李少貞のもたらした牒状をめぐって太政官での議論が行われた。三月から四月にかけては先述した渤海使来朝のことがあり、この時期の東アジア諸国の活発な動きが看取される。

七月に嵯峨上皇が没すると、その二日後にいわゆる承和の変がおこった。承和七年に父淳和上皇を失って孤立した皇太子恒貞親王は廃され、藤原良房が大納言に就任する一方で多くの官人が失脚、八月にはかわって仁明天皇の皇子道康親王が皇太子に立てられた。翌十年におこった文室宮田麻呂の配流事件も、この時期の東アジア情勢と密接に関わるものであったと推測される。

さて巻十三以降の巻で注目されるのは、まず巻十五、承和十二年正月に尾張浜主がみずから上表し、大極殿の竜尾道上で和風長寿楽を舞った記事、それに巻十九、嘉祥二年（八四九）三月に興福寺の大法師らが天皇の四十の賀に種々の奉献をし、長歌を献じたという記事である。ここでは長歌の全文が掲載され、「それ倭歌の体、比興《てい》を先となす。人情を感動すること、最もここに在り。季世陵遅、斯道すでに墜つ。今、僧中に至りて頗《すこぶ》る古語を存す。謂《い》つべし、礼失はるれば則ちこれを野《や》に求む、と。故に採りてこれを載す」とその理由が述べられている。唐風文化を強力に推進した嵯峨上皇の没後に現われた新しい文化の動きを、象徴的に物語るものであると言えよう。

巻十六、承和十三年十一月壬子条には、著名な法隆寺僧善愷の訴訟事件に関して、前右大弁正躬王・前左大弁和気真綱らに贖銅を徴することを命じた長文の太政官符の全文が掲載され、律令の規定の運用をめぐる法家の議論の詳細を伝えている。この事件によって多くの官人が更迭され、弁官の機構に大きな影響の及んだことが指摘されているが、『続日本後紀』がこれを掲載したのは、坂本太郎氏の指摘するように、法家の衒学《げんがく》的な法律論に編者が興味をもったためと見られよう（『六国史』二七〇頁）。

巻十八は承和十五年（八四八）であり、この年は六月に改元されて嘉祥元年となる。六国史では通常、改元の年は改元後の年号をもって記すが、『続日本後紀』のこの場合のみは、表題の下に「承和十五年正月より嘉祥元年十二月まで」と記し、本文も「承和十五年正月壬戌朔。天皇、大極殿に御して朝賀を受く」と始めている。このことは以前から注目されているが、編纂の疎漏と解するのは疑問であり、編者はなんらかの理由があってこのような形式をとったのであろう。天皇の代替わりの改元にあたっては踰年改元のことが弘仁以後慣例化するが、この場合はそれには当たらず、また『続日本後紀』が仁明天皇一代の記録ということもあって、このような方針がとられたとも解しえよう。

最後の巻二十、嘉祥三年の条では、正月に天皇が太皇太后橘嘉智子に朝覲行幸したおり、北面して母后を拝し、母后の意に沿って殿前で鳳輦《ほうれん》に御したことを記し、天皇の孝敬のさまを讃えている。多年病身であった天皇は二月危篤となり、三月二十一日（己亥）、四十一歳でその生涯を終える。二十五日（癸卯）、葬送の記事に続けて『続日本後紀』は、天皇が善を修め、仁を行った功徳として病弱にも関わらず天命を全うしたことを記し、天皇の疾病と服薬のことを詳記した、きわめて異色の記事をもって全巻の叙述を終えている。常康親王・良岑宗貞（遍照）らがあいついで出家したことに示されるように、天皇の死は一つの時代の終わりを人々に思わせたようである。

四　史書としての特色

坂本太郎氏は、六国史が全体としての普遍性をもつ一方で、各国史がそれぞれに個性・独自性をもっていることを指摘し、それを認識することの必要性を強調している（「史料としての六国史」）。

『続日本後紀』の場合、それまでの諸国史と相違する第一の点は、それまでの諸国史が四代もしくはそれ以上の歴代の天皇の治績を記した書であるのに対し、仁明天皇一代の史書であるということである。国家成立の由来を示す意図を担った『日本書紀』は別として、『続日本紀』以下の諸国史は、もともと一つの王朝の歴代の君主の統治の記録という性格をもっており、史書としての理念の提示よりも、現実の政治をありのままに、具体的に記録することにその主眼がおかれていた。それは中国の王朝の正史のもととなった、皇帝一代の言動を生前の起居注にもとづいて編修した「実録」により近いものであった（笹山晴生「続日本紀と古代の史書」新日本古典文学大系12解説）。『続日本後紀』は、仁明天皇一代の史書であるという点で中国の実録により近い性格をもつこととなり、これ以後の国史は、『日本文徳天皇実録』『日本三代実録』と、書名の上でも「実録」を称するようになる。その意味で『続日本後紀』は、六国史の歴史のなかで一つの画期としての意義を担っていると言えよう。

天皇一代の史書であるということは、その史書の内容や性格にも大きな影響を及ぼす。天皇一代の史書であることによって、その天皇の治世の特色がより鮮明に記されることになるのである。九世紀初頭のこの時代は、天皇と官人とが個人的な恩寵の関係で結びつく傾向が強まり、天皇の代ごとに新たな寵臣が台頭するという特色が現われていたが、そのような事情も、天皇一代の史書を生んだ原因の一つと考えられよう。その場合、その史書は天皇の治世を賛美する性格をもつものとなりやすい。後述するような史書としての『続日本後紀』の特色の多くは、それが仁明天皇の寵臣たる藤原良房・春澄善縄によって編まれたことと無関係ではないと思われる。

史書としての外形的な面についてまず見ると、各巻の巻頭には『続日本後紀』という書名と巻次名、各巻所収の記事の年次の起止、撰者の官位姓名と勅を承ってこの書を撰した旨の文言が記される。書名・巻次名の記載は、各巻の末尾にも存在する。これらは『続日本紀』以降の諸国史に共通する記載であるが、『続日本後紀』の場合、年次の起止の記載については、以下に記すようにいささか問題がある。

『続日本後紀』は巻二の冒頭で「天長十年六月より十二月まで」と記しているが、この場合「天長」の二字は諸本になく、宮本（神宮文庫所蔵旧宮崎文庫本）の傍朱書などで補ったものである。同様のことは、巻四（承和二年）以降の承和・嘉祥の年号の場合についても見られる。これについて佐伯有義校訂・標注の『増補六国史』は、「各巻を通考するに、初巻のみ年号を挙げ、次巻以下は之を略する例」であったと推測している（巻二）。後述するように『続日本後紀』の写本の伝存状況はきわめて悪く、現存する写本からのみそれを確言することは憚られるが、要するに『続日本後紀』の巻頭年次の記載においては、同一の年号が続く場合、それを省略することが行われていたと推測されるのである。

なお『続日本後紀』では巻一の冒頭にのみ「仁明天皇」の漢風諡号を記し、以下の巻では天皇の名を一々記さない。これもそれまでの諸国史と相違する点であるが、『続日本後紀』が仁明天皇一代の正史であることからすれば、ある意味で当然のことであろう。次の『日本文徳天皇実録』では天皇名の記載がまったく無く、『日本三代実録』では『続日本後紀』の体裁を踏襲し、各天皇の最初の巻の巻頭にのみ、「太上天皇」（清和天皇）「後太上天皇」（陽成天皇）「光孝天皇」と天皇の名を記している。

史書の体例に関わることとしては、また朔日干支の記載の問題がある。『続日本後紀』の写本の伝存状況は良好ではないが、比較的良く原形を留めていると思われる巻十八・十九・二十の諸巻によると、「夏四月甲申朔乙酉」のように春・夏の季を必ず記し、また朔日の干支を記事の有無に拘らず必ず記している。これは『日本書紀』、ひいては中国の起居注・実録の体例に倣うもので、朔日に記事がない限り朔日の干支を記さない『続日本紀』や『日本後紀』

とは異なるものである（坂本太郎『六国史』総説）。

つぎに『続日本後紀』の内容に関して、その特色を考察しよう。

『続日本後紀』は序においてその編纂方針に触れ、「それ尋常の砕事、その米塩たる、或《あ》るはほぼ弃《す》てて収めず。人君の挙動に至りては、巨細を論ぜず、なほ牢篭して之を載す」と記している。すなわち日常の煩瑣なことがらについては収載しないが、天皇の挙止については大小洩らさずそのすべてを収録する、の意である。『続日本後紀』の内容的な特色の一つは、何よりもこの編纂方針に対応し、仁明朝の聖代なるさまを、さまざまな面から描き出すことにあったと言ってよい。

そのような特色はまず、天皇・上皇を中心とする皇族相互の親密なさまを強調することに表れている。天皇が父の上皇や母后に孝義をつくすさまについては、承和七年二月、天皇が雷雨に際し嵯峨院・淳和院に遣使してその起居を問うたことや、また先述した嘉祥三年正月の、朝覲行幸に際し母后の意に沿って殿前で鳳輦に御したさまの記述などに表れる。後者の記事では、「天子の尊、北面して地に跪く。孝敬の道、天子より庶人に達すとは、誠なる哉」と、その行為が賛美されているが、それは、家父長的な秩序が君臣の秩序に優越したこの時期の思潮を物語って余りあるものと言えよう。そのようなことは、皇太子の朝覲、天皇四十の算賀にあたっての太皇太后や皇太子の奉献、さらには皇親の元服や加冠、出家のさまなどの記述にも数多く見うけられる。

君臣の関係については、承和元年四月、淳和上皇の清原夏野の双丘《ならびがおか》山荘への御幸の記事などにその交情が描かれ、また祥瑞に対する賀表をはじめ、臣下からの上表や上奏を詳記する傾向が見られる。

仁明朝の聖代なるさまの描写は、先述した唐・新羅・渤海との外交関係の詳密な記事のほか、文運の隆昌に関する記述にも表れている。これには、編者春澄善縄の趣向が深く関わっている。

まず、天皇や皇子の好学を好んで記事にする傾向が挙げられる。正月最勝会における天皇・皇太子の聴講（承和元年・四年・九年）、『孝経』『荘子』『後漢書』などの講説に関する記事がそれである。先述した承和十二年正月に尾張浜主が和風長寿楽を舞った記事や、嘉祥二年三月、興福寺の大法師らが天皇の四十の賀に長歌を献じた記事なども、文運の隆昌を誇ろうとすることの一環であろう。後者の場合、長歌の全文が掲載され、編者の評語が記されていることはきわめて異例である。承和十四年十月条の嵯峨皇女有智子《うちこ》内親王の伝で、春日山庄を詠じた内親王の詩が載せられていることも、伝記としては異例のことであろう。

『続日本後紀』の内容的な特色の第二は、その伝記の特異性にある。『続日本後紀』に先行する『日本後紀』の伝記は、編者藤原緒嗣の政治思想を反映し、官人としての治世の良否についてきびしい破邪顕正の筆を振るったものであった。『続日本後紀』の伝記はそれとは対照的に、対象とする人物の人間性そのものへの関心にもとづき、その技能や性癖を事細かに記すものであり、そこに編者春澄善縄の個性の発露を見ることができる。

『続日本後紀』の伝記の特徴を示す、いくつかの具体的な事例を挙げよう。『日本後紀』の撰者藤原緒嗣は承和十年七月に没するが、その伝では、緒嗣が桓武天皇の寵遇を蒙り、「国の利害、知りて奏せざるな」き政務に練達の士であったことを讃える一方で、偏執の性癖のために人の指弾を受けたと、その人格的な欠点についても触れている。官人としての治績を述べた上でなお個人的な性癖について触れている例は、酔泣の癖ある文室秋津（承和十年三月条）、酔うとなお仕事がはかどる藤原貞主（承和十一年九月条）など、他にも多い。承和十年十二月条の元興寺僧守印の伝では、記事の大半を守印の鼻の利くさまの叙述に費やしている。

個人の技能や芸能についての記述も多い。承和五年三月に没した池田春野の伝では、春野が宮廷の儀式・祭礼の故事にくわしく、古様の衣冠を伝えたことを詳述する。承和九年五月条の高階《たかしな》石河の伝に、父に次いで少納言となった石河が声音に富み、称唯《いしょう》の音が細くかつ高く、父に勝っていたとの評を得たとあることは、朝儀に果たす少納言の役割と関わって興味深い。このほか弓射などの武芸、鷹犬、琴歌・絃歌、釣魚などの技能の名手についての記述が各所に散見される。個性豊かな人物像についての記述は、同時に仁明朝の文運の盛んなさまの誇示ともなっている。

人物の健康についての記述が多いのも『続日本後紀』の伝記の特徴の一つである。承和九年十月の菅原清公の伝では、清公が常に名薬を服して容顔が衰えなかったと記している。先述した嘉祥三年三月の仁明天皇葬送の記事に天皇の疾病と服薬のことを詳記するのもきわめて異色であり、編者春澄善縄の関心がそこに反映されている。

伝記のほかに視野を広げると、『続日本後紀』記事の特色として、白虹・彗星などの天文異変、天狐・物恠などの怪異に関する記事の多いことが挙げられる。これも、陰陽を信じ物恠を恐れたと『日本三代実録』の伝に記す、編者春澄善縄の個人的関心と関わるものである（坂本太郎「六国史とその撰者」）。承和七年九月条に、同五年七月の噴火によって出現した伊豆神津島の新島についての詳細な記事が見られることも、これと関係しよう。このように『続日本後紀』の記述に神仙思想の強い影響が見られることは、編者善縄が『荘子』に造詣深かったことと関係すると思われる。

以上、多岐にわたって『続日本後紀』の史書としての特色について考察した。坂本太郎氏は『続日本後紀』が編者藤原良房の事跡をことさらに強調しているとし、『日本三代実録』における藤原基経の場合と対比して良房の露骨な態度を非難している（「三代実録とその撰者」「藤原良房と基経」）。今まで見てきたところによれば、それ以上に『続日本後紀』は、もう一人の編者春澄善縄の思想や関心、史書に対する理念を色濃く反映した書物であると言えよう。

仁明朝は平安初期の唐風文化の大きな転換期であった。小野篁の存在に象徴されるように、「文章は経国の大業」と称され、国家の規範と位置づけられた漢詩文の世界は大きく変容をとげ、応詔の詩に替わって個人的な詠嘆や思索に関する詩が重みを増していく。やがて六歌仙の時代を迎え、国風文化への歩みはその速さを増す。人々は国家の理念から解き放たれ、個人としての自由な思考を持つようになる。

史書としての『続日本後紀』にも、そのような時代の動向の反映が見られよう。国家の威信を内外に示し、あるいは道徳の亀鑑たることを期したそれまでの史書と比べ、政治・道徳の鑑戒としての意味は薄れ、事実そのものへの興味、多彩な人物像の評価が進む。それは、それまでの史書には欠けていた人間性・文学性といったものを新たに日本の史書に加えたと言えるものであり、そこに六国史中における『続日本後紀』の存在意義があると言ってもよいのではあるまいか。

五　諸本と本文の校訂

『続日本後紀』が完成奏上後、古代・中世を通じて宮廷に伝えられたことは、『花園天皇宸記』元亨二年（一三二二）十一月十日条に「今日続日本後記《（マヽ）》見了」とあることや、『仙洞御文書目録』などの目録にその名の見られることによって知られるが、現存する写本はすべて近世以降のものであり、それ以前には遡らない。しかもそのほとんどは、室町時代の天文二～四年（一五三三～一五三五）に三条西公条《きんえだ》が書写した三条西家本（天文本）をその祖本とするものである。

三条西家本自体は伝存しないが、現存諸写本には、以下に示すように大治元年（一一二六）に本書を書写したことを述べた本奥書（巻十）と、保延二年（一一三六）に宮内大輔源忠季がこの書を披見し校訂を加えたことを示す識語とがある。従って三条西家の祖本は、平安時代末期にまで遡る写本であったことが知られる（以下は遠藤慶太「『続日本後紀』現行本文の問題点」表3の調査による）。

（巻一）「保延二年正月、以類聚国史等校畢、宮内大輔源忠季」（井上頼圀校本）

（巻三）「保延二年二月三日未刻時、梳頭髪間偃見之了、宮内大輔源忠季」（井上頼圀校本・東山御文庫本・谷森善臣校本）

（巻四）「保延二年三月二日未時見了、宮内大輔源忠季」（井上頼圀校本・谷森善臣校本）

（巻五）「保延二年三月二　酉刻見、于時雨降」（東山御文庫本・谷森善臣校本）

（巻六）「保延二年」（井上頼圀校本・谷森善臣校本）

（巻七）「本云、保延四年七月披閲了」（井上頼圀校本・東山御文庫本・谷森善臣校本）

（巻十）「大治元年四月十七日、以巳剋書写了、

保延二年七月廿九日見了、司農侍郎源判」（谷森善臣旧蔵本・谷森善臣校本）

三条西実隆は中世末の戦乱の世にあって公家文化の伝統の保持に意を注ぎ、子の公条とともに六国史の書写に努力を傾けた（坂本太郎「六国史の伝来と三条西実隆父子」）。実隆・公条父子による『続日本後紀』の書写は、現存する各写本や校合本の奥書によれば、巻一の奥書に「天文二年二月二日校了」とあることから天文二年の春に始まり、巻二十

の奥書に「天文四年三月七日巳剋立筆、申剋終功了」とあることから二年後の天文四年春に完了した（同じく遠藤慶太氏の調査による）。筆写が当時大宰権帥であった公条の手になることは、巻十の奥書に「天文三閏正月六日、於禁中番衆所灯下終書功了。今夜甚雨」とあるのに対し、『実隆公記』同日条に「帥、候番」とあることによって知られる（坂本太郎）。『続日本後紀』の書写は、永正十年（一五一三）『日本書紀』から始まった同家による六国史書写事業の最後に位置するもので、事業の完成に二十三年を要したことになる。

この三条西家本は、先述したように現存する近世諸写本の祖本となり、多くの転写本を生み出した。内閣文庫所蔵本十冊は慶長十九年（一六一四）の書写、宮内庁書陵部所蔵の谷森氏旧蔵本四冊は近世初期の書写で、新訂増補国史大系本の底本となった。また神宮文庫所蔵旧宮崎文庫本二十冊は、慶安二年（一六四九）、伊勢内外宮の神主らが書写奉納したものである。

京都御所東山御文庫本二十巻は後水尾天皇・後西天皇による一連の史書の収集・書写事業のなかで生まれたもので（吉岡眞之『東山御文庫御物』解説）、同じく三条西家本の系統に属する。遠藤慶太氏は、同文庫に関わる蔵書目録についての田島公氏の研究に依拠し、それが堂上諸家の所蔵する蔵書を借用して書写され、後西上皇によって寛文六年（一六六六）に進上されたものと推定した（「『続日本後紀』現行本文の問題点」）。冊子本である三条西家本の系統に属しながら巻子本であるのは、巻子本としての統一を図ったためであろうとされる。東山御文庫本は良質の写本として、後述する宮内省における六国史の校訂事業や、新訂増補国史大系本の校訂に用いられた。なお東山御文庫には、他に冊子本二十冊・同二冊の『続日本後紀』も所蔵されている。

これらに対し、国学院大学所蔵高柳光寿旧蔵本は中山侯爵家の旧蔵にかかり、弘化二年（一八四五）に書写されたものである。巻子本で、巻五・八の二巻を残すのみだが、三条西家本の祖本である大治年間の書写本を、虫損に至るまで忠実に影写したと思われるものである（高田淳「高柳博士旧蔵『続日本後紀』（巻五・八）について」）。行間・紙背に多くの書き入れがあり、現行本文の成立を考えるうえで貴重な素材を提供している。

『続日本後紀』の版本には、寛文八年（一六六八）の版本、および寛政七年（一七九五）の再刻本がある。寛文八年本は立野春節の校訂になり、その版が天明八年（一七八八）の火災で焼失したため再刻されたのが寛政七年本であるが、寛文版本に比べると誤謬が多いといわれる（佐伯有義『増補六国史』解説）。明治以降は活字本が、国史大系（旧輯）第三巻、国史大系六国史（大正二年（一九一三））、朝日新聞社本六国史巻七（昭和四年（一九二九））、増補版昭和一五年（一九四〇））、新訂増補国史大系第三巻（昭和九年（一九三四））などとして刊行されている。

『続日本後紀』の伝本には脱文・錯簡・重出などがきわめて多いこともあって、徳川光圀による元禄四年（一六九一）の校本をはじめ、伴信友・狩谷棭斎・内藤広前・山崎知雄・井上頼圀・谷森善臣らによる校合本が数多く残されている。大正元年（一九一二）に刊行された村岡良弼の『続日本後紀纂詁』では、十八種に及ぶ異本による本文の校訂が行われた。

宮内省図書寮では、明治の末年から定本作製をめざした六国史の校訂事業が進められた。明治四十五年（一九一二）からは第一次の事業として古写本を収集しての校合が井上頼圀・佐伯有義・田辺勝哉・村岡良弼らによって進められ、『続日本後紀』の場合には東山御文庫本など五本を用いての校合が行われた。大正八年（一九一九）からの第二次事業では佐伯有義を中心に考異・考文の作製が進められ、『続日本後紀』については東山御文庫本を底本とし、巻五・八は高柳本をも用いる方針がとられた。この事業の成果は校本のほか、『校訂六国史考異』八十八冊（うち『続日本後紀考異」十冊)、『校訂六国史考文』三十五冊(うち「続日本後紀考異」五冊)として宮内庁書陵部に伝えられている(吉岡眞之「宮内省における六国史校訂事業」)。

『続日本後紀』の注釈としては、河村益根の『続後紀集解』、矢野玄道の『続日本後紀私記』、村岡良弼の『続日本後紀纂詁』などがある。『続後紀集解』十冊は河村秀根・益根父子による六国史集解の一部をなすもので、『続紀集解』などとともに稿本のまま名古屋市蓬左文庫に伝えられ、注記によって文化十一年(一八一四)十二月に成ったことが知られる。『書紀集解』と同様漢籍を多く引用し、字句の出典の研究に力を注いでいる点に特色がある。また『続日本後紀私記』五冊は宮内庁書陵部の所蔵で、奥書によって著者矢野玄道が明治十年(一八七七)に正史改訂の大命を奉じ、かねて抄録していた私記に重ねて讐校を加え、翌十一年四月に著わしたものであることが知られる。『続日本後紀』の注釈として公刊された唯一のものが、村岡良弼の『続日本後紀纂詁』である。和装の活字本二十冊として大正元年(一九一二)に刊行されているが、明治三十五年(一九〇二)刊行の『国学院雑誌』八巻に、九号にわたって冒頭天長十年の部分のみが連載されているので、おそらくこの頃には完成していたと見られる。各種の異本を集めて本文を校訂し、字句に詳細な注釈を加えており、翌大正二年度の帝国学士院恩賜賞を受賞した。

索引としては、六国史索引編集部編の『日本後紀・続日本後紀・日本文徳天皇実録索引』が、六国史索引の第三として昭和四十年(一九六五)、吉川弘文館から刊行されている。

さて、『続日本後紀』の本文を校訂する上での最大の課題は、伝存する写本が本来良質なものではない上に、伝写の過程で多くの手が加えられ、その本来の姿を復元することが困難であるということにある。

『続日本後紀』の記事のなかには、坂本太郎氏の指摘した承和三年五月丁未条(『六国史』)や、佐々木恵介氏の指摘した同十年八月戊寅条（「六国史錯簡三題」）のように、編者の不注意によって誤った年次に係けられたと思われるものもある。しかし『続日本後紀』の記事の混乱の多くは、もともと抄略されていた伝本に、後人が『類聚国史』や『日本紀略』などによって記事を補入するさいに生じたと思われるものである。

その具体例の若干を、新訂増補国史大系によって以下に挙げてみよう。

伝存する『続日本後紀』の写本の状況は巻によって一様ではなく、巻九・十、および巻十八・十九・二十のように比較的原形を良く保っていると思われる巻もある。しかし多くの巻においては、枚挙に遑ないほどの抄略・脱文・重出・錯乱が認められる。

抄略の著しい例は、叙位・任官記事である。巻四、承和二年十二月乙未条に「以㆓参議従四位上藤原朝臣常嗣㆒為㆓兼左大弁㆒。近江守如㆑故云々。」とあるように、一名ないし数名の記事のみを掲げ、あとは「云々」で省略するものである。これと並んで抄略の著しいのが長大な詔文や上表文の場合で、巻五、承和三年二月戊寅条の遣唐使への詔文や、同五月己酉条の中納言藤原愛発の上表文など、その例は多い。また人々の薨卒記事においても、巻十七、承和十四年二月戊寅条の時子内親王薨去の記事に「親《（マヽ）》王者、天皇之皇女也。云々」とあるように、本来掲げられていた伝の部分を「云々」で抄略したと見られるものがある。

以上は記事の内容による抄略と見られるものであるが、なかには単純に、一行ないし数行の脱文と見られるものもある。巻六、承和四年六月条で壬子（二十一日）条と癸丑（二十二日）条とが連続して脱落し、巻七、承和五年四月戊申（二十一日）条の記事部分と乙卯（二十八日）条の干支部分とが連続して欠落しているなどは、その例である。

なお巻十五（承和十二年）・巻十六（承和十三年）では、叙位・任官記事において、これら「云々」で抄略された部分を御本（東山御文庫本）によって補入している例が数多く見られる。この二巻には、その他にも他の諸本には欠け、東山御文庫本によって補われた記事が数多い。これは東山御文庫本の成立に関わることで、今後研究すべき課題の一つである（遠藤慶太「『続日本後紀』現行本文の問題点」）。

つぎに重出・錯乱の問題に触れよう。先述したようにその多くは、抄略されていた伝本に後人が『類聚国史』や『日本紀略』によって記事を補入したさい、誤って生じたと思われるものである。その様態としては、異なった年の同月同一干支条への補入（巻三、承和元年三月辛酉条）、異なった月の同一干支条への補入（巻十三、承和十年三月丙辰条）、同月内の別の条への補入（巻四、承和二年正月癸丑条）などがある。同月内における干支の順序の混乱も、補入のさいの誤りによって生じたものであろう。

現存『続日本後紀』本文の抄略は、その祖本である平安時代、大治年間の書写本にまで遡り、それへの『類聚国史』などによる記事の補入もまた、平安時代にまで遡るものであった。遠藤慶太氏は、大治写本の忠実な影写本である高柳本についての高田淳氏の調査（「高柳博士旧蔵『続日本後紀』（巻五・八）について」）を踏まえ、井上頼圀校本に見える巻一の奥書から、高柳本に見える傍書・裏書のかたちでの『類聚国史』などからの記事の補入は、保延二年（一一三六）、源忠季によって行われたものと推測した。さらに遠藤氏は、高柳本と他の流布本との対照から、源忠季によって補入された傍書の大半は、おそらくは三条西家による書写の段階で本文中に取り込まれ、現在では大治写本の本来の姿はもはや復原不可能であり、またそのことが現行諸写本に見られる錯乱の原因にもなっていると指摘した（前掲論文）。

高柳本の裏書が本文に取り込まれた一例を、巻八について見てみよう。承和六年四月乙卯条に女御藤原沢子の卒伝があるが、この伝は六月己卯条にも同文が見え、『日本三代実録』元慶八年六月十九日条によると六月己卯条が正しいことが判る。四月乙卯条は高柳本では裏書となっており、伝写の過程で四月条に本文として誤入したものであることは明らかである。先述した巻一、天長十年二月丁亥条の後に見られる賜姓記事の類聚も、本来傍書・裏書のかたちで存在していたものが筆写の過程で本文中に取り込まれたものであろう。

現存写本の実態が明らかにされるに伴って、新訂増補国史大系の校訂のありかたについても反省すべき点が明らかにされつつある。とくに問題となるのは、抄略者の注記や『日本紀略』の注記によって本文を復原している点であろう。

巻六、承和四年七月庚辰条の例を挙げてみよう。大系本は本条を「除目云々。以㆓従四位上南淵朝臣永河㆒為㆓大宰大弐㆒」と復原している。鼇頭の注に従えば、原本は「除目云々」であり、『日本紀略』は「任官」とし、「以従四位上」云々の文は宮本傍朱書・伴イ本によって補ったものである。原本の「除目云々」の四字は抄略者が加えたものであり、削除すべきであろう。

原写本が抄略している部分を、『日本紀略』によって「女叙位幷外任」「任官」などのかたちで補っている場合もしばしば見られるが、これも『続日本後紀』本来の文とは言えず、補うべきものではない。これは同じく抄略の著しい『日本三代実録』の後半部分において、死没記事の卒伝の部分を「云々」と抄略したり、叙位・任官記事で「女叙位〈十六人〉」「除目廿四人」あるいは「以㆓従四位上行中務大輔兼因幡権守棟貞王㆒為㆓神祇伯㆒〈云々。卅五人〉」などのかたちで抄略している場合についても言えることである。

『続日本後紀』が三条西家による六国史筆写事業の最後となったのは、卜部家本などの良質な写本を得られなかったためであるとされる（遠藤、前掲論文）。今日、現存する写本以上の良好な写本を求めることは、まず不可能であろう。『続日本後紀』の本文研究のためには、今後、高柳本・東山御文庫本など諸本の成立過程やその性格についての究明を一層進めるとともに、伴信友・井上頼圀らによる校訂作業の実態についても考察を深める必要があろうと思われる。

参考文献

村岡良弼『続日本後紀纂詁』　一九一二年　近藤出版部

和田英松『本朝書籍目録考證』　一九三六年　明治書院

宮内庁書陵部編『図書寮典籍解題』歴史篇　一九五〇年　養徳社

坂本太郎『六国史』（『坂本太郎著作集』三所収　吉川弘文館　一九八九年）　一九七〇年　吉川弘文館

萩野由之「続日本後紀宣命」　一八九八～九九年　『国学院雑誌』四ノ二～一一、五ノ二

坂本太郎「六国史について」　史学会編『本邦史学史論叢』上所収　一九三九年　冨山房

同「六国史とその撰者」（『坂本太郎著作集』三所収　吉川弘文館　一九八九年）　一九五五年　『歴史教育』三ノ一

坂本太郎　「史料としての六国史」（同上所収）　一九六四年　『日本歴史』一八八

同　「六国史の文学性」（同上所収）　一九六四年　『国語と国文学』四一ノ四

同　「藤原良房と基経」　日本歴史学会編『歴史と人物』所収（『坂本太郎著作集』一一所収　吉川弘文館　一九八九年）　一九六四年　吉川弘文館

渡辺直彦　「『逸文・拾遺』『検非違使起源の問題』」　一九六六年　『新訂増補 国史大系月報』五一

坂本太郎　「六国史の伝来と三条西実隆父子」（『坂本太郎著作集』三所収　吉川弘文館　一九八九年）　一九七〇年　『史料纂集』会報一二・一三

松崎英一　「『続日本後紀』記事の誤謬・矛盾」　一九七六年　『古代文化』二八ノ一一

亀田隆之　「『続日本後紀』における「伝」の性質」（「『続日本後紀』における「伝」」と改題し、『日本古代制度史論』所収　吉川弘文館　一九八〇年）　一九七六年　『日本歴史』三四二

吉岡眞之　「〈明治・大正期〉宮内省における六国史校訂事業」（「宮内省における六国史校訂事業」と改題し、『古代文献の基礎的研究』所収　吉川弘文館　一九九四年）　一九八三年　『書陵部紀要』三四

野口武司　「『続日本後紀』と『文徳実録』」　一九八八年　『信州豊南女子短期大学紀要』五

高田淳　「高柳光寿博士旧蔵『続日本後紀』（巻五・八）について」　一九九一年　『国学院大学図書館紀要』三

田島公　「禁裏文庫の変遷と東山御文庫の蔵書—古代・中世の古典籍・古記録研究のために—」　大山喬平教授退官記念会編『日本社会の史的構造〈古代・中世〉』所収　一九九七年　思文閣出版

佐々木恵介　「六国史錯簡三題」　皆川完一編『古代中世史料学研究』上所収　一九九八年　吉川弘文館
吉岡眞之　「続日本後紀」毎日新聞社「至宝」委員会事務局編『東山御文庫御物』2所収　一九九九年　毎日新聞社
遠藤慶太　「『続日本後紀』と承和の変」　二〇〇〇年　『古代文化』五二ノ四
同　「『続日本後紀』現行本文の問題点」　二〇〇〇年　『続日本紀研究』三二八

日本文徳天皇実録

松崎英一

一　書名

本書は六国史の五番目に位置する正史。先行の『日本書紀』（『日本紀』ともいう）と『続日本紀』、『日本後紀』と『続日本後紀』が書名として、それぞれ対になっているのに対し、はじめて「文徳天皇」という漢風諡号と「実録」の語を書名に用いている。

その理由としては「続」、「後」の文字を既に使用してしまっている事とともに、紀から実録への変化を反映しているといえる。

『日本書紀』は四十代（神武〜持統）、『続日本紀』は九代（文武〜桓武）、『日本後紀』は四代（桓武〜淳和）の天皇の治世を対象としているのに対し、『続日本後紀』にいたって仁明天皇一代を対象とした。

実録は中国では皇帝の死後に史官が起居注にもとづいて記したその皇帝一代の記録であり、文徳天皇一代の正史という意味で、実録と書名に冠したものと思われる。

しからば同じく天皇一代の正史である『続日本後紀』をなぜ日本仁明天皇実録と称しなかったのかといえば、それは先述のごとく、『日本後紀』との対を意識してのことであろう。本書は『文徳天皇実録』、『文徳実録』とも称されることがあるように、「日本」の二字は不要のように思われるが先行の四国史すべてに日本の文字が用いられているのを尊重したものであろう。

ただし、書名が紀から実録に変わったことはただちに体裁・内容の変更を意味しているわけではない。『続日本紀』以下『日本三代実録』にいたる五国史は、それぞれに独自性はみとめられるものの、それは主として五国史それぞれの編纂方針や撰者の個性によるものであって、基本的には史実をもととした天皇中心の編年体の正史という点では、かわりがないのである。

二　撰修年代

本書の編纂事情をうかがうべき根本史料は「元慶三年十一月十三日　右大臣正二位臣藤原朝臣基経、参議刑部卿正四位下兼行勘解由長官近江守臣菅原朝臣是善、従五位下行大外記臣嶋田朝臣良臣」が上進した巻頭の序文である。この序文は『類聚国史』一四七にもみえるが、また『菅家文草』七に「奉二家君教一所レ製也」として記されている。すなわち序文の実際の筆者は第二次編者の一人である菅原是善の命によりその子道真が撰したものであることが知られる。時に道真三十五歳。前年十月十八日文章博士を兼任し、この年正月七日従五位上に叙され、三月清和上皇の勅によって清和院法華経講会願文、五月元慶寺鐘銘、十一月藤原基経らの朔旦冬至を賀するに答える詔を草した後に作成したのがこの序である。

序文には清和天皇が「貞観十三年、詔二右大臣従二位兼行左近衛大将臣藤原朝臣基経、中納言従三位行民部卿兼春宮坊大夫臣南淵朝臣年名、参議正四位下行左大弁臣大江朝臣音人、外従五位下行大外記善淵朝臣愛成、正六位上行少内記都宿禰良香、散位正六位上嶋田朝臣良臣等数人一、據二舊史氏一、始就二選修一、三四年来編録疎略、適属二揖譲一、刀筆暫休」とみえる。

すなわち本書編纂の始まりは貞観十三年に清和天皇が右大臣藤原基経らに父文徳天皇の正史編纂を命じたことによるというのである。

しかし基経以下の官位を検すると貞観十三年には疑問が生じる。基経を右大臣従二位とするが、彼が右大臣に進んだのは貞観十四年八月二十五日であり、従二位に昇叙したのは同十五年正月七日である。したがって右大臣従二位は十五年正月七日以降の官位であること自明である。撰者の第二にあげられた南淵年名を中納言従三位と記しているが、彼がこの官位を得たのは貞観十四年八月二十五日である。

貞観十三年、基経は従三位大納言左近衛大将であり、年名は参議民部卿正四位下兼春宮大夫であったのであり、それぞれ右大臣従二位、中納言従三位には達していなかったのである。

次に都宿禰良香の名が問題である。

彼は貞観十四年四月十六日、正六位上行式部少丞平朝臣季長と共に正六位上行少内記都宿禰言道の名で掌渤海客使に任命され、同年五月七日「掌渤海客使少内記都宿禰言道自修二解文一請二官裁一偁、姓名相配、其義乃美、若非二佳令一、何示二遠人一、望請改二名良香一、以遂二穏便一、依レ請許レ之」（『日本三代実録』）ということで旧名言道から良香と改名した。

したがって都良香と書けるのは、それ以後である。

さらに、三と五が書写の際誤写されやすいという点も考慮されるべきであろう。

佐伯有義氏は朝日新聞社本『文徳実録』の解説に「又序文に據㆓舊史氏㆒始就㆓撰修㆒、三四年来、編録疎略、適属㆓揖譲㆒、刀筆暫休とあるのは、清和天皇の陽成天皇に御譲位あらせられ、御代改まりし爲に、編修の事も暫く中止せられしことを述べたるものなるが、若し十三年ならむには、三四年来編録とあるに合はず、必ず五六年とあるべきなり。然るに三四年とあるは、是も亦十五年なりし一證とすべし」としている。

また虎尾俊哉氏は「日本後紀・続日本後紀・日本文徳天皇実録の三国史は、いずれも藤原北家の嫡承者が、それぞれ名実ともに政界の第一人者となってはじめて正月をむかえた年、つまり新政の第一年目に編纂の詔命が下っているという点で共通である。」とし冬嗣・良房・基経を三国史編纂の発議者であると論じ、「良房・基経の場合はそれぞれの父の前例を踏襲したものであろう」とその「継続撰修の発議」を強調している（虎尾俊哉「六国史―継続撰修の発議―」『日本歴史』第一九四号）。十五年説の補強になる。

柳宏吉氏は基経・年名・音人三人の官位からみて編纂下命は十五年正月七日から十六年正月七日（この日音人従三位に昇る）までの間とし、十三年は基経の序列は太政大臣従一位藤原良房・右大臣正三位藤原氏宗・大納言正三位源融に次ぎ第四位であり、かつ大臣でもないから十五年とみた方が常識的ではあるが「未だ確定的な論拠を掴み得ない」と述べられている（柳宏吉「石川名足・上毛野大川の国史撰修」『日本歴史』第七七号）。

坂本太郎氏は基経の「従二位は類聚国史では従三位とあるが、従三位では位署書は従三位守右大臣となる所だから、恐らく三位は書写の誤り」とした上で基経・年名・良香の「三人について官位の妥当する共通の時を求めれば、貞観十五年正月七日から十三日までの僅かの間となる」（坂本太郎『六国史』〈日本歴史叢書〉）とした。この十三日というのは「以㆓従五位下行少内記都宿禰良香㆒為㆓大内記㆒」（『日本三代実録』）日である。佐伯氏は都良香は「十五年正月従五位下に叙し（三代実録に貞観十五年正月七日癸酉菅原是善叙位の事見え、其の下に三十九人の名を略せり、蓋し此の中にありしなるべし、今推して此の時とす、尚ほ能く考ふべし）」（佐伯有義「日本文徳天皇実録解説」『増補六国史』所収）とされたが、序文には正六位上とあり矛盾する。正月七日は基経が従二位に進階した日であり、その日に都良香も従五位下に叙位されたとすれば、序文には従五位下行少内記とされていなければならない筈である。

『三代実録』には翌八日正四位下上毛野滋子が従三位を授けられた事がみえ、その下に「男二人、女三人」に叙位のあった事が見える。良香が従五位下を授けられたのはこの八日である可能性が高い。「男二人」のうち一人は良香に擬せられるのではなかろうか。こう考えると『文徳実録』編纂の詔命が下ったのは、基経が従二位に昇叙された日、すなわち貞観十五年正月七日に限定される。序文に記されるとおり、その時良香は「正六位上行少内記」であり、翌八日従五位下を授けられ、さらに十三日大内記に任官したということになる。以上の結論は序文に記されている官位や良香の名が下命時のものであるとの前提に立っている。坂本氏は「撰修下命の時の史料はなく、少したってからの歴名などを見て、官位を書いているかもしれない。（中略）都良香についても、言道の前名は承知していても、後文にもあるから、それとの関係もあって、わざと世に知られた良香で統一したとも考えられる。」とし、佐伯氏が官位と共に論拠とされた「三四年来」についても「撰集下命の時から三―四年と厳密に解すべきかどうか」疑問であって、従って「十五年だと断定する勇気はない」。しかし十三年では「大臣が主宰するという慣例からは、はずれている」点と十三年八月二十五日年名・音人も編者であった貞観式二十巻の完成奏上、九月二十八日太皇太后藤原順子の崩、十四年九月二日太政大臣良房の薨去など「十三・十四年の交は朝廷多事の時である。そういう忙しい時に、国史撰修の命が下されたかどうか、その点からも、十三年という年には疑問が抱かれるのである。」とされている（坂本太郎『六国史』〈日本歴史叢書〉）。

しかしひるがえって考えるに『日本文徳天皇実録』『類聚国史』『菅家文草』という三種の書ともに本来貞観十五年とあったのを十三年と誤写したとは思えない。『文徳実録』と『類聚国史』は親子関係にある事を考慮に入れても、『菅家文草』は異質である。その文草に「都宿禰言道」と記されているのも貞観十三年説には有利な材料である。坂本氏のあげられた順子、良房の死は予見できる事ではなく、それをもって「朝廷多事の時」とするのは主観的に過ぎるのではなかろうか。反って貞観式の完成奏上を受けて、国史編纂が同年中に発議されたと推測する事も可能のように思われる。確かに貞観十三年には基経は大臣に至っていないから、その点は十三年説の弱点ではある。

一方で編纂下命が十五年正月七日とすればこの日は殆ど毎年恒例となっている叙位人事の発表される日で、現にこの日も源融・藤原基経が従二位に、菅原是善が正四位下に昇位し、他に三十九人の叙位が行われた。最大の関心事であったと思われる官人昇叙の日に編纂が命じられたとみるのも無理の様に思われる。

結局、十三年説、十五年説ともに弱点を有しているが、三書が全て十三年としているのは無視できないであろう。

こうして始まった撰修は貞観十八年十一月二十九日の清和天皇譲位、翌年正月三日陽成天皇即位のことなどがあり「刀筆暫休」んだが新天皇は元慶二年あらためて「摂政右大臣臣基経、令下参議刑部卿正四位下兼行勘解由長官近江守臣菅原朝臣是善等一、與二前修レ史者文章博士従五位下兼行大内記越前権介都朝臣良香、従五位下行大外記嶋田朝臣良臣等上」（『日本文徳天皇実録』序文）に勅して編集を再開させた。この間元慶元年四月八日大納言正三位南淵年名が享年七十で、同十一月三日参議従三位左衛門督大江音人が六十七歳で薨じている。第二次編者四人のうち良香も完成奏上に先だち元慶三年二月二十五日没した。享年四十六歳。序文に「良香愁二斯文之晩成一、忘二彼命之早殞一、注記随レ手、亡去忽焉」とあり、文字どおり、本書の完成に身命をとした様がうかがえる。残った三人が「百二倍筋力一、参二合精誠一、銘レ肌不レ遑、鞅掌従レ事」（『日本文徳天皇実録』序文）って元慶三年十一月十三日奉進したのが本書である。

三　撰者

編纂を主宰したのは藤原基経である。基経は権中納言兼左衛門督従二位で薨じた長良の第三子で叔父良房の養子となり、政治上の後継者となった。貞観六年正月、源生・南淵年名・大枝音人・藤原常行と同時に参議に任じられ、同八年十二月、清和天皇の手勅によって従三位中納言、十二年正月大納言、十四年八月正三位右大臣と順調に昇進していった。十三年はしたがって従三位大納言であり、上首に養父太政大臣良房、右大臣藤原氏宗、大納言源融がいたことは先記したが、良房は既に六十八歳で翌年九月薨じている。『続日本後紀』の編纂も主宰したので北家の嫡承予定者としての基経を推して本書の編集を始めさせたのであろう。基経はこの年三十六歳。

南淵氏は応神天皇後裔と伝える。南淵の氏は大和国高市郡南淵による。本姓息長、のち外戚の姓により槻本、その後坂田、さらに弘仁十四年十二月南淵朝臣を賜姓された。年名は正四位下永河の子である。永河は「嵯峨太上天皇在藩之時、与二朝野鹿取、小野岑守、菅原清人等一、共侍二読書一（中略）其年（承和四年）秋為二大宰大弐一、仁愛為レ務、民庶仰慕」と天安元年十月丙子紀の卒伝に記された良吏であった。年名は天長九年文章生、同十年正月十一日少内記、承和八年正月正六位上から従五位下、仁寿三年正月従五位上、この間の嘉承三年十一月二十九日式部少輔、天安元年五月八日正五位下式部大輔、天安二年正月従四位下、同年十一月七日清和天皇の即位にともない正四位下に昇位した。これより先斉衡三年十月春宮権亮、翌年九月春宮亮を拝している。貞観元年二月勘解由長官を兼ね、同三年正月右大弁に任じられた。同四年十二月二十七日右大臣藤原良相は上表文中に「右大弁南淵朝臣年名、身爲二進士一、職経二内外一、稍通二治体一、既居二枢要一」（『日本三代実録』）と評している。同五年二月左大弁に転じ翌六年正月十六日待望の参議に任じられた。同八年八月七日、いわゆる応天門の変に関して勅により参議右衛門督藤原良縄と共に大納言伴善男を勘解由使局において訊問した。時に参議正四位下行左大弁兼勘解由長官とある。

同九年正月十二日民部卿に任じられたが、同十年二月十八日の参議正四位下行右衛門督兼太皇大后宮大夫藤原良縄の卒伝に貞観三年頃、良縄が右大弁年名、左中弁大江音人は「年事老宿、班皆在二良縄下一」（『日本三代実録』）の地位にいる事に対し、二人は「或碩儒宿歯、或朝家塩梅、吾齢少二於両賢一、職在二其上一、出入進退、常有レ慙レ顔」（『日本三代実録』）と私語したと記している。同十一年二月貞明親王（陽成天皇）の立太子にともない春宮大夫となり、三月田邑山陵（文徳陵）に立太子告文を行なった。四月十三日貞観格十二巻、同十三年八月二十五日貞観式二十巻が完成したが、その撰者には大江音人・菅原是善らと共に年名の名もみえる。十四年八月従三位中納言、さらに十八年十二月大納言に昇進、この間の十六年正月民部卿の辞任を願ったが許されなかった。元慶元年正月三日陽成即位に際し正三位を授けられている。なお筑前守・尾張守・右京大夫・信濃守・伊予守・近江守などの地方官も歴任した。元慶元年四月七十歳で薨じたが、その薨伝に「性聡察有二局量一、莅レ官理レ事、以二清幹一聞」（『日本三代実録』）とある。死の前月、年名は大江音人・藤原冬緒・菅原是善・文室有真・菅原秋緒・大中臣是直らを、彼の小野山荘に招き唐の白楽天の故事にならって尚歯会を開いた。
本邦最初の尚歯会といわれている。なお貞観十三年にはすでに六十四歳であった。

大江音人は江家の始祖。参議大江朝臣の唐名により江相公と号する。氏の名は山城国乙訓郡大江郷に由来する。延暦九年十二月、桓武天皇は即位十年にあたり「外祖母土師宿禰(真妹)、並追二贈正一位一、其改二土師氏一、爲二大枝朝臣一」(『続日本紀』)を賜姓した。貞観八年十月、音人らは枝の幹より大なるは子孫繁栄するゆえんではないとし枝を江に変更する事を願い許された。音人は『公卿補任』貞観六年条尻付に「平城天皇曾孫、阿保親王孫、備中介正六位上大枝本主一男、母中臣氏(阿保親王侍女)」とするが、阿保親王は七九二年の生まれで、音人の生年は八一一年であるから、祖父と孫の関係とは信じられない。二人の血縁関係が信じられるとすれば、それは親子以外にはないのではなかろうか。とすれば音人は在原行平・業平らの異母兄ということになる。八一〇年九月阿保親王は薬子の変に連坐して大宰権帥に左遷されたが、懐妊中の侍女は何らかの理由(憶測すれば親王の家令の可能性もあろう)で大枝本主に嫁し、翌年生れた音人は本主一男とされたのではなかろうか。音人が備中介(音人薨伝には権介とする)正六位上の長子としては異例の参議従三位にまで昇ったのは、もとより本人の能力によると思われるが、実は阿保親王長子ということが官人社会では周知されていたとも考えられる。『本朝皇胤紹運録』や大江匡房の『続本朝往生伝』は音人を阿保親王の子としている。

音人は天長十年文章生、承和四年文章得業生となり本朝秀才のはじめとされるが正確ではない。同十三年正月十三日少内記、十五年正月従五位下、二月十四日大内記、嘉祥三年十一月二十五日惟仁親王(清和天皇)立太子の際東宮学士、仁寿二年十一月民部少輔兼東宮学士、三年七月一日大内記に再任、斉衡元年正月従五位上に昇った。十月春澄善縄・菅原是善と共に蔵人所に召され、重陽の節文人が上げた所の詩の評を命じられている。同三年正月十二日左少弁に転じ、天安二年三月丹波守任官、この時まで東宮学士であったと推定される。十一月七日清和天皇即位の際正五位下、同月二十五日式部少輔、十二月八日式部少輔のまま右中弁となった。これより先音人は官人として出発しはじめた頃の承和九年尾張国に配流され、同十一年秋帰京したと『公卿補任』にみえる。所謂承和の変に連坐しての尾張国配流とみなすべきであろうが、変が三品弾正尹阿保親王の嵯峨太皇太后橘嘉智子への密告により露顕したとされているから皮肉なことではある。貞観元年十二月権左中弁、同二年二月大学博士大春日雄継が孝経を天皇に講義した際、音人は右中弁藤原冬緒と共に陪席した。同月仁王経講会の行事司の一員に任じられ、閏十月文章博士菅原是善・藤原冬緒らと共に本年の朔旦冬至について勅問されている。十一月従四位下、三年正月左中弁、五年二月右大弁、六年正月南淵年名・藤原基経らと同時に参議に昇進した。八年正月従四位上、三月清和天皇は右大臣藤原良相の西京第に行幸し観桜会が開かれ文人が召され百花亭詩が賦されたが、この時音人は基経と共に正四位下に叙された。従四位上昇位も基経と同時である。同八年九月応天門の変に関して伴善男配流の事を柏原山陵（桓武天皇陵）に告げる使者に派遣されている。音人はこの種の使者に遣わされる事が多く、貞観元年二月伊勢国多度神社、尾張国熱田、大県等の神社に神位記財宝をたてまつり、同年七月神宝幣帛を平野社に、七年二月には神霊池水沸騰のため山階山陵（天智天皇陵）に、四月には、楯矛鞍をたてまつる使者として平野社に遣わされている。音人の有能な官人としての一面を示しているのであろう。九年正月十二日左大弁に任官、同十七日の二品仲野親王薨伝に「親王能用二奏寿宣命之道一、音儀詞語足レ為二模範一、当時王公無レ識二其儀一」（『日本三代実録』）という事で基経・音人らに勅して「就二親王六條亭一、受二習其音詞曲折一焉、」（『日本三代実録』）とみえる。同十年閏十二月右大臣正二位源信薨伝に応天門の変に関して清和天皇が音人と左中弁家宗を遣して信を慰諭したことがみえる。前年二月左大臣源信の辞職願いに対し「遣二前学士音人一、深喩二朕意一」（『日本三代実録』）とあるのはこの事を指しているのであろう。嘉祥三年十一月惟仁親王立太子に際し、信は東宮傅に、音人は東宮学士に任じられ二人は旧知であった。

貞観十一年四月貞観格、十三年八月貞観式が完成奏上されたが音人は南淵年名・菅原是善らと共に編纂者の一人であった。この間の十二年正月勘解由長官を兼ね、十六年正月には従三位、二月左衛門督、四月十九日丑刻淳和院から出火し、禁中にも火の粉が飛んできた。音人は属僚をひきいて駆けつけ難を救うということもあった。これより先の十一年正月任僧綱宣制のため西寺綱所に、十四年三月恠異頻発による諸社への奉幣使の一人として平野社へ、五月には渤海国使に賜う位階告身を授けに鴻臚館に、十五年五月には賀茂社へ、さらに十八年十二月には陽成天皇即位のことを告げるため田邑山陵に遣わされるなどのこともあった。十七年四月二十五日天皇への群書治要の講義が終了しその竟宴が綾綺殿で催され大臣以下詩を賦したが、都序は音人の作るところであった。つづいて二十八日天皇は史記を読み始めるが、音人が侍読をつとめている。元慶元年四月二十一日、陽成天皇の三月二十九日付の奉表に対し清和太上天皇は勅答したが「此勅書年月日下注二惟字一、先レ是、勅二参議従三位大江朝臣音人一、令レ議下太上天皇送二皇帝一之書可レ注二御諱一将否上」（『日本三代実録』）との下問に答えた音人の意見によってなされたことであった。音人は同年十一月三日薨じたがその薨伝に「音人内性沈静、外似二質訥一、為レ人広眉大目、儀容魁偉、音声美大、甚有二風度一、音人別奉レ勅、撰二群籍要覧卌巻、弘帝範三巻一、又有レ勅与二参議刑部卿菅原朝臣是善一、撰二定貞観格式一、其上表幷式序、皆是音人之辞也、年六十七」とある。著作には他に『江音人集』一巻が知られるが今は散逸している。『続本朝往生伝』に「最後瞑目之剋、誦二尊勝陀羅尼七遍一而気絶、人称二往生之人一」と記されている。貞観十三年六十一歳であった。

善淵愛成は貞観四年五月十三日紀に「美濃国厚見郡人外従五位下行助教六人部永貞、讃岐少目従七位上六人部愛成、散位従七位下六人部行直等三人、賜二姓善淵朝臣一、天孫火明命後、少神積命之裔孫」とみえる。三人は兄弟であろうと思われるが福貞（福貞は永貞の前名である）は貞観二年十一月外従五位下、三年八月「直講六人部福貞講二周易一」じ、四年正月助教に任官、仁和元年十二月正五位下大学博士で卒した。この間貞観十五年博士に任じられている。永貞は地方出身者でありながら学問により家を興し、直講・助教・博士として大学寮教官在職二十五年以上に及んでいる。永貞と愛成は同九年八月本貫を厚見郡から左京職に移した。この時愛成は従六位下少外記であった。十年正月外従五位下、大外記、十七年四月二十五日山城権介従五位下の彼が都講を勤めた清和天皇の群書治要講書の事が終り、綾綺殿で竟宴が催された。元慶元年四月「日蝕在レ夜廃務以否」（『日本三代実録』）の詔命をうけた明経紀伝明法等博士のなかに大学博士永貞と助教愛成の名がみえる。同二年二月二十五日助教愛成は宜陽殿東廂において日本紀を講義し、右大臣基経以下参議以上の人々が聴講した。三年五月中断していた日本紀講書が再開され、愛成はひきつづき日本紀を読んだが、この時は図書頭であった。この講書は五年六月二十九日に終り、六年八月竟宴が設けられている。八年十一月従五位上、仁和二年正月十六日、前年十二月死去した兄永貞の後をうけて大学博士に任じられ寛平二年まで在任した。愛成が元慶二年の第二次撰者から漏れた理由は判然としない。この年から始まった日本紀講書で講義をしているのであるから国史撰修にはふさわしい人ではないかと思われるのであるが。

都良香。都氏は崇神天皇の後裔と伝える。弘仁十三年文章博士桑原公腹赤と貞継の兄弟は都宿禰と改姓した。良香は貞継の子である。貞継はその仁寿二年五月の卒伝に「歴二吏部一、詳二知旧儀一、後到二此職一者、必相訪習二行之一」（『日本文徳天皇実録』）と記されている。元慶元年十二月都御酉・良香ら四名は朝臣を賜姓された。良香は貞観二年四月文章生、文章得業生をへて、同十一年六月対策に及第したが、その対策文（神仙、漏剋）は後世の模範とされる名文であった。同十三年十月諸儒の一人の中に正六位上少内記として彼の名が見える。十四年四月掌渤海客使となり、五月良香と改名したことは先記したが、掌渤海客使に任じられたのは、彼の漢文学の能力が当時既に高く評価されていたことをうかがわせる。十五年正月十三日大内記、十七年二月二十七日文章博士を兼任、十八年四月「大極殿灾、皇帝廃レ朝以否、及群臣従レ政如何」（『日本三代実録』）との詔問に答えた明経紀伝博士のなかに文章博士従五位下兼行大内記越前権介都宿禰良香の名がみえる。同じく元慶元年四月「日蝕在レ夜廃務以否」（『日本三代実録』）との詔命をうけた明経紀伝明法博士の一人でもあった。元慶二年三月二十九日出羽守藤原興世が十七日に発した夷俘反乱の飛駅が到着したが、同日発された追討の勅符は良香の筆になり、これも名文として知られる。同年八月皇弟貞保親王の読書始めに、島田良臣らと共に基経から特によばれ、詩を賦し禄を賜っている。しかし同三年二月二十五日卒した。その卒伝に「姿体軽揚、甚有二膂力一、博通二史伝一、才藻艶発、声動二京師一、居レ貧无レ財」（『日本三代実録』）とある。享年四十六歳。『都氏文集』六巻を残したが現在は三～五の三巻しか残っていない。他の著作として『道場法師伝』『富士山記』『吉野山記』『日吉山王三聖垂迹記』などが知られる。民間の口承を記録することで新しい文学を生み出している。良香は天性の漢詩人で、その文名が平安時代に益々上がったこともあって、『拾芥抄』『二中歴』などに『文徳実録』は「実都良香撰」という伝説を生むことになった。なお良香は貞観十三年三十八歳、元慶二年四十五歳であった。

島田氏は神八井耳命の後と称する。氏の名は尾張国海部郡島田郷に由来する。良臣の祖父清田は天長七年淳和天皇の下命による『日本後紀』第二次撰者の一人でその時大外記の職にあった。良臣も文章生出身、貞観十三年編纂下命の時は散位であったが、忠臣の弟でもあり、すでに文名を知られていたのであろう。同十五年正月十三日少外記、十六年正月十五日には大外記に任じられた。元慶二年二月に始まった日本紀講書では都講をつとめ、同年八月皇弟貞保親王の披香舎における蒙求の読書始めに際し基経が文章博士大内記都良香らと共に良臣をもよび詩を賦さしめたことも先記した。その死まで大外記の任にあったことは兄忠臣の『田氏家集』に「哭二舎弟外史大夫一」とあることであきらかであるが、その死は元慶六年かと推定される。兄忠臣の娘宣来子は菅原道真の室となった。したがって良臣は道真の義理の叔父になる。昌泰二年二月道真は右大臣に昇任し、三月宇多上皇は宣来子の五十歳の賀を祝って道真邸に行幸した。道真の絶頂期であり、妻宣来子の生年が八五〇年であったことも知られる。『菅家文草』巻二の「奉レ和下兵部侍郎(島田忠臣)哭二舎弟(同良臣)大夫一之作上」に「大夫在世、爲二大相国(藤原基経)之近習一」とあり、その様な関係も基経を主班とする『文徳実録』の編纂者に良臣が散位ながら選任された理由の一つかとも思われる。なお『外記補任』の記載を信ずれば貞観十三年良臣は四十歳であった。

　元慶二年陽成天皇による第二次編者任命の際、死亡していた南淵年名・大江音人に代って選任された菅原是善は、『令義解』『凌雲集』『文華秀麗集』の撰者で延暦二十二年遣唐判官として入唐した清公の第四子。道真の父である。氏名は居地の大和国添下郡菅原郷による。是善は十一歳で童殿上し、嵯峨天皇の前で書を読み詩を賦した。承和二年秀才にあげられ、同六年対策、中上、三階を進叙された。七年大学少允、十一年正月従五位下、同年八月には大内記とあり、十二年三月五日文章博士となった。十四年五月兼東宮学士、大内記故のごとく、嘉祥三年正五位下、仁寿三年正月大学頭、十月「文章生未二出身一者及第之後、不レ経二勘籍一、預二考例一」(『日本文徳天皇実録』)ことを奏請し許されている。斉衡二年正月従四位下、貞観二年十一月従四位上、同三年三月東大寺における無遮大会の呪願文は詔命により是善が作った。十一年貞観格、十三年貞観式の撰者の一人で、十四年八月参議、十五年正四位下、十七年四月、群書治要講書が終り、その竟宴が綾綺殿で催されたが、この講書中に是善は「奉レ授下書中所二抄納一紀伝諸子之文上」（『日本三代実録』）っている。元慶三年十一月従三位に昇ったが、翌四年八月薨じた。その薨伝に「父清公学芸博通、才徳甚高、弱冠挙試、爲二文章生一、尋挙二秀才一、対策登レ科（中略）至二三位一、猶爲二文章博士一、以三其爲二儒門之領袖一也（中略）是善藻思華贍、声価尤高、小野篁詩家之宗匠、春澄善縄、大江音人、在朝之通儒也、並以二文章一相許焉、上卿良吏、儒士詞人、多是門弟子也、天性少レ事、世体如レ忘、常賞二風月一、楽二吟詩一、最崇二仏道一、仁二愛人物一、孝行天至、不レ好二殺生一、臨終之夕言、四命絶レ根、不レ及二孟冬悔過之期一、今日雖レ死至二彼月一爲レ我修二功徳一耳、一言而止、更无二他語一、是善撰二文徳天皇実録十巻一、文章博士都朝臣良香預レ之、又自撰二東宮切韻廿巻、銀牓輪律十巻、集韻律詩十巻、会分類集七十巻一、又有二家集十巻一」（『日本三代実録』）とある。残念ながら是善の著作は家集をふくめて現存しない。享年六十九歳であったから、元慶二年は六十七歳。編集の実務にどれだけ関与できたかは判らない。おそらく基経の了解の下、道真に序文を代筆させていることからみても、『新儀式』に記す執行の参議一人として名を連ねただけではなかろうか。大所高所からの指導はしたとしても、実務への関与は殆ど考えられない。それは南淵年名・大江音人についても言えることであろう。貞観十三年、年名は六十四歳、音人は六十一歳であったからである。

四 編 成

本書は序文に「起レ自二嘉祥三年三月己亥一、訖二于天安二年八月乙卯一、都盧九年、勒成二十巻一」とある。乙卯紀は文徳天皇が新成殿において崩じたことを記すが、二日後の丁巳「皇太子与二皇后一同輦、移二幸於東宮一」、ついで翌月九月二〜四日の記事につづいて、甲子（六日）「夜葬二大行皇帝於田邑山陵一（中略）春秋卅有二」で終っている。巻ごとに対象年月を記したのが表1である。

各巻の平均行数は一六三・五行、日数の平均は八八・二日となる。

巻三〜七は一年一巻、巻十は天皇崩御までであるから問題ないとして、嘉祥三年を巻一と二に分割した理由は何であろうか。二巻を合計すると三〇七行となり多すぎるという事が当然考慮されたのであろうが、嘉祥三年七月十七日「追二崇外祖父左大臣正一位藤原朝臣冬嗣一為二太政大臣一、外祖母尚侍従三位藤原朝臣美都子贈二正一位一」の記事のある七月を巻二の巻頭にするための措置であったと推定する方が妥当ではなかろうか。というのは、巻八を斉衡三年十二月で終らせず翌天安元年正月までとしたのかということと関連する。天安元年正月条は四十八行あり、従って巻八を斉衡三年十二月までとすると一二二行となり、巻九に正月条を移すと二九九行となるという分量の面も考慮したのであろうが、より根本的な理由は「右大臣正二位藤原朝臣良房為二太政大臣一」という天安元年二月十九日条をふくむ二月紀を巻九巻頭に持ってきたかったからだと推定されるからである。冬嗣・良房の（贈）太政大臣任官記事を巻頭にすえる巻別編成が基経の意向によるかどうかは定かではない。

表1　文徳実録の編成

巻	年　月	行数	日数
1	嘉祥3年3月　〜　同　年6月	167	49
2	嘉祥3年7月　〜　同　年12月	140	58
3	仁寿1年正月　〜　同　年12月	139	96
4	仁寿2年正月　〜　同　年12月	156	97
5	仁寿3年正月　〜　同　年12月	158	81
6	斉衡1年正月　〜　同　年12月	130	84
7	斉衡2年正月　〜　同　年12月	129	87
8	斉衡3年正月　〜天安1年正月	170	105
9	天安1年2月　〜　同　年12月	251	109
10	天安2年正月　〜　同　年9月	195	116

註、行数は新訂増補国史大系本による。
日数は記事のある日数の意味。

五　内　容

最初に本書の特異の句法についてふれる。

嘉祥三年四月癸丑　有二魚虎鳥一、飛二鳴於東宮樹間一、何以書レ之、記レ異也、

嘉祥三年十二月丁巳　雷、何以書レ之、記レ異也、

仁寿元年三月己亥　有二水鳥一、似レ鷺而小、不レ得二其名一、集二殿前梅樹一、何以書レ之、記レ異也、

仁寿元年五月乙未　有二死蛇一、在二南殿前一、頭有二傷処一、似二有レ物噛一レ之、何以書レ之、記レ異也、

仁寿元年十二月　冬温、何以書レ之、記レ異也、

斉衡三年八月丁丑　冷然院及八省院、太政官庁前、同時虹見、記レ異也、

斉衡三年十一月丁巳　御池水色変レ黒、数日及復、何以書レ之、記レ異也、

斉衡三年十一月戊辰　有レ鷺、集二版位下一、記レ異也、

天安二年七月丙戌　白鷺集二太政官庁版位間一、記レ異也、

嘉祥三年五月己卯　大風、折レ木殺レ草、記レ災也、

斉衡元年三月丁未　春寒殞レ霜、何以書レ之、記レ災也、

斉衡元年五月　是月甚寒、山北微雪、記レ災也、

斉衡二年四月　是月、寒殞レ霜、記レ災也、

斉衡三年三月丙午　雨レ雹、記レ災也、

このように異常な自然現象や鳥・蛇のことなどを記し、その記載した理由を「異」・「災」を記すと付記しているのは他の国史には例がない。この異を記す、災を記すという書法は『春秋公羊伝』にもとづくものである。『公羊伝』は孔子の編集になるとされる『春秋』に対し、戦国時代公羊高が用語と筆法を中心に解説したものである。これらの記事は『春秋公羊伝』に通じていた人の手になることは疑いなく、その筆者を確証はないが都良香に擬する説が有力である。

本書の記事の特色は第一に政治法制に関する記事の少ないこと、第二に薨卒伝の豊富なこと、第三に民間の消息や口承を採録していることである。

第一の政治法制に関する記事の少ないことを客観的に証明するため、坂本太郎氏は『類聚三代格』と国史との対比を行われた。その結果を表2として借用する（坂本太郎『六国史』〈日本歴史叢書〉）。Aは格が国史に乗せられていない通数、Bは完全な形で載録されている通数、Cは要約されたり、字句や日付が相違している通数である。史学の常識からいえば、格は重要な史実であって真先に国史に載録すべきものと思うのであるが、四十二％から八十七％の格が全く無視されているのである。特に『文徳実録』において、それが甚しいことは明白に示されている。本書の対象とする期間中に出された格五十二通のうち四十五通は載録されていない。本書の編者らが国政に無関心、あるいは政治法制の変化を国史に載録することに価値を見出さなかったことを証している。

国史の完成奏上なども重要な史実と思われるが序文に貞観十一年八月十四日と記す『続日本後紀』、同じく元慶三年十一月十三日の日付けを持つ『日本文徳天皇実録』について、当該日には『日本三代実録』には何らの記載はない。

表2　五国史と格

	実数			格の全体に対する割合		
	A	B	C	A	B	C
続日本紀	64	43	42	0.43	0.29	0.28
日本後紀	61	16	41	0.51	0.13	0.35
続日本後紀	69	17	27	0.61	0.15	0.24
文徳実録	45	2	5	0.87	0.04	0.09
三代実録	95	28	103	0.42	0.12	0.45

表3　五国史の薨卒伝件数表

	親王皇后	四位以上	五位	僧等	合計	年間比率
続日本紀	23	104	6	9	142	1.5
日本後紀	3	29		6	38	4.0
続日本後紀	15	43		7	65	3.8
文徳実録	11	28	34	7	80	9.4
三代実録	34	79	29	11	153	5.2

表4　五国史に薨卒伝のない件数表

	親王	四位以上	五位	僧	合計
続日本紀	2	129		2	133
日本後紀		7			7
続日本後紀		23			23
文徳実録			1		1
三代実録		10	2	3	15

前者については貞観十二年二月十九日春澄善縄、後者については元慶四年八月三十日の菅原是善薨伝にそれぞれの編者であったことが記されているにすぎない。

また、『日本後紀』についてもその序文には承和七年十二月九日とあるが、『続日本後紀』は同八年十二月十九日条に「修㆓日本後紀㆒訖、奏御」としている。国史が国史に冷淡であったと断ぜざるを得ないのである。第二の人物の伝記記事が豊富なことについても、坂本氏の研究による表を節略した形で借用する（坂本太郎『六国史』〈日本歴史叢書〉）。表3は五国史について、薨卒伝のある記事の通数であり、表4は国史にその人物の死去を記しているが、伝記は記載されていない件数である。『続日本紀』は対象年月が九四年五ヶ月、『日本後紀』は四一年二ヶ月、『続日本後紀』は十七年二ヶ月、『文徳実録』は八年六ヶ月、『三代実録』は二九年一ヶ月であるから、表3については年間比率が国史相互の比較については、最も重要である。表3をみると本書の薨卒伝が続紀の六・二倍、後紀の二・四倍、続後紀の二・五倍、三代実録の一・八倍に達していることが知られる。表3・4から五位については、続後紀まではその人物の死去さえ、国史には記さないという編集方針であったことが判明する。続紀には六名の五位の伝記があるが、それは記述の対象年月が長かったことと、良吏として官人社会に長く記憶されてきた道首名など特殊の場合である。本書に於て五位で卒伝が記されていないのは天安二年四月壬寅「安芸国言上、守従五位上百済王安宗卒」の一例だけである。伝が付されていない理由は判然としないが、彼以外の五位で卒した三十四名全てに伝記が記されている。このように死去の事実とその伝の対象者を五位にまで拡大したのは本書に始まることであり、本書の特色とみることができる。薨卒者の美点に目を向け欠点をあげつらうことがすくないのも、また本書の特色である。八十例に及ぶ薨卒伝のなかで批判的言辞を連ねているのは仁寿三年五月乙巳「無品斉子内親王薨、親王、嵯峨太上天皇第十二女也（中略）親王適二三品大宰帥葛井親王一、内外戚皆恥三其非二成礼一」、天安元年四月甲戌「无品滋野内親王薨（中略）親王容色妖艶不レ免二淇上之譏一」、仁寿三年六月己巳「前豊後権守従五位下登美真人直名卒（中略）直名頗有二才学一、口弁過レ人、抑二屈己一者、必酬以二彼所一レ病、故議者疾レ之、法隆寺僧善愷訴訟事、遂延二及弁官一除名、此類也」、斉衡元年十二月甲寅「木工頭正五位下石川朝臣長津頓二死於寮中一（中略）先父所二貯積一文書数千巻、秘二蔵一舎一、不三曾借レ他一、不レ知三死後灰二滅何処一」、天安二年五月丁亥「散位従五位上藤原朝臣宗成卒（中略）宗成素無二才学一、頗近二邪佞一」など数例にすぎない。多くは地方官として善政をほどこしたことや孝行など賞讃の辞で満たされている。一例だけあげておく。仁寿三年十二月丁丑「相模権介従五位上山田宿禰古嗣卒（中略）幼歳喪レ母敬二事従母一、天性篤孝、甞読二書伝一、至二於樹欲レ静而風不レ止、子欲レ養而親不レ待、流涕不レ禁、巻帙為レ之沾濡、弘仁十二年丁二父憂一、哀毀過レ礼（中略）十三年出為二阿波介一、政績有レ声、阿波、美馬両郡、常罹二旱災一、古嗣殊廻二方略一、築陂蓄レ水、頼二其灌漑一、人用温給」とある如きである。また身長六尺とか六尺二寸、膂力人に過ぐなどと記す一方で斉衡元年十月庚申藤原大津卒伝には「大津身長短小而意気難レ奪、尤善二歩射一、頗超二等輩一」と温かい眼指をそそいでいる。エピソードに富んでいる点も特色でこれも二例ほど紹介すると、仁寿三年四月甲戌和気貞臣卒伝に「貞臣為レ人聡敏、質朴少華、性甚畏レ雷、不レ留二意小芸一、唯好二圍碁一、至二於対レ敵交一レ手、不レ覚二日暮夜深一」との記事がみえ、また嘉祥三年四月己酉葛井親王薨伝には十二歳の親王が嵯峨天皇の詔に応じて弓射を試み再発再中させた「時外祖父田村麻呂亦侍坐、驚動喜躍、不レ能二自已一、即便起座抱二親王一而舞（中略）愚臣非レ所二能及一、天皇大咲曰、将軍褒二揚外孫一、何甚過多」とある。蝦夷征討の名将坂上田村麻呂の孫に対する咄嗟の行動を記してほほえましい。仁寿二年十二月癸未の小野篁薨伝も有名である。所謂承和の遣唐使船の交換問題に関して篁が「朝議不レ定、再-三其事一、亦初定二船次第一之日、択-取最者一為二第一舶一、分配之後、再経二漂廻一今一朝改易、配-当危器一、以二己福利一代二他害損一、論二之人情一、是為二逆施一、既無二面目一、何以率レ下」と抗論して「不二復駕一レ舶」、ために「除名為二庶人一、配-流隠岐国一、在レ路賦二謫行吟七言十韻一、文章奇麗、興味優遠、知レ文之輩、莫レ不二吟誦一、凡当時文章、天下無雙、草隷之工、古二王之倫、後生習レ之者、皆為二師摸一」と配船紛争についての篁の主張を是とし、その文章・書について最大級の讃辞を呈している。それにつけても「何以率レ下」の文が彼の抗論にあったとすれば、篁の人間性をうかがうべき格好の史料ではある。薨伝にはつづけて「及二困篤一、命二諸子一曰、気絶則殮、莫レ令二レ人知一、薨時年五十一、篁身長六尺二寸、家素清貧、事レ母至孝、公俸所レ当、皆施二親友一」としめくくられている。一方、斉衡三年七月癸卯の長良薨伝も注目される。「（元慶）三年重贈二太政大臣一、有二子六人一、第三子基経、今摂政右大臣也、基経幼少之日、敬愛異二於諸子一、古人有レ言、知レ子不レ如レ父、誠哉」とみえる。一見長良讃美のようにみえるが実は基経に対する追従ではなかろうか。早く和田英松氏は「当時の執政にして、この書編修の首班なる基経に対して、特に讃辞を用ひたるが如し。」（和田英松『本朝書籍目録考証』）と評している。この記事は別の意味でも注目される。長良への贈太政大臣は元慶三年二月二十九日であるから、この記述は同日以降にしか書けないという点である。

第三の特色としてあげた民間の消息や口承を採録しているということに移ろう。嘉祥三年五月壬午、前日崩じた嵯峨太皇大后の葬儀の行われたことを記し、つづけて「先レ是、民間訛言云、今茲三日不レ可レ造レ餻、以レ無二母子一也、識者聞而悪レ之、至二于三月一、宮車晏駕、是月亦有二大后山陵之事一、其無二母子一、遂如二訛言一、此間、田野有レ草、俗名二母子草一、二月始生、茎葉白脆、毎レ属二三月三日一、婦女採レ之、蒸擣以為レ餻、伝為二歳事一、今年此草非レ不レ繁、生民之訛言、天假二其口一」と母子草に関する民間訛言を記し、更に「故老相伝、伊予国神野郡、昔有二高僧名灼然一、称為二聖人一、有二弟子名上仙一（中略）郡下橘里有二孤独姥一、号二橘嫗一、傾二尽家産一、供二養上仙一、上仙化去之後（中略）俄而嫗亦命終（中略）所謂天皇之前身上仙是也、橘嫗之後身夫人是也」と嵯峨天皇と皇后橘嘉智子の前生譚を故老の相伝として載録している。次に斉衡元年七月乙巳「備前国貢二一伊蒲塞一、断レ穀不レ食、有レ勅、安二置神泉苑一、男女雲会、観者架レ肩、市里為レ之空、数日之間、遍二於天下一、呼為二聖人一、各乞二私願一、伊蒲塞仍有二許諾一、婦人之類、莫レ不二眩惑奔咽一、後月余日、或云、伊蒲塞夜人定後、以レ水飲二送数升米一、天暁如レ厠、有レ人窺レ之、米糞如レ積、由レ是声価応レ時減折、児婦人猶謂二之米糞上人一」という笑話を記録し、さらに斉衡三年十二月戊戌条には「常陸国上言、鹿嶋郡大洗磯前有レ神新降、初郡民有二煮レ海為レ塩者一、夜半望レ海、光耀属レ天、明日有二両恠石一、見在二水次一、高各尺許、体於二神造一、非二人間石一、塩翁私異レ之去、後一日、亦有二廿余小石一、在二向石左右一、似レ若二侍坐一、彩色非レ常、或形像二沙門一、唯無二耳目一、時神憑レ人云、我是大奈母知少比古奈命也、昔造二此国一訖、去往二東海一、今為レ済レ民、更亦来帰」と風土記にでもあるような塩翁に始まる見聞を載録している。天安元年八月辛未紀「在二常陸国一大洗磯前、酒列磯前神等預二官社一」とみえるのは、この神々降臨に関した措置であろう。この様な民間伝承や市井の記事を国史に載録するのがふさわしいかどうかについては議論があろうが、それを載せた所が『文徳実録』の特色ということになる。薨卒伝にみえる豊かなエピソードと共通している面がうかがえるのである。

最後に表記法の変化を検して本書の編纂過程にふれておく。結論からいうと、巻八までと巻九・十との間に表記の面で顕著な相違が認められる。その例を挙示する。火災記事の場合。巻八までは例外なくたとえば仁寿三年八月己未朔「西京失火、延焼百八十余家」のごとく、某所失火延焼何家と記されているが、巻九・十では、天安元年八月辛卯「右近衛舎人町火」のように、某所火とみえる。同様のことは月朔の表記にも認められる。朔日条に記事のない場合、その月の最初の記事を記した条に「(天安元年)二月己巳朔庚午」・「三月戊戌朔己亥」・「八月乙丑朔辛未」・「九月乙未朔丁酉」・「十一月甲午朔乙未」(以上巻九)、「二月甲子朔戊辰」・「三月壬戌朔丙寅」・「五月辛酉朔壬戌」・「六月庚寅朔辛卯」・「秋七月庚申朔甲子」(以上巻十)のような月朔干支の記し方と、「(嘉祥三年)夏四月己酉《戊申朔》」のごとく朔日の干支をその月の最初の記事の干支に傍注する場合とがある。前者は挙示したように巻九・十に各五例、後者は巻九までに四十例が検される。巻九の「秋七月己亥《丙申朔》」の一例は全くの例外で巻八までの書き方である。「秋七月丙申朔己亥」と表記しなかった理由は不明である。逆に巻四の「(仁寿二年)五月丁卯朔辛未」も異例の表記で巻八までの四十例に及ぶ例からは「五月辛未《丁卯朔》」とあるべき筈である。以上の二条を別とすると大勢は巻八までと九以降とに表記の変化のあることが確認されるのである。

本書には発せられた日にかけて宣命が記載されていることがある。その際、嘉祥三年四月癸亥「某策文曰（策文略）」と策文と表記された場合と、同年同月甲子「策命曰（策命略）」と策命とする例があり、第三に天安元年二月乙酉「宣制曰（宣制略）」のごとく宣制と表記することがあり、第四には天安二年三月癸酉「宣命曰（宣命略）」と宣命と記した所がある。巻ごとに表5として示す。巻八までの策文、策命から宣制（巻九）・宣命（巻十）への表記の変化が明白に認められる。なお巻九に宣制、巻十に宣命と例外なく書き分けられているのは筆者の違いを暗示している可能性もあろう。巻九、十にみえる表記の違いは秋官と刑官にも認められる。天安元年七月甲辰「下㆓秋官㆒断㆓罪也㆒」、同年九月辛亥「下㆓秋官㆒而断㆓罪㆒」（以上巻九）、天安二年閏二月庚申・同年三月壬戌朔丙寅「下㆓刑官㆒」、同年四月癸巳「下㆓両人於刑官㆒」（以上巻十）と秋官、刑官の使い分けがなされている。

表5　文徳実録の策文・策命・宣制・宣命表

巻	1	2	3	4	5	6	7	8	9	10
策文	1	2	1			1				
策命	1	8	4		1		2	2		
宣制									3	
宣命										3

このほか賀茂と鴨、月蝕記事、於字の有無すなわち仁寿二年七月辛卯「列㆓於官社㆒」のごとく於の字が記されている場合と、天安元年五月丙辰「預㆓官社㆒」のごとく於の字が無い場合を検すると前者は巻八までに三十一例、後者は巻二・八に各一例、巻九・十に各五例出る。また神位・官社・名神・明神・定額寺・神封・火災発生記事などにおいて、所在する国名を表記する際、たとえば仁寿二年七月辛卯「以㆓大和国都賀那木神㆒、列㆓於官社㆒」と天安元年五月丙辰「在㆓相模国㆒従五位下石楯尾神預㆓官社㆒」と在某国と

表6　文徳実録の賜(改)姓表

巻	2	3	4	5	6	7	8	9	10
A	1	1	3	3	4	5	6		
B							1	3	1
備考					改姓1	改姓3			

記している場合がある。後者は二十八例全て巻九・十にみられ、在字のない九十九例中、天安二年夏五月辛酉朔壬戌条（巻十）の一例を除くと全て巻八までであるから、ここでも巻八までと、九・十との間に相違のあることが確認できる。また授位・神位記事においても嘉祥三年四月甲子「授㆓従二位源朝臣常正二位㆒」のように、授某位某人（神）某位の表記と同年五月甲午「正六位上藤原朝臣興世（三名略）並授従五位下」のような某位某人（神）授某位のごとき表記の場合がある。つまり授の位置の違いである。巻八までは両者が混在しているが、巻九・十では授位記事十七例、神位記事十九例全て後者である。次に帝と天皇の表記に注目すると、帝は巻九まで三十三例（内巻九に一例）、天皇は巻八〜十で九例（巻四に一例）みえる。ここでも帝から天皇への句法の変化が認められようが、巻八の天皇は天安元年正月庚子朔・同月丙午・同月丙辰と四例中三例が天安元年正月条に集中している。天安元年正月条が巻八に編成されている理由は先記したが、この帝と天皇の書き分けからみても、正月条は元来巻九として編成されたものと考えられる。同じことは改賜姓記事でも認められる。嘉祥三年七月乙酉「佐伯直正雄賜㆓姓佐伯宿禰㆒」のごとき某人賜（改）姓某をAとし天安元年正月庚申「谷忌寸等五十九氏、改㆓忌寸㆒、賜㆓伊美吉姓㆒」のごとき某人（氏）賜（改）某姓をBとして巻ごとに表示すると表6のごとくである。巻八のB一例は前記の天安元年正月庚申条で同年正月条が本来巻九として編成されていたことの証となろう。

本書の分注は十二、巻八の天安元年正月庚申条以降にしかみえない。この事もこの年正月条が巻九として編成されていたと推定される証となろうが、分注十三のうち十一は「中謝」（巻八に二、巻九に九）、他の二例は天安二年三月丙子と同年四月庚子条である。柳宏吉氏は分注記入の時期は不明とされるが（柳宏吉「文徳実録における分註―先行四国史との比較―」『続日本紀研究』三巻九号）、天安元年正月以降にしか見えないことを考慮すると、分注は元来存したものと推定するのが妥当かとも思われる。

六　底本及び諸本

本書の現存する写本は全て「永正十二年七月廿四日了」（巻六）に始まり「永正十二年八月十八日終二書写功一了　槐陰逃虚子　判」（巻十）に終る奥書を有する三条西実隆書写本の系統のみである。実隆は「以二兼満朝臣本一書レ之（巻一奥書）」たのであるが、巻によって「安貞三正十九」、「応長二年三月十九日」、「正和元年三月廿一日」、「延文元年丙申六月日」、「応永十一四三」のそれぞれに卜部兼夏・兼豊・兼敦ら卜部家歴代の人々が抄出・修補・書抜・一見了などとの本奥書がある。本書の底本は「古写本の白眉たる宮内省図書寮所蔵谷森健男氏旧蔵本」（凡例）である。「袋綴大判紙の二冊本にして唐紙の表紙に題簽を具せり。（中略）三条西実隆本を忠実に抄写したるものならん」（凡例）とある。底本は所謂谷森本で、幕末・明治の国学者谷森善臣の蒐集本。善臣は『山陵考』などの著作で知られる。写本には別に数種があるが、版本には寛文九年・宝永六年・寛政八年の諸本があり、活版本には国史大系本・朝日新聞社六国史本がある。

参考文献

経済雑誌社編　『国史大系』第三巻　明治三〇年　経済雑誌社
佐伯有義　「日本文徳天皇実録解説」（佐伯有義編『六国史』巻七所収）　昭和五年　朝日新聞社
和田英松　『本朝書籍目録考証』　昭和一一年　明治書院
柳　宏吉　「石川名足・上毛野大川の国史撰修」　昭和二九年　『日本歴史』七七
同　「文徳実録における分註－先行四国史との比較－」　昭和三一年　『続日本紀研究』三ノ九
虎尾俊哉　「六国史－継続撰修の発議－」（後に『古代典籍文書論考』吉川弘文館、昭和五七年、に収録）　昭和三九年　『日本歴史』一九四
坂本太郎　『六国史』（日本歴史叢書）（後に坂本太郎著作集　第三巻『六国史』吉川弘文館、昭和六四年、に収録）　昭和四五年　吉川弘文館
松崎英一　「日本文徳天皇実録編纂過程の研究」（竹内理三先生喜寿記念論文集刊行会『律令制と古代社会』所収）　昭和五九年　東京堂出版

類聚国史

吉岡眞之

一 『類聚国史』の概要

『類聚国史』(以下、「本書」と略す場合がある)は『日本三代実録』の編纂者の一人でもあった菅原道真の手になるものとされている。正確な成立時期は明らかでないが、後に述べるように、『北野天神御伝』『菅家御伝記』『菅家文草』などの記述を整理すれば、道真が寛平年間に宇多天皇の勅により撰修に従事していたことは今日ではほぼ動かないであろう。ただしこれが完成・奏上されたことを明記する史料は、独自の所伝を持つ『菅家御伝記』のほかには伝わらず、全巻を道真が撰修したかどうかについても異説がある。

本書は、『西宮記』(1)(巻第一〇、殿上人事)が「凡奉公之輩、可二設備一文書」の一つとして「類聚国史二百巻」をあげ、『貫首秘抄』(2)が蔵人必携の書の一つとして『律令』『類聚三代格』『延喜式』などとともに本書をあげていることにもうかがわれるように、政務の執行のための実用的な書物として尊重された。本来は二〇〇巻からなっていたと考えられるが(3)、現在は本文六一巻(4)と若干の逸文を残すにすぎない。しかし本書は六国史の記事をそのままに載録しているという性質を持っているため六国史本文と同じレベルの史料価値を有し、欠佚部分の多い『日本後紀』の復原には『日本紀略』とともに本書が不可欠の史料となっている。また本文に問題が多い『続日本後紀』の補訂、本文の節略が少なくない『日本三代実録』の復原にも有効な史料であることはいうまでもなく、さらには『日本書紀』『続日本紀』『日本文徳天皇実録』の本文校訂に際しても資する点が多い。

二　書名と本書の性質

『類聚国史』という書名は、本書が「国史」すなわち六国史の記事を「神祇部」「帝王部」などの部門ごとに分類・配列（「類聚」）したものであることに由来する。しかし本書の成立時期に不明確な点があり、奏上文も伝わっていないことから、この書名の成立についても問題が残っている。『菅家御伝記』(5)に依拠すれば、『類聚国史』は寛平四年五月十日に奏上され、その時には書名も定まっていたことになるが、この記事の多くが孤立した所伝であり、また後に(6)述べるように『日本三代実録』の完成時期との間に矛盾もあるためただちにしたがうことはできない。坂本太郎は道真が本書の撰修に従事していた当時にこの書名が成立していたかどうかは不明とし、真壁俊信は(7)『北野天神御伝』(8)に見える「分疏国史」を当初の書名と見ており、見解が分かれている。

本書の編纂については中国の類書の影響が指摘されている。(9)我が国で編纂された類書の比較的早いものとしては、天長八年（八三一）に淳和天皇の勅を奉じて滋野貞主らが「古今の文書を撰集し、類を以って相い従《あわ》せ」（『日本文徳天皇実録』仁寿二年二月乙巳条）て編纂した『秘府略』(10)（一〇〇〇巻。現存二巻）が代表的なものである。これは類書が一般にそうであるように、先行する『華林遍略』（梁・天監一五〔五一六〕年成立。七〇〇巻・六二〇巻・六〇〇巻の諸説あり）、『修文殿御覧』（北斉・武平三年〔五七二〕成立。三六〇巻）、『藝文類聚』（唐・武徳七年〔六二四〕成立。一〇〇巻）、『翰苑』（唐・顕慶五年〔六六〇〕成立。三〇巻）、『初学記』（唐・開元年中成立。三〇巻）など多様な中国の類書を参照し吸収して成立した、百科事典的な性質を持つものである。(11) 六国史という所与の枠組みの中でその記事を類聚した本書が『秘府略』と内容・性格において異なる点があることも否定しがたいが、事物・事象の事例検索の便宜のために編纂された書物という点では共通の性質を認めることができ、この点では日記を事項ごとに分類した部類記の作成目的と通じるものがあるともいえよう。(12) このような「類聚」の語を書名に含む書物は『倭名類聚抄』『類聚三代格』『類聚符宣抄』『類聚名義抄』をはじめ、今は失われた『類聚検非違使官符宣旨』『格後類聚抄』『類聚諸道勘文』などが平安時代に編纂され、(13) また文学の分野でも『類聚歌合』『類聚句題抄』『類聚古集』など和歌の類聚も盛んに行われた。

「類聚」という行為は、九世紀末以降顕著になる律令国家体制の動揺への対応の一つの形であり、危機に直面した文人貴族の意識を反映した営為として理解される。(14) 三善清行の「意見封事十二箇条」に見られるような、体制的危機の現実に対して、これを改革して律令国家体制を再構築するための具体的方策を提示するというのが一つの対応であるとすれば、『類聚国史』の編纂は「律令国家が公的に蓄積してきた知識を整理し、再編成することによって、既成の秩序を確認し、それを支える価値体系の流動化を停止させ、凍結させようとする」(15) 行為という意味において、危機的状況へのもう一つの対応であった。(16) 『倭名類聚抄』はひとまず置いて、右にあげた各種の「類聚」という営為の成果は、平安時代後期にあっても既存の価値観の枠内で現実に対応しようとする思考様式がなお貴族社会を根強く支配していたことをものがたっている。

三　撰者と本書の成立

先に述べたように本書の成立の時期については確実な史料が乏しく、また編者である菅原道真の経歴とも関わって、未解決の問題が少なくない。本書の撰者と撰修時期に関する主な史料としては①『菅家文草』(17)巻第五および『本朝文粋』(18)巻第九に収める、道真自身の手になる詩序、②『北野天神御伝』(19)（承平・天慶頃成立）、③『菅家御伝記』(20)（菅原陳経編。嘉承元年（一一〇六）二月成立）がある。なお撰者に関しては、これらより時代が下るが、このほかにも『拾芥抄』(21)上、第二十八日本紀以下目録部に「類聚国史二百巻天神御抄、自二日本紀一至二実録一部類也」、『本朝書籍目録』(22)に「類聚国史菅家御撰」、『桃花蘂葉』(23)本朝本書事に「類聚国史者、菅家令レ撰レ之給也」などと見える。

イ　撰者

ところで『日本三代実録』の奏上は延喜元年（九〇一）八月二日(24)である。一方、『菅家御伝記』によれば「同（寛平）四歳五月十日、類聚国史奏上、先レ是道真奉レ勅修撰、至レ是功成、史二百巻、目二巻、帝王系図三巻」とし、本書の具体的な奏上の年月日をあげている。『菅家御伝記』が伝えるように寛平四年（八九二）に本書が奏上されたとすれば、それには『日本三代実録』の記事は含まれていなかったと考えるのが自然である。道真は『日本三代実録』撰修の中心人物の一人であったが、その編纂に最後まで従事することなく、(25)奏上直前の延喜元年正月二十五日に大宰帥に左遷されて二年後に大宰府で薨じているから、(26)流謫地において『日本三代実録』を参看しえたか、またそれを類聚する余裕があったかどうかも疑問が残る。また本書の完成・奏上を示す史料は『菅家御伝記』独自の所伝を除いては伝わっておらず、しかもこの史料には奏上の日付だけでなく、「目二巻、帝王系図三巻」を備えていたという、ほかに所伝のない孤立した記事を含んでおり、記事の信憑性については多くの検討すべき課題がある。古くから『類聚国史』二〇〇巻の撰者を道真とみなすことを疑う説が行われてきたのも、それなりの理由があるといわなければならない。以下、本書の撰者についての学説史を整理しておく。

〔1〕河村秀根『撰類聚国史考』[27]

①『類聚三代格』所収の神亀五年九月六日勅に、図書寮所蔵の「内外典籍」等を奏聞せずに「親王以下及庶人」に貸し出すことを禁じており、道真が流謫地において『日本三代実録』を披見し抄出して『類聚国史』を編纂することは可能かどうか疑問である。

②仮りにそれが可能であったとしても、『日本文徳天皇実録』一〇巻でさえ完成までに八年を要しているから、薨去までの二年ほどで大部の本書を完成させ得たかどうかも疑問である。

③『日本三代実録』の編者の一人でもあった道真がその草稿を所持しており、それを用いたと仮定しても、本書に引く『日本三代実録』が、後に完成したそれの奏上本の記事と全く書体を同じくしていることはありうるであろうか。

④したがって、道真が本書撰修の命を受けたことは明らかであるが、その功を終えることはなかったのではないか。

⑤ただし後人が『日本三代実録』を追補したとの説があるが、もしそうであれば体裁に破綻が生じるはずであり、

この説にも問題がある。

⑥『倭名類聚抄』（承平年間成立）に本書を引いているところを見ると、延喜・天暦の頃に（菅原氏の一初稿本）博士が編纂したもので、道真の手になるものではないのではないか。

⑦「菅丞相」が勅を奉じて撰修したという事実から、後人が「菅丞相」を道真に仮託したのであろう。ただし『倭名類聚抄』にも引用されているので、後世の「偽書妄撰」の類とは異なる。

〔2〕伊勢貞丈『安斎随筆』(28)巻之八

①『類聚国史』（巻第一四七）に『日本三代実録』の序文が含まれているのは、後人の加筆したものであろう。

②そのほかにも後人の加筆と思われるものは多い。

〔3〕仙石政和『類聚国史』文化一二年（一八一五）版本「凡例」(29)

①本書に『日本三代実録』の記事を補ったのは道真ではない。

②「菅三品」（菅原文時）が追補したとの説は徴証に欠けるが、事実に近い。

〔4〕林衡『類聚国史校異』文化一三年跋文(30)

①本書の『日本三代実録』の記事は後人が追補したものである。

〔5〕伴信友「類聚国史」(31)（『比古婆衣』六の巻）

①『菅家御伝記』の寛平四年奏上説にしたがえば、『類聚国史』に『日本三代実録』の記事が含まれているのは理に反する。よって『日本三代実録』の記事を含む現行の『類聚国史』は、後に他人が書き加えたものか。

②もしくは後人が六国史によって改めて撰修したものであろう。

③いずれにせよ現行本は道真が撰修したそのままのものではない。

〔6〕佐藤誠実「類聚国史考」(32)

①『菅家御伝記』の寛平四年奏上説によれば、それは『日本三代実録』の奏上以前のことであるから、菅原道真が撰修した『類聚国史』は『日本文徳天皇実録』までとすべきか。

②『本朝月令』などの諸書に「国史」として引く記事が『類聚国史』であるとすれば、その中には『日本三代実録』の記事が多く引かれているから、『類聚国史』に『日本三代実録』の文を補ったのは道真の時代からさほど時を経ていない時期であろう。

③体裁・目録の定まったものに追補することはさほど困難ではなく、短時日に完成できると思われるから、あるいは大宰府でも編集を続行し、完成させたのであろうか。

〔7〕和田英松「類聚国史」(33)

①河村秀根・伴信友が述べたように、本書の『日本三代実録』の文が後人の追補したものであることは明らかである。

②『日本三代実録』に次ぐ『新国史』の編纂の折などに、その撰者が編纂したと考えることも可能である。

〔8〕坂本太郎「類聚国史に就いて」(34)

①もし後人が『日本三代実録』の文を増補したとすれば、そのことをうかがわせる形跡が見られるはずであるが、それはうかがえない。よって本書は道真の撰修である。

②道真が本書を撰修した経緯は以下のように考える。寛平年間に宇多天皇の命により本書の撰修に着手したが、

ほぼ同じ時期に宇多天皇は『日本三代実録』の撰修をも命じ、道真はこれにも参画した。彼はやがて撰せられるべき『日本三代実録』をも本書に編入しようと考え、『日本三代実録』の編集中に逐次その記事を編入していたのではないか。しかし両書の奏上が近付いたとき、道真は左遷され、『日本三代実録』はほかの撰者によって完成・奏上されたが、本書はその機会を逸したのではないか。

③『菅家御伝記』が伝える寛平四年五月十日奏上の記事は『日本三代実録』撰修の勅が下された寛平四年五月一日と混同したものではないか。

④『北野天神御伝』の「分疏国史百巻」は「二百巻」の「二」を脱落させたものと見るべきであろう。仮りに『日本三代実録』を増補して一〇〇巻から現行の二〇〇巻になったとした場合、『日本三代実録』の記事だけでほかの五国史に匹敵する分量になったというのは考えがたいからである。

〔9〕喜田新六「類聚国史の編纂について(35)」

①寛平年中に菅原道真が宇多天皇の勅を奉じて国史を類聚したことは疑問の余地がない。

②(『日本三代実録』の記事の編入については〔8〕坂本太郎説を踏襲。)

〔10〕山田孝雄「菅公の見識(36)」

①菅原道真が宇多天皇の勅を奉じて国史を類聚したことは疑問の余地がない。

②『日本三代実録』は後人が増補した。

③『西宮記』に「類聚国史二百巻」とあるので、『日本三代実録』の増補は『西宮記』が編纂された円融朝以前である。

〔11〕井上薫「日本三代実録(37)」

①藤原時平が発議した『日本三代実録』の撰修に道真を参加させ、道真が撰修中の『類聚国史』に『日本三代実録』の記事を加えさせたのではないか。

②『類聚国史』に『日本三代実録』の記事が含まれているのは、道真の配流以前に『日本三代実録』が完成していたからであり、それが道真配流の後に奏上されたのは、時平が撰修の功を大蔵善行とともに独占しようとしたためである。

〔12〕真壁俊信「『類聚国史』と菅原道真(38)」

①『菅家文草』にいう「分類旧史」の「旧史」とは、寛平五年に新たに始められた『日本三代実録』に対する「旧史」、すなわち『日本文徳天皇実録』以前の五国史の意味である。したがって本書の『日本三代実録』の文は後人の追補したものである。

②『日本三代実録』の記事は菅原文時が追補したと見るべきである。

③もしくは後人が『日本三代実録』の記事も加えて全体を編集し直し、その名を伏せて道真の編纂と称したとも考えられる。

〔13〕三橋広延「天暦三年『神祇官勘文』所引国史記事に見る『類聚国史』の原形(39)」

①天暦三年（九四九）成立の『神祇官勘文』に引かれた六国史の記事のうち、『日本三代実録』だけは『類聚国史』からでなく本史からの引用と考えられる。それは天暦三年時点ではまだ『類聚国史』に『日本三代実録』の記事が含まれていなかったためである。

〔14〕柄浩司「『日本三代実録』の編纂過程と『類聚国史』の完成」[40]

①『日本三代実録』の本文の表現には「偏り」が認められる。写本の伝来経路や書写の過程で生じたものを除けば、それらは『日本三代実録』の編纂段階の差異、編纂者の個性を反映していると見られるが、巻四八～五〇に現われる特徴は、道真が左遷され、三統理平が遷任した後の中心人物であった大蔵善行の個性の反映と見られ、この三巻は善行が完成させたと考えられる。

②したがって少なくとも巻四八～五〇の記事を道真自身が『類聚国史』に編入したとは考えられず、それは後人の増補したものである。

③道真が左遷された時点で全二〇〇巻の枠組みと各巻の細目はできていて、道真が巻四七までの『日本三代実録』の記事をある程度まで類聚していた可能性は否定できない。

以上が本書の撰者についての従来の主要な学説である。[41] これを整理すると

（a）『日本三代実録』の記事も含む全二〇〇巻を道真の撰修と見る「道真撰修説」

〔6〕佐藤誠実③・〔8〕坂本太郎・〔9〕喜田新六・〔11〕井上薫

（b）『日本三代実録』の記事は後人の追補（部分的追補も含む）と見る「後人追補説」

〔2〕伊勢貞丈・〔3〕仙石政和・〔4〕林衡・〔5〕伴信友①・〔6〕佐藤誠実①②・〔7〕和田英松・〔10〕山田孝雄・〔12〕真壁俊信①②・〔13〕三橋広延・〔14〕柄浩司

（c）後人が撰者を道真に仮託したと見る「仮託説」

〔1〕河村秀根・〔12〕真壁俊信③

（d）後人が撰修したと見る「後人撰修説」

〔5〕伴信友②

に分類することができる。このなかでは〔1〕河村秀根が具体的な問題についてさまざまな可能性を検討しており、また〔6〕佐藤誠実の論述も具体性を持っているが、撰者の問題をめぐる従来の論争はおおむね『菅家文草』『北野天神御伝』『菅家御伝記』の記述と『日本三代実録』の完成・奏上の時期に関する史料を中心に置いて、相互の矛盾をいかに整合的に解釈するかを競うものであり、その結果として右のような多様な見解が提示されていることは、この枠内での史料解釈の限界を示すものともいえよう。

こうした状況を打開しようとしたのが〔8〕坂本太郎であった。坂本説の画期的な点は『類聚国史』の内的な徴証から撰者を解明するという方法を採用したことにある。すなわち、後人が増補した場合に生じるであろう破綻が本書には認められないこと、『日本三代実録』の記事の掲載形式が本書全体の体例と一致していること、などを根拠として、「三代実録の部分が後世の増補に成ったとする説を認めることができない」と結論し、これは〔9〕喜田新六にも継承された。この説は（1）河村秀根の⑤の視点を具体化したと見ることができ、河村説の先駆性が改めて評価される。

なお近年では〔12〕真壁俊信が『北野天神御伝』の「分疏国史百巻」に新たな解釈を施し、「分疏国史」は『北野天神御伝』が成立した承平・天慶頃の原『類聚国史』の書名、「百巻」もその当時の巻数であり、その時点では本書は未完成の草稿であったと理解し、菅原文時による追補と見る「後人追補説」、もしくは後人が道真の草稿に『日本三代実録』を加えて編集し直し、道真の撰修としたと見る「仮託説」の両説を併記、再提出している。その際、坂本が重視した内的徴証については「創造的な書物を著者自身が執筆する時には、（体裁・形式の一貫性を重視するのは－引用者注）穏当な見解であるが、『類聚国史』のような性格の書物にもあてはまる考え方であろうか」との批判的見解を示している。また〔14〕柄浩司が『日本三代実録』の編纂過程の検討を通じて「部分的後人追補説」を提起しているのが新たな方法として注目される。

ロ　成　立

本書の成立時期については前項に引いた『菅家御伝記』に「同（寛平）四歳五月十日、類聚国史奏上、先ㇾ是道真奉ㇾ勅修撰、至ㇾ是功成」とある。しかしこれはほかには見られない独自の所伝であり、しかもこの奏上の日付は『日本三代実録』の撰修を命じた『日本紀略』寛平四年五月一日条の記事[42]と混同したのではないかとの疑いも坂本太郎[43]によって指摘されており、にわかには信じがたい点が少なくない。なによりも寛平四年の時点ではまだ『日本三代実録』が完成していないという事実は『菅家御伝記』の信憑性を疑わせるに足るものがある。奏上の時期を明示した史料はこれ以外にはなく、それに信を置きがたいとすれば、本書の完成については前項で述べた撰者の問題との関連でおおよその時期を推定するほかない。すなわち（a）「道真撰修説」、（b）「後人追補説」、（c）「仮託説」、（d）「後人撰修説」のいずれに立つかによって見解が異なってくる。（a）説に立てば必然的に道真が薨じた延喜三年二月二五日以前となる。これに対して（b）説の場合はさまざまな見解があるが、道真の時代からさほど時を経ていない時期と見る点で共通しており、また（c）説・（d）説の場合も（b）説とほぼ同様である。

一方、撰修開始の時期についてはある程度の時期の限定が可能である。すなわち『菅家文草』巻第五および『本朝文粋』巻第九に収める「早春、観レ賜二宴宮人一、同賦二催粧一、応レ製」と題する道真の詩の序には「聖主命二小臣一、分二類旧史一之次」云々とある。この「分二類旧史一」が『類聚国史』の編纂を指すことはほぼ確実である。またこの詩が賦された「宴」は『日本紀略』寛平五年正月十一日条の「密宴、賦二宮人催粧之詩一」に相当することも間違いあるまい。したがって道真自身の手になったこの史料の信憑性は極めて高いといえよう。また道真の最古の伝記『北野天神御伝』には「寛平中、奉レ勅修二分疏国史百巻一、伝二于世一焉」と見える。「百巻」という巻数には疑問があるものの、撰修の時期については『菅家文草』とも矛盾はない。したがって寛平五年の頃に道真が宇多天皇の命により本書の撰修を行ったことは確実と考えられる。なおこれに関して井上薫は「日本三代実録序」に見える撰者の官職への任官時期を検討した結果、『日本三代実録』撰修の勅命が出されたのは寛平五年四月以降、寛平六年八月以前であり、『日本紀略』寛平四年五月一日条の『日本三代実録』撰修の勅は本書の撰修を命じた記事を誤って掲載したものと推定した。(44)これを踏まえて井上は、『類聚国史』の撰修の勅が下されたのは寛平四年五月一日（『日本紀略』の『日本三代実録』撰修下命の日付）、もしくは寛平四年五月十日（『菅家御伝記』の本書奏上の日付）とする説を提唱している。

四　体裁

本書は各巻ごとに部門とその下位に位置する項目からなっている。例えば巻四の場合、その巻首は

類聚国史巻第四

　神祇部四

伊勢斎宮　離宮附出
伊勢神郡

となっている。すなわち巻四の部門は「神祇部四」で、その中には「伊勢斎宮」「伊勢神郡」の二つの項目が含まれている（以下、「部門（名）」「項目（名）」の語はこの用法にしたがう）。項目によっては、「伊勢斎宮」の下に「離宮附出」とあるように、その項目に関連の深い事項が「附出」として付載される場合がある。このように本書は各巻ごとに部門・項目（附出）によって構成され、各項目ごとに六国史の関連記事を編年的に配列している。(45) ただし記事の内容によっては、一つの記事が別の部門・項目にも関連している場合がある。このような場合は一方の記事の末尾に「事具二皇后部一」「事具二渤海部一」のように注記し、ほかの部門ないしは項目により詳しい記事を載せてある旨を示している。

各項目のもとに分類された記事の体例には本書独自の原則を定め用いている。坂本太郎(46)の考察によれば、それは次のようなものである。

①天皇の称号

（イ）各天皇の最初の記事にのみ、その冒頭に天皇の称号を掲出し、それ以下の記事にはこれを省略するのが例である。

（ロ）またその称号は漢風諡号もしくはそれに準ずる追号を用いている。本史では一般には和風諡号を用いるか、もしくは「太上天皇」「後太上天皇」と称しており、漢風諡号を用いているのは仁明・文徳・光孝の三天皇のみである。

②改元の年の年号

改元の年の年号は、本史では新年号を用いてその一年全体を表記するが、本書では改元の日の前後で旧年号と新年号を使い分けている。ただし多少の例外はある。

③天皇一代の扱い方

本史では天皇崩御の後も、喪葬・仏事などの関連記事をその天皇紀に載せる場合があるが、本書では一代の天皇紀は崩御をもって終え、それ以後の関連記事は新天皇のもとに掲載する。

なお喜田新六[47]は改元当日の記事に新旧いずれの年号を用いているかを調査した結果、一二条が旧年号を用いていることを指摘し、これを「不統一の結果」とした。また所功[48]も坂本が②で「多少の例外はある」とした事例を具体的に示すとともに、喜田と同様の調査を行い、原則は新年号で表記されるが、一部に旧年号を用いるという不統一が認められることを指摘している。したがって坂本の②に「改元当日の記事は新年号を用いて掲載するのが原則であるが、若干の不統一がある」という一項を加えることができよう。

五　構　成

注（1）（3）に引いた『西宮記』『菅家御伝記』『二中歴』『本朝書籍目録』『荒暦』などの記述により本書が最終的に二〇〇巻よりなっていたことは明らかであるが、現存する巻は六一巻に過ぎないため全体の構成については不明な点が少なくない。そのためこれまでにもしばしば部門・項目の復原が試みられている。

イ　欠佚巻復原の方法

本書の構成の復原、すなわち欠佚巻の巻次・部門・項目の復原を試みる場合に取るべき方法として坂本太郎[49]は（一）現存する巻そのものの考察、（二）本書の本文に加えられた注記の検討、（三）本書の逸文からの推定、の三点をあげている。（一）は本書の各巻頭に記されている巻次・部門名・項目名を手がかりとするもので、巻三一を例に取れば、この巻の部門は「帝王部十一」、項目として「天皇行幸下」「太上天皇行幸」があげられている。ここから欠佚している巻二九・三〇が「帝王部九・十」であることを推定するものである。ただしこれには「帝王部九・十」の項目名まで正確に復原することはできないという限界がある。（二）は記事の末尾に「事具二征討部一」（巻三六・帝王部一六・山陵、景行天皇四〇年条）、あるいは「事具二勧学田部一」（巻一〇七・職官部一二・大学寮、桓武天皇延暦一三年一一月丙子条）のようにほかの部門ないし項目に詳細な記事があることを示す注記がある場合があり、これによって欠佚部門名を復原するものである。[50]ただし前者の場合は「征討部」の巻次が不明であり、またそこに属する項目名も不明である。後者の場合、「勧学田部」は項目に相当すると思われ、またそれが「田地部」の項目であることも推定できる。しかし現行本（新訂増補国史大系本。以下同じ）には巻一五九・田地部上が伝存しているが、「田地部」が上・下二巻であったか、上・中・下三巻に分かれていたかは不明であり、「勧学田部」が巻一六〇・一六一のいずれに属する項目かも確定できない。したがってこの方法にも一定の限界がある。（三）について坂本は、醍醐寺三宝院所蔵『祈雨日記』の巻首の「推古天皇三六年から光孝天皇仁和元年にいたる祈雨の記事が『類聚国史』巻一七〇・災異部四・旱にある」という記載[51]によって、この『祈雨日記』に引かれた六国史の記事が『類聚国史』巻一七〇に存在したことが知られる事実をあげ、これを理想的な事例としている。坂本はまた「応永二年に唐招提寺で開板せられた古記の集録」[52]に「類聚国史伝巻第百八十八云、仏道部十五」として『続日本紀』天平宝字七年五月戊申条の鑑真物化の記事が引かれていることを紹介している。この場合は前後の巻が現存しており、巻一八七が「仏道部十四」で「入道」以下「放逐僧」まで八項目を含み、巻一八九が「仏道部十六」で項目は「僧卒下」であるので、巻一八八の項目が「僧卒上」であることは明瞭である。しかしこのように逸文から部門名・項目名が全て確定できるケースは必ずしも多くはなく、この方法もまた万全ではない。なお喜田新六[53]は、現行の『類聚国史』に収める記事を本史から消去し、残った本史の記事を吟味して本書の欠佚巻の内容を推定するという方法を提示している。喜田はこの方法に坂本の（二）を併用して部門・項目の復原を試みているが、特に項目の正確な復原には限界がある。現時点では、（一）（二）が坂本・喜田の考証にほぼ尽きるとすれば、（三）の逸文の収集による復原が重要な意味を持っているといえよう。

ロ　逸文の収集と欠佚巻の復原

右に述べた巻一七〇・一八八の例は逸文が本書の欠佚巻の復原に発揮する威力をよく示しているが、逸文の収集は前述の坂本太郎のほか、田中卓[54]・丸山二郎[55]・平岡定海[56]・二宮正彦[57]・飯田瑞穂[58]・清水潔[59]・三橋広延[60]・佐伯有清[61]らが手がけている。これによって巻一九・二一・四四・五二・五八・六一・一七四・一七八・一八八・一八九の各巻の逸文が確認されており、その状況については三橋広延[62]により整理がなされている。

まず飯田瑞穂が見出し紹介した『類聚国史』の抄出紙片が注目される。尊経閣文庫に伝来した「古書残簡　十四枚」がそれで、実際は二二枚の紙片である。その内の一九枚は三条西公条の筆跡で、この中に『日本三代実録』の記事を補うために『類聚国史』を抄出したと思われるものが一二枚含まれており、それらは付箋として『日本三代実録』に貼り込まれていたものという。これによって現行の『類聚国史』に省略された記事、あるいは現行本の誤脱を訂正できる記事などが得られた。飯田の紹介を整理すると以下のようになる（（1）～（12）は飯田が示した紙数、①②などは各紙片に記された記事の数、〔 〕内は当該記事の現行『類聚国史』における所属、およびそこでの記事の状態を示す。アルファベットは各紙片に写った別の紙片の『類聚国史』の文字もしくは『日本三代実録』の写本の文字が確認されるもの）。

（1）①貞観一四年八月二日庚子条〔巻六一・人部・薨卒□―省略記事あり〕

（2）①貞観一七年二月一七日辛未条〔巻六一・人部・薨卒□―省略記事あり〕

（3）①貞観一七年六月六日丁巳条〔巻六一・人部・薨卒□―省略記事あり〕

（4）①貞観一九（元慶元）年正月三日乙亥条〔巻一〇一・職官部六・叙位六―記事あり〕

（5）①元慶元年一一月二一日戊午条〔巻一〇一・職官部六・叙位六―記事あり〕

（6）①元慶三年正月七日丁酉条〔巻一〇一・職官部六・叙位六―記事あり〕

（7）①元慶五年二月八日丙戌条〔巻一五九・田地上・官田―記事あり〕

a『日本三代実録』元慶四年二月一七日辛丑条[63]

b元慶三年一一月二五日庚辰条〔巻一〇一・職官部六・叙位六―記事あり〕

c元慶三年一一月二六日辛巳条〔巻一〇一・職官部六・叙位六―記事あり〕

（8）①元慶五年一一月二五日己巳条〔巻一五九・田地上・官田―記事あり〕[64]

a『日本三代実録』元慶五年一一月二三日丁卯条

b『日本三代実録』元慶五年一一月二九日癸酉条

（9）①元慶七年正月七日甲戌条〔巻一〇一・職官部六・叙位六―記事あり〕

②元慶七年正月九日丙子条〔巻一〇一・職官部六・叙位六―記事あり〕

a『日本三代実録』元慶七年正月一四日辛巳条

（10）①元慶八年一一月二五日壬午条〔巻一〇一・職官部六・叙位六―記事あり〕

（11）①貞観一〇年二月二五日己丑条〔巻三六・帝王部一六・山陵―記事あり〕

②貞観一〇年閏一二月二八日丁巳条〔巻七七・音楽部・奏楽―記事あり〕

③貞観一〇年二月二一日乙酉・三月八日壬寅・三月九日癸卯・七月一一日壬寅・七月二七日戊午・九月一七日丁未・九月二一日辛亥・一一月一七日丙午条〔巻一六・神祇部一六・神位四―記事あり〕

④貞観一〇年八月一七日戊寅条〔巻一七三・災異部七・火―記事あり〕

⑤貞観一〇年三月三日丁酉条〔巻一七八・仏道部五・春秋御燈―年月日のみ〕

⑥貞観一〇年四月三日丁卯条〔巻一八九・仏道部一六・僧卒下―省略記事あり〕

⑦貞観一〇年六月三日乙丑条〔巻八四・政理部六・借貸―記事あり〕

⑧貞観一〇年六月二六日戊子条〔巻一九・神祇部一九・祝―年月日のみ〕

（12）①貞観一三年四月二〇日丙申・二一日丁酉・二二日戊戌条〔巻五・神祇部五・賀茂大神―記事あり〕

各記事の内容とその意義については飯田の研究に譲るが、（1）（2）（3）（5）（11）⑤⑥⑧によって本書の未知の逸文を大量に得ることができ、また現行本の若干の脱文を補うことができる。ただし欠佚巻やその部門・項目の復原にかかわるような新たな情報は存在しない。

次に、逸文が欠佚巻の空白を埋め、あるいは部門・項目の復原に資する場合について述べる。

（一）巻二一

この巻は現行本では欠佚している。二宮正彦は『宇佐託宣集』御因位部および異国降伏事上[65]にそれぞれ「類聚国史第廿一云」として『日本書紀』応神即位前紀・同元年正月丁亥条・同四一年二月戊申条を引いていることを指摘し、巻二一の一部を復原した。現行本では巻二五が「帝王部五」であるから、巻二一の部門は「帝王部一」であることは明白であるが、この記事が属する部門内の項目名は明らかではない。推測をたくましくすれば、巻二五・帝王部五の項目の最初が「太上天皇」であって、「太上天皇二」とはしていないから、「太上天皇」の項目はこの巻だけであり、したがって「帝王部」の一から四までは天皇に関する項目、恐らく「帝王一～四」（後述。一二四頁参照）で構成されていたと考えることができる。なお『宇佐託宣集』はこのほかに『類聚国史』を七条引用しているが、そのうち六条が巻五[66]、一条が巻八七[67]で、いずれも現行本に見える既知の記事である。

（二）巻四四

この巻も現行本では欠佚している。この巻の逸文は清水潔によって紹介された。清水は『外記宣旨第十』[68]親王年給巡給別巡給事に見える「親王年給官」に引き続いて引用されている「清和天皇貞観七年正月廿五日丁未」以下が『日本三代実録』の記事であることを指摘した上で、「親王年給官」の傍注の「見二国々第四十四一」を「見二国史第四十四一」の誤写と見なして、この記事が『類聚国史』巻四四の逸文であるとし、さらに「親王年給官」が『類聚国史』巻四四の項目名であることも明らかにした。問題は巻四四の部門名である。現行本は巻三六が

「帝王部一六」（山陵・太上天皇山陵）であり、坂本太郎[69]の推定にしたがって「帝王部」がここで終っていると見れば、巻四〇が「後宮部」であるから、巻三七〜三九の欠佚巻は「皇后部」であった可能性がある。とすれば巻四〇・後宮部の次には皇太子に関する部門である「東（春）宮部」、皇親に関する部門である「皇親部」が配置されていたことが推定される。また坂本は巻四五〜六九を「人部」と推定しており、これに依拠すれば巻四一〜四四が「東（春）宮部」「皇親部」であったことになる。ただ「東（春）宮部」「皇親部」が各巻にどのように配分されていたかは明確でないが、巻四四のこの逸文が皇親の最初に掲載されるであろう親王に関する項目に属するので、「皇親部」は巻四四の一巻のみであり、巻四一〜四三が「東（春）宮部」であったと推定される。以上が清水の考察の概要である。

（三）巻五二

この巻も現行本では欠佚しているが、三橋広延[70]が指摘したように『太子伝玉林抄』[71]巻第一に「類聚国史第五十二巻云」として『日本三代実録』貞観三年八月十九日庚申条に見える大伴狭手彦の伝を引いている。ここからはこの巻の部門名・項目名はいずれも不明であるが、前述の坂本太郎の推定にしたがえば、巻五二は「人部」である。

（四）巻五八

この巻も現行本では欠佚しているが、三橋広延[72]が指摘したように『太子伝玉林抄』巻第一に「類聚国史第五十八巻云」として『日本書紀』欽明一三年[73]四月の箭田珠勝大兄皇子薨去の記事を引いている。現行本では巻五四・六一がいずれも「人部」であるから、巻五八も「人部」である。また巻六一は納言・参議の薨去記事を収録しているので、それ以前に位置する巻五八は、逸文の内容から判断すれば皇子（女）の薨去記事を収録した巻であったと推定することが可能であろう。

（五）巻一七四

この巻も現行本では欠佚しているが、これの逸文については坂本太郎が二条を指摘した。第一は『聖徳太子平氏伝雑勘文』(74)上三、小墾田宮事に引く『日本書紀』欽明一三年一〇月の記事で、その末尾に「国史百七十四巻全同二日本紀一」とあることにより、これを『類聚国史』の逸文とした。現行本は巻一七七が「仏道部四」であるから、巻一七四は「仏道部一」に当たり、この逸文はこの巻に収められていたが、項目の名称までは明らかでない。

第二の逸文は『上宮太子拾遺記』(75)巻二、仏法破滅事に引く『日本書紀』敏達一四年八月己亥の記事である。「国史百七十四曰」として引用されており、第一の逸文と同じく巻一七四・仏道部一の逸文であるが、これが属していた項目は第一の逸文と同様に不明である。

（六）巻一八八

この巻も現行本では欠佚しているが、この巻の逸文は坂本太郎・田中卓・丸山二郎・平岡定海が紹介した。坂本が指摘した「応永二年に唐招提寺で開板せられた古記の集録」に「類聚国史伝巻第百八十八云、仏道部十五」として『続日本紀』天平宝字七年五月戊申条の鑑真物化の記事を引いていることについては先に述べたが、(76)田中卓もこれと同じ逸文の存在を『唐招提寺縁起抜書略集』(77)によって指摘している。田中が出典とした『略集』と坂本のいう「古記の集録」は同じ史料である可能性が強く、丸山二郎が足立康から提供を受けて逸文の出典とした「応永二年開版の一巻の巻物」(78)も同じもの、もしくはその一部であると思われる。いずれにせよ坂本・田中・丸山によって巻一八八・仏道部一五・僧卒上の一部が復原されたことになる。

なお田中卓は『弥勒如来感応抄』第五に「類聚国史第百八十八云」として弘仁五年三月戊申条（安澄卒去の記事）が引用されていることを紹介しているが、これは『日本後紀』の逸文でもある。この逸文は後に平岡定海が『弥勒如来感応抄草』第三によって紹介した記事と内容が一致する。[79] 巻一八八・仏道部一五・僧卒上の逸文と見てよいであろう。

以上が逸文によって本書の欠佚巻もしくは部門・項目の一部が復原できる例である。なおこのほかに坂本太郎が『小野宮年中行事』[80] 二月四日祈年祭事に「類聚国史第七十四云」として『日本後紀』の逸文でもある弘仁一一年二月丁丑の釈奠停止の記事を引いていることを指摘したが、現存する巻七四・歳時部五は一年一回の行事の記事を集めているので、春秋二回行われる釈奠に関するこの逸文の所属は、今は欠佚した「巻七十六歳時部七あたりの細目か」と推定している。

また同じく坂本は『江談抄』[81] 第六、長句事に「類聚国史五十四」として『日本書紀』雄略即位前紀（坂合黒彦皇子・眉輪王の誅殺）・推古三四年五月戊子条（蘇我馬子の薨去）が引用されていることを示した上で、現行本の巻五四・人部は「美女」から「多産」まで女性に関する項目によって構成されているから、これらの逸文が巻五四にあったとは考えられず、大臣薨去の記事を集めたほかの「人部」の巻に属するものかとしている。坂本の指摘のようにこの逸文が巻五四に属する記事とは考えがたいが、これに関して『江談抄』の異本が「類聚国史五十九」としていることが注目される。[82] 現行本では、巻六一・人部の項目は「薨卒□」であり、仁寿二年二月から貞観一七年二月までの納言および参議の薨卒記事を収録している。この逸文が坂本の推定のように大臣薨去の記事を集めた巻に収録されていたとすれば、それは巻六一より前に配置されていたと見るのが穏当であり、現在は欠佚している巻五五〜六〇のうちでも巻六一に近接する巻を想定することが可能であろう。このように考えた場合、この逸文を巻五九のものとした『江談抄』の異本が意味を持ってくる。先に述べたように、『太子伝玉林抄』巻第一に引く逸文によれば巻五八は皇子（女）の薨去記事を収録した巻である可能性があるが、大臣薨去の巻はそれより後、かつ巻六一より前と考えるべきであるから、『江談抄』の異本はこの推定とも矛盾しない。以上の推定を前提とすれば、大臣薨去の記事は巻五九ということになろう。ただしそれが巻六〇にも及んでいたかどうかは明らかでない。

以上、逸文を手がかりとした部門の復原研究を概観したが、坂本が示した方法の（二）、すなわち記事の末尾に施された部門名・項目名の注記によって、欠佚した部門・項目を知ることも可能である。それらを列記すれば以下の通りである（括弧内は現行本の注記個所。複数の場合は初出個所のみを示す）。

賽部（巻三・神祇部三・伊勢太神、元慶七年七月一三日丁丑条）
即位部（巻四・神祇部四・伊勢斎宮、貞観一九年二月二三日乙丑条）
郡司部（巻一九・神祇部一九・国造、延暦一七年三月丙申条）
禅位部（巻二五・帝王部五・太上天皇、弘仁一四年四月庚子条）
置部（巻三二・帝王部一二・天皇遊猟、雄略二年一〇月丙子条）
地名部（巻三二・帝王部一二・天皇遊猟、雄略四年八月庚戌条）
五節部（巻三二・帝王部一二・天皇遊宴、天平一五年五月癸卯条）
征討部（巻三六・帝王部一六・山陵、景行四〇年一〇月癸丑条）

荷前部（巻三六・帝王部一六・山陵、天安二年一二月九日丙申条）
誕皇子部（巻四〇・後宮部・妃、景行四年二月甲子条）
任那部（巻五四・人部・美女、雄略七年条）
京都部（巻七八・賞宴部下・賞賜、天平宝字五年正月癸巳条）
国郡部（巻八三・政理部五・正税、延暦一七年正月甲辰条）
年号部（巻八三・政理部五・免租税、天平元年八月癸亥条）
修善攘災部（巻八三・政理部五・免租税、弘仁九年九月辛卯条）
国司部（巻八四・政理部六・借貸、天平八年五月丙申条）
時服部（巻八四・政理部六・公廨、大同三年九月己亥条）
諸道学業部（巻八四・政理部六・受業師料、天平宝字元年一一月癸未条）
免官部（巻八四・政理部六・隠截官物、延暦一四年閏七月丁未条）
皇后部（巻九九・職官部四・叙位四、弘仁六年七月壬午条）
勧学田部（巻一〇七・職官部一二・大学寮、延暦一三年一一月丙子条）
諸国四度使部（巻一〇七・職官部一二・民部省、元慶七年一一月二日乙丑条）
賜田地部（巻一〇七・職官部一二・左右京職、貞観八年五月二一日甲子条）
要劇田部（巻一五九・田地部上・官田、元慶五年一一月二五日条）
亀部（巻一六五・祥瑞部上・露、嘉祥三年八月丙寅条）

白鹿部（巻一六五・祥瑞部上・雀、神護景雲四年五月壬申条）

仏法部（巻一七七・仏道部四・無遮会、貞観三年三月一四日戊子条）

これらの多くは項目名を指していると推定されるが、部門名も項目名も区別せずに「部」と称しており、それを識別するのが困難な場合が少なくなく、またそれぞれが属する巻次も不明である。

以上の諸研究をもとに部門の復原案を文末に表示する（「『類聚国史』欠佚部門復原表」）。

最後に、現行の『類聚国史』には年月日を掲げるのみで記事を省略している場合が少なくない[83]が、他方では現行本に省略された記事を掲載している写本もある。[84]飯田瑞穂が紹介した[85]『類聚国史』抄出紙片が現行本の省略記事を補う逸文を多く含んでいる事実は、抄出を行った三条西公条が記事の省略されていない本書の写本を披見していたことを示しており、少なくともその部分の省略が後時的な所為であることはほぼ明らかであるが、この問題は本書全体を通して検討すべき今後の課題である。

また本書の写本には偽撰のものがあり、[86]逸文とされるものの中にも偽文の疑いがあるものが存在しており、[87]その真偽についての議論があること[88]にも注意する必要がある。

ハ　項目の復原

部門の下位の項目の復原は坂本の示した方法の（一）と（二）によって一定の成果を上げることができるが、右に述べたように（二）による復原は推定をまじえざるをえず、限界がある。一方の（一）による復原も事情はほぼ同様である。（一）の方法による項目名の復原案を以下に示す。

（イ）巻一二

現存する巻一一・神祇部一一の項目は「祈禱上」、巻一四・神祇部一四の項目は「神位二」であるから、巻一三は「神祇部一三・神位一」であることは確実である。したがって巻一二は「神祇部一二・祈禱下」である。

（ロ）巻一七

現存の巻一六・神祇部一六の項目は「神位四」であり、しかもその内容は「起㆓貞観八年三月㆒尽㆓同一八年八月㆒」と注記してある。したがって少なくとも巻一七にはこれに続く「神位」の記事が含まれていたことはほぼ確実であり、巻一七の項目は「神位五　起㆓貞観一八年九月㆒尽㆓□㆒」と復原することができるであろう。問題は巻一八である。巻一六に含まれている貞観八年三月から同一八年八月までの記事は『日本三代実録』の巻一二の中間から巻二九の中間までに相当する約一七巻分であり、それ以後、『同』巻五〇の仁和三年八月までの二〇巻分ほどの記事が全て巻一七に収められていたか、巻一八にまで及んでいたかは判断しがたい。

（ハ）巻二一〜二四

現存の巻二五・帝王部五の最初の項目は「太上天皇」であるから、これ以前に天皇に関する項目が存在していたことは確実であり、しかもそれは「帝王部」の冒頭に置かれていたと考えるのが自然であろう。巻二五の「太上天皇」は項目の序次を記さないから、「太上天皇」の項目は巻二五のみであることも確実であり、したがって天皇に関する項目は巻二一から巻二四に及ぶものであったと考えられる。二宮正彦が『宇佐託宣集』から巻二一の逸文を検出したことは前に述べたが、この逸文は応神天皇の即位前紀・即位（応神元年正月丁亥条）・崩御（同四一年二月戊申条）という記事の構成を取っており、天皇の一生を概括する内容と理解できる。これは帝王部五・

太上天皇の各太上天皇の記事の基本構成が譲位・おもな事跡・崩御・葬送からなっていることとよく対応すると見てよい。したがって「帝王部一」のこの逸文は天皇に関する項目にふさわしい構成を持っていると思われる。

問題は項目の名称である。巻二五・帝王部五・太上天皇の「孝謙皇帝」に引く天平宝字六年六月庚戌条および同八年一〇月壬申条の末尾には「事具二帝王部一」との注記がある。前に述べたように、本書のこうした注記は部門名も項目名も区別せずに「部」と称しているが、この場合の注記が部門名としての「帝王部」を指しているとすれば、この注記は全く意味をなさないであろう。これら二条は孝謙上皇と淳仁天皇との間での権限の分掌、および淳仁天皇の廃位に関する記事であり、淳仁天皇にも密接にかかわる内容であるから、天皇に関する項目にもこれらの記事が掲載されていたことはほぼ確実である。このように考えれば、注記の「帝王部」は部門の名称ではなく、項目名と考えるべきであろう。以上の考察にしたがって復原すれば巻二一は「帝王部一・帝王一」となり、以下、巻二四の「帝王部四・帝王四」までに天皇に関する記事を収めていたと考えられる。

(二) 巻二六・二七

この両巻が「帝王部六・七」であったことは前後の巻の部門名から明白であるが、項目については不明である。ただし巻二八が「天皇聴朝」の項目に始まり「天皇元服」「天皇読書」「天皇算賀」と続くから、それ以前に即位・譲位に関する項目が存在した可能性が高い。前に示したように（一二〇頁）、巻四・神祇部四・伊勢斎宮に引く貞観一九年二月二三日乙丑条の末尾に「即位部」が、また巻二五・帝王部五・太上天皇に引く弘仁一四年四月庚子条の末尾に「禅位部」の名称が見えており、これらが巻二六あるいは巻二七に含まれていた項目であったと推定することもできよう。

（ホ）巻四四

巻四四が「皇親部」ともいうべき巻であり、「親王年給官」の項目が含まれていたことについては、前に述べたように清水潔が『外記宣旨第十』にもとづいて明らかにしている。

（ヘ）巻五八

前に述べたように、この巻は『太子伝玉林抄』に引く『日本書紀』欽明一三年四月の箭田珠勝大兄皇子薨去の記事が逸文として検出されている。巻五四と巻六一が「人部」であるから、巻五八も「人部」である。また巻六一は納言・参議の薨去記事を収録しているので、それ以前に位置する巻五八は、逸文の内容から判断すれば、皇子（女）の薨去記事を収録した巻であったと推定することが可能であろう。また皇子（女）の薨去は「薨卒」の冒頭に位置すると推定することが許されるならば巻五八は「薨卒一」であったことになるが、正確な項目名は不明とせざるをえない。今は「薨卒□」としておく。

（ト）巻五九

現存の巻五四・六一の部門がいずれも「人部」であるから、この巻も「人部」である。

この巻については前述のように、坂本太郎の見解と異本『江談抄』によって大臣薨去の記事を集めた巻と推定される。その項目名は「薨卒□」である。

（チ）巻六〇

現存の巻五四・六一の部門がいずれも「人部」であるから、この巻も「人部」である。また巻六一の項目が「薨卒□」で、納言・参議の薨卒記事の仁寿二年二月から貞観一七年六月までを収めているから、巻六〇は同じく納言・参議の薨卒に関する仁寿二年正月以前の記事を収めていたと考えられる。よってこの巻の項目は「薨卒□」であるが、記事の範囲は確定しえない。

（リ）巻六二〜六五

これらの巻の部門・項目が「人部・薨卒□」であることは、現存する前後の巻の部門・項目の名称から明らかである。

巻六二については、巻六一が納言・参議の薨卒記事の仁寿二年二月から貞観一七年六月までを収めているので、この巻は納言・参議の薨卒に関する貞観一七年七月以降の記事を収めていたと考えてよい。ただしそれが『日本三代実録』の最後までを含んでいたのか、巻六三にも記事が及んでいたのかは明らかでなく、この巻の収録の範囲は確定できない。

巻六五については、巻六六が四位の卒去に関する弘仁一二年三月から嘉祥三年三月までの記事を収めているので、巻六五には少なくとも弘仁一二年二月以前の記事を収めていたことは確実であるが、それが巻六三・六四にまで及ぶのかどうか、記事の範囲は確定できない。

（ヌ）巻六七〜六九

巻六七については、巻六六が「薨卒□」の項目のもとに四位の卒去に関する嘉祥三年三月までの記事を収めているので、この巻が嘉祥三年四月以降の記事を収めていたことは明らかであり、項目名も「薨卒□」と考えてよいであろう。記事の範囲は確定できないが、嘉祥三年四月以降とは『日本文徳天皇実録』のほぼ全巻と『日本三代実録』の全巻を含むことになり、これが巻六七だけに収まるかどうかは判断しがたい。巻六八にわたっていた可能性も考慮する必要がある。

四位の卒去記事が巻六七・六八にわたっていたと仮定すれば、巻六九（もしくは巻六八・六九）には五位の卒去記事が収録されていたことが推定できるであろう。項目名については、巻六六が四位についても「薨卒□」としているので、五位の場合も「薨卒□」であった可能性は強い。

（ル）巻九〇

現存の巻八九・刑法部三の項目が「罪人中」であるから、この巻は「刑法部四・罪人下」である。

（ヲ）巻九六〜九八

現存の巻九九が「職官部四・叙位四」であるから、巻九六〜九八は「職官部一〜三」で、項目は「叙位一〜三」である。

（ワ）巻一〇〇

現存する前後の巻によって、巻一〇〇の部門・項目は「職官部五・叙位五」である。また巻九九が天安二年三月まで、巻一〇一が貞観一九年正月以降の記事を収めているので、この巻は天安二年四月から貞観一八年一二月までの記事を収めていたことになる。

（カ）巻一〇二

巻一〇一が「職官部六・叙位六」で、仁和三年正月までを収めているので、この巻は「職官部七・叙位七」に当たり、仁和三年二月以降、『日本三代実録』の最後の仁和三年八月までを収録していたことは確実であろう。

（ヨ）巻一〇三〜一〇六

現存の巻一〇七の部門は「職官部一二」で「中務省」以下、「家令」にいたる諸官司を項目としている。巻一〇二の項目が「叙位七」のみであったとすれば、巻一〇三〜一〇六の「職官部八〜一一」は「神祇官」「太政官」に関する記事によって構成されていたと考えられる。ただしそれらが各巻にどのように配分されていたかは不明であり、項目名の正確な復原はできない。

(タ) 巻一四六

現存の巻一四七の部門が「文部下」であるから、この巻も「文部」であるが、それが「中」であったか「上」であったかは不明である。前掲の本文注記に見える「諸道学業部」は欠佚した「文部」の項目であったと推定されるが、所属の巻は確定できない。

(レ) 巻一六〇

現存の巻一五九の部門は「田地部上」であるから、巻一六〇も「田地部」であることは確実であるが、それが「中」であったか「下」であったかは不明である。前掲の本文注記には「勧学田部」「賜田地部」「要劇田部」が見えており、これらは欠佚した「田地部」の項目であった可能性が高いであろう。

(ソ) 巻一六六

現存の巻一六五の部門は「祥瑞部上」であるから、巻一六六も「祥瑞部」であることは確実である。また巻一七〇は「災異部四」であるから巻一六七は「災異部一」である。したがって巻一六六は「祥瑞部下」であったことが判明する。前掲の本文注記には「亀部」「白鹿部」が見えるが、これらはこの巻の項目であった可能性が高いであろう。

（ツ）巻一九一・一九二

現存の巻一九三の部門は「殊俗部□」で項目は「高麗」「渤海上」、巻一九四の項目は「渤海下」、また巻一九九も「殊俗部□」であり、「耽羅」「呉国」「崑崙」「靺鞨」「粛慎」「帰来人」「流来人」の項目をあげている。したがってこのほかに少なくとも百済・新羅・任那に関する項目が存在したことが推定される。任那については前掲（一二一頁）の本文注記に「任那部」が見えており、これが「殊俗部」の項目名であることはほぼ確実であるから、これによってさらに「百済」「新羅」の項目の存在をも想定することが可能であろう。これらが欠佚した「殊俗部」のどの巻に所属していたかは確定できないが、巻一九三「殊俗部□・高麗、渤海上」より前に配置されていた可能性が高いのではあるまいか。この推定にしたがえば、この三項目は巻一九二のものとなるが、記事は恐らく一巻に収まる量ではなく、巻一九一・一九二の二巻にわたっていたのではなかろうか。

以上が項目名の復原に関する推定である。

なお佐伯有清は(89)『灌頂阿闍梨宣旨官牒　上(90)』に「類聚国史第七帙第七巻　薨卒七」として天長一〇年一〇月壬寅条の円澄の卒伝が引用されていることを指摘した。現行本では「薨卒」の序次が不明であるから、ここに「薨卒七」と序次を明記していることは貴重である。しかしそれが属する巻序については、「第七帙第七巻」とあるのみで明記されていない。佐伯は一帙に一〇巻を納めていたとの想定のもとに、ひとまず「薨卒七」は巻六七に当たると推定したが、一方で、前述した『江談抄』の異本に依拠して大臣薨去の記事を収載していたであろう巻五九を「薨卒一」と見なすと「薨卒七」は巻六五になるという矛盾に逢着する。その結果、「「第七帙第七巻」の「薨卒七」とは、帙次にしたがって便宜的に付した薨卒の巻数とするより他に考えようがない」とし、「おそらく（中略）巻第六十七、人部の薨卒の巻には、円澄たち伝燈大法師位の僧位以上の僧侶の卒去記事が記載されていたものと思われる」と述べている。

以上のほかにも、前掲の本文注記には多くの部門名・項目名が見えるが、いずれも正確な所属の巻は明確にしがたい。坂本太郎によれば、「賽部」は「神祇部」の、「荷前部」は「帝王部」の、「誕皇子部」は「後宮部」の、「諸国四度使部」「時服部」は「政理部」の、「免官部」「国司部」「郡司部」は「職官部」の、「修善攘災部」「仏法部」は「仏道部」の項目と推定している。

六　『類聚国史』の諸本と伝来

『類聚国史』の写本は数多く伝わっているが、ここでは主な古写本を中心に概説を加え、あわせて写本の伝来状況についても概観する。

イ　諸　本

①東北大学附属図書館所蔵狩野文庫本[91]（一巻、函号　阿八―二）

東北大学附属図書館狩野文庫に平安時代末ないし鎌倉時代初期の書写と推定される巻二五・帝王部五が伝存している。包紙には「類聚国史巻第廿五壬生官務旧蔵」と墨書されており、壬生官務家に伝来したものとされている。この巻二五を忠実に影写した写本が尊経閣文庫所蔵の模写本[92]に含まれている。その外題には

類聚国史第二十五新写卅三葉以官務本写之　一巻

とあって、壬生官務家本を書写したものであることが明記されている。狩野文庫本は一九五二年（昭和二七）に国宝の指定を受けており、また一九五四年に補修を加えた旨の朱の箱書（箱蓋裏）がある。

写本の形態は巻子本で、巻首の一部に破損がある。平城天皇の項の大同五年九月丁未条に「人心騒動」、嵯峨天皇の項の天長一〇年四月戊寅条に「鶏観」、同天皇の項の承和元年四月辛丑条に「幸雙岡山庄」の首書がそれぞれあり、また巻末には首書と同筆の「見了（花押）」の一見奥書がある。この奥書は前述の尊経閣文庫所蔵模写本の巻二五にも影写されており、また模写本の巻一四にも同筆のものが正確に影写されているが、花押の主については現時点では明らかでない。

②尊経閣文庫所蔵巻子本（四巻、函号　二―六書）

平安時代末ないし鎌倉時代初期の書写と見られる巻子本で、巻一六五・一七一・一七七・一七九の四巻を伝える。いずれも一九五三年に国宝に指定されている。前述の尊経閣文庫所蔵模写本にもこれら四巻の写しが含まれているが、その巻一七一・一七七の包紙にはいずれも「以官務本写之」と記され、この二巻の親本が壬生官務家本であることを示している。これに対して巻一六五・一七九については出所に関する記録がない。ただし巻一七九に関しては巻一七七と同筆であるので、巻一七九が巻一七一・一七七とともに壬生官務家旧蔵本である可能性は高い。この四巻は一九三二〜三四年に『尊経閣叢刊』として複製刊行されている。

③尊経閣文庫所蔵明応鈔本（一五冊、函号　二―七書）

巻三・四・五・九・三二・三六・五四・七一・七三・七五・七七・七八・八〇・一四七・一五九を一巻づつ一冊に書写した一五冊の冊子本である。各冊とも外題に「類聚国史　明応鈔本　壹（〜十五）」（題簽）とあるが、表紙・外題ともに近代のものと考えられる。第七（巻五四）・八（巻七一）・一〇（巻七五）・一一（巻七七）・一二（巻七八）・一三（巻八〇）の各冊の末尾には、壬生官務家累代相伝の『類聚国史』を借用し書写した「中山春蘭外史」の求めに応じて小槻（壬生）雅久が記した明応九年（一五〇〇）五月二四日の識語があり、(93)したがって少なくともこの六巻は「中山春蘭外史」の所持本で、その祖本は壬生官務家本である。

④尊経閣文庫所蔵大永校本（四冊、函号　二－七書）

元・亨・利・貞の四冊からなる冊子本である。明応鈔本と同じ表紙に同じ筆跡で「類聚国史大永校本　元（～貞）」（題簽）と外題する。各冊の内容は以下の通りである。

〔元〕

巻三・四・五・八・九・一〇・一六・一九・二五・二八・三一・三二・三三・三四・三五・三六・四〇

〔亨〕

巻五四・六一・六六・七一・七二・七三・七四・七五・七七・七八・七九・八〇・八三・八四・八六・八七・八八・八九

〔利〕

巻九九

〔貞〕

巻一〇一・一〇七・一五九・一六五・一七一・一七三・一七七・一七八・一八二・一八五・一八六・一八七・一八九・一九〇・一九三・一九九

この四冊のうち、〔利〕冊には他の三冊と異なる以下のような特徴が見受けられる。（1）他の三冊がそれぞれ複数の巻で編成されているのに対して、〔利〕冊は巻九九のみで編成されていること、（2）他の三冊が三条西公条（長享元～永禄六）の筆跡であるのに対して、〔利〕冊はそれと筆跡を異にすること、（3）次に述べるように他の三冊が抄略本であるのに対して、〔利〕冊は記事の全文を書写していること、（4）〔利〕冊の末尾に「大永七丁亥七月五日一交了」の校合奥書があるが、他の三冊には見られないこと。これらの諸特徴は、〔利〕冊が三条西公条書写の三冊より遅れて書写され、大永七年（一五二七）に校合が加えられた後、公条書写の三冊本に加えられた可能性を示唆するようである。

なお、すでに飯田瑞穂(94)が指摘しているように、〔元〕〔亨〕〔貞〕の三冊はいずれも抄略本であり、『日本後紀』『続日本後紀』の記事は全文を書写するが、他の四国史は日付のみか、記事の一部を書写するに止めるという独特の抄略方法を取っている点に本書の特色がある。飯田によれば、このような抄出を行ったのは抄出者（三条西公条）が『日本後紀』『続日本後紀』を所持していなかったか、もしくは所持本が不完全な写本であったためではないかと推定している。

⑤石清水八幡宮所蔵本（二巻）

巻一・五の二巻が石清水八幡宮に伝存している。いずれも一九六三年に国の重要文化財の指定を受けている。巻一の巻末に「加六（嘉禄）三年五月十九日以二法家本一当三一校二了」の奥書があり、嘉禄三年（一二二七）以前に成立した写本である。この二巻もまた忠実な影写本が尊経閣文庫所蔵模写本に含まれている。それぞれの巻末に前田綱紀の次のような奥書があり、この二巻が石清水八幡宮別当田中家に伝来していたものであることを示している。

〔巻一〕

右類聚国史第一巻摹二写八幡田中法印家蔵之旧本一乃加二再校一了、

貞享初元仲秋日

権中将菅原綱紀

〔巻五〕

右類聚国史第五巻摹二写八幡田中法印家蔵之旧本一乃加二三校一了、

貞享初元仲秋日

権中将菅原綱紀

以上が現存する古写本の概要である。

なお前に述べた尊経閣文庫所蔵の模写本について若干付記しておく。この模写本は巻一・五・一四・二五・一六五・一七一・一七七・一七九・一九四および巻次未詳の断簡一紙からなるものである。このうち巻一・五は石清水八幡宮本を、巻二五は東北大学本を、巻一六五〜一七九の四巻は尊経閣文庫巻子本を、それぞれ前田綱紀が忠実に影写せしめたものである。とすれば残る巻一四・一九四および巻次未詳断簡についても、綱紀の当時には存在していた古写本を影写したものである可能性が想定されるであろう。

前述のように、模写本巻一四の巻末に東北大学本巻二五と同じ筆跡の「見了（花押影）」という一見奥書が影写されている事実は、巻一四と二五がかつて僚巻であったことを示している。また巻一四の模写本は親本の虫損の様態を正確に影写し、文字の様態もまた古風を留めており、その親本は東北大学本に匹敵する古写本であった可能性が高いと

いえよう。なおこの巻に関して内閣文庫所蔵『類聚国史』（函号　特一〇二甲—一、五三冊）の巻一四巻末に

見了、（花押影）

右類聚国史巻第十四西三条中納言所レ献、今以二文徳実録一校正焉、

という識語があり、さらに同じく内閣文庫所蔵『類聚国史』（函号　特五一—一、五七冊）の巻一四巻末にも

右類聚国史巻第十四、以二西三条中納言所レ献之本一繕写者、

元文元年丙辰十一月

の識語がある。これを信じれば、「見了（花押）」の一見奥書を持つ巻一四は三条西家の所蔵本であったことになる。(95)

巻一九四に関しても、内閣文庫本（函号　特一〇二甲—一）に

右類聚国史巻第百九十四西三条中納言所レ献、今以二続日本後紀・三代実録一校正焉、

の奥書があり、また内閣文庫本（函号　特五一—一）の巻末にも

右類聚国史巻第百九十四、以二西三条中納言所レ献之本一繕写者、

元文元年丙辰十一月

とある。これらによれば、巻一九四も巻一四と同様に三条西家本であったことになる。(96)模写本の巻一九四も親本の破損・虫損の様態を忠実に模写し、文字も古態を伝えており、この親本もまた古写本であったと推定される。

なお模写本の巻次未詳断簡についても手掛かりに乏しいが、巻一四・一九四と同様に親本の破損・虫損の様態を忠実に模写しており、また文字もよく古態を伝えている。これもまた古写本を影写したものと推定される。(補注)

ロ　伝　来

次に『類聚国史』の写本の伝来状況について概略を述べる。

①『通憲入道蔵書目録』[97]

まず藤原通憲（嘉承元〜平治元）が編纂したといわれる『通憲入道蔵書目録』には

一合第四十三櫃
　類聚国史一帖十巻　二帖十巻
　三帖四巻　四帖十巻
一合第四十四櫃
　類聚国史五帖十巻　六帖十巻
　七帖十巻　八帖十巻
一合第四十五櫃
　類聚国史十帖十巻　十一帖十巻
　十二帖十巻
　（中略）
一合第四十七櫃
　類聚国史十七帖十巻　十八帖九巻

十九帖六巻

（下略）

とあり、四合の櫃に納められた合計一四帖・一二九巻の写本が記載されている。この『目録』が通憲の著作であるとすれば、平安時代末期における伝存状況の一端がこれによってうかがわれ、一〇巻を一帖として二〇帖にまとめられていたらしいことが推定される。

②『玉葉』[98] 安元二年（一一七六）九月一日条

『通憲入道蔵書目録』にやや遅れて、『玉葉』安元二年九月一日条に

中刻、隆職宿禰参来、又宗雅来、今日前大僧正被レ送二消息一云、類聚国史先日借二与第一帖一了、皆可レ借、可二書写一云々、明日可二献借一之由、報了、

また同月三日条には

及レ晩定能朝臣来、借三送類聚国史十九帖於二前大僧正許一、於二第一帖一者、先日借了、為二書写一所レ被レ借也、

と見え、藤原兼実のもとには二〇帖の『類聚国史』が存在していたことが判明する。巻数についてはこの記事からは不明であるが、二〇〇巻が揃っていた可能性は否定しがたいであろう。

③石清水八幡宮所蔵『類聚国史』巻第一紙背

前項で述べた石清水八幡宮所蔵『類聚国史』巻第一の紙背に、ある時期における『類聚国史』の伝存状況を示す記録が残されており、『類聚国史』を書写した際の覚書と見られる。その内容を整理して次に示す。

一　帖　一〇巻　　二　帖　一〇巻　　四　帖　一〇巻

五　帙	八巻	六　帙	一〇巻	七　帙	一〇巻
八　帙	一〇巻	九　帙	一一巻	一一帙	一〇巻
一二帙	九巻	一三帙	八巻	一四帙	一一巻
一五帙	一一巻	一六帙	四巻	一七帙	一〇巻
一八帙	一〇巻	一九帙	九巻	二〇帙	七巻
二二帙	六巻	二三帙	一〇巻	二四帙	八巻

ここには合計二一帙・一九二巻という数値が記録されているが、この場合は一〇巻以上を納めた帙もあり、必ずしも『通憲入道蔵書目録』の場合のように均一に一帙一〇巻とは限らない。この写本自体は前述のように嘉禄三年（一二二七）五月十九日の校合奥書がある鎌倉時代前期頃の写本であり、したがってこの記録が示す伝存状況の上限は嘉禄三年となるが、紙背の記録が加えられた時期は今は明らかにできず、今後の検討課題である。

④『荒暦』[99]応永三年（一三九六）六月五日条・『兼敦朝臣記』[100]応永九年四月記紙背

次に関白一条経嗣（延文三〜応永二五）の日記『荒暦』の応永三年六月五日条に

宣俊来、類聚国史一部二百巻此内十巻欠、五合、今日可レ預二給兼熙卿一間、其事為レ令二奉行一、所二招引一也、缺巻等注二一紙一予自筆、向二彼宿所一了、件書一部、後堀河院御文書也、此内二十六巻通俊卿本也、旁雖レ為二秘本一、彼卿父子忠孝異レ他之間、暫所二預給一也者、累代秘本、能々可二預置一之由、仰遣了、

と見え、これによって（一）応永三年当時、一条経嗣が一九〇巻を五合に納めた『類聚国史』を所蔵していたこと、（二）その一部はかつて後堀河院の所蔵していたものであり、その内の二六巻は平安時代後期の歌人として著名な藤

原通俊の所持本であったこと、(三) この『類聚国史』を吉田兼熙・兼敦父子に預けたこと、(四) その際、経嗣は欠佚した巻を自ら書き上げて添えたこと、などが知られる。

この一条家の『類聚国史』はその後、これを預かった吉田兼熙の子の兼敦の日記『兼敦朝臣記』応永九年四月記の紙背に現われる。『兼敦朝臣記』応永九年四月記は応永三年・同五年の具注暦を翻して記されており、そのうちの応永三年暦の巻末に『類聚国史』に関する次のような記載が残されている。

類聚国史欠巻

第九十六《十帖》　百六《十一帖》

廿帖内八巻　百九十一　百九十二　百九十四　百九十五

百九十七　百九十八　百九十九　二百

これが一条家の『類聚国史』の欠佚巻に関する記録である可能性が高いと考えられることについては別に考察を加え[101]たのでここでは省略するが、この記録によって一条経嗣の所持していた『類聚国史』の巻次と欠佚巻の内容が明確になる。またそれが『通憲入道蔵書目録』の場合と同様に一帙に一〇巻を納めたものであったこともほぼ確かであろう。

ところで前述のように、古来、壬生官務家には平安時代末期ないしは鎌倉時代初期の写本が伝わっており、その一部が東北大学・尊経閣文庫に現存している。次にこの壬生官務家における伝来の状況について述べておく。

前述のように尊経閣文庫所蔵明応鈔本一五冊のうち、第七(巻五四)・八(巻七一)・一〇(巻七五)・一一(巻七七)・一二(巻七八)・一三(巻八〇)の各冊の末尾には、「中山春蘭外史」が小槻(壬生)雅久から同家累代相伝の『類聚国史』を借用して書写した際に、雅久が「中山春蘭外史」の求めに応じて記した明応九年(一五〇〇)五月二四日の識語がある。[102]明応鈔本は巻三・四・五・九・三二・三六・五四・七一・七三・七五・七七・七八・八〇・一四七・一五九の一五巻を書写したものであるが、その内の少なくとも上記の奥書をもつ六巻が明応九年の時点で壬生官務家に伝存していたことは確実であり、また残る九巻についても壬生官務家本の写本である可能性は否定しがたいであろう。

壬生官務家伝来本についてはさらにその後『義演准后日記』[103]慶長九年（一六〇四）二月十九日条に関連記事が見える。

⑤『義演准后日記』慶長九年（一六〇四）二月十九日条

一昨日類集国史官務所ヨリ召寄了、凡二百巻モ在之歟、廿二巻取寄了、内一・二巻書写之、

ここには「凡二百巻モ在之歟」とあるが、この文言は当時壬生官務家に全巻揃っていたことを示すものでは必ずしもなく、この記事からは少なくとも二二巻が伝存していたことが判明するのみである。

また壬生官務家の歴代の日記にも関連記事が散見しており、近世初期の壬生家における伝存状況の一端がうかがわれる。

⑥『孝亮宿禰記』[104]元和九年（一六二三）六月二一日条

自㆓禁裏㆒内々仰有之、類聚国史廿二巻令㆓借献㆒、

⑦『孝亮宿禰記』寛永五年（一六二八）六月二七日条

官庫御記令卅五巻、類聚国史廿二巻、朝野群載十九巻、二条殿有㆓恩借㆒云々、

⑧『孝亮宿禰記』寛永八年八月二九日条

院御所御在位之時、当家類聚国史以㆓中院大納言道村卿㆒令㆓借献㆒之、今日以㆓中院大納言㆒被㆓返下㆒者也、此内五巻中院所望之間、

借進之、

⑨『孝亮宿禰記』寛永九年正月九日条

類聚国史五巻借二進六条羽林一、

⑩『忠利宿禰記』(105)寛永十二年十一月九日条

類聚国史五巻借二進今出川大納言一、

これらの記事からは「廿二巻」あるいは「五巻」という数字が知られるのみで、これが当時の壬生官務家に伝存していた『類聚国史』の全てであるかどうかは判然としない。ただし⑧によれば「院御所御在位之時」、すなわち後水尾天皇が譲位する寛永六年以前に壬生官務家伝来の『類聚国史』を天皇に貸し出したとあることが注意される。これは恐らく⑥の記事が対応しており、元和九年に貸し出したのであろうが、これらに関連すると思われる記録が大東急記念文庫所蔵『禁裏御蔵書目録』(106)の「御檜子御箱目録」に伝わっている。

類聚国史官務本也、　同一〔箱〕

この『御蔵書目録』は、奥書によれば「右官本、万治四年正月十五日禁中炎上之時、焼亡云々」とあり、万治四年(一六六一)の内裏炎上の際に焼失した書籍類の目録とされている。そこに壬生官務家の『類聚国史』一箱が著録されている事実は、これが壬生官務家本を書写した写本でないとすれば、元和九年に壬生官務家相伝本が天皇の手許に渡っており、それが焼失したことになる。しかしながら⑧によれば、寛永八年八月二十九日、壬生官務家本『類聚国史』は中院通村の手を経て後水尾上皇より返却されたともあり、⑧と『禁裏御蔵書目録』との関係についてはなお検討の余地がある。

これらの日記により、近世初頭の壬生官務家に少なくとも二二巻の『類聚国史』が伝存していたことは明らかである。

公家社会における『類聚国史』の伝来状況についての筆者の調査は現在の所ほぼ以上につきる。管見に入った限りでの以上の史料によれば、一四世紀末頃まではほぼ完全に近い『類聚国史』の写本が一条家に伝存していたことが知られる。しかしその後に続く内乱の時期を経てその多くが失われることとなったと推察され、明応鈔本・大永校本によれば、一六世紀前半段階では五三巻が確認されるに過ぎず、また壬生官務家本においても、一七世紀初頭には二二巻の存在が知られるに止まる。

一方、徳川幕府を始めとする近世武家社会においても『類聚国史』の写本の収集が行われている。その詳細については近藤正斎の「右文故事」「好書故事」[107]および『幕府書物方日記』[108]に譲るが、幕府の書物奉行が編集した『元治増補御書籍目録来歴志』[109]（国書部　帝紀類）によって幕府による『類聚国史』写本の収集状況の一端を知ることができる。

類聚国史

五十三冊、内十九冊ハ

後陽成天皇ヨリ

東照大君（徳川家康）ヘ賜ハル所ナリ、三十四冊ハ享保中

有徳大君（徳川吉宗）旨アリテ縉紳家及ヒ寺社ノ旧蔵ヲ召シ補写令メラル、所ナリ、第一至第三ハ御庫ノ別本ヲ以テ補写シ、

第九・第七十三・第七十七・第八十・第百四十七・第百六十五・第百七十一ハ林大学頭ノ蔵本ヲ以テ補写シ、

第八・第十・第十九・第二十五・第二十八・第三十三至第三十五・第七十九・第八十三・第八十四・第八十

六・第八十八・第八十九・第九十九・第百七十八・第百七十九・第百八十二・第百八十六・第百八十七・第百九十・第百九十三・第百九十九ノ二十冊ハ北野ノ祠官ヨリ献ス、第十四・第九十四ハ三条家ヨリ献ス、其跋ニ云フ、今以文徳・三代実録校正ス、トアリ、第六十六・第六十七ハ加茂ノ祠官ヨリ献ス、第百八十九ハ松平安芸守某献セリ、遂ニ裒輯シテ六十一巻ヲ得タリ、

又

二十二冊ハ慶長写本ノ一種ナリ、御本日記ニ院御所ヨリ出ト云、巻四後ニ建長元年広俊ノ原跋、巻百五十九ノ大治元年儀兼ノ原跋アリ、

写本の巻次や冊数に一部疑問な点もあるが、ここに述べられているのは（一）徳川家康の収集にかかる「後陽成天皇ヨリ東照大君ヘ賜ハル所」の一九冊および「慶長写本」二二冊と、（二）徳川吉宗が諸家の蔵書などを召して書写・収集した三四冊である。このうち家康収集の一九冊と吉宗収集の三四冊からなる五三冊本は国立公文書館内閣文庫に伝わっており[110]、その内訳は巻一、二、三、四・五（合綴）、八、九、一〇、一一、一四、一六、一九、二五、二八、三一・三二（合綴）、三三・三四（合綴）、三五、三六、四〇、五四、六六・六七（合綴）、七一・七二（合綴）、七三、七四・七五（合綴）、七七、七八、七九、八〇、八三、八四、八六、八七、八八・八九（合綴）、九九、一〇一、一〇七、一四七、一五九、一六五、一七一、一七三、一七七、一七八、一七九、一八〇、一八二、一八五、一八六、一八七、一八九、一九〇、一九三、一九四、一九九である。「慶長写本」二二冊もまた内閣文庫に現存し[111]、その内訳は巻四、五、一一、一六、三二、三三、三六、四〇、五四、七一、七二、七四、七五、七八、八七、一〇一、一〇七、一四七、一五九、一七三、一七七、一八〇である。ただしこれらの各巻はいずれも五三冊本と重複するものである。

『元治増補御書籍目録来歴志』はこれら家康・吉宗の収集によって六一巻を得たとするが、五三冊本の巻数は六〇巻であり、これに巻一五が加われば、後の文化一二年刊行の仙石政和校本および現行の国史大系本（増補された巻一七〇を除く）の内容と一致することになる。現行本の原形は吉宗の収集によってほぼ形成されたといってよいであろう。

八　刊本・索引

最後に刊本・索引について概略を述べておく。

1、仙石政和校本『類聚国史』（一八一五年〈文化一二〉）

八種の『類聚国史』写本、六国史の写本および版本、『日本逸史』『日本紀略』『類聚三代格』『政事要略』などを用いて校訂している。本文二七冊のほかに『類聚国史考異』上・中・下を付載する。

2、『国史大系類聚国史』（一九一六年〈大正五〉、経済雑誌社）

仙石政和校本を底本とし、尊経閣文庫本・石清水八幡宮本など五種の写本および『日本逸史』『日本紀略』『類聚三代格』『政事要略』『扶桑略記』『公卿補任』により校訂している。また醍醐寺三宝院所蔵『祈雨日記』により巻一七〇の記事を抄出し増補した。

3、日本経済大典第二巻所収『類聚国史』（一九二八年〈昭和三〉、史誌出版社）

政理部（巻七九・八〇・八三・八四・八六）および田地部（巻一五九）のみの抄出本である。底本には『国史大系類聚国史』を用いている。

4、新訂増補国史大系『類聚国史』前篇・後篇（一九三三年〈昭和八〉、吉川弘文館）

仙石政和校本を底本とし、尊経閣文庫本・東北大学本・石清水八幡宮本など一三種の写本および『日本逸史』『日本紀略』『類聚三代格』『政事要略』『扶桑略記』『公卿補任』により校訂し、また『国史大系類聚国史』と同様に醍醐寺三宝院所蔵『祈雨日記』により巻一七〇の記事を抄出し増補している。

5、上村悦子編『類聚国史索引』（一九八二年〈昭和五七〉、笠間書院）

新訂増補国史大系『類聚国史』を底本とし、「人名索引」「人名字音索引」「官職名索引」「件名索引」「地名索引」「社寺陵墓名索引」「歌句索引」「歌句字音索引」「詩題索引」「踏歌各句索引」からなる。

註

（1）新訂増補故実叢書7『西宮記』第二（明治図書、一九五五年）所収。前田育徳会尊経閣文庫所蔵『西宮記（巻子本）』（平安末〜鎌倉時代写、一八巻）の影印本（前田育徳会尊経閣文庫編「尊経閣善本影印集成」第一輯3『西宮記』三〈八木書店、一九九四年〉）により、巻一〇（甲）の記事を左に引用する。

凡奉公之輩、可レ設二備一文書、

（中略）

一、諸雑事

類聚国史二百巻始レ従二日本紀一至二于仁和一之雑事、無レ有二遺漏一、

（2）群書類従公事部、巻第一〇四所収。国立歴史民俗博物館所蔵「広橋家旧蔵記録文書典籍類」所収『貫首秘抄』（函号H六三―九〇〇、鎌倉時代写、一巻）により左に引用する。

予案、為二職事一之者必可レ持之文、

律令、延喜式、同儀式、類聚三代格、柱下類林、類聚諸道勘文、勘判集法家、類聚国史、仁和以後外記日記、

如レ此之書、広言レ之者不レ可二記尽一、只挙二一端之要一也、万之一示也、

（3）「二百巻」とする比較的古い史料としては注（1）にあげた『西宮記』のほか、以下のようなものがある。

イ『菅家御伝記』（神道大系神社編十一北野〔神道大系編纂会、一九七八年〕所収）

（寛平）同四歳五月十日、類聚国史奏上、先レ是道真奉レ勅修撰、至レ是功成、史二百巻、目二巻、帝王系図三巻、

ロ『二中歴』倭書歴（前田育徳会尊経閣文庫編「尊経閣善本影印集成」第二輯16『二中歴』三〔八木書店、一九九八年〕所収）

国史

日本書紀三十巻　続記後記各四十

続日本国後記廿　文徳実録六十巻只六十ィ

三代実録五十巻　類聚国史二百巻

ハ『本朝書籍目録』帝紀（群書類従雑部、巻第四九五所収）

類聚国史　　二百巻菅家御撰、

ニ『荒暦』応永三年六月五日条（『大日本史料』第七編之二、応永三年年末雑載所収。国立歴史民俗博物館所蔵「広橋家旧蔵記録文書典籍類」所収『経嗣公記』〔函号　H六三一六八一、広橋守光写、一巻〕）

宣俊来、類聚国史一部二百巻此内十巻欠、五合、今日可レ預二給兼熙卿一間、其事為レ令二奉行一、所二招引一也、（以下略）

（4）一般に現存巻数は六二巻とされるが、その内の巻一七〇は『国史大系類聚国史』（一九一六年）および新訂増補国史大系6『類聚国史』後篇（一九三三年）の編者が醍醐寺三宝院所蔵の『祈雨日記』から該当する記文を抄出して補い一巻とした、いわば逸文であって、『類聚国史』の写本として伝来したものではない。したがって本稿では六一巻現存とみなす。三宝院本『祈雨日記』の巻首には「□□□〔起自推カ〕古天皇卅六年終于光孝天皇仁和元年代□〔々カ〕祈雨皆有類聚国史o第巻百七十□〔災カ〕異部四旱祈雨附之」（東京大学史料編纂所所蔵影写本〔函号　三〇一四一八〕による。なお続群書類従釈家部、巻第七二五所収『祈雨日記』および新訂増補国史大系6『類聚国史』後篇、巻一七〇頭注を参照）とあり、これが復原の根拠となっている。

（5）注（3）所引。

（6）坂本太郎「類聚国史に就いて」（『史林』二一巻二号、一九三七年。坂本『日本古代史の基礎的研究』上　文献篇〔東京

大学出版会、一九六四年）および坂本太郎著作集第三巻『六国史』（吉川弘文館、一九八九年）に「類聚国史について」と改題して収録）。同「類聚国史」（坂本『六国史』〈日本歴史叢書27、吉川弘文館、一九七〇年〉所収。坂本太郎著作集第三巻『六国史』に再録）。なお坂本『菅原道真』（人物叢書100〈吉川弘文館、一九六二年〉。坂本太郎著作集第九巻『聖徳太子と菅原道真』〈吉川弘文館、一九八九年〉に再録）も参照。

（7）真壁俊信「『類聚国史』と菅原道真」（真壁『天神信仰史の研究』〈続群書類従完成会、一九九四年〉所収）。

（8）『北野天神御伝』は前田育徳会尊経閣文庫所蔵『菅家伝』（尊経閣叢刊63『菅家伝』〈前田育徳会尊経閣文庫、一九四四年〉）がこれに当たる。本稿では尊経閣叢刊本による。尊経閣文庫本は元禄二年（一六八九）に前田綱紀が書写せしめたもので、荏柄天神社所蔵『北野天神御伝并御託宣等』（鎌倉時代写）の『北野天神御伝』の部分を比較的忠実に書写したものである。「菅家伝解説」（尊経閣叢刊付録）および真壁俊信「荏柄天神社本『菅家伝』の出現」（『日本歴史』二九二号、一九七二年。真壁『天神信仰の基礎的研究』〈近藤出版社、一九八四年〉に再録）を参照。

（9）坂本太郎「類聚国史に就いて」（注（6）所引）。喜田新六「類聚国史の編纂について」（史学会編『本邦史学史論叢』上巻〈富山房、一九三九年〉）。

（10）お茶の水図書館成簣堂文庫に巻第八六四（百穀部中）、前田育徳会尊経閣文庫に巻第八六八（布帛部三）の古写本が伝わる。『秘府略』については飯田瑞穂「『秘府略』に関する考察」（『中央大学九十周年記念論文集　文学部』〈中央大学、一九七五年〉。飯田瑞穂著作集3『古代史籍の研究』中〈吉川弘文館、二〇〇〇年〉に再録）、橋本義彦・菊池紳一「尊経閣文庫所蔵『秘府略』解説」（前田育徳会尊経閣文庫編「尊経閣善本影印集成」第二輯13『秘府略』〈八木書店、一九九七年〉所収）を参照。

（11）飯田瑞穂注（10）所引論文。

（12）源経頼の日記『左経記』の凶事関係の記事を部類した『類聚雑例』が想起される。

（13）『類聚検非違使官符宣旨』『格後類聚抄』『類聚諸道勘文』は『通憲入道蔵書目録』（群書類従雑部、巻第四九五所収）に見え、また『類聚諸道勘文』は『貫首秘抄』（注（2）所引）にも見える。

（14）大隅和雄「古代末期における価値観の変動」（『北海道大学文学部紀要』一六―一、一九六八年）。なお萩谷朴「平安朝第六期における類聚集成運動−歴史物語に見るその懐古的動機−」（『二松学舎大学論集（昭和四十一年度）』一九六七年）、高橋亨「歳時と類聚−平安朝かな文芸の詩学にむけて−」（『国語と国文学』七六巻一〇号〔通巻九一〇号〕、一九九九年）、竹ヶ原康弘「『類聚三代格』の「類聚意識」」（『史流』三九号、二〇〇〇年）も参照。

(15) 大隅和雄注(14)所引論文。

(16) 大隅和雄（注(14)所引論文）は、「『類聚国史』が歴史をふりかえっての知識を類聚した百科事書であったのに対して、いわば空間的に和名の世界に知識を拡大し、貴族にとってものの数に入らなかった世界についての知識を類聚した」点に『倭名類聚抄』の特徴があり、「『類聚国史』の部立てに比較して『和名抄』のそれが、官僚的貴族の価値観から脱化したところで、人間の生活とそれをとりまく事象を、より巾広くとらえようとする眼を持っている」と指摘し、両者の性格を対照的にとらえる。

(17) 日本古典文学大系72『菅家文草　菅家後集』（岩波書店、一九六六年）所収。

(18) 新訂増補 国史大系29下『本朝文粋　本朝続文粋』（吉川弘文館、一九六五年）所収。

(19) 前田育徳会尊経閣文庫所蔵『菅家伝』（注(8)所引）による。

(20) 神道大系　神社編十一　北野（注(3)所引）所収。

(21) 新訂増補故実叢書22『禁秘抄考証　拾芥抄』（明治図書、一九五五年）所収。

(22) 群書類従雑部、巻第四九五所収。

(23) 群書類従雑部、巻第四七一所収。

(24) 『日本紀略』延喜元年八月二日条に「左大臣等上二三代実録一」とある。また「日本三代実録序」の日付も延喜元年八月二日である。

(25) 「日本三代実録序」に「右大臣道真朝臣坐レ事左降、謫向二西府一、洎二斯文之成立一、値二彼臣之謫行一、（中略）不レ遂二其業一」とある。

(26) 『日本紀略』延喜元年正月二五日条に「諸陣警固、帝御二南殿一、以二右大臣従二位菅原朝臣一任二大宰権帥一」、また『同』延喜三年二月二五日条に「従二位大宰権帥菅原朝臣薨二於西府一」とある。

(27)『書紀集解』（臨川書店、一九六九年）附録『河村氏家学拾説』所収本による。『撰類聚国史考』は延享二年（一七四五）成立の初稿本と、延享三年成立の訂正本が伝わっている。本稿では一部を除き訂正本によった。なお『書紀集解』（一）首巻解題（阿部秋生執筆）および阿部秋生『河村秀根』（三省堂、一九四二年）を参照。

(28) 成立年次は不明。貞丈の没年（天明三年〔一七八三〕）以前。新訂増補故実叢書8『安斎随筆』第一（明治図書、一九五二年）による。

(29) 新訂増補国史大系5『類聚国史』前篇（吉川弘文館、一九六五年）所収本による。

(30) 新訂増補国史大系6『類聚国史』後篇（吉川弘文館、一九六五年）所収本による。

(31) 弘化二年（一八四五）成立。古典文庫69『増補比古婆衣』上（林陸朗編集・校訂。現代思潮社、一九八二年）による。

(32) 佐藤誠実「類聚国史考」（『史学雑誌』一一編五号、一九〇〇年。瀧川政次郎編『佐藤誠実博士律令格式論集』〔汲古書院、一九九一年〕に再録）。

(33) 和田英松「類聚国史」（和田『本朝書籍目録考証』〔明治書院、一九三六年〕所収）。

(34) 坂本太郎「類聚国史に就いて」（注(6)所引）。

(35) 喜田新六注(9)所引論文。

(36) 山田孝雄「菅公の見識」（手塚亮斉編『菅公頌徳録』〔官幣中社北野神社御祭神御生誕一千一百年御鎮座一千年記念大祭奉賛会、一九四四年〕所収）。

(37) 井上薫「日本三代実録」（坂本太郎・黒板昌夫編『国史大系書目解題』上巻〔吉川弘文館、一九七一年〕所収）。

(38) 真壁俊信注(7)所引論文。

(39) 三橋広延「天暦三年『神祇官勘文』所引国史記事に見る『類聚国史』の原形―『三代実録』の記事分類と菅原道真―」（『国史学』一五九号、一九九六年）。

(40) 柄浩司「『日本三代実録』の編纂過程と『類聚国史』の完成」（『中央大学文学部紀要』史学科四五号〔通巻一八二号〕、二〇〇〇年）。

(41) なお『二中歴』倭書歴（注(3)所引）には、

国史

（中略）

類聚国史仁明天皇、文武以後、徳歟、仁和以前、平城以後、

平城以前、太政大臣藤原良房奉レ勅、

とあり、「平城以前」すなわち『日本後紀』巻一七以前は藤原良房が撰修したという所伝を載せている。しかしこれにはほかに徴証がなく、また「類聚国史」の分注に混乱があるようで、これが何らかの影響を及ぼしているとすれば、にわかには信じがたい。これについて和田英松（注(33)所引論文）は、「註の文誤脱錯簡あるにや、意義明ならず。仁明天皇の四字は、平城以前の誤ならんか」とした上で、「これによれば、その平城天皇以前は、藤原良房勅を奉じて撰び、平城天皇以後は、別人の撰びたるものなるが如し。（中略）この事は、他に見えざれど、二中歴は、院政時代のものなれば、この説もまた根拠なきものにはあらざるべし」と述べ、一定の史料価値を認めている。

(42)『日本紀略』寛平四年五月一日条に「勅二大納言源能有・参議藤原時平・大外記大蔵善行等一云々、始造二国史一」とある。

(43) 坂本太郎「類聚国史に就いて」「類聚国史」（注(6)所引）。

(44) 井上薫（注(37)所引論文）。なお坂本太郎（「日本三代実録」、坂本『六国史』〔吉川弘文館、一九七〇年〕所収。坂本太郎著作集第三巻『六国史』〔吉川弘文館、一九八九年〕に再録）は井上と同じ手続きによって『日本三代実録』撰修の勅命が出されたのは寛平五年四月以降、寛平六年八月以前とした上で、これは『日本紀略』の『日本三代実録』撰修を命じた寛平四年五月一日の勅とは矛盾するが、『日本紀略』の宇多天皇以後には年月の誤りが多いので、『日本紀略』の「寛平四年五月一日」は「寛平五年五月一日」の誤りと見なし、井上とは異なった解釈を示している。

(45) ただし巻一・神祇部一・神代上と巻二・神祇部二・神代下については『日本書紀』の巻一・神代上と巻二・神代下をそのまま収録しており、特殊な巻である。

(46) 坂本太郎「類聚国史に就いて」（注(6)所引）。

(47) 喜田新六注(9)所引論文。

(48) 所功「『類聚国史』の年号表記」（『皇學館大学史料編纂所報』史料』六七号、一九八三年）。

(49) 坂本太郎「類聚国史に就いて」(注(6)所引)。
(50) この方法については早く佐藤誠実(注(32)所引論文)が採用している。
(51) 注(4)参照。
(52) この「古記の集録」とは『唐招提寺縁起抜書略集』(仏書刊行会編『大日本仏教全書』第一一八冊寺誌叢書第二〔名著普及会、一九八〇年〕所収)を指すものであろう。この史料については丸山二郎「類聚国史の缺佚巻」(『日本歴史』九一号、一九五六年。丸山『日本の古典籍と古代史』〔吉川弘文館、一九八四年〕に再録)を参照。
(53) 喜田新六注(9)所引論文。
(54) 田中卓「安澄の卒伝―日本後紀の逸文―」(『続日本紀研究』二巻四号、一九五五年。田中卓著作集10『古典籍と史料』〔国書刊行会、一九九三年〕に再録)。
(55) 丸山二郎注(52)所引論文。
(56) 平岡定海「類聚国史の逸文について」(『史学雑誌』六七編三号、一九五八年。平岡『日本弥勒浄土思想展開史の研究』〔大蔵出版、一九七七年〕に再録)。
(57) 二宮正彦「類聚国史の逸文」(『日本上古史研究』七巻一一号〔通巻八三号〕、一九六三年)。
(58) 飯田瑞穂「尊経閣文庫蔵『類聚国史』抄出紙片について―『三代実録』逸文の紹介―」(高橋隆三先生喜寿記念論集刊行会編『古記録の研究』〔続群書類従完成会、一九七〇年〕所収。飯田瑞穂著作集4『古代史籍の研究』下〔吉川弘文館、二〇〇〇年〕に再録)。
(59) 清水潔「類聚国史の篇目について」(『皇学館大学史料編纂所報』史料』一三号、一九七九年)。
(60) 三橋広延「『類聚国史』逸文一覧」(『国書逸文研究』六号、一九八一年)。
(61) 佐伯有清「類聚国史と慈覚大師伝の残簡」(『成城大学文芸学部創立四十周年記念論文集』、一九九四年)。
(62) 三橋広延「『類聚国史』逸文一覧」(注(60)所引)。
(63) 飯田瑞穂によれば、この記事は三条西公条の『類聚国史』抄出紙片とは別のもので、『日本三代実録』の写本の文字が写ったものとされる。以下、『日本三代実録』の記事はいずれもこれに同じ。飯田注(58)所引論文参照。

(64) ただし新訂増補国史大系本『日本三代実録』では記事の一部を『類聚国史』明応鈔本（尊経閣文庫所蔵、明応九年写）などによって補っている。

(65) 財団法人古代学協会編「史料拾遺」第一・二巻（臨川書店、一九六六・六七年）所収。

(66) この六条の内の一条は巻次を示さずに天長六年五月丁酉条を引用し、また別の一条は〔類聚国史〕「同廿一云」として天長一〇年一〇月戊申条を引いている（ともに小倉山社部下）が、いずれも巻五・神祇部五・八幡大神に見える記事である。

(67) これは「類聚国史第九云」として神護景雲三年九月己丑条を引くものである（大尾社部上）が、巻八七・刑法部一・配流に見えており、「第九」は誤りである。

(68) 本稿では国立公文書館内閣文庫所蔵本（函号　古四〇―二三七、一冊）を参照した。内閣文庫本は外記押小路家旧蔵の近世の写本であり、これの祖本は布施美術館所蔵の鎌倉時代書写本と考えられるが、未見。

(69) 坂本太郎「類聚国史に就いて」（注(6)所引）。

(70) 三橋広延「『類聚国史』逸文一覧」（注(60)所引）。

(71) 法隆寺編『法隆寺蔵尊英本太子伝玉林抄』（吉川弘文館、一九七八年）。

(72) 三橋広延「『類聚国史』逸文一覧」（注(60)所引）。

(73) 『太子伝玉林抄』は「三年」とするが、「十三年」の誤り。

(74) 仏書刊行会編「大日本仏教全書」第一一二冊聖徳太子伝叢書（名著普及会、一九七九年）所収。

(75) 仏書刊行会編「大日本仏教全書」第一一二冊聖徳太子伝叢書（名著普及会、一九七九年）所収。

(76) 注(52)参照。

(77) 仏書刊行会編「大日本仏教全書」第一一八冊寺誌叢書第二（注(52)所引）。

(78) 丸山二郎注(52)所引論文参照。

(79) 田中卓注(54)所引論文が『続日本紀研究』誌に掲載された際は、この逸文の出典を「弥勒如来感応抄第五」としていたが、著作集への収録に当たって「弥勒如来感応抄草第三」に訂正した。したがって平岡は田中と同じ史料から同じ記事を引いていたことになる。

(80) 群書類従公事部、巻第八四所収。

(81) 群書類従雑部、巻第四八六所収。

(82) 江談抄研究会『類聚本系江談抄注解』（武蔵野書院、一九八三年）、川口久雄・奈良正一『江談證注』（勉誠社、一九八四年）、甲田利雄『校本江談抄とその研究』中巻（続群書類従完成会、一九八九年）、新日本古典文学大系32『江談抄　中外抄　富家語』（岩波書店、一九九七年）を参照。

(83) 現行本における記事の抄略は恐らく後次的な所為によるものが多く含まれるであろう。その一例として、飯田瑞穂（「六国史と尊経閣文庫」『日本歴史叢書月報』27、一九七〇年。飯田瑞穂著作集5『日本古代史叢説』〔吉川弘文館、二〇〇一年〕に再録）が指摘した、尊経閣文庫所蔵『類聚国史』大永校本（四冊、函号　二一七書）の記事抄略は三条西公条が完本の『類聚国史』を披見しながら行ったという事実が想起されよう。

(84) 現行本に省略された記事を掲載している一例として猪熊信男所蔵『類聚国史』（東京大学史料編纂所所蔵謄写本（一冊、函号　二〇四〇・二一一二）による）の巻一九（猪熊本では外題・内題・首題ともに「巻十五」とするが、内容は巻一九）を示しておく。この謄写本はやや複雑な編成を示しているが、内容は巻一九のほか、巻二五・三四の一部を含んでいる。

猪熊本巻一九は巻の途中の「神宮司」の項目から始まり、巻末におよんでいるので、この範囲内で猪熊本に記事が掲載されていて現行本には省略されている個所を、現行本によって列記すると以下のようになる。

神宮司

孝謙皇帝天平勝宝五年二月甲午

広仁天皇宝亀七年九月庚午

清和天皇貞観十二年八月十六日丙申

十五年五月廿五日戊子

陽成天皇元慶五年八月廿六日壬寅

内人

聖武皇帝天平二年秋七月癸

孝謙皇帝天平勝宝五年正月丁未
廃帝天平宝字四年三月甲戌
文徳天皇天安元年九月壬寅
清和天皇貞観六年十二月甲寅朔十日癸亥
物忌
孝謙皇帝天平勝宝五年正月丁未
廃帝天平宝字四年三月甲戌
清和天皇貞観十二年六月廿七日戊申
陽成天皇元慶三年閏十月十九日乙巳
神賤
高野天皇天平神護三年四月庚子
広仁天皇宝亀四年六月丙午
十一年十二月壬子
宮主
文武天皇大宝四年二月癸亥
元正天皇養老三年六月丙子
聖武皇帝天平九年八月甲寅
文徳天皇天安二年七月丙子
御巫
聖武皇帝天平九年八月甲寅

以上のうち「物忌」の項の「陽成天皇元慶三年閏十月十九日乙巳」と「神賤」の項の「(宝亀) 十一年十二月壬子」の二条は猪熊本には脱落しているが、このほかは全て猪熊本では記事を掲載している。しかし一覧すれば明らかなように、猪熊本が記事を載せている部分はいずれも『続日本紀』『日本文徳天皇実録』『日本三代実録』に含まれる記事であるから、猪熊本もしくはその祖本が正史によって記事を補った可能性を考慮しなければならないであろう。

なお巻末の識語によれば、猪熊本は二七冊からなる写本で、大正一三（一九二四）年六月に東京大学史料編纂所が採訪したものであるが、謄写本の識語に「之ヲ国史大系本ニ対比スルニ、第十五トアルハ第十九ノ誤ニシテ、ソノ本文、大系本ニハ殆ドコレナシ、マタ第二十五ハ大系本ノ二十五ニ相当スレドモ、孝謙天皇天平勝宝八年ノ条マデノ本文ハ大系本ニハ殆ドコレナシ」とあるによれば、現行本（国史大系本）との異同が多い巻を選択して謄写したものと推定される。

(85) 飯田瑞穂注(58)所引論文。

(86) 例えば『国書総目録』第八巻（岩波書店、一九七八年）の「類聚国史」の項に「巻四五・五二・九二・一三七は偽書」との指摘があり、また伴信友に宛てた年月日未詳の某氏書状（大鹿久義編著『伴信友来翰集』〔錦正社、一九八九年〕三一二〜三一三頁所収）に「此程、百錬抄・類聚国史闕冊、京師ニ出候由、致㆓承知㆒候処、能承候ヘハ偽造之様ニ又承り候」と見えるのはその一例である。

(87) 三橋広延「〔一条紹介〕類聚国史」（『国書逸文研究』一五号、一九八五年）、同「〔一条紹介〕類聚国史（その二）」（『国書逸文研究』一七号、一九八六年）。

(88) 亀田隆之「成立期の蔵人」（亀田『日本古代制度史論』〔吉川弘文館、一九八〇年〕所収）を参照。

(89) 佐伯有清注(61)所引論文。

(90) 久曾神昇編『不空三蔵表制集　他二種』（汲古書院、一九九三年）所収。

(91) 狩野文庫本については、東北大学附属図書館編・東北大学狩野文庫マイクロ化編集委員会監修のマイクロフィルム（丸善株式会社）がある。リール番号はCBA－016。

(92) 尊経閣文庫所蔵『類聚国史』（九冊、函号　二一－六書）。

(93) この識語は新訂増補国史大系本では巻五四を除く各巻の末尾に翻刻されている。巻五四の識語を左に示す。

中山春蘭外史借㆓雅久累代家伝之本㆒、命㆓門下書生㆒令㆑写焉、仍見㆑求㆓題巻尾㆒、応㆓其請㆒、以為㆓将来之証㆒云、

明応九年五月廿四日

左大史小槻（花押）

(94) 飯田瑞穂注(83)所引論文。

(95) 『幕府書物方日記』四（大日本近世史料所収）享保七年（一七二二）四月二八日条に

無表紙
類聚国史 巻第十四
巻第百九十四　　二冊紙包

右ハ、三条西中納言ゟ上ル写、

と見え、同じく享保八年四月一五日条にも

（類聚国史）
同 十四 百九十四　　弐冊白紙表紙 かりとち 紙包 三条西中納言ゟ上リ候内、

とあることはその一つの証左である。

(96) 注(95)に同じ。

(97) 群書類従雑部、巻第四九五所収。

(98) 図書寮叢刊『九条家本 玉葉』四（明治書院、一九九七年）所収。

(99) 注(3)所引。

(100) 天理大学附属天理図書館所蔵『吉田家日次記』（四八巻、函号 二一〇・五－イ四九）所収自筆本。

(101) 吉岡眞之「中世史料に現われた『類聚国史』」（吉岡『古代文献の基礎的研究』（吉川弘文館、一九九四年）所収）。

(102) 注(93)参照。

(103) 史料纂集『義演准后日記』第三（続群書類従完成会、一九八五年）所収。

(104) 宮内庁書陵部所蔵『孝亮宿禰記』（函号 F九－一三〇）。

(105) 宮内庁書陵部所蔵『忠利宿禰記』（函号 F九－一三一）。

(106) 大東急記念文庫善本叢刊 第11近世篇2『書目集』一（汲古書院、一九七七年）所収。

(107)『近藤正斎全集』第二・第三（国書刊行会、一九〇六年）所収。

(108) 大日本近世史料所収。特に『幕府書物方日記』四（享保七〜八年）には徳川吉宗の収書にかかわると思われる記事が収録されている。なお吉宗の収書に関しては山本武夫「徳川幕府の修史・編纂事業四—記録・古文書の捜索—」（『新訂増補 国史大系月報』16、一九六五年）も参照。

(109) 小川武彦・金井康編『徳川幕府蔵書目』第一巻（書誌書目シリーズ16 ゆまに書房、一九八五年）所収。原本は国立公文書館内閣文庫所蔵『元治増補 御書籍目録』（四三冊、函号 二一九—一九三）の第四〇冊に収録。

(110)『改訂内閣文庫国書分類目録』上（国立公文書館内閣文庫、一九七四年）に著録。「〔来歴志著録本〕」「〔慶長〕写（享保補写）」とある。

(111)『改訂内閣文庫国書分類目録』上（国立公文書館内閣文庫、一九七四年）に著録。「〔来歴志著録本〕」「〔慶長〕写」とある。

(補注) 尊経閣文庫所蔵「三条西蔵書再興始末記」一（『書札類稿』〔三一冊、函号 六—一五外〕七所収）に収める（元禄一六年）六月二一日付の「今般返進御書物之覚」に

類聚国史第十四　一巻墨付六張
同　第百九十四　一巻墨付卅六張
同　一葉

との記事がある。これを模写本の包紙の記載と比較すると、「類聚国史第十四新写六葉」（巻一四）、「類聚国史一百九十四三十六張」（巻一九四）、「類聚国史巻第不知一葉」（巻次未詳断簡）と、完全に対応している。この「覚」が前田家から三条西家に返却した書籍を書き上げたものであることは明白であるから、巻一四・一九四および巻次未詳断簡はいずれも三条西家の旧蔵本と判断してよい。

巻一 神祇一	巻二 神祇二	巻三 神祇三	巻四 神祇四	巻五 神祇五	巻六 **神祇六**	巻七 **神祇七**	巻八 神祇八	巻九 神祇九	巻一〇 神祇一〇
巻一一 神祇一一	巻一二 **神祇一二**	巻一三 **神祇一三**	巻一四 神祇一四	巻一五 神祇一五	巻一六 神祇一六	巻一七 **神祇一七**	巻一八 **神祇一八**	巻一九 神祇一九	巻二〇 **神祇二〇**
巻二一 **帝王一**	巻二二 **帝王二**	巻二三 **帝王三**	巻二四 **帝王四**	巻二五 帝王五	巻二六 **帝王六**	巻二七 **帝王七**	巻二八 帝王八	巻二九 **帝王九**	巻三〇 **帝王一〇**
巻三一 帝王一一	巻三二 帝王一二	巻三三 帝王一三	巻三四 帝王一四	巻三五 帝王一五	巻三六 帝王一六	巻三七 **皇后一**	巻三八 **皇后二**	巻三九 **皇后三**	巻四〇 後宮
巻四一 **東宮一**	巻四二 **東宮二**	巻四三 **東宮三**	巻四四 **皇親**	巻四五 **人一**	巻四六 **人二**	巻四七 **人三**	巻四八 **人四**	巻四九 **人五**	巻五〇 **人六**
巻五一 **人七**	巻五二 **人八**	巻五三 **人九**	巻五四 **人一〇**	巻五五 **人一一**	巻五六 **人一二**	巻五七 **人一三**	巻五八 **人一四**	巻五九 **人一五**	巻六〇 **人一六**
巻六一 **人一七**	巻六二 **人一八**	巻六三 **人一九**	巻六四 **人二〇**	巻六五 **人二一**	巻六六 **人二二**	巻六七 **人二三**	巻六八 **人二四**	巻六九 **人二五**	巻七〇 **歳時一**
巻七一 歳時二	巻七二 歳時三	巻七三 歳時四	巻七四 歳時五	巻七五 歳時六	巻七六 **歳時七**	巻七七 音楽賞宴上	巻七八 賞宴下奉献	巻七九 政理一	巻八〇 政理二
巻八一 **政理三**	巻八二 **政理四**	巻八三 政理五	巻八四 政理六	巻八五 **政理七**	巻八六 政理八	巻八七 刑法一	巻八八 刑法二	巻八九 刑法三	巻九〇 **刑法四**
巻九一	巻九二	巻九三	巻九四	巻九五	巻九六 **職官一**	巻九七 **職官二**	巻九八 **職官三**	巻九九 職官四	巻一〇〇 **職官五**
巻一〇一 職官六	巻一〇二 **職官七**	巻一〇三 **職官八**	巻一〇四 **職官九**	巻一〇五 **職官一〇**	巻一〇六 **職官一一**	巻一〇七 職官一二	巻一〇八	巻一〇九	巻一一〇
巻一一一	巻一一二	巻一一三	巻一一四	巻一一五	巻一一六	巻一一七	巻一一八	巻一一九	巻一二〇

巻一二一	巻一二二	巻一二三	巻一二四	巻一二五	巻一二六	巻一二七	巻一二八	巻一二九	巻一三〇
巻一三一	巻一三二	巻一三三	巻一三四	巻一三五	巻一三六	巻一三七	巻一三八	巻一三九	巻一四〇
巻一四一	巻一四二	巻一四三	巻一四四	巻一四五	巻一四六 **文部**□	巻一四七 文部下	巻一四八	巻一四九	巻一五〇
巻一五一	巻一五二	巻一五三	巻一五四	巻一五五	巻一五六	巻一五七	巻一五八	巻一五九 田地上	巻一六〇 **田地**□
巻一六一	巻一六二	巻一六三	巻一六四	巻一六五 祥瑞上	巻一六六 **祥瑞下**	巻一六七 **災異一**	巻一六八 **災異二**	巻一六九 **災異三**	巻一七〇 災異四
巻一七一 災異五	巻一七二 **災異六**	巻一七三 災異七	巻一七四 **仏道一**	巻一七五 **仏道二**	巻一七六 **仏道三**	巻一七七 仏道四	巻一七八 仏道五	巻一七九 仏道六	巻一八〇 仏道七
巻一八一 **仏道八**	巻一八二 仏道九	巻一八三 **仏道一〇**	巻一八四 **仏道一一**	巻一八五 仏道一二	巻一八六 仏道一三	巻一八七 仏道一四	巻一八八 **仏道一五**	巻一八九 仏道一六	巻一九〇 風俗
巻一九一	巻一九二	巻一九三 殊俗□	巻一九四 殊俗□	巻一九五 **殊俗**□	巻一九六 **殊俗**□	巻一九七 **殊俗**□	巻一九八 **殊俗**□	巻一九九 殊俗□	巻二〇〇 **殊俗**□

〔備　考〕

(1) **太字**は推定による部門名およびその序次。空覧は部門名未詳。その他は現存する部門。部門名の□は序次未詳。

(2) 巻六・七、一二・一三、一七・一八は前後の巻の部門名とその序次による推定。

(3) 巻二〇は巻一九および巻二五の部門名とその序次による推定。

(4) 巻二一～二四は巻二五の部門名とその序次による推定。

(5) 巻二六・二七、二九・三〇は前後の巻の部門名とその序次による推定。

(6) 巻三七～三九、四一～四四は清水潔（注(59)所引論文）による推定。なお坂本太郎（注(6)所引論文「類聚国史に就いて」）は巻三七〜三九を「後宮部」とする。
（7）巻四五〜五三、五五〜六〇、六二〜六五、六七〜六九は坂本太郎（前掲論文）による推定。巻四五〜六九の序次は坂本説を前提とした推定。
（8）巻七〇は巻七一の部門名とその序次による推定。
（9）巻七六は坂本太郎（前掲論文）・山田孝雄（注(36)所引論文）による推定。
（10）巻八一・八二、八五は前後の巻の部門名とその序次による推定。
（11）巻九〇は、巻八九・刑法部三の項目が「罪人中」であることによる推定。
（12）山田孝雄（前掲論文）は巻九一〜九五を「刑法部四〜九」と推定する。
（13）巻九六〜九八は巻九九の部門名とその序次による推定。
（14）巻一〇〇、一〇二〜一〇六は前後の巻の部門名とその序次による推定。
（15）巻一四六は巻一四七の部門名による推定。
（16）巻一六〇は巻一五九の部門名による推定。山田孝雄（前掲論文）は巻一六〇・一六一を「田地部中」「田地部下」と推定する。
（17）巻一六六は巻一六五および巻一七〇の部門名とその序次による推定。
（18）巻一六七〜一六九は巻一七〇の部門名とその序次による推定。
（19）巻一七二は前後の巻の部門名とその序次による推定。
（20）巻一七四〜一七六は巻一七七の部門名とその序次による推定。
（21）巻一八一、一八三・一八四、一八八は前後の巻の部門名とその序次による推定。
（22）山田孝雄（前掲論文）は巻一九一・一九二を「殊俗部」と推定する。
（23）巻一九五〜一九八は前後の巻の部門名による推定。
（24）巻二〇〇は坂本太郎（前掲論文）による推定。山田孝雄（前掲論文）は「殊俗部」「雑部」「補遺」いずれかの可能性を指摘する。

神道五部書

岡田莊司

一　はじめに

「神道五部書」は『天照坐伊勢二所皇太神宮御鎮座次第記』（略称『御鎮座次第記』）・『伊勢二所皇御大神御鎮座伝記』（略称『御鎮座伝記』）・『豊受皇太神御鎮座本紀』（略称『御鎮座本紀』）・『造伊勢二所太神宮宝基本記』（略称『宝基本記』）・『倭姫命世記』の五書をいい、伊勢神道の根本教典とされてきた。この五書を総称した「神道五部書」の書名は、五部書が成立していったと推定されている中世前期には用いられていない。鎌倉後期の永仁年間頃から、五部書のうち、『御鎮座次第記』『御鎮座伝記』『御鎮座本紀』の三書をさして、「神宮三部書」と呼ばれて尊重されてきたが、これに『宝基本記』『倭姫命世記』の二書を加えて、近世初期から「神道五部書」と呼称されるようになる。それは寛文年間における山崎闇斎と度会延佳との対話・研究の中で生まれたと推定されている。(1)

数々の伊勢神道書の中で、特にこの五部の書が選定された理由は、大神宮の鎮座伝承が載せられ、当時の時代思潮である仏教との習合説が比較的薄く、神道の独自的主張が強調されていることに、近世的視点から評価が与えられた。

『天照坐伊勢二所皇太神宮御鎮座次第記』

二　書名・内容・諸本

（書名）　巻末に阿波羅波命が筆録したと伝えるところから、一名を「阿波羅波記」「阿波羅波命伝」という。神宮文庫本の巻首裏端書には「神記第二　阿波羅波　秘書十二巻内」とある。『御鎮座伝記』を「神記第一」と呼ぶのに対して、本書を「神記第二」ともいう。本書の奥書には、「於二正案三通一者、神記一二、飛鳥記、別筥秘蔵之、　判」とあり、『御鎮座伝記』『御鎮座本記』とともに、「神宮三部書」と呼ばれ、重要視された。これら三書を度会行忠は六十歳以前披見不可の書として秘蔵してきたと主張する。

（内容）　伊勢内外両宮の鎮座と、両宮の相殿および別宮荒祭宮・多賀宮の由来について記す。すなわち「天照坐皇太神一座」「相殿神二座」「荒祭宮一座」「天照坐止由気皇太神一座」「相殿神三座」「多賀宮一座」の六項の条を立てている。

『宝基本記』を除いた四書には、内宮天照大神と外宮豊受大神とが幽契を結び天下を治め、三種の神財を皇孫に授け、天孫降臨へと展開する内容が共通して載録されている。外宮神は亦の名を天御中主神といい、内宮神と外宮神の「二柱御大神」は皇孫「瓊々杵尊之大祖」といわれ、外宮神は皇祖神へと昇華する。また、「天照坐止由気皇太神」の項には、「古語曰、大海之中有二一物一、浮形如二葦牙一、其中神人化生、号二天御中主神一、亦名二国常立尊一、亦曰二大元神一、故号二豊葦原中国一、亦因以曰二天照止由気皇太神一也、与二大日孁貴天照太神一、豫結二幽契一、永治二天上天下一給也」とある。外宮神の天御中主神同体論とともに、国常立尊同体論が記されているところに本書の特色がある。『御鎮座伝記』『御鎮座本紀』を踏まえた、「神道五部書」「神宮三部書」における最後に完成した書であると考えられる。

度会氏に関しては、文中に度会氏祖神の大若子命、大佐々命の伝が語られ、その巻末には、もちろん仮託であるが、筆録者が明記されている。上段には、阿波羅波命・乃々古命・乙乃古命の外宮度会氏三人、下段には荒木田押刀・赤冠薬の内宮荒木田氏二人の名前が見える。乃々古命、乙乃古命は阿波良波命の子。乙乃古命から度会氏一門爾波、二門飛鳥、三門水通、四門小事に分かれる。荒木田系統の人物は『伊勢天照皇太神宮禰宜譜図帳』によると、天見通命の後裔である「押刀　酒目児」と「赤冠薬　押刀児」の父子にあたり、雄略朝から宣化朝頃の禰宜とされる。

本書には外宮祭神について「止由気皇太神」と皇字が書き込まれており、これは永仁の皇字論争において「皇」字が加筆されたか、この時期に相前後して撰作されたものであろう。外宮度会氏と内宮荒木田氏の双方の協力によって筆録されたことを主張するための度会氏側の偽作の意図が濃厚である。

（諸本）現存する最古本は、神宮文庫蔵（一門七四七号）、南北朝期の写本。『新訂増補国史大系』本、『大神宮叢書』本、『神道大系』本は、ともにこれを底本とする。『神宮古典籍影印叢刊8』には、写真版が収録されている。

奥書によると、①文治元年（一一八五）度会光忠書写本を度会高倫が書写し、②度会行忠の祖父延行に相伝され、③度会行忠が書写する。しかし、この①②の信憑性には疑問が残る。

（書名）「大田命訓伝」「大田命伝記」といい、俗に「上代本紀」ともいう。また、「神記第二」とも呼ぶ。「神宮三部書」の一つ。神蔵十二巻のうちの「最極秘書」。弘安八年（一二八五）度会行忠撰『伊勢二所太神宮神名秘書』の裏書に「大田命神記」の書名を記すのを初見とする。

（内容）猿田彦大神の託宣を冒頭に掲げ、三種神器、天孫降臨、崇神天皇御代における笠縫邑への遷座、倭姫命による伊勢への奉遷と猿田彦大神の後裔大田命の先導による五十鈴河上への鎮座、内宮の祭神を列記する。次いで豊受皇太神について論じ、外宮の祭神を列記する。つづいて両宮の神徳、神鏡のこと、御井神社の由緒等について解説する。内宮神・外宮神を「天地大祖　天照皇太神、天御中主神」といい、二神ともに天孫降臨の主宰神・皇祖神として登場する。また、「豊受皇太神一座、天地開闢初、於二高天原一成神也」とあり、天照大神と「御饌都神、天御中主尊」との間で幽契が結ばれたことが『倭姫命世記』に基づいて記されている。後半には、『宝基本記』に載せられて著名な、天照大神の「人乃天下之神物也」ではじまる正直論の託宣が、本書には倭姫命が「皇太神幷止由気皇太神」から受けた託宣として載せられている。

度会氏に関しては、冒頭に「神主部　天村雲命之孫、大若子弟若子命等也、物忌等、天見通命之孫、宇多大牟祢奈大阿礼命等也」とあり、神主部は度会氏、物忌には荒木田氏の祖神をあげる。本書は雄略天皇二十二年、斎内親王・神主部らが受けた神宣を「大神主大佐々・前大神主彦和志理・無位神主御倉・大物忌酒目・押刀女等」が秘蔵し、継体天皇の御代「乙乃古命二男神主飛鳥」が伝え記したとある。本書の伝来に関係した五人のうち、前三人は度会氏、後二人は荒木田氏の人物であり、『御鎮座本紀』と同じく、度会氏一門の飛鳥の撰録であると伝えるが、後世の仮託である。

（諸本）　最古本は真福寺文庫所蔵、鎌倉後期の巻子本、軸木には「行忠之」と記した墨書があるという（『真福寺善本目録』による。現在は確認できない）。『新訂増補 国史大系』の凡例には、「その見返の文字は花押に拠るにまさに度会行忠の筆にして」とあり、度会行忠の自筆本であると推定されている。『新訂増補 国史大系』本・『神道大系』本の底本となる。『大神宮叢書』本は神宮文庫蔵の南北朝期の古写本（一門七五八号）を底本とする。『神宮古典籍影印叢刊8』には、その写真版を収録する。

神宮文庫本（一門一〇八三〇号）の奥書によると、①文治元年（一一八五）四月に外宮一禰宜光忠本を度会高倫が書写し、②建久二年（一一九一）三月に禰宜（行忠の祖父延行）に伝えられ、③永仁三年（一二九五）度会行忠が書写している。『御鎮座次第記』『御鎮座本記』と同じ伝来過程であるが、ともに①②の奥書には疑問が残る。

『豊受皇太神御鎮座本紀』

（書名）「飛鳥記」「飛鳥本記」「大神主飛鳥記」ともいう。『伊勢二所太神宮神名秘書』の裏書に「大神主飛鳥記」「飛鳥記」を引くのを初見とする。「神宮三部書」の一つ。『御鎮座伝記』の真福寺文庫本奥書に見える「文治元年記」によると、「飛鳥記」は調御倉の神体仮櫃の内に秘蔵されたと伝える。度会行忠は『古老口実伝』において「神宮秘記数百巻内最極秘書」の一つに「飛鳥記」を挙げる。

（内容）　豊受皇太神の鎮座の由来を中心に語られることから、外宮祠官が最も重要視した書籍。天地初発の時、天御中主神、またの名、豊受皇太神が天照大神とともに皇孫に三種の神財を授け、天孫降臨することに始まり、天照大神の伊勢への遷座、雄略天皇御代、豊受皇太神が但波より伊勢の山田原に鎮座する諸伝を記し、次いで摂末社、神楽、神宝、荷前、神地、神供料、御井水、日別朝夕大御饌、祭禁令、両宮尊位、御形文、心御柱、天平賀のこと等が述べられている。

度会氏に関しては、『倭姫命世記』に同じく、大佐々命が「二所皇太神之大神主職」となり、奉仕したと伝えるほか、巻末には「于レ時、大佐々命、乙乃古命、蒙二勅宣一奉仕、己酉歳、乙乃古命二男大神主飛鳥記之」とあり、『御鎮座伝記』と同じく度会氏一門の飛鳥に仮託されている。

（諸本） 最古の写本は神宮文庫所蔵（一門七七五号）、延文元年（一三五六）沙彌暁帰（俗名、度会実相）が書写し、貞治六年（一三六七）行忠自筆本を以て校合したもの。『新訂増補国史大系』本、『大神宮叢書』本、『神道大系』本の底本となる。『大神宮叢書』本の解説によると、本書のほか、神宮文庫所蔵の『御鎮座次第記』『御鎮座伝記』も度会実相の筆になるものと推定されているが、真福寺所蔵の『三角柏伝記』『高庫蔵等秘抄』に見える暁帰の筆跡・書風とは明らかに異なる。『神宮古典籍影印叢刊8』に写真版を収録する。

本書の伝来は、奥書によると、①文治元年（一一八五）四月、外宮一禰宜光忠本を度会高倫が書写し、②度会延行に伝えられ、③「乙未歳」（永仁三年・一二九五）に度会神主（延行の曾孫、行忠）が書写している。前記のとおり、①②の信憑性は薄い。

『造伊勢二所太神宮宝基本記』

（書名）「伊勢宝基本記」とも、「宝基本記」ともいう。『皇字沙汰文』（永仁四年八月十六日豊受太神宮神主注進状）に

「伊勢宝基本記」とあるのが、書名の初見である。

（内容）　前半は、垂仁天皇二十五年、天照大神の伊勢鎮座と同二十六年の託宣、雄略天皇二十二年、等由気皇太神の山田原への遷座など、内外両宮の鎮座とその後の遷宮について、『日本書紀』『太神宮諸雑事記』に基づいて記し、後半は心御柱、磐根、宝蔵、棟文形、鞭懸、千木、千木片挟、堅魚木、鳥居、瑞垣・玉垣・荒垣、榊、御船代・御樋代、屋形文錦御衣、神鏡等、殿舎・神宝の解説に充てている。度会行忠撰『古老口実伝』の「可レ存二祠官一古書」の一つに「殿舎本縁事、宝基本記等」と見える。本書は神宮殿舎の名称・由来等が記録され、神宮祠官が重視した祭祀の中心にある式年遷宮・仮殿遷宮を強く意識して書かれている。

本書は『倭姫命世記』や「神宮三部書」とは聊か性格を異にしており、内宮と外宮とを比較的公平に扱っていて、「神道五部書」の内で最も早く撰作されたと推定されている。

度会氏に関しては、遷宮記事において、天武天皇条から元明天皇条までは、内宮荒木田氏の撰述になる『太神宮諸雑事記』に拠っているものの、それ以前については、度会氏独自の偽作伝承が組み込まれている。景行天皇御代の仮殿遷宮にあたり「伊己呂比命、乙若子命、大物忌大阿礼命奉レ頂二正体一」とあり、荒木田氏の人物に混ざって度会氏の乙若子命が加えられている。また、継体天皇条の「等由気皇太神宮」仮殿遷宮に際して、度会氏の「神主飛鳥、小事」供奉のこと。欽明天皇条に「豊受宮仮殿宮子内親王供奉」とある宮子は、度会氏の「大神主小事女」（『二所太神宮例文』伊勢斎内親王条）となっており、これらの部分は度会氏側の偽作・加筆の可能性が残されている。

神宮文庫蔵、度会延佳校本の奥書には、「本云、二所太神宮宝基本図儀説秘府　本図酒殿」とあり、『宝基本記』とともに、もとは殿舎・神宝の図絵を記した『二所太神宮宝基本図儀説秘府』が伝えられていたと推定されているが、

その伝来は不詳である。なお「本図酒殿」の注記は、当時、この図絵が酒殿に収納されていたことを示している。(2)

（諸本）　最古本は、国立歴史民俗博物館所蔵（田中譲旧蔵本）、紙背に「徳治二年十二月十九日」の日付の消息を収める（年号の四文字は異筆）、徳治二年（一三〇七）の年紀が見えることから、それ以後の鎌倉末期頃の書写本と考えられる。近世には京都・梅宮神社の神職橋本経亮の所持するところとなり、田中教忠へと伝えられた。『神道大系』本の底本となる。また、『大神宮叢書』本は国立歴史民俗博物館本（田中本）を転写した慶応二年（一八六六）祭主大中臣教忠本（神宮文庫蔵、一門五三九八号）を底本とする。

前田尊経閣文庫本は室町初期頃の書写本。『新訂増補国史大系』本の底本となる。前田本は長い間、前田綱紀が家臣を遣わして調査させた「称名寺書物之覚」に書き上げられている「伊勢宝基記　作人ナシ　七枚全一巻」のことと信じられてきたが、金沢文庫から近時（平成八年）、『宝基本記』の抄出本（紙数七枚）が発見され、この新出本が「覚」の記載本と考えられることから、前田本は金沢文庫本ではないことが判明した。(3)

歴民博本・前田本の奥書によると、①天慶五年（九四二）九月、荒木田行真が書写し、②建保二年（一二一四）九月、荒木田氏良が書写し、③文永三年（一二六六）九月、荒木田延季本を度会憲継が書写し、この度会憲継自筆本は度会常主に伝えられ、④建治三年（一二七七）九月、度会行忠が書写し、⑤永仁四年（一二九六）十二月、荒木田経顕が「物官御自筆本」（祭主大中臣定世本）を書写している。この⑤は、定世自筆本を書写していることから、建治三年の度会行忠の書写のあと、永仁四年以前に、大中臣定世が書写していることになる。このことは別系統の神宮文庫蔵度会延佳校本（一門七八六号）奥書によると、①②③④の書写歴につづいて、「祭主定世卿本、同比校畢」とあり、祭主定世自筆本との校訂が行われ、これが⑤延慶三年（一三一〇）三月に内宮権禰宜の荒木田某へと伝えられた。本書は荒木田氏—度会氏—荒木田氏へと、内宮・外宮・内宮へ伝来が転々としたことになる。

久保田収[4]は、奥書の②以降を信憑性のある部分とし、その内容が特に外宮側に有利には書かれていないことから、内宮荒木田氏により、建保二年（一二一四）以前の鎌倉初期に撰作されたと推定した。その後、平泉隆房氏[5]は、荒木田成良撰『建久元年内宮遷宮記』の伝来過程が、荒木田氏良・延季父子の手を経て、度会憲継に伝わったことを明らかにし、『宝基本記』も同じ伝来過程を辿ることから、奥書の②以降の荒木田氏から度会氏への伝来を信憑出来るものとして、久保田説を補強する結果となった。しかし、度会氏撰作説も未だ残されている。度会氏撰作とすると、③の度会氏四門の内宮大内人の職にある度会憲継の書写から信憑性が増してくる。『宝基本記』は遷宮記録とその殿舎の解説であり、遷宮を強く意識した内容になっているが、丁度、書写されている文永三年（一二六六）は内宮式年遷宮の年にあたり、二年後には外宮式年遷宮が予定されている。①②の奥書に、荒木田氏へ伝来していたとするのは、永仁の皇字論争に際して、最も早く撰作され、内外両宮に対して比較的公平に扱われている『宝基本記』を、内宮荒木田氏が撰述したものであると主張する目的で、書き加えられたとも考えられる。もし、鎌倉初期、荒木田氏の撰作説を採るとすると、永仁年間に度会行忠による加筆・増補が行われたということになる。

『倭姫命世記』

（書名）「倭姫皇女世記」（『皇字沙汰文』永仁四年八月十六日豊受太神宮神主注進状）ともいう。『皇字沙汰文』の一部と推定されている永仁五年（一二九七）十月の年紀をもつ「二宮禰宜等訴論外宮目安条々」には、「太神宮神祇本記上云、号神祇譜伝図記」「同下巻曰、号二倭姫命世紀一」とあるので、「太神宮神祇本記」の上巻は『神祇譜伝図記』、その下巻は『倭姫命世記』とされる。本書の巻末に見える「太神宮本紀下」の記載は、このことを意味している。『伊勢二所太神宮神名秘書』が本書の初見となる。その文中には「神宮神祇本記下曰、倭姫命世記曰」「太神宮神祇本記下曰、倭姫世記曰」「倭姫世記曰」「倭姫命世記曰、神宮本記下」など、随所に引用されており、行忠が本書を重視していたことがわかる。

（内容）天地開闢から始まり、天孫降臨、日向三代、神武天皇の創業、崇神天皇の事績が記され、つづいて天照大神御遷幸の次第が詳しく語られる。崇神天皇の御代、皇女豊鍬入姫命が御杖代となり、天照大神は笠縫邑に奉遷、このあと但波の吉佐宮をはじめ、紀伊国、吉備国など、各地を巡幸する。同天皇五十八年、倭姫命が御杖代となり、伊賀国、近江国、美濃国、尾張国を経て、伊勢国の各地に遷幸ののち、垂仁天皇二十六年、五十鈴河上に鎮座したと伝える。次いで御贄処の奉献、神堺の設定、伊雑宮の創祀、真名鶴伝承について、懸税、忌詞、祓法、三節祭のこと、雄略天皇御代の止由気大神の遷座、大佐佐命を二所太神宮大神主職とすること、外宮先祭のことなどが記され、神服織社、磯宮、神衣祭のこと、最末には内外両宮附属の諸社祭神と由緒とが列記されている。

冒頭には「天地開闢之初、神寶日出之時、御饌都神與二大日孁貴一、豫結二幽契一、永治二天下一、言壽宣」とあり、外宮祭神の地位を高める文句が記されている。この部分は、のちの「神宮三部書」に影響を与えており、「神宮三部書」に展開する外宮祭神論の前段階にあたる。

度会氏に関しては、天孫降臨に際して、天牟羅雲命は太玉串を取り、三十二神の前後に相従い、高千穂峯に降られたとある。また、垂仁天皇十四年、伊勢国の桑名野代宮に遷幸した時、度会氏の遠祖である国造の大若子命（一名、大幡主命）が国内の風俗を奏し、弟乙若子命も仕えたと記す。同天皇二十六年の五十鈴河上鎮座の年にも、大幡主命の事績が多く語られ、「神国造兼大神主」に定められたこと。次いで雄略天皇御代、止由気皇太神の遷座にあたり、大佐佐命が「二所太神宮大神主職」となる。こうした荒木田氏に対抗し、度会氏に有利な祖神伝承は、『神宮雑例集』（建仁二年〔一二〇二〕から承元四年〔一二一〇〕の間に大宮司家により編纂された）に収める、いわゆる「大同本記」が、平安末期頃までには偽作[6]されており、これを基に、誇張した論が展開される。

（諸本）『新訂増補国史大系』本、『大神宮叢書』本、『神道大系』本は、ともに神宮文庫蔵、弘化三年（一八四六）御巫清直筆の上賀茂社岡本保可《やすよし》本の忠実な影写本（一門一〇八一六号）を底本とする。この御巫本は『神宮古典籍影印叢刊8』に写真掲載されている。上賀茂社岡本保可本は応永二十五年（一四一八）・同二十七年の奥書をもつ、『倭姫命世記』の古写本の形を伝えるものとして貴重である。近時（平成八年）、神宮文庫に御巫本の祖本である岡本保可の「当家重代之秘蔵」本（一門一九九〇四号）が収蔵された。岡本重代本は応永二十七年以降の十五世紀後半頃の書写本であり、中世まで遡る唯一のもの。寛文八年（一六六八）以前、保可のとき修補されている。

本書の巻末には「于レ時、大神主飛鳥孫、御気書二写之一、爰神護慶雲二年二月七日、禰宜五月麻呂撰二集之一」と記す。度会氏二門始祖飛鳥の子孫、御気が書写し、神護景雲二年（七六八）に度会氏四門始祖小事の子孫、五月麻呂が「撰集」したと伝える。

奥書によると、①大治四年（一一二九）十二月度会雅晴が書写し、②「丁卯歳五月」（元中四・嘉慶元・一三八七）度会章尚が書写し、③応永二十五年（一四一八）五月、④応永二十七年六月の書写歴をもつ。一貫して度会氏によって伝来、所持してきた形をとる。

もともと『倭姫命世記』と対になっていた『神祇譜伝図記』は、その文中に「卜家神代抄」との注記が見えることから、西田長男は卜部兼文が文永七年（一二七〇）六月に『旧事本紀』より抄出した「建御名方神御事抄」がそれにあたるとして、『神祇譜伝図記』成立の上限を文永七年以後に求め、下限は『伊勢二所太神宮神名秘書』に引かれる弘安八年（一二八五）とした。そして『神祇譜伝図記』と兄弟関係にある『倭姫命世記』もそれと相前後して撰作されたと推定する。(7) 西田説に対して、久保田収(8)は度会行忠の撰述の可能性を示唆され、その時期をさらに絞って、行忠が『宝基本記』を書写する建治三年（一二七七）九月から、『天口事書』撰述の弘安三年（一二八〇）までの間に成立したと論じられた。

三　研究史

柳田国男は国学院大学に迎えられ、大学院の神道講座を担当された時、柳田研究室と同室の西田長男に対して、「神道五部書」は読めば読むほど難解な本であると語っていたという。「神道五部書」の内容は、五部それぞれに違いがあり、その書承関係も複雑で、成立年代についても確定することが出来ない状態を、柳田の言葉が裏付けている。「神道五部書」の本格的な文献研究は、近世前期の吉見幸和により始められ、偽書説が定着する。吉見幸和は『五部書説弁』を著わし、「神道五部書」の成立年代を「治承以後永仁以前」の鎌倉時代に求め、「後人の古人に託して偽作」され、それが「両宮神官軋轢の結果」であると論じた。岡田米夫(9)は、度会行忠撰の『伊勢二所太神宮神名秘書』に「神道五部書」の書名が引かれてくることから、文永・弘安年間を成立年代とし、直接には「文永弘安の国難を中心とする日本精神の発揚」と『日本書紀』『古事記』等の古典研究の勃興によって、「自主的、神道的精神の喚起された時代」であることを挙げられ、その背景には、平安末期以後の「国民の宗教的要求及びこれに伴ふ神宮の宗教的信仰」と「真言両部の習合的信仰」の展開が無視できないことを明らかにされた。また、伊勢神道の唱道者について、「主体になつたものは外宮の度会神主であつて、内宮の神主は殆どこれに関係してをらない」と論じ、外宮神主度会行忠を中心人物と推定した。その後、岡田は「神道五部書」すべての撰作者に度会行忠を想定している。(10)

戦後の神道研究の停滞期にあって、久保田収(11)は積極的に伊勢神道論を展開している。久保田は「神道五部書」が外宮度会氏のみの撰作ではないとする立場から、外宮神主の内宮側への対抗意識や、外宮祭神の優位を主張するために成立したものではないとし、その中心思想は大神宮の恒久性と国家の永遠性、および祭祀厳修を重視しているところにあるとする。そして、その成立年代を、鎌倉初期の『宝基本記』に始まり、文永・弘安期にかけて『倭姫命世記』と『御鎮座伝記』『御鎮座本紀』『御鎮座次第記』の「神宮三部書」が度会行忠の手によって成立したと論ぜられた。

この久保田説は昭和三十年代以降、伊勢神道研究の主流的地位を築いてきたが、最近になって、久保田説批判が現われ、鎌田純一氏(12)は「神宮三部書」の文治元年(一一八五)度会高倫書写の奥書を通して、成立年代を鎌倉前期まで遡らせ、田中卓氏(13)は平安時代撰作説を主張しており、伊勢神道研究の中心に置かれてきた「神道五部書」の成立年代に関して、大きな見解の違いが見られる。

四　成立年代とその背景

伊勢神道説は、成立の初期において古来より神宮に伝わる古縁起・古伝承を基に、仏家の末法終末観を超克する過程で生み出された両部神道の影響から両宮を並立させ、内宮を日天の火性、外宮を月天の水性とし、神宮の恒久性と国家の永遠性を主張する内容に高められている。神道説撰述に際しては、国史書の『日本書紀』をはじめ『古語拾遺』『先代旧事本紀』など、また神宮関係の『延暦儀式帳』『太神宮諸雑事記』などに依拠して書かれているが、さらにはその成立の背景に、平安末期頃から形成される両部神道の影響が少なくない。

両部神道の最初期の著作である『中臣祓訓解』は、建久二年（一一九一）以前の平安末期に園城寺および大神宮の法楽寺院であった仙宮院に関係した僧侶によって撰作されたと推測される。とくに伊勢大神宮の周辺には、内外両宮を仏教的理解により論じた伊勢両部神道が早くから展開しており、仙宮院はその拠点の道場であった。仙宮院の置かれていた志摩国吉津御厨は、外宮度会氏が関係していた地域であり、『中臣祓訓解』は度会行忠に伝えられた。また、その異本である『中臣祓記解』は、建保五年（一二一七）に一禰宜度会光忠の子光親（源頼朝の祈禱師）本を度会康房が書写しており、度会氏の「最極秘本」となり、度会常良へ伝えられた(14)。

「神道五部書」成立の上限年代は、『中臣祓訓解』との書承関係を考えれば、同書の成立する平安末・鎌倉初期以後となる。その下限年代は弘安八年（一二八五）度会行忠撰作の『伊勢二所太神宮神名秘書』と永仁の皇字論争が挙げられる。『神名秘書』の本文と裏書には『御鎮座伝記』『御鎮座本紀』『倭姫命世記』が引かれており、これ以前の建治三年（一二七七）と弘安三年（一二八〇）とに、行忠はそれぞれ『宝基本記』と『天口事書』とを書写しており、弘安年間段階で「神道五部書」のうち、『御鎮座次第記』を除いた四書を書写・所持していたことになる。

五部書のなかで、最も早く撰作されたとみられる『宝基本記』には、とくに『中臣祓訓解』の影響が強く反映されている。次に掲げる垂仁天皇二十六年の大神の託宣は、『宝基本記』の内で最も知られている文句である。

人乃天下之神物奈利、須レ掌二静謐一志、心乃神明之主他利、莫レ傷二心神一礼、神垂以二祈禱一為レ先、冥加以二正直一為レ本須、任二其本誓一皆令レ得二大道一者、天下和順、日月精明、風雨以レ時、国豊民安、故神人守二混沌之始一、屏二佛法之息一、置二高台之上一、崇二祭神祇一、住二無レ貳之心一、奉レ祈二朝廷一、則天地與二龍図一運長、日月與二鳳暦一徳遙、海内泰平、民間殷富、各念、祭レ神礼以二清浄一為レ先、以二真信一為レ宗、（略）鎮専二謹慎之誠一、宜レ致二如在之礼一、（略）故沈二生死長夜闇一、吟二根国底国一、

右の傍線部は、『中臣祓訓解』の「惟吾国神国也、神道初呈二天津祝詞一也、天孫者国主也、諸神区施二賞罰験威一、肆君臣崇重奉二幣帛一、黎下遵行致二斎祭一、因レ茲龍図運長、鳳暦徳遙、海内太平、民間殷富矣」とある一文をはじめ、数ヶ所の文に基づいて作られている。また、『倭姫命世記』の冒頭部にある「天地開闢之初、神宝日出之時、御饌都神與二大日孁貴一、豫結二幽契一、永治二天下一、言寿宣、肆或為レ月為レ日、永懸而不レ落、或為レ神為レ皇、常以無レ窮」は、『中臣祓訓解』の「所為嘗天地開闢之初、神宝日出之時」と、「神是天然不動之理、即法性身也、故以二虚空神一為二實相一、名二大元尊神一、所現曰二照皇天一、為レ日為レ月、永懸而不レ落、為レ神為レ皇、常以而不レ変矣」とある部分に基づいている。このほか、『中臣祓訓解』に載せる「実相真如之日輪、明二生死長夜之闇一、本有常住之月輪、掃二無明煩悩之雲一、日輪則天照皇大神、月輪則豊受皇大神、両部不二一也」の内外両宮両部論や、「天御中主神、照皇天子、御気津神、号二豊受太神一也」の外宮天御中主神同体説は、「神道五部書」の諸書に、その思想が盛り込まれていて、伊勢両部神道によって成立した『中臣祓訓解』『中臣祓記解』が伊勢神道説に吸収されている。

伊勢両部神道を起点として成立する『宝基本記』は、内宮は日天、五行のなかの火性とし、外宮は月天、五行のなかの水性とし、両宮を並立して捉えている。『中臣祓訓解』の日輪・月輪論は、『宝基本記』の「棟文形事」条に「皇

太神宮者、日天図形、六合之中、心体独存、任㆓天真㆒、故明白也、五行中火性、五色中白色、故以㆓白銅㆒奉㆑飾㆑之、豊受宮者、月天形、八洲之中、平等円満之心体縁、五行中水性、五色中赤色、故以㆓金銅㆒奉㆑飾㆑之、黄金、種智円明義也」とある部分に通じる。久保田説のとおり、確かに外宮を優越させた内容にはなっていない。内外両宮を並立・対比させている点に特徴がある。しかし、伊勢神道説が成立する初期の段階では、外宮側から見れば、内宮天照大神優勢のあり方を押さえ、両部不二の思想を借りて、内外両宮並立へと位置づけることが可能になったのである。

『中臣祓訓解』は平安期の陰陽師や仏家に受容されていった中臣祓の注釈であり、『宝基本記』にも「大麻、解㆓除不浄妄執㆒、為㆑住㆓清浄本源㆒也、故謂鎮㆓護神国之境㆒、福智円満之国、遷㆓魔縁於鉄際㆒、撥㆓穢悪於他界㆒、己身清浄義、蓋滅㆑罪生㆑善神呪也、故謂㆑祓、神代上曰、逐之、此云㆓波羅賦㆒也」とあり、祓の効用が説かれている。鎌倉前期の伊勢神道形成期は、同時に伊勢祠官による伊勢流祓の形成期でもあった。中臣祓による私的祈願の祓は、鎌倉幕府の周辺や東国の御厨を拠点にしながら、地方の武士・農民層に広く流布していった。こうした中臣祓を用いて発展する大神宮信仰と、特定の神宮祠官の中で起こった伊勢神道説とは無関係ではあり得ない。

伊勢と東国との繋がりは深く、新たに成立する幕府政権に集う御家人たちの精神基盤は土着の基層信仰である神祇世界にあった。当然、神宮祠官たちは、新しい息吹をうけて秩序を模索しようとする。大隅和雄氏は「神道論の作者達は、神話や神社の縁起の中に見える天地の生成の説へと溯って行くことによって、自己の立てようとする神道説の優位を主張し、天地生成の根元と関連させることで、神道説を権威づけようとした」「そこから国土、国家、神々と人間等の問題をとらえようとする方向が一般となったのである」[15]と論じられている。それが『倭姫命世記』の冒頭などに記された、古代神話の書き換えにつながる天地開闢論である。神話の再解釈・再構築を図ることで、国家・神宮

の永遠性が表現されることになり、国家論も主張されてくる。『宝基本記』の「心御柱」条には、

心御柱、一名忌柱、一名天御柱、一名天御量柱、是則一気之起、天地之形、陰陽之原、万物之体也、故皇帝之命、国家之固、富物代、千秌万歳無動、下都磐根大宮広敷立、称辞定奉焉、

とある。また、『倭姫命世記』には、「天照太神波、日月止共志天、寓内仁照臨給倍利、豊受太神波、天地止共志天、国家於守幸給倍利」とあり、さらに同書には、

大日本国者神国奈利、依二神明之加被一弖、得二国家之安全一、依二国家之尊崇一天、増二神明之霊威一須、肆爾祭レ神之礼、以二神主祝部一為二其斎主一止、因レ茲利弖大若子命、弟若子命同侍二殿内一天、善為二防護一、奉レ祈二国家一礼羅波、

宝祚之隆当下与二天壌一無上レ窮矣、

とあり、「御成敗式目」第一条の神人関係を国家との関係に塗り替えている。こうした神明と国家との関係は、寛元四年（一二四六）に石清水八幡宮に捧げた「後嵯峨上皇願文」(16)に見える「神道者因二王道之尊崇一而添レ力、王道者憑二神道之照鑒一増レ明者歟」とある神道・王道相依論に共通した考えであり、それは仏法・王法相依論に代わるべき存在として浮上する。

神国・国家論とともに、もう一つ、神職奉仕の立場から謹慎の心、正直が強調される。先の『宝基本記』に載せる「人乃天下之神物奈利」の著名な託宣と、『倭姫命世記』の倭姫命が大神からうけた託宣に代表される。

心神則天地之本基、身体則五行之化生奈利、肆元レ元入二元初一、本レ本任二本心一與、神垂以二祈禱一為レ先、冥加以二正直一為レ本利、夫尊レ天事レ地、崇レ神敬レ祖、則不レ絶二宗廟一、経二綸天業一、又屏二仏法息一奉レ再二拝神祇一礼、日月廻二四洲一、雖レ照二六合一、須レ照二正直頂一止、

右は、本書のなかで最も重んぜられた文句として、神道精神の基本に据えられることになる。『倭姫命世記』は、『中臣祓訓解』から『宝基本記』を経て、未熟ながらも、神道思想の形を整えてくる。

五　神蔵十二巻秘書

「神宮三部書」の『御鎮座次第記』『御鎮座伝記』『御鎮座本記』の奥書には、共通して文治元年（一一八五）四月二十一日の外宮仮殿遷宮の時に外宮一禰宜光忠書写本を禰宜度会高倫が書写したことの記載がある。三書はともに、度会行忠の曾祖父延行が所持し、西河原家に伝えられ、行忠が書写したことになっている。このことは、これら三書の成立過程が類似していたことになり、『宝基本記』『倭姫命世記』とは成立・伝来を異にし、内容から見ても、「神宮三部書」と二書とは違いが認められる。文治元年の奥書は、平安時代撰作説の根拠にもなっていて、意見の分かれるところである。

『御鎮座伝記』真福寺文庫本（行忠自筆本に推定されている）の奥書には、「文治元年記」の一文が引かれており、「神道五部書」を含む「神蔵十二巻秘書」が神宮の御倉に秘蔵されてきたと伝える。

文治元年記云、内外両宮御倉蔵二神祇本記上下・宝基本記・大田命訓伝各一巻、代々本系等一、于レ時、有二子細一而奉レ蔵二調御倉神体仮櫃一也、光晴神主奉行也、謂守護神坐白虵、形在レ鰭、出現之時、神宮一禰宜有レ事、云々、又御正印銘銅尺一隻、別櫃納之也、代々儀式本系等、同正印櫃内仁加納也、云々

右の一禰宜怪異伝承は『古老口実伝』にも「一、調御倉白虵出現事、一禰宜怪異也」と記されており、外宮調御倉

に関わる史実を反映した伝である。ここに「内外両宮御倉」とあるのは不審であり、内宮御倉は無関係であろう。寿永年間に調御倉の神体に変異があり、「神宮儀式」「氏本系」など外宮の重要書類六書が外宮政印の櫃に納められている。このことは疑いを入れないが、傍線部の書名は行忠によって加筆された可能性が高い(17)。

神蔵十二巻秘書

真福寺文庫本	神宮文庫本	備　考
太神宮神祇本記上	太神宮神祇本記上	『神祇譜伝図記』
太神宮神祇本記下	太神宮神祇本記下	『倭姫命世記』
宝基本記　上	宝基本記	
宝基本記　下		『宝基本図儀説秘府』か
大田命訓伝	大田命訓伝	『御鎮座伝記』　神記第一
	次第記	『御鎮座次第記』　神記第二
飛鳥記	飛鳥記	『御鎮座本紀』
神宮儀式	神宮儀式	
年中行事	年中行事	
氏本系	氏本系	
神郡神田帳	神郡神田帳	
神戸本記	神戸本記	
祓本記	祓本記	

上表は、『御鎮座伝記』真福寺文庫本・神宮文庫本の奥書「文治元年記」に基づいて、「神蔵十二巻秘書」の書名を対比させて掲げてある。十二巻の数量に変わりはないが、真福寺文庫本は「宝基本記　上」「宝基本記　下」の二巻を数えるが、神宮文庫本は「宝基本記」は一巻とし、新たに「次第記」を加えて、合わせて十二巻としている。神宮文庫本「文治元年記」に、最後に成立したと推定される『御鎮座次第記』の書名を記していることは、真福寺文庫本より後に、この奥書が書かれていることになる。「神宮儀式」以下の六書は、もともとの「文治元年記」に記録され、一禰宜の重要書類として外宮調御倉に収蔵されていたものであろう。これに対して、新たに「神道五部書」と『倭姫命世記』の対とされる『神祇譜伝図記』とを加えて、「神蔵十二巻」と呼んでいる。度会行忠は弘安三年（一二八〇）に『天口事

書』を書写しており、その巻末には「神代十二巻之内秘書、最極秘書也」と見えるので、一時は『天口事書』も十二巻の内に収められ、なおその十二巻の書名は流動的であったと思われるが、最終的には「神宮三部書」と『宝基本記』『神祇譜伝図記』『倭姫命世記』とに定められた。数ある伊勢神道書の内で、「神道五部書」に重点を置く伊勢神道研究は、近世的意識が混入しているとの批判もあるが、これら六書は永仁年間の皇字論争を背景とした行忠の視点に立脚した伊勢神道の核心部分であった。

註

（1）久保田収は外宮祠官度会氏の「延佳において五部書といふ形が定められるにいたつた」（『中世神道の研究』昭和三十四年）と述べて、「神道五部書」の呼称が近世に始まることを明らかにした。さらに谷省吾氏は、その名称は山崎闇斎の言い出したこととされ（「『垂加翁書籍目録』とその意義」『史料』五十四・五十五合併号、昭和五十七年）、田中卓氏は、寛文九年（一六六九）に度会延佳は『倭姫命世記』を入手し、延佳と山崎闇斎との対話の間で、伊勢の書を吟味し、五部の書を選定して「神道五部書」の呼称が生まれたと推測する（『神道大系　伊勢神道・上』解題「神道五部書について」平成五年）。

（2）『神道大系　論説編　伊勢神道（上）』解題（田中卓執筆）、神道大系編纂会、平成五年。

（3）岡田莊司「『伊勢宝基本記』の成立」（『神道史研究』二八―四、昭和五十五年）、太田晶二郎「宝基本記について」（『太田晶二郎著作集』第二冊、吉川弘文館、平成三年）、岡田莊司「新出の『伊勢宝基本記抄』」（『大倉山論集』四一、平成九年）。

（4）久保田収『中世神道の研究』神道史学会、昭和三十四年。

（5）平泉隆房「伊勢神道成立の背景」（『皇学館論叢』二一―四、昭和六十三年）。

（6）小倉慈司「『大同本記』の虚構性―度会建郡記事をめぐって―」（『史学論叢』十二、平成五年）。

（7）西田長男「度会神道成立の一班―新出の『神祇譜伝図記』に沿って―」（『日本神道史研究』四、講談社、昭和五十四年）。

西田説に対して伴五十嗣郎氏は、『神祇譜伝図記』に注記のある「卜家神代抄」は、後の追記の可能性を指摘されており、上限年代を文永七年とする根拠は弱い（『神道資料叢刊一　神祇譜伝図記』昭和六十三年）。

（8）久保田収『中世神道の研究』神道史学会、昭和三十四年。

（9）岡田米夫「伊勢神道」（『神道大辞典』平凡社、昭和十二年）。

（10）岡田米夫『群書解題』一、神祇部（中）、続群書類従完成会、昭和三十七年。

（11）久保田収『中世神道の研究』神道史学会、昭和三十四年。

（12）鎌田純一「伊勢神道書の成立―神道五部書の成立時期を中心として―」（『中世伊勢神道の研究』続群書類従完成会、平成十年）。

（13）『神道大系　論説編　伊勢神道（上）』解題（田中卓執筆）、神道大系編纂会、平成五年。

（14）『神道大系　古典註釈編　中臣祓註釈』神道大系編纂会、昭和六十年。

（15）大隅和雄「中世神道論の思想史的位置」（『日本思想大系　中世神道論』岩波書店、昭和五十二年）。

（16）『鎌倉遺文』六七〇三号、『黄葉記』寛元四年五月二十五日条。

（17）岡田荘司「『御鎮座伝記』奥書所収の「文治元年記」について」（『大倉山論集』四五、平成十二年）。

参考文献

経済雑誌社編　『国史大系』第七巻　明治三一年　経済雑誌社

吉見幸和　「五部書説弁」（『大神宮叢書　度会神道大成　後編』所収）　昭和三〇年　神宮司庁

岡田米夫　「神道五部書に見える古縁起の遡及性」（『千家尊宣先生還暦記念神道論文集』所収）　昭和三三年　神道学会

久保田収　『中世神道の研究』　昭和三四年　神道史学会

久保田　収　『神道史の研究』　昭和四八年　皇学館大学出版部
大隅和雄　「中世神道論の思想史的位置」（『日本思想大系　中世神道論』所収）　昭和五二年　岩波書店
西田長男　「度会神道成立の一班—新出の『神祇譜伝図記』に沿って—」（『日本神道史研究』四所収）　昭和五三年　講談社
高橋美由紀　「神道五部書成立私考」　昭和五五年　『東北福祉大学紀要』四ノ二
鎌田純一ほか　『神宮古典籍影印叢刊8　神道五部書』　昭和五九年　八木書店
伴五十嗣郎　『神道資料叢刊　神祇譜伝図記』　昭和六三年　皇学館大学神道研究所
平泉隆房　「伊勢神道成立の背景」　昭和六三年　『皇学館論叢』二一ノ四
田中　卓ほか　『神道大系　論説編　伊勢神道（上）』　平成五年　神道大系編纂会
高橋美由紀　『伊勢神道の成立と展開』　平成六年　大明堂
鎌田純一　『中世伊勢神道の研究』　平成一〇年　続群書類従完成会
牟禮　仁　『中世神道説形成論考』　平成十二年　皇学館大学出版部

○伊勢神道関係文献の詳細な目録が、牟禮仁「中世神道文献関係年表」（『中世神道説形成論考』所収）、および平泉隆房「前期伊勢神道」（『神道史研究』四七ー三・四合併号、平成十一年）に収録されている。

日本書紀私記

北川和秀

一　概　要

日本書紀私記は、奈良時代および平安時代前期に宮廷で行われた日本書紀講書の折の講義記録である。この講書は、日本書紀の講読・研究を目的として宮廷の公的行事として行われた集会で、日本書紀講筵とも称される。講書に際しては、学識者の中から博士一名と、それを補佐する都講や尚復数名が任命されて、公卿以下の受講者を対象に講義が行われ、さらにそれに対する質疑応答や議論が行われた。この行事は、書紀撰進の翌養老五年（七二一）を初回とするようであるが、養老度については『続日本紀』にも全く記載がなく、詳細は明らかではない。前年に完成したばかりの書紀の披露を目的としたに過ぎないとも考えられている。平安時代においては、弘仁三年（八一二）、承和十年（八四三）、元慶二年（八七八）、延喜四年（九〇四）、承平六年（九三六）、康保二年（九六五）の計六回開催されている。それぞれの間隔はおよそ三十年ずつで、公卿・官人たちが生涯に一度は講書に参加できるような配慮であったとされる。また講書の博士は、少なくとも延喜度以降は、前回の講書の折に尚復を務めた者が任命される慣例になっており、講書の継続性も考慮されていた。各回の講書は数年に及び、少なくとも元慶度以降は、終了後に竟宴が催された。その席では、書紀に登場する神や人を題に和歌が詠まれ、元慶・延喜・承平のものが『日本紀竟宴和歌』として今日に伝わる。

書紀私記は講書の記録である以上、同一の講書について、複数の筆録者の手になる複数の私記が存在した可能性は十分に考えられる。具体的な著者としては、元慶度の尚復矢田部名実、延喜度の博士藤原春海、同じく尚復矢田部公望などが指摘できる。

現存する日本書紀私記には、甲本・乙本・丙本・丁本と名づけて新訂増補国史大系に収載される四種の成書があり、この他に、『釈日本紀』『和名類聚抄』『袖中抄』『長寛勘問』などに逸文が伝わる。特に、『釈日本紀』（以下、『釈紀』と略称）は日本書紀私記の集大成とも言うべく、大量の私記逸文を伝えている。また、日本書紀の古写本にも私記からの注記を有するものがある。私記の内容は、甲本・乙本・丙本は語句の訓みを中心とする和訓集の如きものであるのに対して、丁本は講書における問答を記すという顕著な相違がある。このうち甲本は弘仁度の私記、丁本は承平度の私記と考えられるが、乙本・丙本はいつの時期のものか明らかではない。『釈紀』所引のものも多くは「私記曰」とするのみで、どの時期の私記か明示していないが、引用文中にごく少数ながら、「養老私記」「養老説」「弘仁私記」「承和説」「元慶講書」「延喜公望私記」などと記したものもあって、それらの年度の講書の様子や私記の断片をわずかに伺い知ることができる。

なお、本稿末尾の「参考文献」には、個々の文献名に一連番号を付した。本文中、算用数字で示した注番号はその参考文献の番号と対応する。これ以外の注は、（註一）のように「註」の文字と漢数字とで示した。

二　日本書紀講書

日本書紀私記成立の母胎となった日本書紀講書については、『日本後紀』、『続日本後紀』、『日本三代実録』、『日本紀略』、『類聚符宣抄』、『日本紀竟宴和歌』（以下、『竟宴和歌』と略称）、および「日本紀講例」（康保二年外記勘申。『釈紀』の「開題」に所引。以下、「講例」と略称）や『新国史』逸文（これも『釈紀』の「開題」に所引）等によって、その概要を知ることができる。これらの史料から知られる事柄は次の如くである。

(1)養老五年（七二一）度講書

『続日本紀』には一切記載がない。『竟宴和歌』には「養老五年始講」とあり、その下に「博□四位下大江（ママ）朝臣安麻呂」と記す。これは、当時従四位下であった太朝臣安麻呂の誤りであろう。ただし、実際に太安麻呂が博士を務めたのかどうかについては不明である。「講例」も最初に養老五年を挙げるが、博士の名は記さない。

養老講書についてはその事実を疑う考えもあった[6]。しかし、私記甲本や『釈紀』、書紀古写本などに「養老」「養老説」「養老日本私記」などと注記するものがあり、それらは内容的にも奈良朝のものと見得ること、また乾元本神代紀（卜部兼夏書写）の下巻につけられた万葉仮名の訓のうち「弘仁説」「弘仁私記」と注記のあるものは、その仮名遣の点から見て弘仁期のものとして承認されるばかりでなく、さらに古い時代の訓読注記を伝承していると推定されることなどから、奈良時代にたとえ部分的にではあっても講書は行われたと考えられるようになった[27][28]。養老五年は日本書紀撰進の翌年に当たるので、この年に講書が行われたとしたら、それは完成したばかりの日本書紀の披露を兼ねたものであったろう。そしてこの講書の成果は弘仁私記に包摂されたものと推定されている。

(2)弘仁三年（八一二）度講書

『日本後紀』の弘仁三年六月戊子（二日）条に、「是日。始令下二参議従四位下紀朝臣広浜。陰陽頭正五位下阿倍朝臣真勝等十余人一。読中日本紀上。散位従五位下多朝臣人長執講。」とある。

また、弘仁講書に関しては、私記甲本に序が付属し、この序は、『釈紀』巻一「開題」に「弘仁私記序曰」として、また、私記丁本に「弘仁三巻私記序云」として、それぞれ部分的に引用される文章とよく一致している。内容は、記紀の成立について述べた後、氏姓の混乱を嘆き、その原因を日本書紀や古事記等の旧記が読まれないからであるとする。そして、その後に、弘仁講書に関する記述、弘仁私記成立に関する記述が続いている。甲本私記序から、弘仁講書と弘仁私記成立に関する部分を次に示す（原注とおぼしき分注があるが、それは省略する）。

冷然聖主弘仁四年在レ祚之日、愍二旧説将レ滅本記合レ訛、詔二刑部少輔従五位下多朝臣人長一使レ講二日本紀一、即課二大外記正六位上大春日朝臣頴雄、民部少丞正六位上藤原朝臣菊池麻呂、兵部少丞正六位上安倍朝臣蔵継、文章生従八位上滋野朝臣貞主、無位嶋田臣清田、無位美努連清庭等一受レ業、就二外記曹局一而開二講席一、一周之後巻袟既竟。其第一第二両巻、義縁二神代一語多二古質一、授受之人動易二訛謬一。故以二倭音一弁二詞語一、以二丹点一明二軽重一。凡抄二三十巻一勒為二三巻一。（中略）自二神倭天皇庚申年一至二冷然聖主弘仁十年一、一千五百五十七歳（下略）。

右の内容を『後紀』の記事と比較すると、開講の年を『後紀』は弘仁三年とするのに対して私記序は四年とすること、『後紀』に名が記されている紀広浜・阿倍真勝と私記序に記されている大春日頴雄等六名の名とが全く一致しないこと、という相違点がある。他に、大春日頴雄や滋野貞主の官位が史実と合わないこともあって、この序を疑わしいとする説もある。(2)(7) しかし、私記序に「冷然聖主」とあることから、この序が書かれたのは、嵯峨天皇が冷然院に遷御して譲位した弘仁十四年四月十日以降と考えられ、「冷然聖主弘仁四年在祚之日」という表現も、この序が嵯峨譲位後のことであることを物語る。(6)(7) 私記序が講書から十年以上も経ってから書かれたことを念頭に置けば、開講年の相違や官位の相違は、誤ってはいるが甚だしく乖離はしておらず、おおよそに記憶で書いたと認められる。(9) 受講者の相違も、『後紀』は官位の上位の者を代表として記し、私記序は講習の中心であった者を載せたと見得る。(9)

『後紀』と弘仁私記序の記事によって、弘仁度の講書は、弘仁三年六月に、多人長を博士として外記曹局において開講されたと認められる。私記序の「一周之後巻袟既竟」には「一季為レ周」という分注があり、これによれば、講書は翌年終了したのであろう。参加者は、参議紀広浜、陰陽頭阿倍真勝、大外記大春日頴雄、民部少丞藤原菊池麻呂、兵部少丞安倍蔵継、文章生滋野貞主、嶋田清田、美努清庭等（ただし大春日頴雄以下の官職は、いつの時点でのものであるのかについて問題がある）であった。

(3) 承和十年（八四三）度講書

『続日本後紀』の承和十年六月戊午朔条に「令下知二古事一者散位正六位上菅野朝臣高年、於二内史局一始読中日本紀上。」とあり、また翌十一年六月丁卯（十五日）条に「日本紀読畢。」とある。「講例」は講書の開始を「承和六年六月一日」として年が異なるが、日付は合っているので、この記載は単純な誤記と考えられる。「六月」に目移りして「六年」と誤記したものでもあろう。『本朝書籍目録』にも「承和六年私記」とするが、これもこの誤りを踏襲したものと考えられる。また、「講例」は講書の場を建春門南腋曹司とし、『続後紀』の記事と異なる。これについては、内史局が建春門南腋曹司にあったとも考えられる。(7)『竟宴和歌』には、

承和十年講□参議従四位上滋野朝臣貞主 外記日記注博士散位正六位上菅野高年

とある。滋野貞主の官職名「参議」の上部は虫損のため判読できない。あるいは「博士」とあったか。そうであれば、博士を菅野高年とする『続後紀』の記事と相違することになる。この滋野貞主については『釈紀』秘訓一「溟涬」の条に「私記曰。……答。承和之代、博士并澄博士、滋相公共定レ読之日、所レ不レ聞二此説一也。」（「并」は前田本になし、梵舜本で補う。石崎氏21文献による）とあり、また同じく「画二滄海一」の条にも「昔承和之講、滋相公相定云」とある。「滋相公」は参議滋野貞主、「澄博士」は文章博士春澄善縄を指している。これらによれば、滋野貞主が承和講書において、菅野高年や春澄善縄とともに、日本書紀の訓を決めるのに大きな役割を果たしたことは確かであろう。『竟宴和歌』は、この三人の中で最も官職位階が高い滋野貞主の名を示したものであろうか。なお、弘仁私記序によれば、滋野貞主は弘仁講書の列席者でもあった。

(4)元慶二年（八七八）度講書

『日本三代実録』の元慶二年二月廿五日辛卯の条に、

於二宜陽殿東廂一、令下従五位下行助教善淵朝臣愛成一、始読中日本紀上。従五位下行大外記嶋田朝臣良臣為二都講一。右大臣已下参議已上聴二受其説一。

とあり、元慶三年五月七日丙申の条に、

令下従五位下守図書頭善淵朝臣愛成一、於二宜陽殿東廂一読中日本紀上。喚二明経紀伝生三四人一為二都講一。大臣已下毎日閲*読。前年始読、中間停廃。故更始読焉。（＊底本新訂増補国史大系本の「開」を訂す）

とあり、元慶六年八月廿九日戊辰の条には、

於二侍従局南右大臣曹司一、設二日本紀竟宴一。先レ是、元慶二年二月廿五日、於二宜陽殿東廂一、令三従五位下助教善淵朝臣愛成読二日本紀一。従五位下行大外記嶋田朝臣良臣、及文章明経得業生学生数人遞為二都講一。太政大臣右大臣及諸公卿並聴レ之。五年六月廿九日講竟。至レ是申二澆章之宴一。親王以下五位以上畢至。抄二出日本紀中聖徳帝王有レ名諸臣一。分下充太政大臣以下、預二講席一六位以上上、各作中倭歌上。自余当日探レ史而作レ之。琴歌繁会、歓飲竟レ宴*。博士及都講賜レ物有レ差。五位以上賜二内蔵寮綿一。行事外記史預焉。（*底本の「景」を訂す）

とある。これらの記事によって、元慶度の講書は、元慶二年二月に宜陽殿東廂で開始され、一時中断の後、翌三年五月に同所で再開、五年六月に講書終了、六年八月に竟宴という経過であったことが知られる。博士は従五位下大学助教（のちに図書頭）善淵愛成、都講ははじめ従五位下大外記嶋田良臣が、再開後には明経紀伝生三四人（また文章明経得業生学生数人）が務め、藤原基経（開始時右大臣、終了時太政大臣）、源多（終了時右大臣）以下、諸公卿が聴講している。一時中断の理由は明らかでないが、当時『文徳天皇実録』の編纂が進行中で、藤原基経と嶋田良臣とはその編者でもあった。あるいはそのことが関係しているかもしれない。

元慶講書の竟宴に関して、『西宮記』巻十一裏書に次のような記事がある。

元慶六年八月廿九日、竟宴。右大臣直廬侍従所南者一本御書所歟。（中略）博士愛成西面、王卿南北面東上、已下北面東上、四位以下三献後着、六位无レ座、尚復在二堂下一。文章生藤春海、明経得業生善淵高文、擬生矢田部名実、学生多広珍、献物十二捧、奉大内、数盃詠哥兼所定宛也。大内記惟肖、即作序、弁佐世講師、中納言行平読佐世哥。

ここに名前の挙がっている文章生藤原春海、明経得業生善淵高文、擬生矢田部名実、学生多広珍の四人は、右の文中に「尚復在二堂下一」とある尚復であったと考えられる。前掲した『三代実録』には「喚二明経紀伝生三四人一為二都講一」「文章明経得業生学生数人遞為二都講一」とあるが、右の『西宮記』裏書の「尚復」と『三代実録』の「都講」とは、実態は同一であり、講書の博士の補佐役を「都講」とも「尚復」とも称することがあったということであろう。なお、右の矢田部名実は、『釈紀』所引私記逸文に「愚実」「愚案」として、その説が見える。「愚」は謙称であるから、この逸文私記の著者は矢田部名実ということになろう。(13)「名実」という名を明記した例も『釈紀』に「私記曰。太政殿下問曰。用二白膠木一之意如何。名実申云。」(述義十「白膠木」の項。句読は太田氏9文献による)と見える。

他に、『釈紀』所引の元慶関係の私記逸文に、「戸部藤卿」(中納言兼民部卿藤原冬緒)、「右尚書」(右大弁藤原山蔭または右大弁橘広相)、「戸部藤侍郎」「戸部侍郎」「藤侍郎」(民部大輔藤原保則)、「菅内史」(大内記菅野惟肖)、「惟良大夫」(勘解由次官惟良高尚)などの人々が見え、また『袖中抄』(巻十四「アラヒトガミ」の条)所引私記には「治部卿在原朝臣」(参議治部卿在原行平)の名が見える。

元慶講書は、一時中断はあったものの、「大臣以下毎日閲読」というように、非常に熱心に行われた。そして、これ以前の講書の博士は、養老が太安万侶であったとすれば古事記の撰録者、弘仁はその一族の多人長、承和の菅野高年は「古事を知る者」とされ、いずれも我が国の古史古伝を講ずるのに相応しい人物であった。ところがこの元慶講書から、博士は明経道、紀伝道、文章道などの学者に変わっている。受講者も弘仁は参議が上首であったのに対し、元慶は太政大臣・右大臣以下諸公卿である。また、講所も、弘仁は外記曹局、承和は内史局であったが、元慶以降は宜陽殿東廂に固定することになった。竟宴和歌(あるいは竟宴自体)も元慶に始まるなど、この元慶講書で日本書紀講書のありかたが大きく変わり、以後の先例となったようである。(9)

なお、『釈紀』所引元慶私記の特徴として、日本書紀の本文批判を行っていること、外国文献の引用が多いという点を指摘できる。[22] そして外国文献の引用のうち、『爾雅』『説文』『字書』などは、直接それらの原典に拠っているわけではなく、『原本玉篇』を利用している部分が多いようであるということも指摘されている。[35]

(5)延喜四年（九〇四）度講書

『釈紀』所引『新国史』逸文に、

延喜四年八月廿一日壬子。是日、於二宜陽殿東廂一令三初講二日本紀一也。前下野守藤原朝臣春海為二博士一。紀伝学生矢田部公望、明経生葛井清鑒等為二尚復一。公卿弁大夫咸以会矣。特召二大舎人頭惟良宿禰高尚、文章博士三善朝臣清行、式部大輔藤原朝臣菅根、大内記三統宿禰理平、式部少丞大江千古、民部少丞藤原佐高、少内記藤原博文等一、令レ預二講座一焉。

とあり、『類聚符宣抄』巻九講書には、

学生藤原忠紀

右左大臣宣。件人宜レ為二日本紀堂（ママ）尚複一者。

延喜五年五月二日　　少外記紀延年奉

とある。また、『竟宴和歌』延喜六年の序には、

此紀元慶、鼓篋以来二十余年、倚席不レ講、時人窃歎二師説将一レ堕。甲子歳、降二綸旨一、令下二大学頭藤大夫一説上レ之。大夫下意之問、上口而答。挙二前儒之干矛一、鑿二後生之耳目一。況亦教而無レ倦、勧以傾レ懐。始二於四年秋八月廿一日一終二於六年冬十月廿二日一。即閏十二月十七日、聊屈二師礼一、以成二竟宴一。

とある。これらの記事によって、延喜度の講書は、延喜四年八月に宜陽殿東廂で開始され、同六年十月に講書終了、

同年閏十二月に竟宴が行われたことが知られる。博士は前下野守藤原春海、尚復は講書開始時は紀伝学生矢田部公望、明経生葛井清鑒等で、翌年学生藤原忠紀が加わった。公卿弁大夫が悉く参会し、特に、大舎人頭惟良高尚、文章博士三善清行、式部大輔藤原菅根、大内記三統理平、式部少丞大江千古、民部少丞藤原佐高、少内記藤原博文等が特に召されて講書への参加を許されたとある。博士藤原春海は前回の元慶講書の折の尚復であり、受講者のうちの惟良高尚も元慶講書の参加者であった。元慶の講書以来二十余年を経て、前代の師説が失われてしまうことを時の人が嘆いたという『竟宴和歌』序の記述は、歴代の書紀講書が、前代までの蓄積を踏まえた上で、さらなる進歩を目指すという、継続性・発展性を意識したものであったことを物語る。

なお、『釈紀』『袖中抄』等に「延喜公望私記」「公望私記」として引かれる私記は、尚復矢田部公望の手になる延喜講書の折の講録と考えられる。元慶度の私記に外国文献の引用が多かったのに対して、公望私記には風土記等の国内文献の引用が目立つ。成書としての風土記が五ヶ国のものしか伝来していない今日、公望が引く諸国風土記逸文は貴重である。公望関係の私記には、他に『和名類聚抄』に引かれた「田氏私記」がある。これは延喜講書以前に公望が作製した和訓集の如きものと推定されている(30)。他に延喜講書関係の記録としては、『釈紀』に引く「延喜講記」「延喜開題記」や、石清水八幡宮『御鏡等事』に引く「延喜四年講日本紀博士春海記」がある。これらは同一のもので、延喜度の博士藤原春海自らの手になる記録ではあるまいかと考えられる(51)。

(6)承平六年(九三六)度講書

『竟宴和歌』天慶六年の序に、

故承平六年之冬、令下阿州別駕田大夫一説上レ之。(中略)天慶二年季冬之末、東西辺州風塵不レ静、干戈之備厳粛、

講誦之音寂寥。俄而盪二滅二兇一。澄二清四海一、寰区寧謐、礼楽復興。尋以講レ之、其礼如レ故。中間別駕累二遷美州

紀州一、六年九月伝授始畢。至二其十二月二十四日一、聊仍二旧貫之儀一、以行二澆章之礼一。

とある。また、「講例」には「承平六年十二月八日　博士。従五位下行紀伊権介矢田部宿禰公望。宜陽殿東廂講レ之。」とあり、『日本紀略』承平六年十二月八日壬辰の条に「於二宜陽殿東廂一講二日本紀一。」、天慶六年十二月廿四日戊辰の条に「於二宜陽殿一有二日本紀竟宴一。」とある。これらによって、承平度の講書は、承平六年十二月に宜陽殿東廂で始まり、天慶六年（九四三）九月に講書終了、同年十二月に竟宴が行われたことが知られる。博士は従五位下紀伊権介矢田部公望で、前回延喜講書の尚復であった。また、「講例」の康保度の条には「博士。摂津守橘朝臣仲遠。承平尚復云々。」とあり、この承平度の尚復は橘仲遠が務めたことが知られる。講書開始から終了まで七年近くを要したのは、天慶二年に勃発した平将門・藤原純友の乱の影響であった。

　また、『本朝世紀』天慶二年四月廿六日丁酉の条には「諸卿参陣。但中納言師―九、参議是茂、淑光等就二日本紀所一。」とある。「中納言師―」は権中納言藤原師輔、「参議是茂・淑光」はそれぞれ源是茂と紀淑光であり、これらの人々が講書に参加したことが知られる。そして、私記丁本には「参議紀淑光朝臣問曰」「左少弁大江朝臣朝綱就二内記所一陳云。」とあり、参議紀淑光や左少弁大江朝綱が講書に参加していたことが知られるとともに、私記丁本が承平度の講書記録であることが判明する。この私記丁本には、もう一人「厳閤」と呼ばれる人物の発言が三ヶ所に見えている。これが具体的に誰を指すのかは明確ではないが、「厳閤」は父を指す尊称であることから、太田晶二郎氏は天慶六年の竟宴和歌の作者の中から親子関係にある者を求め、摂政太政大臣藤原忠平を「厳閤」に擬し（註一）、子息藤原師輔を丁本の筆録者とする可能性を示唆している（9）。

(7)康保二年（九六五）度講書

『日本紀略』康保元年二月廿五日壬申の条に「今日、勅定。散位正五位下橘仲遠講二日本紀一。又尚復学生、仰二紀伝明経道一可レ令二差進之由一、仰二大学寮一。」、同じく三月九日乙酉の条に「陰陽寮勘下申可レ講二日本紀一之日時上。来月廿日乙丑、同廿八日癸酉、又大学寮差二進尚復生二人一。明経十市致明。」とあり、同じく康保二年八月十三日庚戌の条には「於二宜陽殿東庇一始講二日本紀一。以二橘仲遠一為二博士一。」とある。また、『類聚符宣抄』巻九講書には、

式部大輔橘直幹朝臣奉　　左京権大夫大江重光朝臣奉
式部権大輔菅原文時朝臣奉　　大学博士十市宿祢有象奉
文章博士藤原朝臣後生依レ触二産穢一不レ堪二参入一　　権右少弁大江朝臣斉光奉
左衛門権佐菅原朝臣輔正奉　　大学頭高階真人成忠奉
勘解由次官紀朝臣伊輔奉　　式部少丞三善道統奉

右左大臣宣。今月十三日辰二尅、可レ始二講日本紀一。件等人宜レ召二預講席一者。

康保二年八月五日　　大外記兼主税権助備後介御船宿祢伝説奉

日本紀尚複召人

尚複

大外記御船宿祢伝説

召人

（前掲十人と同一につき省略）

右左大臣宣。依件行之者。

康保二年八月五日　　　　大外記兼主税権助備後介御船宿祢伝説奉

とある。「講例」には「康保二年八月十三日　博士。摂津守橘朝臣仲遠。承平尚復云々。宜陽殿東廂講レ之。竟宴。」とある。これらによれば、この度の講書は、康保元年二月に計画され、四月下旬には開始されるはずであったが、なぜか遅れて、翌二年八月に宜陽殿東廂で開始されたことが知られる。講書がいつ終了したのかについては記録がなく、明らかでない。康保四年五月に村上天皇が崩御されたので、あるいはこの時をもって中絶してしまったものかもしれない。博士は散位橘仲遠、尚復は大外記御船伝説。他に召人として、式部大輔橘直幹、左京権大夫大江重光、式部権大輔菅原文時、大学博士十市有象、文章博士藤原後生、権右少弁大江斉光、左衛門権佐菅原輔正、大学頭高階成忠、勘解由次官紀伊輔、式部少丞三善道統が参加した。博士の橘仲遠は、前述したように承平講書の折の尚復であった。

以上をまとめれば、次表の如くである。

年度	期間	博士／都講・尚復	主な参加者	開講場所
養老五年(七二一)	養老五	太 安万侶?		
弘仁三年(八一二)	弘仁三・六・二 〜弘仁四か	散位 多 人長	参議 紀 広浜 陰陽頭 阿倍真勝 大外記 大春日頴雄 民部少丞 藤原菊池麻呂 兵部少丞 阿倍蔵継 文章生 滋野貞主 嶋田清田 美努清庭	外記曹局
承和十年(八四三)	承和十・六・一 〜承和一一・六・一五	散位 菅野高年	参議 滋野貞主 文章博士 春澄善縄	内史局 (建春門南腋曹司)
元慶二年(八七八)	元慶二・二・二五 〜元慶五・六・二九	大学助教 善淵愛成 大外記 嶋田良臣 文章生 藤原春海 明経得業生 善淵高文 擬生 矢田部名実 学生 多 広珍	太政大臣 藤原基経 右大臣 源 多 中納言 藤原冬緒 参議治部卿 在原行平 右大弁 藤原山蔭 (または橘 広相) 民部大輔 藤原保則 大内記 菅野惟肖 勘解由次官 惟良高尚	宜陽殿東廂

延喜四年（九〇四）	延喜四・八・二一 〜延喜六・十・二二	前下野守　藤原春海 紀伝学生　矢田部公望 明経生　葛井清鑒 学生　藤原忠紀	大舎人頭　惟良高尚 文章博士　三善清行 式部大輔　藤原菅根 大内記　三統理平 式部少丞　大江千古 民部少丞　藤原佐高 少内記　藤原博文	宜陽殿東廂
承平六年（九三六）	承平六・一二・八 〜天慶六・九	紀伊権介　矢田部公望 橘　仲遠	（摂政　藤原忠平） 権中納言　藤原師輔 参議　源　是茂 参議　紀　淑光 左少弁　大江朝綱	宜陽殿東廂
康保二年（九六五）	康保二・八・一三 〜（不明）	散位　橘　仲遠 大外記　御船伝説	式部大輔　橘　直幹 左京権大夫　大江重光 式部権大輔　菅原文時 大学博士　十市有象 文章博士　藤原後生 権右少弁　大江斉光 左衛門権佐　菅原輔正 大学頭　高階成忠 勘解由次官　紀　伊輔 式部少丞　三善道統	宜陽殿東廂

三　書　名

新訂増補国史大系本が甲本・乙本・丙本の底本とした彰考館本は、表紙には「日本紀私記全」、甲本の本文の前にも「日本紀私記」とあるが、甲本の序の前と乙本の前とには「日本書紀私記」、丙本の末尾には「日本書私記」（「紀」誤脱か）とあって、「日本紀私記」と「日本書紀私記」とが併存している。丁本の底本たる六人部克己氏旧蔵本には、すべて「日本紀私記」とある。また、日本書紀私記の現存最古の写本である神宮文庫蔵御巫本には、内題・尾題・外題とも「日本書紀私記」とある。このように、今に伝わる成書の写本には「日本紀私記」と「日本書紀私記」との両様が見られる。一方、諸書に引かれた逸文は、大部分が「日本紀私記」となっており、古くは「日本紀私記」が広く用いられた名称ではないかと推測される。また、『和名類聚抄』には「田氏私記」、『袖中抄』には「日本紀公望注」、『釈紀』には「養老私記」「弘仁私記」「元慶講書」「延喜講記」「公望私記」「延喜公望私記」など、個別の私記を指す呼称も現れている。また、『本朝書籍目録』には次のようにある。

養老五年私記。　一巻。

弘仁四年私記。　三巻。　多朝臣人長撰。

承和六年私記。　菅野朝臣高平撰。

元慶二年私記。　一巻。　善淵朝臣愛成撰。

延喜四年私記。　藤原朝臣春海撰。

承平六年私記。　　矢田部宿祢公望撰。
康保四年私記。　　橘朝臣仲遠撰。
日本紀私記。　三巻。

これによれば、講書の都度、私記が作られ、それらは年号をつけて呼ばれたかのようであるが、『書籍目録』の編者はこれらの私記全てを実見したわけではなく、「講例」をもとに記述していると考えられるので、これらの名称は便宜的なものに過ぎまい。『書籍目録』には、右のようにこれら各年度の私記を列挙した後、最後に「日本紀私記。三巻。」というものが挙がっている。これは、今日彰考館等に伝わる写本に、甲本・乙本・丙本を併せて伝来するものがあり、このような形の写本が既に鎌倉時代頃には三巻本として成立していて、それが『日本紀私記』と称されたのではないかとされる(31)。

「私記」というのは、元来、公に対する私の筆記という意味であろう。『新訳華厳経音義私記』という名の注釈があり、また『令集解』には「古私記」「先私記」「律私記」「唐令私記」「一巻私記」「新令私記」「或私記」などの注釈書の名が見えるが、「私記」という語自体に注釈の意味があるわけではなく、特定の個人の手になる私的な注釈書を「私記」と称したものであろう。令の場合、官撰の注釈書である『令義解』に対して『令集解』は私撰の注釈書であり、そこに引用されている種々の注釈もまた個々の学者による私的な注釈である。書紀私記の甲本・乙本・丙本は、書紀所出語句の和訓集といった内容であり、『新訳華厳経音義私記』のような音義類と似た形式を採っている。しかし、これも、音義書の類だからという理由で「私記」と名づけられたわけではなく、私的な著作物であるという意味で「私記」と称したと考えるべきであろう。

一方、丁本は講書における質疑応答の速記録のような内容である。小林芳規氏は、漢籍の古点本に「師説」として引くものは平安初期における大学寮の教官の講義録で、これはいわば公の場における説であり、これに対するのが「私記」であって、日本紀における「私記」というのは、大学寮の講筵の場を離れた訓説についての称であるとされる。(註二)しかし、この解釈はいかがであろうか。日本書紀の講読は、確かに大学寮で行われたものではないが、勅命によるものであり、十分に公的なものであったし、書紀私記においても博士の説は「師説」と称されているのであるから、書紀講書を私的なものとして、その講義録を「私記」と称したという解釈は納得しがたい。書紀講書の講義録を「私記」と称するのは、書紀講書が私的なものであったからではなく、その講義録自体が、参加者の私的な記録であったからではあるまいか。岩橋小弥太氏の「元来講録を私記といふのは内々の筆記といふ意味である。これは今日の学生のノートと同じものであるから、当然私記であるべきである」(13)という説は首肯できる。また、岩橋氏はさらに「私記といふものは聴講者のノートであつて、博士自ら筆記するものではない。私記に師云とか師案とかいふ師といふのは其の時の博士を斥すのであつて、これは往々今日まで誤解せられて来た。(13)」とする。これも聴くべき説であろう。ただ、講書に際して、博士がその準備のためにまとめた資料を「私記」と呼んだ可能性もあったのではないかと考える。

四　内容・構成

(1)甲本

序と本文とからなり、弘仁度の講書の折の私記と考えられる。序については第二節で概説した。私記序を疑う説も

(2)(7)あるが、今は、弘仁末年をさほど降らない頃の作とする考えが(6)おおむね支持されている。ただし、序文の「以二丹点一明二軽重一」については、朱点で和語のアクセントを付した例は平安中期以前には見ない、という築島裕氏の指摘がある。(註三)この問題点を克服するためには、序文に後世の加筆を想定するなどする必要があろう。

注の対象範囲は、神代上から持統紀までの書紀全体に及んでいる。国史大系本の底本たる彰考館本は甲本・乙本・丙本併せて一冊であるが、弘仁私記序には、「凡抄二三十巻一勒為二三巻一。」とあり、『釈紀』に「謂二三巻私記一者弘仁私記也」、私記丁本にも「弘仁三巻私記序云」とあるので、もとは弘仁私記単独で三巻構成であったのであろう。現在の私記甲本には、仁徳天皇の標目の右肩に小さく「巻中」とあり、また用明天皇の標目の前に「巻下」とあるので、これによれば、神代上から応神までが上巻、仁徳から敏達までが中巻、用明から持統までが下巻であったと想定される。

内容は、大部分が片仮名による和訓で、ところどころ漢文による語釈がある。天皇の代毎に標目を立て、見出し語句に和訓や語釈を付す。神代上には標目がないが、神代下には、「正勝尊」「天彦尊」「彦火々尊」「彦波瀲尊」の四代を立てている。見出し語句の数は約九〇〇である。片仮名による和訓は、本来は万葉仮名で付せられていたものが、後に片仮名に書き改められたと考えられている。(9)乙本・丙本に比して、氏姓関係の語がかなり多く採録されているという特徴がある。(12)また、語句の掲出順に乱れがあるが、これは講書の実際を反映したものと考えられ、(18)各天皇の条の最後に日本書紀には見えない語句が掲出されているのは、講書の際に書紀以外の別資料が付加して講ぜられたのを反映するものであると考えられる。(29)

仮名遣に関しては、オとヲ、ホとヲなどに仮名遣を誤るものがかなりあり、諸本間の異同もある。(32)後人の付加と考えられる和訓もある。現存の私記甲本は弘仁講書の折の私記ではあるにしても、書写の過程で当初の原型からはかなり姿を変えてしまっていると考えられる。(27)(28)

(2) 乙本・丙本

これらも、甲本と同じく、日本書紀所出語句の和訓集といった内容である。ある日本書紀古写本の行間ないし上部の余白に記された片仮名訓を資料として、平安朝後期に集成書化されたものと考えられる。(31)

乙本は、対象範囲は神代紀上下。見出し語句の数は約一一〇〇で、これらに万葉仮名による和訓が付されている。和訓の位置は、御巫本では、冒頭からウケヒの段の「沫雪」までは左傍に付し、それ以降は語句の下に二行に小書している。彰考館本では、一貫して語句の下に二行の小書である。なお、神代紀上下には一番歌から六番歌まで、計六首の歌謡が収載されているが、乙本には一番から三番までは注の形で、四番から六番までは見出しとして、この全ての歌謡本文が載っている。御巫本の掲出語句にはヲコト点の付されているものがあり、その点は紀伝点に相当する。これは、講書に関与した学者が主として紀伝道の儒者であったことと関連しよう。(38)

丙本は、対象範囲は神武紀から応神紀まで。見出し語句の数は約一二〇〇で、これらに和訓が付されている。和訓の文字は、懿徳までは万葉仮名の二行割注、孝昭から開化までは万葉仮名の二行割注・万葉仮名左傍訓・片仮名右傍訓が併存し、崇神の冒頭は片仮名右傍訓である。それ以降は原則的に万葉仮名右傍訓であるが、若干の片仮名右傍訓も混じる。なお、書紀の神武紀から応神紀までには七番歌から四一番歌まで、計三十五首の歌謡が収録されているが、丙本にもこの全ての歌謡本文が載っており、一部の文字にのみ片仮名訓が付いている。また、丙本の訓は神宮文庫蔵日本書紀（春瑜本）第二（神武）に数多く採られており、この本の奥書にある、長禄四年（一四六〇）に「以二他本一加

点」した旨の記述の「他本」が丙本の神武紀に相当する部分であることが明らかにされている。(31)

乙本・丙本とも、万葉仮名による和訓は、誤字のあり方から考えて、本来は片仮名で付されていた訓を、鎌倉時代に万葉仮名に改めたものと考えられる。(註四)仮名遣の点からは、両本とも、オ・ヲの区別はなく、語中語尾のヘ・ヱの混乱がある。しかし、語頭のイ・ヰ、エ・ヱは正しいので、およそ平安後期の成立と考えられる。ただし、和訓そのものは、その内容において、平安朝前期から中期にかけてほぼ固定したと考えられる訓であろうとされる。(31)

(3)丁本

首尾を欠く零本である。文中に見える「参議紀淑光朝臣」、「左少弁大江朝臣朝綱」を根拠に、丁本は承平度の私記であると認められている。すなわち、紀淑光は承平四年(九三四)十二月二十一日に参議となり、天慶二年(九三九)九月十一日に参議で薨じた。また、大江朝綱は承平三年十月二十四日に左少弁に任じ、天慶三年十二月六日に右中弁に転じている。そして、承平度の講書期間は承平六年十二月八日から天慶六年九月までである。この三者の全てが重なり合う期間は、承平六年(九三六)十二月八日から天慶二年(九三九)九月十一日までということになる。

形式は漢文体による問答で、博士に対する質問が「問。……」と発せられ、それに対する博士の答が「師説。……」として記されている。おおよそは一問一答であるが、時には「師説」のあとにさらに「問。……。師説。……。」が繰り返されることもある。内容は、まず日本書紀巻頭の「日本書紀巻第一」の部分に対する問答、および日本書紀全般に関する総括的な問答が十七項目あり、それに続いて神代上の冒頭から国生みの段の「磤馭慮嶋」までの二十ヶ所について二十六項目の質疑応答が記録されている。基本的に質問者の名は記していないが、予定通りの講書の進行とは異なった形での発言があったときには質問者の名を記す傾向がある。(52)書紀に関する総括的な問答の部分から一部を抜き出して、具体的な例を示す（アルファベットは便宜的に付けたもので、aからgまで一連のものである）。

a問。考二読此書一、将以二何書一備二其調度一乎。

b師説。先代旧事本紀、上宮記、古事記、大倭本紀、仮名日本紀等是也。

c此時、参議紀淑光朝臣問曰。号二倭国一云二日本一、其意如何。又自二何代一始有二此号一乎。

d尚複答云。上代皆称二倭国、倭奴国一也。至二于唐暦一、始見二日本之号一。発題之始、師説如レ此。

e師説。日本之号、雖レ見二晋恵帝之時一、義理不レ明。但、隋書東夷伝云、日出国天皇謹白二於日没国皇帝一者、然則、在二東夷日出之地一。故云二日本一歟。

f参議又問云。倭国在二大唐東一。雖レ見二日出之方一、今在二此国一見レ之、日不レ出二於城中一。而猶云二日出国一歟。又訓二日本二字一云レ倭、其故如何。

g博士答云。文武天皇大宝二年者、当二大唐則天皇后久視三年一也。彼年遣使粟田真人等入二朝大唐一。即唐暦云、是年日本国遣レ使貢献。日本者、倭国之別名者。然則唐朝以レ在二日出之方一、号云二日本国一。東夷之極、因得二此号一歟。

右の例で、aは書紀を読むための参考資料に関する質問で、bはそれに対する答である。ここでは「問。」「師説。」としか記していない。ところが、その次に発せられたcの発言は、abの問答とは全く脈絡なしに、倭国を日本と称することについての質問で、「此時、参議紀淑光朝臣問曰」とある。講書の進行に割り込むような形で紀淑光が脇から口を挟んだといった趣である。これに対して尚復と博士とが質問に答えている。さらに淑光が重ねて質問し（f）、それに博士が答えている（g）が、ここは「師説」ではなく、「博士答云」となっている。「師」と「博士」とは、どちらも承平講書の博士である矢田部公望を指しているはずであるが、呼び方が異なる。また、これよりも後、神代上の「至貴曰㆑尊。自餘曰㆑命。」という箇所では、「此日講了。左少弁大江朝臣朝綱就㆓内記所㆒陳云」という形で大江朝綱の発言が記されており、これは、その日の講書が終わった後の、内記所においての発言である。

次に、神代上の部分について日本書紀の本文を掲げ、丁本で取り上げられている箇所を傍線で示す。実線の傍線は「問。……。師説。……。」の形式の箇所、点線の傍線はそれ以外の箇所である。丸数字は丁本に出てくる順を示す。

日本書紀巻第一

①神代上

古天地未剖、陰陽不分、③渾沌如鶏子、②溟涬而含牙。及其清陽者、④薄靡而為天、重濁者、⑥淹滞而為地、精妙之合摶易、重濁之凝竭難。故⑦天先成而地後定。然後、⑤神聖生其中焉。故曰、開闢之初、⑧⑱洲壌浮漂、譬猶游魚之浮水上也。于時、天地之中生一物。状如葦牙。便化為神。⑨号国常立尊。⑩至貴曰尊。自餘曰命。並訓美挙等也。下皆效此。次国狭槌尊。次豊斟渟尊。凡三神矣。乾道独化。所以、⑪成此純男。(中略) 一書曰、古国稚地稚之時、⑫譬猶浮膏而漂蕩。于時、国中生物。状如葦牙之抽出也。因此有化生之神。号可美葦牙彦舅尊。次国常立尊。次国狭槌尊。葉木国、此云播挙矩尓。可美、此云于麻時。(中略) 次有神。⑬埿土煑尊埿土、此云于毗尼。沙土煑尊。沙土、此云須毗尼。亦曰⑭埿土根尊・沙土根尊。次有神。大戸之道尊一云、大戸之辺。大苫辺尊。亦曰大戸摩彦尊・大戸摩姫尊。亦曰大富道尊・大富辺尊。次有神。面足尊・惶根尊。亦曰⑮吾屋惶根尊。亦曰忌橿城尊。亦曰青橿城根尊。亦曰吾屋橿城尊。次有神。伊奘諾尊・伊奘冉尊。一書曰、⑯此二神、青橿城根尊之子也。(中略) 凡八神矣。乾坤之道、相参而化。所以、成此男女。⑰自国常立尊、迄伊奘諾尊・伊奘冉尊、是謂神世七代者矣。(中略) 伊奘諾尊・伊奘冉尊、立於天浮橋之上、共計曰、底下豈無国歟、廼以⑲天之瓊瓊、玉也。此云努。矛、指下而探之。是獲滄溟。其矛鋒滴瀝之潮、凝成一嶋。名之曰⑳磤馭慮嶋。

右の丸数字の順を見て明らかなように、実線の傍線のみをたどれば、きちんとした番号順になっているのに、点線の傍線部分の番号がその順を乱している。

点線の傍線を付した箇所は、③は「厳閣横点云」、⑥は「厳閣点云」、⑦は「尚複不レ読二此点一。仍博士説」、⑱は「厳閣点云」とある。⑦以外は、いずれも、講書の進行を後戻りさせて、前の部分について「厳閣」が質問をしている例であり、⑦は尚復が読まなかった箇所について博士が講義している例である。右で明瞭なように、質問者の名を記さない「問。……。師説。……。」の形式の問答は、講書の進行に忠実な質疑応答で、それ以外の形式は不規則発言の質疑応答であるという法則性が見出される。

右に見たように、丁本は、承平講書の有様を、実際になされた発言の順序通りに忠実に記録したものと見ることができ、承平講書の実際を知り得る貴重な資料といえよう[52]。なお、「厳閣」については二一の(6)で触れた。

五　底本・諸本および逸文

新訂増補国史大系本の底本は、甲本・乙本・丙本は、これら三種を一冊に綴じた水戸の彰考館蔵の写本で、延宝六年(一六七八)に佐々宗淳が日野家所蔵の入宋隠士守方真跡本を写した旨の奥書がある。この本は、甲・乙・丙の三本を併せた私記としては、第一の善本とされる[4]。他には、藤波家本の伝写本が内閣文庫と無窮会とにあって、ともに甲・乙・丙の三本を収め、東京大学史料編纂所蔵鈴木真年本も藤波家本に近似するという[4]。

乙本単独の写本には、神宮文庫蔵の御巫本がある。この本は、日本書紀私記の全種類を通じての現存最古の写本である。応永三十五年（一四二八）に、髪長吉叟（道祥）が書写した旨の奥書がある。御巫清白氏旧蔵本で、昭和二十年九月に伊勢の神宮文庫に献納された。[38] この本で、掲出語句に差された声点のアクセントは鎌倉時代のものと考えられるが、[註五] 声点の一部は鎌倉時代中期以降におけるアクセント変化の過渡期の様相を伝えている可能性があるとされる。[42]

丙本は、前出の延宝六年書写の彰考館本が最古で、静嘉堂文庫蔵元禄十五年（一七〇二）書写本がこれに次ぐ。[31]

丁本の底本は六人部克己氏旧蔵本で、前田本日本書紀と同時の古写本の影模本と推定され、また現存する丁本諸本の原本と推定される。[9] この本は後に東京大学文学部国史学研究室蔵となった。

書紀私記の逸文は、いくつかの文献に残っているが、中でも『釈紀』に引くものが群を抜いて多い。『釈紀』に「私記曰」「同曰」として引用するものが五三〇ヶ条ほどある他に、「或書曰」として私記を引く場合もある。しかし、単に「私記曰」等という引用の仕方なので、個々の逸文がいつの私記であるのかが判然としない。それらの私記逸文には、さらに「養老私記」「養老説」「弘仁私記」「承和説」「元慶講書」「公望私記」「延喜公望私記」などの個別の私記を引くものもあって貴重である。これに次いで多いのが『和名類聚抄』で、十巻本・二十巻本を通して、矢田部公望の「田氏私記」から一一八ヶ所を引いている。『和名類聚抄』所引私記については、西宮一民氏、[30] 藏中しのぶ氏の[40] 詳細な論文があり、それぞれに全例が挙がっている。また、『袖中抄』には一五ヶ条ほど引用され、その多くは『釈紀』にも引くものであるとはいえ、本文異同もあって、やはり貴重である。これ以外にも、『西宮記』裏書、『長寛勘問』、『政事要略』、石清水八幡宮『御鏡等事』、『秘府本万葉集抄』、『類聚名義抄』、『伊呂波字類抄』などにも逸文が見え、日本書紀の古写本にも私記からの書き込みを有するものがある。

特に、乾元本（卜部兼夏書写）日本書紀には、巻一・巻二の両巻に約二〇〇例の万葉仮名の和訓が注記されている。これらの和訓には「弘仁説」「弘仁」「私記説」「私記」などと注記するものがある。また、同書には「見合私記等合点了」（巻二）、「合私記了」という嘉元二年（一三〇四）の奥書があることから、これらの和訓は日本書紀私記からの注記であると推定される。(46) そして、これらの和訓は、仮名遣の面でほとんど誤りがなく、使用仮名字母は『竟宴和歌』のそれと一致率が高いことが指摘されている。(46) 日本書紀古写本には、他に、前田本・図書寮本・北野本・兼右本・内閣文庫本にも傍訓として万葉仮名の和訓をもつものがあり、その数は合計で六〇例ほどになる。それらにも「養老」「私記」「私」などの注記をもつものがあるので、これらも日本書紀私記からの注記であろうと考えられる。これらも仮名遣は正しく、上代特殊仮名遣の誤りもほとんどない。(47) 断片的なものではあるが、書紀私記を研究する上で貴重な資料というべきものである。

註

（一）和田文献7も、理由は示さないながら、この「厳閤」を「関白太政大臣藤原忠平なるべし」とする。「厳閤」については北川文献52でも考察した。

（二）小林芳規『平安鎌倉時代に於ける漢籍訓読の国語史的研究』の第二章第六節「訓点資料における師説について」（昭和四二年。東京大学出版会）

（三）築島裕『平安時代の漢文訓読語につきての研究』の第二章第二節「日本書紀古訓の特性」（昭和三八年。東京大学出版会）

（四）西宮一民「〔解説〕日本書紀　巻第三　応永三十四年　春瑜写」（『神宮古典籍影印叢刊』2。昭和五七年。八木書店）

（五）金田一春彦『国語アクセントの史的研究　原理と方法』二二四ページ（昭和四九年。塙書房）

参考文献

1 菅政友「淤能碁呂嶋考」(『菅政友全集』) 明治四〇年 国書刊行会
2 中沢見明『古事記論』 昭和四年 雄山閣
3 坂本太郎「列聖漢風諡号の撰進について」(『坂本太郎著作集』七 平成元年 吉川弘文館) 昭和七年 『史学雑誌』四三ノ七
4 丸山二郎「日本書紀私記に就いて(上・下)」(『日本の古典籍と古代史』 昭和五九年 吉川弘文館) 昭和七年 『歴史地理』六〇ノ四・五
5 橋本進吉「御巫清白氏蔵応永本日本書紀私記解説」(『日本書紀私記』) 昭和八年 古典保存会
6 宇佐神正康「日本書紀研究史雑考(上・下)」 昭和一一年 『国語国文』六ノ二・三
7 和田英松『本朝書籍目録考証』 昭和一一年 明治書院
8 坂本太郎「釈日本紀所引私記の撰述年代」(『大化改新の研究』) (『坂本太郎著作集』六 昭和六三年 吉川弘文館) 昭和一三年 至文堂
9 太田晶二郎「上代に於ける日本書紀講究」(『本邦史学史論叢』上) (『太田晶二郎著作集』3 平成四年 吉川弘文館) 昭和一四年 富山房
10 永山勇「日本紀私記に於ける国語研究」 昭和一七年 『文学』一〇ノ三

11 関晃 「上代に於ける日本書紀講読の研究」(『関晃著作集』5 平成九年 吉川弘文館) 昭和一七年 『史学雑誌』五三ノ一二
12 田中卓 「日本紀弘仁講書と新撰姓氏録の撰述―平安時代初期の歴史精神についての一考察―」 昭和二五年 『藝林』一ノ一
13 岩橋小弥太 「日本紀私記考」(『古典の新研究 第一集』)(『上代史籍の研究 第一集』 昭和三二年・増訂版 昭和四八年 吉川弘文館) 昭和二七年 角川書店
14 西宮一民 「日本紀私記甲本と書紀」 昭和三一年 『帝塚山学院短期大学研究年報』四
15 西宮一民・鍛冶初江 「日本紀私記甲本漢字索引」 昭和三一年 『帝塚山学院短期大学研究年報』四
16 志水正司 「日本書紀私記甲本について」(『日本古代史の検証』 平成六年 東京堂出版) 昭和三二年 『史学』三〇ノ三
17 志水正司 「弘仁の日本書紀講読と私記の成立」(『日本古代史の検証』 平成六年 東京堂出版) 昭和三三年 『史学』三一ノ一～四
18 石崎正雄 「釈日本紀に引く日本書紀私記(上)」 昭和三五年 『日本文化』三九
19 友田吉之助 「弘仁私記と旧日本紀」(『日本書紀成立の研究』 昭和四四年 風間書房) 昭和三六年 『史学雑誌』七〇ノ九
20 石崎正雄 「釈日本紀に引く日本書紀私記(二)―書紀古写本の傍註私記―」 昭和三六年 『日本文化』四〇
21 筏勲 「甲本日本紀私記は弘仁のものではない」 昭和三七年 『史学雑誌』七一ノ八

22 石崎正雄「元慶私記考—釈日本紀に引く日本書紀私記（三）—」昭和三八年『日本文化』四一

23 石崎正雄「承平私記考—釈日本紀に引く日本書紀私記（四）—」昭和三九年『日本文化』四二

24 石崎正雄「延喜私記考（上・中・下の一・二）—釈日本紀に引く日本書紀私記（五〜八）—」昭和三九〜四二年『日本文化』四三〜四六

25 友田吉之助「弘仁私記について」昭和四〇年『島根大学論集』一四

26 西宮一民「日本書紀の私記について」昭和四〇年『新訂増補 国史大系月報』一九

27 大野晋「日本書紀の訓読について—日本書紀私記の仮名遣の検討—」（『古事記・日本書紀Ⅰ』昭和四五年 有精堂）昭和四〇年『国学院大学日本文化研究所紀要』一七

28 大野晋『日本書紀』上（「解説」の「三 訓読」）昭和四二年 岩波書店

29 粕谷興紀「日本書紀私記甲本の研究」昭和四三年『藝林』一九ノ二

30 西宮一民「和名抄所引日本紀私記について」（『日本上代の文章と表記』昭和四五年 風間書房）昭和四四年『皇学館大学紀要』七

31 西宮一民「日本書紀私記、乙本・丙本について」（『日本上代の文章と表記』昭和四五年 風間書房）昭和四四年『国語国文』三八ノ一〇

32 福田益和「日本書紀私記（甲本）について」昭和四四年『大分工業高等専門学校研究報告』六

33 坂本太郎 『六国史』(「第二章　日本書紀」の「六　講書」) 昭和四五年 吉川弘文館
34 福田益和 「日本書紀私記甲本における傍訓の性格について」 昭和四五年 『語文研究』二九
35 粕谷興紀 「元慶の日本書紀私記と原本玉篇」 昭和四七年 『皇学館大学紀要』一〇
36 大和岩雄 「『弘仁私記』序考」 昭和五一年 『日本書紀研究』九
37 福田益和 「日本書紀私記(甲本)について―傍訓の仮名の用法を中心に―」 昭和五二年 『長崎大学教養部紀要(人文科学)』一七
38 粕谷興紀 「〔解説〕日本書紀私記」(『神宮古典籍影印叢刊』2) 昭和五七年 八木書店
39 鈴木豊 「日本書紀神代巻の声点」 昭和五九年 『国語学』一三六
40 上野和昭 『御巫本日本書紀私記(声点付和訓索引)』 昭和五九年 『アクセント史資料索引』
41 上野和昭 「『御巫本日本書紀私記』の成立に関する一考察」 昭和五九年 『国語学研究と資料』八
42 上野和昭 「『御巫本日本書紀私記』所載の体言のアクセント」 昭和六〇年 『国文学研究』八五
43 蔵中進 「『日本書紀』養老講書」 昭和六〇年 『神戸外大論叢』三六ノ一
44 鈴木豊 「乾元本日本書紀所引日本紀私記声点付語彙索引」 昭和六一年 『アクセント史資料索引』
45 鈴木豊 「乾元本紀所引『日本紀私記』の声点について」 昭和六二年 『国語学研究と資料』一一
46 鈴木豊 「乾元本紀所引『日本紀私記』の万葉仮名について」 昭和六三年 『国文学研究』九六

47　鈴　木　　豊　「『日本書紀』古写本中の万葉仮名表記の和訓―『日本紀私記』逸文について―」　昭和六三年　『国書逸文研究』二一
48　藏中しのぶ　「『和名類聚抄』所引「日本紀」「日本紀私記」の再検討―十巻本系・廿巻本系の異同を中心に―」　昭和六三年　『水門』一六
49　鈴　木　　豊　「『日本書紀』古写本所引万葉仮名訓語彙索引」　平成元年　『国語学研究と資料』一三
50　西　崎　　亨　「御巫本日本書紀私記所載のアクセントに就いて（乾・坤）」　平成九年　『武庫川国文』四九・五〇
51　金　澤　英　之　「石清水八幡宮『御鏡等事　第三』所引日本紀私記について」　平成十年　『上代文学』八〇
52　北　川　和　秀　「『日本書紀私記』丁本について」　平成十二年　『群馬県立女子大学国文学研究』二一

○

釈日本紀

佐藤洋一

一 書名

『釈日本紀』という書名については、この名称以外に別称はないので、書名そのものについては特に問題はない。しかし、『釈日本紀』の本文中には書名の命名をめぐる記述が見あたらないので、その書名の理解については、太田晶二郎氏と小野田光雄氏に説がある。

太田氏は、『前田育徳会所蔵　釈日本紀　解説　附　引書索引』の中で、書名に関して、

「釋日本紀」の書名は、《日本書紀ヲ釋ス》の義であること、說くを待たない。但し、此の命名法は、案外、漢籍ではあまり見ないやうであり、纔かに佛典に『釋摩訶衍論』の類が少しく存するのみである。或いは其れらに影響されたのであらうが、私は、なかゝゝ氣の利いた題號であると思ふ。（六頁）

と述べ、仏典の注釈書の命名法が影響しているのではないか、と想定している。

小野田氏は、『神道大系　古典註釈編　釈日本紀』の「解題」の中で、書名の「釈」に関して、

書名「釈日本紀」の「釈」は、説文に「釋、解也」とあり、又、広韻に「解、講也」とある。これを典籍に即して言えば、説明する、講義するの意と考えてよいと思う。即ち日本書紀を講義するの意である。講義の対象は時の主催者であり、貴顕であった。（一五頁）

と述べ、単なる注釈書としての書名の段階を進めて、『日本書紀』の講読のための注釈書としての同書の書名の位置付けを考えている。

両氏の説は、『釈日本紀』の「釈」をめぐるもので、ともに現時点では妥当な解釈であると考えられる。

二　著者

『釈日本紀』は、十三世紀後半に卜部兼方が著述した『日本書紀』全三十巻を対象とした注釈書である。前田育徳会尊経閣文庫所蔵『釈日本紀』（以下、『釈日本紀』前田家本と略称する）の「目録」の奥書には、

通議大夫祠部員外郎雍州刺史卜部宿祢懐賢《兼方事也（朱）》釋

とある。この唐名による位階と官職名の表記は「正四位下行神祇権大副兼山城守」に相当するので、右の奥書は、この位階と官職にある「卜部宿祢懐賢」が注釈したという意味である。「懐賢」とあるが、その右傍に「兼方事也」と朱筆の注記がある。「懐賢」という漢字の表記はここのみである。国宝卜部兼方自筆『日本書紀』神代巻の本紙の裏継目に見える自署と考えられている署名は、「卜　兼方」と記載している。また、『釈日本紀』前田家本の巻第六述義二の巻末に「此撰者ハト部兼方也」という付箋がある。さらに、『卜部家系譜』には、「兼方」に注記して、「釋日本

紀撰者也」と見える。したがって、『釈日本紀』の著者は、卜部兼方（懐賢）と表記される人物である。

著者卜部兼方の生没年は明らかではないが、『卜部家系譜』には、「平野社預　山城國務　上北面　正四位下　神祇権大副」「母従二位大中臣澄隆女」と見える。『尊卑分脈』には、「平野社預」の系譜の中に位置付け、「神祇権大　正四下　上北面」と見える。

新訂増補国史大系『日本書紀』に集成されている諸写本の奥書によれば、兼方の年代の明らかな活躍時期は、弘安九年（一二八六）から嘉元二年（一三〇四）の間である。初出の弘安九年は、卜部兼方自筆『日本書紀』神代巻下に見られるもので、

弘安九年春比、重加二裏書一了。従四位上神祇権大副兼山城守卜部宿禰（花押）。

とある。嘉元二年については、『日本書紀』兼右本第三十に見られるもので、

嘉元二年正月十九日、一部重略抄畢。雖レ爲二出家之身一、未レ棄二此道之業一。誠是宿趣之至也。沙彌蓮恵。

とある。この「沙彌蓮恵」については、赤松俊秀氏が、『国宝　卜部兼方自筆　日本書紀神代巻』の「研究篇」で兼方の出家後の法名であろうと推測している。小野田光雄氏は、『神道大系　古典註釈編　釈日本紀』の「解題」（以下、神道大系本「解題」と略称する）で、『吉田家日次記』応永九年（一四〇二）五月十一日条に見える過去に遡った記載の「兼方入道」に着目し、兼方が出家していたという赤松氏の説を支持している。

なお、以上のように『釈日本紀』は、卜部兼方が著述したものであるが、その注釈の大半は兼方の父卜部兼文の研究にかかるとされている。兼文については、小野田氏は、神道大系本「解題」で、兼方本・『古事記』真福寺本・卜部兼永筆『先代舊事本紀』・『古事記裏書』・『假名日本紀』などの諸本の奥書を検討し、兼文の年代の明らかな活躍時

期は、文永三年（一二六六）から文永十一年（一二七四）ごろと推定している。さらに『宮主祕事口傳』の引用記事出典のうち、「兼文宿禰記」の下限文永十一年正月二十六日と「兼方宿禰記」の上限弘安十年（一二八七）十月二十一日とから、この間に兼文と兼方とが代替わりしたと考えている。なお、兼文の業績と『釈日本紀』との関連については後述する。

三　著述事情

『釈日本紀』は、卜部兼方が著述した『日本書紀』全巻に関する注釈書である。しかし、『釈日本紀』の著述過程を直接的に明示する史料は現存しないので、同書の著述事情を推論するためには、以下の方法でその注釈過程を再構成する必要がある。

①　卜部兼方自筆『日本書紀』神代巻の付加メッセージ(1)の研究

②　『日本書紀』などの写本奥書を対象とした卜部兼文や兼方らの書写や点校行為、ならびに彼らの研究動向がわかる周辺史料の研究

③　『釈日本紀』前田家本を対象とした研究

研究史上、これらは複合的になされてきたのであるが、著述事情を考察する上で、それらの結節点となる史料は、『釈日本紀』巻第五述義一、巻第六述義二、巻第八述義四に見える以下の記載である。

〔巻第五述義一〕

大問ハ圓明寺入道殿實經御問也　攝問ハ實經御子也一条攝政家經御問也

都督ハ雅言卿也

〔巻第六述義二〕

此一部之内大問ハ円明寺入道實經公

御問也　攝問ハ一條攝政家經公實經公御子也御問也

都督ハ雅言卿也

此撰者ハト部兼方也　一ノ一付紙

〔巻第八述義四〕

左金吾大納言實家事也仰云

これらの記載は、『日本書紀』神代巻の事項を対象とした『釈日本紀』巻第五述義一から巻第八述義四までと巻第十六秘訓一とに見える注釈事項に質疑応答（問答）の形で登場する人物に関する注記である。

すなわち、「大問云」・「大仰云」、「攝問云」・「攝仰云」、「左金吾仰」、「都督申云」という官職名で略称表記された人物の質疑に対して、「先師申云」という表記で著者卜部兼方の父卜部兼文が応答した際のまとまりをもった記録が、注釈事項として引用されているのである。右に掲出した史料は、その質疑に関与した人物が誰であるかを注記したものである。

これらの記載に見える人物は、前関白一条実経とその子摂政家経・左衛門督実家、大宰権帥源雅言らである。彼らの在任期間をもとに考証すると、上限文永十一年（一二七四）六月二十日から下限文永十二年・建治元年（一二七五）

十月二十一日までの間に、卜部兼文は一条家の人々に『日本書紀』の講義をした、と考えられている。この説は、安藤正次氏の「日本書紀解題」(2)を嚆矢とする。

しかし、上述の記事と『釈日本紀』の成立との関連については、その解釈をめぐって、蓮田善明氏(3)、西田長男氏(4)、久保田収氏(5)、赤松俊秀氏、小野田光雄氏、太田晶二郎氏らの説がある。これらの研究史のうち、赤松氏と小野田氏と太田氏の説を整理しておきたい。

卜部兼方の『釈日本紀』自筆原本と考えられる写本は現存しないが、卜部兼方自筆『日本書紀』神代巻二巻は現存し、昭和二十七年に国宝に指定されており、現在は国有品(京都国立博物館保管)である。以下、本稿では、この神代巻を兼方本と略称する。この兼方本は、赤松俊秀氏編著『国宝　卜部兼方自筆　日本書紀神代巻』として刊行されている。この書籍は、神代巻上・下をコロタイプ版によって複製した「影印篇」上・下と、その釈文を示した「本文篇」、編著者赤松氏による底本の書誌を含む詳細な解題である「研究篇」とによって構成されている。

この兼方本は、神代巻の書写・点校のみならず、本文中や欄外、さらに紙背に多くの付加メッセージが見られ、特に裏書は、整然と整理した形で記載されている。赤松氏の「研究篇」では、これらの付加メッセージの多くは、『釈日本紀』の記載事項に何らかの関係があると指摘している。

赤松氏は、「研究篇」の中で上述の『釈日本紀』の一条家における『日本書紀』講義に関する記事と兼方本との関係について、兼方が神代巻の本文のみではなく兼文の注記を含めて書写を完了したのは、「文永十一年六月二十日から翌建治元年十月二十一日のあいだに行なわれたと推定される、兼文の神代巻講義に関連して、その直前と推定される。」(八三頁)と考察している。そして『釈日本紀』成立の時期を「兼方本第二次筆致裏書記入の弘安九年(一二八六）以後であって、前田本の奥書に点校の時期として所見する正安三年（一三〇一）以前であることは確実である。」（八三頁）と述べている。

この指摘から推論すると、兼方本の裏書を含む付加メッセージは、兼文の一条家における『日本書紀』講義直前の注釈の整理・同講義後の問答を含む注釈の整理を経て、これらを総合的に整理して、弘安九年までに成立していたと考えられる。したがって、『釈日本紀』各部門の中で、標出事項として取り上げている『日本書紀』神代巻に記載されている事項の注釈に関しては、赤松氏の説を要約してみると、以下のようにまとめられる。

〔兼方本の付加メッセージ（第一次注記）に対応するもの〕＝〔一条家の『日本書紀』講義直前までの兼文の研究に関わる注釈〕

〔兼方本の付加メッセージ（第二次注記）に対応するもの〕＝〔一条家の『日本書紀』講義以後の兼文の研究を含む兼方の研究に関わる注釈〕

〔兼方本の付加メッセージに対応しないもの〕＝〔兼方本成立以後の兼方の研究に関わるもの〕

これに対して、小野田光雄氏は、「釈日本紀の成立について（覚書）」[6]において、『釈日本紀』と兼方本の兼文説に対する指示語の比較・『釈日本紀』と兼方本所引文献比較・『釈日本紀』における先師説と兼方説の分布状況・『釈日本紀』と兼方本における兼方説の出入比較などを通して、また、兼方本と『釈日本紀』における『古事記』や『風土記』などの引用状況を分析して、『釈日本紀』の著述事情ならびに成立過程を推論している。

小野田氏は、兼方本の史料引用が『釈日本紀』の抄出が多いと認定して、「兼方本神代巻は現存する前田家釈紀の如き詳細な注記のある廣本より抄出した。」（四八三頁）と考察している。さらに「私は前田本釈日本紀と兼方本神代巻の祖となった原典の存在を考えたいと思う。」（四九五頁）と述べ、『釈日本紀』の著述事情に関して以下のように総括している。

A　原型の成立。

(1)兼文の抄出、資料集成、日本紀研究。

文永十一年頃迄（先代舊事本紀巻第三奥書・古事記上巻抄・古事記裏書・石上神宮御事抄・釋日本紀）。

(2)一條實經等に對する神代紀の講釋。原型補訂。

（文永十一年六月二十日建治元年十月二十一日）

B　兼方の日本紀研究。

(1)兼方本神代巻の成立。

a　一次注記成る。兼文生存中。

Aの(1)を祖本として調整記入。（兼方本神代巻の用語。神代巻と釋日本紀の比較により。）

b　二次注記成る。兼文歿後、弘安九年春。Aの(2)を主として調整記入。（aの場合と同じく推定できる。）

(2)兼方本日本紀神武紀以下の整備。

正応三年～正安四年（日本紀奥書、年表）

C　現釋日本紀の成立。

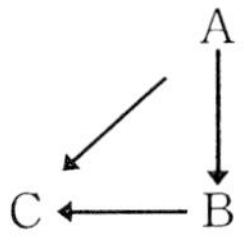

A、兼文の研究。
B、兼文説繼承と兼方の研究。
C、ABを基礎とした兼方の編集。
正安三年～正安四年頃迄

『古事記・釈日本紀・風土記の文献学的研究』（五〇七・八頁）

前述したように赤松氏が兼方本から『釈日本紀』へ展開したとするのに対して、小野田氏は、『釈日本紀』の原型を想定して、兼方本がその原型からの抄出であることと、現存『釈日本紀』成立過程の重層性とについて推論している。先に見た一条家の神代巻講義に関しては、兼文の『釈日本紀』原型の補訂と位置づけている。

ただし、この論文は、『釈日本紀』前田家本の影印本が刊行される直前の論文であったため、前田家本の奥書の内、正安三年十一月から四年四月にかけての書写・点校の奥書を兼方のものと推定している点で問題がある。また、その後小野田氏は、神道大系本「解題」を執筆するが、その中では、かつて発表した前掲の「釈日本紀の成立について（覚書）」を引用することなく、さらに「兼方は釈日本紀を撰述したとされている。兼方自筆の日本書紀神代巻の表書のほとんどすべて、裏書のほとんどすべてが釈日本紀に採録されており、釈文の後に「兼方案之」と自らの案文を述べ、用語の点からも疑う余地は全くない。」（二一頁）と述べており、前掲論文の兼方本が『釈日本紀』からの抄出であるという説は変更になっている。

しかし、小野田氏の前掲論文は、兼方本と『釈日本紀』との関係性に関する考察については赤松氏の見解と異なる

が、『釈日本紀』の成立過程の重層性についての指摘がなされている点で重要である。今後、その重層性に関する各部分の有効性をめぐって十分に検討しなければならないであろう。

太田晶二郎氏は、『前田育徳会所蔵　釈日本紀　解説　附　引書索引』において、

一條家の實經・家經・實家父子らが、日本紀ノ家の卜部兼文に就いて日本書紀を講究した、その時の答問録を私記の間に散布し（「先考」・「先師」と謂つたから、兼文の死後にである）、且つ其の上に、兼方自らも私案（「兼方案之」の類）を添へ、又、さまゞ、の古書類の引證が加へられてゐるのである。（四頁）

と述べ、一条家における神代巻講義に着目している。さらに太田氏は、前田家本が原初の本ではなく「裏書き可能な巻子本の段階」（一二頁）があったことを想定し、その巻子本の段階に関する注一〇三として、

或いは、それは、まだ釋日本紀と言ふべきものではなく、事によつては《日本書紀の書入れ本》の方に近い段階であつたかも知れぬが。—日本書紀巻第一・二の卜部兼方書寫本が現れて、其の書入れが釋紀成立の一契機となつてゐるのであらうことが知られた。（三二頁）

と述べて、前述の赤松氏の説を継承している。

したがって、『釈日本紀』の著述事情を推察する上では、兼方本の成立に関しては、兼文の一条家における『日本書紀』神代巻講義の前後を考慮に入れた前述した赤松氏の「研究篇」の見解が妥当性をもつと考えられ、『釈日本紀』各部門のうち『日本書紀』神代巻に関する部分については、兼方本の付加メッセージがほとんど利用されたと考えられる。今後、小野田氏が指摘した『釈日本紀』の成立過程の重層性に関して、なお研究を深める必要があると考えられる。

ところで、兼文の一条家における『日本書紀』神代巻講義と『釈日本紀』との関係について注目すべき見解がある。安江和宣氏は、「『釈日本紀』と大嘗祭―特に「神代巻」の問答について―」[7]において、

『釈日本紀』に記す一条家の人々と、兼文との問答は、後宇多天皇の文永十一年十一月十九日に行はれる大嘗祭の為に、摂政一条家経が、神饌供進の習礼を兼文よりおそはつてゐたのであつて、問答はそのときのものではなからうかと思ふのである。(一七頁)

と述べている。そして、過去の大嘗祭前の神饌供進の習礼の行われた時期を考察し、

文永十一年の場合にも、大嘗祭が行はれる十一月十九日の二十日程前の、十月下旬から十一月上旬にかけて、摂政家経、父実経、弟実家それに源雅言等は、卜部兼文の指導によつて、神饌供進の習礼を行つたのではなからうか。(二一頁)

と述べ、その時に『日本書紀』神代巻の中から、大嘗祭に関係のある「三種神器」や「天孫降臨」、「天壌無窮」などについても問答をしたのであろうと推察している。安江氏の研究は、『釈日本紀』と大嘗祭との関係性を明らかにし、かつ、一条家での兼文の神代巻をめぐる問答の時期を絞り込んだ点で意義がある。さらに安江氏は、「中世に於ける卜部氏の『日本書紀』研究と大嘗祭」[8]において、「日本紀の家」として卜部家の役割について、大嘗祭との関係で考察している。

『釈日本紀』は、卜部兼方が、父兼文までの「日本紀の家」と称される卜部氏の「家学」としての『日本書紀』研究を集大成したと考えられる。そこで、著述事情を考察する一端として、引用史料論を取り上げてみよう。

『釈日本紀』には、各種の『日本書紀私記』が多数引用されている。以下では、『釈日本紀』の引用史料論を考察す

る一つの前提として、『日本書紀』講書史の概略と、それに関わる『日本書紀私記』諸本の成立の概略とを整理し検討してみたい。

奈良・平安時代の朝廷における『日本書紀』講書に関しては、正史を初めとして諸書に記事が見られるが、特に『釈日本紀』巻第一開題に引用してある康保二年（九六五）の「外記勘申」に見える「日本紀講例」が研究史上重要視されている。『日本書紀』講書の歴史的変遷については、すでに太田晶二郎氏(9)や関晃氏(10)が、これらの史料を含めて詳細に研究している。その内容に関しては両氏の研究を参照願いたい。

『日本書紀』講書は、八世紀初めから十世紀半ばまでほぼ定期的に実施されていたのであるが、坂本太郎氏は、『六国史』(11)で、その意義について、

養老五年（七二一）から康保二年（九六五）まで二百四十四年の間に七回、ほぼ三十年の間隔をおいて行われた日本書紀講書の意義は、軽々に見ることができない。（一三八頁）

と指摘し、「当代の貴族・官僚は一生に一度は講筵に列する機会をもったわけである。」（一四〇頁）と述べている。

このように『日本書紀』講書においては、その時の貴族・官僚が列席し、博士の行なう講義を聴講した。この講義に関わる案や、聴講に関わる記録や、それらを整理したものが『日本書紀私記』である。そして、『日本書紀私記』諸本のうち、黒板勝美編輯『新訂増補 国史大系』第八巻「日本書紀私記・釋日本紀・日本逸史」所収『日本書紀私記』には、甲本、乙本、丙本、丁本の四種類が収録されている。この現存する四種類の『日本書紀私記』及びその後の『日本書紀私記』研究に関する詳細については、『国史大系書目解題』下巻所収の北川和秀氏が執筆した『日本書紀私記』の解題を参照していただきたい。

また、『釈日本紀』における『日本書紀私記』の引用史料論については、丸山二郎氏[12]、坂本太郎氏[13]、岩橋小弥太氏[14]、石崎正雄氏[15]、赤松俊秀氏など諸氏の研究がある。ここでは、著述事情の一端を明らかにするために、『釈日本紀』の構成および引用史料に関して、佐藤洋一の「『釈日本紀』（開題）の引用史料について―日本国号解釈を中心として―」[16]を取り上げる。この論文は、『釈日本紀』前田家本の記載状況の分析を基礎にして、「開題」における日本国号解釈の部分を対象にして、中国史書の引用状況に着目しながら、『日本書紀』講書に関わる『私記』との関連や、それらの相互の関連を考察し、併せて、従来看過されてきた『太平御覧』の利用状況を整理して、編纂・引用史料論についで考察したものである。その要点は、以下の通りである。

巻第一開題における日本国号解釈をめぐる論点は、大別すると以下のようになる。

〔A〕「日本國」

〔B〕「倭國」

　「日本國」と「倭國」という二つの国号について。

〔C〕「倭」の訓とその意味はどのようなものかについて。

〔D〕「虚盈倭」「虚見倭」「秋津嶋倭」の呼称の起源はいつかについて。

〔E〕この国をかつては「倭」と呼称していたが、今は「日本」と呼称する。これは、唐朝が名付けたのか、あるいは、わが国が自称したのか、について。

〔F〕「日本」という国号の使用の始めは、中国のいつの書に見えるものか、について。

〔G〕中国でわが国を「倭奴國」と呼称したが、その意味は何かについて。

〔H〕「大倭」「倭奴」「日本」の三つの名称の他に、中国ではこの国を別に何と呼称していたのか、について。
〔I〕「倭國」のうちに「南北二倭」があるということは、どういう意味か、について。
〔J〕この国を「東海女國」「東海姫氏國」と称する場合があるが、そのような説があるのか、について。
〔K〕わが国を「耶麻止」（「日本」「倭」と同号）と称することについて。

これらの十項目にわたる質疑内容に見られる問題意識は、遅くても『釈日本紀』成立時には、出そろっていたものと考えられる。これらの質疑内容に対応する注釈に見られる引用史料について、現存史料で確認すると、

ト部兼方自筆『日本書紀』神代巻裏書
『私記』甲本＝『弘仁私記序』
『私記』丁本＝『承平私記』零本
『太平御覽』（七百八十二、四夷部四）
※「開題」には「四夷部四」と注記しているが、『太平御覽』の通行本では、「四夷部三」となっている。
辞書（『東宮切韻』・『玉篇』）

などである。しかし、これら以外の史料については、「開題」の記載内容からは、その詳細は知り得ない。

ところで、通説では、『日本書紀私記』丁本は、『承平私記』零本とされている。「開題」の各部分と『私記』丁本とを対比すると、『私記』丁本とほぼ同じ内容や、部分的に同じ内容が、他の史料と比較して多く確認できる。しかし、確かに共通点は多いのであるが、共通点が見出せない記載内容も見られる。これをどのように考えればよいのであろうか。試論の一つは、『私記』丁本が零本であるために散逸した部分があるからであろう、と推測することであ

る。もう一つは、『承平私記』以外の資料が利用されているからであろう、と推測することである。

佐藤は、『釈日本紀』「開題」が、『承平私記』を主たる史料としてまとめられたものかどうかを考察するために、『太平御覧』の引用状況に着目して考察した。

『釈日本紀』の中では、巻第一開題と巻第十三述義九においては、『太平御覧』の引用を明記して中国史料を間接引用していることが確実にわかる部分が存在している。また、巻第一開題と巻第十一述義七においては、『北史』『南史』『唐書』などの引用形態から、『太平御覧』の引用を明記しないまでも、同書からの間接引用であることが推定できる部分が存在していることがわかる。したがって、『釈日本紀』における『太平御覧』の利用は確実である。

『釈日本紀』「開題」の注釈事項には、部分的に『太平御覧』が引用されていた。『釈日本紀』の成立論を問題にするならば、この『太平御覧』の引用が、いつ、誰によって行われたのかが問題となる。『太平御覧』の平安時代末期の輸入以来の同書の利用は明白なので、『釈日本紀』「開題」が、承平年間（九三一―九三八）成立の『承平私記』のみの利用ではないことが理解できる。したがって、『釈日本紀』巻第一開題における日本国号解釈に関する部分の整理は、『釈日本紀』の著者卜部兼方の研究にかかるものか、遡っても兼方の父兼文の研究にかかるものであろう。

なお、卜部兼方自筆『日本書紀』神代巻の付加メッセージに『太平御覧』や辞書の引用が見えないことより、卜部兼方が『釈日本紀』著述時に、『太平御覧』刊本・写本、もしくは、それらの抄録本を直接的あるいは間接的な引用史料として利用した可能性があると推測することができたのである。

右に紹介した引用史料論は、『釈日本紀』における注釈に関して、『私記』の引用状況、兼方本の注記・裏書などの付加メッセージにおける記載の有無、該当『私記』成立後にわが国に伝来した史料の利用状況に着目した例であるが、

『日本書紀』の書名に関わる日本国号の注釈一つをとっても、その著述事情は、複雑・多岐にわたることが理解できるのである。

卜部兼方の『釈日本紀』の著述は明確であるが、これを編纂というにはまだまだ検討を要すると考えられる。確かに兼文を指す「先考」、「先師」、「先師案」、「先師説」、「先師之説」などが多く見られ、兼方の父兼文の説と兼文が整理した卜部家の家学としての『日本書紀』研究の成果とを編纂した要素が強い。しかし、『私記』その他豊富な引用史料の引用者は明らかでなく、また、「兼方案之」(兼方の見せ消ちを含む)や「兼方案」も多数見られることから、卜部兼方の主体性をどの程度認めるかが今後の課題となる。

さらに『釈日本紀』各部門の内、『日本書紀』神代巻に関わる部分は、その注釈や史料引用に兼方本の注記や裏書が多数採録されている。したがって、『釈日本紀』の著述事情を考察する上で重要な史料となっている。しかし、一方では卜部家の家学としての伝統性から見る上で、必ずしも古代以来の伝統を遵守している訳ではないことが指摘されている。

たとえば、石塚晴通氏は、「兼方本日本書紀古訓の性格(17)」の中で、兼方本は「書式・本文の上でも平安時代の諸本とは画期的に異なるものであるが、訓点の上でも極めて特徴の有るものである。」として、兼方本の古訓とそれ以前に書写された『日本書紀』の古訓とを比較・検討して、

古語・古語法を志向し、字音語を避けて和文的に訓まうとする傾向は既に平安時代の訓法にも有るが、兼方本では、はなはだしくは夢告により新しい訓みを得たり、擬古語・擬古語法とも言ふべきものを作り出したり、その一方で漢文訓讀系が相當に交つてゐたり、神道の不淨觀等に基く新しい訓法を案出したりしてゐて、平安時代の

訓法とは異る相を呈してゐる。（一五九頁）

と述べ、さらに

兼方本日本書紀の訓法は、鎌倉中期に學習の結果として創立されたものであり、古語・古語法志向が強く、中には擬古語ともいふべきものが含まれ、和文的に訓まうとする一方で漢文訓讀語法が相當に混在してゐる。（一七三頁）

と結論づけている。これは、当然のことながら『釈日本紀』に取り上げられている神代巻に関する古訓についても反映していることなので、『釈日本紀』そのものの史料的性格の理解の一助となると考えられる。

四　成立年代

著述者である卜部兼方の『釈日本紀』自筆原本は現存しておらず、直接的に成立年代を徴すべき史料はない。また、現存する最古の写本である『釈日本紀』前田家本を見ても、その成立年代に関わる記述はない。したがって、『釈日本紀』の成立年代は未詳であり、それをめぐって諸説がある。しかし、前田家本は、正安三年（一三〇一）・四年に書写・点校した旨の奥書を有しているので、正安三年を下限とする点では、多くの場合に共通している。

鎌倉時代における卜部家は、古代以来の神祇官の要職にあり、一方では古典研究を家学として[18]、『古事記』や『日本書紀』などを書写・校合・注釈し、また、時の為政者や貴顕に対して、『日本書紀』神代巻を講義することもあった。著述事情に関してすでに述べたように、『釈日本紀』には、兼方の父である卜部兼文が、文永十一年（一二七四）

から文永十二年・建治元年（一二七五）にかけて、前関白一条実経や摂政一条家経らに対して、『日本書紀』神代巻の講義・質疑応答を行ったことが、断片的ではあるが記録されている。蓮田善明氏は、「釈日本紀撰述年代新考」において、安藤正次氏の説を批判し、『釈日本紀』が兼文を「先師」「先考」と表記していることに着目して、「「先考」即ち兼文の没後に撰述完成年代が下つてくることになる。」（四四頁）と述べている。したがって、兼方が父兼文を「先師」と称していることから、兼方が『釈日本紀』を著述している最中か、あるいは、ある程度完成した段階では、兼文はすでに死去していたと推定できる。

従来、前述した一条家における兼文の『日本書紀』講義が着目され、『釈日本紀』の成立論は展開してきた。ここでは、研究史上の一つの画期をなす久保田収氏の「釋日本紀について」を見ておきたい。久保田氏は、安藤正次氏と蓮田善明氏の説を詳細に検討し、前田家本に関わる大野木克豊氏や西田長男氏の説を引用して批判している。さらに『釈日本紀』目録の奥書に見える兼方の官位と、卜部兼方自筆『日本書紀』神代巻の奥書に見える兼方の官位に着目して考証し、「本書完成年代の上限は弘安十一年（正応元年）二月といはねばならない。恐らく本書の完成は正応のころ、よし降つても永仁のはじめごろではないだろうか。」（八頁）と考察している。

その後、赤松俊秀氏は、兼方本「研究篇」で兼方本の詳細な研究を通して、以下のように考察している。

釈紀成立の時期は、（中略）、兼方本第二次筆致裏書記入の弘安九年（一二八六）以後であって、前田本の奥書に点校の時期として所見する正安三年（一三〇一）以前であることは確実である。前記の兼右本奥書所見の正応六年（一二九三）三月二十二日に釈紀が一応の完成を見た、とする推測はそれと矛盾しない。（八三頁）

この赤松氏の説に関しては、小野田氏が、神道大系本「解題」の中で支持している。

ただし、太田晶二郎氏は、『釈日本紀解説』の中で、『釈日本紀』に見える兼文の一条家の人々への『日本書紀』講義の時期と前田家本の正安三年奥書に着目し、「文永十一年（西暦一二七四）から正安三年（同一三〇一）までの間に釋日本紀は出來たことになる。」（五頁）と考察し、卜部兼文の研究も含み込む形で、久保田氏や赤松氏らより幅のある成立年代観を提示している。

以上の諸説に関しては、赤松氏の弘安九年以後正安三年以前説が、兼方本と『釈日本紀』前田家本との関係を詳細に検討した結果であり、妥当性が高いと考えられる。

いずれにしても、卜部兼方は、平安時代初期以来朝廷で『日本書紀』講書を行ってきた諸博士の説と、父兼文に至るまでのそれらを包摂する卜部家の家学とを整理・集大成し、諸史料を博引旁証しつつ、かつ、自説をも加味して『釈日本紀』を著述したのである。

なお、新訂増補国史大系本『釈日本紀』の底本となった『釈日本紀』前田家本は、正安三年・四年の書写・点校に関する奥書を有するのであるが、その祖本は稿本の段階だったと考えられ、しかも、前田家本の書写された年代の内、正安三年が『釈日本紀』成立論の下限とされている。そこで、『釈日本紀』前田家本の書写・成立過程を推論し、『釈日本紀』成立論の補足をしておきたい。

佐藤洋一は、「『釈日本紀』前田本の書写過程」(19)において、前田家本の奥書の「散位資通王」の署名の筆跡ならびに同書本文の書写筆跡が複数にわたることに着目して、以下のように書写・成立過程を分析し、前田家本祖本の形態を類推している。

すなわち、前田家本の書写筆跡は、複数の巻及び複数の同一の巻中において不連続である。それらは、同一の書き手の書体・筆致・筆勢の変化というよりも書き手そのものの相違として認定できる。佐藤は、前田家本影印本を使用して、可能な限り筆跡の相違を識別し、かつ、前田家本の書写過程を分析し、『釈日本紀』前田家本の複数書写の実態と「資通王」の役割にも言及しつつ前田家本成立過程の一端を推定したのである。

『釈日本紀』前田家本の書写筆跡をめぐる研究史の中で、高橋富兄氏[20]の考証以来、

〔正安奥書の抹消部分〕＝〔「散位資通王」〕

∴〔前田家本の書写〕＝〔「資通王」の正安書写〕

という関係式が通説になっている。しかし、黒板勝美氏や太田晶二郎氏の指摘のように、書写筆跡中の異筆の部分の存在が未解決の問題である。果たして、通説のように「資通王」単独書写と言い切ってよいものかどうかが、問題となった。そこで佐藤は、筆跡形態の分類区分を設定し、巻ごとにそれぞれの筆跡形態を分析した。そして、書き手Aとした人物が「資通王」であると認定し、資通王の動向を含めて次のように考察した。

資通王は、資宗王流（王氏庶流―大覚寺統）の資緒王の後の神祇伯に任官したが、間もなく父資緒王の幕府からの恐懼に連動して止伯となった。この時の止伯を起点として資宗王流に代わって業資王流（王氏嫡流―持明院統）が任伯し、両流の交互の任伯が旧に復した。資通王は、第二期には後伏見天皇（持明院統）の大嘗祭に奉仕したが、間もなく止伯となり、業資王流の業顕王が任伯した。正安三年（一三〇一）の一月頃には、資通王は、父資緒王（当時入道。法号未詳）の命を受けて『日本書紀』巻第一の研究・伝授を行っていた。

正安三年三月二十四日に後二条天皇（大覚寺統）が即位し、同年十一月二十日に大嘗祭が執行された。神祇官は、職務として日常的な祭祀と年中行事としての儀式に奉仕しているが、一代一度の祭儀である大嘗祭には重要な役割を

担っていた。散位資通王は、それまでに二期にわたって神祇伯に任官し、第二期には大嘗祭にも奉仕していた。

資通王は、両流の交互の任伯が旧に復したとはいえ、自分自身の代になって資宗王流の任伯が中断したという意識が強かったのであろうか。資通王は、次の伯任官に備えてか、あるいは、神祇伯と大嘗祭との結節点である「神書」―就中『日本書紀』―の研究を再認識したのか、または、資宗王流の「神書」研究・家学の補強を志願したのか、その詳細は不明であるが、この時の大嘗祭に神祇伯として業顯王が奉仕している間に、『釈日本紀』前田家本祖本の書写を開始したのである。

正安三年十一月二十日は、後二条天皇の大嘗祭の第一日目であったが、その翌日の日付である二十一日を初見として『釈日本紀』前田家本の書写・点校行為がなされた。この現在の巻第三乱脱の奥書を記載した人物は、資通王であった。書写・点校行為は、翌四年四月にかけての約五ヶ月間に及んでいる。

その際に前田家本祖本が、「家祕本」、「家本」として書写の対象となったのであるが、何故「家」に伝存する本を書写しなければならなかったのか、については未詳である。敢えて憶測すれば、もし、前田家本祖本が卜部兼方自筆原本であったならば、その当時兼方が在世していたことが確実で、かつ、『日本書紀』研究を続けていたことが兼右本奥書によって知られているので、あるいは返却する必要に迫られていたのであろうか。また、小野田光雄氏は、神道大系本「解題」で資緒王が伯任官中に書写したものではないかと推定しているのであるが、その写本であったならば、資通王止伯にともなって業資王流の業顯王が神祇伯になっていたので、神祇官庁舎内における備品としての写本と当時止伯であった資通王の属する資宗王流の写本とを分かつ必要が生じたためであろうか。

書き手Aは、奥書の筆跡から資通王と認定できた。資通王は、前田家本祖本を書写するにあたって、単独では事に当たらず、複数の書き手の協力を得た。書写過程においては、資通王が自ら率先して全巻の約四十六パーセントを書写するという主体的・積極的な姿勢を示し、また、他の書き手たちに対しては、主導的な役割を果たしていた。この書写・点校行為は、比較的近い人間関係の小集団を組織したと類推でき、また、書き手B・C・Dのような資通王との特別な関係を指摘できる者もいた。特に書き手Cは、資通王の近辺に存在し、絶えず指示を受ける立場にあった。

このように書写・点校行為は、正安奥書に限定した場合、約五ヵ月に及んで行われたが、書き手が絶え間なく変換し、書写する者と点校する者とが入れ替わっても、ほぼ一定の規格をもって完成した。その規格化は、書写・点校行為で整備されたものなのか、あるいは、前田家本祖本に具備されていたものなのか、については即断できない。しかし、書き手が変換しても、記載紙面の規格が一貫性を保持しているという事実から類推して、これは、前田家本祖本に具備されていたものと推測できる。そして、このように考えることが妥当であるならば、資通王の書写・点校行為の企図・基本方針は、ひとまずは前田家本祖本を忠実に写し取ることであった、と推測できるのである。

したがって、正安三年が『釈日本紀』成立論の下限とされているが、資通王が自ら主導して複数の書き手が書写したいわゆる「寄り合い書き」の前田家本は、正安三・四年にその祖本を忠実に写し取ったものである。『釈日本紀』前田家本は、稿本の体裁を残した部分もあり、卜部兼方が著述した原本に極めて近い様相を呈していることが類推できる。

なお補足すれば、著述事情に関して、安江和宣氏の『釈日本紀』と大嘗祭との関係を指摘した研究を紹介したが、それに対して、ここで紹介した佐藤論文は、『釈日本紀』前田家本の書写過程をめぐって、神祇伯経験者で当時止伯であった資通王（大覚寺統）が、後二条天皇（大覚寺統）の大嘗祭の第二日目から、神祇大副の家柄である平野の卜部家（大覚寺統）で誕生した『釈日本紀』の稿本または原本に極めて近い写本を底本にして、自分自身が主導しながら複数の書き手で書写を開始した点を明らかにした。『釈日本紀』の成立と最古の写本である前田家本の書写とは、大嘗祭をキーワードとして連結するのである。

五　内容・構成

新訂増補国史大系本が底本とした『釈日本紀』前田家本は、全二十八巻計二十八冊あり巻ごとに一冊をなしている。さらにこれらに目録一冊が付属して合計二十九冊となっている。そして、全巻を「開題」「注音」「乱脱」「帝王系図」「述義」「秘訓」「和歌」の計七部門に分けて構成している。

「目録」は、二十八巻二十八冊の巻毎の部門の配当、また複数の巻冊を擁する「述義」「秘訓」「和歌」については、巻毎にその該当する『日本書紀』の巻次を記載し、さらに巻次のまとまりごとに帙に収納するにあたっての各帙ごとの収納巻数を示している。巻尾に「通議大夫祠部員外郎雍州刺史卜部宿祢懐賢釋兼方事也（朱）」という識語がある。

次に『釈日本紀』の「開題」以下の各部門の内容と、前田家本における各部門の巻首記載紙面の基本的な構成を概観する。

「開題」「注音」「乱脱」「帝王系図」の四部門については、一部門あたりを各一巻に収録している。

〔『釈日本紀』巻第一開題〕

『日本書紀』に関する解題に該当し、『日本書紀』の撰修の次第・講読の参考書・書名や日本国号をめぐる説・日本の史書・講書や竟宴について、諸史料を引用している。

「開題」の巻首記載紙面の構成は、

釈日本紀巻第一

○開題

・（以下、注釈に関わる記載事項）

となっている。符号「○」「・」は、朱筆である。

〔『釈日本紀』巻第二注音〕

『日本書紀』の中で使用されている訓注のうち、音読すべき語を抽出してその読み方を示し、音読の文字には、四声を指している。

「注音」の巻首記載紙面の構成は、

釈日本紀巻第二

○注音

∴第一（以下、対象とする『日本書紀』巻次）

・（標出事項）（注釈事項は、『日本書紀』の訓注の音読すべき語に読み仮名を付し、音読の文字に四声を指す）

となっている。符号「○」「∴」「・」は、朱筆である。以下、この三種類の符号が朱筆である旨をその都度指摘することを省略する。

〔『釈日本紀』巻第三乱脱〕

『日本書紀』を読む場合の訓注や別伝などの読み方の順序などを指示している。

「乱脱」の巻首記載紙面の構成は、

釈日本紀巻第三

○乱脱

∴第一（以下、対象とする『日本書紀』巻次）

・（標出事項）（右傍に読む順序を朱筆で示し、返り点がある場合には左傍に示す）

（注釈事項として「師説」などを示す場合がある）

となっている。

〔『釈日本紀』巻第四帝王系図〕

天神七代と地神五代の系図を示し、各天皇の系図を一代ごとのまとまりで示している。まとまりごとに朱線で系統を示すが、神々も各天皇も一貫した系譜関係を示す系統線は引いていない。固有名詞には、読み仮名を付している。

「帝皇系図」の巻首記載紙面の構成は、

釈日本紀第四

○帝皇系図

・（標出事項）（神名や天皇名など固有名詞に読み仮名を付し、天皇謚号には音読すべき読み仮名と四声を指す）

となっている。

「述義」「秘訓」「和歌」の三部門については、一部門あたりを複数巻に収録している。

〔『釈日本紀』巻第五述義一から巻第十五述義十一まで〕

『日本書紀』の中で使用されている難解な字句の意味などについて、『私記』などの諸説や諸文献を引用して注釈している。著述者卜部兼方の父兼文に関わる「先師説」や兼方の説として「兼方案之」が見られる。引用文献には多くの逸文を含んでいる。

「述義」の巻首記載紙面の基本的な構成は、

釈日本紀巻第五（以下、数字）

○述義一（以下、述義の部の数字）第一（対象とする『日本書紀』巻次）

∴第一上（対象とする『日本書紀』巻次と分割した場合の順次標記）

•（標出事項）

（注釈事項）

となっている。

〔『釈日本紀』巻第十六秘訓一から巻第二十二秘訓七まで〕

『日本書紀』の中で使用されている字句に対して、秘伝的な古訓を記している。この中に「御読不可読之」という注記が多数見られるが、これは『日本書紀』を天皇などに御進講する時に、この注記が付された字句を憚って読まないという意味であると考えられている。中村啓信氏は、「日本書紀の「御読不可読之」についての序章」[21]で、この指示を行ったのは卜部兼文であると推論している。

「秘訓」の巻首記載紙面の基本的な構成は、

釋日本紀巻第十六（以下、数字）

○秘訓一（以下、秘訓の部の数字）自第一至第二（対象とする『日本書紀』巻次）

∴第一（対象とする『日本書紀』巻次）

•（標出事項）

（注釈事項）（独立した注釈事項を記載せず、読み仮名を付したり、四声を指しただけの場合もある）

となっている。

〔『釈日本紀』巻第二十三和歌一から巻第二十八和歌六まで〕

『日本書紀』の中の和歌（歌謡）をすべて取り上げて、また場合によっては、和歌の前後の章句をも引用して、その解釈を示したり、関連する歌謡を『万葉集』などから引用したりしている。

「和歌」の巻首記載紙面の基本的な構成は、

釈日本紀巻第廿三（以下、数字）

○和歌一（以下、和歌の部の数字）自第一至第三（対象とする『日本書紀』巻次）

∴第一巻（対象とする『日本書紀』巻次）一首（対象とする和歌の数）

神代上（第三巻以後は、天皇名を掲出）

（標出事項）（対象とする和歌とその前後の『日本書紀』本文を取り上げる）

（注釈事項）（史料引用と「凡神歌意」「凡御歌意」「凡歌意」「凡童謡意」）

となっている。

以上が、巻毎の部門別の内容と構成の概要である。『釈日本紀』は、「目録」一巻と、「開題」「注音」「乱脱」「帝王系図」各一巻ずつ、「述義」計十一巻、「秘訓」計七巻、「和歌」計六巻の合計二十九巻で構成されている。部門によって注釈形態は異なっているが、記載事項の基本的な小単位を抽出すれば、

記載事項

- 標出事項（『日本書紀』中の章句や語彙）
- 注釈事項（標出事項に関する注釈）

と分類できる。この分類は「述義」においてより明確である。この記載事項の特質について、太田晶二郎氏は、『釈日本紀解説』で、

釋日本紀は、注釋書と云つても、原書（書紀）の本文を全文掲げて注釋を挿入するところの史・注合會本ではなく、所要の字句だけを摘出標記して其の注釋をしるす史・注別行である。（七・八頁）

と指摘している。しかし、太田氏は、「和歌」の部については、形態的に見て特殊だとして、「述義などの史・注別行と異なつて、ここだけは史・注合會となつてゐる。」（八頁）とする。

なお、『釈日本紀』の注釈形態の特色は、注釈事項がほとんど史料引用で構成されている点である。多くは直接引用の形態をとっており、また、これらには『上宮記』など貴重な逸文を多数含んでおり、早くから注目されてきた。新訂増補国史大系本が刊行されてから、吉田幸一氏の編著にかかる「釈日本紀引用書目索引」[22]が出され、該当書目の新訂増補国史大系本における頁数が明示されている。また、太田晶二郎氏の『釈日本紀解題』には、「釈日本紀引用書等索引」が付載され、引用書目や注釈事項のキーワードごとの影印本の丁付けと新訂増補国史大系本の頁付けが掲載されている。

六　底本並びに諸本

新訂増補国史大系本『釈日本紀』の底本は、前田育徳会尊経閣文庫所蔵の『釈日本紀』である。この金沢藩主前田家に伝来した『釈日本紀』は、正安三年（一三〇一）・四年の奥書をもつもので、現存する最古の写本である。『釈日本紀』は、各種写本が伝わっている。江戸時代に板本が刊行され、「明暦丁酉（一六五七年）仲秋吉旦（以下略）」の刊記をもつものが知られているが、その底本は、前田家本を祖本とする系統の写本である。ただし、小野田光雄氏が大永本として着目する前田家本とは異なる写本を祖本とする系統の写本が存在するが、この系統の写本については、翻刻本の一つである神道大系本に関連して後述する。

現在までに公刊されている『釈日本紀』には、影印本（底本前田育徳会尊経閣文庫所蔵本）、板本影印本（底本無窮会所蔵狩谷棭齋校訂本）、翻刻本三種類（旧輯国史大系本、新訂増補国史大系本、神道大系本）がある。

影印本については、『前田育徳会所蔵　釈日本紀　［二套］　重要文化財』（吉川弘文館、昭和五十年）がある。これは、前田育徳会尊経閣文庫所蔵本を二色コロタイプ版で複製したものである。底本と同様に、巻ごとに一冊を成しており全二十八巻計二十八冊あり、これらに「目録」一冊が付属して合計二十九冊となっている。同書には、太田晶二郎氏の『釈日本紀解説　附　資通王筆釈日本紀考　幷　引書索引』が一冊付されている。

板本の影印本としては、卜部兼方著・狩谷棭齋校訂『釈日本紀』（上・下、続日本古典全集、現代思潮社、昭和五十四年）がある。この狩谷棭齋が底本とした板本には刊記はないが、奥書として「以二家藏古本一與二小島知足一對讀校訂

文政改元年七月朔　狩谷望之」と見え、文政元年（一八一八）に狩谷が校訂したことが明記されている。

板本には、正安の奥書や卜部兼永の奥書などが見られ、その板本の底本が前田家本を祖本とする系統の写本であったことがわかる。また、狩谷棭斎の対校に使用した「家蔵古本」は、前田家本を祖本とする系統の写本であると考えられる。例えば、校訂時の書き入れとして、『釈日本紀』第一巻奥（上・六〇頁）、第十巻奥（三三九頁）、第十三巻奥（四一六頁）、第十九巻奥（下・一九四頁）、第二十巻奥（二五三頁）などに付された校注は、前田家本を祖本とした写本の奥書から転写したと考えられる。さらにそれら以外に、板本底本の奥書に対して付した校異も、前田家本を祖本とした系統の写本を対校に利用したことがわかる。なお、狩谷棭斎が校訂に使用した板本には刊記がないが、前述した明暦の板本と同様の版木を使用した無刊記の後刷り本と考えられる。

現在までに『釈日本紀』の翻刻本は三種類刊行されている。一つ目は、『国史大系』第七巻「古事記・先代旧事本紀・神道五部書・釈日本紀」（経済雑誌社、明治三十一年）所収『釈日本紀』である。本稿では、旧輯国史大系本と略称する。

同書の凡例によると、流布板本を底本にして前田家本で校訂し、あわせて諸本で対校した旨を記している。旧輯国史大系本で使用した諸本の詳細は、同書の凡例五・六頁にある。注目すべきは、「谷森氏就㆓三條西實隆公手書㆒所㆑校」本も使用していることである。これは、後述する神道大系本の比校本である大永本であると考えられる。

二つ目が、黒板勝美編輯『新訂増補国史大系』第八巻「日本書紀私記・釈日本紀・日本逸史」（吉川弘文館、昭和七年）所収の『釈日本紀』である。本稿では、新訂増補国史大系本と略称する。

その凡例によると、

舊輯國史大系第七巻には流布刊本に校訂を加へたりしが、幸に前田侯爵家に就き特に同家の秘本を披閲することを得、之を流布刊本と比校せしに、刊本がもと同家秘本を底本としたるものなるに係はらず、誤寫脱字等多く、その舊を損せる甚しきものあり、乃ちこゝに前田侯爵家所藏本を原本とし、新訂増補國史大系第八巻に収めて之を公刊す。（凡例一頁）

とあり、江戸時代の流布板本を底本とした旧輯国史大系本に誤謬が多いことを指摘し、前田家本を底本として新訂増補国史大系本を刊行するに至った経緯を述べている。

なお、新訂増補国史大系本の校訂に関わったのは、坂本太郎氏である。同氏の『古代史の道　考証史学六十年』[23]によると、国史大系刊行会に関与して、黒板勝美氏から「原稿作製の方では『釈日本紀』を割当てられ、尊経閣文庫に通って古写本を校合することを命ぜられた。」として、以下のように述べている。

前田家の『釈日本紀』は正安の古写本で、諸本の祖本に当る。これを旧輯国史大系を原稿として校合すると、重要な部分に旧輯本では誤りのあることがわかった。また和歌の部には傍訓の外にヲコト点が加えられているが、ヲコト点を何とかして活字化しようとして、漢字の下にヲコト点によるカナをおき、傍訓と区別できるようにした。これは黒板博士の発案によるものである。どのくらい尊経閣文庫に通ったか憶えていないが、とにかく楽しい毎日であった。『釈日本紀』が公刊できたのは昭和七年である（以下略）。（九九頁から一〇〇頁）

また、坂本氏は、新訂増補国史大系本の刊行直後に、「前田家本釈日本紀の出版について」[24]の中で、右で見た回顧談に含まれている旧輯国史大系本の誤謬と新訂増補国史大系本の組版上の工夫の意義について詳細に述べている。

三つ目が、小野田光雄校注『神道大系　古典註釈編五　釈日本紀』（神道大系編纂会、昭和六十一年）である。本稿では、神道大系本と略称する。

神道大系本の特色は、現在は所在が不明とされている大永本が、前田家本と系統が異なることに着目して、校注に反映させていることである。校注者の解題ならびに凡例によると、本書は、『釈日本紀』前田家本影印本を底本にしつつ、『釈日本紀』大永本で対校したとされる谷森善臣の校本を主要な比校本とし、他に狩谷棭齋の校訂本を使用している。

『釈日本紀』大永本とは、三条西公條が書写し実隆が一部に識語を付したものであるという。『實隆公記』には、三条西実隆が、大永四年（一五二四）二月二十七日条から同年七月一日条までの間に、吉田兼満から『釈日本紀』各巻を借用して書写した旨の記事が見られる。小野田氏は、神道大系本「解題」で、大永本の奥書と『實隆公記』の記事とを対比しながら書写の経過を論じている。小野田氏は、大永本を綿密に校合した谷森善臣の校本を比校に使用しているが、校注では、この谷森善臣の校本を「大永本」と略称している。その詳細は、神道大系本の小野田氏の解題ならびに校注を参照していただきたい。

註

（1）「メッセージ」「付加メッセージ」については、石上英一の「日本古代史料学の方法試論」（『東洋文化研究所紀要』第一〇六冊、昭和六十三年）三四三・四頁によった。同氏は、史料体モデルを提示して、「付加メッセージ」については、史料体が形成された後に、一定の時間を経過してからそれに付加されたメッセージであり、重書き・見せ消ち・擦消しなどの訂正・改竄、訓点・校異・按文・勘物・追筆・裏書・貼紙などの書入れ、文書の署・判（例えば、売買公券への郡判・国判や公文書への署判）などがこれに該当する。したがって、「付加メッセージ」のない史料体も存在する。

と定義している。その後、石上英一『日本古代史料学』（東京大学出版会、平成九年）所収、六頁。

（2）安藤正次「日本書紀解題」（世界聖典全集・前輯Ⅰ『日本書紀神代巻』所収、世界聖典全集刊行会、大正九年）。その後、右のうち「日本書紀の撰者および撰修の時代」「古典研究史上に於ける日本書紀」が『古典と古語』（三省堂、昭和十年）に収録され、それらの改訂分を併せて、「日本書紀解題」（安藤正次著作集第四巻『記・紀・万葉集論考』所収、雄山閣出版、昭和四十九年）となる。

（3）蓮田善明「釈日本紀撰述年代新考」（『国語と国文学』一四―六、昭和十二年）。

（4）西田長男「卜部家に於ける古典の研究（上）・（下）」（『国学院雑誌』四五―三・四、昭和十四年）。

（5）久保田収「釈日本紀について」（『藝林』一一―三、昭和三十五年）、七頁。

（6）小野田光雄「釈日本紀の成立について（覚書）その一・その二・その三」（『学苑』四二一・四二二・四二五、昭和五十年）。その後、小野田光雄『古事記・釈日本紀・風土記の文献学的研究』（続群書類従完成会、平成八年）所収。

（7）安江和宣「『釈日本紀』と大嘗祭―特に「神代巻」の問答について―」（『神道史研究』二八―三、昭和五十五年）。

（8）安江和宣「中世に於ける卜部氏の『日本書紀』研究と大嘗祭」（『皇学館論叢』一四―一、昭和五十六年）。

（9）太田晶二郎「上代に於ける日本書紀講究」（史学会編『本邦史学史論叢』上巻、冨山房、昭和十四年）。なお、同論文は、『太田晶二郎著作集』（第三冊、吉川弘文館、平成四年）に収録されている。

（10）関晃「上代に於ける日本書紀講読の研究」（『史学雑誌』五三―一二、昭和十七年）。その後、関晃著作集第五巻『日本古代の政治と文化』（吉川弘文館、平成九年）所収。同「日本紀講筵」（『国史大辞典』一一、吉川弘文館、平成二年）、一二六頁。

（11）坂本太郎『六国史』（吉川弘文館、昭和四十五年）。

（12）丸山二郎「日本書紀私記に就いて（上）・（下）」（『歴史地理』六〇―四・五、昭和七年）。同『日本の古典籍と古代史』（吉川弘文館、昭和五十九年）所収。

（13）坂本太郎「釈日本紀所引私記の撰述年代」（『大化改新の研究』所収、至文堂、昭和十三年）。その後、坂本太郎著作集第六巻『大化改新』（吉川弘文館、昭和六十三年）所収。

(14) 岩橋小弥太「日本紀私記考」(『増補上代史籍の研究』上巻所収、昭和四十八年)。旧版は、昭和三十年刊行。
(15) 石崎正雄「釈日本紀に引く日本書紀私記(上)〜(八)」(『日本文化』三九〜四六、昭和三十五年〜四十二年)。
(16) 佐藤洋一「『釈日本紀』(開題)の引用史料について—日本国号解釈を中心として—」(『福島県立博物館紀要』第六号、平成四年)。
(17) 石塚晴通「兼方本日本書紀古訓の性格」(小林芳規博士退官記念会『国語学論集』所収、汲古書院、平成四年)。
(18) 久保田収「吉田神道の成立(上)・(中)・(下)」(『藝林』八—五・六、九—一、昭和三十二年・三十三年)、その後、同『中世神道の研究』(神道史学会、昭和三十四年)所収。岡田莊司「吉田卜部氏の発展」(滝川政次郎先生米寿記念『神道史論叢』所収、国書刊行会、昭和五十九年)。その後、同『平安時代の国家と祭祀』(続群書類従完成会、平成六年)所収。
(19) 佐藤洋一「『釈日本紀』前田本の書写過程」(『福島県立博物館紀要』第五号、平成三年)。
(20) 高橋富兄「資通王筆『釈日本紀』考」(明治七年)。本書は、太田晶二郎『前田育徳会所蔵　釈日本紀　解説　附　引書索引』に収録されている。後掲の参考文献を参照のこと。
(21) 中村啓信「日本書紀の「御読不可読之」についての序章」(神道大系編纂会『神道大系月報』61、釈日本紀、昭和六十一年)。なお、同『日本書紀の基礎的研究』(高科書店、平成十二年)には、『釈日本紀』が多数引用されており、『日本書紀』を研究する上での『釈日本紀』の重要性が認識できる。
(22) 吉田幸一編「釈日本紀引用書目索引」(『書誌学』一四—四、昭和十五年)。
(23) 坂本太郎『古代史の道　考証史学六十年』(読売新聞社、昭和五十五年)。
(24) 坂本太郎「前田家本釈日本紀の出版について」(『歴史地理』五九—五、昭和七年)。

参考文献

経済雑誌社編　『国史大系』第七巻　明治三一年　経済雑誌社
黒板勝美編　『新訂増補国史大系』第一巻上・下　昭和二六・二七年　吉川弘文館

赤松俊秀編『国宝　卜部兼方自筆　日本書紀神代巻』影印篇・本文篇・研究篇　昭和四六年　法蔵館

尊経閣文庫編刊『前田育徳会所蔵　釈日本紀［二套］　重要文化財』　昭和五〇年　吉川弘文館

狩谷棭斎校訂『釈日本紀』上・下（続日本古典全集）　昭和五四年　現代思潮社

中村啓信「釈日本紀」（『日本古典文学大辞典』第三巻所収）　昭和五九年　岩波書店

西田長男校注『神道大系　論説編八　卜部神道（上）』　昭和六〇年　神道大系編纂会

大隅和雄「釈日本紀」（『国史大辞典』第七巻所収）　昭和六一年　吉川弘文館

小野田光雄校注『神道大系　古典註釈編　釈日本紀』　昭和六一年　神道大系編纂会

井上光貞監訳『日本書紀』上・下　昭和六二年　中央公論社

青木和夫「釈日本紀」（『日本史大事典』第三巻所収）　平成五年　平凡社

太田晶二郎「前田育徳会所蔵　釈日本紀　解説　附　引書索引」（『太田晶二郎著作集』第五巻所収）　平成五年　吉川弘文館

清水潔「釈日本紀」（『平安時代史事典』本編上所収）　平成六年　角川書店

小野田光雄『古事記・釈日本紀・風土記の文献学的研究』　平成八年　続群書類従完成会

大隅和雄「釈日本紀」（『日本史文献解題辞典』所収）　平成一二年　吉川弘文館

日本逸史

山本信吉

一　概要

『日本逸史』(四十巻)(以下、『逸史』と略称する)は元禄五年(一六九二)に京都・賀茂御祖神社(下賀茂社)の神官鴨県主祐之(時に三十三歳)が、当時全巻が亡失したと考えられていた『日本後紀』(四十巻)の欠を補うため、延暦十一年(七九二)から天長十年(八三三)に至る桓武・平城・嵯峨・淳和四代の天皇の時代について、『類聚国史』を始めとする諸史書から関係史料を博捜し、編年史料として編輯したもので、没年に当る享保九年(一七二四)に全二十冊として刊行された。その後、『日本後紀』は残巻十巻の存在が確認され、その八巻が寛政十一年(一七九九)に、ついで二巻が享和元年(一八〇一)にそれぞれ塙保己一校印本として版行されたが、『逸史』はその価値を失わず、慶応二年(一八六六)にその補刻版が出版され、明治時代に入ってその再版が東京・名古屋・京都・大阪で発売された。ついで旧輯国史大系にはその校訂本が第六巻として収められ、『新訂増補国史大系』(以下、「国史大系」本という)には編者鴨祐之原稿清書本による再訂本が第八巻として収録された。

かつて坂本太郎氏はわが国古代史研究が急速に進展する学界の現状に鑑み、六国史時代についても『大日本史料』に准じた編年史料集の編纂の必要性を語られたことがあるが、『逸史』はいわばその先駆的役割を果したと評価することができ、後世の『日本後紀』逸文の研究にも貢献することが大きかった。

二　書名および巻数

書名は『逸史』巻頭に付された元禄壬申（五年）重陽日（九月九日）の浅井重遠の題記の名称に「題日本逸史」とあり、その文中に編者鴨祐之が「惜二旧史亡逸一しみ、本書を編次して「因名レ之曰二逸史一」と述べたと記しているので、祐之が自ら付した書名であることが判明する。

巻数は四十巻で、延暦十一年正月から同二十五年三月に至る桓武天皇紀を十四巻、延暦二十五年三月から大同四年四月に至る平城天皇紀を二巻（第十五・十六）、大同四年四月から弘仁十四年四月に至る嵯峨天皇紀を十四巻（自第十七至第三十）、弘仁十四年四月から天長十年二月に至る淳和天皇紀を十巻（自第三十一至第四十）としている。各巻は各天皇紀の首尾の巻を除いて、いずれも正月から十二月に至る一年一巻に編成している。なお、平城天皇紀については桓武天皇の崩御から平城天皇の即位に至る間、約二ヶ月の皇太子としての称制の期間があり、『日本後紀』は称制の期間の記事を桓武天皇紀に掲げ、『日本紀略』は両天皇紀に重複して記してその取扱いに苦慮しているが、『逸史』は平城天皇紀を桓武天皇崩後から記し始め、称制の期間を平城天皇紀に掲げている。史書として適確な処理であって鴨祐之の見識を示したものといえる。また、『逸史』は一年一巻を原則としながら、平城天皇紀の三年七ヶ月の記事を巻第十五・十六の二巻に収めているが、これは恐らく『日本後紀』の四十巻に巻数を合わせるための意図であったと思われる。

三　編纂方針および引用史料

『逸史』には自序がなく、鴨祐之自身の編纂方針を示す史料は現存していない。しかし版本の巻頭に付された浅井重遠の「題日本逸史」によれば、本書の編輯にさいして鴨祐之が、

（前略）、惜二旧史亡逸一、嘗有二心于補緝一、比者、方就二類聚所一レ載、而編二次後紀時事一、更條下附他書可三以参二攷於此一者上。因名之曰二逸史一、（後略）

と『日本後紀』の亡逸を惜しんでその補緝を考え、『類聚国史』に載せる『日本後紀』の記事を年代順に編次して、それに他書の参考とすべき記事を条附したと述べているとしているから、『逸史』の編纂にさいして『類聚国史』所載の『日本後紀』逸文を骨子としてその再現を試みていたことが判明する。

鴨祐之が『日本後紀』の復元を意識していたことは『類聚国史』の文を逸史の編纂史料の基本としていたことによっても明らかであるが、そのほか『公卿補任』の引用にさいして、例えば、

「引二日本後紀一云」（大同元年十一月戊戌（九日）条、三諸大原卒伝）（この記事は『公卿補任』弘仁元年の文室綿麿項の頭注による）

「公卿補任引二国史一」（天長二年三月甲子（二十一日）条、同五年七月壬子（二十九日）条）

と記し、また『公卿補任』以外の史書が引く逸文についても、

「釈日本紀第十五引二日本後紀一云」（天長九年五月庚戌（十九日）条、同癸丑（二十二日）条）

とその存在に留意していたことが明らかである。あるいは鴨祐之は当初『日本後紀』逸文の蒐集から作業を始めたと考えられる。

そのため『逸史』の本文の体裁は国史に准じたもので、各巻の本文の首尾に「日本逸史巻第（幾）」と内題を掲げ、首題の下に「従四位下鴨県主祐之緝補」と編者名を記している。ついで本文の構成は天皇紀の体裁に准じ、それぞれの天皇紀の首巻に「日本根子皇統弥照天皇」（桓武天皇）、「日本根子天排（推）國高彦天皇」（平城天皇）、「賀美野（能）天皇」（嵯峨天皇）、「天高譲弥遠天皇」（淳和天皇）と和風謚号で標目を立て、漢風尊号は用いていない。和風謚号を用いることは恐らく『続日本紀』の先例に准じたものと思われるが、謚号のことがなかった嵯峨天皇を「賀美野天皇」と標目したのは鴨祐之の勘案によるものと思われる。

各天皇紀の冒頭に記された天皇の諱・父母・論賛・立太子等の即位前紀は『日本紀略』の文に拠って立てているが、『日本紀略』に立太子の記載がない平城天皇については鴨祐之が立太子の日時を補い、嵯峨・淳和天皇紀と同じ体裁に整えている。

本文の記事は国史に准じて日次を干支で表記し（例えば太政官符も干支に換算して掲げている）、引用した史料は原則として出典を文末に双行で注記している。史料の配列はまず『類聚国史』の文を基幹とし、『日本紀略』をその次に配し、両書の記事を骨子として本文を構成している（両書の記事が重複する場合は『類聚国史』の記事を本文とし、その末に『日本紀略』の文を「日本記略（ママ）云」として注双行で掲げている）。

『類聚国史』は引用された本文の末に「国史」と注記し、その引用文が収められていた巻次・部名・項目を記してその所在を明らかにしている。引用された巻次はほぼ「国史大系」本と同じで巻数もほぼ同数である。しかし「巻第一七・災異部・旱祈雨附出」と「巻第一九四・殊俗部・渤海下」の二巻に相当する『逸史』の本文はいずれも『日本紀略』の文によって引用されているから、鴨祐之が用いていた『類聚国史』にはこの両巻が欠巻であったと思われる。この『類聚国史』がどのような系統の写本であったのかは明らかでないが、前記の浅井重遠の「題日本逸史」には鴨祐之が「博訪旁索、以得二類聚若干巻一」と述べているから鴨祐之が捜し得た『類聚国史』の残巻であったと思われる。『逸史』が掲げる『類聚国史』の部門・項目名を「国史大系」本と比べると、巻第二十五・帝王部五の「追号天皇」を「諡号」とし、「国史大系」本に欠けている巻第五十四・人部の編次を「人部十」と記し、巻第八十三の「免租税」を「免田租」、また巻第八十六の「赦宥」を「非常赦」、巻第百七十一・災異部の「地震」を「地異」とするなどの異同がある。こうした独自性は本文においても同じようにみられ、このため「国史大系」本の『類聚国史』は校訂にさいして『逸史』所引の『類聚国史』を校合本の一つとして採用している。

鴨祐之が『類聚国史』の他に「他書」として用いた書目を本文に記された出典注記によって列記すると、

『日本紀略』『続日本後紀』『日本三代実録』『帝王編年記』『公卿補任』『令義解』『令集解』『内裏式』『政事要略』『西宮記』『北山抄』『江次第』『法曹至要抄』『釈日本紀』『新撰姓氏録』『太神宮諸雑事記』『宇佐八幡宮記』『東大寺要録』『年中行事秘抄』『拾芥抄』『職原抄追加』『台記』『経国集』『本朝文粋』

等の諸書である。『日本後紀』時代に関する史書としては、このほかに例えば『扶桑略記』『新抄格勅符抄』『類聚符宣抄』『法曹類林』等が憶い浮ぶが、それは今日の知識に基づくもので、前掲引用書目はこの『逸史』の編纂が当時の個人の事業であったことを考慮すれば、これらの史書を捜索して読了した鴨祐之のその該博さを示したものといえる。

これらの諸書を『逸史』編纂の史料として用いる場合、鴨祐之はまず編纂材料として良質の史書を選び、ついで一定の方策を定め、時には繁雑をいとわず周到な作業を行っていたことが判明する。その例を『日本紀略』『公卿補任』『類聚三代格』についてみると次の通りである。

『日本紀略』　『逸史』が『日本紀略』の記事を『類聚国史』の記事に準じて重視していたことは前述したとおりで、鴨祐之は今日の判断と同じく『日本後紀』の逸文に準じた扱いをしていたものと思われる。ただし、鴨祐之が『日本紀略』の記述について批判的判断を持ち、時には記述の構成等について是正を行っていたことは平城天皇紀の建て方をみても明らかである。この『日本紀略』を『逸史』はその書名を「記略」としているのが特徴であるが、その本文は「国史大系」本に比べて字句に異同が著しく、例えば延暦十三年十二月庚申《（二十一）》条に「是日幸于賀茂社、日本記略」と現行本に不見の記事を伝えている場合もある。『日本紀略』の古写本は「国史大系」本の凡例によれば「醍醐天皇より後一条天皇に至る九天皇紀、早く山崎知雄翁の校訂本刊行せられしも、六国史時代は僅に文武天皇紀以後のもの、間々伝写せられたるに過ぎざりしが、もと南都興福寺一乗院に伝へられし久邇宮家御旧蔵本世に知らるゝに及び始めて完璧となれり」と記されていて、鴨祐之の時代には「国史大系」本の校訂本となった久邇宮家旧蔵本は世に知られていなかったことが判明する。鴨祐之が『逸史』の編纂に用いた『日本紀略』が何処の写本であるのか未詳であるが、その引用文によれば桓武・平城・嵯峨・淳和四代の天皇紀は整っていたと判断される。この『逸史』所載の本文は比較的良本であって、「国史大系」本『日本紀略』の校訂にさいしては「日本逸史所引本」として利用されている。

『公卿補任』　『逸史』は『公卿補任』の記事はその本文に限らず、公卿としての初出項に付された出自および公卿に至るまでの任歴などの尻付注記、および毎年の項に記された尻付注記について、年月日の判明する記事は原則として『逸史』本文の除目・任官記事として採用している。一例を挙げれば藤原冬嗣の公卿昇任以前の官歴が、

延暦二十年閏正月己巳（六日）条に「藤原冬嗣任大判事、公卿補任」

延暦二十二年五月癸亥（十四日）条に「藤原朝臣冬嗣任左衛士少尉、公卿補任」

と本文記事とされている、こうした作業を該当する全公卿について行うことは非常な注意力と労力が必要であったと思われる。こうした『公卿補任』記載の記事を可能な限り本文として採用する方針は『逸史』の薨卒伝の文章にも及んでいる。そこに記された伝は『公卿補任』に記された記事を総て収録していて、官人として出身してから薨卒するまでの叙位・任官が通観できる詳細な内容となっている。またその薨卒伝が『日本紀略』の記事と重複する場合には両記事を勘案して独自の伝を作成し、その末に「日本記略《（ママ）》及公卿補任」と出典を注記している。なお、こうした作業の中で『公卿補任』の任日の日付をすべて干支に統一していることも国史の体裁を意識したもので、作業の綿密さを示している。なお、『公卿補任』は諸本によって本文・注記の異同が少なからずあり、鴨祐之がどのような系統の本を用いたのかは明らかでない。しかしその本文を「国史大系」本の校訂と比較すると、「国史大系」本が底本（宮内庁書陵部本）の対校本として用いた九条公爵旧蔵本の本文に近似している。

『類聚三代格』　『逸史』は史料として、『日本後紀』時代に出された太政官符類はすべて採用するよう努めており、『令集解』『政事要略』『続日本後紀』『三代実録』さらに『本朝文粋』等を対象として官符類を博捜している。最も活用したのは『類聚三代格』所収の官符類である。『逸史』の『類聚三代格』所収官符類の扱い方は大別して三通りの

方法があった。

㈠延暦十一年以降天長十年以前の『日本後紀』編纂対象時代に出された官符類は本文をそのまま引用する。

㈡天長十年以前の官符類の本文に延暦十一年以降の官符類が引載されていて、その官符類を該当年次に掲げる場合は例えば、

(弘仁六年六月) 戊申(九日)、下二神宮并国司一符云云、見十二年八月十二日格

として弘仁十二年八月十二日格が引載した官符があることのみを示して本文は省略し、全文は弘仁十二年八月十二日の条に掲げた原官符を見るように示している。

㈢天長十年以降の官符類に延暦十一年以降天長十年に至る間の官符が引載されている場合は、該当年次に引載官符の全文を掲げて、文末に引載した官符名を注記している。例えば、

(延暦十二年二月) 丙子(二十七日)、下二越前国一符偁、宮司大中臣魚取解偁(中略)、見二元慶八年九月八日格一、此気比神宮之事也

と記している。その内容が『類聚国史』の記事と重複する場合は本文に『類聚国史』の文を立て、『類聚三代格』所収官符類はその末に双行で注記する形で掲げているが、長文の官符類でも繁をいとわず全文を正確に掲げている努力は並々ならぬものがあったと思われる。

なお、鴨祐之は『類聚三代格』所収の太政官符類の引載にさいし、『類聚国史』もしくは『日本紀略』に同内容の記事があり、その日付が相違する場合には『類聚国史』『日本紀略』の日付によって本文を立て、太政官符類を日付を記さず注として付載している。この方針は『政事要略』『令集解』等に所載の太政官符類の引用の場合も同じである。この方式によって時には『日本後紀』の記事が太政官符等によって立てられているのか、あるいは太政官の決定

を示す別の史料によって作られていたことを示すのかなど、その編纂の在り方について様々な教示を与えてくれる場合があることは『逸史』が持つ功績の一つである。

ただし、鴨祐之が編纂に用いた『類聚三代格』は欠巻が多い本で、「国史大系」本に比べると、巻第二（仏事上）・第四（廃置諸司）・第六（位禄・季禄・時服・馬料事）・第十（釈奠事・国忌事・供御事）・第十五（校班田事・損田幷租地子事等）・第十六（閑廃地事・道橋事等）・第十八（軍毅・兵士・鎮兵事等）の七巻を欠き、巻第一（序・神社事等）・第三（仏事下）・第五（分置諸国事等）・第七（公卿意見事等）・第八（農桑事等）・第十二（諸使幷公文事）・第十四（出挙事等）・第十七（国諱追号幷改姓名事等）・第十九（禁制事等）・第二十（断罪贖銅事等）の十巻のみの本であった。鴨祐之は結果としてこれらの欠巻分を『令集解』『政事要略』等の所収官符類を利用することでその相当数を補ってはいるが、善本に恵まれなかった負担は大きかったと思われる。

また『逸史』は注記に『類聚三代格』の巻次を記している場合があるが、そのさい「第十二」とした巻は『新訂増補国史大系』本の第十九に当る。「国史大系」本の巻第十九の底本となった「東山御文庫」本が首題の巻次を「十二」としていて、「国史大系」本は前田家本に依って「十九」と改めているが、これによれば鴨祐之は「東山御文庫本」の系統に属する写本を用いていたと考えられる。

四　本文の史料の扱い

『逸史』に対する史書としての価値は、その編纂方法および引用史料に対する検討が充分に行われていない現状において、正確な評価を下すことは難しい。ただ、漠然とした概念としては㈠その後『日本後紀』が残巻とは言え正本が発見されたこと、および『日本後紀』逸文の調査が進んだこと。㈡『逸史』の内容が史料を誤掲もしくは誤記しているることが多く、史料として利用価値が少ない、と言う観点から必ずしも評価が高いとはいえない傾向にあると思われる。ことに㈡について言えば、鴨祐之が当初は『類聚国史』と『日本紀略』の記事を中心とした『日本後紀』の復元を考えながら、ある段階でその方針を転換して史料の採訪対象を『類聚三代格』『政事要略』『令集解』等に所収された太政官符類まで拡大したことは、編年史料集としての編纂作業を予想以上に複雑なものにしたに相違ない。ことに、当時良質な写本を得ることが難しく、今日のように優れた校訂本が存在しない時代にあっては、その苦労は並大抵なものではなかったと思われる。単純な誤記・誤掲は一応別として、当時の情況の中で止むを得ず生じたと思われる誤りについてその一端をみてみると次の通りである。

㈠　写本の錯簡による誤記

『逸史』弘仁五年七月丁巳条は『類聚国史』（第百八十二・仏道部九・修理仏寺）によって、この日新銭一千貫文を南都ほかの諸大寺に施入し、修理料に宛てた記事を掲げている。これは「国史大系」本の頭注校訂が指摘する通り、『三代実録』貞観五年七月二十七日丁巳条の記事の誤掲である。誤掲が生じた理由は『類聚国史』の諸本錯簡のためで、『類聚国史』諸本はこの記事を嵯峨天皇弘仁四年九月己卯（三十日）条と仁明天皇天長十年六月癸亥（八日）条との間に「五年七月廿七日丁巳」云々として記していたため、鴨祐之はこの「五年」を弘仁五年の『日本後紀』の記事と判断したのである。

㈡　二種の史料による同一記事の重複記載

『逸史』弘仁三年六月己酉（二十三日）条は『類聚国史』（第百八十六・仏道部十三・僧尼雑制）によって「勅」として、この日僧尼犯罪は僧尼令によって糾すことを記し、同年七月丙寅（十日）条は『類聚三代格』（第三）によって「太政官符、応下僧尼之犯、依二令條一勘上事」の文を掲げている。これも「国史大系」本の頭注校訂が指摘している通り、己酉条に掲げた勅文は丙寅条に記された太政官符の上卿奉勅文とほぼ同文で、この勅と太政官符は重複している。その理由は『類聚国史』の文、すなわち『日本後紀』が本文の編纂にさいして太政官符によらず、恐らく上卿が奉じた勅文に基づいて記事を作成したため、勅の日付と『類聚三代格』所収の謄勅符である太政官符の日付が異なり、勅と太政官符の上卿奉勅文との文章にも差異が生じたのであろう。それを鴨祐之が別々の史料として扱ったため、結果として同一内容の記事が重複して掲載されることとなったと思われる。いわば『日本後紀』の編纂方針とその材料の問題であって、鴨祐之としては思わざる結果であったことを示している。

　鴨祐之はこのような制約の中で、史料の扱いは繁雑を厭わず、できるだけ丁寧で正確に記載するように努めているのが特徴である。例えば『逸史』延暦十七年三月丙申（十六日）条は、郡司の選任にさいし従前の譜第重視を改め、良才ある者を優先することを定めた詔を掲げている。この詔文は『類聚国史』によっているが、同書は全文を伝えず、その省略文が『類聚国史』の神祇部国造項と後宮部釆女項に収められているため、祐之は『逸史』の本文には省略が少ない神祇部所収の詔文を用い、省略が多い後宮部所収の詔文は注記として掲げ、二つの詔文を併記することで、読者がより正確に理解できるよう取り計っている。通例ならば二つの詔文を勘案して一元化するところであり、現に朝日新聞社版『増補六国史』の「日本後紀逸文」では佐伯有義氏は神祇部所収詔に後宮部所収詔の一部を補って、詔文を復元した形で掲げている。しかし両詔文に共に省略があることを考えれば、両文を併記した『逸文』の扱い方がより正確であるといえる。

『逸史』の史料の掲げ方は、基本的には網羅的であるが、この方針によって思わぬことに気付かされる場合もある。一例を挙げると『逸史』弘仁元年十二月乙卯（十三日）条は『公卿補任』大同五年（弘仁元年）条の大納言藤原園人項の尻付注記によって「是日、大納言正三位藤原朝臣園人奏状偁、臣謹按㆓去延暦十七年三月十六日勅書㆒偁、昔難波朝廷始置㆓諸郡領㆒、云云、公卿補任」の記事を立てている。この園人の奏状は先に延暦十七年三月十六日詔によって郡司の選任が譜第から才能優先へと改められたことについて、譜第優先に復することを建言したもので、翌弘仁二年二月二十日の詔によって園人の奏上どおり譜第によることとされた。『逸史』は弘仁二年条に『類聚三代格』第七所収の詔文を掲げ、園人の奏言が採用されたことを伝えている。しかし、その後『日本後紀』巻第二十・二十一が世に出て弘仁元年・同二年紀の本文が明らかになると、『日本後紀』は弘仁二年二月二十日詔は記事として掲げているが、大同五年十二月の園人奏上については記載がないことが判明した。このことは『公卿補任』の園人項の尻付注記が『日本後紀』以外の史料によって記載されたのか、あるいは注記に何らかの誤りがあったかということになり、「国史大系」本の頭注は「是日云云、後紀无、（中略）、或云此恐謬係」と誤謬説をとっている。この例は『公卿補任』の注記の史料性の問題で、事柄としては別の次元の問題であるが、『逸史』が行った丹念な史料採録がもたらした問題提起であったということができる。

このように『逸史』を通読することによって示唆を受ける例はその数が多く、枚挙に暇がないが、それは一重に祐之が史料を博捜し、『日本後紀』時代の編年史料としてその充実に務めた結果であって、その努力の成果は今後、この時代の研究が進むに伴ってその価値を一層高めてゆくものと思われる。

なお、附言すれば『逸史』は「国史大系」本の校訂および加えられた頭注によって、さらにその価値を増していると言える。『逸史』の本文校訂は当時撰者の原稿清書本が存在したためその作業は比較的順調に行われたと思われるが、本文を構成しているのは諸史書からの引用史料であって、それぞれの出典となる諸史書との校訂は、祐之が用いた諸写本が未詳である点を考慮すると多難であったと思われる。このため「国史大系」本の凡例には一項を立て、

一本書の成りし當時にありては、類聚国史以下の諸書僅に傳寫せられたるに過ぎず、この書に據用したるもの亦誤脱衍文甚だ多く、舊に仍つて之を公にするは蓋し編者の志にあらざるべし、故に今それら諸書の善本に就いて校勘を加へ、以て原文の誤謬を正し、脱漏を補ひしも、その據用諸書の名称又は巻次の如き、敢て之を改めず、すべて原文の舊を存したり、（後略）

と記している。しかし、その校訂は丁寧で、例えば引載の太政官符については、原本が三代格のみ記していて、同官符が『令集解』あるいは『政事要略』『東大寺要録』等にも引載されている場合には［　］内にその書名を追補し、また『逸史』が引用書名を注記するのを失念した場合にはその書名を加書するなどして編者祐之の作業の欠を補っている。また除目・叙位の記事についても原文が『公卿補任』によって記事を起している場合には必要に応じて『日本後紀』等によってその不備を補い、編者が及ばなかった点を補足して編年史料集としての一層の充実に配慮している。

頭注にも努力があって、その内容は通例行われる本文の誤字・脱字・衍字などの校勘に留まらず、祐之が『逸史』編纂にさいして披見ができなかった『扶桑略記』『祭主補任』『濫觴抄』『初例抄』などの諸書の関係記事を博捜して『逸史』本文の不足を補い、内容をより充実しようとする意図が伺われる。その二・三の例を挙げれば、『逸史』の延暦十一年閏十一月乙酉（四日）条は『日本紀略』によって多治比子姉の卒伝を掲げているが、『日本紀略』が単に参

議大中臣諸魚の母としていることについて、頭注は『祭主補任』が引く『日本後紀』逸文を掲げて、『日本後紀』には子姉が右大臣大中臣清麻呂の妻で諸魚の母と記されていたことを注している。

また、延暦十二年正月甲午（十五日）条は『日本紀略』によって大納言藤原小黒麻呂らを遷都のため山背国葛野郡宇太村に遣わしたことを記しているが、頭注は『濫觴抄』『拾芥抄』所引の古記によって「沙門賢璟奉勅相之」とある文言の存在に留意している。さらに延暦十二年十一月条について、頭注は『扶桑略記』によって是月条を立て沙門賢璟の卒去の記事を立てることの必要性を記し、延暦十三年九月癸酉（三日）条についても『初例抄』によって、この日に延暦寺供養があり、桓武天皇が行幸されたことが判明することを指摘していることなどもその一例である。

また、時には『逸史』所載記事について他書に関連記事がある場合には頭注にその存在を指摘している場合もある。例えば天長元年九月乙卯（十日）条は『類聚国史』神祇部の記事によって伊勢の多気斎宮を度会離宮とする旨の詔を掲げているが、頭注は『続日本後紀』承和六年十二月庚戌（二日）条に、同斎宮が焼損したことを示す記事があることを注記している。「国史大系」本の頭注としてはやや異例の在り方であるが、恐らく『逸史』をより有効に利用するための便を計ったものと思われる。校訂者は黒板昌夫氏といわれているが、校訂にさいして払われた多大な努力によって『逸史』は史書としての価値を高めているのであって、祐之の努力が報われているといえよう。

五　『日本逸史』の板行

『逸史』は享保九年孟春（正月）に本文が上梓され、ついで同年孟冬（十月）に「日本逸史考異」を付して全二十冊として刊行された。第十九冊の末（巻第四十終）に「正三位鴨縣主祐之輯、享保九甲辰年孟春吉旦・全刻、柴軒烏谷長庸、神京・書林柳枝軒茨城方道」と刊記があり、「日本逸史考異」を収めた第二十冊の末に「享保九年甲辰孟冬吉日、柴軒烏谷長庸・書林茨木方道刊行、小川太左衛門・小川新兵衛」と刻している。鴨祐之はこの年正月二十九日に薨じているから、この版本を手にし得たのか否かは未詳である。ただし、賀茂別雷神社（上賀茂社）の三手文庫の今井似閑奉納本中にある『版本日本逸史』は前半部巻第二十までの十冊本で、第十冊の末に二十冊本にはない「六角通御幸町西江入、書林茨城多左衛門」「洛陽柳枝軒蔵版」の刊記がある。本文の印字は鮮明で初印本と認められるから、当初、前半部（二十巻・十冊）が先に刊行されたと思われる（この似閑奉納本には似閑の朱瓢箪印・朱方印が捺れているが、似閑は享保八年十月に没しているから、三手文庫奉納にさいして門人が加えたもので、『今井似閑書籍奉納目録』［谷省吾・金土重順共編の影印本が昭和五十九年一月に皇学館大学神道研究所から刊行されている］には追記で「一、日本逸史、十巻、目録ニハ無之、本有此所ニ入」と記されている）。

なお、『逸史』の清書原本は、のちにその子孫梨木家から三手文庫にその他の手択本と共に納められたが、昭和十五年同文庫の曝涼にさいして所在不明となっている。※

六　撰者鴨祐之

鴨祐之の子孫の梨木家に伝わる『賀茂御祖社禰宜家系譜』によれば、父は従三位永祐、母は伊賀国藤堂藩家臣の女で、祐之は万治三年（一六六〇）七月十日生、幼名を長丸、諱は初名永春と称した。寛文八年（一六六八）十二月に九歳で叙爵し、比良木社禰宜、河合社禰宜を経て、享保元年（一七一六）七月賀茂御祖社（下賀茂社）禰宜となり、同年十月従三位、ついで同八年（『公卿補任』は十二月二十六日とする）正三位に昇り、翌九年（一七二四）正月二十九日に六十五歳で薨じた。『国学者伝記集成』によれば号桂斎、法名善受院で墓は京都・西遠寺にあると伝え、祐之が永らく中絶していた葵祭を元禄七年に再興した功績を記している。前記系図には妻は森美作守家臣神尾蔵人の女貞子で、宝暦八年（一七五八）八月八日卒、子供は垂祐（元禄三年・一六九〇生）、綱祐（元禄八年生）、嘉祐（元禄十四年生）の男子三人があったが、垂祐は三十七歳で早世し、家督は綱祐が継いだと伝えている。

祐之の著書について『国学者伝記集』は『日本逸史』のほかに『大八洲記』（十二巻）、『神代巻校本』（二巻）、『神武巻校本』（一巻）、『神代和解』（九巻）、『祭事記』（八十二巻）、『春日祭舊例』（一巻）を挙げている。そのうち、『神代巻』『神武巻』『神代和解』は祐之の『日本書紀』研究を示すもので『日本書紀神代巻和解』などと一連の書であった。また『祭事記』は『諸祭祭事記』（八十二巻）で、祭祀・禁忌・神位・神戸・修造・祭官・祠官などを考証している。また祐之は歌人としても優れていて、『祐之卿歌集』（一冊）、『正三位祐之卿集』（一冊）が賀茂別雷神社の三手文庫に伝わっている。

なお、孫の祐為が従四位上上総介の時に画いた祐之の坐像が梨木家に伝わっている（『日本歴史』第三〇七号、昭和四十三年十二月、口絵参照）。

※補記　天理大学附属天理図書館に現存する（請求記号二一〇・三、イ一七三）。袋綴装十一冊、版下用清書本で全冊一筆である。

（二〇〇二年五月）

日本紀略

石井正敏

はじめに

『日本紀略』は新訂増補国史大系の第十巻（昭和四年六月刊）に前篇が、第十一巻（昭和四年十一月刊）に後篇（『百錬抄』と併収）が収められている。前篇には神代・神武天皇紀から宇多天皇紀まで、後篇には醍醐天皇紀から後一条天皇紀までを収め、全編を通じて神代から長元九年（一〇三六）までの編年体の歴史書である（但し村上天皇紀天暦四年から十年までを欠く）。前篇の光孝天皇紀までは六国史の記事の抄出で、宇多天皇紀及び後篇は諸種の史料・記録記事を参考に簡潔に記述したものである。本来の成り立ちからすれば、六国史抄出部分を前篇、宇多天皇紀以降を後篇と分けるのが適当と考えられるが、新訂増補国史大系本の前身である国史大系（旧輯）第五巻（明治三十年刊）に本書を収める際、宇多天皇紀を伝える写本が知られなかった幕末に版行された、醍醐天皇紀から後一条天皇紀までを収める『校訂日本紀略』を底本として後篇としたため、宇多天皇紀は前篇に収められることになったのである。そして新訂増補国史大系本もこの旧輯本の体裁を踏襲して、前篇・後篇と分けた。そのため先行研究においては、六国史部分を第一部、宇多天皇紀以降を第二部と称したり、あるいは前者を前篇、後者を後篇と、国史大系本と同じ名称でかつそれとは異なった用法をもって称されている場合もあるが、本稿では、六国史部分を前編、宇多天皇紀以降を後編と称することとし、国史大系本の前篇・後篇を指す場合はそれぞれ「前篇」「後篇」と「 」を付して記すことにしたい。また原則として、新訂増補国史大系本は単に大系本と称し、旧輯国史大系本は大系本（旧輯）とする（なお、国史大系本の本文には句点のみが用いられているが、本稿では句読点に改め、返り点も一部を私に改めて引用する）。

一　書名

本書は、今日では『日本紀略』の名称で流布しているが、伝存する写本の外題、あるいは記録などにみえるところでは、書名は一定しておらず、『日本紀略』の名もそれほど古くからみられるものではない（1）。本書の存在を伝える史料としてまずあげられるのが、一三世紀後半に編纂されたとみられている『本朝書籍目録』帝紀部にみえる「日本史記略」である。同目録の写本には、「日本史記略」を「日本史略」「日本紀略」に作るものもあるとのことである（2）が、「日本紀略」とするのは、『日本紀略』の書名が流布してから改められた可能性もあろう。「日本史記略」には内容・巻数などが記されておらず、果たして今日の『日本紀略』にあたるかどうか不審なところもあるが（3）、『旧事本紀』など神代を叙述する書の後、六国史の前に置かれていること、また『日本紀略』はこの時期（一三世紀後半）にはすでに成立していたとみられること（後述）などから、「日本史記略」は『日本紀略』を指すものとみてよいであろう。

「日本史記略」の他にも、「日本記略」「日本紀類」「編年紀略」等さまざまな書名で伝えられており、醍醐紀から後一条紀まで九代については特に「九代略記」「九朝略記」「九代実録」「九代帝王事紀」等の名称が付されている。『日本紀略』の名は、水戸徳川藩の『大日本史』や鴨祐之編『日本逸史』(新訂増補国史大系所収)などで用いられて、流布するにいたったものであろう。(4)

二　諸　本

(一)　写　本

『日本紀略』の原本は伝わらず、また古写本と称すべきものも存在しないようである。『国書総目録』(補遺を含む)『古典籍総合目録』(いずれも岩波書店)に著録される写本はおよそ一〇九部に及ぶが、所収年代が明記されているものを分類すると次のごとくである。

①神代～後一条　②文武～後一条　③桓武～淳和　④宇多～後一条　⑤醍醐～後一条

このうち⑤が圧倒的に多い。それは醍醐紀以前は六国史本文が伝わるからであり、宇多紀の存在が極めて稀で、長い間知られなかったことによる。それに次いで多いのが③で、『日本後紀』の欠逸部分を補う上で貴重な史料となっているからである。そして①の完本というべきものは実際には無く、久邇宮家旧蔵本(宮内庁書陵部現蔵)が、わずかに孝謙紀を欠くだけで、神代から後一条紀までを伝えている。両国史大系本は同本を「前篇」の底本とし、また「後篇」の対校本として利用している。神代巻を伝えるのは、他に宮内庁書陵部蔵文久二年書写本があり、神代から持統紀までを収めるが、同本は久邇宮家本を写したものとみられている。[5] この他、②文武紀から後一条紀までといっても、実際には途中に欠巻がある。

そして伝本が稀なのが宇多紀である。上記の『国書総目録』には、宇多紀の写本数点の存在が掲載されているが、実際には、『日本紀略』宇多紀ではなく、『扶桑略記』のそれの場合がほとんどである。[6] したがって、『日本紀略』宇多紀写本は極めて稀で、現在のところ久邇宮家本及びその転写本が知られるに過ぎない。[7]

なお、体裁の類似からか、『扶桑略記』と誤られる場合も多く、『日本紀略』と題されていて、実は『扶桑略記』写本という例、その逆に『扶桑略記』と題されて、その実は『日本紀略』写本である例がある。[8] また『日本後紀』と外題されている『日本紀略』の『日本後紀』部分の写本もある。[9]

(二) 木版本・活版本

このようにさまざまな書名や形の写本で伝わっていた『日本紀略』は、まず幕末に醍醐以下後一条にいたる九代紀を収める山崎知雄校正『校訂日本紀略』が木版で刊行され、ついで国史大系（旧輯）第五巻に神代から後一条紀まで一冊にまとめて始めて活字印刷され、流布するに至る。明治三十年（一八九七）のことである。同本の凡例には、次のように記されている（句読点―石井）。

本書醍醐天皇紀以下は、故山崎知雄翁の校訂標註本を原とし、其の以前の巻は久邇宮家御蔵本伝写の一本を原本とし、傍ら内藤耻叟・井上頼圀両翁の所蔵本及び六国史其他の諸書に拠りて増補訂正を加へたり。この原本はもと奈良一乗院の古写本にかゝり、上は神代に始まり、六国史を通して殆んと欠文なく、後一条天皇に終る。殊に宇多天皇紀の如きは尤も珍とすべし。

そして昭和四年になって新訂増補国史大系の第一回配本として「前篇」が、ついで「後篇」が刊行された。同本凡例によれば、「前篇」は久邇宮家旧蔵本を底本に、同本に欠けた孝謙天皇紀は井上頼圀本をもって補い、「後篇」は『校訂日本紀略』を底本に、久邇宮家旧蔵本・神宮文庫本及び神宮文庫所蔵旧宮崎文庫本・旧林崎文庫本等によって校訂を加えたことが知られる。旧輯本では「久邇宮家御蔵本伝写の一本を原本とし」たが、新訂増補本では「久邇宮家御旧蔵本」そのものを原本(底本)とすることができた[10]のと相まって、新訂増補と謳うに相応しい、旧輯本の面目を一新する校訂の『日本紀略』が刊行されたのである。その校正に意を用いた苦心のあとは、『日本歴史』一九四号(一九六四年)に掲載された、四校ゲラに「要今一校」と書き加えた口絵写真に見ることができる。

(三) 新訂増補国史大系本の底本・対校本

(1) 「前篇」の底本と対校本

(イ) 底本:久邇宮家旧蔵本(宮内庁書陵部所蔵。架号五五三・六)全三一冊。

神代から後一条紀までを収め、途中孝謙紀を欠くだけのほぼ完本。もと奈良興福寺一乗院に伝えられていた(久邇宮家の初代朝彦親王が幕末に一乗院の門主を勤めたことの縁によるものであろう)。第一冊から第二十冊までには抄出した六国史の書名が外題され、第二十一冊(醍醐天皇紀)以降には『扶桑略記』と記されている。特に書写に関わる識語等は無いが、「江戸時代末期の書写」という。[11] 第一冊・第二冊は神代巻で、第二冊の末尾に、正安三年散位資通、嘉元二年釈道恵・同四年剣阿らの本奥書がある。この奥書を持つ『日本書紀』神代巻写本は、いわゆる丹鶴叢書本である。

坂本太郎氏は、もともとの『日本紀略』には神代巻二冊はなく、後人によって丹鶴本を書写して付加されたものであろうと推測されている。[12] このような本奥書は他の巻には見られないので、坂本氏の推測は妥当とみられる。

そして本写本の最大の意義は、何と言っても宇多天皇紀を伝える点にある。大系本（旧輯）の凡例に「殊に宇多天皇紀の如きは尤も珍とすべし」、大系本の凡例に「久しくこの欠逸を嘆ぜし学界の渇望始めて医するを得たりといふべし」と特筆されるとおりである。なお新訂増補本初版の口絵写真に本写本の一部が掲げられている。

(ロ) 対校本：井上頼圀本・内藤耻叟本

いずれも、現在無窮会所蔵神習文庫本と思われる。架蔵番号二二三二番の『日本紀略』第三冊に孝謙紀があり、また二二三三番乾坤二冊本『日本紀略』は桓武・平城紀、嵯峨・淳和紀を収め、これに「内藤耻叟」の朱円印が押捺されているので、これらが該当するものと思われる。

(2) 「後篇」の底本と対校本

(イ) 底本：山崎知雄校正『校訂日本紀略』（版本）全一四冊

本書凡例によれば、山崎知雄は師塙保己一から、醍醐天皇紀から後一条天皇紀までの校訂を勧められ、一〇種の写本及び扶桑略記・一代要記・公卿補任等の諸書を参考に校訂を進め、上梓するにいたった。凡例には嘉永三年（一八五〇）十月とある。[13]

本書は校訂注を鼇頭欄外に記している。大系本「後篇」では、版本の頭注を【印を付けて鼇頭に記すのを原則とするが、大系本が意補・意改とする中にも、【印は付されていないが、版本の意見を参考にしている例が多い。また版本の頭注は単に文字の校訂にとどまらず、研究の成果が盛り込まれた注釈といえるものも少なくない。山崎知雄は自分の意見だけでなく、師の塙保己一を始め、黒川春村・高橋廣道（笠亭仙果）・内藤廣前・色川三中・八田百枝ら幕末の国学者の見解を紹介している。特に黒川春村の意見が多数引用されている。それらはおおむね大系本にも取られているが、例えば、永祚元年二月五日条の「又定下尾張国百姓愁中申守藤原元命可レ被レ替二他人一之由上。」の頭注に、【春村曰、として、いわゆる「尾張国郡司百姓等解文」に関する注が記されており、同解文研究の最初の人とされる春村の研究成果の一端が示されている。[14] また大系本に記載されていない注釈の例としては、永観二年十一月二十八日条の「又被レ定下嫌二破銭一并停中止格後庄園上。」の頭注に、「破銭、蓋謂二輪郭坎欠、文字不明一也。猶三代実録貞観七年六月十日紀所謂悪銭、又吾妻鏡弘長三年九月十日条所謂切銭之類歟。」といったものがある。

(ロ) 対校本：神宮文庫本

「後篇」では、対校本として、久邇宮家旧蔵本の他、神宮文庫所蔵本、神宮文庫所蔵旧宮崎文庫本、神宮文庫所蔵旧林崎文庫本などが用いられ、神宮文庫本については、新訂増補本初版口絵に写真が掲載されている。

三 編者・成立年代

(一) 編者（抄録者）

『日本紀略』の編者（抄録者）・成立年については、本書本文及び諸写本の奥書・識語の類にも一切記されていないので、不明とせざるを得ない。そこで、前編・後編を通じて、編者は一人か複数か、前編・後編それぞれ別か、別とすればそれぞれに単独か複数なのか、といった複雑な問題がある。先学の意見でも、単独編者説[15]・複数編者説[16]に分かれるが、いずれも体裁や内容・表記に共通性ありと見るか、否と見るかで意見が分れているのであって、具体的な史料を示して論じられているわけではない。

このような中にあって、具体的に検討を加えて複数説の推論を示されたのが、平野博之氏である。氏は、『日本紀略』の桓武・平城紀にあたる「前篇」第十三と十四とを比較し、例えば『続日本紀』『日本後紀』所載四位の人物の卒伝記事が、十三篇では採録されていないのに対し、十四篇ではほとんどが採録されている事実などに基づき、「紀略は天皇紀（中略）各篇を単位として、いくつかの小人数のグループによって六国史の抄録を行った。全体の基本方針はあったが、それはそれぞれのグループの間で、時には個々の抄録者の間で多少のズレが生じるような大まかなものであり、（中略）全体の監修者というべき者は前後の不統一について改めて細かい調整を行はなかった」と、複数の人々による編纂体制を推測されている。[17]『日本紀略』全体からみれば一部ではあるが、実証に基づく重要な指摘で、今後さらに氏の手法を援用して全編にわたる詳細な検討が望まれるところである。ただこのように考える場合、平野氏自身も言われるように、「抄録作業があまりにも細分化されるという逆な不自然さが生じ」、また共同作業にしてはずいぶんおおまかな作業ということになろう。複数で行う場合には、一定の方針なり基準があり、主体となる人物（監修者）が最終的には統一をはかるのが自然であろう。逆に個人の場合は、原則を立ててもその時々の状況により、方針を変更させて、そのままにして作業を進めてしまう可能性もあることを考慮する必要もあるのではなかろうか。今後の研究にまちたいと思う。

なお前編の光仁・桓武紀には、現行『続日本紀』にない「藤原百川伝」が引かれ、また藤原種継事件の記事が見られることは周知のとおりであるが、これに関連して、このあたりの編者は藤原式家にゆかりのある人ではないかとの推測もなされている(18)。

さて、筆者にも具体的な史料に基づく意見があるわけではないが、前編・後編の共通性について次のことに注目している。すなわち、後編に特徴的な文言に「是日也」という語があるが、この文言が前編にも見られることである。「是日也」の語は後編に三九例（この他に「是月也」「此月也」が各一例ある）を数えることができる。例をあげると、次のようなものがある。

① 延喜八年八月一日庚子条

日蝕。是日也、大納言源朝臣貞恒薨五十二。

② 延長五年十月二十六日条

供二養崇福寺弥勒新像一。設二法会一、准二御斎会一行レ之。是日也、風和日暖、天楽聴二御殿上一、光耀照レ天、紫雲湧出。□□日、西大寺五層塔有レ火。

実はこの「是日也」という語が前編にただ一カ所ではあるが見えている。すなわち、貞観二年閏十月廿日丙寅条に、

雨雪。禁中五位已下及諸衛府宿直者賜レ禄有レ差。是日也、无品同子内親王薨。帝不レ視レ事三日。内親王者、淳和天皇之皇女也。母丹墀氏、従五位上門成之女也。

とある。この部分は『日本三代実録』抄出部分にあたるが、その本文は次の如くである。

雨雪。録下見二在禁中一五位已下及諸衛府宿直者上、賜レ綿有レ差。」无品同子内親王薨。帝不レ視レ事三日。内親王者、淳和太上天皇之皇女也。母池子、丹墀氏、従五位上門成之女也。

すなわち十月二十日の記事は、宿直の者に綿を支給したこと、同子内親王が薨去したことの二つのことが記されている。大系本では、「同日の記事にして異なれる二条以上ある場合にはその間に」を加へ」(凡例)という方針に基づき、」印で異なる記事であることを示している。これに対して『日本紀略』では、「是日也」の語をもってそれを示しているのであり、「是日也」三字は『日本紀略』編者が抄出に際して加えた文字ということになる。(19)「是日也」はあまり用いられる語ではないので、後編と前編の抄録者に共通人物を想定させるのではなかろうか。いずれにしても、編者の具体像については、不明とせざるを得ないのが実状である。(20)

(二) 成立年代

成立に関する識語等も諸写本に一切なく、不明である。編者の問題と関連して、編者が同一とすれば前編・後編ほぼ同時期に成るものとみられ、また別とすれば、前編が先、後編が後とまず考えられるが、後編が先にできてあとから前編が編まれた可能性も考えておく必要はあろう。坂本太郎氏は、後篇については、記事の最後が後一条天皇長元九年であること、長元七年七月十八日の記事に〈後三条院これなり〉という注記があることから、後三条院の追号の贈られたあとであり、白河天皇・堀河天皇の頃であろうかとされている。(21)ほぼこの頃には全編が完成していたとみるのが妥当なところであろう。なお木本好信氏は、藤原敦光撰『本朝帝紀』逸文と『日本紀略』の文とが一致するところから、『本朝帝紀』は『日本紀略』を参考にしたものであろうと論じられている。(22)『本朝帝紀』の成立年は不明であるが、撰者藤原敦光は天養元年(一一四四)八〇歳で没しているので、この頃にはすでに『日本紀略』は成立していることとなる。

四　編纂の依拠資料

㈠　前　編

神代紀は『日本書紀』の神代巻上下を全文掲げ、以降は『日本書紀』以下六国史の抄出である。ただし、『続日本紀』については、現行本とは異なる一本が用いられている。すなわち、『日本紀略』桓武紀延暦四年の藤原種継暗殺事件関連の記事には、現行本『続日本紀』には見えない記述がある。『日本後紀』弘仁元年九月丁未条の薬子の事件を桓武山陵に告げた宣命によれば、『続日本紀』に記された早良親王一件のことを桓武天皇の時に削除した。ところが平城天皇の寵愛を受けた種継の子仲成と薬子はその記事を復活させた。事件後、嵯峨天皇はこれをあらためて削除したという経緯が知られる。『日本紀略』はこの現行本では削除されている記事を収めている。どのような事情で『日本紀略』編者が非削除本『続日本紀』を利用できたのかは不明であるが、光仁天皇即位前紀にみえる藤原百川伝の引用とあいまって、編者が式家にゆかりのある人物ではないかと推測される所以である。

また『日本書紀』についても現在伝わる写本とは異なった系統の一本が使われたのではないかとの意見がある。すなわち柳宏吉氏は、『日本紀略』の『日本書紀』抄録部分を『日本書紀』本文と対比して、原則として原文に忠実な抄出態度であることを確認した上で、主に神武紀から応神紀までに、現行の『日本書紀』諸本に無い天皇の年齢記事などがみられることに注意する。例えば次のようなものである（『　』内が現行『日本書紀』諸本に無い記事である）。

①　孝霊三十六年正月「（上略）為二皇太子一。『年十九。日本紀無レ之。』」

②　崇神十四年「『伊豆国献二大船一。日本紀無レ之。』」

③　応神末紀「『辛未年　壬申年　已上、兄弟相譲、皇位已曠。見二于仁徳天皇紀一。』」

④　反正即位前紀「『或書云、身長九尺二寸五分、歯一寸一分云々。』」

このような異同について、柳氏は、原文に忠実な抄出態度を示す『日本紀略』編者が書き加えたということは考えられず、現行本とは異なる一本を利用したのであろうと論じられた(23)。確かに付加された年齢は、没年等からの推算とするには齟齬が多く、理解に苦しむ記事もあるが、『日本紀略』が原文にない独自の文字・語句を用いることもないわけではなく、現行の『日本書紀』諸本に見えない上記のような『日本紀略』の文は、『日本紀略』編者が加えたものとみてよいのではなかろうか。

(二)　後編

後編の抄録に際して、『日本三代実録』のあとを受けて編纂が始められたが未定稿に終わった「新国史」、あるいは「外記日記」などが基本的な史料となったであろうことが早くから指摘されていた(24)。平田俊春・木本好信両氏はそれらの逸文を蒐集して、『日本紀略』と比較検討し、『日本紀略』の依拠した史料に「新国史」「外記日記」等があることを実証的に論じられた。以下、平田・木本両氏の成果に基づいて述べていきたいと思うが、逸文との比較検討による参照の有無の判断には、難しい問題があることを注意しておかなければならない。すなわち、参照・引用関係を考える場合、まず文章の類似が判断の基準になるが、文章が似ているからといって、『日本紀略』が直接「新国史」「外記日記」等を利用したとみることはできない。何らかの別の史料から孫引きしている可能性もあるからである。またその逆に文章は似ていなくとも、実際には参照していた可能性がある。逸文を引用する書物が、参考にした「新国史」「外記日記」等の文章を全て忠実に引くとは限らず、必要な部分を引用したり、取意文であったりすることがあるからである。逸文との比較にはこのような問題があることを前提として、叙述を進めることにしたい[25]。

(1)「新国史」

「新国史」逸文と『日本紀略』本文とを比較できる例に、次のようなものがある。

① 仁和四年八月十七日条

『日本紀略』十七日壬午、於二新造西山御願寺一、先帝周忌御斎会。准二国忌之例一。

「新国史」十七日、於二新造西山御願寺一、行二先帝周忌御斎会一。(『花鳥余情』[26])

② 寛平元年八月五日条

『日本紀略』五日甲子、先皇諡曰二光孝天皇一。於二西寺一修二其斎忌一。

「新国史」五日、官符、定二光孝天皇国忌一。同二十六日、始於二西寺一修二国忌一。(『師光年中行事』[27])

①は文章が類似しており、『日本紀略』が「新国史」を参考にしている可能性は高い。②の「新国史」逸文は取意文とみられ、そもそも比較することに問題のある例であるが、文言も内容も異なる。西寺における法会は「新国史」によれば二十六日に行われているが、『日本紀略』では五日としていることがもっとも大きな違いである。恐らく五日に光孝天皇の諡号と国忌に関する官符が出され、二十六日に斎忌が営まれたものであろう。下文で触れるように、『日本紀略』前編では関連する事柄については、別の日の出来事でも、その日付を省略して記事を続ける場合(合叙)

がある。②もその例とみることができるので、『日本紀略』が「新国史」を参考にしている可能性は否定できない。

(2)「外記日記」

『日本紀略』が「外記日記」を参照しているとみてまず間違いないのは、次のような例である。

① 応和元年十月二十五日条

『日本紀略』廿五日乙卯、発二遣山陵使柏原・後山階一。今日不堪田奏。来月上申酉日、杜本・当宗等祭也。勘二年々日記一、十一月朔日当二酉日一之時、被レ行二件両祭一之例不レ見。内蔵寮勘二申之一、十一月朔日当二酉日一、件両祭延引、次申酉、祭之例也。可レ依二件勘文一之由、被レ定了。

「外記日記」二十六日外記々云、来月上申酉、杜本・当宗等祭也。勘二年々記一、十一月朔日当二酉日一、件両祭例不二分明一。内蔵寮勘申云、十一月朔日当二酉日一、件両祭延引、以二次申酉一祭之例也。可レ依二件勘文一之由、被二議定一畢。十一月一日辛酉、当宗・杜本祭、可レ用二次申酉一之由、被二仰下一畢。依レ無二上申一也。（『年中行事抄』[28]）

この『日本紀略』の文は、「勘年々日記」という語がみられるので、「外記日記」を材料としていることは間違いないであろう。ただ日付が『日本紀略』は二十五日とし、「外記日記」逸文では二十六日とする。何れが正しいか、にわかには決しがたい。[29]

このように「外記日記」に取材したことがほぼ確実な記事もあれば、つぎのような例は判断が難しい。

② 天徳二年四月二十一日条

『日本紀略』廿一日壬申、賀茂祭。宣命、先例、内記付二内侍一奏聞。而内裏有二丙穢一、使不レ可二参内一。被レ尋二先例一之処、不レ見二宣命之事一。准二臨時奉幣之使一、不レ穢内記、於二陣外一書二宣命一、不レ経二奏聞一、付二使内侍一、令レ給二内蔵寮使一。料紙可レ請二左大臣家一者。

「外記日記」外記記云、天徳二年四月廿一日云々。蔵人為充召二大外記傳説於蔵人所一、仰云、賀茂祭宣命、内記付二内侍一所二奏聞一。昨日所二承行一。而今日内裏有レ穢、使不レ可二参入一。如レ此之時有レ所レ被レ行乎。傳説申下無二所見一之由上。仰云、准二臨時奉幣例一、以二不レ穢内記一、於二陣外一令レ書、不二奏聞一、付二使内侍一、令レ給二内蔵使一。但料紙以二左大臣家紙一可二充用一者。(『西宮記』[30])

両方の記述は確かによく似ており、『日本紀略』は「外記日記」を参照したもののように思われる。その一方、『日本紀略』は直接「外記日記」によったのではなく、別の史料に取材したものではなかろうかとの考えも抱かせる。「外記日記」逸文はほぼ原文に忠実とみなされるが、『日本紀略』は穢を「外記日記」にない「内」穢としていること、そして抄出にこれだけの文字数を費やすならば、もう少し「外記日記」の文を生かすように思われるからである。しかし後述する「抄出方法の問題点」の前編④⑤の例などをみると、六国史本文の文章を入れ替えたり、別の表現を用いている場合もあるので、これも「外記日記」を参考にしているとみるべきかも知れない。

そして逸文との比較の難しさを示すのが次の例である。

③　寛弘元年十月二十一日条

『日本紀略』廿一日辛丑、行二幸平野・北野両社一。

「外記日記」外記日記曰、(中略)寛弘元年十月廿一日、始有二行幸一。奉二幣帛一。(『菅家御伝記』[31])

これを比較して、「外記日記」が『日本紀略』の「記述の材料となったとは考えがたい」とする意見がある。[32] しかし『菅家御伝記』の記事は、「この日の「外記日記」に、北野社に始めて行幸し、幣帛を奉じたことが見える」といった趣旨の、まさに取意文とみるべきであろう。したがって『日本紀略』が「外記日記」を参考にしている可能性を否定することはできないと思う。

以上、平田・木本両氏の研究を参考に、『日本紀略』編纂の材料として「新国史」「外記日記」が用いられた可能性についてみてきた。逸文特有の問題として、忠実に引用されているか、取意文であるかによって、比較する上でいろいろな問題があり、参照の有無を論ずることには慎重でなければならないと思うが、少なくとも有力な史料とされたことは間違いないであろう。

(3) その他

この他、本文中の主に分注の形で、「御記曰」(『宇多天皇御記』)「見重明記」(『李部王記』)「水心日記曰」(『清慎公記』)「子細見于外記日記」「外記日記曰」「或記曰」「或本」などと記されている例がある。あるいは後人の注記とみるべきかも知れないが、主に本文に対する異説を示しているので、本文はそれ以外の史料から取ったものである。公家の日記などが有力な材料になったと思われるが、具体的に指摘することは難しい。

五　内容と価値

(一)　前　編

前編は六国史の抄出であるので、六国史の本文が伝えられている部分では校訂の役に立つ程度とも言えるが、『日本後紀』の散佚した本文を知る上で、『類聚国史』と並んで貴重な史料となっていること、また本文が伝わる『続日本紀』においても、現行本にはない「藤原百川伝」が引用されていたり、藤原種継暗殺・早良親王廃太子に関する記事が削除される前の『続日本紀』から引用されていることは上述のとおりである。そのほか、僅かではあるが、六国史の本文には見られない増補もなされている。例えば、

① 『日本書紀』では記事のない年次でも年次を加え、かつ毎年年頭に干支が記されていること。

② 天皇に関わる年齢、主に立太子の年齢が注記されている場合があること。

③ 即位前紀にあたる部分には、六国史以外の記事が補筆されている場合があること。

などであり、六国史が伝存している部分（前編）でも、校訂の史料としてだけでなく、参照するに十分な価値をもっているのである。

また六国史を機械的に抄出するだけでなく、編者が独自の見識をもって抄出していたことをうかがわせるところもある。たとえば、坂本太郎氏が指摘するように、聖武紀と孝謙紀の境目が『続日本紀』では不明瞭であるのに対し、『日本紀略』では天平感宝元年（天平勝宝元年）七月二日の皇太子受禅の記事で聖武紀を終え、同二年正月朔日から孝謙紀を始めている。[33]あるいは、『日本後紀』で桓武天皇没後、平城天皇即位に伴い延暦二十五年を大同元年と改めたことについて、『日本後紀』編者は踰年称元の礼に悖る非礼と指摘しながらも、延暦二十五年の表記を用いず、年始から大同元年としているが、『日本紀略』では桓武紀の終わり（三月丁亥二十三日条）までは延暦二十五年とし、平城紀では、即位前紀に続く三月辛巳十七日条の桓武崩御・剣璽を東宮に奉る記事から大同元年としている。『日本紀略』編者は『日本後紀』における指摘を踏まえたものであろう。

このような年次表記の改訂は、『日本書紀』部分の原文に記載のない年次についてもその年の干支と年次を記載している例とあいまって、『日本紀略』編者が年代記としての側面を強く認識して抄出・整理していた証左ではなかろうか。天皇の治世を時期区分の基準とするため、その交替時期を明確にする意図を示すものであろう。

㈡ 後　編

後編の記事は比較的簡略ではあるが、六国史以降の編年体の史書として、「新国史」などがまとまった形で伝わらない今日、他に見ることのできない独自の記事が多く、その価値の高さについてはあらためて言うまでもない。たとえば、史上に著名な寛平六年のいわゆる遣唐使を停止するという出来事の唯一根本の史料は『日本紀略』の「其日、停二遣唐使一。」という記事にあるのである（後述）。記述は支配層の動向を中心とし、その死没を丹念に記していることも目立つ特徴の一つであるが、社会の動き、民間の巷説についても興味深い記事がある。疾病が流行していた頃の正暦五年の五月十六日条には、「左京三条南油小路西有二小井一。狂夫云、飲二此水之一者、可レ免二疾病一者。仍都人士女挙首来汲。」、六月十六日条に、「公卿以下至二于庶民一、閇二門戸一不二往還一。依二妖言一也。」など、噂から御霊会を修するに至る状況が記されている。現代にもみられる語呂合わせに類した、長和三年（甲寅）五月五日庚寅条の「東西京貴賤挙首参二広隆寺一。人云、寅年五月五日庚寅日、薬師如来奉レ安二置此堂一之故也。」といった記事は、聖徳太子信仰との関わりでも注目される。また承平・天慶の乱をはじめ乱れつつある東国の動静を知る上でも重要な史料を提供している。もちろんこれらは筆者の関心や思いつくままに記したもので、本書の史料的な価値が極めて高いことは言うまでもなく、興味が尽きない史料である。

しかしながらこのように価値の高い『日本紀略』であるからこそ、その記事には吟味が必要であることもまた指摘されている。例えば和田英松氏は「事実の重複したるもの、干支日時の錯誤したるものも少からず」と述べ[34]、坂本太郎氏は『日本紀略』にみえる「延喜格」施行年時についての疑問を論じ、「編者みずから数種の書から適宜に抄出編纂したのではあるまいか。したがって、そのさいに、或いは年月の数字を誤り、或いは年号を混同して、かなり記事に混乱を生じさせた恐れがあるのではあるまいか。かりに(中略)醍醐天皇一代の間に見ると、その記事には実に次のような多くの衍文・錯簡が求められる。」として、一二例をあげ、「このような明瞭な形を取らぬ衍文錯簡も見遁されてなお多々存するであろうかと思われる。」と述べておられる[35]。醍醐天皇紀に限っての指摘であるが、後編の全てにわたって留意すべき事柄である。

このような『日本紀略』を評して、しばしば「杜撰」という言葉が用いられている。そこで以下に後編に関わる問題点のいくつかをあげてみることにしたいと思う。但し後編については、典拠となる史料が明らかでないため、抄出の状況を知ることはできない。そこで明らかに六国史を典拠とした前編ではどのような抄録がなされているのか、考えてみたい。たとえ編者が別人であったにしても、また時期が異なるにしても、抄録という作業に通有の問題を考える参考にはなると思う。

六　抄出方法の問題点

㈠　前　編

前編は六国史の抄出であるので、六国史の本文と比べることによって『日本紀略』の抄出の方法ならびに問題点を知ることができる。『日本紀略』前編、主に『日本書紀』『続日本紀』部分を対象として、丹念に比較検討を加えられた柳宏吉氏は、紀略は原文の表現に忠実であって、原文にない記述を補うことはまずないこと、また字数はつとめて少なく、しかも趣旨は誤らず伝えることに意を用いたこと、といったことを指摘されている。(36) しかし、柳氏の一連の研究における原文との比較をみても、実際には文字や文章を変えることが見られる。いくつか例をあげてみると、次のごとくである。

(1)　文字・文章を改めている例

①　『日本書紀』部分では、天皇の和風諡号を原則として漢風諡号に改めている。

②　「山背」国を平安京遷都に伴う改称以前でも「山城」国とし、「冷然院」をすべて「冷泉院」に作る。「冷然院」が「冷泉院」に改称されるのは天暦八年のことである。

③　天平勝宝六年正月壬子条
『続日本紀』「御二大安殿一」を『日本紀略』「御二大極殿南院一」とする。

④　貞観九年五月二十九日条

『日本紀略』廿九日丁卯晦、大二祓朱雀門一。依二月次祭神今食一所レ祈也。宮城京邑病苦死喪者衆。仍有二大祓一。

『日本三代実録』廿九日丁卯晦、六月十一日可レ修二月次神今食之祭一。而宮城京邑病苦死喪者衆。仍大二祓於朱雀門前一。

⑤　天安二年九月三日条

『日本紀略』三日辛酉、（中略）今日、遣二使於近陵諸寺〔原作司〕一、各修二功徳一。依二晏駕之後、初七日一也。自レ此之後、毎レ値二七日一、於二京辺諸寺一、修二転念功徳一。

『日本三代実録』三日辛酉、（中略）是日、大行皇帝晏駕之後、始盈二七日一。遣二使於近陵諸寺一、各修二功徳一。自レ此之後、毎レ値二七日一、於二京辺諸寺一、修二転念功徳一。

④⑤のような改変がなぜ行なわれているのか、よく分からない。同じような字数を費やすのであれば、もう少し本文を生かしても良いように思われる。

このように、前編においても編者が原文に改変を加えている例も多い。そしてそれだけでなく、抄出に際しての誤りや、抄録した結果、原文の意味を損なうという問題を残す例も少なくないのである。後編の問題を考える参考として、具体例をあげて検討を進めることにしたい（紙幅の関係から代表的な例をあげるに止める）。なお、以下の引用で六国史の本文を掲げる場合、【　】内は『日本紀略』が省略したことを示す。

(2)　単純な誤脱・錯簡の例

①　『日本紀略』和銅元年秋七月甲辰、授位。

『続日本紀』では、「七月甲辰、隠岐国霖雨大風。遣レ使賑二恤之一。乙巳、召二一品穂積親王（中略）等於御前一（下略）」とあり、乙巳条では、穂積親王らに勅して、職務に精励すべきことを令し、阿倍宿奈麻呂らに位階を授けたことが記されている。『日本紀略』は「乙巳」を見落とした単純な誤りであろう。この種の誤りは多い。

②『続日本紀』天平神護元年二月乙丑、和泉・山背【・石見（中略）多褹】等国飢。並加二賑恤一。是日、【賜下与レ賊相戦及宿二衛内裏一檜前忌寸二百卅六人、守二衛北門一秦忌寸卅一人、爵人一級上。丙寅、（中略）】大宰少弐従五位下紀朝臣広純左二遷薩摩守一。

『日本紀略』は丙寅の紀広純左遷記事を誤って乙丑是日としてしまった。そこで、大系本では「是日」を「丙寅」に改め、頭注に「丙寅、原作是日、拠続紀改」と記す。神護景雲二年正月壬子条などにも同様の例をみることができる。

大系本では前編校訂に際して月や日（干支）を補っている例は多く、大同元年六月己亥条頭注に「己亥条、現在五月紀末、拠後紀移于六月紀」といった例を多く見出すことができる。単純な誤りと言えると思うが、後編で日付は他の史料と一致するが月が異なるという例が見受けられるのも、このような抄出に際しての単純な見誤りあるいは不注意に基づくものと推測される[37]。

(3)　合叙する例

内容が一連の記事では、数日に亘る場合でも途中の月・日（干支）を省略して文章を続けている。意図的な省略と思われる。

①『続日本紀』天平九年二月己未、遣新羅使奏下新羅国失二常礼一不上レ受二使【旨一】。於レ是、召二五位已上、并六位

已下官人【惣卅五人】于内裏一、令レ陳二意見一。【丙寅、諸司奏二意見表一。】或言遣レ使問二其由一。或（紀略作旨）【言】発レ兵加二征伐一。

②『続日本紀』延暦八年十二月乙未、皇太后崩（紀略作薨）。【丙申、（中略）】天皇服二錫紵一、避二正殿一、御二西廂一。率二皇太子及群臣一挙哀。百官及畿内以二三十日一為二服期一。【（中略）明年正月（中略）】壬子。葬二於大枝山陵一。（下略）

③『日本三代実録』貞観十四年五月十七日丙戌、【勅】遣二【正五位下行】右馬頭在原朝臣業平一、向二鴻臚館一、【労二問渤海客一。十八日丁亥、勅遣二左近衛中将従四位下兼備中守源朝臣舒一、向二鴻臚館一。】検二領楊成規等所レ齎渤海国王啓及信物一。（中略）廿日己丑、内蔵寮與二渤海客一【廻二易貨物一。廿一日庚寅、聴下京師人與二渤海客一】交関上。

③の例は同語により目移りした誤脱ではなく、重出する同じ言葉を利用した意図的な省略であろう。しかし二日に亘るできごとをあたかもその日の出来事のごとく記す、問題のある抄出法であることは言うまでもない。

(4) 原文を誤解した抄録、誤解を招く抄出の例

①『続日本紀』養老四年三月丙辰、以二中納言正四位下大伴宿禰旅人一、為二征隼人持節大将軍一。授刀【助従五位下笠朝臣御室・（中略）為二副将軍一】。

②『続日本紀』天平十五年七月癸亥、行二幸紫香楽宮一。以二左大臣橘宿禰諸兄・知太政官事【鈴鹿王・中納言巨勢朝臣奈弖麻呂一為二留守一】。

③『続日本紀』宝亀二年十月己卯、【太政官奏、武蔵国（中略）改二東山道一属二東海道一、公私得レ所、人馬有レ息。奏】可。授二正六位上英保首代作外従五位下一。以レ構二西大寺兜率天堂一也。

④『文徳天皇実録』天安元年二月壬辰条

左大臣【従二位】源朝臣信抗表曰、【（中略）（紀略作云々）】勅答不レ許。【癸巳、権大納言正三位安倍朝臣安仁抗表曰、【（中略）（紀略作云々）】。】

依二上表懇至一、聴二其所一レ請。

①について「紀略としては異例の巧妙な抄録(38)」とする意見もあるが、果たして授刀助の意味を理解した上で略したのか、疑問。②も同じく橘諸兄が太政官のことを知らしめたかのごとく誤解してしまうし、③は〈授く可し〉と誤読したのではなかろうか。④の〈上表懇至に依り、其の請ふ所を聴〉されたのは安倍安仁であるが、これではあたかも源信の上表を対象としているかのごとく誤解してしまう。

(5)　係けられた日付とそこに記された出来事の実際に起こった日とが違う例

①『続日本後紀』承和二年三月辛酉、【下総国人（中略）物部匝瑳連熊猪改レ連賜二宿禰一。又改二本居一貫二附左京二条一。昔物部小事大連錫二節天朝一、出二征坂東一、凱歌帰報。藉二此功勲一、令レ得下於二下総国一始建二匝瑳郡一、【仍以為上氏。是則熊猪等祖也。】

『日本紀略』の抄録「承和二年三月辛酉、下総国始建二匝瑳郡一。」では、あたかも承和二年に匝瑳郡が建郡されたかのような誤解をしてしまう。大系本の頭注で注意を促しているが、実はこのような抄出の仕方がもっとも問題で、読者に解釈を誤らせることになるのである。それはまた『日本紀略』に限らずある書物・史料などから記事を抄出する場合に犯しやすい誤りでもある。そしてこの例のように、その基づいた史料（『続日本後紀』）や他に参考すべき史料があれば、一目瞭然となるのであるが、もしそれがない場合―後編の独自記事については、このような抄出の危険性があることを常に念頭においておかなければならないのである。しかしながらこのような後世の利用者からすれば大きな問題となる抄録の仕方も、抄録者にとっては、あまり意に介する問題ではなかったのかも知れない。もしその出来事の詳しい状況を確かめたければ基づいた書物を繙けば良いからである。

以上、前編における抄出に問題のある事例を上げた。これらはもちろん代表的なものに過ぎず、年・月・日の誤りもしくは省略、錯簡、重出衍文など、さまざまな問題があるが、大系本の頭注に詳しく記されており、いちいちの挙例は控える。これらはしかしながら、典拠となった六国史の大部分が現存しているので、あまり問題を感じないかも知れない。しかし典拠が明確でない後編では、特に他書を参照し得ない記事について、抄出という作業にともなう上記のようなさまざまな問題が含まれている可能性があり、慎重な対応が必要であることを物語っている。ある史料を、原文の意を損なわずに抄出したり要約したりするのは、実は難しい。『日本紀略』編者も相当に苦心したであろうが、やはり問題点は多いのである。

(二) 後　編

後編の部分は、『大日本史料』の第一編・第二編に基本史料として利用されているが、独自の記事以外で、他の史料とともに引用されている例をみると、しばしば記述が相違している例を見出す。それは年月日であったり、内容であったりする。そして中に『日本紀略』の誤りと思われる例も少なくない。いくつか具体例をあげると次のようなものである。

(1) 年月日の誤り

① 年の誤り

『日本紀略』長保元年二月七日辛卯、(中略)興福寺別当真喜入滅。或云廿日。

『権記』等によれば、真喜の入寂は長保二年二月七日のことである（『大日本史料』二編之三、同日条参照）。

②　閏月の脱落

『日本紀略』延喜元年六月廿九日癸卯、雷雨。立レ陣。

『新儀式』『西宮記』等によれば閏六月二十九日己酉が正しい（『大日本史料』第一編之二、同日条参照）。

③　月の誤り

『日本紀略』天慶元年三月二十五日、中納言従三位平朝臣時望薨。

『貞信公記』では天慶元年二月二十五日条に「平中納言薨。」とある。

④　日の誤り

『日本紀略』昌泰元年二月八日戊申、詔減二服御常膳等物四分之一一。

『類聚三代格』巻一〇所収詔の日付は「二月廿八日」で、同日は戊辰にあたる。

⑤　日と干支の相違

『日本紀略』

寛平五年十一月三日甲辰。五畿七道神社各増二位一階一。

寛平九年十二月三日甲辰。奉レ授二五畿七道諸神三百卌（冊イ）社、各位一階一。

同じ『日本紀略』内部における問題であるが、他の史料からみて寛平九年とするのが正しい（『大日本史料』第一編之二、同日条参照）。寛平五年条は、採録に際して、十二月三日甲辰を十一月三日甲辰に誤り、これをさらに誤って五年に係年したものであろう。ちなみに五年十一月三日は丁卯にあたる。後編には日と干支とが異なる例が相当数見られるので、『日本紀略』に独自の記事の場合には特に注意する必要がある。

(2) 記述内容の誤りの例

他書と比較して『日本紀略』の記述の内容に誤りがあるとみられる例に次のようなものがある。

① 延喜元年十一月十九日条

『日本紀略』依二内裏穢一、停二新嘗会一。

『政事要略』『北山抄』いずれも穢あるも新嘗会を行なうとする（『大日本史料』一編之三、同日条参照）。

② 延喜十二年正月三日条

『日本紀略』天皇幸二仁和寺一、拝二賀法皇一。

『貞信公記』には「依二御体御卜一、停二止行幸一。」とある。

③ 延長二年九月九日条

『日本紀略』止二重陽宴会一。依三諸国申二不堪田一也。

『貞信公記』は「節会如レ例。」とし、『撰集秘記』も「猶宴。」とする（『大日本史料』第一編之五、同日条参照）。

いずれも『日本紀略』の伝える記事の内容に疑問が抱かれる例である。それでもこれらは他に比較参照する史料があるからよいが、他書に徴証のない、あるいは比較参照すべき史料のない『日本紀略』独自の記事については、一層注意が必要となるのである。

(3) 重複記事の例

すでに坂本太郎氏が醍醐紀についてだけでも、藤原明子崩御（昌泰二年五月二十二日・同三年五月二十三日）をはじめ一二例にのぼる重複記事を指摘されている。[39] このうち一一例については他の史料で、一方が誤りであることが確かめられるが、残りの一例については他に伝える史料がなく、何れを是とすべきか（或いは何れも誤りか）判断がつかない。次の記事である。

① 延喜十一年十二月十八日戊辰、大学寮行二晋書竟宴一。

同　十三年十二月十五日壬午、（中略）大学寮有二晋書竟宴一。

この他にも、

② 寛平七年十二月十六日戊戌、従三位藤原栄子薨。

寛平八年十一月七日癸未、従三位藤原栄子薨。可尋之。

③ 貞元二年三月二十八日己丑、東宮（師貞。のちの花山天皇）初読書。于レ時太子御二坐閑院東対一。学士権左中弁菅原朝臣輔正、尚復文章生藤原為時。

（花山院即位前紀）貞元二年四月二十八日、始読書。

などの例は他書に徴証がないため、どちらとも判断しかねる例である。また、

④ 天徳元年七月二十日乙巳、（中略）今日、大唐呉越国持礼使盛徳言上レ書。

同　三年正月十二日戊午。大唐呉越持礼使盛徳言上レ書。

も同事重出の可能性が高い。

(4)　係けられた日付と実際の出来事の起こった日が異なる例

① 『日本紀略』寛平九年七月二十二日条

地震。豊楽殿幷左近衛府屋上鷺鳥集。陸奥国言下安積郡所レ産小児、額生二一角一、角亦有中一目上。出羽国言二秋田城甲冑鳴一。

『扶桑略記』裡書・寛平九年条

外記日記云、七月三日丙子、（中略）外記々、廿二日乙未、有二御卜一。先レ是、陸奥国言下上安積郡所レ産女子児、額生二一角一、角有中一目上。出羽国言二上秋田城甲冑鳴一。大極殿豊楽殿上・左近大炊屋上鷺集事等也。

「外記日記」によれば、これより以前に陸奥・出羽等の国から異変が伝えられたので、この日に御卜を行ったという。ところが『日本紀略』では「先是」を省略し、御卜が行われたことも記されていない。いかにも七月二十二日に陸奥国や出羽国から言上されたかのようにみなされるので、日付には誤解を招く恐れがある。記事の順序がずいぶんと異なるので、『日本紀略』が直接「外記日記」に取材したと断定してよいかは疑問が残るが、『日本紀略』が「先是」を省略しているのは、問題であろう。

② 『日本紀略』延喜九年十二月四日条

四日。大神祭。用二上卯一。

『本朝月令』四月・上卯日大神祭事

延喜九年外記日記云、十二月乙丑〔四日〕、右大臣参二入内裏一、有二官奏事一。又今月有二三卯一。以二十八日己卯立春一、而大神祭依レ例、擬レ用二中卯一。荷前之事、自可レ為二立春之後一也。因レ之右大臣仰二大外記菅野吉平〔公伊イ〕令一勘申一。（中略）因レ之右大臣奏定云、此冬大神祭、以二六日上卯一可レ令二奉仕一之状、於二陣頭一被レ召二仰左大史丹波岑行一已了。

『日本紀略』では、いかにも四日に大神祭が行われ、それは上の卯の日であったと受け取れるが、「外記日記」によれば、四日は大神祭を上卯（六日）に行うべき事が決められた日なのである。ちなみに『日本紀略』には六日の記事はない。

①②のようなことは抄出に際してありがちなことで、前編の問題で取り上げた『日本紀略』承和二年三月辛酉条「下総国始建二匝瑳郡一。」の例と同じである。しかし利用に際して、もっとも注意しなければならないのが、このような例である。これは例えて言えば、『小右記』本記と『小記目録』との関係のようなもので、『小記目録』の記事は、必ずしもその日の出来事ではなくても、その日の『小右記』本記に見えている記事をメモとして抄録しているに過ぎない。詳しい事情を知りたければ、本記を参照すればよいのである。『日本紀略』に関連する一例をあげると、次のような記事がある。永観元年に内膳司の平野・庭火御竈釜が盗まれるという事件があり、御卜が行われ、陰陽師に厭術を行なわせて、その出現を祈らせたことがある。『小記目録』御物紛失事には、

永観元年十月六日、内膳司釜二口紛失事。

とある。これだけではこの日に釜を紛失したかのごとく思われるが、関連する史料をあげると、次のごとくである。

『日本紀略』永観元年十月一日癸未、卯剋、内膳司平野・庭火御竈釜被二盗取一了。九日辛卯、被レ行二御卜一。依二竈釜紛失事一也。

『小記目録』軒廊御卜事　永観元年十月九日、有二御占一事。

つまり十月一日に釜が盗まれ、六日にその対策が協議されて御卜を九日に行なうことが決められ、予定通り九日に御卜が行われたというのが、一連の経緯であると思う。もし『小記目録』御物紛失事の記事だけが伝わったとすれば、十月六日に釜が紛失したと誤解してしまうであろう。このような例は『日本紀略』利用に際しても常に念頭において

おくべきことである。[40]『大日本史料』が『小記目録』のみによって条文を立てる場合、わざわざ「是ノ条、小記目録ニ拠リテ掲書ス」と注記する姿勢は、『日本紀略』利用にあたっても取るべき態度である。

(5)「其日」記事

最後に『日本紀略』後編に特徴的な記事として「其日」記事を取り上げることにしたい。『日本紀略』には、一日に複数の異なる記事を列記する場合、「是日」「此日」「今日」「同日」と並んで、「其日」「某日」という表現が七〇余例ある。例えば、

① 天延元年二月廿九日甲寅、季御読経終。其日、内大臣女藤原媓子入内。

② 寛仁三年三月廿五日壬午、皇后宮落餝為レ尼。(中略)某日〔其イ〕、師明親王於二仁和寺一出家。于レ時童稚也。

とある。②の師明親王の出家は前年の八月二十九日のことである。[41]『日本紀略』編者には出家の年月が明らかでなかったため、母である皇后娍子の出家の文に合叙したものと推測される。すなわちこれら七〇余例を検討すると、「其日」記事は某日つまり「ある日」の意味で用いられているのであって、是日と同義と解してはならないのである。

「其日」記事でもっとも有名なものは、いわゆる遣唐使停止記事であろう。史上に著名なこの出来事を伝える記事は『日本紀略』の次の記事が唯一のものである。すなわち寛平六年九月条の末尾には、

卅日己丑、大宰府飛駅使来、言下上打二殺新羅賊廿人一之由上。賜二勅符於彼国一令二警固一。是日、授二対馬嶋上県郡正五位上和多都美神・下県郡正五位上平名神並従四位下一、正四位下多久豆神正四位上、従五位上小坂宿禰名神正五位下、正六位上石剣名神従五位下。其日、停二遣唐使一。

とある。ここに三つの出来事が記されている。このうち、三十日の出来事は①大宰府からの報告と②「是日」とある

対馬の諸社への授位であって、「其日」を是日と理解して九月三十日に遣唐使が停止されたとみることは誤りである。そしてこの「停二遣唐使一」という言葉は、九月十四日に上奏された道真の「請レ令三諸公卿、議二定遣唐使進止一状」[42]の中に「停二入唐之人一」という文言があり、おそらくその文章からとったものと推測されるのである。このような抄録は十分あり得ることで、あたかも前編の問題で触れた、『続日本後紀』承和二年三月辛酉条を「下総国始建二匝瑳郡一」とのみ抄録した姿勢、あるいは後編の(4)で取り上げたような問題に通じるものがあると思うのである。いずれにせよ、「其日」を三十日とみることは誤りで、これらのことから、筆者は遣唐使派遣について、朝議で停止を決定したという事実は無く、道真の上奏を受けたものの、再検討の結論が出されぬまま、立ち消えになったものとみている[43]。

このように、「其日」に始まる記事には十分な注意が必要なのである。

むすび

以上、大系本『日本紀略』についての書誌ならびに問題点について概要を述べてきた。後半ではもっぱら『日本紀略』の「杜撰」を強調した感があるが、これらは『日本紀略』の史料的価値が高い故に利用には慎重な態度が必要であることを述べたかったからに他ならない。また『日本紀略』に類した編年体の史書である『扶桑略記』『百錬抄』『本朝世紀』などとの関係にも触れることができなかった。注ならびに後掲の参考文献を参照していただきたい。

註

(1) 『日本紀略』についての書誌・研究史・編纂史料などについては、平田俊春『私撰国史の批判的研究』第一篇「日本紀略および本朝世紀前篇の批判」(国書刊行会・一九八二年)に詳しい研究があり、本論文でも拠るところが大きい。

(2) 『本朝書籍目録』(『群書類従』雑部所収。続群書類従完成会版第二八輯)。同目録は、和田英松『本朝書籍目録考證』(明治書院・一九三六年)二四〜二六頁などによれば、建治三年(一二七七)〜永仁二年(一二九四)の間に編纂されたとみられている。

(3) 和田英松(前掲書)二四〜二五頁。

(4) 山崎知雄『校訂日本紀略』の凡例にみえる説であるが、異論もある。平田俊春(前掲書)参照。なお幕末・明治の国学者谷森善臣は、文久二年書写本(宮内庁書陵部蔵。架号:三五一―六五二。五冊)第五冊の末に次のように記している(識語全文は注5参照)。「抑扶桑略記古写本世有二二部一。一部為三僧皇圓所二輯録一、一部為二此略記一。不レ知二誰人略抄一、蓋同号而異書也。是以慶長已来学者題二此書一為二日本紀略一。」と、〈慶長已来ノ学者〉云々と述べている。

(5) 架号:三五一―六五二。五冊。第五冊の末に次のような文久二年五月の谷森善臣の識語がある(句読点・返り点―石井)。

一日侍二粟田青蓮院宮一、拝二観其府所蔵扶桑略記古写数十巻一。最初起二神代上下巻并神武天皇以後略記一至二後一条帝略記一。中間住々有二欠巻一。然而文武天皇以後略記、世間或有二古写本存一。特持統天皇以前略記世為レ所レ未二曾見一、欣喜不レ措。得二尊融法親王恩許一、雇レ筆謄写合為二五冊一。抑扶桑略記古写本世有二二部一。一部為三僧皇圓所二輯録一、一部為二此略記一。不レ知二誰人略抄一、蓋同号而異書也。是以慶長已来学者題二此書一為二日本紀略一。是諸家所蔵古写本巻中多不レ置二題号一、唯外簽書二扶桑略記一耳。此古写本亦同。故今不レ依二原本外題一、褾紙書云二日本紀略一爾。」

同写本は、体裁・朱注などすべて久邇宮本と一致する。久邇宮本と粟田青蓮院宮蔵本との関係は不明であるが、同じ本を指している可能性が高い。

(6) 例えば、無窮会所蔵神習文庫本(架号:一二三九番)には「自仁和三年至延長八年」と外題され、内題にも「朽木本日本紀略」とあるが、実際は『扶桑略記』である。また静嘉堂文庫所蔵五冊本(架号:七一函―四一架一〇一四九番)の第一冊は宇多紀・醍醐紀を収め、「日本紀略巻之二」と内題された宇多紀の冒頭余白に、「土州谷垣守カ扶桑略記ノ一本ニ、此本略記ニアラス日本記畧ナリトアリ。以是為後考写シテ日本記畧ノ上ニ附ス。追テ可糺之。」とある。しかしこれもまた実際は『扶桑略記』である。この他、宮内庁書陵部蔵（架号：二五四―二〇四。一冊）本も同様の体裁と内容の写本である。

（7）東京大学史料編纂所に宇多紀のみの『日本紀略』（架号：二〇四〇、二／一五。一冊）がある。同本の奥識語に、「大正四年六月十一日水谷川本三代実録〈自光孝至宇多〉冊五之五十ヲ以テ校合了／田中敏治」と記されている。久邇宮家旧蔵本では大系本の「前篇」にあたる冊には六国史の各書名が外題されており、光孝・宇多紀を収める第二十冊には「三代実録〈自光孝至宇多〉冊五之五十」と記されている。したがって史料編纂所本の識語にいう「水谷川本三代実録」とは久邇宮家旧蔵本と同じ体裁の『日本紀略』写本ということになる。そして同識語には水谷川本を以て校合したとあるので、本文は別本を書写したものとなり、恐らく久邇宮家旧蔵本と思われる。なお、和田氏前掲書には、「水谷川男爵家に伝はりたる写本には、神代より、持統天皇に至るものと、宇多天皇一代の紀とあり。」云々とある（二五頁）。「水谷川本三代実録」と「水谷川男爵家」本『日本紀略』とは同じものを指しているとみて間違いないが、久邇宮家旧蔵本との関係などについては、今のところ不明とせざるを得ない。ちなみに岩橋小弥太氏によれば、久邇宮家旧蔵本は一時期史料編纂所に保管されていたことがあるとのことである（『増補　上代史籍の研究』上巻　吉川弘文館・一九七三年、三四二頁）。

（8）大系本の底本である久邇宮家旧蔵本も醍醐紀以降は『扶桑略記』と外題されている。また史料編纂所蔵勧修寺本『扶桑略記』（架号：二〇四〇、二／二。一冊）の中に「扶桑略記　第五」と外題されて、実は『日本紀略』村上紀が綴じられている。宮内庁書陵部蔵（架号：二〇七―四〇一。一三冊）本の第六冊以降も「扶桑略記」と外題されている。この他、筆者は実見していないが、平田俊春氏は彰考館蔵本に『扶桑略記』と題されて実は『日本紀略』写本という例をあげられている（前掲書二八頁）。

（9）西本昌弘「『日本後紀』の伝来と書写をめぐって」（『続日本紀研究』三一一・三一二合併号、一九九八年）、参照。

（10）坂本太郎ほか「座談会『新訂増補 国史大系』校刊の沿革（上）」（『日本歴史』一九八号・一九六四年）九〜一〇頁、参照。

（11）宮内庁書陵部編『図書寮典籍解題』歴史篇（養徳社・一九五〇年）三一頁。

（12）坂本太郎『六国史』（吉川弘文館・一九七〇年）三五五〜三五六頁。

(13) 筆者が実見した中では、嘉永七年（一八五四）三月の奥付を持つ本がもっとも古い。それは醍醐紀から村上紀まで四冊本で、その奥付には「自冷泉紀至後一条紀十冊嗣刻」とある（静嘉堂文庫蔵本。架号：七一函四一架一〇一四七番）。あるいは校訂終了後、まず嘉永七年に村上紀まで四冊が版行され、以後続刊されたもののごとく思われる。その後の万延元年（一八六〇）本は全十四冊である。なお現在、無窮会神習文庫に山崎知雄の本書自筆校本が所蔵されている（架号：二二三〇番）。天保十五年正月に自ら書写した本に、弘化から嘉永にかけて諸本をもって校正し、注記が加えられている。

(14) 阿部猛『尾張国解文の研究』（新生社・一九七一年）二四三頁参照。

(15) 例えば、岩橋小弥太（前掲書）三四〇頁。

(16) 例えば、宮内庁書陵部編（前掲書）二九頁。

(17) 平野博之「日本紀略の日本後紀薨卒記事の抄録について（上）」（『下関市立大学論集』二四巻三号・一九八一年）六二頁。

(18) 坂本太郎『史書を読む』（中央公論社・一九八一年）四五頁。

(19) 似たような例に、元慶六年十一月十六日条があり、『日本三代実録』にない「是日」という語が『日本紀略』には加えられている。

(20) なお、坂本太郎氏は、「政府の記録を閲覧する便のある人」（『日本の修史と史学』五六頁〔至文堂・増補版一九六六年。初版一九五八年〕）と言われ、柳宏吉氏は、「ある官司あるいはある官職が政務の参考にするために、自分たちの仕事に関係のある記事だけを抄録しようとしたものではなかろうかという気がする。（中略）例えば蔵人所あたりで作ったのかもしれない」（「日本紀略の続日本紀抄録について」〔『続日本古代史論集』中巻〔吉川弘文館・一九七二年〕七三七頁）と推測されている。

(21) 坂本太郎『六国史』（前掲）三五六頁。

(22) 木本好信「『本朝帝紀』と藤原敦光」（『平安朝日記と逸文の研究』桜楓社・一九八七年）参照。

(23) 柳宏吉「日本紀略の宝算の記し方」（『歴史教育』九巻五号・一九六一年）をはじめ以下の一連の論文で主張されている。「日本書紀にみえない日本紀略の記述について」（『続日本紀研究』八巻一～四号・一九六一年）、「日本紀略の拠った書紀」

(『熊本史学』二一・二二号、一九六一年)、「現行と異なる日本書紀一本の存在について」(『日本歴史』一五九号・一九六一年)等参照。このような柳氏の説に対して、伊野部重一郎氏が「日本紀略の宝算について―柳宏吉氏の所論を読む―」(『続日本紀研究』一〇巻二・三合併号、一九六三年)において疑問を呈し、『日本紀略』編者の付記したものであろうことを論じたが、柳氏はさらに「日本紀略の原拠について―伊野部重一郎氏の批判に接して―」(『続日本紀研究』一三七~一四一号・一九六七~六八年)で自説を重ねて主張されている。

(24) 木本好信氏は、平田俊春氏の研究(前掲書所収論文)を受けて、既刊・未刊の史料を博捜し、「外記日記」逸文を蒐集された。その成果は『平安朝日記と記録の研究』(みつわ・一九八〇年)第一章第一節「外記日記の研究」及び『平安朝日記と逸文の研究』(桜楓社・一九八七年)第一章「『外記日記』について」参照。

(25) 木本氏も、「比較に用いている条文(逸文―石井注)はある部分の抄出、または取意文等になっていることから、一概に対照してその関係をどうのこうのと論じるのは危険でもある」と述べられている(『平安朝日記と逸文の研究』〔前掲〕三四頁)。

(26) 『花鳥余情』十九・若菜上所引。平田俊春(前掲書)五二頁、参照。

(27) 『師光年中行事』八月二十六日国忌事(『続群書類従』公事部所収。続群書類従完成会版第一〇輯上)所引。平田俊春(前掲書)五二頁、参照。

(28) 『年中行事抄』四月上酉日当宗祭事の条(『続群書類従』公事部所収。続群書類従完成会版第一〇輯上)所引。木本好信『平安朝日記と記録の研究』(前掲)六頁、参照。

(29) 木本氏はこの両者を比較して、「山陵使発遣と不勘佃田奏の記事は『外記日記』に見えず、他の記録によったことが推測される」(五四頁)と述べておられる。しかしながら『年中行事抄』は杜本・当宗等祭に関連する部分だけを引用したのであって、もともとの「外記日記」にその他の記事がなかったと断定することはできないであろう。

(30) 『西宮記』巻五所引。木本好信『平安朝日記と記録の研究』(前掲)六頁、参照。

(31) 『菅家御伝記』(『群書類従』神祇部所収。続群書類従完成会版第二輯)所引。

(32) 木本好信『平安朝日記と逸文の研究』(前掲)三四頁。

(33) 坂本太郎『六国史』(前掲)三五三頁。但し整合性を求めた結果、その間の記事の脱落につながってしまったことも、あわせて指摘されている。

(34) 和田英松(前掲書)二六頁。

(35) 坂本太郎「延喜格撰進施行の年時について」(『日本古代史の基礎的研究』下・制度篇〔東京大学出版会・一九六四年〕初出一九三六年)。

(36) 柳宏吉氏の前掲論文及び「日本紀略における律令関係記事」(『日本歴史』二六六号・一九七〇年)、「日本紀略の続日本紀後半部分抄録について」(『日本歴史』二九三号・一九七二年)、「『日本紀略』の対外関係記事抄録について」(『史学論集　対外関係と政治文化』吉川弘文館・一九七四年)等で指摘されている。しかし氏のあげられた例をみても相当に文章が異なる場合もある。

(37) 浅井勝利「『日本紀略』延暦十三年記事について」(『続日本紀研究』二八三号・一九九二年)は、『日本後紀』現行本に欠けている延暦十三年度分の月の記述について検討し、書写段階ではなく、原撰本段階から脱落があることを指摘されている。

(38) 柳宏吉「日本紀略の続日本紀抄録について」(前掲)六九四頁。

(39) 注(34)に同じ。

(40) 似たような例として長元三年四月二十三日条があげられる。すなわち、「仗議。諸国吏居処不レ可レ過二四分一宅一。近来多造二営一町家一、不レ済二公事一。又六位以下築レ垣、并檜皮葺宅可二停止一者。」とある。『小右記』によれば、「応レ禁三制非参議四位以下造二作壱町舎宅一事」と題する太政官符が左右京職らにあてて出されるのは、これよりさらに一ヵ月を経た五月二十八日のことである。つまりこの記事は、「仗議」とあるように、この日に審議された内容であって、決定ないし公布を意味するものではないが、誤解してしまう恐れはある。藤本孝一「平安京の制宅法—班給及び東山の景観保持—」(『京都文化博物館研究紀要　朱雀』三集・一九九〇年)参照。

(41) 『小右記』寛仁三年三月二十五日条、参照。

(42) 『菅家文草』巻九・奏状所収。

（43） 詳しくは、拙稿「いわゆる遣唐使の停止について―『日本紀略』停止記事の検討―」（『紀要（中央大学文学部）』史学科三六号・一九九〇年）を参照していただきたい。

参考文献（注所掲論考を除く）

柳　宏吉「日本紀略における闕名の註の省略と存続」　一九六〇年『日本上古史研究』四巻一号
桃　裕行「日本紀略雑記」　一九六五年『新訂増補国史大系月報』二一
山中　裕「日本紀略と年中行事」　一九六五年『新訂増補国史大系月報』二七
松崎英一「『三代格』『類聚国史』『日本紀略』記事の誤謬矛盾」　一九七八年『古代文化』三〇巻五号
神　英雄「蝦夷梟帥阿弖利為・母礼斬殺地に関する一考察」（日野昭博士還暦記念会編『歴史と伝承』所収）　一九八八年　永田昌文堂

百錬抄

近藤成一

一　書名

『百錬抄』の書名について『図書寮典籍解題』歴史篇は[1]、「その書名は白楽天の百錬鏡の詩（帝王の鑒を褒めたもの）に由来し、帝王を中心とする歴史の義であらうかと思はれる。従って従来諸本には練の字が多く用ひられてゐたが、その名義より推せば錬の字が正しく、大日本史が百錬抄と定めてより、今は多く之に従ってゐる」と述べている。「白楽天の百錬鏡の詩」といわれているのは、『白氏文集』巻四、新楽府に収める次のものである[2]。

百錬鏡　　百錬の鏡
鎔範非常規　　鎔範は常規に非ず
日辰処所霊且奇　　日辰と処所と霊且つ奇なり
江心波上舟中鋳　　江心波上舟中に鋳る
五月五日日午時　　五月五日日午の時

瓊粉金膏磨瑩已　　瓊粉金膏もて磨瑩し已わり
化為一片秋潭水　　化して一片秋潭の水と為る
鏡成将献蓬莱宮　　鏡成って将に蓬莱宮に献ぜんとし
揚州長史手自封　　揚州の長史手自から封ず
人間臣妾不合照　　人間の臣妾照らす合からず
背有九五飛天竜　　背に九五飛天の竜有り
人人呼為天子鏡　　人人呼んで天子の鏡と為す
我有一言聞太宗　　我一言の太宗に聞ける有り
太宗常以人為鏡　　太宗は常に人を以て鏡と為し
鑑古鑑今不鑑容　　古しえを鑑み今を鑑み容を鑑みずと
四海安危居掌内　　四海の安危掌内に居き
百王治乱懸心中　　百王の治乱心中に懸く
乃知天子別有鏡　　乃わち知る天子別に鏡有るを
不是揚州百錬銅　　是れ揚州の百錬の銅ならず

百錬鏡とは「百たび錬えに錬えてつくった鏡」という意味であるが、この詩によると、毎年五月五日の正午に揚子江の真中の波上の舟中で鋳あげられ、揚州都督府より朝廷に献上された。この鏡は人間界のただの男女が姿照らすようなものではなく、まさしく天子の鏡と呼ばれた。しかし白居易の真意はこの百錬鏡をたたえることではない。彼は太宗の言葉を引く。朕は常に人を鏡となして、古しえを考え今を考え、表層のことにとらわれない。そうして、四海の安危を掌握し、前代百王の治乱のさまを心にかけているのだ、と。白居易はこの言葉を受けて、天子の持つべき鏡とは揚州から献上される百錬鏡などではなく、別にある（人こそが鏡である）のだと、この詩を結んでいる。玄宗が方術に惑わされて百錬鏡の珍器を求めたのに対して、白居易は太宗の逸事を引き合いに出してこれを批判したのだと言われる。したがってこの詩は、天子の鏡といわれる百錬鏡を褒めたものではなく、天子が百錬鏡のような珍器を求めることを戒め、むしろ人をこそ天子の鏡とすべきことを諷ったものなのである。

この詩は平安朝の日本でもよく知られていたようで、たとえば『和漢朗詠集』には「四海安危居掌内　百王治乱懸心中」の句が引かれている。(3)

また『今鏡』は、その書名の由来として、語り手に仮託された嫗と紫式部との会話を記しているが、そこに見える紫式部の発言は明らかに白居易の百錬鏡の詩を踏まえたものである。すなわち嫗が「あやめ」という名で紫式部に仕えていた頃、式部が「あやめ」という名から「五月の生まれなのか」と問うた。嫗が「五日の生まれです。母が志賀の方に参りました時に、舟の中で生まれました」と答えると、式部は「それでは、五月五日、舟の中、波の上なのでしょう。午の時に生まれたのではないですか」と問う。そして嫗が「そのように親は申しておりました」と答えると、式部は「そうすると、おまえは百度練り上げた赤銅の鏡なのですね。その鏡は古しえを鑑み今を鑑みるというのだけれども、『古鏡』というのもあまりだから、『今鏡』とおまえを呼ぶことにしましょうか。それとも、おまえは大人びている割にはまだ若いし、見た目も可愛らしいから、『小鏡』と呼ぶことにしましょうか」と言ったという。

白居易の原詩では、「古しえを鑑み今を鑑みる」というのは太宗が人を鏡とすることによってそうしたというのであるから、百錬鏡が「古しえを鑑み今を鑑みる」ものであるというのは原詩を誤解したものである。しかし『今鏡』のこのような解釈と同じ「百錬鏡」に対する解釈が、史書『百錬抄』の書名の由来となったものと思われる。

『百錬抄』の「錬」の字については、『新訂増補国史大系』版の凡例に、「本書は従来塙検校校刊本をはじめ多く之を百練抄と題したれども、大日本史既に之を百錬抄と定めて引用したるあり、今旧輯国史大系に倣ひ、同じく百錬抄と題せり」と記されている。前掲の『図書寮典籍解題』歴史篇がいうように「その名義より推せば錬の字が正し」いのであるが、太田晶二郎氏[4]は、出典『白氏文集』の近世通行の本には「錬」とあっても、日本の古本[5]には「練」とあること、『和漢朗詠集』をはじめ百錬鏡の詩を引用した諸書で「練」が多く用いられていることを指摘し[6]、「練を以てなかさゝに当時の実とすべく、錬に改めるさかしらの無用なること、おのづからに明らかであらう」と説いている。太田氏の主張には従うべきであるが、『新訂増補国史大系』自体において、書目の用字が改訂されない限りは、同書の解題である本稿は、その用字に従わざるを得ない。ただし写本に言及する場合などにおいては、それぞれの用字法に従うこととする。

二　体裁と内容

現存諸本はすべて巻一―三を欠き、巻四―十七の十四巻に冷泉天皇安和元年（九六八）十月より後深草天皇正元元年（一二五九）十二月[7]に至る記事を載せる。森万数子氏によれば[8]、その間の記事数を数えると、月日で五二八一件、特定の日付のない件数が一〇〇件、合計五三八一件となる。また改行による記事を一件に数えると五〇九件増え、延べ五八九〇件となる。年間の記述件数は巻七の後半、一条天皇紀から次第に増加し四条天皇紀まで続く。次の後嵯峨天皇紀はさらに記事数を増すが、その後の後深草天皇紀になると半減するという。

各巻頭には目録が載せられているが、それによれば全体は次のような構成である。

第四
冷泉院二年　安和二
円融院十五年　天禄三　天延三　貞元二　天元五　永観二
華山院二年　寛和二
一条院廿五年　永延二　永祚元　正暦五　長徳四　長保五　寛弘八
三条院五年　長和五
後一条院廿年　寛仁四　治安三　万寿四　長元九
後朱雀院九年　長暦三　長久四　寛徳二
後冷泉院廿三年　永承七　天喜五　康平七　治暦四

第五
後三条院四年　延久四
白河院十四年　延久残一　承保三　承暦四　永保三　応徳三
堀河院廿一年　寛治七　嘉保二　永長一　承徳二　康和五　長治二　嘉承二
鳥羽院十六年　天仁二　天永三　永久五　元永二　保安四

第六
崇徳院十八年　天治二　大治五　天承一　長承三　保延六　永治一
第七
近衛院十四年　康治二　天養一　久安六　仁平三　久寿二
後白河院三年　保元三
二条院七年　平治一　永暦一　応保二　長寛二　永万一
六条院三年　仁安三
第八
高倉院十二年　嘉応二　承安四　安元二　治承四
第九
安徳天皇三年　養和一　寿永二
第十
後鳥羽院十五年　元暦一　文治五　建久九
第十一
土御門院十二年　正治二　建仁三　元久二　建永一　承元四
第十二
佐渡院十一年　建暦二　建保六　承久三

先帝四箇月　治八十日

第十三

後堀河院十一年　貞応二　元仁一　嘉禄二　安貞二　寛喜三　貞永一至十月四日

第十四

四条院十一年　貞永一　天福一　文暦一　嘉禎三　暦仁一　延応一　仁治三至正月十九日

第十五

後嵯峨院四年　仁治三年正月廿日以後　寛元四

第十六

本院十三年　宝治一　建長七　康元一　正嘉二　正元一

第十七

本院下(9)

記事は年月日を追って記されるが、それが元号単位にまとめられ、さらに天皇単位にまとめられている。たとえば巻四本文は安和元年十月八日から始まるが、その冒頭に記された

安和二年康保五八十三改元、依即位也、

という記述は西暦九六九年に相当する安和二年という年を指すものではなく、安和という元号のもとにまとめられる年数が二年であることを示している。そしてこれを篇目として、そのもとに元年十月八日、二年二月七日のように記事が連ねられている。改元の年の記事は新元号のもとにまとめられる。従って安和三年が三月二十五日に天禄元年に

改められるのであるが、この年は天禄のもとにまとめられることになるので、安和のもとにまとめられる年数は二年なのである。前掲の目録には元号にこの年数が付記されている。

元号単位にまとめられた記事は、さらに天皇単位にまとめられるのであるが、年の途中で代替わりがあった場合、その年の終わりまでの記事は前の天皇の項にまとめられている。したがって外見的には天皇紀の形をとっているけれども、各天皇紀はその天皇即位翌年の年初より退位の年末までの記事をまとめることを原則としている。[10]

各天皇紀の冒頭には、その天皇自身に関わる記事が記されている。ただしその記事が天皇の誕生から崩御に至る一代の場合と、即位ないし大嘗会までの場合とがあり、『新訂増補国史大系』の目次では、前者を「皇代抄記」、後者を「即位前抄記」「大嘗会前抄記」等としている。

記事を元号単位にまとめる、さらに天皇単位にまとめる場合に各天皇紀の本文はその天皇就任翌年の年初より始めるという体裁は、六国史のものとは異なるが、『帝王編年記』と共通する。ただし『帝王編年記』は、各天皇紀の末尾にはその天皇の退位後崩御までの当該天皇に関わる記事を載せている。そのような『帝王編年記』に比べても、『百錬抄』はさらに、事実上は天皇紀の性格を弱めた一貫した年代記となっているといえよう。

以上に述べた『百錬抄』の体裁は巻十二の順徳天皇紀までは該当するが、[11]巻十三の後堀河天皇紀の終わり方から例外が現れる。すなわち順徳天皇紀は後堀河天皇が践祚した承久三年（一二二一）の年末までを含み、[12]後堀河天皇紀の始まりは貞応元年（一二二二）の年初からなのであるが、貞永元年（一二三二）十月四日の後堀河天皇から四条天皇に対する譲位を境として、貞永元年中の譲位後の記事は後堀河天皇紀に含まれず、巻十四の四条天皇紀の冒頭に置かれている。従って巻十三は貞永元年の年末までを含まず、後堀河天皇の譲位（厳密には譲位後十月十四日の後堀河上皇冷泉富小路亭移徙）までで終わっているのである。

四条天皇は仁治三年（一二四二）正月九日数え十二歳で急逝したため、後継天皇が鎌倉幕府によって指名されるまで空位十二箇日に及んだのであるが、巻十四四条天皇紀はその鎌倉の使者が参洛する正月十九日までの記事を含み、後嵯峨天皇が践祚した正月二十日以降の記事は巻十五後嵯峨天皇紀に置かれている。これも巻十二以前の体裁と異なる。しかし後嵯峨天皇紀の末尾は、後嵯峨天皇が後深草天皇に譲位した寛元四年（一二四六）の年末までを含む。従って巻十六の後深草天皇紀は受禅翌年の宝治元年（一二四七）年初から始まることになる。後深草天皇紀[13]は巻十六・十七の二巻にまたがるが、巻十七の末尾は、後深草天皇が亀山天皇に譲位した正元元年（一二五九）の年末までの記事を収めている。

各年・日付の後に書かれる干支については、森万数子氏が次のように指摘している。[14]元号年の後にくる干支は基本的には書かれていないが、「寛和二年丙戌」「永延元年丁亥」「長徳四年戊戌」「延久元年乙酉」「嘉応元年乙丑」「養和元年辛丑」「正治元年己未」「同二年庚申」「元久元年甲子」は例外である。日付に続く干支については、巻四から巻九までと巻十一・巻十三には一切記されていないが、巻十・十四―十七では大部分の日に干支が記されている。巻十二は建暦元年（一二一一）―承久三年（一二二一）の一一年間を対象としているが、承久元年以後の三年間分にのみ干支が記されている。

諸本には鼇頭に標注を記したものが多く、その体裁は少なくとも現存諸本すべての祖本と考えられる金沢貞顕書写本（後述）に遡ると考えられる。塙保己一校刊の版本もその体裁を残しており、『新訂増補国史大系』は新たに鼇頭に付した標注と区別するために、版本にあった旧来の標注には▬を、またたまたま版本は落としているが旧宮崎文庫本（神宮文庫所蔵）に見える標注には□を付している。その数は合わせて一一四箇所であるが、巻別の内訳を見ると、巻四が三四箇所、巻五が二六箇所、巻六が七箇所、巻七が二三箇所、巻八が一八箇所、巻九が五箇所、巻十が一箇所であり、巻十一以降には無い。明らかに前の方に偏って付されていることがわかる。

三　成立と伝来

現存諸本はすべて次のような奥書を書写している。

第四

「嘉元二年三月九日　　書写校合了」

第五

「嘉元二年三月一日以大理定房卿本書写校合畢　金沢文庫」

第六

「嘉元二年二月廿六日書写校合畢」

第七

「嘉元二年二月卅日以大理定房卿之本書写校合畢」

第八

「嘉元二年四月廿六日以大理定房之本書写校合畢、又以権右中弁宣房朝臣之本見合訖、

第九

「嘉元二年四月廿六日以大理定房卿之本書写校合畢、亦以権右中弁宣房朝臣之本見合而已」

金沢文庫」

第十

「嘉元二年四月廿二日以権右中弁宣房朝臣本書写校合畢

貞顕」

第十一

「嘉元二年五月十日以権右中弁宣房朝臣本書写校合畢」

第十二

「嘉元二年五月十日以権右中弁宣房朝臣本書写校合畢」

第十三

「嘉元二年五月十日以権右中弁宣房朝臣本書写校合畢」

第十四

「嘉元二年五月十日以権右中弁宣房朝臣本書写校合畢」

第十五

「嘉元二年五月一日以権右中弁宣房朝臣本書写校合畢」

第十六

「嘉元二年五月十五日以権右中弁宣房朝臣本書写校合畢」

第十七

「　　　金沢文庫

嘉元二年正〔五〕月十五日以大理定房卿本書写校合畢　貞顕

右武衛遂独校了」

以上の奥書によると、現存諸本すべての祖本は、嘉元二年（一三〇四）二月二十六日以前より同年五月十五日まで[15]の間に金沢貞顕が吉田定房所持本および万里小路宣房所持本により書写校合し、その後金沢文庫に納められたものである。ただしそれ自体は現存しない（少なくとも現存を確認されていない）。

金沢貞顕は北条氏の一流で義時の子実泰を祖とする金沢氏の四代目、金沢文庫を創設した実時の孫にあたり、みずからも文庫の充実に寄与した。乾元元年（一三〇二）―延慶二年（一三〇九）と延慶三年（一三一〇）―正和四年（一三一五）の二回、六波羅探題として在京したが、『百錬抄』を書写したのはその第一の在京期に当たる。在京中の貞顕が書写校合した書物としては、『たまきはる』[16]（乾元二年二月二十九日書写校合）、『法曹類林』[17]（巻百九十七、嘉元二年六月一日書写校合、巻二百、嘉元二年六月八日書写校合、断簡、嘉元二年六月二十二日書写校合）、『侍中群要』[18]（嘉元四年三月二十五日書写校合）等も見出せる。

貞顕に『百錬抄』の親本を提供した吉田定房と万里小路宣房は勧修寺流藤原氏の同族、定房の父経長と宣房が従兄弟同士でともに吉田資経の孫にあたる。貞顕は巻五・七は定房所持本を親本として[19]、巻十―十七は宣房所持本を親本として書写校合しているが、巻八・九については定房所持本により書写校合した上で宣房所持本を見合わせているから、定房所持本と宣房所持本は少なくとも部分的には重複するものであった。

さて『百錬抄』原本の成立についてであるが、まず確認できるのは、金沢貞顕が吉田定房所持本と万里小路宣房所持本により書写校合したのが嘉元二年（一三〇四）であるから、原本の成立は当然それ以前でなければならないことである。一方、本文が正元元年（一二五九）の年末までの記事を含むから、成立の上限は一応それ以降と考えることができる。

巻十六の目録に後深草天皇を指して「本院」と言っていることを考えると、亀山天皇が譲位して「新院」となり後深草上皇が「本院」となった文永十一年（一二七四）正月二十六日まで上限を下げることができるかもしれない。後深草は嘉元二年七月十六日の崩御後は追号により呼ばれたはずであるから「本院」の称を用いるのはそれ以前でなければならないが、そのことは貞顕書写奥書による下限を遡らせない。[20]後伏見天皇譲位直前の正安三年（一三〇一）正月十八日に後深草法皇は「法皇」、亀山法皇は「禅林寺法皇」、後宇多上皇は「院」、伏見上皇は「新院」と称されている。[21]後深草が「本院」と称されなくなったのが、上皇が四人になったことによるのであれば、それは伏見天皇が譲位した永仁六年（一二九八）七月二十二日以降である。また後深草が「法皇」と呼ばれたのは正応三年（一二九〇）二月十一日の出家後である。確かに日記等の記述を追っていくと、出家後の後深草は、それまでの「本院」のかわりに「法皇」と呼ばれることが多くなったように思われる。[22]

後深草天皇を「本院」と称しているのは巻十六の目録であって、本文冒頭の篇目は「院上」である（「上」は巻十七が「下」であるのに対応する）。「本院」ではなく単に「院」とのみ称することを重視するならば、亀山天皇の譲位により上皇が二人になる文永十一年（一二七四）正月二十六日以前の表記ということになり、上限は後嵯峨法皇の崩御により上皇が一人となった文永九年（一二七二）二月十七日である。目録の「本院」という表記と本文篇目の「院」という表記が矛盾するものかどうかも問題であるが、かりに矛盾するものと考えるならば、本文は文永十一年正月二十六日以前に成立し、目録はそれ以後の成立ということになるであろう。

人名表記のあり方から『百錬抄』の成立年代を探るのであれば、巻十二の目録および本文冒頭の篇目において順徳天皇が「佐渡院」と称されていることにも注目すべきである。承久の乱後佐渡に遷された順徳上皇は仁治三年（一二四二）九月十二日に没したが、「順徳院」の追号を贈られたのは、ようやく建長元年（一二四九）七月二十日のことであった。従って『百錬抄』巻十二が「佐渡院」の表記を用いるのは、その成立が建長元年七月二十日以前の成立であることを示しているように見える。ただし『百錬抄』全体としては建長元年七月二十日以後の記事を含むし、そもそも建長元年七月二十日に佐渡院に「順徳院」の追号が贈られたこと自体が『百錬抄』巻十六の同日条に記されている。

そこで参照すべきなのが、巻十三の後堀河天皇紀と巻十四の四条天皇紀が他の巻と異なり、譲位ないし崩御の年の年末までの記事を含まず、次の天皇の受禅ないし践祚後の記事を次巻の次代天皇紀に譲っていることである。巻十三の後堀河天皇紀が後堀河譲位の時点で擱筆し、(23)その年の年末まで記事を載せないのは、そこで一旦編纂が完結し、巻十四以降は後日編纂された続編であることを意味しているのではないか。そして後堀河天皇をもって区切りとしたのは、その編纂が次代の四条天皇の在位期間、すなわち貞永元年（一二三二）十月―仁治三年（一二四二）正月の間であったことを意味しないか。そう考えれば、巻十二の目録および本文冒頭の篇目において順徳天皇が「佐渡院」と称されていることも理解しやすいのである。

巻十四の四条天皇紀もまた、四条崩御の時点で擱筆し、その年の年末までの記事を載せないのであるが、巻十三の後堀河天皇紀に適用した論理と同じ論理を適用すれば、巻十四の四条天皇紀は後嵯峨天皇在位期、すなわち仁治三年（一二四二）正月―寛元四年（一二四六）正月の間の編纂ということになる。また逆に、巻十五の後嵯峨天皇紀が後嵯峨譲位の年の年末までの記事を載せ、巻十七の後深草天皇紀が後深草譲位の年の年末までの記事を載せていることは、巻十五―十七の後嵯峨天皇紀・後深草天皇紀が一連の編纂であり、さらに亀山天皇紀につながるものであったこと、亀山天皇紀は現存しないが、少なくとも後嵯峨天皇紀・後深草天皇紀と一連で編纂を計画されていたことを意味しているように見える。[24]とすると現存巻十五―十七の編纂時期も文永十一年（一二七四）の亀山天皇譲位後ということになる。このことは巻十六の目録が後深草天皇を指して「本院」と言っていることと一致する。

人名表記の問題にもどると、巻十の目録および本文冒頭の篇目において後鳥羽天皇を指して「後鳥羽院」、巻十二の目録において仲恭天皇を指して「先帝」と称していることも検討しておかなければならない。後鳥羽天皇は延応元年（一二三九）二月二十二日に没したが、この年五月二十九日に定められた諡号が「顕徳院」であることは『百錬抄』自体に見えるところである。後鳥羽の追号を「後鳥羽院」と改めたのは仁治三年（一二四二）七月八日のことである。ということは、目録および本文冒頭の篇目に「後鳥羽院」と記す巻十の成立はそれ以後でなければならない。

承久の乱により在位八〇日にして退位した仲恭天皇は、その死後も諡号を定められず、「廃帝」（『神皇正統記』）、「後廃帝」（『帝王編年記』）、「九条廃帝」（『本朝皇胤紹運録』）等と称された。「仲恭」の諡号が定められるのは実に明治三年（一八七〇）のことである。[25]しかし『百錬抄』巻十二の目録が「先帝」と称するのはまた「廃帝」とも異なり、ひょっとすると仲恭天皇生前の称ではないかとも思われる。とすると巻十二の成立は天福二年（一二三四）五月二十日の仲恭の逝去以前でなければならなくなる。

以上に述べたのは、各巻の目録ないし本文冒頭の篇目における天皇名の表記から考えられる可能性を考えてみたもので、それぞれ可能性のある考え方ではあっても、それ以外の可能性を排除するものではない。

四　編者と編纂材料に関する諸説

平田俊春氏は大著『私撰国史の批判的研究』(26)の第五篇を「百練抄前篇の批判」、第六篇を「百練抄後篇の批判」にあて、あわせて三三〇ページにわたって、『百錬抄』の原拠史料についての考察を行っている。氏は『百錬抄』の仁平三年（一一五三）までの部分（これを氏は前篇とする）が『本朝世紀』の抄出、それ以後の部分（これを氏は後篇とする）が勧修寺流日記の抄出であるとする。後篇に関する氏の論の中核は、仁安元年（一一六六）から正治元年（一一九九）までが吉田経房の『吉記』の、正治二年から仁治三年（一二四二）までが経房の孫で嗣子の資経の『自暦記』の抄出綴集であることを、『百錬抄』との本文比較により論証しようとしたことであるが、『自暦記』以後については資経の男経俊の『吉黄記』を比較材料としながら、『吉黄記』ではなく『吉黄記』類似の経俊の一族の日記が使われたと結論し、『吉記』以前については、『古今著聞集』との本文比較により平親範の『親範記』を原拠と考える。そして『百錬抄』の編者として、『百錬抄』が擱筆された正元元年（一二五九）十二月から金沢貞顕によって書写された嘉元二年（一三〇四）二月までの時期に活動した勧修寺一門の人物を想定し、坊城俊定、中御門経継、万里小路宣房等の名を挙げる。

五味文彦氏(27)は『平家物語』の依拠した史料を論じる中で、『百錬抄』の依拠した日記について考察している。氏によれば、『平家物語』の骨格をなすのは編年体の記録であり、『平家物語』と最も相関関係の高い現存の記録は『百錬抄』であるが、成立年代をふまえると『平家物語』が『百錬抄』を利用したとはいえないので、『平家物語』と『百錬抄』が同一の日記にもとづいて構成されたと考えるべきである。そこで『平家物語』のもととなった日記を求めるために『百錬抄』のもととなった日記が探求されることになる。当然、平田氏の『吉記』説がまず問題となるが、五味氏は『百錬抄』と『吉記』の相関度は高くないとして平田説を否定し、『百錬抄』の（従って『平家物語』の）もととなった日記の記主は、『吉記』の記主吉田経房よりも朝廷政治の重要事項に関与していた人物であると想定して、日記探しを行う。そのような人物として七人を候補にあげ一人ずつの『平家物語』への登場のしかたを検討した結果として最後に残ったのが藤原行隆である。ちなみに五味氏は、『徒然草』が『平家物語』の作者として指摘する「信濃前司行長」を行隆の子と考える説を支持している。

五味氏は[28]、治承三年（一一七九）以前については『平家物語』と『百錬抄』の相関関係は強くないとして、『平家物語』の依拠した日記については『百錬抄』を離れた考察により藤原光能の日記を指摘する一方で、『百錬抄』の依拠した日記については藤原定長（吉田経房の弟）の日記『山丞記』を指摘する。氏は『百錬抄』と『古今著聞集』の記事が永万元年（一一六五）から治承二年（一一七八）にかけての部分でよく対応することから、両者に共通する出典を探していく。その期間の『百錬抄』を見ると、初期の永万・仁安年間（一一六五―一一六九）の記事があまり豊富でなく特徴的な記事が見出されないのに対して、嘉応・承安年間（一一六九―一一七五）になると記事の量が著しく増え始めると同時に、摂政藤原基房関係の記事と高倉天皇の大内・閑院（基房亭）間の遷幸記事が目立つことに氏は注目する。そこで氏は、『百錬抄』の依拠した日記の記主として基房の家司を想定し、その一人である定長の関係する事件

（承安三年六月二十五日条）の記事にその名が記されていないことから、定長自身の日記が記事の原典であると推定するのである。

森万数子氏(29)は、日付の干支の有無などの外観上の特徴にも留意しながら、勧修寺流吉田家の人々に関わる『百錬抄』の記事は後から挿入された可能性のあることを指摘し、吉田家の人々を原『百錬抄』の編者と考えることを退ける。そして死亡記事に取り上げられる者の検討から編者を四位・五位あたりの位階の者と考え、さらに記事に取り上げられている行事の検討から外記あるいはその経験者とする。氏の結論は、『百錬抄』は外記局の官人達複数により編纂されたものであり、編纂年代は後半が後嵯峨院政期、前半がその後の一二七〇年以降とするものである。

実は『百錬抄』本文に諸記録がその名を挙げて引用されているところが三七箇所ある。内訳は『小右記』・『小野右府記』・『小記』（藤原実資）七箇所、『但記』（藤原隆方）五箇所、『大記』・『大御記』（藤原為房）四箇所、『土右記』・『土記』（源師房）四箇所、『資房記』・『資房卿記』（藤原資房）三箇所、『永昌記』（藤原為隆）一箇所、『外記記』一箇所、『長兼記』（藤原長兼）一箇所、『或記』一一箇所である(30)。しかしこれらの記録名を本文の出典を明らかにするためにはじめから記されていたとみなすにはあまりに数が少なく、また巻四に二一箇所、巻五に一二箇所、巻六・七・八・十一に各一箇所と偏在がはなはだしい。さきに指摘した鼇頭の標注の分布にも対応する。これらはむしろ本文を補う諸記録の記事として、後日に書き入れられたものではないか(31)。諸記録の引用にせよ鼇頭の標注にせよ諸本共通に認められるもので、嘉元二年（一三〇四）金沢貞顕書写本にすでに存したものであろう。言い換えれば、現存諸本すべての祖本である嘉元二年貞顕書写本自体がすでに原『百錬抄』に手を加えられたものなのである。

五　諸本

『新訂増補国史大系』本は、凡例によれば旧輯『国史大系』本を神宮文庫所蔵の旧宮崎文庫本により校訂したもの、旧輯『国史大系』本は享和三年（一八〇三）に塙保己一が校刊した版本を底本としている。

塙保己一校刊本[32]は全一四冊、各冊縦二六・五㎝、横一九・〇㎝、橙色花鳥紋型押の表紙に貼り外題（書名と巻数を「百練抄　四」のように記す）を付し、四つ目綴じ、本文は四周単線の枠に一頁一〇行、一行二〇字、柱に書名・巻数・丁数を「百練抄巻四　一」のように記す。丁数は見返しの遊紙一丁を除き、第一冊（巻四）六〇丁、第二冊（巻五）四九丁、第三冊（巻六）二〇丁、第四冊（巻七）三六丁、第五冊（巻八）四六丁、第六冊（巻九）一七丁、第七冊（巻十）三四丁、第八冊（巻十一）二八丁、第九冊（巻十二）四一丁、第十冊（巻十三）二四丁、第十一冊（巻十四）四五丁、第十二冊（巻十五）六二丁、第十三冊（巻十六）五三丁、第十四冊（巻十七）四五丁である。本文第一丁は内題（書名と巻数を「百練抄第四」のように記す）と目録を載せ、第二丁より記事を載せる。各巻末の嘉元二年（一三〇四）金沢貞顕書写の本奥書を翻刻しているが、巻四・八・十・十一はこれを欠く。また旧宮崎文庫本等で摸写されている金沢文庫蔵書印も略されている。最終冊巻十七の巻末第四十五丁裏に塙保己一の校刊識語がある。

　右百練抄十四冊、以紅葉山　御文庫并学問所古本、水戸殿秘本及間宮筑前守信好、内山七兵衛永恭本校正之畢、

　　享和三年十月　日　　　　検校保己一

享和三年は塙保己一が幕府に対して『史料』の編纂を再建議した年にあたり[33]、『百錬抄』の校刊は『史料』編纂の

構想と関係していたと思われる。なお塙保己一校刊本の版木一枚が温故学会版木倉庫に架蔵されていることが近年確認されている。(34)

旧宮崎文庫本は(35)全七冊、各冊縦二八・〇cm、横二〇・〇cm、四つ目綴じ、貼り外題（書名と巻数を「百練抄一二三闕四五」「百練抄　六七共七」のように記す）を付し、本文は一頁一三行、一行約二二字。丁数は見返しの遊紙一丁を除き、第一冊（巻四・五）七九丁、第二冊（巻六・七）四一丁、第三冊（巻八・九）四八丁、第四冊（巻十・十一）四五丁、第五冊（巻十二・十三）四八丁、第六冊（巻十四・十五）七九丁、第七冊（巻十六・十七）六七丁である。本文第一丁は内題（書名と巻数を「百練抄第四」のように記す）と目録を載せ、第二丁より記事を載せる。各巻末の嘉元二年（一三〇四）金沢貞顕書写の本奥書を書写しているが、巻十五はこれを欠く。また巻五末・巻七末・巻八末・巻十六首・巻十七首・巻十七末に金沢文庫蔵書印を摸写ないし書写している。各冊の本文第一丁（第一・二・四・五・六冊）ないし第二丁（第三・七冊）の表右上に「神宮文庫」（縦五・八cm、横五・九cm）、右下に「宮崎文庫」（縦六・八cm、横六・七cm）の蔵書印をいずれも朱にて捺している。第一冊の表紙裏には次の識語が記されている。

文政二年五月廿二日、塙保己一検校の校本をもて巻数を見あはするにたかひなし、一二三の巻はかの校本にも闕たれハ、世になき物とミえたり、

足代権大夫度会弘訓

また第七冊の裏表紙に次の識語を記した比較的新しい紙が貼付されている。

此百練抄ハ金沢の御文庫より出たり、全部十七冊也、上宇多天皇より始り、下ハ後深草天皇に終、已上三十代の紀録なり、今存者第四巻目より末巻に至るなり、第四巻ハ冷泉院より紀せり、爰に元禄五年不佞勢州山田に旅宿

す、於是　外宮権祢宜渡会延行神主の文庫に秘しおかる、を借て、秋八月於旅店是を抜書す、抑本朝六部史紀も今存者五部なり、光孝天皇より以後新国史を撰と云とも今不存、宇多天皇より以後世の事を考見るべき者、只此書のミなり、然れとも此書一二三のほろびたる事、誰かおしまさるへき、殊に此書古記と符合す、中古を考ゆるの書、只此書に有としかゆふ、

（朱書）「東京市浅草区今戸町一ノ八高野純三氏所蔵本ニ右ノ奥書アリ、右ニ見ユル延行ハ、出口延佳ノ子ニシテ、延経ノ兄ニ当ル、権祢宜、正保三年生」

旧宮崎文庫本それ自体の成立に関わる識語は見出されないが、江戸以前に遡るものとは思われない。

諸本みな巻一—三を欠く中で、御巫家旧蔵本(36)は第一冊に巻一—三を収録している点で注目される。しかしこれは『日本紀略』を抄出したものである。(37)同本の書誌を記しておくと、全一〇冊、各冊縦二八・一㎝、横一九・四㎝、四つ目綴じ、貼り外題（書名と巻数を「百錬抄 自壱 二三」のように記す、「錬」字を用いる）を付し、本文は一頁一〇行、一行約二〇字。丁数は見返しの遊紙一丁を除き、第一冊（巻一二三）九九丁、第二冊（巻四）五五丁、第三冊（巻五）三九丁、第四冊（巻六・七）四八丁、第五冊（巻八）三七丁、第六冊（巻九—十一）六一丁、第七冊（巻十二・十三）五三丁、第八冊（巻十四・十五）八五丁、第九冊（巻十六）四一丁、第十冊（巻十七）三六丁である。本文第一丁は内題（書名と巻数を「百練抄巻一二三」「百練抄第四」のように記す、巻一二三・九・十・十一・十三・十七は「錬」字を、巻四・五・六・七・八・十二・十四・十五・十六は「練」字を用いる）と目録を載せ、第二丁より記事を載せる。各巻末の嘉元二年（一三〇四）金沢貞顕書写の本奥書と巻五末・巻七末・巻八末・巻十七首・巻十七末の金沢文庫蔵書印を書写している。巻八末に校語「寛永第九六初九一校了 見合 了」が書写されている。(38)従って御巫家旧蔵本の書写年代は寛永九年（一六三二）以

降である。各冊の見返し遊紙の表右上に「神宮文庫」（縦四・四cm、横四・五cm）、本文第一丁の表右下に「御巫書蔵」（縦六・〇cm、横一・七cm）の蔵書印を捺している。

註

（1）宮内庁書陵部編、養徳社、一九五〇年刊、三六頁。

（2）高木正一注『中国詩人選集　第十二巻　白居易　上』（岩波書店、一九五八年）により、本文とその読み下しを掲げる。

（3）巻下、帝王。ただし「居」を「照」に、「治」を「理」に改めている。

（4）「『百練抄』か『百錬抄』か」、『太田晶二郎著作集』第一冊（吉川弘文館、一九九一年）所収。なおこの論考ははじめ『日本歴史』第二九号（一九五〇年）に掲載されたものが、増訂の上『新訂増補国史大系月報』二七（第一一巻附録、吉川弘文館、一九六五年）に再録された。

（5）太田氏は、天永四年藤原茂明加点本（神田喜一郎氏所蔵、古典保存会景印）、高野山三宝院所蔵鎌倉時代写本などを示す。氏は、手鑑『翰墨城』（世界救世教所蔵、益田家旧蔵）所収断簡には「錬」とされていることもあわせて指摘するが、「ここでは、文集の本文・原形として練・錬いづれがよいかを論ずることは、要ではない。往昔、日本に練字の本が有ったことを知れば、足りるのである」と、所論の立場を説明している。

（6）太田氏は、『和漢朗詠集』については、御物伝行成本・陽明文庫所蔵伝行成本が「練」に作ること、しかしまた関戸氏所蔵伝行成本は「錬」に作ることを指摘する。このほかに百錬鏡の詩を引用した諸書として太田氏があげるのは、『新楽府注』正嘉元年写本（真福寺宝生院所蔵）、『東北院歌合』曼殊院本（三番の判）、宴曲『究曲集』「明王徳」、『祝部成仲集』（楽府哥の題）、『夫木和哥抄』（能因法師の楽府哥の題并に経成卿哥合の判）である。

（7）後深草天皇は正元元年（一二五九）十一月二十六日に亀山天皇に譲位している。しかしその後年末に至る記事を『百錬抄』が後深草天皇の下に収めていることについては後述する。

（8）森万数子「『百練抄』の性格と編者について」『法政史学』四六、一九九四年。

（9）『新訂増補国史大系』の底本である塙保己一校刊本では「院下」であり、『新訂増補国史大系』は神宮文庫所蔵旧宮崎文庫本により「本」を補っている。巻十六の目録「本院十三年　宝治一　建長七　康元一　正嘉二　正元一」は巻十七の本文をも覆っている（つまり巻十六・十七の二巻で後深草天皇紀である）から、巻十七には本来目録は必要ない。

（10）このことについては、後に述べる例外についても含めて、すでに注(8)所掲森万数子「『百練抄』の性格と編者について」により指摘されている。

（11）篇目の原文は「佐渡院諱守成十一年」であり、「順徳」の追号は用いられていない。なお仲恭天皇については目録には「先帝四箇月　治八十日」と載せられているものの、本文では独立の篇目が立てられず、順徳天皇紀に含められている。

（12）『新訂増補国史大系』本の柱書は、一五五頁が「順徳（承久二年四月―三年四月）　仲恭（承久三年四月）」、一五六頁が「仲恭（承久三年六月―七月）　後堀河（承久三年七月―十二月）」、一五八頁が「後堀河（承久三年十二月）」となっているが、これは『百錬抄』本来の体裁によらず便宜付されたものである。

（13）篇目の原文は巻十六が「院上自宝治元至建長五」、巻十七が「院下自建長六至正元」であり、「後深草」の追号は用いられていない。

（14）注(8)所掲森万数子「『百練抄』の性格と編者について」。

（15）巻十七の奥書は嘉元二年正月十五日付けであるが、万里小路宣房所持本による書写校合が四月二十六日から五月十五日の間に集中していることによると、「正月」は「五月」を転写の際に誤ったものと判断すべきである。

（16）有馬秀雄氏所蔵。関靖「金沢貞顕書写本『建春門院中納言日記』の発見に就いて」（『心の花』三八巻一〇号、一九三四年。『日本書誌学大系19金沢文庫本之研究』（青裳堂書店、一九八一年）に再録）参照。

（17）巻百九十七、宮内庁書陵部所蔵。巻二百、国立公文書館内閣文庫所蔵。断簡、神奈川県立金沢文庫所蔵。

（18）名古屋市蓬左文庫所蔵。

（19）巻四・六の親本は奥書に明記されていないが、巻順と書写の日付により定房所持本を親本とすると考えるべきであろう。

（20）この考え方はすでに坂本太郎『日本の修史と史学』（至文堂、一九五八年）に示されている。

（21）『継塵記』同日条。後伏見天皇の譲位と後宇多院政の開始という幕府の勧告を伝えるために、関東申次西園寺実兼が持明院統の後深草法皇・伏見上皇の執権中御門為方と大覚寺統の亀山法皇・後宇多上皇の執権吉田経長を招致した記事であり、四上皇（法皇）の呼称を区別している。

(22) 東京大学史料編纂所の「中世記録人名索引データベース」（http://www.hi.u-tokyo.ac.jp/cgi-bin/ships/thus/thus_login.sh）により「後深草」を検索すると、二〇〇一年四月十五日時点の検索で、『経俊卿記』『吉続記』『勘仲記』『花園天皇日記』『看聞日記』『満済准后日記』から三八七件が表示されるが、そのうち原文表記が「本院」であるものは一二件で、『勘仲記』正応五年九月十日条以外はすべて後深草の出家以前のものである。

(23) 厳密には貞永元年（一二三二）十月四日に後堀河天皇が譲位した記事に続けて、十四日に後堀河上皇が冷泉富小路亭に移った記事まで記して擱筆しているのであるが、これも譲位関連記事である。

(24) 柳原紀光（一七四六―一八〇〇）の『続史愚抄』が正元元年（一二五九）の亀山天皇受禅より起筆しているのは『百錬抄』を継ぐことを意識したものと考えられている。『国史大系書目解題』上巻（吉川弘文館、一九七一年）所収の『続史愚抄』解題（武部敏夫執筆）参照。

(25) 日本学士院編『帝室制度史』（日本学士院、一九四五年）第六巻七〇五―七一二頁に関係史料がまとめられている。

(26) 国書刊行会、一九八二年。

(27) 五味文彦『平家物語、史と説話』平凡社、一九八七年（I第三章「記録と史書のはざま」）。

(28) 五味文彦『平家物語、史と説話』平凡社、一九八七年（I第三章補論「『百練抄』と『古今著聞集』」）。『百錬抄』と『古今著聞集』の原拠史料の共通性については、すでに平田氏も注意しているが、平田氏が保元二年（一一五七）四月二十八日の直講試や保元三年正月二十二日の内宴の記事を挙げて両書の依拠する日記の一致を指摘し、その記主を平親範と推定するのに対し、五味氏はこれらの記事について両書の依拠する日記は異なると判断し、親範の日記を『百錬抄』の原拠史料の一つとする平田説を否定する。

(29) 注(8)所掲森万数子「『百練抄』の性格と編者について」。

(30) このことについては、平田・森両氏も指摘している。

(31) 巻四、長久元年八月六日条および十五日条は『新訂増補国史大系』本では○が付され独立の条文として扱われているが、内容が直前の四日条に関連しており、元来は四日条のみが本文であり、それに後日「六日資房記云……」「十五日同記云……」

と書き入れられたものであろう。さらに、それにつづく九月九日条・十日条も本来の本文ではなく、十日条の末尾にある「已上見資房卿記」が両日に掛り、後日『資房卿記』によって書き入れられたものであろう。これに続く十二日条の関連である。したがって元来の形では九月は十二日条から始まったはずである。そう考えれば、底本に日付が「九月十二日」と記されているのは当然で、『新訂増補国史大系』本の標注のように「九月」を衍とみなす必要はない。

(32) 以下の書誌は、東京大学史料編纂所所蔵本（架番号一〇四〇―一三三）の調査に基づく。

(33) 山崎藤吉「和学講談所に於ける『史料』編纂事業」『史学雑誌』第一二編第七号、一九〇一年。

(34) 斎藤政雄「『日本後紀』とその版木」（『温故叢誌』五四、二〇〇〇年）の付記による。

(35) 神宮文庫所蔵。架番号五―七七八。

(36) 神宮文庫所蔵。架番号五―三〇二九。

(37) 第二冊第十九―二十五丁も『日本紀略』が竄入したものである。

(38) この校語は宮内庁書陵部所蔵葉室本（架番号葉一一五四）の巻八にも認められる。

参考文献

宮内庁書陵部編　『図書寮典籍解題』歴史篇　一九五〇年　養徳社

太田晶二郎　「『百練抄』か『百錬抄』か」（後に『太田晶二郎著作集』第一冊、吉川弘文館、一九九一年に収録）　一九五〇年　『日本歴史』二九

平田俊春　「百練抄と吉記との関係について」（後に『私撰国史の批判的研究』第六篇第三章に収録）　一九七三年　『防衛大学校紀要』二七

同　「百練抄と吉部秘訓抄」（後に『私撰国史の批判的研究』第六篇第四章に収録）　一九八〇年　『立正史学』四七

平田俊春　「百練抄と自暦記との関係」（後に『私撰国史の批判的研究』第六篇第五章に収録）　一九八〇年　『日本歴史』三九〇

同　「百練抄と吉黄記―百練抄の編者について―」（後に『私撰国史の批判的研究』第六篇第六章に収録）　一九八〇年　『芸林』二九ノ三・四

同　「百練抄と親範記」（後に『私撰国史の批判的研究』第六篇第二章に収録）　一九八一年　『日本歴史』四〇二

同　『私撰国史の批判的研究』（第五篇を「百練抄前篇の批判―外記日記および本朝世紀との関係―」に、第六篇を「百練抄後篇の批判―勧修寺流日記との関係―」にあてる）　一九八二年　国書刊行会

五味文彦　『平家物語、史と説話』（I第三章「記録と史書のはざま」、補論「『百練抄』と『古今著聞集』」）　一九八七年　平凡社

森万数子　「『百練抄』の性格と編者について」　一九九四年　『法政史学』四六

扶桑略記

堀越光信

はじめに

『扶桑略記』は、神武天皇より堀河天皇に至る七十三代の本朝の歴史を記した漢文の編年体、私撰の史書であり、朝廷による修史編纂事業の絶えた後を、また国史の多く失われた欠を補い、現存しない数多くの典籍の逸文の宝庫として重視されてきた書である。また、本書は本来三十巻より成っていたが、その多くが失われ、現在十六巻の本文と神武天皇〜平城天皇に至る抄本、及び巻第二十三と巻第二十四・巻第二十五に裏書が存するのみであり、嵯峨天皇から清和天皇までの間は抄本すら存在しない。『大日本史』の編纂に際しても、『扶桑略記』を抄出し国文体に改めただけとされる『水鏡』（嵯峨天皇から仁明天皇の間）が重視され、弘文天皇即位説が生み出される要因ともなったが、『扶桑略記』本体は僅かに巻第二十一と第二十七とが用いられたに過ぎなかったという状況であった。(1)

『扶桑略記』の研究史については、平田俊春氏に網羅的にかつ詳細な研究史があり、(2)近年の成果については小山田和夫氏が関連する論考について丹念にまとめられている。(3)本稿では、先行の研究を踏まえそれらの概要と、私見の概略を開陳し、『扶桑略記』諸本等の概要についてもみていくこととする。

一　書　名

今日、一般に、『扶桑略記』（以下、『扶桑略記』と敢えて記述する必要のある場合を除き、『略記』と略称する）とは本書の正式書名と考えられているとみて良いであろう。しかし『本朝書籍目録』（以下、『書籍目録』と略称する）に、

扶桑略記　　三十巻　　阿闍梨皇円抄

とあることから、従来より『略記』の撰者を皇円と考えてきたのであるが、この『書籍目録』の「抄」との記載からして、「扶桑記」なる書物の存在を想定しての議論が古くよりなされている。伴信友は『比古婆衣』の中で、『江談抄』の大江匡房の、

扶桑集被ㇾ撰年紀事。

又云。扶桑集長徳年中所ㇾ撰也云々。

時歴㆓九代㆒歟。今上之時也。

との言を根拠に(4)、宇多天皇より八代の事歴を書き記した「扶桑集」なる書の存在を想定し、後にその前後を補ったものが現在の『略記』であるとして『扶桑略記』に先行する『扶桑集』なる書の存在を主張しているのである。これに対しては、岩橋小彌太氏は否定的な見解を述べられ(5)、和田英松氏も「扶桑記」はかえって「扶桑略記」の略称とされている(6)。今、この議論の根拠となった『江談抄』についてみると、別に「扶桑集順作多事」との記事がある(7)。それは

「又云、扶桑集中順作尤多、時人難云々、問、順序多レ自二紀家序一如何、師答云、花光浮二水上一序、順序也、専不レ可レ入也、而斉名以三其為二祖師一多入之由、時人難云々」というもので、匡房の述べる「扶桑集」とは言うまでもなく現存する紀斉名撰の漢詩集であり、信友の推定は当らない。しかし『略記』を引用する典籍がその出典を「扶桑記」等の異称を用いることがまま見受けられ、問題はそれらの指し示すものが果たして現在の『略記』そのものなのか、或は『略記』に先行する『扶桑記』＝『原扶桑略記』であるのかということになろう。それらの異称のうち管見の及んだものを整理すると次のようになる。

「扶桑記」…『上宮太子拾遺記』二十一例、『東寺王代記』二例、『護持僧補任』二例、『濫觴抄』二例、『立坊次第』二例、『公卿補任』一例、『僧綱補任』一例、『太子伝玉林抄出』一例。

「扶桑集」…『和漢朗詠集私注』一例。

「扶桑略」…『伊呂波字類抄』　五例。

「桑記」……『上宮太子拾遺記』一例。

「桑」………『上宮太子拾遺記』一例。

以上、三十八例を数えるが『略記』現存部分に相当する箇所で記事内容を比較すると、現行『略記』に対して異文を含むものは『公卿補任』の一例・『濫觴抄』の二例であるが、そのいずれもが誤写、或は現行の『略記』校合に資するとみられる範囲の違いであり、積極的に『扶桑記』の存在を肯定するには及ばず、むしろ和田氏の「却て扶桑記は、扶桑略記の略名ならんもしるべからず。」(8)の見解が正鵠を得たものとみられる。

また、静嘉堂文庫所蔵の山田以文本の巻第三十の奥書には嘉禄の古文書を引用して、

嘉禄年間古文書云、以文考

謹返納

扶桑略記三十巻上帙十巻 中帙十巻 下帙十巻

同雙紙　三帖

嘉禄元年八月廿六日　覚□虫損

とあることからも、嘉禄元年（一二二五）の時点でも現在知られる形体と何ら変わることもなく、書名も「扶桑略記」とあり、本書の書名は成立の当初から「扶桑略記」であったとみて大過ないであろう。

二　著者・撰者等

『略記』は延暦寺の学僧肥後阿闍梨皇円が撰述したとされるのが通説で、その根拠は先掲の『書籍目録』にある。が、『書籍目録』によって皇円撰述説が定着する以前には、なおいくつかの説が存在していた。それらは、①皇円作と北畠親房作の『略記』存在説、②皇円補作説、③三井寺僧作説、である。

①は、皇円の作った『略記』と北畠親房が作った『略記』とが存在するというもので、尾崎雅嘉が『群書一覧』の中で『伊勢兵乱記系譜』(9)なるものを引用して、北畠親房の著作に元々集・扶桑略記・神皇正統記・職原抄の四部があるが、これは皇円の『略記』ではなく、『日本紀略』をもって親房の「扶桑略記」ではないかと推測し、また両者が混交したものの存在についても言及している。尾崎は混淆体系(10)の写本を念頭に置いており、『略記』本来の部分を皇

円作、混入された『日本紀略』の部分を親房作と考えている。また、中根重成も同様のことを考えている。(11)

②の皇円補作説は、信友が『比古婆衣』で『江談抄』に「扶桑集被レ撰年紀事」を問題にしているものであるが、先述のとおりこの説は全く成立しない。

③は、『聖徳太子伝私記』の裏書に「扶桑略記者、三井寺僧作」とあるものである。しかし、これだけでは撰者を同定することも出来ないし、皇円と同一人とも考え得ない。

以上、皇円作説に対して異説も存在するのであるが、中ではやはり皇円作説がもっとも有力といえよう。では、その皇円作説の信憑性の程はいかがなものであろうか。皇円作説の根拠は先述の如く『書籍目録』の「阿闍梨皇円抄」との記載のみである。また、これを是とする論としても仏教関係記事が多いとか、如来滅後の年数の記載が釈家の書としてそぐわしいといった程度である。(12)しかし、仏家の手になる書ならずとも、編まれた時代と社会とを勘案するならば、それはむしろ当然のことといえよう。では、皇円作説の唯一の根拠である『書籍目録』の記事の信憑性はいかがなものかというと、実は本書は本来、書名と巻数のみを記したもので、皇円作説の根拠たる著者や内容などは後に加筆されたもので、(13)必ずしも全幅の信頼をおけるものではないことが知られるのである。更に皇円と『略記』とについて、①皇円の伝記的史料、②皇円の年齢と『略記』の成立年代、③『略記』後篇編纂の根幹材料の入手、④『略記』自身の持つ杜撰さと考証の綿密さの二面性、の四点の問題から検討を加えてみると以下の如くになる。

①『尊卑分脈』によると、皇円は藤原道兼の玄孫で豊前守重兼の子。生年は定かではないが、『法然上人行状絵図』巻三によれば重兼の嫡男少納言資隆の長兄で、椙生の皇覚法橋に師事し「当時の明匠」「一山の雄才」と称された人物と伝える。巻三十には、皇円が長命の身をうけ弥勒の下生にまみえ得度せんと欲し、大蛇に化し遠江国笠原荘

の桜池に入るとの伝を記している。この外、皇円に関る伝としては『法然上人伝記』（醍醐本）『源空上人私日記』『本朝祖師伝記絵詞』『法然上人伝記』（九巻伝）『黒谷源空上人伝』『拾遺古徳伝』『正源明義抄』等多々存するが、実は皇円の伝のうち成立年代の早いものには『略記』が皇円の手になるものとの記述が全く見られないのである。これらの伝は法然の顕彰を目的に、その師の一人である皇円をも大才の人物として同じく顕彰しようとする立場で統一されている。であるならば、皇円が中世以降の歴史知識に大きな影響を与えた書である(14)『扶桑略記』の撰者であるとの事跡を全く掲げないのはどうしたことであろうか。法然の師は史才のあった人物として特筆してこそ然るべきなのではないのだろうか。それが『書籍目録』以降、皇円作説が世に知られると、師蛮が如き皇円を顕彰すべき何等の理由のない人物であっても『本朝高僧伝』には「円有㆓史才㆒、欽明帝至㆓堀河帝㆒、五百五十年間、朝廷政蹟、釈氏之事、皆悉撰述、繫㆓年月日㆒、成㆓扶桑略記三十巻㆒也」として特筆しているのである。『略記』の撰者が真に皇円であるならば、これらの諸伝は甚だ疑問とせざるを得ないであろう。

② 皇円の年齢の問題。彼の生年は不明であるが、『法然上人行状絵図』巻三十の注に入寂の時を嘉応元年（一一六九）と記している(15)。これと『略記』が堀河天皇を「今上」とすること等をもとに平田氏が『略記』編纂当時の皇円の年齢を推定され、

この皇円が堀河天皇の時代に『略記』を編纂したというのであるが、これには問題もないわけではない。皇円の年齢は不明であるが『尊卑分脈』によると、その伯父兼基は永久四年十月一日、五十三を以て卒したとあり、皇円の父重兼がそれより三歳の弟としても堀河天皇の初年たる寛治元年に二十一、堀河天皇の末年たる嘉承元年に四十、皇円が仮にその二十歳の時の子として法然入門の久安三年は六十二歳、死去の嘉応元年は九十四歳（八十

四歳の誤り＝筆者注）となる。これが皇円の年齢としていわばギリギリの計算であるが、これによっても嘉承元年にはようやく二十一歳に達するに過ぎない。皇円が二十一歳でこの書を著作したと考えるのはやや無理の感がする。

とされ、この計算による『略記』著作時の年齢には疑問を抱いておられるが「もっともこれは『分脈』が兼基と重兼の兄弟の順を誤っていたとすれば解決される問題であるが、これについては今後の検討を必要とするであろう。」とされている。(16) しかし『尊卑分脈』が兄弟の順を誤ったとするだけで問題は解決するであろうか。『略記』の著述年齢を五歳・十歳早め、二十六や三十一歳であれば可能なのであろうか。しかもこの計算自体が氏自身も述べられる通り「ギリギリの計算」であって、『略記』の成立が堀河天皇の最末年とする根拠はなく、またもし末年に完成したのであれば、その後間もなく崩御された天皇をその諡号も冠せず今上のままにする方が不自然と言わざるを得ない。事実、氏自身の『最新歴史年表』でも、承徳元年（一〇九七）に「この頃皇円『扶桑略記』なる」としておられ、その方がむしろ妥当であろう。しかし、仮にこの年に皇円が三十歳であったとすれば伯父兼基は三十二歳、皇円は入寂時には百五歳であったことになる。

③　『略記』後篇の編纂材料と皇円との関係について、『略記』編纂には多種多様で、膨大な数と量の典籍等が編纂材料に用いられている。(17) とくに、『略記』後篇の根幹材料である『外記日記』は、誰もが全巻を容易に閲し得るような性格のものではなかった。当時、『外記日記』全巻を有する人物は、大江匡房の知る限りでは惟宗孝言と中原師遠の二名だけで、その事を「皆悉令持人稀也」「希有之事也」と称している。(18) 即ち、『略記』の撰者は、この殆ど孤本であった『外記日記』を『略記』編纂のために縦横に駆使し得る立場にあった人物なのである。果たして、叡山の一学

僧がその立場にあったかどうか疑問とせざるを得ない。

④『略記』の有する杜撰性と考証の綿密性という相反する二面性の問題について、平田氏はそれらを分析し、(一)『日本書紀』が軽く扱われ年月日の誤りも非常に多いこと、(二)その反面、撰者は年月日について細心の注意を払い、注を附して年月日の考証を行ったり、年月の明らかでないものは正直にその事を記していること、(三)『続日本紀』に於いても年月日の誤りが多いが『日本書紀』に較べると少ないこと等を検証し、繊細な考証の綿密性と杜撰性の相反する二面性を一書中に含有していることを指摘されている。そして、問題の解決としては仏教関係記事についてては細心の注意を払ったが、仏教に関係ないものについてはきわめて粗雑な態度であったためとされた。しかし、仏教記事中にも氏自身が指摘されている「誤りある記事」もあり、また撰者が好んで収載する怪異譚中にも誤りも多く、単純に興味の所在だけを理由に処理できるものではない。『略記』の持つこの相反する二面性について考えてみるに、その杜撰なところは本文中に於いてであり、綿密性を発揮するのはその注記に於いてなのである。果たして、皇円という人物は、この相反する二面性を自己の中に共有させていたと見るべきなのであろうか。非常に不思議の感が禁じ得ないのである。

以上、①〜④に絞って、『略記』の皇円作説について疑問となる点についてみてみたが、いずれの点より見ても皇円が『略記』の撰者であるとの通説は疑問とせざるを得ないのである。(19)であるならば、『略記』という書物はいったい何人の手になるのであろうか。また、『書籍目録』への加筆者は何を以って皇円を『略記』の撰者としたのであろうか。まず、『略記』の撰者の問題を考えるには、この三十巻からなる書を編んだ人物がその最末に選んだ記事に着目してみよう。それは、寛治八年三月二日の条で、関白尊閤重被レ参二詣浄妙寺一。

というものである。注目されるのは、この最末記事が、堀河天皇の御代の末年ではなく、御代の途中、三分の一程度で筆を擱いていることである。平田氏は永長元年（一〇九六）に六位外記大江通景が大外記に転じたことにより『外記日記』が一時期擱筆し、久安三年（一一四七）に復活されたことを指摘された。そして、そのことを以って『略記』の擱筆の原因とされている。[20]しかしながら、『外記日記』を根幹材料として永長以降の編纂は出来ないにしても、なお数年ある中でこの記事が最末記事として選ばれたことには何らかの理由があるのではないか。三十巻から成る計画的に整備されたとみられる書物の最末記事を、『外記日記』の擱筆がために意味もないもので終ったとは思われない。この記事について、坂本太郎氏は「(この書物が扱っている時代は)堀河天皇の寛治八年（一〇九四）三月二日関白師実が浄妙寺に参詣するという時までである。師実はこの月八（九）日関白を辞し、師通がこれに代わるから、師実の関白辞任と共に筆を絶ったとみてよい。」とされている。[21]その意味するところについて氏は何も提示されていないが、『略記』撰者は何故にこの師実の浄妙寺参詣の記事を最末記事として選んだのであろうか。師実の父頼通の墓参は盛大に行われたが、[22]彼はそのうち関白を辞して息師通にその職を譲るまでの間、外に動きをしていない。史料に見る限り、四日に白河上皇の鳥羽殿に参じている程度であり、三日の平等院一切経会にも参加していない。[23]それ故、この浄妙寺参詣は、師実にとって関白在職中の記載されるに値する最後の事跡であったと言えるであろう。『略記』撰者が、この記事を最末記事として取り上げた理由としては、本書編纂に師実に関りの深い人物の存在が想定されるのではないだろうか。そこで、如上のことをふまえてみていくに、師実周辺でその適格者を探っていくと、諸々の条件から師実の息、後二条関白師通を以て最もその可能性の高い人物に屈指し得るであろう。『本朝世紀』の師通の薨伝には、

公受レ性豁達、好レ賢愛レ士、以レ仁施レ人、以レ徳加レ物、多進二文学之士一。漸退二世利之人一、嘉保永長間、天下粛然、機務余暇、好レ学不レ倦。就二権中納言大江匡房卿一、受二経史説一、以二儒宗一也。又召二大学頭惟宗孝言朝臣一、令二侍且読一。凡厥百家書莫レ不二通覧一。

と評された人物で、『略記』が編纂されたであろう「嘉保永長間」に世利之人を退き、大江匡房に経史の説を受けたり、惟宗孝言に侍読せしめているのである。そして、この頃、師通と匡房とは非常に近しい関係を継続的に維持しており、その様な関係の中から『江家次第』[24]の場合と同様に本書の編纂が匡房に依頼されたのではないだろうか。また、惟宗孝言については、師実及び師通父子の二代にわたり侍読をつとめた人物であるとともに、先述の如く『略記』後篇編纂の根幹材料であって天下の弧本ともいうべき『外記日記』全巻を有する人物でもあるのである。また、煩瑣となるため、ここではいちいち例証することは避けるが、その他の証左もあって、『略記』編纂はこの様な環境の中で企画され、師通が主催し、大江匡房が監修的立場で関与し、そのもとで惟宗孝言や「多文学之士」と呼ばれた人々によって編纂がなされたものとみられるのである。[25]

『略記』は先述の如く、本文と注記とでは相反する性格を示す特徴を有しており、その両者が必ずしも同一人の手になるものとはみられない。更には、『略記』巻第二十三から第二十五にかけて存する所謂裏書についてもその加筆者を考えなければならないであろう。この本文とは性格を異とする注記は、管見の及んだ限りそのすべての写本に存在し、その意味から注記は『略記』に本来的な存在とみられる。[26]また、その注上に加筆者自ら姿をあらわした箇所があり、それは延久四年（一〇七二）十月二十五日の条に付されたもので、

私云。後日追勘。天台最勝初三会講師。是第一座主義真和尚也。於二維摩堂一遂二其大業一之日。既有二因明論議一。

然講師義真云。非二天台之所一レ学。全不レ可レ答者。山家維摩講師於二維摩堂一尚静不レ答。況天台円宗講師於二円宗寺一全不レ可レ答者也。隠者伝聞為二後日一記之。定多レ誤也。（圏点、引用者）

初の円宗寺最勝会で興福寺僧義真が講師三井寺僧頼真に対し、一の問に「因明」について問うたことに対し、天台僧が答えるべきか否かというものである。これによると「隠者」はこの円宗寺最勝会には参加していなかったので直接に見聞した訳ではないので伝え聞いて後日追勘して私見を述べたがきっと誤りの多いことであろうという。この注記の加筆者についても、『略記』全体の編纂に大きく関与した大江匡房の筆になるものとみられる。また、裏書についても『略記』に本来的な存在とみられ、その性格上やはり注記と同様に匡房によるとみられるのである。『略記』は師通の主催のもと匡房以下複数の撰者によってその本文が編纂され、その後匡房によって注記と裏書が加筆され、一書となったものとみられるのである。(27)

最後に、『書籍目録』に「阿闍梨皇円抄」とされるに至ったのは何故か考えてみることとする。この撰者や巻数に関する記載は後人の加筆であることは既述の通りであるが、では何を根拠に皇円を撰者と加筆したのであろうか。『書籍目録』中で「抄」の文字は書物の撰者の記載方法で概ね「作」と同様の意味で用いられており「抄出」の意味では使われていないが、『略記』の場合には後述の天理大学附属天理図書館所蔵の抄本(28)が存在するので、皇円がその作者と考えることはできないであろうか。この原本を直接に披見した狩谷棭斎は、

自天平至大同抄節、従古写原本訂正、巻中校語云原者即是、其本審紙色字様六七百年前所写、副葉題云于時慶安元年六月廿四日加支覆畢、外題下記金勝院三字、

としている。(29) また、本書の書写年代について田中卓氏は「狩谷棭斎が『六七百年前所写』と鑑定しているが、平安時

代末期から鎌倉時代初期に成るとみて大過ないであろう。とすれば『扶桑略記』成立後数十年から百年前後の間に書写されたことになり、恐らく現存写本中、最古に近いと思われる。」とされ、外題下に書かれた「金勝院」については、

尚、識語の「金勝院」であるが、これは近江の金勝寺とは別で東寺の支院であり、室町時代には屢々史上に顕われる。(中略)また、『参考太平記』に採用された所謂「金勝院本」は、凡例によると、加藤清正の家士佐佐備前直勝が之を得て東寺金勝院に蔵した写本であるという。

とされている。[30] しかし、叡山の法然堂は現在でも正式名称を「金勝院法然堂」と称しており、『東塔五谷堂舎並各坊世譜』には法然堂のある東谷に金勝院の名がみえ「旧号㆓阿弥陀坊㆒。円光大師旧跡也。中号㆓実相坊㆒。第二世号㆓本城院㆒。第三世号㆓寂照院㆒。貞享年中号㆓金勝院㆒。」とある。また『比叡山堂舎僧坊記』には「実相坊」の肩に「今金勝院」との注記があり、『山門堂舎由緒記』には「金勝院旧号阿弥陀坊」とある。即ち、皇円の弟子の一人である法然に関る塔頭がのちに金勝院と称することになったのである。『法然上人行状絵図』や『黒谷源空聖人伝』等には「功徳院肥後阿闍梨皇円」とあり、皇円は椙生流皇覚の弟子として功徳院に住したのであろうが、皇覚より門流相伝の秘事である『枕雙紙』および『山王九十字口決』のいずれの譲りをも受けておらず、独りその住坊のみの譲りを受けたとも考えられない。それ故、独自の坊か、いずれの坊にか移り、それが後の金勝院となったものなのでなかろうか。金勝院本の『扶桑略記』の奥書には「慶安元年六月廿四日加支覆畢」とあり「金勝院」との識語が付されたのはこの時点(一六四八)から以降となり、『東塔五谷堂舎並各坊世譜』にいう貞享年間とは三十年ほどの差異があるが、その坊に古くから伝えられるものであれば旧塔頭名を記したとも考えられ、皇円との関係を考えれば同一の坊とみてよいので

はないか。また、その成立年代を考え合わせればこの金勝院本が皇円の自筆原本の可能性さえも出てくるのではないだろうか。更には、昭和六十二年六月発行の『一誠堂古書目録』第六十四号の巻頭に掲載された「平安末期又は鎌倉初期写」とされる逸名の書籍目録の「伝記仏法」の八番目に「扶桑略記抄上中下」というものがある。金勝院本が神武天皇から平城天皇の大同二年までと全体の凡そ三分の一で、内容・書写年代から本書をさす可能性は高いのではないだろうか。即ち『書籍目録』は金勝院本抄本の作者、皇円をもって『略記』全体の作者とするに至ったのではないだろうか。以上、『略記』皇円作説成立の事情を推定した。(31)

三　成立年代と編纂目的

従来より『略記』は、堀河天皇を「今上天皇」としているところから、最末記事の寛治八年(一〇九四)三月二日以降堀河天皇の末年(嘉承二年・一一〇七)までの間に成立したとされてきたが、先の編纂集団の存在が是認されるならば、更に成立年代の幅を絞ることが出来るのではないだろうか。また、その成立年代については、本文と匡房によって加筆されたとみられる注記・裏書については分けて考える必要があろう。

まず、本文の成立年代であるが、この編纂に最も中心的存在として関ったとみられる匡房は承徳二年(一〇九八)に権帥として大宰府へ下向し、また主催者たる師通はその翌年に薨じている。であるから、先の推定が正鵠を得たものであれば匡房の下向までに一応の完成をみたと考えるべきであろう。『略記』本文の編纂の開始が何時まで遡るのかは不明であるが、成立は最末記事の寛治八年三月二日から匡房下向の承徳二年九月までの約三年半の間とみられるのである。匡房が大宰の権帥に任ぜられたのが永長二年（一〇九七）三月で、実際の下向までに一年八ヶ月も間があったことも関係があるかも知れない。[32] それにしても、先掲の如く『略記』本文には年月日の誤りや記事引抄による誤りなど杜撰な点が多々存し、その意味においては未定稿の謗りを免れ得ない点もあるが、この比較的短い編纂期間に起因するのではないだろうか。[33] また、その杜撰さこそが、後に匡房が『略記』に注や裏書を加筆するに及んだ要因なのであろう。更に、この時期が先に師通の薨伝に「漸退二世利之人一、嘉保永長間、天下粛然、機務余暇、好レ学不レ倦。」と評された時期とまさに一致するのである。

次に注記の成立年代についてみることとしよう。この『略記』注記について平田氏は「『略記』を通じてみると、その附記或は附註は二の性質に分けられる。一はその出典を註したものであり、一は編者の史的批判である。」とされ、前者の例として推古天皇三十六年の条の「已上出二薬師寺景戒霊異記之文一」や貞元二年の条に「已上出二往生伝一」をあげられている。後者の例としては、文武天皇三年の条の「已上異記、私云、役行者事、雖レ出二霊異記一、相二違本伝一、如何、具如二下文書記一」や、推古天皇二十九年の条の聖徳太子の薨去について付された「已上太子薨年二説、共出二伝文一、私云、聖徳太子、敏達天皇元年壬辰正月朔日誕生、其後至二于推古天皇第廿八年庚辰一、合四十九年也、而遷化之年、既云二卌九一、何謂二推古天皇廿九年辛巳、及第卅年壬午之間、両説不レ同哉、共是非也、薨年四十九歳、若是作レ伝之人、恐筆誤歟、已上私詞也、取捨只任二後賢之是非一焉」をあげて分類しておられる。[34] この前者の出典のみを記す注記も、後者の史的批判をみせる注記も、先述の通り両者ともに匡房の筆になるものとみられるが、それ故、最終的に注記が付されたのは匡房が大宰の権帥の任を解かれた後、大宰府より帰京した康和四年（一一〇二）六月以降のこととなろう。しかしながら、出典などについては編纂の当初より付されたものもあるかも知れず、その意味から注記の成立の上限は本文と同じく『略記』最末記事の寛治八年三月二日とせざるを得ないであろう。では、下限はというと、匡房が先の円宗寺最勝会の注記に自らを称して「隠者」としている年代、即ち彼の晩年までも注記が付されていたであろうことが想像されるが、匡房が自らを「隠者」と称するような可能性はあるのであろうか。藤原宗忠は晩年の匡房については批判的で、匡房のもとを訪れる人々に対して彼の語ることについて「尤不便歟」或は「狼藉無レ極云々」「大儒所為、世以不甘心歟」など言い、その頃の匡房の状態を「江師匡房、此両三年行歩不相叶」と述べている。[35]また、ある時は「暗記録世間事、或有僻事、或有虚言、為末代誠不足言也」と酷評している。[36]また、薨ずるに及んでは「才智過人、文章勝他、誠是天下明鏡也」としながらも、人物評としては「但心性委曲、頗有不直事」とかなり批判的である。[37]こうなるには訳があったとみられ、大宰府赴任中の匡房は度重なる不幸に見舞われる。まずは、康和元年（一〇九九）に最も強い信頼関係にあった師通が薨じ、その強い後ろ盾を失うこととなった。更に決定的であったのは、康和四年に最も期待し己が後を託した長男隆兼を失ったことである。隆兼を失った匡房の嘆き様は『宝物集』に、

江中納言匡房ノ加賀権守隆兼ニ別テ、九代相伝ノ文書、誰ニカ伝ヘントスルト嘆シ、子ノ誤ツ事ハナケレトモ、親ニ物ヲ思ハスレハ、敵ナント申サンモ僻事ニハ有シ物ヲ、仏ノ御子善星比丘ノ、仏ノ歩給ヒタル御足ノ跡ニ虫ヲ拾ヒ置テ、仏ハ物ヲ殺スヲハ制シテ、虫ヲ多ク踏ツフシ給ソト語リ歩キケル、

と記されており、このような中で次第に厭世的になり、更に足を悪くするなどして宗忠の記したが如き晩年の状況となったのであう。いずれにしても、匡房の晩年は、まさに自らを「隠者」と称するに適合した情態であったといえるであろう。和田英松氏は『江家次第』について、匡房がその晩年まで書き継いでいたことを指摘されているが、[38]『略

『記』についても同様に筆を染めていたのであろう。それ故、注記の成立の下限は匡房の没する天永二年（一一一一）に置くべきであろう。裏書の成立についても、本文と比較するにその欠を補おうとした性格のものであり、やはり匡房の大宰府よりの帰洛以降、晩年までとせざるを得ないであろう。

最後に、『略記』編纂の時代とその目的について一考しておきたい。時代は治世を通じてすべて仏事によって処理されたと考えられた白河院政、(39)その前期にあたっている。この時期に最も特徴的であったこととして、南都北嶺を中心とした僧兵の活動の激化があげられるであろう。永保二年の熊野社の神輿の入洛をはじめ、寛治七年に春日の神木、嘉保二年には日吉社の神輿と、堂衆を主体とする多数の僧兵、或は神人を動員しての示威活動が繰り返された時期である。先述の如く『略記』はこのような時代背景のもと、関白師通を主宰者として、大江匡房ら複数の撰者によって編纂された書とみられるが、その編纂は如何なるところに目的があったのであろうか。この様な状況下、実際の政務の中枢にあり矢面に立たされたのが、誰あろう父師実の譲りを受け関白となった師通その人であった。そして、師通はこれらの示威活動に対して断固たる態度をもって臨み、当時の人々からはその冥罰によって薨じたと考えられた人物であった。そのことは桜井秀氏が「師通は先づ台嶺の悪徒に拳《ファウスト》を加へんとし、反って『神罰』によって薨去した。(中略)彼の山徒に対する強硬な態度は今日から見るとき、何等の非難をも受くべき点はなかった。けれども、時代の常識からいふならば、全くそれに反する結果となるのである。(中略)彼等の無法なる要求を斥けたり、神木神輿を奉じての示威運動を強圧したりすることは、神仏に対する宣戦と認められたのである。従って強圧政策の中枢に立つ人物は当然冥罰現報を甘受せねばならなかった。硬骨英邁の師通もさういふ意味から、神祇の冥罰を免れ得ないと考えられた。」と述べておられるが如くである。(40)嘉保二年(一〇九五)の叡山大衆の嗷訴に際して師通の対応は、

只今延暦寺大衆、依有可訴申事参闕由有風聞、（中略）公卿着直衣済々参集、於殿上有僉議、大衆一定可参洛者、先差遣検非違使幷武士等、於河原辺可禦者、（中略）諸社神民等猥成訴訟、奉舁神輿可迎京都之由依有風聞、可制止状度々被仰下之、而山僧乱発可奉舁神輿者若然者禦留之条全不可憚神輿、此旨且以祈申、且以可下知諸社者、又令掌侍幷蔵人、仲正、奉幣帛於内侍所、同被祈申件旨、又諸陣相固、武士済々終日雖相待大衆不下也、（傍点、引用者）

との如くで[41]、断固として「全不可憚神輿」と命じ、翌日になると事態は「先日吉社神民幷諸司之下僧六七人許参洛、而於河原武士等相禦不令入之間、源頼治郎従等已射神民等、僧三人禰宜一人中矢已被疵者」となり、僧や神人に負傷者を出すに至ったのである[42]。そして、この四年後に師通が急逝したのはこの冥罰によるものと考えられた。このことは、当時の貴族社会にとってはかなりショッキングな事件で、かつ関心の持たれた事件であり、諸書に事細かに取り上げられている[43]。ともかくも、師通は当時の宗教勢力に対して妥協せず、断固たる態度をもって事を処し、結果として近藤潤一氏が先の『本朝世紀』薨伝によって「豁達剛毅の性で文学・諸芸に長じ（中略）僧兵を抑圧して、『嘉保永長間天下粛然』〈本朝世紀〉となったという」と述べておられる如くであった[44]。『略記』編纂の佳境に入っていた時期は、同時に師通が強圧的政策によって僧兵の封じ込めに成功した時期である。このような中に編纂された書が企画されるに際しては如何なる意図があったのかということになるが、平田氏は『略記』に一貫した歴史観の存在を指摘され「『略記』は、大体において史料の綴輯であり、その歴史観を明らかに述べている条は殆どないが、国史全体を綜観して、末法思想の立場を以て貫いている。」とされ、『略記』が如来滅後の年数を記すことから「いよいよ末法に入ったとの意識を表わし、これにより歴史事実を裏づけようとし、かの山寺両門の闘争は闘諍堅固の表われと考え、詳細にこれを叙述していないのである。それが『愚管抄』のような明確な理論を展開していないのは、一に史料を編集するという立場の然らしめるところであるが、その根底にすでに『愚管抄』的歴史観が存することは明らかである。これが『大鏡』の史論的立場と結びつくとき、『愚管抄』となるのである。」とされた[45]。即ち、南都北嶺の示威活動の盛んなる世情が師通の強行策により「天下粛然」となった時期に、末法史観とでも称すべき一貫した歴史観で統一された史書が編纂されたということになる。一般に、『略記』には仏教の発達史を叙述した書との認識があるが[46]、彼此れを勘案すれば、『略記』なる書はある意味では全体を末法思想的立場から世の流れをとらえながら、仏教界が如何なる経過を経て当時の如くなるに至ったか、宗教的立場のみに拘らず、その歴史的側面・文化的側面等を叙述したという性格付けが出来るのではないだろうか。もっとも『略記』の叙述の対象は、仏教に関ることのみではなく、更に広い視野でみていかなければならないが、この書の成立を性格付ける上において、桜井秀氏が師通は「台嶺の悪徒に拳を加へんとし」とした表われの一がその政治的強攻策であり、一が『略記』の歴史観であったとみられるのではないだろうか。それ故に、一般には「仏教の発達史」を述べた書として把握されるが如き内容等ををも包含して、現行の如き一書として結実したのであろう[47]。

四　内容・構成及び出典

『扶桑略記』は神武天皇より堀河天皇に至る七十二代の本朝の歴史を記した私撰の史書である。朝廷による修史編纂事業の絶えた後を補完する史料として、国史の多く失われた欠佚部分を補うものとして重視された。また、本書が数多くの典籍を編纂材料として用い、かつその出典を多く記していることから、現存しない典籍も含め、逸文の宝庫としても古来知られてきた書である。内容が多岐に亙り、当時よりよく読まれた書と考えられている。[48]本書は本来三十巻より成っていたが、[49]その多くが失われ巻第二〜第六・第二十〜第三十の計十六巻の本文と、神武天皇〜平城天皇に至る抄本、及び巻第二十三醍醐天皇に寛平九年から延喜十七年まで、巻第二十四醍醐天皇に延喜十八年から延長八年まで、巻第二十五朱雀天皇・村上天皇に延長八年から承平五年までの『外記日記』による裏書が存し、それらは現在基本的に『新訂増補国史大系』第十二巻に収められている。しかし、嵯峨天皇から清和天皇までの間は全く欠佚して抄本すら存在しない。この様に、本来の約半数の巻が失われ、特に序が存したであろう巻第一の欠佚が本書編纂の背景や成立の事情等、本書の研究上での最大の障害となっていることは否めない。

さて、本書については「当てにならない」とか「正確ではない」等との評をしばしば耳にするところであるが、この類の批判は必ずしも『略記』に対する正確な理解に基づいたものとは言い得ないであろう。この書を史料として十分に取扱うには、その性格・編纂方針・引用典籍の性格等々、この書の持つ特性をよく理解しなければならないということを知るべきであろう。『略記』は編纂の基本的方針から、六国史を根幹材料とする前編（巻第一神武天皇より巻第二十の光孝天皇まで）と、外記日記を根幹材料とする後編（巻第二十一の宇多天皇から巻第三十堀河天皇の寛治八年三月二日）とに分けて考えられる。そして、『略記』を史料として用いる場合には、その根幹材料の合間に挿入された引用典籍ごとの性格をいちいち検証してから用いる必要がある。また、編纂の際の不手際もあって、原史料とは意味が異なってしまった箇所等もある。『略記』を引用するにはこの様な内容への理解と手続きが必要となる。

その点で『略記』に対する基礎的研究を行ったのは平田俊春氏である。氏の『略記』研究は、現在『私撰国史の批判的研究」の第二篇に収められていて、それまでの詳細な研究史の他、『略記』の出典について考究し、『略記』の諸書引用の形式について言及する。更に『略記』前篇と『帝王編年記』、後篇と外記日記、『略記』裏書と『外記日記』(50)及び、『略記』の性格と著者について言及している。また、第三篇では氏の『略記』に関る論考「扶桑略記の復原」「和銅日本紀の批判」「将門記の成立についての学説批判」「七大寺年表の批判」「水鏡の批判」を「扶桑略記研究余瀝」としてまとめている。

出典については、『略記』が引用する典籍を現存書と逸書に分け、それらを更に出典を記すものと記さないものに分けて考証している。現存書で出典を記すものとしては「国史実録類」として日本書紀・続日本紀・続日本後紀・文徳実録・三代実録・類聚国史・将門記・陸奥話記、「伝記類」として聖徳太子伝暦・家伝・唐大和上東征伝・叡山大師伝・慈覚大師伝・智証大師伝・天台南山無動寺建立和尚伝・尊意贈僧正伝・慈慧大僧正伝・道場法師伝・恒貞親王伝・続浦島子伝・性空上人伝、「霊験記・往生伝類」として日本霊異記・三宝絵詞・日本往生極楽記・大日本法華験記、「縁起類」として東大寺大仏記・招提寺建立縁起・大安寺縁起・興福寺縁起・清水寺縁起・四天王寺御手印縁起・天満宮託宣記・関寺縁起・法成寺金堂供養記、「雑類」として宇治橋碑銘・意見封事十二箇条・九条殿遺戒・宝経印陀羅尼経記・池亭記・胎蔵界大法対受記・弘決外典抄・霊応伝・西域記・感通伝・慈氏菩薩儀軌・法蔵伝を、出典を記さないものとしては「国史実録類」として古事記・類聚三代格・参天台五台山記、「伝記類」として波羅門僧正碑・僧綱補任歴をあげ、それぞれを考証し『略記』の諸書引用の形式とその態度に言及する。(51)

また、同様に逸書についても、出典を記すものとしては、「国史実録類」として日本後紀・宇多天皇御記・醍醐天皇御記・村上天皇御記・吏部王記・新羅入寇日記・将門誅害日記・純友追討記・三井寺官使実録記・亭子院宮滝御幸・御堂関白高野山御参詣記・白河院高野山御幸記、「伝記類」として延暦僧録・行基菩薩伝・役公伝・百川伝・浦島子伝・弘法大師伝・弘法大師略伝・真如親王伝・静観僧正伝・浄蔵伝・陽勝仙人伝・禅喜伝・増賀上人伝、「霊験記類」として本朝法華験記、「縁起類」として広隆寺縁起・崇福寺縁起・長谷寺縁起・西大寺記・鞍馬寺縁起・善光寺縁起・知足院縁起・宇佐八幡縁起・穴穂寺縁起・清水流記・供養記・西寺験記、「雑類」として清丸上表・善家秘記・紀家記・年代暦・道賢上人冥土記・奝然法橋渡唐牒・弘法大師付法記・血脈・胎蔵相承・双林寺実録・世伝・古老相伝・流俗相伝・或記・或説・或本を、出典を記さないものとしては「日記及び実録類」として外記日記、「縁起類」として竜蓋寺記・薬師寺流記・唯摩会記をあげて考証している。平田氏による、これらの一連の研究によって『略記』条文を引用する場合の一応の基準がつくられたことは意義深いものと評価される。ただ、氏の研究によって必ずしもすべてが解決されたとは言い切れないところがある。『略記』と他の典籍とを、主に上下段に配しサンプリングして比較対照した結果を他の箇所にも及ぼすという氏の手法はかなりの確立で有効な方法であると考えられるが、その結果をもってすべての出典を明らかにし得たとする氏の考えには与し得ない。氏の研究成果については敬意を表するところ大であるが、多数をもってすべて説明をするのではなく、やはり少数条文についても一条ごとに慎重を帰す必要があろう。

五　諸　本

『略記』は、六国史の後を補うものとして重宝されたため、数多く書写されたものとみられ、現在『補訂版国書総目録』に登載されるだけでも、三十五箇所に八十五本の写本を数える。しかも、これらはまとまった形で特定の祖本に集約するという性格のものではなく、巻ごとに個々ばらばらに祖本があったり、補完する意味合いから他の典籍が補なわれたりしたため両者（場合によっては三者）混淆してしまった本があるなど、かなり複雑である。そのような伝来や系統を知る上にかなり困難な事情の存することを知った上で、明らかにし得る部分についてみてみることとする。

現在までに調査の機会を得た写本は七十八本に及ぶが、それらにおける写本の系統は、概ね（イ）真福寺本系、（ロ）高野山本系、（ハ）多数巻残存本系（耳に馴染まないが、巻第四と巻第二十一から三十を有することを基本とする系統であるが、明確な祖本等はなく、その性格から呼称するものとする。なお、この中にもいくつかの系統に分けることができるが、その間の書写・成立等の先後関係も判然としない）、（ニ）混淆体本系、（ホ）抜書本系の五系統に分けることができるであろう。

（イ）　真福寺本系

この系統の写本は、大須宝生院、真福寺に伝来する巻第二・第三（①）と、現在は京都小川広巳氏の架蔵にかかる巻第二（②）及び既に失われたとみられる巻第五・第六を祖本とする系統のものである（①・②ともに鎌倉時代にかかる写本で重要文化財）。また、この系統の写本で管見の及んだものは、③静嘉堂文庫所蔵a本（架蔵番号、一－五二九－一〇－一二三六六五、以下「架蔵番号」の文言を略す）の巻第二・三・五・六を合一冊としたもので石原正明自筆本、④無窮会神習文庫所蔵a本（二二四七－井）の同じく巻第二・三・五・六を合一冊としたもので井上頼圀旧蔵本である。①・②はもともとは真福寺に蔵されており、今は失われた巻第五・六とともに石原正明が直接に披見し書写している。

④は屋代弘賢所蔵の本より書写されたものである。そして、屋代弘賢所蔵本と③との直接の関係があるか否かは判然としないが、書写の過程としては、

①・②———③……屋代弘賢所蔵本———④ということになろう。(52)

(ロ) 高野山本系

これは、巻第二十で表紙右下に伝領者たる高野山の学僧「道範」の名を記す鎌倉時代前期に溯る写本（財団法人古代学協会蔵、重要文化財）を祖本とする系統の写本である。この系統に属する写本は、①静嘉堂文庫所蔵b本（岡本保孝自筆本、一－五二九－一〇－一二三六六）、②東京国立博物館所蔵a本（〇二〇・と八一四）、③宮内庁書陵部所蔵a本（二〇七－四五〇）、④宮内庁書陵部所蔵b本（五〇〇－一六三）、⑤無窮会神習文庫所蔵b本（二二四五－井）、⑥内閣文庫所蔵a本（教－一－一三八－九）、⑦九州大学附属図書館所蔵本（橋爪正澄書写本）があり、祖本とあわせて八本の存在が知られている。また、それぞれの奥書等から「伴信友書写本」「尾州家旧蔵本」「内藤広前蔵本」「松木俊章書写本」の存在したことが知られる。それらの伝写過程は、

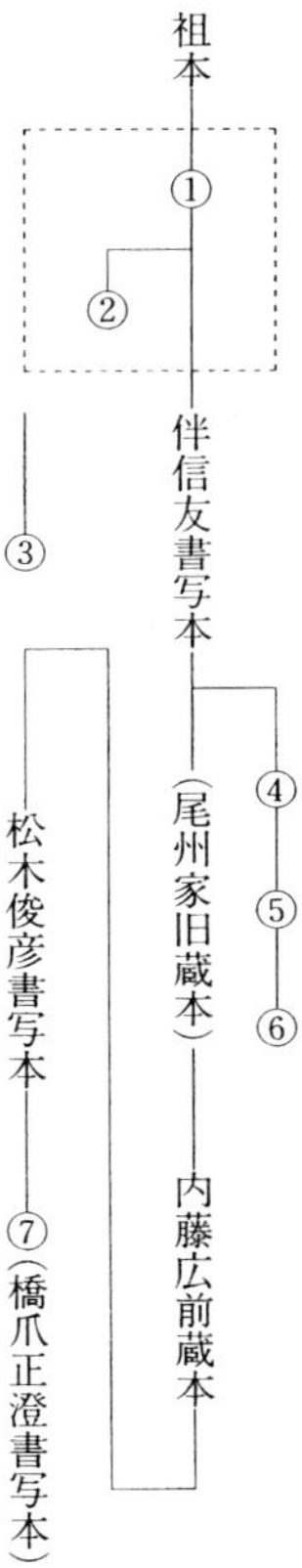

となるものとみられる。(53)

（八）　多数巻残存本系

この系統に属するのは、①内閣文庫所蔵b本（和—四—一三八—一一）、②内閣文庫所蔵c本（内—七—一三八—一三）、③静嘉堂文庫所蔵c本（六—七一—四一—山—一〇一四六）、④宮内庁書陵部所蔵c本（三五一—二一三）、⑤岡山大学附属図書館所蔵池田文庫a本（二一〇・一—三〇・二）、⑥京都大学附属図書館所蔵a本（平松本—第一門—七—二）、⑦蓬左文庫所蔵本（六八—二二）、⑧彰考館所蔵a本（丑一一—〇〇八四二）、⑨神宮文庫所蔵a本（五—三三九—二）、⑩神宮文庫所蔵b本（五—三〇三六—八）、⑪尊経閣文庫所蔵a本（貴重書、四—三—五三—書）、⑫無窮会神習文庫所蔵c本（二二四六—井）、⑬無窮会神習文庫所蔵d本（二二四四—井）、⑭陽明文庫所蔵a本（近—一八〇、二十冊本のうちの十一冊）、⑮国学院大学図書館所蔵本（旧皇典講究所本、貴—Ⅱ—23）で、これらが更に三系統に分かれ、A・B・Cに分類してみることとする。

（八）—A系

この系統の特徴として、本来的に巻第四・第二十一〜二十七・第二十九〜三十を存する本であること、及び巻第二十三〜第二十五にかけて所謂「裏書」の内容を本文中に割書することがあげられる。そして、巻第四は貞永二年（一二三三）、定任の書写にかかる旧東洋岩崎文庫本（＝⑮、重要文化財）[54]を祖本としている。また、この系統の写本でもっとも古く、その特長を遺している写本は⑪で、巻第四は定任の書写本（＝広橋家本）より天文四年（一五三五）に書写し、巻第二十一以下は仁治元年（一二四〇）、行海の書写にかかる写本を祖本とし、概ね天文四年〜永禄元年（一五五八）にかけて書写されたものとみられる。[55] ほかには③及び④・⑬がこの系統にあたる。④は⑪とほぼ同様の内容を備え⑪に特徴的な字詰[56]も全く同じであるが、⑪の巻第二十九が重巻であったものを削り巻第二十八の治安元年十一月十一日の条の末「下馬敬屈‥」に始まる残欠本をもって補っており⑪からの直接の書写本であるか否か判じ得ないが、それに極めて近いものであろう。次に③は字詰を一般的な一面二十字九行に改めてはいるが、巻第二十八の残欠本を有し、④の系統とみられる。⑬は巻第二十三・二十四・二十五のみで奥書もなく字詰も一面十七字十行詰であるが、どの巻にも裏書の内容があり、⑪の系統に属するものと判断される。以上、この系統の書写及び先後関係等は、

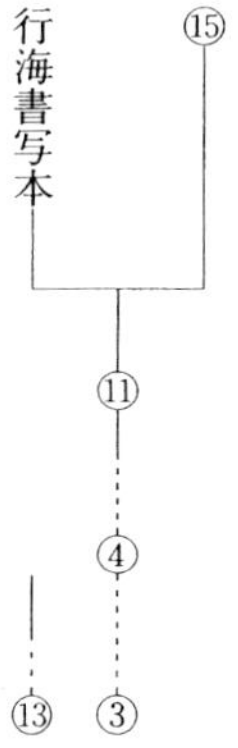

（ハ）－B系

この系統に属する写本は⑤・⑨・⑫・⑮である。特徴は、一行十六字詰めで巻第二十三のみに裏書の記事内容を存し、巻第二十八が残欠本であること等である。この系統の典型は⑤で、巻第四を⑪或はその系統の本から書写し（ほかは、巻第四を存しない）、巻第二十一〜二十三・第二十五〜三十を有す（但し、巻第二十八は巻首を欠く）。⑨は巻第二十五〜二十七・第二十九〜三十を存し、この系統に特徴的な巻を有しないが一行を十六字で書いており、他にこの様な本の系統がないため、本来この系統の本であったものが欠佚したものとみられる。次に⑮であるが、この本は巻第二十八の巻首を完備しているが、その部分を朱書して「扶桑略記第廿八　已上佗本加之」とあり、本来は残欠本であっ

たことが知られる。⑫は⑮を書写した旨を記す。この系統と（八）－A系とは大変に近しい関係にあることが想像されるがその具体的なことについては知り得ない。また先後関係についても⑮と⑫の関係以外は判然としない。

（八）－C系

この系統の第一の特徴は、巻第二十八が首尾完備した本であるということである。また裏書の内容は巻第二十三のみに存し、字詰は一面二十字十行である。⑥・⑩・⑭がこの系統に属するとみられるが、正確な書写年代等はいずれも判然としないが、古い順に⑥、⑭、⑩となるとみられるが、その伝写過程等は全く不明である。

⑥――⑩……⑭

以上、三系統についてみたが、漏れたうちの⑦は裏書の記事を存する巻や巻第二十八が残欠であるなど（八）－A系に類似しているが（八）－A系にない巻第三及び第五を存するなど必ずしも一致しない。また⑧は巻第二十八の残欠本で（八）－Aないしは同B系か、後述する混淆体本系にも巻第二十八の残欠本があり、いずれとも断じ得ない。

（二）　混淆体本系

この系統に属する本は、①国立国会図書館所蔵a本（一－五二九－一〇－一二三六六六）＋宮内庁書陵部所蔵d本（二〇五－二八九）、②内閣文庫所蔵d本（楓－八－特五六－五）、③内閣文庫所蔵e本（楓－八－特五六－六）、④内閣文庫所蔵f本（楓－八－特五〇－一）、⑤静嘉堂文庫所蔵d本（二一－七一－四二一－一〇一五二）、⑥静嘉堂文庫所蔵e本（七－五二九－一一－一二三六二一）、⑦静嘉堂文庫所蔵f本（六－一〇三－三八－一八三〇〇）、⑧宮内庁書陵部所蔵e本（一五六－七三）、

⑨宮内庁書陵部所蔵f本（254－一七七）、⑩宮内庁書陵部所蔵g本（二五六－一三四）、⑪東京国立博物館所蔵b本（○六二五一二）、⑫岡山大学附属図書館所蔵池田文庫b本（二一〇・一－三一・一）、⑬京都大学附属図書館所蔵b本（○六－フ－三）、⑭京都大学附属図書館所蔵c本（○六－フ－一）、⑮京都大学人文科学研究所所蔵松本文庫本（松本－七八八－二二〇・一二）、⑯東北大学附属図書館所蔵a本（丙A－ト三－六三）、⑰島原図書館所蔵松平文庫a本（一五－三）、⑱彰考館所蔵b本（丑一一－二〇〇三二）、⑲彰考館所蔵c本（丑一一－〇〇八四〇）、⑳彰考館所蔵d本（丑一一－〇〇八四一）、㉑彰考館所蔵e本（丑－〇〇八四三＋〇〇八四四）、㉒神宮文庫所蔵c本（特殊本、五－三三六－五）、㉓神宮文庫所蔵d本（五－三三八－五）、㉔尊経閣文庫所蔵b本（八－二一－三－外）、㉕尊経閣文庫所蔵c本（五－二一－三－外）、㉖陽明文庫所蔵b本（近－一八〇、二十冊本のうちの五冊）、㉗陽明文庫所蔵c本（近－一八〇、二十冊本のうちの四冊）、㉘陽明文庫d本（近－一八〇、二十冊本のうちの六冊）の計二十八本で、各系統の中で写本の数が最も多い。これは『略記』が早く散逸しそれを補わんとしたためであろう。これらを次の三つの系統に分けることが出来る。

（二）－A系

この系統の特徴は醍醐天皇の段に「金沢文庫」乃至は「沢文庫」とあることや、巻第二十八の残欠本に一条天皇以降にみられる『日本紀略』や『百錬抄』の混入などである。これは『略記』が欠佚したために『日本紀略』『百錬抄』で補ったが、それらの多くが更に失われ、再び残欠本となったため伝写過程等は判然としない。そこで、この系統の特色を一部でも満たしているものをあげると、①・②・③・④・⑤・⑥・⑦・⑧・⑩・⑪・⑫・⑬・⑭・⑯・⑰・⑱・⑲・⑳・㉑・㉒・㉔・㉕・㉖・㉗・㉙である。㉕は「扶桑略記一」～「扶桑略記一六」と題する十六冊本で、他の本の内容がこれを上回るものがないことから、尤も原形をとどめたものとみられる。また、⑪の奥書に「元本跋曰、永禄元十一廿五夜了」とあって、この系統が既に室町後期（一五五八）より存在していたことが知られる。

（ニ）－B系

ここにあげる本は㉒のみである。この本は、巻第二十八の長元元年～二年にかけて『日本紀略』を混入するものであるが、その他の（ニ）－A系の持つ特徴を示すところがない。おそらくは、より古い形体であり、この形が（ニ）－A系に受け継がれたものであろう。

（ニ）－C系

この系統は、貞観十一年よりの『日本紀略』のみを混入する本で『略記』第二十一以下は（ハ）－B系の内容である。その意味からすると、（ハ）－B系の変形とみなすべきかも知れないが、その形状（混淆体本であること）から、或は貞観十一年よりの『日本紀略』を混入することが（ニ）－A系に受け継がれていくことからして、敢えてこの系統を立てた。この系統に属する本は、⑮・㉕・㉘である。

なお、（ニ）－A系が成立するためには、

の如き過程が想定されるのである。

（ホ）　抜書本系

この系統は、天理大学附属天理図書館所蔵の金勝院本を祖本とする、いわゆる「抄本」（或は「抜粋」、「鈔節本」とも）と、その他の単独で成立した抜書本とに大別される。(57)

（ホ）―A、金勝院本系

この系統には、①天理大学附属天理図書館所蔵本（二一〇―二二）、②宮内庁書陵部所蔵h本（新井白石旧蔵本、二〇五―三〇二）(58)、③宮内庁書陵部所蔵i本（谷森善臣旧蔵本、三五一―二二二）、④東京大学総合図書館所蔵本（小中村清矩旧蔵本、B―四五六八五―G二四―三二五）、⑤無窮会神習文庫所蔵e本（井上頼圀旧蔵本、一―二二五〇―井）の五本が属する。この系統は、祖本が①と明らかである（平安末から鎌倉初期の成立、重要文化財）(59)が、伝写過程は必ずしも判然としない。明らかなのは、⑤が②から書写、また③はその元奥書から文政十二年（一八二九）の宝静書写本からの伝写が知られるのみである。

（ホ）―B、その他の抜書本

①内閣文庫所蔵『攝津徴』（二一八―三八）、②神宮文庫所蔵『二所太神宮雑用正史略記』（一―五―一〇六四）、③東北大学附属図書館所蔵『原本類聚』（狩―一―一九九―二八）、④陽明文庫所蔵『扶桑略記抜書』a本（近―二二〇―一）、

⑤陽明文庫所蔵『扶桑略記抜書』b本（近―二二〇―一）。①は、浅井幽清の『攝津徴』全百五十冊中の第百四で『略記』巻第二十三・第二十五・第二十七・第二十八・第三十の五巻から摂津国に関る記事を抜書きしたものである。②の『二所太神宮雑用正史略記』は五冊本で、六国史をはじめとして『略記』の他、『日本紀略』『吾妻鏡』等より内外両宮関係の記事を抜書きしたものである。③は、檞園猛彦の『原本類聚』三帙二十八冊の第十六冊で、『略記』版本からの抜書きであることが知られる。④は、外題に「扶桑略記抜書」、奥書に「享保六年十二月九日抄出了」とある。当文庫の目録には「家熙筆歟」とある。そうであるならば、享保六年（一七二一）、家熙三十五歳の筆ということか。同文庫所蔵の二十冊本の一（既述の多数巻残存本系⑭）で、紙・字様等酷似している。⑤も④と同様に「扶桑略記抜書」と外題にあり、内容は同文庫所蔵の二十冊本の一、既述の混淆体本㉗・㉘のいずれからの抜書きとみられる。

ここで述べた本は、それぞれがお互いに無関係に抜書きして一書と成したものであり、それらを金勝院本との形体的類似からまとめたので、それらの相互の伝写関係等は見出し得ない。

以上、『略記』の諸本についてみた。なお未見の書写本も多々あるではあろうが、これまでにみた『略記』諸本は、巻の編成や残存状況等全く一定しており、それらが単に合冊されたり分冊されていたり、或は他の本が混入されていたりしているだけであるから、基本的にはこれらの系統の範疇に入るであろうということが予想される。即ち、現在知られている『略記』の形が、本来的な巻の編成・構成であったとみてよいとみられるのである。それらが、文政三年（一八二〇）刊本に至って、ほぼ現在に近い形で眼にすることが出来るようになったのである。その後、『改定史籍集覧』の第一冊に収載され、次いで『新註皇学叢書』第六巻、そして明治三十年いわゆる『旧輯国史大系』、昭和七年『新訂増補国史大系』第十二巻に収載されて現在に至っている。個々の校訂や逸文等の問題についてはある程度存するが、先の諸本調査では『新訂増補国史大系』の底本に全く新たに加えなければならない本は根本的にあり得ない。その意味から、現行刊本中では『新訂増補国史大系』が最も信の置けるものであるが、『新訂増補国史大系』の基本的編集方針とはことなるが、収載典籍の逸文集成の如きものが望まれるところである。

六　結語

以上、『略記』について現段階における研究の概要についてのみ眺めてみた訳であるが、以下それらについて簡単にまとめておくこととしよう。

「書名」については『扶桑略記』が本来的書名であろうことを推定し、「著者・撰者等」では、『略記』の著者が通説の皇円ではなく関白藤原師通の主催するもと大江匡房が監修者的立場で関与し、惟宗孝言及び師通がパトロン的な存在であったとみられる「多文学之士」と呼ばれた人々によって編纂されたものと推定した。そして『略記』の注記や裏書についても大江匡房によって付された可能性が高いことなどについて触れた。「成立年代と編纂目的」では成立年代を本文・注記・裏書に分け、本文は『略記』最末記事の寛治八年三月二日から匡房の大宰府下向の承徳二年九月までの間、注記・裏書については匡房が帰洛した康和四年以降その晩年までとした。また仏教的な側面からすると末法史観とでも称すべき一貫した歴史観で叙述され、当時の仏教界の風潮に対して強圧的政治姿勢でことを処した師通の姿勢から、仏教界が如何なる経過を経て当時の如くなったかを明らめるという面を有する書で、その意味から仏教界に対する批判の書の性格を有していたのではないかとした。「内容・構成及び出典」については、平田俊春氏をはじめとして、すでに先学諸賢の多くの業績の存するところであるのでそれらの一端を紹介した。その意味から、是非ともそれぞれの論文にあたっていただくことを希望する。「諸本」については、これまでに管見の及んだ写本について知り得る限り、それぞれの系統と伝写過程について考察の結果を提示した。それらは、(イ)真福寺本系・(ロ)高野山本系・(ハ)多数巻残存本系・(ニ)混淆体本系・(ホ)抜書本系の五系統に分けて考察した。これらは、(イ)(ロ)(ホ)の如く比較的伝来や伝写過程の判りやすいものもあるが、(ハ)及び(ニ)については部分的に伝写過程が追える程度である。しかしながら、それぞれが欠落したり、別本で補われたり、全くの他書を混淆したりしていながら、全体の写本の内容は、いずれも現在我々が認識している『略記』の範囲を逸脱しておらず、収載の範囲や巻の編成といったことも編纂の当初より現在の『略記』の体を成していたものとみられるのである。望まれるのは、『略記』巻頭に付されていたであろう序文の逸文等が見出され、本書編纂の事情が知られることである。

また、関白後二条師通には、彼を取り巻く多くの文人層の存在が想定され、それらの一部が『略記』の編纂に関ったものとみられる。また、『略記』と『日本紀略』とを比較していくと両者に直接の引用関係等は存在しないにもかかわらず、両者に共通する特殊な特徴が見出され、両書の編纂に何等かの関係(特に編纂材料の点において)が想定されるのである。(60)

なお、わが国の古代よりの修史事業の主体者の変遷について、当時の権力の所在から三分して考えられるものとの私見をもっている。即ち、①国家による修史事業(六国史〜新国史の頓挫まで)、②摂関家を中心とした修史事業、③院による修史事業(『本朝世紀』)といった流れである。『略記』は、その②の中に『日本紀略』或は『栄華物語』等とと

もに位置付けられるのではないかと考えているが、今後の研究課題としているところである。(61)

註

(1) 平田俊春氏『私撰国史の批判的研究』、第三篇「扶桑略記研究余瀝」、第五章「水鏡の批判」(はじめ「水鏡の史的批判」と題し、『史学雑誌』四六―一一〈昭和十年〉に掲載され、のち著書『日本古典成立の研究』〈昭和三十四年〉に収載され、さらに纏まった形で『私撰国史の批判的研究』〈昭和五十七年〉に既発表のものと新稿とをあわせ収載された。以後、特に必要のない限り、氏の論考については、氏がライフワークの一として纏められたこの『私撰国史の批判的研究』をもって示すこととする。)に詳しい。但し、近年『水鏡』が『扶桑略記』のみを編纂材料としているという点については異論も提出されている。多田圭子氏「『水鏡』前田家本の独自記事と南都信仰圏」(『中世文学』第四〇号)、「『水鏡』と『扶桑略記』との関係をめぐる研究の歴史と問題点の整理」(『立正大学文学部研究紀要』第一三号)など。

また、本来の『扶桑略記』の姿を見ることができないのは誠に遺憾であるが、その中にも平田氏によって通計二百六十二箇条の逸文が蒐集され(前掲書、第二篇「扶桑略記の批判」、第一章「学説の回顧」)、ほかにも小山田氏(『国書逸文研究』第七号)や、田中徳定氏(「『阿婆縛抄』にみえる『扶桑略記』逸文」、『並木の里』第二号)及び筆者(『国書逸文研究』第二〇号)などで逸文を紹介しており、部分的ではあるが欠佚部分の姿が知られる。また、近年では扶桑略記輪講会が行われ、「『扶桑略記』精講」として『並木の里』に逐次掲載されていて(『並木の里』第二八号に掲載されたのを最初に精力的にすすめられている)、その完了と公刊が俟たれるところである。

(2) 平田氏前掲書、第二篇「扶桑略記の批判」第一章「学説の回顧」。

(3) 小山田和夫氏「『元亨釈書』の編纂材料と『扶桑略記』について」(高嶌正人先生古稀祝賀論文集『日本古代史叢考』所収)。

(4) 『江談抄』第五詩事。

(5) 「国史と其の後」(『増補上代史籍の研究』上巻所収)。

(6)『本朝書籍目録考証』。
(7)注(2)と同。
(8)五　諸本の(八)多数巻残存本系、③を参照されたい。
(9)残念ながら、現在のところ『伊勢兵乱記系譜』なる書は管見の及ぶところとなっていないが、続群書類従所収の『勢州軍記』や、内閣文庫所蔵の『伊勢嶺軍記』『勢州兵乱記』『伊勢軍記略録』等々、これら類似書のいずれにも該当する件を見出し得ていない。
(10)五　諸本の(二)参照。
(11)内閣文庫本『扶桑略記』(架蔵番号、内―七―一三八―一三)。五　諸本の(八)の②。
(12)仏教関係記事ばかりが必ずしも多いとも思われない(拙稿「『扶桑略記』の神祇関係記事」皇学館大学史料編纂所『史料』第八四号)。
(13)和田英松氏『本朝書籍目録考証』解題に詳しい。
(14)例えば、坂本太郎氏『六国史』(『日本歴史叢書』二七)に詳しい。
(15)「一書ニ嘉応元年六月十三日夜半トイヘリ」
(16)平田氏前掲書、第二篇、第七章「扶桑略記の性格と著者」。
(17)平田氏前掲書、第二篇、第二章～第五章。
(18)『江談抄』第二「外記日記、図書寮紙工漸々盗取間、師任自然書取事。」
(19)詳しくは、拙稿「『扶桑略記』皇円撰述説に関する疑問」(『国書逸文研究』第一四号)を参照されたい。
(20)『私撰国史の批判的研究』第四篇、第二章、第二節「外記日記の断絶」。
(21)はじめ『歴史と人物』昭和五十五年十月号、のち『史書を読む』に収められた。
(22)『中右記』同日の条。
(23)『中右記』寛治八年三月三日の条。
今日宇治平等院恒例一切経会也。但殿下不御坐。(圏点、引用者)

(24)『中外抄』久安四年十二月十四日の条（及び『古事談』『江次第鈔』）。
(25) 詳しくは、拙稿「『扶桑略記』撰者考」（『皇学館論叢』第十七巻第六号）を参照されたい。なお、拙稿発表後、田中徳定氏により『略記』編纂には比叡山の天台密教修学僧が中心的な存在として大きく関与していたと推定された（「『扶桑略記』撰者の性格について」『駒沢国文』第二九号）。しかしながら、田中氏の議論は本質的に拙論とは全く噛み合っておらず、基本的に拙論を訂正すべき必要性は感じていないが、いずれ機会を得て、氏の論にお答えしなければと考えてはいる。
(26) 顕著な例としては、真福寺本の巻第二と小川広巳氏所蔵本の巻第二とは、ともに鎌倉の書写にかかる古写本（ともに重要文化財）であり、かつ全くの別本であるが、両者ともに同様の注記を存している。類似の点は、他にも多々指摘し得る。
(27) 注（25）論文及び拙稿「『扶桑略記』註記・裏書、加筆者管見」（皇学館大学史料編纂所報『史料』第七四号）。
(28) **五** 諸本の（ホ）参照。
(29) 無窮会神習文庫所蔵、狩谷棭斎自校正書入文政三年版本（架蔵番号、一―五―二二四三―丼）の題十五冊の奥書。
(30) 注（15）解題。
(31) 詳しくは、注（19）及び注（25）拙稿を参照されたい。
(32) もっとも、匡房の母、橘孝親の女の死去がその大きな原因の一であったことと思われる。『江都督納言願文集』巻第三の「為悲母四十九日」の願文に承徳元年十一月二十八日の日付があることから、匡房の母の死去は同年十月八日のこととみられる。それにしても、母の死までの間に下向していないことには何らかの理由を考えるべきであろう。
(33) 但し、編纂の開始時期については不明とせざるを得ないが、左程は遡らないのではないだろうか。
(34) 平田氏前掲書第三篇、第二章、第三節「飯豊天皇紀の附記の批判」。
(35)『中右記』嘉承二年（一一〇七）三月十三日の条。
(36)『中右記』同年十月二十九日の条。
(37)『中右記』天永二年十一月五日の条。
(38)『本朝書籍目録考証』。
(39) 例えば、藤原為隆は白河上皇の崩御に際して、その治世を顧みて「及巳刻遂以崩御、御年七十七、（中略）威満四海、権振一天、生涯之営、無非仏事」と評している（『永昌記』大治四年七月七日の条）が如くである。
(40)『平安朝史』下。
(41)『中右記』嘉保二年十月二十三日の条。
(42)『中右記』嘉保二年十月二十四日の条。
(43) 例えば、『愚管抄』巻第四に「サテホリカハノ院ノ御時、山ノ大衆ウタヘシテ日吉ノ御コシヲフリクダシタリケル。（中略）後二条殿サタシテ射チラシテ神輿ニヤタチナドシテアリケリ。友実トイフ禰宜キズヲカフムリナンドシタリケレバ、ソノタ、リニテ後二条殿ハトクウセニケリ。」と見えている如くである。また、これに類似の話や、その死後も苦しめ続けられているといった類の話は『今鏡』や『平家物語』『源平盛衰記』『山王霊験絵巻』『日吉山王利生記』等々、諸書に散見するところであり、当時公家にとってのショッキングな事件であったとともに、後の為政者たちの強訴に対する姿勢に決定的な影響を与えた事件であったものとみられる。
(44)『日本古典文学大辞典』第五巻「藤原師通」の項。
(45) 前掲書、第二篇、第七章「扶桑略記の性格と著者」。
(46) 必ずしも仏教発達史のみを記述している訳ではなく、世の流れの総体を末法史観とも称すべき史観で概観しているものとみられる（拙稿「『扶桑略記』の神祇関係記事」皇学館大学史料編纂所『史料』八四号）。
(47) 以上、詳細は拙稿「『扶桑略記』の成立年代と編纂目的」（『皇学館論叢』第一八巻第二号）を参照されたい。
(48) 注(21)参照。
(49) 前掲の『本朝書籍目録』や、現存『略記』写本調査による巻の編成から、当初より三十巻からなっていたものと見られる。
(50) 拙稿にては、裏書を本文に分注する系統の写本中に、現行の『新訂増補国史大系本』の裏書にない『外記日記』の逸文の存在の可能性を考究した（「『扶桑略記』裏書所引『外記日記』逸文について」皇学館大学史料編纂所報『史料』一〇四号）。
(51) 拙稿「『扶桑略記』所引『日本三代実録』逸文考」（『皇学館論叢』第一九巻第二号及び第三号、のち『国文学年次別論文集 中古I』昭和六十一年に収録）では、『略記』による『日本三代実録』の取扱い方及び『日本三代実録』の省略について検討し、『略記』による『日本三代実録』の復元を試みた。

(52) 詳しくは、拙稿「影尾張真福寺本『扶桑略記』の再評価」を参照されたい（皇学館大学史料編纂所報『史料』第六〇号）。

(53) 拙稿「高野山本系『扶桑略記』の伝写過程と岡本保孝自筆本」（『国書逸文研究』第一二号）。

(54) 現在、国立歴史民俗博物館所蔵。

(55) 巻第二十一の末に天文四年十月九日、第二十三に同年十一月九日、第二十四に同五年七月二十四日、第二十九に永禄元年十一月二十五日の書写の年月日等の奥書を記す。但し、巻第二十九は重巻で全く別筆の一巻を混入している。なお、故飯田瑞穂氏より、この字が三条西公条のものであるとのご教示を戴き、のち確認し得た。

(56) 一面、二十八字、十四行詰で、通常の写本が一行十五・六字からせいぜい二十字、十行前後であることを考えれば、かなり細かい字で書かれている。

(57) この系統に関しては、拙稿「『扶桑略記』の抜書本について」（『創設十周年記念皇学館大学史料編纂所論集』所収）を参照されたい。

(58) 『図書寮典籍解題』歴史篇。

(59) 天理図書館善本叢書一三『古代史籍続集』におさめられ、同書の田中卓氏の解題に詳しいが、写本については疑問点も存す（注(57)拙稿）。

(60) 拙稿「『扶桑略記』研究二題」（『古代文化』第三十七巻第九号）。

(61) 拙稿「王朝文化の形成と藤氏摂関家に関る一考察」（四日市市立博物館、平成十二年度特別展図録『王朝の精華近衛家と陽明文庫の至宝』）にて、出版物の性格上雑駁ではあるが概論を述べる。

参考文献

和田英松　『本朝書籍目録考証』　昭和一一年　明治書院
坂本太郎　『六国史』（日本歴史叢書二七）　昭和四五年　吉川弘文館
田中　卓　「扶桑略記」（天理図書館善本叢書一三『古代史籍続集』）　昭和五〇年　八木書店
平田俊春　『私撰国史の批判的研究』（それまでの『扶桑略記』関連論文をまとめて『日本古典の研究』（昭和三四年、日本書院）に新稿も加えて収載する）　昭和五七年　国書刊行会
堀越光信　「影尾張本『扶桑略記』の再評価」　昭和五八年　皇学館大学史料編纂所報『史料』六〇
同　「高野山本『扶桑略記』の伝写過程と岡本保孝自筆本」　昭和五八年　『国書逸文研究』一一
同　「『扶桑略記』皇円撰述説に関する疑問」　昭和五九年　『国書逸文研究』一四
同　「『扶桑略記』選者考」　昭和五九年　『皇学館論叢』一七ノ六
同　「『扶桑略記』註記・裏書、加筆者管見」　昭和五九年　皇学館大学史料編纂所報『史料』七四
同　「『扶桑略記』の成立年代と編纂目的」　昭和六〇年　『皇学館論叢』一八ノ二
同　「『扶桑略記』所引『日本三代実録』逸文考（上・下）」（のち『国文学年次別論文集』中古1に再録）　昭和六〇年　『皇学館論叢』一九ノ二・三
同　「『扶桑略記』研究二題」　昭和六〇年　『古代文化』三七ノ九
同　「『扶桑略記』の神祇関係記事」　昭和六一年　皇学館大学史料編纂所報『史料』八四

『扶桑略記』輪講会　「『扶桑略記』精講」　昭和六一年〜継続中　『並木の里』二八〜
堀越光信　「『扶桑略記』裏書に関する覚書」　昭和六三年　皇学館大学史料編纂所報『史料』九五
同　「『扶桑略記』の抜書本について」（『創設十周年記念皇学館大学史料編纂所論集』所収）　平成元年　皇学館大学史料編纂所
同　「『扶桑略記』裏書所引『外記日記』逸文について」　平成元年　皇学館大学史料編纂所報『史料』一〇四
小山田和夫　「『元亨釈書』の編纂材料と『扶桑略記』について」（高嶌正人先生古稀記念論文集『日本古代史叢考』所収）　平成六年　雄山閣

帝王編年記

田島公

一　書名・編者と編修の由来
――序文の検討を中心に――

『帝王編年記』は南北朝期に作られた年代記の一つである。(1)日本における年代記の初見は、『宋史』巻四九一・外国七・日本国に見える入宋僧奝然が献上した『王年代紀〔記〕』(補注1)であり、現存する年代記としては『奈良年代記』・『一代要記』・『皇代記』・『歴代皇紀』(『皇代暦』・『皇代略』)・『仁和寺年代紀』・『皇年代私記』など各種の年代記が知られている。(2)

『帝王編年記』は『歴代編年集成』・『帝王編年集成』・『歴代編年記』・『扶桑編年録』などの別名をもつ。著者は僧永祐とされているが、それは後述するように『歴代編年集成』と題する諸本に「釋門永祐撰」とあることによる。但し、「永祐」なる僧は他の史料では確認されておらず、『帝王編年記』の撰者とされる永祐の出自・経歴、特に彼が学び止住した寺院などに関しては全く手掛かりがなく、本書編纂の背景には不明な点が多い。

しかし、序文があることから、本書編修の由来はある程度判明する。以下、『帝王編年記』の諸写本に見える「序」

を示す。(3)

①夫帝王編年之書是多、②賢哲往古之作不レ少、

③雖レ擧二其宏綱一、④未レ撮二其機要一、

⑤非レ無二遺憾一、⑥可レ謂二缺典一、

⑦爰有二釋門之逸才一、

⑧志雖レ在二權實聖教之弘通一、⑨眼不レ倦二左右史官之載籍一、

⑩因序二歴代帝系之年譜一、⑪附以二千載釋氏之舊事一、

⑫盡二三國之精微一、⑬如レ峙二寶鼎於几上一、⑭分二數軸之章段一、⑮以レ聯二群玉於府中一、

⑯功倍二馬史一、⑰價踰二趙壁一、

⑱録爲二二十七巻一、⑲號曰二帝王編年記一、云レ尓〔爾〕、

なお、最後の「⑱録爲二二十七巻一、⑲號曰二帝王編年記一」の部分が、『歴代編年集成』と題する諸本では、「録爲二三十巻一、號曰二歴代編年集成一」となっている。試みに序文の読み下しを示すと、以下の通りである。(4)

夫《そ》れ、帝王編年の書、是《こ》れ多し。賢哲往古の作、少なからず。

其《そ》の宏綱《こうこう》を挙《あ》ぐると雖《いへど》も、未《いま》だ其の機要を撮《と》らず。

遺憾なきにあらず、缺典《けってん》と謂《い》ふべし。

爰《ここ》に、釋門《しゃくもん》の逸才《いっさい》有り。

志は權實聖教《ごんじつしょうぎょう》の弘通《ぐづう》に在りと雖も、眼《まなこ》は左右史官の載籍《さいせき》に倦《う》まず。

因《よ》りて、歴代帝系の年譜を序《しる》し、附《つ》くに、千載釋氏の舊事を以《もっ》てす。
三國の精微《せいび》を盡《つ》くすこと、寶鼎《ほうてい》を几上《きじょう》に峙《たつ》るが如く、數軸の章段を分《わか》つこと、群玉を府中に聯《つら》ぬるに似たり。
功は馬史《ばし》に倍し、價《あたひ》は趙壁《ちょうへき》に踰《こえ》たり。
錄《ろく》して二十七巻と爲す。號《ごう》して帝王編年記と曰《い》ふと。尓《しか》〔爾〕云《い》ふ。

また、簡単にその意味するところを記すと以下の通りである。

そもそも「帝王」（天皇）ごとに編年に記した書は多く、「賢哲」（賢人や哲人）が昔に作ったものも少なからずある。（そういった書物は）大綱（あらすじ）を挙げるといっても、いまだその大切なところを撮っていない。（これは）完璧ではなく、「缺典」（不完全な書物）というべきである。

ここに、優れた才能をもった僧がいる。（自分の）志は、仏教における仮や真の教えを記した経典を世間に広めることにあるが、眼は、「左右」の「史官」（帝王に近侍し、史書編纂の材料となる起居注などを記す官）が編んだ典籍（書物）に飽きることがない。それ故に、代々世々伝えてきた天皇の事蹟を年代毎にしるした記事を順番に並べ、長年の仏教関係の古い事柄を付け加えた。（天竺《てんじく》〔インド〕・震旦《しんだん》〔中国〕・日本の）「三国」の詳細な歴史をつまびらかにすることは、宝の鼎を木の台の上に立てるようであり、いくつかの巻物を章段に分けて書くことは、「群玉」（多くの玉）を「府中」（宝物をしまっておく帝王の蔵）に次々に並べることに似ている。（本書の）功績は「馬史」（司馬遷が著した『史記』）に倍するものであり、その価値は（「完璧」の故事の典拠となった『史記』藺相如《りんしょうじょ》列伝に見える戦国の七雄の一つ）「趙」の（宝器である）「璧」を越えるほど高いものである。（本書は）記して二十七巻となし、帝王編年記と名付けたと（『歴代編年集成』では、「記して三十巻となし、歴代編年集成と名付けた」の意味となる）。そのようにいう。

以上の序文から、本書は、僧である編者が、歴代天皇の事績を中心とした年代記に、仏教関係の記事、更にインド・中国の史実を加えたものであることがわかる。

二　内容

――構成と引用史料を中心に――

先ず本書の内容を理解するため、各巻の構成を示すと次の通りである（この巻の構成は『帝王編年記』・『歴代編年集成』ともに同じである）。

巻一　天神七代（國常立尊、國狭槌尊、豐斟渟尊、埿瓊尊・𡌛瓊尊、大戸之道尊・大戸間邊尊、面足尊・惶根尊、伊奘諾尊・伊奘再尊）、地神五代（天照太神・正哉吾勝勝速日天忍穂耳尊・天津彦火瓊々杵尊・彦火々出見尊・彦波瀲武鸕鷀草葺不合尊）、三皇（大昊〔伏羲氏〕・炎帝〔神農氏〕・黄帝〔有熊氏〕）、五帝（少昊・顓頊・帝嚳・帝堯・帝舜）

巻二　三王（夏〔帝禹～帝桀〕・殷〔帝成湯～帝辛〕・周〔文王・武王～僖王〕）

巻三　神武天皇・綏靖天皇・安寧天皇・懿徳天皇・孝昭天皇・孝安天皇・孝霊天皇・孝元天皇・開化天皇（九代）

巻四　崇神天皇・垂仁天皇・景行天皇・成務天皇・仲哀天皇・神功皇后（六代）

巻五　応神天皇・仁徳天皇・履中天皇・反正天皇（四代）

巻六　允恭天皇・安康天皇・雄略天皇・清寧天皇・顕宗天皇・仁賢天皇・武烈天皇（七代）

巻七　継体天皇・安閑天皇・宣化天皇・欽明天皇・敏達天皇（五代）

巻八　用明天皇・崇峻天皇・推古天皇・舒明天皇・皇極天皇（五代）
巻九　孝徳天皇・斉明天皇・天智天皇（三代）
巻十　天武天皇・持統天皇・文武天皇・元明天皇・元正天皇（五代）
巻十一　聖武天皇・孝謙天皇・淡路廃帝（淳仁天皇）・称徳天皇・光仁天皇（五代）
巻十二　桓武天皇・平城天皇・嵯峨天皇（三代）
巻十三　淳和天皇・仁明天皇・文徳天皇（三代）
巻十四　清和天皇・陽成天皇・光孝天皇・宇多天皇（四代）
巻十五　醍醐天皇・朱雀院（二代）
巻十六　村上天皇・冷泉院（二代）
巻十七　円融院・花山院・一条院・三条院（四代）
巻十八　後一条院・後朱雀院・後冷泉院・後三条院（四代）
巻十九　白河院・堀河院・鳥羽院（三代）
巻二十　崇徳院・近衛院（二代）
巻二十一　後白河院・二条院・六条院（三代）
巻二十二　高倉院・安徳天皇（二代）
巻二十三　後鳥羽院・土御門院・順徳院（三代）
巻二十四　後廃帝（仲恭天皇）・後堀河院・四条院（三代）

巻二十五　後嵯峨院・後深草院（二代）

巻二十六　亀山院・後宇多院（二代）

巻二十七　伏見院・後伏見院（二代）

各巻では、目録に、「〇〇天皇御宇〇〇年」と在位年数を記した後、割書で主な記事三・四条を抄録する。[5] ついで、各天皇の治世に起こった出来事（事蹟）が記された本文となるが、歴代天皇の各「部」[6]の構成は、先ず天皇の名を記したあと、系譜（父母、誕生年、立太子年、践祚・即位・大嘗会の年、即位した宮または殿舎、即位時の歳など）を示し、次に「御宇」何年と在位年を記した後、編年に各天皇の事績や仏教関係の記事が列挙される。また、即位年（代初め元年）を記した後は、仏滅後何年になるのか、中国王朝の何年に当たるか、を記しており、天皇の事績の間に、適宜、中国や天竺の記事、特に仏教関係の記事を記している。[7] そして、各天皇の在位中の記事は「崩御」記事、御陵、追号などで終わり、最後に、院（「太上皇」）・皇太子・皇子・皇女・斎王・斎院・後宮（皇太后・皇后）、摂政・関白・大臣（太政大臣・左大臣・右大臣・内大臣）・大将（左右近衛大将・征夷大将軍）、鎌倉執権、六波羅（探題）（北方・南方）、九州探題、御室（仁和寺歴代門跡）、興福寺別当・東寺長者・天台座主、などの補任（人物名）に簡単な略歴が割書で注記される。この中で注目されることは、「皇太子」の表記に関して、底本の神宮文庫本を始め諸写本は、巻三孝元天皇の部（稚日本根子彦大日々命（開化天皇））から巻八舒明天皇の部まで「太子」と表記し、[8] 巻九孝徳天皇の部からは「皇太子」（中大兄皇子（天智天皇））と表記する。巻三の最後から巻八まで連続的に「太子」の表記がなされていること、及び巻九を境に「皇太子」と記される変化は興味深く、中世においては、「太子」から「皇太子」への変化が「中大兄」のころにあったと認識されていた可能性が想定される。[9]

ところで、『帝王編年記』がどのように成立したのか、特に『帝王編年記』の編纂の素材、各記事の出典の問題については、平田俊春氏の詳細な研究がある。(10)『帝王編年記』の編纂の素材となったものは、原則として出典が記されないものの、殆どが、六国史、『扶桑略記』、『百練抄』、『六代勝事記』、『吾妻鏡』、『一代要記』、『皇帝紀抄』、『皇代記』など、先行する史書や年代記の類にあるとされており、一見して、これらの史書・年代記と一致する記事や類似する記事が『帝王編年記』には多く存在することがわかる。しかし直接どの史料が出典なのかについて記事を逐一比較検討して示したのは、平田氏の研究であり、それによると、各種年代記のうちでも、『皇帝紀抄』、『百練抄』、『六代勝事記』に共通の記事も多いが、中でも『帝王編年記』の記事の大部分は特に『皇帝紀抄』によっており、(11)『百練抄』『六代勝事記』との共通記事も『皇帝紀抄』を通してのものであるという。また、その大部分は『皇帝紀抄』に基づきながら、『皇代記』系統年代記や『扶桑略記』・『源平盛衰記』及び『吾妻鏡』(特に順徳天皇紀)によって書き加えた箇所もあるという。そして、先にその概要を述べた序文の内容をも加味すると、本書の成立については、平田氏の以下のまとめ、すなわち「『帝王編年記』は群書類従本『皇代記』の系統に属する年代記を基盤にし、『皇帝紀抄』を最も主要な材料として、「歴代帝系の年譜」を整理し、これに内外の多くの史書によって「其機要」と信ずるところを書入れたものである」に尽きるといえよう。(12)

この他、『帝王編年記』には、他の書物から、出典を特に明示して引用した箇所も若干あり、撰者がどのような史料を見ていたのか、また引用したのかが窺える。こうした引用史料を各巻ごとに示すと以下の通りである。

巻数	引用書名（〔 〕内は史料が引用される『帝王編年記』の箇所（部）、傍線は本文以外に割注や傍書として引用されるもの、太字の史料は日本の書、をそれぞれ示す）
一	一書（**日本紀**）・**古語拾遺**〔天神・国常立尊〕、帝王紀・六藝論〔三皇・大昊〕、律書（楽）図・系本・長笛賦・帝王世紀〔三皇・黄帝〕、五経通義・釈智匠楽録〔五帝・嚳帝〕
二	世本・説〔夏・帝少康〕、古今注・呂氏春秋〔殷・帝成湯〕、殷本紀（史記）〔殷・帝武丁〕、殷本紀（史記）〔殷・帝武乙〕・説苑・論語・事林広記・唐暦〔殷・帝辛〕、止観輔行伝弘決第二・帝王世紀〔周・文王〕、史記・周本紀（史記）・論語・事林広記〔周・武王〕、毛詩序〔周・成王〕、周紀（史記）・釈霊實〔周・昭王〕、普集経・長阿含・阿含〔周・穆王〕、金光明経第八・西域記・慈恩伝〔周・厲王〕
三	**日本紀**第三〔神武〕、倶舎論・西域記・頌疏并慈恩伝〔綏靖〕、（老子）経〔懿徳〕、古文論語・古文孝経〔孝昭〕、付法蔵経〔孝安〕、古録・貞元録・西京雑記〔孝元〕、風俗通・漢語抄・漢書・漢武故事〔開化〕
四	続斉諧記〔景行〕
五	法花疏第八〔履中〕
六	暦録〔雄略〕
七	博物志〔敏達〕
八	或記〔用明〕、弘決一・観心論・輔行伝弘決第一・（修禅寺）碑・玉泉寺碑・（智者大師）墓塔石柱誌文・章安山記・孫公山賦・慈恩伝〔推古〕、（三蔵法師）記〔舒明〕
九	**（宇治川橋）石上銘**〔孝徳〕、**（遣唐使高向玄利）詩**〔斉明〕
一〇	帝王年代録〔天武〕、**三代格**（貞観四年八月廿五日官符）〔元明〕
一一	旧記・古録・**宇佐宮御託宣**〔聖武〕、**政事要略**第九十六・**天長二年八月官符**・（玄朗大師）碑文〔孝謙〕、**延暦二十三年官符**〔淡路廃帝（淳仁）〕、**古語拾遺**〔称徳〕
一二	文選・王子年拾遺記・**姓氏録**・延暦十七年九月九日**治部省解**・延暦二十三年正月二十日**官符**・天平宝字三年**勅**・嘉祥元年六月十五日**官符**〔桓武〕、弘仁二年二月三日**官符**・**新古今**・**扶桑略記**・弘仁七年五月三日**官符**〔嵯峨〕

一三	天長六年五月二十七日**官符**〔淳和〕、**慈覚大師(円仁)巡礼記**(入唐求法巡礼行記)・承和八年三月一日**官符**・文集(白氏文集)・唐録〔仁明〕
一四	貞観二年十月二十五日**官符**・**日本往生伝**・貞観六年二月十六日**官符**・**旧記**・貞観十八年八月十三日**官符**〔清和〕、元慶元年五月二十二日**官符**・元慶元年十二月九日**官符**・元慶六年六月三日付**僧正遍昭奏状**・元慶八年七月二十九日**官符**〔陽成〕、**小野(宮)記**・仁和三年三月十四日**官符**〔光孝〕、寛平元年十一月二十三日**符**・寛平七年三月二十二日**官符**・寛平七年六月二十六日**官符**〔宇多〕
一五	**日本往生伝**・**寺門高僧記**・**或本**〔醍醐〕、天慶三年正月十一日**官符**・**松尾明神託宣**〔朱雀〕
一六	(北野)御**託宣**・**或記**・**拾遺公忠朝臣哥詞**・**番記録**(天徳三年十二月七日)・**小一条左大臣記**〔村上〕、**或記**・**日本往生伝**・**寺門高僧記**〔冷泉〕
一七	**斉信卿記**〔花山〕・**或記**・**安楽寺託宣**〔一条〕
一八	**経信**〔**頼**カ〕**卿記**〔後一条〕・(聖徳太子御廟出土石箱内)**起請文**・(明尊僧正九十算)**和歌序**・**経信記**(康平八年八月二日)〔後冷泉〕、**外記記**〔後三条〕
一九	**外記記**・**大**〔**或イ**〕**記**〔堀河〕、**官記録**〔鳥羽〕
二〇	なし
二一	なし
二二	天文要録〔安徳〕
二三	**日本紀**〔後鳥羽〕、**彼寺**(建仁禅寺)**記録**〔土御門〕、建保四年二月九日**宣旨**〔順徳〕
二四	なし
二五	**山門座主記**〔後深草〕
二六	なし
二七	**三代格**(天平宝字三年)〔伏見〕

これら引用書のうち、中国の古典や仏典からの引用、出典を明示した書き入れが前半部分、特に桓武天皇の部までに顕著であることが知られる。(13) また和書は反対に桓武天皇の部を境に増えるが、先に述べたように、『源平盛衰記』『吾妻鏡』など出典を注さないで史料を引用する場合も多くあるとされている。(14) なお、書き込まれた史料の中には既に失われた史料もあり、(15) そうした意味でも本書は貴重である。

ところで、平田氏によれば、『帝王編年記』には各天皇の即位改元の元年条に、仏滅後の通算年代と中国王朝の年号を記しているが、この仏滅年代は『扶桑略記』の模倣であり、中国王朝の年号を記しているのは、『皇帝紀抄』をうけたものであるという。(16) また、その年紀は、『帝王編年記』巻三　神武天皇元年辛酉条によれば、「元年辛酉〈周僖王三年〉、佛滅後二百九十年、當周僖王三年也」とあるように、神武天皇即位元年を周の僖王三年に対応させたものであることが知られるが、今日では、『史記』により神武天皇元年を周の恵王十七年に対比させるのが確説となっており、(17) 実際、新訂増補国史大系本の頭注には「僖王三年、恐當恵王十七年」とある。更に平田氏によれば、日本で作られた「年代記」の流れの中では、神武天皇元年を周の僖王三年に当てる説が古くは有力であり、例えば、『延喜式』所引の『歴運記』(弘仁二年(八一一)作)に「其天皇〈神武〉元年辛酉、准計漢地年代、當周僖王三年辛酉」とあるのは、日本の年紀を中国と対比した最も早いものと言われており、また、冒頭で述べた宋の太平興国八年(九八三)から雍熙元年(九八四)にかけて入宋した僧奝然が宋朝に献上した『王年代紀〔記〕』の中に、「神武天皇、自筑紫宮、入居大和州橿原宮、即位元年甲寅、當周僖王時也」(『宋史』巻四九一)とあることから、この『王年代紀〔記〕』も同様の年紀であるとされている。(18) こうした古い年代の対比法は、今日一般に行われていない古い年代記の原型を示しているものであり、『帝王編年記』がよった『皇帝紀抄』がそうした平安時代以来の古い系統の年代記に属していたことによると、考えられている。(19)

三　成立年代

——全三十巻説を中心に——

本書の成立年代に関しては、現行本が全体で何巻あったのかという問題とも絡み、いくつか研究がある。[20]『帝王編年記』の現行本は全二七巻であり、事蹟の記事は後伏見天皇の治世が終わる正安三年（一三〇一）で終わっている。しかし『歴代編年集成』と題する写本の序文に「録爲㆓三十巻㆒」とあることに加えて、近世前期に高辻家に伝えられていた写本の転写本の記載、すなわち、尊経閣文庫所蔵で、元禄七年（一六九四）に高辻家本を透写した写本（六冊本）の各冊の内題に、「七帖之内」などとあること（詳細は後述）、第一冊の内題に「第七巻欠」とあること、書陵部収蔵で、高辻家本を延宝七年（一六七九）に一条兼輝が転写した一条家本の転写本を明治十八年になって図書寮で書写した写本（後述）の本奥書に「編年集七冊漏脱云々」とあること、などによって、本書はもと三〇巻で、欠失した三巻（後二条天皇～後円融天皇）の存在が指摘されている。[21]

更に本文では、後伏見院の崩御記事（建武三年（一三三六）四月六日条）が見える巻二七・後伏見天皇の部に「皇子量仁親王光嚴院、御母廣義門院竹内左大臣公衡（西園寺）公女、豊仁親王（光明院）法皇、御母同㆓光嚴院㆒、」[22]とあることから、量仁親王（光厳天皇）が院号（光厳院）で呼ばれ、豊仁親王（光明天皇）が「法皇」と呼ばれるのは、光厳院が亡くなった貞治三年（一三六四）以後、光明院（法皇）が在世していた康暦二年（一三八〇）までの間、の約一五年間に限定されるので、本書は後光厳天皇の在位中（観応三年（一三五二）～応安四年（一三七一））後半から、後円融天皇在位中（応安四年～永徳二年（一三八二））にかけての間に成立したと考えられている。(23) また、巻一冒頭の目録部分「震旦自二三皇一、至二文元一」の「文」が、写本によっては「大」とあり、内容的にも「大元」の方が正しいことから、「文元」が「大元」の誤写であるとすれば、蒙古が元と号した一二七一年から、元が滅亡する一三六八年までを指しているので、この部分が追記でないとすれば、本書の成立年代は一三六八年以前であり、「今上」は後光厳天皇であるとする指摘もある。(24) 現在、『帝王編年記』(『歴代編年集成』)の室町後期以前の古写本は知られておらず、近世の写本ばかりであるので、追記の可能性も考慮しなければならないが、以上、述べた通説のように本書はもと全三〇巻で、その成立年代は一三六四年から一三六八年(または一三八〇年)までの間と考えておく。但し、東山御文庫本『歴代編年集成』六冊本(後述)の二冊目(勅封 四一—五—二)第一丁表(目録の前)に次のような書き込みが見られる。

四條院　仁治三年(一二四二)正月九日、始泉涌寺ェ葬御陵也、
後光厳院　応安七年(一三七四)正月廿九日、雲龍院御本願、
後円融院　明徳四年(一三九三)四月廿六日、龍花院御本願如法経本願、
後小松院　永享五年(一四三三)十月廿日、

これらは各天皇の崩御の年月日であるが、これらの書き込みは後小松院が亡くなった永享五年十月二十日以降になされたもので、こうした書き込みがなされた写本も近世前期に伝えられていたことが判明する。

四　諸写本

――近世前期の写本を中心に――

『国書総目録』及び『古典籍総合目録』によれば、(25)『帝王編年記』（『歴代編年集成』）の写本は、国立国会図書館・内閣文庫・静嘉堂文庫・東洋文庫〔岩崎文庫〕（現・国立歴史民俗博物館に所蔵先変更）・鹿児島大学・東京教育大〔現・筑波大学図書館〕・東京大学総合図書館・東京大学史料編纂所・東京大学〔本居文庫〕・広島大学・名古屋大学〔岡屋文庫〕・県立秋田図書館・大阪府立図書館・京都府立図書館・高知県立図書館・西尾市立図書館〔岩瀬文庫〕・刈谷市立図書館・島原市図書館〔松平文庫〕・名古屋市鶴舞図書館・神宮文庫・大和文華館〔鈴鹿文庫〕・尊経閣文庫・大東急記念文庫・お茶の水図書館〔成簣堂文庫〕・天理図書館〔吉田文庫〕・温古堂丸山文庫〔現・長野県立図書館〕・無窮会〔神習文庫〕・彰考館〔焼失〕・和歌山大学〔紀州藩文庫〕・秋月郷土館〔福岡県甘木市〕、など三〇を越える大学・図書館・文庫に蔵されていることが知られている。この他、無窮会神習文庫所蔵の井上頼圀旧蔵本を底本にした『存採叢書』(26)もあるが、活字本なので省略する。

このうち一九三二年に刊行された新訂増補国史大系本は、底本に「徳川時代初期の写本にして、蓋し現存諸本中の白眉と称すべく、最も拠用するに足るものあり」〔同書凡例〕とする神宮文庫所蔵本を用い、校訂本として、宮内省図書寮〔現・宮内庁書陵部〕所蔵本・同所蔵新井白石抄録本・同所蔵高辻家本伝写本、内閣文庫〔現・国立公文書館内閣文庫〕所蔵元老院旧蔵本・同所蔵一本・同所蔵伴信友本伝写本・同所蔵勧修寺家旧蔵本・同所蔵浅草文庫旧蔵本、東京帝国大学図書館（現・東京大学総合図書館）清洲文庫旧蔵本、無窮会（無窮会神習文庫）所蔵井上頼圀旧蔵本、を利用している。新訂増補国史大系『帝王編年記』刊行後、約七〇年になろうとしているが、その後、『帝王編年記』の写本の研究は、『図書寮典籍解題』の中で述べられている解題(27)や平田氏の論文の中で、(28)若干の言及はあるといっても、各写本の総合的な調査研究は殆ど行われなかったといっても過言ではない。また、室町後期以前のいわゆる古写本も現時点では確認されていない。更に南北朝以降江戸前期までの日記や当時の禁裏や公家の蔵書目録にも本書の所蔵や書写、貸し借りに関する記録を管見では見出すことはできず、その伝来についての研究は他の国史大系収載書に比べ著しく遅れている。(29)

従って、本解題では、写本の悉皆調査に基づく各写本の比較研究が現状では困難なため、底本とされた神宮文庫本の他に、新訂増補国史大系本の校訂では取り上げていない近世前期と思われる写本（島原市図書館蔵肥前島原松平文庫本・尊経閣文庫蔵高辻家本透写本（前田綱紀識語本）・京都御所東山御文庫蔵禁裏文庫本）、及び既に新訂増補国史大系の校訂で利用されたものの、写本自体の研究は行われておらず、尊経閣文庫所蔵高辻家本透写本と親本が同じで、明治の写しながら延宝年間の本奥書がある宮内庁書陵部蔵図書寮転写本(30)についての調査報告を行うことにする。

㈠ 神宮文庫蔵本

神宮文庫は、①『帝王編年記』九冊（五門―一八九号）、②『歴代編年集成』六冊（五門―三〇三九号）、③『歴代編年集成』三冊（五門―八一三号）の三部の『帝王編年記』を所蔵しているが、全て近世の写本であり、中でも③は全冊揃っていない。新訂増補国史大系本の底本となったのは、①である。以下、この九冊本について述べる。

『帝王編年記』九冊本は、各冊の一丁表に「神宮文庫」の朱印の他、「宮崎文庫」の朱印が捺されており、「宮崎文庫」すなわち豊宮崎文庫に収蔵された図書であることが知られる。豊宮崎文庫は慶安元年（一六四八）六月の創設にかかるが、(31)この写本に奥書は全くなく、正確な書写年代は勿論、何時、誰によって、何故、豊宮崎文庫に収蔵されることになったのかなど、伝来の経緯も不明である。

写本は縦二七・五cm、横一九・八cmの冊子本で、薄焦げ茶色の表紙の左上から外題が記される。一冊目は「帝王編年記　一二三」(32)、二冊目は「帝王編年記　第四五六」などと、一冊に三巻分ずつ納められた内容が書かれており、最後の九冊目は「帝王編年記　第廿五廿六廿七尾」と記され、また各冊、右下に「共　九」と墨書されている。半丁八行、一行約一七～一八字である。本文は一部、異体字を正字や常用体に直したり、誤写や脱漏を正したりする注記も箇所によってはかなり見え、また片仮名で送り仮名や訓読が付されている箇所もあり、本文書写後、加筆されていることも窺える。書写年代については、先に述べたように新訂増補国史大系本の凡例は「徳川時代初期の写本」としている。近世「初期」の写本と断言することは出来かねるが、書風や写本の装訂・料紙などから見て、近世前期の写本である可能性は高い。この他、神宮文庫本の特徴としては、長方形の小さな貼紙が各所に貼られている点が挙げられる。貼紙は斎宮・斎王や伊勢神宮関係の箇所に貼られたものが殆どであり、例えば継体天皇の部の「補任」で、「斎宮荳角皇女」（新訂増補国史大系本一〇〇頁）の上と下の部分に紙片が貼られている如きものである。本書を利用した人物の誰かが伊勢神宮や斎宮に関係する箇所に印となる小紙片を貼り目印とした痕跡と思われ、本書利用の一端が窺われる。

(二)　肥前島原松平文庫蔵本

肥前島原松平文庫は、現在、長崎県島原市図書館（もと島原公民館図書部）所蔵で、松平忠房（元和九年〔一六二三〕

〜元禄一三年（一七〇〇））が書写・収集した書物群、または忠房が父祖代々から受け継いだ書物群、忠房以降の松平家の代々が収集した書物群、などを中心に、近代になって松平家から島原市に寄贈された和書漢籍約三千部一万冊からなる。(33) 忠房は、徳川家康の股肱の臣であった松平（深溝《ふこうず》松平家）家忠の孫で、寛文九年（一六六九）、福知山城主から島原城主に転封され、島原の乱（寛永一四年（一六三七）〜寛永一五年）後、三十年たってもまだ不安定な要素を孕む島原の経営を行うとともに、長崎奉行の監督も兼ねた。また忠房は、学問を好み、伊勢の人・伊藤栄治を招聘し国学を学び、「日本紀」や源氏物語を講ぜしめ、のちの藩校の源を作るとともに、多くの和漢の書籍を蒐集して「尚舎源忠房文庫」を創設し、広く家臣にも開放して文武両道の要としたという。(34)

肥前島原松平文庫には①『帝王編年記』二七冊（松一七―一―一〜二七）と②『歴代編年集成』一三冊（松一六―一―一〜一三）の二部が収蔵されている（目録一九頁）。ともに近世の写本であるが、蔵書目録で「近世初期」としている①『帝王編年記』二七冊を紹介する。

本書は縦二七・五cm・横一九・八cmの冊子本である。忠房の蔵書であることを示す「尚舎源忠房文庫」の蔵書印はないが、書風や装訂などから、近世前期の写本であることに間違いないであろう。半丁八行、一行約一七字で、各冊の外題は茶褐色の表紙に、「帝王編年記巻第二」などと墨書されている。全体として丁寧な写しであり、神宮文庫本に比べて、書写の訂正・加筆は少ない。最大の特徴は、傍書の一部、書写の脱漏の加筆や読み難い文字の訂正を朱書している部分があること、異本による表記（「〇〇イニ」）も朱書されていることである。但し異本によって訂正された表記は神宮文庫本の本文の表記とほぼ同じである。例えば、崇神天皇の部の崇神七年春条で、「朕当栄楽」部分（新訂増補国史大系本四八頁一一行目）が松平文庫本では「朕当米（朱書）「栄イニ」楽」、などとある類で、新訂増補国史大系本の校訂結果に大きな影響を及ぼすような違いはないようである。またこうした朱書は全体から見れば僅かで、それも適切な訂正が多く、近世前期の写本自体が少ないので、丁寧な書写である本写本は貴重な写本といえよう。

(三) 尊経閣文庫蔵（前田綱紀識語）本

財団法人前田育徳会尊経閣文庫は、①『帝王編年記』九冊（三—八二—金）〔目録四四八頁七行目〕、②『歴代編年集成』六冊（二—三—大）〔目録四四八頁八行目〕の二部を収蔵するが、蔵書目録に「元禄七年模写」と記され[35]、前田綱紀の識語がある②を紹介する。

『歴代編年集成』六冊本は縦二八・〇cm、横二一・〇cmの冊子本である。鴬色の表紙に外題が一冊目では「歴代編年集成　一」と記され、以下、同様で、六冊目は「歴代編年集成　六　畢」と見える。また、内題は一冊目が、

「歴代集成第一　従神代至反正
第七巻欠[36]　七帖之内[37]」（傍線は筆者）

などとあり、傍線部が、第二冊は「第二　従允恭至元正」、第三冊は「第三　従聖武至宇多」、第四冊は「第四　従醍醐至鳥羽」、第五冊は「第五　従崇徳至順徳」、第六冊は「第六　従後廃帝（仲恭）至後伏見」となっている。本文中、人名の中央に朱線、年号に二重の朱線が引かれているが、本書の大きな特徴は、虫損や破損の状態がそのまま写されるなど、透写本であることである。更に書写の経緯を示すのが、六冊目の最後に記された次のような前田綱紀の識語である。

右、歴代編年集成三十巻、釋永祐之所レ撰、而菅黄門（高辻豊長）、

家藏之舊典也、往歳、雖レ寫二斯書一、於レ洛有レ故、不レ得二
校仇一焉、今茲《（元禄七年、一六九四）》、甲戌之春、再借二原本一、閲二其端末一、紙墨
古雅、而無二贋書之疑一、唯惜脱筆、不レ可二相求一也、遂命下二
書手一、悉證中亥豕上、以収二秘府一云、

時

元禄七年龍集甲戌三月既望《（十六日夜）》中、和氏《（前田）》菅綱紀識、

この元禄七年（龍集《（歳次）》甲戌）三月既望（十六日の夜）付けの前田綱紀自筆の識語から、以下の事実が判明する。(38)

右の『歴代編年集成』三十巻は永祐の撰で「菅黄門」（権中納言高辻豊長）の「家蔵」の古典籍である。（自分は）かつて、この書を（借用して）書写したが、京都に於いて故あって「校仇」（対校・批校）できなかった。今ここに、元禄七年の春、（高辻家蔵の）「原本」を再び借用し、その「端末」（はじめから終わり）を閲覧するに、（この本の）料紙や墨に古びたよさがあり、「贋書」（偽物の書・偽書）である疑いはない。唯、惜しむらくは「脱筆」があり、（抜け落ちた三巻分（巻二十八〜巻三十））を求めることは出来なかった。（そこで）遂に「書手」に命じて（以前書写した写本を原本と比較し）、悉く亥《がい》と豕《し》の書き間違いなどのような文字の誤りを正して、「秘府」（前田家の文庫）に収蔵したと。

つまり、この識語から、前田綱紀は、高辻豊長が所持し、かつて自分が借用し書写したが、書写本を原本ときちんと対校出来なかったので、元禄七年に（古写本の雰囲気を漂わせる）「古雅」の写本を再び借用し、「書手」に命じて誤りの文字を正させ、自分の文庫に収蔵したことが知られる。この写本の書写年代は元禄七年三月より以前であるが、最初の書写年代は不明である。

前田家五代松雲公綱紀（寛永二十年〔一六四三〕～享保九年〔一七二四〕）は、菅原氏、特に道真を敬うこと篤く、先の識語の如く菅原姓を称し、菅原氏に関する物品を入手することに熱心であったとされ、菅原氏の本宗、高辻家のために文庫を修築して、伝来の蔵書の保存を援けたという(39)。そうしたこともあり、菅原道真の後裔、是綱を祖とする高辻家から本書の写本を借用し書写したものと思われる。また、綱紀の識語に「原本」を見たところ「紙墨古雅」とあるが、古典籍に造詣の深い綱紀のコメントだけに、高辻家所持本が或いは室町後期以前に遡る古写本であった可能性が窺える。さらに全文の比較をした訳ではないものの、僅か一例ではあるが、神宮文庫本などの諸写本には脱落してしまった箇所が本写本には存在することが確認出来た。それは、巻十　文武天皇三年五月条の「依二葛木一言主神訴一、配二流役行者於伊豆大嶋一」の割書の部分で、尊経閣文庫本には次のように見える（傍線及び太字などは筆者）。

役ノ優婆塞ト云人アリ。大和國葛城上郡人也。卅年、葛城山ノ岩屋中居テ、藤皮着テ松葉ヲスキテ行シカ。孔雀明王ノ兜ヲ習。アヤシキ驗ヲアラハシ、雲ニ乗、仙人ノ城ニモ通イ、鬼神ヲモ随へ、水ヲクマセ、薪ヲヒロワセナトシケリ。或時、葛城ノ峯ヨリ吉野ノカ子ノミタケヘノ間ニ橋ヲカケント思。葛城明神一言主ニ、是ヲワタセト云。明神憂歎ト、ノカレン方ナシ。大石ヲ運テ橋ヲ作。晝ハ形ミクルシトテ夜々渡サント云ケレハ、行者怒ヲナシ、以レ兜縛レ神、置二谷底一。神託宮人云、行者有二傾レ國謀一。早可レ被レ戒由奏レ之。御門驚給テ遣レ使、**カラメントス。飛行自在ニシテ不レ叶。行者母ヲ**カラメラルレハ、母ニカハラントテ出ラノ〔ルカ〕。

一方、この割書は、神宮文庫本を底本とする新訂増補国史大系本の一四二頁一二行～一四行には以下のように翻刻されている（傍線は筆者）。

役優婆塞ト云人アリ。大和國葛城上郡人也。卅年、葛城山ノ岩屋中ニ居テ、藤皮着テ松葉ヲ食テ行シカ。孔雀明王ノ兜ヲ習。アヤシキ験ヲアラハシ、雲ニ乗、仙人ノ域ニモ通イ、鬼神ヲモ随ヘ、水ヲクマセ、薪ヒロハセナトシケリ。或時、葛城ノ峯ヨリ吉野ノカ子ノミタケヘノ間ニ橋ヲカケント思。葛城明神一言主ニ、是ヲワタセト云。明神憂歎トモ、ノカレンカタナシ。大石ヲ運テ橋ヲ作。晝ハ形ミクルシトテ夜々渡サント云ケレハ、行者怒ヲナシ、以レ兜縛レ神、置二谷底一。神託二宮人一云、行者有二傾レ國謀一。早可レ被レ戒由奏レ之。御門驚給テ遣レ使、母ヲカラメラルレハ、母ニカハラントテ出ツ。

なお傍線部「食」に関しては頭註によれば、底本の神宮文庫本は「キ」とあり、内閣文庫所蔵の一本や『扶桑略記』によって「食」に改めたことが知られる。また「母ヲ」の二字は底本には無く、校訂者が意を以て補ったことがわかる。

若干の文字の出入り、漢字と片仮名の表記上の相違や校正ミスを除くと、[40]新訂増補国史大系本では、尊経閣文庫本の太字部分の「カラメントス。飛行自在ニシテ不レ叶。行者母ヲ」が脱漏しているという大きな違いがある。底本の神宮文庫本を確認したが、やはりこの部分は存在せず、脱文がある。文意から見ても、明らかに神宮文庫本など諸本の脱漏であり、少なくともこの部分は近世前期に高辻家に伝来していた「古雅」の写本を透写した尊経閣文庫本が優れているといえよう。このように近世前期の高辻家に伝来していた写本は注目されるが、この本自体は現在、所在不明である。ところで、同様の高辻家系の写本が明治期の転写本ながら宮内庁書陵部にも蔵される。この転写本自体は近世前期の写本ではないが、関連するので、次に紹介する。

現在、宮内庁書陵部には、以下列記するように一一種類の『帝王編年記』（『歴代編年集成』）の写本が存在する。[41]

	書名	旧蔵	冊数	函・号	書写年代	備考
①	帝王編年記	藤波本	九	二一七―四二九	江戸写	
②	帝王編年記		二七	二五四―一五三	江戸写	
③	帝王編年記	温故堂本 和学講談所本	七	五一五― 五一	江戸写	
④	歴代編年集成	図書寮転写本	六	二五四―一〇二	明治（一八八五）一八年	識語あり（後述）
⑤	歴代編年集成		七	二五六―一三五	江戸写	
⑥	歴代編年集成		七	二七一―一五三	江戸写	
⑦	歴代編年集成	谷森本	五	三五一―二〇四	江戸写	
⑧	歴代編年集成	谷森本	六	三五一―二〇九	江戸写	
⑨	歴代編年集成	鷹司本	一三	四一三―五三一	江戸写	
⑩	帝王編年抄	新井本	一	五〇六―一三八	享保（一七一六）元年	新井君美（白石）筆写（抄録本）
⑪	光孝宇多兩帝記 一名帝王編年記	桂宮本	一	三五三―一七八	江戸写	

なお、この他、『存採叢書』（函号　陵―一〇二三）の第一二～一八冊に「帝王編年記」が収載されているが、明治三〇年（一八九七）の活字本であるので省略する。

以上の書陵部所蔵写本のうち、修補中の鷹司本（近世前期カ）を除き全て通覧したが、いずれも江戸時代以降の新写本で、殆ど奥書がない。書写した親本が判るのは僅かに、④と⑩だけであるのであるのが、⑩は新井白石自筆といっても、新訂増補国史大系本の凡例が「内容の特記すべきものなく」と述べるように全くの抄録本であるので省略し、以下、高辻家本の転写本系で、図書寮転写の④『歴代編年集成』六冊本について述べる。

この写本は明治十八年（一八八五）八月～十月にかけて図書寮で転写された近代の写本だが、以下のような本奥書が見える。

右、歴代編年（アキママ）七冊漏脱云々、六冊、以二菅中納言豊長卿（高辻）所持之本一、令下青侍一書中冩之上、手自遂二校合一訖、

延寶第七初春中旬

右丞相（右大臣・一条兼輝）（花押影）

この本奥書から、図書寮が転写した親本は、延宝七年（一六七九）初春（正月）中旬に、「右丞相」（右大臣）一条兼輝が、権中納言高辻豊長が所持していた写本（高辻豊長所持本）を借用して、「青侍」に命じて書写させたものを自ら校合した本（一条兼輝校合本）であることが知られる。(42) 但し、小倉慈司氏の御教示によると、直接の親本ではないらし

く、宮内省図書寮の『図書録』によれば、明治十八年八月七日付で「編年集　六冊」の謄写の申請がだされており（「紙数四百六拾貳枚」）、これに該当するのが、明治十四年十月十一日付で岡山県史誌編輯御用掛塚本吉彦が宮内省御用掛（御系譜掛）の矢野玄道・井上頼圀両氏あてに「進達」した目録に見える「編年集　六冊」に相当するという。従って、この写本は、江戸前期に高辻家に伝来していた写本を一条兼輝が転写させた奥書のある写本を明治になって更に再転写した本であることが知られ、再転写本ながら尊経閣文庫所蔵の前田綱紀識語本と親本は同じであることがわかり、一条兼輝が書写を命じ自ら校合を加えた写本は、前田綱紀の識語に先立つこと十五年前に書写した写本ということになる。なお、この写本は、本書の成立のところで述べたように、本書がもと三十巻であったことを示す論拠となる奥書（識語）があることでも知られていたが、以上のことからこの写本自体を「同寮（図書寮）架蔵の高辻家本」（新訂増補国史大系本凡例）、「高辻家本を江戸初期に書写したもの」(43)とする理解は、厳密に言えば正しくない。なお、尊経閣文庫本も含めて高辻家本系の諸写本の転写関係を示すと次の通りである（—は転写を示す。太字は現存）。

高辻豊長所持本（所在不明）—┬—（延宝七年）一条兼輝校合本（所在不明）——（所在不明本）——**図書寮転写本**（書陵部所蔵）
　　　　　　　　　　　　　　└—（元禄七年）**前田綱紀識語本**（尊経閣文庫所蔵）

(五)　京都御所東山御文庫蔵（禁裏文庫）本

皇室の文庫で、宮内庁侍従職が管理する京都御所東山御文庫には『歴代編年集成』六冊本（勅封　四一—五—一～六）が収蔵される。宮内庁書陵部撮影のマイクロフィルム及び紙焼写真によれば、半丁八行の冊子本である。外題は六冊とも霊元天皇（在位　寛文三年〔一六六三〕〜貞享四年〔一六八七〕、享保一七年〔一七三二〕没）と思われる筆で、一冊目が「歴代編年集一」とあり、以下同様で、六冊目は「歴代編年集成六」とある。また五冊目・六冊目にのみ次のような内題がある（筆跡は外題とは異なり、本文書写の筆跡〔書写者は不明〕と同じである）。

（五冊目）「歴代集第五　従崇徳至順徳　七帖内」

（六冊目）「歴代集第六　従後廃帝至後伏見　七帖之内」

この内題は尊経閣文庫（前田綱紀識語）本に似ており、「三　成立年代」で述べたように、本書はもと三十巻であり、現行本にない巻二八〜巻三十部分があった可能性を示唆する。本書の構成は、一冊目が神代から反正天皇まで、二冊目が允恭天皇から元正天皇まで、三冊目が聖武天皇から宇多天皇まで、四冊目が醍醐天皇から鳥羽院まで、五冊目が崇徳院から順徳院まで、六冊目が後廃帝から後伏見院まで、である。この本の冊分けは、尊経閣文庫（前田綱紀識語）本や宮内庁書陵部（図書寮転写）本と共通している。残念ながら、奥書や識語は見えず、書写年代に関する直接的な情報はないが、霊元天皇筆による外題があることや後述するような禁裏文庫の成立・変遷の歴史から考えて、近世前期の写本と思われる。なお、この写本で注目すべきは、先に「三　成立年代」で述べたが、第二冊の一丁表に四人の天皇が亡った年月日などを書き入れていることである。これらの書き入れは後小松院の没年が記されていることから、永享五年（一四三三）十月以降の書き込みと思われる。

ところで、東山御文庫本『歴代編年集成』六冊本は、外題が霊元天皇の筆であると思われることから、霊元天皇の命によって書写がなされたと考えられる。更に、近世中期以降の禁裏文庫の各種蔵書目録にも見え、収蔵が確認される。これらのことは、写本の成立年代を絞り込むのに参考となる。

先ず、A京都大学附属図書館蔵菊亭文庫本『禁裏御記録目録』（請求番号　菊―キ―三三）[44]の一七番目の「年代記之類　一合」に、

歴代編年集（ママ）　一（冊）（ママ）
同二　一（冊）
同三　一（冊）
同四　一（冊）
同五　一（冊）
同六　一（冊）

と見える。先に述べたように東山御文庫本『歴代編年集成』の外題に「歴代編年集一」などとあり、冊数も六冊と同じであることから、この目録の記載と対応し、両者が同じものを指すことは間違いないと思われる。次いでB東山御文庫本『御文庫記録目録』甲（勅封　五九―三―一―一）[45]の三八番目（最後の項目）の「年代記之類　一合」に、更にC東山御文庫本『禁裡御蔵書目録』（勅封　一七四―二―二五）[46]の二〇番目の項「年代記之類」[47]にも、ほぼ同様な記載が見える。

ところで、奥書がない東山御文庫本『歴代編年集成』六冊本の書写年代を推定するには、霊元天皇による収書の実態や右にあげた禁裏文庫の蔵書目録の作成年代など、のち東山御文庫に大部分が継承される近世禁裏文庫の成立や変

遷について理解しておかなければならないが、この問題については別に詳しく考察したことがあるので(48)、ここでは本書の解題に関係する結論のみを述べることにする。

『葉室頼業日記』寛文六年（一六六六）三月二十四日条に見える後西院（在位　承応三年〔一六五四〕～寛文三年）が霊元天皇に贈進した「御記箱之目録」には「年代記之類」の箱自体が見えないので、後西院から霊元天皇が受け継いだ図書に『歴代編年集成』（『帝王編年記』）が入っていた可能性は少ない。しかし霊元天皇譲位（貞享四年・一六八七）前後の蔵書をベースに、その後一七〇〇年代から一七三〇年代までに（奥書からA菊亭文庫本『禁裏御記録目録』の成立は宝永四年〔一七〇七〕）、禁裏文庫に蒐集された図書を追加して記載するA・B・Cの各目録には「歴代編年集」六冊が見えること、外題が霊元天皇の筆であるらしいこと、などから、東山御文庫本『歴代編年集成』六冊本は、遅くとも一八世紀初頭には禁裏文庫に確実に存在しており、一七世紀中葉には遡らないが、恐らくは一七世紀後半、霊元天皇在位中に書写された可能性が高く、近世前期の禁裏文庫に収蔵されていた写本といってよいかと思われる。本写本は、一見して他の禁裏文庫本と同様、全体的に大変丁寧な書写で、また神宮文庫本などと余り大きな違いはなさそうであるが、新訂増補国史大系本の校訂では用いられなかったのは勿論(49)、『国書総目録』や『古典籍総合目録』にも見えず、近年になってマイクロフィルムによって公開されたので、今後、本文の詳細な比較検討が待たれる写本である。

なお、近世後期の禁裏文庫には、これとは別の『帝王編年記』が収蔵されていたことが、以下に引用する東山御文庫本『表御文庫御目録』（勅封　一七九―九―一―三）の記述によって知られる。

　天保十二年四月十六日

　　従二舊院一被レ渡、

一、帝王編年記　　　　廿七冊

（中略）

一、倭漢合運指掌圖　　四冊

右鶴印白木御本箱入、

これによれば、天保十二年（一八四一）四月十六日に「舊院」から、他の書籍とともに「鶴印」の「白木御本箱」に入れて仁孝天皇（在位　文化十四年〔一八一七〕～弘化三年〔一八四六〕）の「表御文庫」に納められたことが知られる。「舊院」とは前年天保十一年に亡くなった光格天皇（在位　安永八年〔一七七九〕～文化十四年）を指すかと思われるが、この『帝王編年記』は二七冊本なので、先に述べた六冊本の『歴代編年集成』とは別の本であることは確かである。但し、現在、東山御文庫にこの二七冊本が収蔵されているか否かは不明なので、今後の調査に委ねたい。(50)

結び

『帝王編年記』（『歴代編年集成』）は新訂増補国史大系に収載されていることもあり、古代史・中世史の研究にしばしば利用されているが、その割には、この史料自体の研究は極端に少なく、また本文研究は勿論、そのもととなる諸写本に関しての研究は殆どなかった。特に写本について言えば、先に述べたように、そもそも、室町後期に遡る古写本自体が現在のところ確認されておらず、南北朝から室町後期にかけての、『帝王編年記』（『歴代編年集成』）の書写や借用貸与・利用などに関する情報も全くといっていいほどなく、僅かに近世前期の写本が数本確認されるにすぎない。写本の比較検討も、新訂増補国史大系で利用されていない近世前期の写本が存在するにも関わらず、その後、全く行われていなかったといっても過言でない。

そのような研究状況のもと、本解題では、『帝王編年記』（『歴代編年集成』）の書写本に関して、新訂増補国史大系本の底本である神宮文庫本の他、従来殆ど検討されてこなかった近世前期の写本を紹介してきた。全面的な検討は今後の研究に委ねなければならないが、神宮文庫本にも少なからず脱文が存在し、訂正の書き込みも多く、必ずしも「現存諸写本の白眉」とはいえないことが判明したことから、今後は、新訂増補国史大系本では校訂に充分活用されなかった諸本、すなわち、室町後期以前に遡る可能性のある高辻家伝来本を前田綱紀が透写させた尊経閣文庫本や同じ高辻家伝来本を一条兼輝が書写させた系統の写本を再転写した図書寮本、更に、近世前期に丁寧に書写された、肥前島原松平文庫本や禁裏文庫本である東山御文庫本、を詳細に神宮文庫本などと比較検討し、写本系統を解明する必要があることを指摘しておきたい。『帝王編年記』の本格的な本文研究、特に諸写本の研究は、新訂増補国史大系本刊行後、約七〇年を経て漸く新たなスタートラインに立ったといえよう。今後の研究が俟たれるところである。

ところで、平田氏によれば、我が国の歴史を編纂した書物（いわゆる「国史」）の編纂の流れは、大きく①六国史の編纂、②私撰国史の編纂、③近世の国史の編纂、に分けられ、『帝王編年記』は『日本紀略』『扶桑略記』など六国史のあとを次いで院政期以降に作られた私撰国史編纂の最後を飾る「国史」であり[51]、一四世紀末の『帝王編年記』の編纂を最後に、分裂した国内の状況の中、「国史」の編纂は、徳川幕府による編纂まで行われなかったという。『帝王編年記』が国史大系に収載されたことの意義の一つは、こうした点にあると思われ、本書を国史大系に収載した編纂者の見識が示されているといえよう。

註

（1）『帝王編年記』に関しては、平田俊春「帝王編年記の成立について」（『防衛大学校紀要』人文・社会科学編三四号　一九七七年）、同「帝王編年記の批判」（『私撰国史の批判的研究』国書刊行会　一九八二年）参照。「帝王編年記の批判」は「帝王編年記の成立について」を大幅に加筆・増補したもので、論文の構成は以下の通り。第一章　学説の回顧。第二章　皇帝紀抄による考察（第一節　皇帝紀抄の現形、第二節　帝王編年記と皇代記、第三節　皇帝紀抄の所拠〔第一項　皇帝紀抄と歴代皇紀、第二項　皇帝紀抄と百練抄、第三項　皇帝紀抄と六代勝事記〕、第四節　帝王編年記の書入れ〔第一項　皇帝紀抄と源平盛衰記、第二項　皇帝紀抄と吾妻鏡〕、第五節　帝王編年記と皇帝紀抄）。第三章　帝王編年記の書入れの諸書。第四章　帝王編年記と扶桑略記。第五章　帝王編年記と大鏡の帝紀。第六章　帝王編年記と職原抄、神皇正統記。第七章　帝王編年記と紀年。第八章　帝王編年記の性格。『帝王編年記』に関する研究史は第一章にまとめられているが、平田氏の研究以降、辞典の項目を除けば、『帝王編年記』に関する研究は殆どなく、本書目解題の記述も多くは平田氏の研究成果によっている。

（2）注（1）平田前掲論文、「年代記類　帝王編年記」（宮内庁書陵部編『図書寮典籍解題』歴史篇　養徳社　一九五〇年）。

（3）説明の都合上、各句ごとに番号を付し、適宜、対句ごとに対応させ、改行した。表記は国史大系本による。

（4）読み下しには、諸写本に付けられた訓みを参考にしたが、序文では、特に①と②、③と④、⑧と⑨、⑩と⑪、⑫と⑭、⑬と⑮、⑯と⑰、など対句表現が多いことから、それらに注意しながら、読み下した。なお、注（1）平田前掲「帝王編年記の批判」第二章第一節の要約及び所功「帝王編年記」（『歴史読本』臨時増刊　特集〈歴史の名著〉一九七五年、のち『日本歴史「古典籍」総覧』別冊歴史読本・事典シリーズ　新人物往来社　一九九〇年）所収の読み下しも参考にした。

（5）なお、新訂増補国史大系本では、諸写本で各巻の冒頭に見える目録を一括して、序のあとに集成している。

（6）『帝王編年記』皇極天皇・皇子・皇女条には「見二舒明天皇之部一」、『同』淳和天皇・天長二年条に「見二雄略天皇部一」なる表記があることから、各歴代天皇の記事部分を「〇〇天皇（之）部」と呼んでいたことがわかる。

（7）その割合は前半部分に多く、後半部分になるに従って日本国内の記事が大部分を占める。

（8）舒明天皇の部に続く皇極天皇の部では、「太子」の項目を立てていないので、巻八までは原文では「太子」と表記していたことが知られる。なお、新訂増補国史大系本では、これらの部分すべて、頭注に「皇、今例補」と見えるように「皇」を補い、「皇太子」と記している。

(9) こうした「太子」と「皇太子」の使い分けが、『帝王編年記』の編者とされる永祐による理解なのか、永祐が編修にあたって依拠した史書や年代記の歴史観によるのかを解明することは、今後の課題である。

(10) 注(1)平田前掲「帝王編年記の批判」参照。なお、平田氏はこの論文の「第一章　学説の回顧」で、『帝王編年記』の成立に関する戦前の同氏の研究（平田俊春「神皇正統記の研究」『日本諸学振興委員会研究報告』一一編〈歴史学〉教学局　一九四一年、のち『吉野時代の研究』山一書房　一九四三年）から一九七五年の所氏の研究（注(4)所前掲論文参照）までを振り返り、問題点を整理されている。

(11) 注(1)平田前掲「帝王編年記の批判」第二章によれば、『皇帝紀抄』の残存部分（高倉院～後堀河院）と『帝王編年記』の当該部分が構成、内容とも非常に酷似していること、反対に『帝王編年記』から『皇帝紀抄』の缺逸部分が窺えること、が指摘されている。

(12) 注(1)平田前掲「帝王編年記の批判」第八章。

(13) 注(1)平田前掲「帝王編年記の批判」第三章。

(14) この他、『本朝文粋』『相応和尚伝』『大鏡』『扶桑略記』『和漢朗詠集』『類聚三代格』『延喜式』『扶桑略記』などによる書き込みが想定されている。注(1)平田前掲「帝王編年記の批判」第三章参照。なお、清水潔氏は編者永祐が『政事要略』を直接参照していた可能性を推定されている。清水潔「『本朝月令』『政事要略』所引聖徳太子伝について」（『神道史研究』四九巻二号　二〇〇一年）参照。

(15) その中でも特に有名な史料は巻九　孝徳天皇の部の大化二年条に見える宇治川橋の「石上銘」である。この他、既に失われてしまった漢籍もいくつか引用されている。なお、こうした日本に残る史料に引かれる今は失われた唐宋以前の漢籍の逸書・逸文を集めた史料集に、新美寛編・鈴木隆一補『本邦残存典籍による輯佚資料集成』正・続（京都大学人文科学研究所　一九六八年）があるが、同書の凡例によると、依拠した和書は平安・鎌倉以前になったものによったため、南北朝期に成立した『帝王編年記』から逸文は採られていない。

(16)　注(1)平田前掲「帝王編年記の批判」第七章。

(17)　注(1)平田前掲「帝王編年記の批判」第七章。なお、平田氏はこの他、延喜元年（九〇一）に三善清行が上った『革命勘文』に神武天皇即位元年が「当㆓於周僖王三年㆒」と見えることをあげ、三善清行が同様の年紀法を用いていることを指摘されている。

(18)　注(1)平田前掲「帝王編年記の批判」第七章。

(19)　注(1)平田前掲「帝王編年記の批判」第七章。

(20)　注(2)前掲『図書寮典籍解題』歴史篇及び益田宗「帝王編年記あれこれ」（『新訂増補国史大系月報』三五　一九六五年、のち国史大系編修会編『新訂増補国史大系　月報』吉川弘文館　二〇〇一年）、注(1)平田前掲「帝王編年記の批判」参照。

(21)　注(2)参照（前掲『図書寮典籍解題』歴史篇）。

(22)　神宮文庫本（底本）及び尊経閣文庫本（高辻家本の透写本）を始めとして諸本は、この部分「景仁々々法皇、光厳院同御母、」とある。

(23)　注(20)益田前掲「帝王編年記あれこれ」、注(1)平田前掲「帝王編年記の批判」参照。

(24)　例えば尊経閣文庫本は「文元」の「文」が「大」と「丈」の中間の字体となっている。宮崎康充「帝王編年記」（『国史大辞典』九　吉川弘文館　一九八八年）参照。

(25)　『国書総目録』五（岩波書店　一九六七年）及び国文学研究資料館編『古典籍総合目録』二（岩波書店　一九九〇年）の「帝王編年記」の項参照。

(26)　近藤圭造編『存採叢書』。なお、新訂増補国史大系本の凡例は、『存採叢書』本の底本である井上頼圀旧蔵本を「脱漏錯簡等また甚だ多く、以て底本となすべきに足らず」と記している。

(27)　注(2)参照。

(28)　注(1)参照。

(29)　『帝王編年記』『歴代編年集成』の名称では公家の日記などに見えないことから、中世後期には別の書名で伝えられていた可能性があるかもしれない。

(30) 尊経閣文庫及び宮内庁書陵部が所蔵する二つの高辻家本系の転写本については、従来、言及されることが多いのにもかかわらず、奥書が引用されたこともなく、また伝来について正確な認識がなされていない。

(31) 豊宮崎文庫の創設・沿革については、神宮文庫編纂（坂本広太郎監修）『神宮文庫沿革資料』〔神宮文庫叢書Ⅳ〕（神宮文庫　一九三四年）所収の「宮崎文庫資料」参照。

(32) 一冊目の外題は、外題を書いた題簽が剥がれてしまったため、その跡に題簽無しで表紙に直接「帝王編年記　一二三」と書かれている。その際、他の八冊が「帝王編年記　第〇〇〇」とあるのに対して、一冊目は「第」の字を落としている。

(33) 肥前島原文庫に関しては、中村幸彦・今井源衛・島津忠夫「肥前島原松平文庫」（『文学』二九巻一一号・三〇巻一号　一九六一年・一九六二年）参照。蔵書目録に、島原公民館図書部編（再版は島原市教育委員会編）『肥前島原松平文庫目録』（島原公民館図書部　一九六一年、のち再版は、島原市教育委員会　一九七二年）がある。

(34) 生駒大五郎「序文」（注(33)前掲『肥前島原松平文庫目録』所収）。なお忠房の文庫は、「尚舎源忠房文庫」と呼ばれたが、「尚舎」とは主殿寮の唐名で、忠房が主殿頭であったため「尚舎源忠房文庫」の蔵書印が用いられたことに因む。なお「尚舎源忠房文庫」の蔵書印のある書籍は注(33)前掲『肥前島原松平文庫目録』収載の書名の上に△印が付けられている。

(35) 『尊経閣文庫国書分類目録』（侯爵前田家尊経閣文庫　一九三九年）参照。

(36) 「第七巻欠」の文字は二冊目以降には見えない。

(37) 四冊目の内題のみはこの部分「六冊目」と見える。

(38) 龍は木星（太歳）をいい、集はやどりの意味であることから、歳次に同じ。

(39) 太田晶二郎「前田綱紀の菅原道真崇敬〔解説及び釈文〕」（『前田家と天神信仰』前田育徳会展示室展示目録三一　石川県立美術館　一九八六年、のち『太田晶二郎著作集』四　吉川弘文館　一九九二年）、石川県立博物館編『―加賀文化の華―前田綱紀展』（石川県立博物館、一九八八年）の「解説」〈尊經閣蔵書〉の〔菅原道真・菅原氏関係〕の項（橋本義彦・飯田瑞穂執筆）を参照。後者に関しては小倉慈司氏の教示による。

(40) 新訂増補国史大系本が「仙人ノ域」と翻刻する部分は、底本の神宮文庫本は「仙人ノ城」であり、意味的にも新訂増補国史大系本の翻刻は誤っている。

(41) 調査にあたっては、小倉慈司・石田実洋両氏の御教示と御協力を得た。記して感謝申し上げる。
(42) この写本については、注(2)前掲「年代記類　帝王編年記」に奥書も含め、書誌的な解説が見える。なお、『公卿補任』延宝七年条も参照。
(43) 注(4)所前掲「帝王編年記」。なお、注(2)前掲「年代記類　帝王編年記」は「当寮所蔵の高辻家本の転写本」とする。
(44) 京都大学附属図書館蔵菊亭文庫本『禁裏御記録目録』については、田島公「近世禁裏文庫の変遷と蔵書目録―東山御文庫本の史料学的・目録学的研究のために―」(『皇室の至宝　東山御文庫御物』五　毎日新聞社　二〇〇〇年、のち加筆補訂して『東山御文庫を中心とした禁裏本および禁裏文庫の総合的研究』一九九八年度〜二〇〇〇年度科学研究費〔基盤研究(A)(2)〕補助金成果報告書　東京大学史料編纂所　二〇〇一年)参照。なおこの目録が禁裏文庫の重要な蔵書目録の一つであることを最初に指摘したのは西本昌弘氏である。
(45) 東山御文庫本『御文庫記録目録』に関しては、田島公「御文庫記録目録」(『皇室の至宝　東山御文庫御物』一　毎日新聞社　一九九九年)、注(44)田島前掲「近世禁裏文庫の変遷と蔵書目録」参照。
(46) 東山御文庫本『禁裡御蔵書目録』に関しては、山崎誠「禁裡御蔵書目録考証㈣　東山御文庫蔵『禁裡御蔵書目録』一」(『国文学研究資料館文献史料部　調査研究報告』一七　一九九六年)、田島公「禁裏文庫の変遷と東山御文庫の蔵書―古代・中世の古典籍・古記録研究のために―」(大山喬平教授退官記念会編『日本社会の史的構造』古代・中世　思文閣出版　一九九七年)、注(44)田島前掲「近世禁裏文庫の変遷と蔵書目録」参照。
(47) この「年代記之類　一合」は、明治五年(一八七二)九月付けの東京大学史料編纂所蔵『京都御文庫取調諸記』〔請求番号　RS―四一〇一―二三〕所収「明治五年合印御書類目録」の七一番目に「年代記之類」があり、これは現在の東山御文庫では、勅封四一番の箱に対応する。北啓太「明治以後における東山御文庫御物の来歴」(毎日新聞社「至宝」委員会事務局編『皇室の至宝　東山御文庫』五　毎日新聞社　二〇〇〇年、のち加筆補訂して『東山御文庫本を中心とした禁裏本および禁裏文庫の総合的研究』〔科学研究費〔基盤研究(A)(2)〕補助金成果報告書　東京大学史料編纂所　二〇〇一年〕参照。
(48) 注(46)田島前掲「禁裏文庫の変遷と東山御文庫の蔵書」、注(44)田島前掲「近世禁裏文庫の変遷と蔵書目録」参照。本解題に係わる禁裏文庫の蔵書目録に関連する部分を要約すれば以下の通りである。応仁・文明の乱で甚大な被害をうけた禁裏文庫の復興は後土御門天皇や後柏原天皇によって試みられるが、本格的な再興は後陽成天皇・後水尾天皇によって促進された。後陽成天皇の収書は、後に「根本（官本）」と言われるように近世禁裏文庫の根幹を形作ったが、次の後水尾天皇は元和年間から禁裏文庫の整理や新たな書写などを進め、譲位後も蒐集した図書を明正天皇や後光明天皇に贈ったので禁裏文庫は充実していった。こうした後水尾天皇が蒐集した禁裏文庫の蔵書内容の一部は菊亭家本『禁裡御蔵書目録』（大東急記念文庫蔵）・柳原家本『官本目録』（西尾市図書館岩瀬文庫蔵）・禁裏文庫本『古官庫歌書目録』（京都御所東山御文庫蔵）に詳しい。その後、万治四年（一六六一）正月、内裏の大火によって、禁裏文庫本のかなりの部分は焼失したが（上記の『禁裡御蔵書目録』などはその際に焼失した禁裏本の目録といわれている）、幸いにも、その直前までに後西天皇が禁裏文庫の蔵書及び他の公家や寺社の文庫に収蔵されていた典籍・文書・日記などを書写して作成しておいた副本が入った文庫のみ類焼を免れた。霊元天皇に譲位した後西院は寛文六年（一六六六）三月に焼失を免れた副本を禁裏文庫に寄贈したが、これが、明治維新後、数年来の整理を経て、明治十五年（一八八二）、もと近衛家にあって「東山倉」とよばれていた倉を移築したのをきっかけに、旧禁裏文庫の収蔵図書・文書をこの倉に収めることによって成立した、現在の東山御文庫本の直接の母体である。後西上皇から霊元天皇に贈られた書籍・文書が入った箱は七〇合に及び、その内訳は『葉室頼業日記』寛文六年三月二十四日条所引の「御記箱之目録」（後西院が霊元天皇に贈進した図書のリスト）に見える。その後、霊元天皇によって冷泉家所蔵本をはじめ更に公家の諸家に収蔵される図書の積極的な書写蒐集が行われるが、その実態は、霊元天皇譲位（貞享四年・一六八七）前後の蔵書をベースに、その後、元文四年（一七三九）頃までの収書を加えて作成されたC東山御文庫本『禁裡御蔵書目録』に詳しい。それ以前にも、先に述べた、A菊亭文庫本『禁裏御記録目録』やB東山御文庫本『御文庫記録目録』など同様の禁裏文庫の蔵書目録がある。A菊亭文庫本『禁裏御記録目録』は、内大臣菊亭伊季が宝永四年（一七〇七）春に東山天皇の命を受けて清書させ、宝永五年九月二十八日に表紙を作成した旨の識語がある禁裏文庫の蔵書目録である。B東山御文庫本『御文庫記録目録』は中御門天皇（位　一七〇九〜一七三五）と近衛家久（両人ともに元文二年〔一七三七〕没）との筆による禁裏文庫の蔵書目録だが（最終的には一七二〇年代後半から一七三〇年代前半の禁裏文庫の蔵書内容を示す目録）、このうち「歴代編年集」が見える「甲」は中御門天皇の筆である。A・BともにCより目録自体の成立は若干古いが、内容的にはほぼ同じで、やはり霊元天皇譲位前後の蔵書を基礎に最終的にはその後、蒐集された収書を追加した目録である。

(49) 公開された東山御文庫本のマイクロフィルムは、『書陵部紀要』の「彙報」欄に掲載されるが、小倉慈司編「東山御文庫本のマイクロフィルム(稿)」(『東山御文庫本を中心とした禁裏本および禁裏文庫の総合的研究』(科学研究費〔基盤研究(A)(2)〕補助金成果報告書 東京大学史料編纂所 二〇〇一年)はそれを勅封番号順に編集し直し、二〇〇一年三月現在、公開された全てのマイクロフィルムを収載している。『帝王編年記』に関しては同書一一四頁参照。一九八九年秋撮影。

(50) この他、皇室・諸宮家との関係が深い門跡寺院の一つ曼殊院所蔵の目録である『曼殊院蔵書目録』(江戸中期)の「本邦編撰 紀傳類」には「一、歴代編年集成 十三策」と、また慶応元年の『曼殊院宮蔵書目録』の「二百二十六」の箱に「一、歴代編年集成 拾三策」とあり、所蔵が確認される。京都大学文学部国語学国文学研究室編『曼殊院蔵書目録 曼殊院蔵』(臨川書店 一九八四年)参照。

(51) 平田俊春「国史の展開とその系譜」(『神道史研究』三〇巻一号 一九八二年)参照。なお、「年代記」という側面からいうと、室町後期に作られた『歴代皇紀』(『皇代暦』・『皇代略』)があり、土御門天皇の文明九年(一四七七)までの各天皇の事績を記しているが、天皇一代ごとに五段組で書かれており、『日本紀略』『扶桑略記』というようないわゆる私撰国史と体裁を異にする。

(補注1) 『続日本紀』大宝元年(七〇一)三月甲午(二十一日)条・同年八月丁未(七日)条に見える「年代暦」を年代記の一種と考える説もある。

(二〇〇二年五月)

(謝辞)

本解題執筆のため、所蔵史料の調査及び紙焼写真の頒布を許された神宮文庫、島原市図書館松平文庫、財団法人前田育徳会尊経閣文庫、宮内庁書陵部、宮内庁侍従職、に深謝申し上げる。なお、本稿は一九九八年度〜二〇〇〇年度科学研究費補助金基盤研究(A)(2)「東山御文庫本を中心とした禁裏本および禁裏文庫の総合的研究」(研究代表者 東京大学史料編纂所・田島公)の成果の一部である。

参考文献

平田俊春　「神皇正統記の研究」（『日本諸学振興委員会紀要』一一編　歴史学）　一九四一年　教学局

宮内庁書陵部　「年代記類　帝王編年記」（宮内庁書陵部編『図書寮典籍解題』歴史篇）　一九五〇年　養徳社

益田宗　「帝王編年記あれこれ」（のち国史大系編修会編『新訂増補国史大系　月報』吉川弘文館　二〇〇一年）　一九六五年　『新訂増補国史大系月報』三五

所功　「帝王編年記」（『歴史読本』臨時増刊　特集〈歴史の名著〉、のち『日本歴史「古典籍」総覧』別冊歴史読本・事典シリーズ　新人物往来社　一九九〇年）　一九七五年　新人物往来社

平田俊春　「帝王編年記の成立について」　一九七七年　『防衛大学校紀要』人文・社会科学編三四

平田俊春　「帝王編年記の批判」（『私撰国史の批判的研究』）　一九八二年　国書刊行会

平田俊春　「国史の展開とその系譜」　一九八二年　『神道史研究』三〇ノ一

宮崎康充　「帝王編年記」（『国史大辞典』第九巻）　一九八八年　吉川弘文館

清水潔　「帝王編年記」（角田文衛監修・財団法人古代学協会・古代学研究所編『平安時代史事典』本編　下）　一九九四年　角川書店

水鏡

益田宗

一 はじめに

神代を扱っている『秋津島物語』に始まって、『水鏡』『大鏡』『今鏡』『弥世継』『増鏡』と、時代を追い降って扱っていく仮名書きの作品群を、別格扱いの『栄花物語』を加えて歴史物語とよんでいる。これに続ける形で江戸時代に荒木田麗女が継ぎ足した『月の行方』『池の藻屑』もあるが、散逸して今は伝らない『弥世継』は暫く措くとして、作品が成立した順でいえば『栄花物語』に『大鏡』『今鏡』『水鏡』『増鏡』の四鏡を加えて、これらを歴史物語というジャンルの中核としてきている。歴史を考えていたためもあって、後人はそこに扱われていない歳月があることには不満を懐いていたようで、『増鏡』十七巻本が後崇光院筆の二十巻本に増補されていった経緯は、まさしくそのことを物語っているといえる。この『水鏡』が先行した『大鏡』の扱っていない前代を対象にしているのも、そこに上代からの一貫性を求めようとしたからであろう。序文には次のように述べている。

万寿のころをひ、世継と申しさかしきおきな侍き。文徳天皇よりのちつかたの事は、くらからず申をきたるよしうけ給はる。そのさきはいとき〻み〻とほければとて申ざりけれども、世中をきはめしらぬは、かたおもむきに、いまのよをそしるこ〻ろいでくるも、かつはつみにも侍らん。めのまへの事をむかしに〻ずとは、世をしらぬ人の申ことなるべし。かの嘉祥三年よりさきの事をおろ〳〵申べし。まづ神の世七代。その〻ち伊勢太神宮の御代より、うのかやふきあはせずのみことまで五代。あはせて十二代のことは、ことばにあらはし申さむにつけてはゞかりおほく侍べし。神武天皇より申べきなり云々。

さて、明治時代に文学関係者の間で扱われてきた『水鏡』の本文は、いわゆる流布本と今日称しているものであったが、一九〇一年（明治三十四）経済雑誌社から出版された『国史大系』第十七ではこれらとは違い、のちに異本と称される前田家本を収め、「従来、世間ニ流布スルト全ク其ノ撰ヲ殊ニセリ」と断っていた。このため同じ『水鏡』という書名の作品を手にしても、論が咬み合わない嫌いがあった。のちにみるように、前田家本は異本というよりも、『水鏡』の流布本をもとにして或る意図から脚色翻案を施した、別の作品といったほうが相応しく、たまたま両者一致する部分があっても、そこには改作者が筆を加えたり補ったりしようとしなかったため一致しているに過ぎないと、考えたほうがよい。

一九三九年（昭和十四）『新訂増補国史大系』第二十一巻上が出版されたときには、前田家本とともに流布本（伊勢高田専修寺所蔵本）をも収めることになったが、これによって両者の相違は一層顕著なものになった。のちに前田家本は、流布本のなかの数本とともに幾つかの同じ書写上の誤脱を犯していることが指摘され、本文系統を遡れば誤脱を犯した或る祖本から派生した一本に脚色翻案を加えたものにすぎぬことが分った。こうなると、『水鏡』そのものを考えるには流布本の本によるのが正しく、前田家本はそれとは別に、その脚色翻案の意味を考えるのが穏当なこととなる。

歴史物語では、前述した『増鏡』の場合のように欠けている歳月を後人が補い入れようとするが、この前田家本の後人の意図はそれとは別のように考えられている。解題するにあたっては、主として流布本によって述べるが、最後にそのことにも触れておきたいと思う。

『水鏡』という書名は、作品の序や跋にあたる部分で登場人物のことばを借りて作者が述べているところによると、先行の『大鏡』を意識したものという。

万寿のころほひ、世継と申し賢きおきな侍き。文徳天皇よりのちつかたの事はくらからず申をきたるよしうけ給る。（序）

世あがりざえかしこかりし人の大かがみなどいひてかきをきたるにゝばみて、ことばいやしくひがごとおほくして見どころなく、もしおちゝりてみん人にそしりあざむかれんこと、うたがひなかるべし。……大鏡の巻も凡夫のしわざなれば、仏の大円鏡智のかがみにはよも侍らじ。これもゝし大かゞみに思よそへば、そのかたちたゞしく見えずとも、などかみづかゞみのほどは侍ざらん、とてなん。（跋）

このように書名は、一般には先行作品『大鏡』の作者に対して敬意を払いながら謙遜の気持を篭めたものと解釈されている。これに対して漢籍にあらわれる「水鏡」の語の用例をもとに、作者の気概を感じとろうとする解釈もあるにはあるが、少し読みすぎの嫌いがある。『大鏡』に倣って「鏡」を今日いう「歴史」と同じ意味に使った命名であったとして差支えない。

水かゞみといふにや、神武天皇の御代よりいとあらゝかにしるせり。

と『増鏡』の序にもあるように、一般には『水鏡』で通っているが、『水鏡物語』とよんでいるものもある。この説には聊か無理な点があること、後に触れる。

作品は上中下三巻、三冊に配されていたと考えられる。写本の中には合わせて一冊にしているものもあるが、一冊にしていても「巻上」「巻中」「巻下」の巻題をそれぞれの本文の初めに置いてあるから、三巻であることに間違いない。しかも巻題の次には、その巻に収録される歴代天皇の目録を、神武から欽明、敏達から孝謙、廃帝から仁明と三つに分けてそれぞれの巻頭に載せていることも、三巻三冊であったことのあらわれであろう。

構成は『大鏡』に倣い、超高齢者が見聞した事柄を修行者が書き遺す形式になっているが、『水鏡』では扱う時代が余りにも古くて長いことを考えてか、仙人を登場させて、彼から聞いた話を修行者が老尼に語って聞かせるという形になっている。

二　利用した材料はなにか

作者は誰か、成立年代はいつかなど、『水鏡』について考えるに先達って、この作品がどのような材料をもとにして書かれているかを理解しておいたほうがよいと思われる。流布本と異本との二つの系統があるとはいわれてきたが、実は異本は後出であることが明らかになっているから、流布本の本文はどのような材料をもとに作られているか、ということになる。

結論から先に云えば、この作品は『扶桑略記』から抜粋した記事を仮名書きに綴り直し、所々に昔と作者が生きていた時代とを比較した感慨を挟んでいるだけであって、作るに際してこれ以上のことは何もしていない。勿論、平安時代の末、鎌倉時代初頭と推定される成立年代に生を享けていた作者は、他の貴族と同じように、今日一般に日用生活百科などといわれている事典の中に盛られていた歴史の初歩的知識は既に持っていたと考えられる。だからその程度の内容は何の手助けがなくても補えたと思うが、序と跋とに相当する部分を除いては、作品の叙述はすべて『扶桑略記』に拠っていることが分っている。

ここに歴史についての初歩的知識というのは、具体的にいうと、藤原資隆が八条院暲子内親王に書き進らせた『簾中抄』の中の「帝王御次第」程度の内容という意味である。慈円が『愚管抄』を著した際、この「帝王御次第」をもとに記事を補って、参照のための「皇帝年代記」を作っているし、『水鏡』の異本が目録の前に綴じ込んだ神代の概略がこの『簾中抄』からの転載であることを考えれば、『簾中抄』そのものを作者が使っていたかどうかは別にして、この程度の知識の持ち合わせはあって、その上に立って『扶桑略記』から部分部分を抜粋し、訓み下してから補い入れたと考えるのである。つまり何から何まで全部がそっくり『扶桑略記』に拠っているというのではない。さらに『扶桑略記』は、当時は揃っていたけれども、今日ではその一部しか手にすることができない書物である。

『扶桑略記』は、堀河天皇の代（一〇八六―一一〇七）に比叡山の僧侶皇円が編纂した年代記で、神武天皇から堀河天皇の寛治八年（一〇九四）までを扱っていて、特に仏教関係の事柄に詳しい。残念なことに全三〇巻揃っては現存せず、その半分十六巻が残っているに過ぎない。残っている巻々は次のとおりである。

巻2　神功皇后（首欠）――武烈天皇
巻3　継体天皇――推古天皇上
巻4　推古天皇下――斉明天皇

巻5　天智天皇——文武天皇
巻6　元明天皇——聖武天皇上
巻20　陽成天皇
巻21　光孝天皇・宇多天皇上
巻22　宇多天皇下
巻23　醍醐天皇上
巻24　醍醐天皇下
巻25　朱雀天皇・村上天皇上
巻26　村上天皇下・冷泉天皇
巻27　円融天皇・華山天皇・一条天皇上
巻28　一条天皇下・三条天皇・後一条天皇・後朱雀天皇
巻29　後冷泉天皇・後三条天皇
巻30　白河天皇・堀河天皇（寛治八年まで）

また、この十六巻のほかに略本として、巻一神武天皇から巻十四平城天皇までの記事を抜粋した二冊が残っているが、抜粋であるから『扶桑略記』と『水鏡』の関係を見究める場合、現存する巻々と同じには扱えない。さらに『水鏡』は、文徳天皇が仁明天皇のあとを受けて即位した嘉祥三年以前を扱うものと断っているから、『扶桑略記』では仁明天皇を扱っていた巻十九までが両者の関係を見究める材料となるが、今日では巻七聖武天皇下（天平九年以後）から巻十九までが散逸している。したがって『水鏡』の本文とは、神功皇后から聖武天皇上までの『扶桑略記』の記述しか対照することができない。しかし、もしもその対照の結果、しかるべき結論がえられれば、その結論は散逸したため対照できなかった部分にまで、推し拡げることが可能となる。もし今日『扶桑略記』が巻一から巻十九まで揃っていたならば、対照して同じような結論がえられたことであろう、と。

こうして今日、対照できる部分についてあたってみると、『水鏡』にある記述に相当するものは、すべて『扶桑略記』に求められる、少し正確にいうならば『扶桑略記』の巻二から巻六までの中に見出すことができる。見出せないのは、「このころは云々」と『水鏡』の作者が往時と自分が生きいる「このころ」とを比較して綴った文章だけである。勿論、細かに見ていけば、前に触れた歴史に関する初歩的な知識については違った表記も出てくるが、これは作者が持ち合わせていた知識をそのまゝ書き込んでしまったもので、別に『扶桑略記』の表記を非と却けたものではなかろうと考えられる。とすると、『扶桑略記』の巻一、巻七から巻十九までが現存していて対照できたならば、恐らく同じような結果が導き出せたであろう、つまり『水鏡』の作者は『扶桑略記』のみを材料として、神武天皇から仁明天皇までの記事を抜粋し、これを仮名書きに直して文徳天皇に始まる『大鏡』に連結させたのであろう。以上は、平田俊春「水鏡の史的批判」(『史学雑誌』四六編一一号、一九三五年十一月)で論証しきった『水鏡』と『扶桑略記』との関係である。この論証は、今日でも崩れてはいない。

この論証に異論を挿む場合には、ここに辿ってきた筋道に対してすべきであろう。『水鏡』の独自の記事があるといっても、『扶桑略記』が散逸しているため対照できない部分であるならば、『扶桑略記』には存在していた可能性が濃いのである。

ただ、『扶桑略記』を抜粋することで済ませたということが、必ずしも作者の態度が安易だったことを意味はしない。勿論、『大鏡』『今鏡』などの作品に比肩しうるかといえば、そうとも思えないが、『大鏡』より前の時代を補おうとするのが意図であるとすると、『扶桑略記』のような、諸書から抜粋した記事をもとに編纂した書物を材料にすることは、当然のことのように思われる。作者に対して諸書を探し求めてひとつひとつに当って書けと求めるのは、無理である。『扶桑略記』一部で『水鏡』を書いたとしても特に咎めだてされるような筋合のものではあるまい。近い時代を対象にしているのではなく、古い時代を扱った作品という点で、『大鏡』『今鏡』『増鏡』などと趣が違っているように思われる。この点は、作者が誰であるかを考えるときにも関係してくる。

三　書いたのはいつごろか

作品の中で作者に仕立てられた老尼が述べている序と跋とに当る部分、上巻巻頭の一文と下巻巻末の一文とを除くと、記事は『扶桑略記』を材料として書いていると考えてよかったが、それでも現実の作者が所々に顔を覗かせている。

みかどならよりかへり給にき。丙戌日行幸はありて、けふはみずのえたつの日なれば、七日といひしにかへり給へりとぞおぼえ侍る。このころはいむなど申とかや。（桓武天皇条）

この「このころは云々」がそれである。この部分は『扶桑略記』が伝っていず、略本にも記事がない、つまり対照するに事欠く部分であるが、『扶桑略記』の性格から考えて『続日本紀』の抄節が載っていただろうと考えられる。

延暦四年の記事としてその「八月……丙戌、行幸平城京」「九月……丙辰、車駕自平城至給」があったであろう。八月二十四日丙戌から九月二十四日丙辰までの一か月、桓武天皇が平城京に行幸していたとする内容である。

作者は、『水鏡』を作るに際して『扶桑略記』三〇巻のうち神武天皇から仁明天皇まで、巻一から巻十九までを利用したのであったが、打付本番に仮名書きに直したのではなく、あらかじめ採録すべき記事を抜粋しておいたに違いない。この採録のとき、中間に九月の月替りの記事があることが見落とされて、八月丙戌から同月丙辰までの行幸記事となってしまった。そうはいっても、八月に丙辰はありえない。あるのは同じ辰の日、壬辰である。そこで「ひのえたつの日なれば」ではなく「みずのえたつの日なれば」としたのであろう。けれども、これでは二十四日から三十日まで七日間の行幸になってしまい、現実の作者の時代の禁忌、七日帰りを忌むとする習俗に触れてしまう。作者は「このころは忌むとかや」と筆を補ったのはそのためであろう。

七日帰りとは、平安時代後期から鎌倉時代にかけての貴族の日記にあらわれる、出立して七日目に帰ることを忌む禁忌であり、『古事類苑』の方技部三、陰陽道下、雑忌の条に引用が数例あるが、索引には項目として採られていないためか、『水鏡』の注釈書にも漏れ、最新の民俗関係の事典でもお目にかかれない代物。

今丸を具して近衛殿に参る。吉日に依りてなり。夜に入りて帰宅す。今丸此亭に来りて後、七日に当れば、俗の忌あり。但、他よりは忌むべからざるの由、尼御前の御命あり。（具今丸参近衛殿、依吉日也、入夜帰宅、今丸来此亭之後当七日、有俗忌、但自他不可忌由、尼御前御命）

（藤原頼長『台記』久安二年三月二十五日条）

是日今麻呂に元服を加ふ……曹司の装束は廿三日に撤ふ。大夫（今麻呂）対の東廂に帰れり。元服の前に此の

廂に在れば、元服の後、七日に当れり。仍って本所には渡らずして他所に寝る。俗の忌を避くるに依りてなり

（是日今麻呂加元服……曹司装束廿二日撤之、大夫帰対東廂、元服之前在此廂、而元服之後当七日、仍不渡本所寝他所、依避俗忌也）

（同『台記別記』仁平元年二月十六日条）

今夕遷宮あるべきかの由、沙汰あるの処、猶以って延引すと云々。明日は七日に相当るの間、今夜の儀、俄かに出来するなり。一昨日沙汰あり。殿下、予に問はしむれば、七か日を経て家に還るを公私忌むは、世俗の法、古今の例なれば、憚かられるべきの由、申し了ぬ、（今夕可有還宮歟之由有沙汰之処、猶以延引云々、明日相当七日之間、今夜之儀俄出来也、一昨日有沙汰、殿下令問予、経七ケ日還家公私忌之、世俗之法、古今之例也、可被憚之由申了）

（平経高『平戸記』仁治三年四月八日条）

七日帰り云々の「このころ」に限らず、昔に比較して作者が思わず書き加えてしまったこの種の文章は、とりもなおさず作者自身の今を示すものであり、これを頼って調べていけば、作品の成立年代に近づくことができる筈である。

このころも、このおもひをなしてする人はべらば、いかにめでたきことに侍らん、

（文武天皇条）

このころこそ二三にてもくらゐにつかせおはしますめれ、そのほどまでさる事なかりしかば、御母にてくらゐにつかせ給へりしなり、

（元明天皇条）

国王大臣も時にしたがひてふるまひたまふべきにこそ、このころならばかたおもぶきに異国の人にいちの人のあひ給なき事なりなどぞ、そしり申さまし、

（同上）

これらは『扶桑略記』が現存している巻々が扱っている内容であり、しかもこの前後の『水鏡』の記事はそれを材料としている。しかし、この部分に相当する記述だけは『扶桑略記』にはない。これは作者自身がその見聞をもとに

して新たに書き添えた文章だからであって、つまりこの事実の裏がとれれば、作者の時代、『水鏡』の成立年代に近づくことができる。とくに今採り上げた二つは重要である。

文武天皇の急逝後、子、のちの聖武天皇は八歳（実は七歳）と幼かったため、文武天皇の母が代わって即位したことを記した筆で、今ならば二歳三歳でも即位するのが普通であるが、と続く。これは、近衛天皇の三歳即位、六条天皇の二歳即位、安徳天皇の三歳即位と、相続く幼帝即位があった平安時代末期の現実を見聞した人でなければ書くことができない文章であろうとする。

また「異国の人に云々」は、『水鏡』では右大臣藤原不比等が新羅からの使者に会って「昔から執政の大臣のあふ事は、いまだなき事なり。しかれどもこの国のむつまじきことをあらはすなり」と語ったことを受けての文章である。勿論、「異国の人に云々」の部分は、材料とした『扶桑略記』にはなく、ただ「新羅国使自古入朝、然未曽与執政大臣談話、而今日披晤者、欲結二国之好、成往来之親」とあるのみである。ここで作者が云いたかったことは、このごろの人々は、一の人ともあろう人物が異国人に会うなゝてことをしないものだと、一方的に非難するであろうが、不比等の例でも分るように国王大臣だって臨機応変に対処し異国人に会って差支えない、このようなことであろう。こう書くことができたのも、嘉応二年（一一七〇）九月、平清盛が後白河法皇を摂津福原の山荘に招き、宋人と会う機会を作ったこと、またこのことで、貴族の間に物議が醸し出されたことなどが背景にあったからであろうとする。

このように、『水鏡』の成立年代については、『扶桑略記』を材料としていない「このころ云々」をもとにして、平安時代末期から鎌倉時代初頭にかけての作とする平田俊春「水鏡の史的批判」の説が当っているように思われる。しかし最近になって、「水鏡」の本文にある「今」の文字を手懸りにして、平田説もどきに成立年代を考えようとする

向きもあるが、これには史料に対する批判的処置が乏しいように思う。例えば、

六十二年と申しに氷すふることはいできはじめて、いまにいたるまで供御にそなふる也（六十二年甲戌、依大山主申旨、額田大中彦皇子始得蔵氷、夏献天皇、自是以後、毎年季冬蔵氷、夏炎天備于供御、以為永例、『扶桑略記』巻二、仁徳天皇条）

蘇我馬子の大臣堂をつくりてすへたてまつりき。いま元興寺におはしますほとけなり（今在元興寺東堂、蘇我大臣馬子宿禰請取件像、営仏殿於宅東、『同上』巻三、敏達天皇条）

ここからも分るように、『水鏡』の「いま」は『扶桑略記』の相当する語を受けていることは明らかであって、作者自身の「いま」ではない。「そのはちをかでらと申は、いまのうづまさなり」（推古天皇条）や「みかどそのところにてらをたてたまひき。いまのたちばなてらこれなり」（同上）、「いまのやましなでらの金堂におはしますは、このほとけなり」（皇極天皇条）などの「いま」も、「蜂岡者、今広隆寺也」「今橘寺也」「今興福寺金堂仏像是也」とある『扶桑略記』の用語を、そのまゝ移し替えたにすぎない。したがって、『水鏡』の「いま」は現実の作者の今ではなく、むしろ『扶桑略記』の編者皇円の時代の今であり、これをそのまゝに使っているといってよいであろう。このことは、『扶桑略記』の散逸してしまっている『水鏡』の部分についても同じであると考えるほうがよく、例えば、桓武天皇の平安遷都のくだり、

同十二年にいまの京の宮城をつくり給き。同十三年十二月廿四日辛酉、長岡の京より今の京にうつり給て、かものやしろに行幸ありき。

の記述でも、「今」は『扶桑略記』にあったと思われる「今」を移し替えたにすぎず、この前後の文章を深読みし

て作者の時代を求めるのは、誤りである。まして福原遷都に一瞥すら与えていないからといって、遷都以前に作品の成立を求めるのは、虫がよすぎよう。こゝには作者の思いが出ていないのである。

四　書いた人は誰か

『水鏡』の作者が誰かというと、鎌倉時代後期に編纂されたとみられている『本朝書籍目録』には、

水鏡三巻　　中山内府抄

とみえている。ここにいう中山内府とは、建久五年（一一九四）正二位内大臣であったが、七月上表、十二月病により出家、翌年三月十二日薨じた藤原忠親（一一三一－一一九五）を指している。『増鏡』の序の中では、『今鏡』や『弥世継』の作者については「なにがしのおとどの書き給へるとき、侍し」とか「隆信朝臣の後鳥羽院の位の程までしるしたる」とか、作者像に言及があるけれども、『水鏡』については「神武天皇の御代より、いと疎らかに記せり」と述べているだけである。

しかし、この忠親から数えて八代の孫にあたる中山定親は、自分の日記『薩戒記』の応永三十三年（一四二六）十一月十六日乙巳条の中で、感激した面持ちで次のように記している。

天晴る。今日当番なれど、昨夜の余酔により秉燭の程に参入す。盲女をして歌はしむ。藤中納言並びに雲客両三祗候せり。宸筆の水鏡一帖を予に下し賜はる。此の抄は、中山内大臣殿の御作たり。正本は紛失したれども、今此の御本を賜はれり。頗る家宝なり。秘すべし、秘すべし（天晴、今日当番、依昨夜余酔、秉燭之程参入、令盲女歌、

藤中納言並雲客両三祗候、下賜宸筆水鏡一帖於予、此抄中山内大臣殿御作也、正本紛失而今賜此御本、頗家宝也、可秘々々、）

ここにいう宸筆とは、二十六歳の称光天皇筆か、四十歳の後小松上皇筆かであろう。定親は、先祖忠親が書いた『水鏡』の正本は紛失してしまったが、今日宸筆本を下賜されたので甚だ光栄である、というのである。

忠親には有職故実に関する『貴嶺問答』という一巻の書物がある。忠親の孫の忠定は、同じ一流の花山院家からこの書物の写本を借りて写した際に、その経緯に触れて、

此の書は祖父内相府の筆削なり。正本は兼季卿伝ふ。予、先年件の正本を以て書写したれども、不慮にして朽損の事あれば、重ねて彼の本を尋ぬるの処、或る人に取られて失はれ畢ぬと云々（此書者、祖父内相府之筆削也、正本兼季卿伝之、予先年以件正本書写、而不慮有朽損事、重尋彼本之処、或人被取失畢云々、）

ここにもいう正本が、いわゆる原本を指すことは明らかであるが、『水鏡』正本の紛失もこの或る人と関係があるかどうかは分らない。『水鏡』は三帖が普通であるが、ここは合綴一帖か。それはともかく二世紀半経過していはしたが、貴族社会では『水鏡』が忠親の作であるとして信じられていたことを軽く考えるべきではあるまい。

この後、貞成親王（後崇光院）の『看聞日記』永享五年五月三日条に、

内裏に水鏡三帖を進らせしに、返下され了ぬ（内裏水鏡三帖進之、被返下了、）

とあり、また三条西実隆も一本を書写し奥書を加えているが、作者については言及がない。

此の水鏡は大慈院南御所（光山聖俊、足利義政女、生母日野富子）の御本妙善院殿（日野富子）の御物なり、を申し請け、卿掌侍権中納言基綱卿の女の筆を借りて書写せしむ。秘蔵すべきなり。

永正第九後四月十六日　　古槐散木判

（此水鏡申請大慈院南御所御本妙善院殿御物也、借卿掌侍権中納言基綱卿女筆令書写、可秘蔵也、）

忠親作者説を疑問視するのは、前掲の平田俊春「水鏡の史的批判」である。その論点は三つあって、忠親の日記『山槐記』の中に彼を作者とする積極的な記事がないこと、有職故実に通暁したほどの学識者の彼が、『扶桑略記』の抜粋、書き下しだけに甘んじるようなことをするとは思えないこと、『水鏡』の序にみえる七十三歳の尼を忠親自身になぞらえ着想したとしても、忠親は六十五歳で没しているから矛盾してくることなどである。

しかし、これには疑問がある。『水鏡』という作品をどう把えるか、これ如何では、前の三点は意味をもたなくなる。『水鏡』の製作意図を『大鏡』の補完的なものとするならば、『扶桑略記』たったの一部を抜粋しただけで云々という態度も宥されるであろうし、まして物語であれば猶更である。万巻の書物を座右に置いてしなくても、貴族としての鼎の軽重は問われる筈がない。また、貴族は日記に細々と製作ノートを載せるとは考え難いから、『山槐記』に作者らしい姿が覗えないとしても仕方がないのではないか。自序らしく装った序に登場する老尼の年令が忠親の年令と合わないといっても、この部分は『大鏡』の書き出しの構想を模倣したことは明らかであり、厄年（七十三歳）の老尼であればよいといった程度のことである。

物語の類は、享受者の間に作者の名を語り伝えてきているのが一般である。二世紀半ほどたって、子孫やその周辺に伝えられていた作者の名は、決して根拠のないものではなかろうし、おいそれと棄て去ってしまうわけにはいくまい。後人の補筆ならいざ知らず、表題の下に作者自らが名字を署すことなどありえない時代のことである。

作者を忠親以外とする伝えはほかにないわけではない。江戸時代、『続史愚抄』などの編著がある柳原紀光は、『砂巖』八巻の第六巻に『和歌集并物語等作者已下抄』を紹介している。その中に

水鏡物語上下二帖　　是は雅頼卿、自神武以来代々の不思議を文武の御時まで注給へり。又其次々を後人注すと云々。

とあるが、これによれば作者の雅頼が神武から文武までを書き、元明天皇以下を後人が補ったことになる。

雅頼（一一二七―一一九二）は村上源氏の出で、作者に擬されている藤原忠親と同時代の人。文治三年、前中納言、正二位で出家、建久三年に没した。雅頼が書いたのは文武天皇までだとすると、例の成立年代の手懸りにした「このころこそ二三にてもくらゐにつかせおはしますめれ」とか「このころならばかたおもぶきに異国の人に云々」とかは、文武天皇の次の元明天皇の条にある一文だから、後人が補った「このころ」になる。それ以前に雅頼が書いていたとすると、成立の時期はいつか、新しい手懸りを求めなくてはならなくなる。また、自序を装った書き出しでは文徳天皇以前を扱うと書いているのは、どうなるか。どうも源雅頼作者説は、作品を全く離れてしまっての言い伝えのように思われ、『薩戒記』の中山忠親作者説ほどには説得力に乏しい。

五　どちらの本文が原本文か

『新訂増補国史大系』第二十一巻上に収める『水鏡』の底本は、今日では異本とされてしまっている前田家本と、流布本の代表とされる伊勢専修寺所蔵本との二つの本文である。前者については後に採り上げるのでそこに譲るとして、まず後者について「凡例」を引いて触れておく。

専修寺所蔵本は斐紙を大和綴にしたる三冊、原表紙ありて外題を有し、上冊には水鏡巻上と内題してその次に神武天皇より欽明天皇までの目録を載せ、中下両冊また之に傚ふ。本文は雄勁なる平仮名を以て記し、頭注、標目、傍訓、声点等あり。各冊筆を異にすと雖も、何れも鎌倉時代中期のものと推定せられ、首尾完結せる伝写本中最古のものたり。即ち今これを流布本水鏡と題して併録せる所以たり。而して尾張徳川黎明会所蔵本の三冊は所謂応永書写と伝へられて、殆んど専修寺本と系統を同うするものなり。

伊勢専修寺は、三重県津市一身田町にある浄土真宗高田派の本山寺院で、親鸞の筆蹟を多く所蔵している。所蔵の『水鏡』は、『貴重図書影印本刊行会叢書』に収められて刊行された。(鈴鹿三七解説、一九三八年、便利堂)『新訂増補 国史大系』本では、その傍訓・声点は割愛して翻刻されている。

対校に用いられた尾張徳川黎明会所蔵の写本は、『水鏡』ばかりではなく『大鏡』『今鏡』『増鏡』などでも底本あるいは対校本として用いられているが、一九一九年(大正八)にはすでに東京帝国大学史料編纂掛において影写本(「御本」ほか、印文は影写されていない)が作られており、これをもとにして岩波文庫本の和田英松校訂『大鏡』『水鏡』『増鏡』も出版された。現在は、名古屋市蓬左文庫の所蔵。

しかし、これらの応永書写とする写本について『新訂増補 国史大系』本の凡例に記されている内容は、すでに当時においても大部誤解があり、今日では訂正しなければなるまい。次に凡例の中から関係する部分を引用する。

尾張徳川黎明会所蔵本の三冊は、所謂応永書写と伝へられて……(水鏡、鈐されている朱印については言及がない。)

底本とせる尾張徳川黎明会所蔵本は、所謂駿河御譲り本と称せられて、各冊の初めに御本の朱印を鈐し、袋綴、上中下三冊、応永の写本と伝へて、現存する完本の最古のものたり。(大鏡)

尾張徳川黎明会所蔵本は袋綴十冊にして、応永の写本と称せられ、表紙には題簽ありて続世継物語及び冊の順序

とを墨書し、(中略)第二冊に御本の朱印一個ある外、各冊に御本と尾府内庫図書との二朱印を鈐す。(今鏡)

底本とせる尾張徳川黎明会所蔵本は所謂駿河御譲り本と称せられて、各冊の初めに御本及び尾府内庫図書の朱印を鈐し、袋綴三冊、応永の写本と伝へらる。(増鏡)

これらの写本が何故応永の写本とよばれるかというと、『増鏡』の最終冊の奥書に

永和二年卯月十五日

この本女房のうつしがきにて侍を、そのまゝうつし侍ほどに、如法のふしんなることゞも侍り、ことゞ僻書もおほく侍らん、よき本をたづねてしづかになをし侍べし、

応永九年六月三日うつしをはりぬ

とあるによる。しかし池田亀鑑『古典の批判的處置に関する研究第二部』(一九四一年、岩波書店)「第十二章第三節脱文による系譜建設の可能とその方法」によって、この応永書写の『増鏡』は、応永九年の写本から派生した一転写本にすぎないことが明かになっている。したがって他の三鏡が揃って応永九年の写本を祖として派生したかどうかも、今となっては証明しにくくなろう。この点については後から分ったことだが、『水鏡』を含め同筆の現蓬左文庫所蔵の四鏡が、いわゆる駿河御譲り本であるという点は当時から全くの誤りであるといってよい。将軍徳川秀忠が、父家康の死後、林道春に命じて、駿府にあった父の文庫の書物から選び出させ、尾張・紀伊・水戸の御三家に分譲した尾張家分中の書物であるかのごとく凡例では書いているが、元和三年(一六一七)正月七日尾張藩が請取った際の『御書籍之目録』では、「駿府御分物之書籍」の中にはこれら四鏡の書名を見出すことができない。

では、そこに捺されているという「御本」の印記であるが、この印は、以前は徳川家康が駿府において所蔵の書物

に捺したとも、御譲り本に尾張藩で新しく捺したとも推測されていたが、実は同藩の御書物方が初代藩主徳川義直の蔵書に捺していたもので、御譲り本以外の蔵書にも捺されていること、既に当時明らかになっていたから、「御本」の印記があることを以って徳川家康と関係づけるのは誤りになる。黒板勝美も『撰進千二百年紀念日本書紀古本集影』（一九二〇年、同紀念会）の中で、現在蓬左文庫の所蔵となっている『日本書紀』巻一・二（慶長十四年写）を解説して「各冊初頁に「御本」の記あり。此印或は駿河に於て家康の用ゐしものと伝ふるあれども実は尾張家の印なり」と述べているから、既にこのことは知っていた筈である。凡例は別人の執筆と思われる。なお、『新訂増補 国史大系』第二十九巻下（一九四一年）の『本朝続文粋』の凡例では、この印を徳川義直のものと正しく記してある。

尾張藩では元和三年の御譲り本請取の後も書物の蒐集に努め、これらをもとにして寛永八年（一六三一）ごろに目録を編んでいるが、そこには家臣肥田孫三郎から新たに請取った十部の書物が注記されている。その中には、今日誤って応永書写と銘打たれてしまっている「世継物語三冊　続世継十冊　水鏡三冊　増鏡三冊」が載っている（川瀬一馬「駿河御譲本の研究」『書誌学』三ノ三、一九三四年三月。のち『日本書誌学之研究』収録）。またこれら十部の書物が尾張藩に入った時期を、福井保（当時、蓬左文庫勤務）は川瀬一馬に宛てた私信の中で「孫三郎より請取の年は寛永三年の様です」と考証している（『書誌学』三ノ四）。

以上は流布本についてであるが、異本の前田家本、もと前田侯爵家、現前田育徳財団尊経閣文庫の所蔵であるこの本については、「凡例」に次のように記している。

底本とせる前田侯爵家所蔵本は楮紙袋綴の三冊にして弘治三年の書写にかゝり、仮名は全部片仮名とし、次ニ皇子ハ、読ム、アリ等の如く送り仮名を小書せり。本文の行間に朱の標目、書入れ、読点及び朱墨両筆の傍注の外間々後に加へし傍訓等あり。而して上冊の初めに神武天皇より仁明天皇までの目録を載せたりと雖も、上冊の内題の前に帝王御次第と題して神武天皇以前を録し、又中下両冊にはそれ〴〵各冊の目録あり、何れも後の追補にかゝる。

さて、前田家本上中下それぞれの奥書を三人の筆者ごとに纏めると、次のとおりである。

僧信乗については、

写本云、于時永和元年乙卯七月廿五日於南都元興寺之観音堂之後戸之辺急速ニ令書写校合畢　僧信乗（上巻）

写本云、応安七年ノ只次ノ年号永和元年乙卯十月廿一日酉初点

於大和国磯下郡法貴寺ノ坊舎ノ内其坊号地蔵院ノ南向閑窓、決定往生決定成仏之修行間々ノ妄念余念ヲモ止、弥厭離穢土欣求浄土ノ増進道心ノタメニ筆ヲ馳畢、後見後代人々必々念仏シ給テ、可令筆主ノ浄土ノ内ニシテノ増進仏道乃至法界平等利益ト廻向者也　筆主信乗（下巻）

舜清については、

本云于時永正九年壬申十月一日於新薬帰寺迎摂坊書之、為令法久住乍比興沙汰之、後見之方者可有廻向者也　舜清（上巻）

本云旹永正九年十一月二日於迎攝坊雖悪筆為後世結縁乍憚書写之　舜清（下巻）

善秀については、

于時弘治三年丁巳九月日書写之畢　善秀（上巻）

弘治三年丁巳九月日書写之畢　善秀（中巻）

弘治三年丁巳九月日書写畢　善秀（下巻）

では、流布本と異本とでは、どちらが『水鏡』の原本文に近いであろうか。例えば流布本の次の三つのくだりを見てみよう。

みきなどすゝめてあそび給て、后のみやになにごとかおぼす事はあると申給しかば、きさきのみやみかどの御いとをしみをかうぶれり……（安康天皇条）

勅使をあはぢの国へつかはして早良の親王の骨をむかへたてまつりて、やまとの国八嶋のみさゝぎにおさめ給き、この親王ながされ給てのち（桓武天皇条）

おなじき廿三年五月十二日弘法大師生年卅一と申しに唐へわたり給き、七月に伝教大師おなじく唐へわたり給き、同廿四年六月に伝教大師もろこしより……（同上）

などの流布本の本文に対して、前後重出する語句「きさきのみや」「国」「唐へわたり給き」に目を奪われてしまったため、中間の部分を写し忘れるという失態を演じているのが前田家本の本文である。

三寸ナンド（ミキナンドか）進テ遊給シニ、后ノ宮御門ノ御イトウシミヲ蒙レリ……

同廿三年五月十二日ニ弘法大師生年卅一ト申シ、ニ唐へ渡給ニキ、同廿四年六月ニ伝教大師ハ唐ヨリ帰給テ……

勅使ヲ淡路国八島ノ陵ニ納メ給キ、此親王流サレ給テ後……

このような失態は、流布本の他のグループの写本にも共通してみられるから、これをもとに二つの底本の本文系統を図示すると、

これによっても前田家本を用いて『水鏡』の原型を云々することはできないことが分ろう。

六　異本はどうしてできたか

専修寺所蔵本に代表されるいわゆる脱文のない流布本の本文系統の諸本こそが、『水鏡』本来の俤を今日に伝えるものであり、前田家本とよばれて現在も尊経閣文庫に所蔵されている異本は、その内容は本来の『水鏡』と全くといってよいほどに異っているといってよかろう。勿論、脱文を犯した流布本系の一本を手許に置いていた以上、随所に流布本と同じ本文を残してはいるが。

本文系統が明らかになる以前は、この前田家本の存在は、流布本から前田家本が派生したか、将又、前田家本から流布本が派生したかの問題ばかりでなく、『水鏡』と『扶桑略記』との関係を考える上で、どちらの本文系統の内容を採り上げて考えるべきかを決める際にも疎かにはできないものであった。前田家本には『扶桑略記』には載っていない記事が多く存在するからである。この点を本文系統によらずに明解に捌いたのが、前掲の平田俊春「水鏡の史的批判」であった。これ以降は流布本が原本文を伝えていることになり、特に鎌倉時代中期と推定される専修寺本が紹介され、その代表格とされるようになった。

しかしそれ以前は、事情は聊か異っていた。『史籍集覧』をはじめとする諸叢書では、流布本系の本文をもつ一本を底本として翻刻出版してきたが、経済雑誌社版の『国史大系』巻十七（一九〇一年刊）は今日異本とされる前田家本を底本とした。

前田家本は、「慎ムベキ年ニテ、過ニシ二月ノ八ツ午ノ日、龍蓋寺ヘ参デ侍テ」と書き出してこれまでの『水鏡』の書き出しと違うところはなかったが、神武天皇の条で「神世ヨリ伝リテ剱三アリ。一ハ熱田ノ社ニ座マス。是アマノムラクモ、又ハクサナギト申ス。此ノ剱写ノ剱内裏ニ居座事、人王八十代高倉院ノ御代マデハ恙ナカリシニ、其次ノ御門安徳天皇ノ御時、平家ニ具セラレ座シテ都ヲ御出デアリテ、遂ニ西海ノ浪底ニ其御門御身ト共ニ、此写ノ剱ヲ海底ニ沈メ給ニキ。サテ二ハ出雲国キヅキノ大社ニ座。其剱ノ名字ハアマノハヱキリノ剱ト號ス。三ハ磯上布留ノ社ニ座。其三ノ剱ハ源ヲ尋バ」云々とあって、これまでの『水鏡』が「神世よりつたはりて剱三あり。一はいそのかみふるのやしろにます。一はあつたのやしろにます。一は内裏にます。」と簡略に記しているのとは大分違っている。続く鏡三つについても同じことがいえる。

前田家本がもっている異文は随所に及び、跋文にあたる部分でも「其躰ノタヾシク見ヌハ水鏡程ハナド無ラント思テ、此物語ヲバ名ヲ水鏡ト名付テ侍ルナリ。然バナドカ我身ノ得益ニ成ル程ノ事ハ無ラントゾナム」と結んでいて、「そのかたちただしく見えずとも、などかみずかゞみのほどは侍ざらんとてなん」と筆を擱いている流布本とは聊か異ったものがあるといえよう。前田家本に依拠する限り、『扶桑略記』との関係も簡単には片附きそうにはみえなかった。これを「水鏡の史的批判」では、対照する範囲を『扶桑略記』が現存する部分に限定し、流布本にある記事はすべて『扶桑略記』にあるが、前田家本独自の記事は『扶桑略記』にないという事実を前提にして、前田家本を前出とするならば、流布本を作る際に一つ一つ『扶桑略記』に当って、そこに見える記事のみを残すという作業を考えねばならず、このような作業は常識的に考えられない、と断じた。前田家本が後出となると、鎌倉時代後期の社会思想を反映させ、『水鏡』に改作の筆を加えて異本に仕立て上げたものということになった。

最近、この異本、というより別本前田家本の『水鏡』が、中世どのように受容されてきたかを分析した研究が発表された。多田圭子「水鏡の受容——前田家本と中世南都をめぐって——」(『歴史物語講座』第五巻水鏡所収)にまとめられているもので、前田家本で大幅に増補された記事を、神器関係記事、神功皇后異国討征関係記事、聖徳太子・太子伝関係記事において流布本(専修寺本)と対照し、前二者からは春日神をめぐる記述を剔出している。平田俊春が太子信仰と元寇前後に起った異国に対する敵愾心という点で強調していた増補記事をより具体的にするとともに、書写して伝えた僧信乗の書写の場、元興寺観音堂や法貴寺地蔵院における宗教活動を述べ、これらが興福寺・春日社の傘下にあることを指摘した。また三輪流神道において『水鏡』がテキストのひとつとして採り上げられていることなども、指摘している。異本として指摘されて半世紀近く、陽の目をみることが少かった前田家本は、新しい舞台に登場することになった。

参考文献

歴史物語講座刊行委員会編『歴史物語講座』第五巻水鏡(一九九七年、風間書房)
『水鏡』についての研究動向などとともに、詳細な研究文献目録を載せている。

大鏡

松本治久

一　書名

『大鏡』という書名が、どのような理由で付けられたものか定かではない。作中から書名の由来を述べたと思われる記事をあげると、「帝紀」を語り終えたところで、世継と繁樹がおしゃべりを楽しむ。そこで繁樹が、

あきらけきかゞみにあへばすぎにしもいまゆくすゑのこともみえけり

と詠み、世継が、

すべらぎのあともつぎつぎかくれなくあらたにみゆるふるかゞみかも

と答え、さらに、

いまやうのあふひやつはながたの鏡、螺鈿の筥に入れたるにむかひたる心地したまふや。いでや、それは、さきらめけど、くもりやすくぞあるや。いかに、いにしへの古躰の鏡は、かねしろくて、人てふれねどかくぞあかき。

といっている。ここには「鏡」ということばが繰り返し述べられているので、佐藤球氏の『大鏡詳解』(1)は、このくだ

りを、「書名の由来」とする。これが書名の由来を述べたものであるとするなら、繁樹の歌によって書名が付けられたものであれば、「あきらけきかゞみ」によって「明鏡」、世継の歌によったものであれば「ふるかゞみ」で「古鏡」となる。ただ、後に「いにしへの古躰の鏡」とあるから、『古鏡』であり、いずれにしても『大鏡』ではない。そこで山岸徳平氏は、(2)

若し鏡を題名に用ふるとすれば、原作者は当然古鏡と称したものと思はれる

と述べている。

ほかに書名が付けられた事情を明らかにする記事は本文中には見当たらない。また『大鏡』という書名が、著者によって付けられたものか、これも定かではない。ただ『今鏡』を初めとして、これを受け継いだ作品が、書名に「鏡」の文字を付けているところからみて、『大鏡』もこの文字を付けていたと思われる。しかし『大鏡』に続いて書かれ、これを受け継いだとすべき『今鏡』にも、この書名を示唆する記事は見当たらない。『大鏡』を継承する『今鏡』の「今」は「古」に対してのもので、『大鏡』の「大」に対してのものではない。『今鏡』の「序文」に、この物語の語り手である老女が、かつて紫式部のもとに出仕したと述べるが、式部がこの老女の呼び名を付けるにあたり、

古をかゞみ、今をかゞみるなどいふ事にてあるに、古も余りなり。今鏡とやいはまし。年も積らず、みるめもさゝやかなるに、小鏡とや付けまし。

といったとあり、これが『今鏡』の書名の由来であるという。とすると山岸氏が指摘した『古鏡』の書名で呼ばれたことも、あるいはあったのかもしれない。しかしこの名称が用いられた実例は、管見するところではない。ただここにいう『小鏡』が『大鏡』の「大」に対してのものとするなら、『大鏡』の名称でも呼ばれていたといってよいので

はないか。『水鏡』では「跋文」に、

大鏡の巻も凡夫のしわざなれば、仏の大円鏡智の鏡にはよも侍らじ。これももし大鏡に思ひよそへば、そのかたち正しく見えずとも、などか水鏡の程は侍らざらんとてなん。

とあり、ここに『大鏡』の書名がみえる。また『増鏡』「序文」に、これまでの作品をあげて、

水鏡といふにや、神武天皇の御代より、いと疎らかに記せり。そのつぎには大鏡、文徳のいにしへより後一条の帝まで侍りしにや。また世継とか四十帖の草子にて、延喜より堀河の先帝まで、すこし細やかなる。またなにがしの大臣の書き給へると聞き侍りし今鏡に、後一条より高倉院までありしなんめり。いや世継は隆信朝臣の、後鳥羽院の位の御ほどまでをしるしたりとぞ見え侍りし。

とあり、『大鏡』と明記している。このように『大鏡』の名が著者によって付けられたものか、定かではないが、先に述べたように鎌倉時代の初期に書かれたと推定される『水鏡』には、『大鏡』の名がある。『水鏡』がいつごろ書かれたものか、明らかではないが、通説に従って中山忠親の作であるとするなら鎌倉時代の初期、建久六年（一一九五）までには成立したとすべきであろう。また、天理図書館所蔵の「建久三年孟秋上旬染筆了」と奥書のある「建久本」は、その最初に「大鏡中之上」と明記している。

「建久本」が書写されたと同じころに書かれた『愚管抄』では、「世継のかゞみの巻」と呼ぶが、巻三「序文」には「世継ノモノガタリ」ともある。ここにいう「世継」は、『大鏡』をさしてのものであり、語り手として登場する大宅世継によっての呼称である。ほかに「世継」の名称を用いたものとしては、建久四年「六百番歌合」に『世継の翁が物語』、『徒然草』に『世継の翁の物語』、『袋草子』に『世継物語』、『無名草子』に『世継大鏡』などがある。なお

『日本紀私抄』には『广訶大円鏡』とある。このように「建久本」に『大鏡』の名称があるほか『水鏡』『増鏡』などにも『大鏡』とある。ほかに『愚管抄』『袋草子』『徒然草』などには、『世継』『世継の翁の物語』など、語り手「世継」にちなんでの命名もある。このような点から、あるいは著者は、『大鏡』の書名を付けていなかったということも考えられる。

二　著　者

これは成立年代と大きくかかわるものであり、どのような意図をもって書かれたものかという問題とも関係する。しかもこれらはいずれも、決着がつかない状態である。また『大鏡』の中にも、その他の資料にも、著者を示す資料は少ない。そこで著者として候補にあがった人も、あるいは著作意図から考え、あるいは成立年代とも関係し、これにかなう人を、藤原氏、あるいは源氏の中から上げて、それが『大鏡』の著者としてふさわしいか、傍証を固めるということで考えられている。ただ著作目的について、最近は、歴史の裏面を語った「歴史批判」の書としてみるのではなく、藤原道長の比類ない栄華を語るものであり、「藤原氏北家の栄華」を語るものと認識されて、歴史の裏面にふれたことがらも、道長栄華の必然を語るためとする意見が、大勢を占めるようになった。しかし著者については、なお今後の研究にまつほかない。

『大鏡』著者の条件として、川口久雄氏は(3)、これまでの研究成果をふまえて、左の八条を上げた。①『大鏡』資料を入手しやすい立場の人、②道長家の消息・打聞を伝聞しやすい立場の人、③『今昔物語集』資料群を参照しやすい立場の人、④大江匡房・源経信と交友関係にある人、⑤中宮職に在任したことがあり、后の宮の事情に通じた人、⑥源氏の男性で、相当の貴族階級の人、⑦源高明に同情しうる立場の人、⑧兼通・兼家の争いなどに興味をもつ人、などである。このうち③は平田俊春氏の、[4]『大鏡』は『今昔物語集』を材料にしたとする意見をふまえてのものであり、④は山岸氏の、[5]『江談抄』を材料としているという指摘をふまえてのものである。ただ『江談抄』との関係について、わたしはこれを否定した見解を発表している。[6]また『今昔物語集』との関係も、平田氏は『大鏡』が『今昔物語集』を材料にしていると主張するが、それぞれ別にこれらの説話を取材したということも、考慮すべきである。⑥も、まだ「源氏」ときまったものではないから、「藤原氏」も併せて考えなければならない。

成立年代については別項で述べるが、著者を考える上でふれなければならないことであるから、今日まで問題となっている大きく異なった意見を上げると、次の二つである。

一、万寿二年（一〇二五）ないしはその数年後、

二、万寿二年から数十年後、

このうち、「万寿二年ないしはその数年後」とする意見は少数で、支持する人は少ない。「万寿二年」から数十年後とするものも、実は成立の時期として考えるところが、数十年にわたり、この間、著者として上げた人も少なくはない。著者について大きく分けると、1藤原氏、2源氏、3その他（中、ないしは下級の貴族）となる。ただ最近は、中・下級の貴族とする意見は、「藤原氏」とするものは別として、これを主張する人は少ない。

1、藤原氏としては、(1)　藤原為業、(2)　藤原資国、(3)　藤原能信、(4)　藤原実政、の四人が考えられている。

(1)　藤原為業[7]　古く『尊卑分脈』の藤原為業の注記に、「法名寂念。世継作者」とあるのによる。なお弟頼業の注

記に、「(前略) 此兄弟三人、共有和漢才。世人号大原三寂 (後略)」とある。「大原三寂」は、為業・頼業に為経 (法名寂超) を加えてのものである。寂超は『今鏡』の著者として考えられており、近衛天皇康治二年 (一一四三) 出家。生没年は未詳。為業とすると、弟為経の出家の年からみても、『大鏡』の成立を引き下げなければならない。とすると崇徳天皇長承三年 (一一三四) に書かれた『打聞集』に『大鏡』の記事の一部が「裏書」とともに引用されているから、為業とするのはいかがであろうか。弟寂超が『今鏡』の著者として有力視されており、あるいは寂超とその兄である寂然――為業と誤ったのではないか。

(2) 藤原資国[8]「師輔伝」に、村上天皇が中宮安子の局をたずねた時の記事に、天皇のお供をしていた童殿上について、「このわらは、伊賀前司資国がおほぢなり」とあるのをふまえてのものである。しかしこの記事は後人の注記とも考えられるから、作者として積極的にあげるのはいかがであろうか。

(3) 藤原能信『日本紀私抄』の書き入れによるもの。能信は道長の子息で、母は明子。後三条天皇の立太子に働くなど藤原氏一門ではあるが、頼通・教通など摂関家主流とは違った立場にあった。そこで歴史――特に藤原氏を批判的にみた人として、作者として考えられた。能信説は、萩野由之[9]・井上通泰氏[10]らによって提唱されていたが、『大鏡』の成立を万寿二年、ないしはその数年後とする西岡虎之助氏[11]によって強く主張され、野村一三氏[12]がこれを受け継いだものである。このように能信とする意見は、『大鏡』の成立を「万寿二年」ないしはその数年後とする人びとによって提唱されたものである。能信は後冷泉天皇康平八年 (一〇六五) に薨去している。これは「万寿二年」(一〇二五) から四十年後である。しかも『大鏡』の語り手である大宅世継・夏山繁樹の年齢について、世継自身が清和天皇貞観十八年 (八七六) の生まれであるといい、語りの舞台である「万寿二年」に「一百九十歳」であるという。しかし貞観十八年に生まれたとするなら「一百五十歳」でなければならず、「四十年」の差がある。干支を使って年数を数えていた時代に、このような差があるというのは理解しがたい。そこで『大鏡』の成立を「万寿二年」ないし、その数年後とするのではなく、これより引き下げるなら、能信とする可能性もないではない。今後これをどのように考えるか、検討すべきであろう。

平田俊春氏[13]は、『大鏡』は『栄華物語』を材料にしているとする。これに従うなら、たとえ『栄華物語』「正編」すべてを材料にしたものではないとしても、『大鏡』より以前に『栄華物語』が書かれていなければならない。そこで大勢は「万寿二年」成立は、その数年後も含めて否定的であり、「能信」を『大鏡』の著者とすることについても否定的である。しかしかりに『栄華物語』が道長薨去の「万寿四年」(一〇二七)以後、比較的早い時期に書かれたものであるなら、『大鏡』著者として、「能信」を考える可能性も否定はできない。また世継の年齢「四十年」の相違を考えると、能信でないとしても、その周辺に『大鏡』著者を考えることも可能になるのではないか。

(4) 藤原実政は加藤静子氏[14]が提唱するもの。その理由として、①『大鏡』は女性、特に禎子内親王の女房を読者として書かれたもの。②実政の肉親が一条天皇、彰子、道長らと乳母・乳母子という関係であった。③実政の姉妹の一人が隆家の子経輔の妻で、一人は『今鏡』作者として考えられている為経の曾祖父知綱の母である。④実政が後三条天皇や白河天皇と深い関係にあったことは、『栄華物語』『今鏡』『古事談』などによってうかがわれる、などである。『大鏡』の読者が「女性」であるか、どうかという点は、今後議論を呼ぶであろう。河北騰氏[15]は、『栄華物語』が女性によって書かれたとするが、その理由として、『栄華物語』が、結婚・出産・死など、女性が興味をもつような話題を多く取り上げていることをあげている。しかし『大鏡』にはこのような話題は少ない[16]。そこで『大鏡』の著者としては、男性を考えるべきである。

以上、藤原氏について述べたが、能信のほかは為業・資国・実政、いずれも「中・下級の人」である。このような人を著者として考えるのは、語り手である大宅世継・夏山繁樹が、世継は「后の宮の御方のめしつかひ」、繁樹は藤原忠平がまだ蔵人の少将といった時の「こどねりわらは」であり、一般庶民というべき者を登場させているところから、著者もまた、あまり身分の高い人ではないとするものである。しかし「万寿二年」といい、大宅世継・夏山繁樹といい、すべて仮託のものである。『大鏡』は数々の政争を語り、歴史の裏面にふれている。そこで院政時代という新しい時代に、政治の枢要を占めるようになった「中・下級の貴族」がこれを書いたのではないかということが、その理由の一つになっている。ただ「中・下級の貴族」を『大鏡』の記事に求めると、資国のほかには記述がない。『大鏡』以外の資料についても、『尊卑分脈』に「為業」とする注記のほか、『大鏡』著者と明記したものがない。

次に源氏について検討する。これは、「道長伝」に、道長の妻がともに源氏であると述べて、

源氏におはしませば、すゑのよのさかえたまふべきとさだめ申なり。

といった世継の批評のことばによる。これを保坂弘司氏[17]は「作者の裸の心の高ぶりが不用意のうちに露呈したもの」とする。また「昔物語」に、上東門院彰子が春日大社に参詣した時、社前の供物がつじ風に吹かれ、東大寺の大仏殿の前に落ちたという話を伝えているが、これについて、

かすがの御まへなる物の源氏の氏寺にとられたるは、よからぬことにや。これをもそのおり、世人申しゝかど、ながく御すゑつがせ給は吉相にこそはありけめとぞおぼえ侍な。（中略）又、かやうに怪だちてみたまへきこゆることも、かくよき事も候な。

と評している。ここに「ながく御末つがせ給は吉相にこそはありけめとぞおぼえ侍な」とあるが、「かすがの御まへなる」供物が、つじ風に吹き上げられ、東大寺に落ちたということは、世人も「よからぬこと」と申したように、たしかに不吉なことである。これが事実であるか否かはさておき、このような話を述べたということは、藤原氏の将来にかげりがあらわれ、天皇の血をうけた源氏が栄えることを読者に示したものともいえよう。『今鏡』でも「村上の源氏　第七」としており、源氏は大きな勢力となっていた。このような点から著者として「源氏」を考えるのである。「源氏」とするものを紹介すると、宇多源氏では道方[18]・経信[19]・乗方[20]がある。これは巻末「昔物語」に、宇多天皇の記事が多いこと、宇多天皇の皇子である敦実親王やその子雅信・重信について述べているなどの理由による。

村上源氏では、俊明[21]・顕房[22]・俊房[23]・雅定[24]などが上がっている。村上源氏を考えるのは、俊房・顕房の父師房が道長のむすめ尊子の婿となり、その関係から『大鏡』資料が入手しやすかったということである。源氏の中で、顕房は川口氏が提唱したものであるが、保坂弘司氏[25]もこれに賛同している。なお松村博司氏[26]は、

大鏡の作者は藤原氏と源氏と、その両方に密接な関係のある人であることは疑いないが、それも道長からあまり遠く距たった人であるとは考え難い。また道長のことを直接伝聞したり、歴史的な材料を入手し易い人でなければならない。(中略)そして生存の時代は源氏がまだ政治勢力として独立しなかったころの人が適格者だと考えられる。

として、生存年代だけに限っていうなら、俊房・顕明・俊明・経信あたりが圏内にあるとしている。

たしかに資料の入手という点からすると、道長やその一家との関係をまず考えるべきであろう。そこで顕房・俊房、やや年代は下るが雅定などが妥当なところとなるのではないか。雅定は『今昔物語集』との関係から平田氏が上げた

ものであるが、『今昔物語集』との関係についてはなお検討すべきであり、雅定とすると、『打聞集』が書かれた「長承三年」に近づくことになる。またこれは「八巻増補本」が巻末に増補した「後日物語」のはじめに「皇后宮大夫殿書きつがれたる夢なり。」の記事によるもので、『大鏡』作者は「皇后宮大夫」であったということを前提にしている。しかしかりに雅定であるとしても、「後日物語」の著者として考えるべきであり、『大鏡』本文と分けて考えるべきであろう。このような点から、源氏については、顕房・俊房などを『大鏡』筆者として考え、さらに検討すべきではないか。

三　著述の事情と著作目的

(一)　著述の事情

『大鏡』が書かれた事情については、「序文」に次のように述べられている。筆者が「雲林院の菩提講」に参詣、そこでいっしょになった大宅世継・夏山繁樹などの老人たちが、講師の来るまで、つれづれを慰めるために昔語りをし、これを筆録したという体裁をとっている。ただ、舞台の設定、登場人物など、あくまでも仮託したものである。

(二)　著述の目的

「序文」で、語り手の一人大宅世継が夏山繁樹に、としごろむかしの人にたいめして、いかでよの中の見きく事をもきこえあはせむ。このたゞいまの入道殿下の御ありさまをも申あはせばやとおもふに

といい、大宅世継が、人びとを前に昔語りを始めようとして、

まめやかに世継が申さんと思ふことは、こと〳〵かは。たゞ今の入道殿下の御ありさまの、よにすぐれておはしますことを、道俗男女のおまへにて申さんとおもふが、いとことおほくなりて、あまたの帝王・后、また大臣公卿の御うへをつゞくべきなり。そのなかにさひはひ人におはしますこの御ありさま申さむとおもふほどに、世の中のことのかくれなくあらはるべきなり。

といっている。また「帝紀」を語り終えたところで、

帝王の御次第は申さでもありぬべけれど、入道殿下の御栄花もなにゝよりひらけたまふぞと思へば、先みかど・后の御ありさまを申也。

とも述べている。これら「序文」や「大臣序説」の世継のことばから、『大鏡』は藤原道長の比類ない栄華のありさまを語ろうとしたものといってよい。ただ『大鏡』は、花山天皇の御退位が、兼家とその子道兼によって謀られたものであるとか、菅原道真の左遷が時平の讒奏によるものであるなど、歴史の裏面にふれたものがかなりある。そこで「序文」の世継のことばは、表面をとりつくろうもので、じつは歴史の真相を明らかにし、藤原氏の政権奪取のあれこれを語り、藤原氏を批判するものという意見もあった。しかし「大臣列伝」で「伝」を立てた二十人はすべて藤原氏北家の人びとであり、しかも冬継から道長までを主軸として構成し(27)、歴史の裏面にふれた記事は、これら主軸の人びとよりは、むしろ傍流の人びとに多いということからみて、『大鏡』は道長の比類ない栄華のありさまを語ること

を目的とし、道長栄華に至るまでの「藤原氏北家の足跡」を語ることが目的であったとすべきであろう。末尾の「藤氏物語」も、藤原氏代々と天皇との深い血縁関係を述べたものであり、さらに代々の寺院建立を語って、その上で法成寺建立と、金堂供養の盛儀を述べて、藤原氏、特に道長とその一家の比類ない栄華を述べるものである。

「藤氏物語」に入るところで世継は、

いまの世となりては、一の人の、貞信公・小野宮殿をはなちたてまつりて、十年とおはすることの、ちかくは侍らねば、この入道殿もいかゞとおもひ申侍しに、いとかゝる運にをされて、御兄たちはとりもあへずほろび給にしにこそおはすめれ。それも又、さるべくあるやうあることを、みなよはかゝるなんめりとぞ、人々おぼしめすとて、ありさまをすこし又申べきなり。

と述べている。これは「藤氏物語」に入る「序文」とすべきものであるが、兄たちが早世し、ただ一人道長が長命を保ち、道長のみならず、その子女もまた栄達をとげた、道長の強運を述べるものであり、そのような意図によって、藤原鎌足から、藤原氏代々の歴史を略述するのである。

このように『大鏡』は「藤原氏北家栄華の物語」としてみることができるが、『大鏡』の末尾に「昔物語」と呼ばれるところがある。これは光孝天皇即位の日の騒ぎから語り起こしているが、ここには天皇の逸話が群を抜いて多い。また今まで話題としなかった宇多源氏についての記事もある。これは著者を考えるひとつの材料であるが、同時に『大鏡』の構想にも関係する。保坂弘司氏(28)は、「藤氏物語」「昔物語」が構想を改めて書かれたとするが、わたしはこれもまた当初から構想していたものと考える。そこで、なぜ「昔物語」を末尾におき、主として天皇の逸話を語ったのか、これをどのように受け取るかが、今後の検討課題である。

四　成立年代

「後一条天皇紀」に、

ことし万寿二年乙丑とこそは申めれ。

とあり、かつては、これが『大鏡』の成立の年と考えられていた。これに対して「万寿二年」は仮託のもので、これより後とする意見がある。

「万寿二年」とするものは、伴信友[29]、西岡虎之助氏[30]。万寿二年から二、三年の間とするものに野村一三氏[31]。一方、「万寿二年」以降とするものは、古くは白河天皇以降とする萩野由之氏[32]。鳥羽天皇のころとする藤岡作太郎氏[33]。『源氏物語』の後、七、八十年のころ――後三条天皇から白河天皇――とする芳賀矢一氏[34]、などの意見があった。「万寿二年」とするものは、その数年後とするものも含め、今では少数意見であり、これを支持する人は少ない。大勢は「万寿二年」から少なくとも十数年後とする。また表紙に「長承三年」(一一三四)と記した『打聞集』に、『大鏡』の記事の一部が「裏書」とともに引用されており、これが成立の下限となる。ただ成立の時期については、「万寿二年」は別としても、後朱雀天皇から崇徳天皇長承三年まで八十数年の間にわたり、さまざまの意見がある。

「万寿二年」成立は、すでに萩野由之氏が疑っているが、藤岡作太郎氏[35]は、さらにその理由として、左の三点を上げている。

1　「右大臣良相」に、

浄蔵定額を御祈の師にておはす。千手陀羅尼の効験かうぶり給人也。

とある。『今昔物語集』巻二十二第五語「閑院冬嗣右大臣幷子息事」にもこのことを述べており、両者偶合というべきであるが、良相は清和天皇貞観九年（八六七）に薨じ、浄蔵は宇多天皇寛平三年（八九一）の生まれであるから、『大鏡』『今昔物語集』ともに誤っている。そこで両者とも、他の誤りを受けてのものとしなければならない。なお『今昔物語集』巻二十二第六語に述べた、基経の堀河院についての記事と、同じ趣のものが『大鏡』にある。そこで両者の間に密接な関係があるのは明らかであるとする。2「天皇紀」の終わり、「大臣序説」などと呼ばれるところに、「(前略)また太政大臣といへど、出家しつればいみなゝし。されば、この十一人つゞかせ給へる太政大臣、ふたところは、出家したまへれば、いみなおはせず」とある。ここにいう「出家した二人」とは兼家・道長であり、「道長に謚号がない」といったのは、道長が薨去した万寿四年以降のものでなければならない。3「円融天皇紀」にその母后安子のことを記して「中后と申、この御事なり」とある。「中后」とは醍醐天皇の母后穏子を「大后」、後三条天皇の后茂子を「今后」といい、これに対してのものである。茂子は、師輔の孫公成のむすめで、道長の子能信の養女となり、後三条天皇の女御となって白河天皇を生んだ方である。だから安子を、「中后」といったのは、茂子が皇后に冊立された白河天皇以後でなければならない、などの理由を上げた。ただ小一条院の東宮辞位について、「情実を探り、委曲を尽くして、到底、後の世の日記・記録などによりて作るものの為す能はず」といい、当時在世の人が「まのあたり見聞して写せるものかと、思はれざるにあらず」といっている。さらに①嫄子の懐妊について「かならずをのこにてぞおはしまさん」(「道長伝」)と述べているのは、後冷泉天皇御誕生を承知してのものである。②道長が、高松殿腹の女尊子の婿として源師房を迎えたことを、世人は「心得ぬこと」といったとあるが、これについて世継が

「入道殿おもひおきてさせ給やうありけむかし」（「道長伝」）と述べているが、これは延久元年（一〇六九）八月、師房が右大臣に昇ったことを承知してのもの。③三条天皇の皇女禎子内親王について「この一品宮の御ありさまのゆかしくおぼえさせ給にこそ、又いのちおしくはべれ。そのゆへは、むまれおはしまさんとて、いとかしこき夢想みたまへし也。云々」（「藤氏物語」）とあるのは、禎子内親王が後朱雀天皇の後宮に入り、後三条天皇を生み、陽明門院と仰がれたことを寓するもので、予言のようによそおっているが、実際はこれらの事実を見聞して筆をとったというべきであろうなどから、少なくとも白河天皇以後の作とした。これに加えて、Ⅰ小一条院女御寛子が同じ小一条院の女御であった延子の物の怪に悩まされているという記事（「藤氏物語」）は、万寿二年七月の、寛子薨去を知ってのもの。Ⅱ師輔の女安子の嫉妬を語り、戸を閉めて天皇を入れなかったという話を紹介しているが、その時、天皇のお供をしていた童殿上「なにがし」について、後文に「伊賀前司資国がおほぢ」とある。資国は長久四年（一〇四三）正月、伊賀守を兼任しているという点。ただしこの記事については、注記がざん入したものか、なお問題である。Ⅲ『大鏡』は『栄華物語』「正編」を材料にしているという平田俊春氏の意見がある。[36] これに従うなら、『栄華物語』の著者が一人か、複数かが問題になる。かりに一人とするなら、堀河天皇寛治六年（一〇九二）以降となる。複数筆者なら、「正編」（巻三十「鶴の林」）は万寿五年で終わるから、これ以降のものとなる。ただ、かりに一人としても、「正編」までを書き終えたところで、これが『大鏡』の資料となったということも考えられる。Ⅳ『今昔物語集』との関係については早くに藤岡氏[37]が指摘しているが、平田俊春氏[38]は、『大鏡』は『今昔物語集』を材料にしたとする。Ⅴ山岸徳平氏[39]は、『大鏡』は『江談抄』を材料にしているとする。これに従うなら、『江談抄』は堀河天皇の長治（一一〇四）から嘉承（一一〇八）のころの成立のものであるから、これ以後のものになる。Ⅵ語り手の大宅世継・夏山繁樹の年齢を、世継一九〇歳、繁樹一八〇歳とするが、「序文」に、世継が「水尾のみかどのおりおはしますとしの正月のもちの日」——清和天皇貞観十八年（八七六）——の生まれと明言している。語りの舞台としたのは、後一条天皇万寿二年（一〇二五）であるから、実際は一五〇歳となる。この四十年の違いが、意図的なものとすれば、万寿二年から四十年後は後冷泉天皇治暦元年（一〇六五）となる。「古本」系のテキストは、世継一九〇歳、繁樹一八〇歳。「八巻増補本」では世継一五〇歳、繁樹一四〇歳としている。Ⅶ世継の年齢の矛盾は「昔物語」にもある。賀茂明神が定省王（宇多天皇）に託宣したという記事に、「元慶二年許にや」とあり、この時世継が「七ばかりにや」とある。元慶二年は西暦八七八年だから、世継が貞観十八年に生まれたとすると、数え年三歳である。これも「八巻増補本」は「元慶六年ばかりにや」と改めている。これらの年齢の矛盾をどうみるか。ここにも『大鏡』の成立年代を考える一つの手掛かりがある。

『大鏡』が『今昔物語集』『江談抄』などを材料にしているとすると、『大鏡』の成立が、その下限とすべき長承三年に近づくという問題もある。『今昔物語集』との関係については、早くに藤岡氏が指摘しており、これについて『大鏡』と『今昔物語集』と、いずれが先に書かれたかの論争があった。中で平田俊春氏が両者の記事を詳細に検討し、『大鏡』は『今昔物語集』を材料にしていると結論し、おおむね、これが認められているといってよい。しかし両者、直接関係があるとすべき記事は、必ずしも多くはない。拙著にも述べたように、(40)「伊尹伝」に語った義孝往生は、『今昔物語集』と記事が相違している。また義孝の往生は『日本往生極楽記』『日本法華験記』などにあり、義孝の死は『扶桑略記』にも記している。義孝が死後、人の夢にあらわれて詠んだという歌は、『大鏡』『今昔物語集』のほか、『義孝集』『清慎公集』『後拾遺和歌集』『江談抄』などにあるが、歌の字句に相違があるばかりか、歌を詠んだ相手も相違している。これらの点からみても、『今昔物語集』に収められた話が、同時にほかの経路から『大鏡』に伝えられたということも考えられるのではないか。また両者の間に、はたして密接な関係があったか、これも問題であり、今後の検討が必要である。

『江談抄』についても、拙著(41)で、花山天皇について『大鏡』の記事とを検討し、必ずしも『大鏡』が『江談抄』を材料にしているとは考えられないとした。

これらを考慮しなければならないが、成立については、次の諸説がある。

1、後朱雀天皇長久二年(一〇四一)から康平八年(一〇六五)。(42)

2、後冷泉天皇永承元年(一〇四六)から五十年以内。(43)

3、万寿二年から七十年後の堀河天皇承保二年(一〇七五)から源顕房が没した嘉保元年(一〇九四)以前。(44)

4、白河天皇承保元年(一〇七四)ごろから永保三年(一〇八三)ごろまで。(45)

5、白河天皇応徳三年(一〇八六)以降六十年間。(46)

6、堀河天皇の御代の終わり(一一〇六)ごろから、鳥羽天皇の御代の始め(一一一七)ごろまで。(47)

7、鳥羽天皇元永・天永(一一一三~一一一九)のころ。(48)

8、鳥羽天皇永久二、三年(一一一四~五)のころ。(49)

以上、『大鏡』の成立年代としては、後朱雀天皇から鳥羽天皇まで約八十年間にわたっており、いくつもの意見がある。このように大きな幅があるのは、一つには、成立年代が作者とともに考えられていること。また「師輔伝」の「なにがし」なる童殿上についての記事が、もとからあったものか、注記のざん入したものか、これを明らかにする材料がないこと。『栄華物語』『今昔物語集』をはじめ、ほかの作品との関係が指摘されているが、これについて明確な反論も、これを認める積極的な意見もない。またたとえ両者に関係があるとしても、どのようにこれを受け入れているのか、同じ資料から受け入れたのかなど、検討すべき問題を多く抱えている。これらの事情があって、成立の時期を絞り込むことができない現状である。

『今昔物語集』との関係については、平田俊春氏が強く主張し、これに抵触するものはすべて退けられてきた。そこで必然的に『大鏡』の成立年代を引き下げざるをえなかった。しかし『打聞集』との関係は否定しがたいものであり、これを『大鏡』成立の下限としなければならない。しかも『打聞集』には「裏書」も引用されている。「裏書」は本文の注記であるから、『大鏡』の著者がこれを書いたとは思われない。とすると成立年代を、崇徳天皇の御代に近づけるのは問題ではないか。少なくとも『今昔物語集』との関係については、両者の間に関係があったか否か、今後も十分な検討が必要である。なおわたくしとしては『江談抄』と関係があったことは否定しており、『今昔物語集』についても、疑問視している。問題は『栄華物語』との関係であり、さらに『栄華物語』が一人の著者によって書かれたものか、複数の著者かの問題もある。かりに一人としても、万寿四年の道長の死と万寿五年の道長の法事までを述べた「正編」（巻三十「鶴の林」まで）が書かれた後とすれば、『大鏡』の成立年代をさかのぼらせることもできるのではないか。

『栄華物語』との関係を指摘し、これを明らかにしたという点で平田氏の功績は大きい。しかし『今昔物語集』との関係までも強く主張し、『大鏡』とほぼ同時代に書かれた作品との関係がクローズ・アップされて、かえって問題を紛糾させている現状である。

五　内容・構成

㈠　内　容

『大鏡』は、五十五代文徳天皇嘉祥三年（八五〇）から、六十八代後一条天皇万寿二年（一〇二五）まで、十四代一七五年の歴史を語るものである。「六国史」を始め、我が国の歴史書は漢文で書かれているが、本書は、和文でかな書きである。冒頭に、本書が書かれた事情や、この物語を語る目的を述べた「雲林院の菩提講」をおき、語り手である大宅世継と、その話し相手である夏山繁樹、さらに繁樹の妻、侍などを登場させ、世継ら老人が語った「昔語り」を筆録したものという体裁をとっている。このような形式をとるものであるから、「歴史書」とは違ったものとし、文学史では「物語」として「歴史物語」というジャンルに入れている。ただ、歴史学者は「物語風歴史」と呼び、(50)歴史にウェートをおいている。このように『大鏡』は歴史を題材とするものであるが、物語的な興趣をもり立てるように工夫しているところから、これを「物語」とみたり、あるいは歴史を記述したものとして「歴史書」として扱うなど、その性格には、なお検討すべきところがある。

本書の内容は、天皇について述べた記事と、藤原氏の大臣家についての記事に分かれている。本来は、それぞれ天皇や大臣の名を記事のはじめに見出しとして記しただけであったと思われるが、注釈書は、内容によって便宜的に「序文」「帝紀」「大臣列伝」「藤氏物語」「昔物語」と分ける。「八巻増補本」は巻末に「後日物語」をおく。これらの名称は、注釈書によって多少異なっているが、おおむねこのように分けるものである。「帝紀」を語り終えたところで、世継と繁樹がおしゃべりを楽しむくだりを、落合直文・小中村義象『大鏡詳解』は「大臣の世数」とし、佐藤球『大鏡詳解』は、これを二つに分けて「本書表題の由来」「大臣の世数」とする。しかし最近はこれを「大臣序説」[51]、あるいは「中幕」[52]などと呼ぶ。この内容は、藤原冬嗣以前の大臣について述べたものであるから、「大臣列伝」に入る序説とみるべきであり、「大臣序説」ないしは「中幕」が妥当ではないか。

「帝紀」は文徳天皇を初めとして、十四代の天皇と母后について語るもの。ただし天皇によっては母后にふれていないものもある。「大臣列伝」は藤原冬嗣から藤原道長まで、藤原氏北家二十人の大臣とその子孫について述べるもの。「藤氏物語」は藤原鎌足から藤原頼通まで、藤原氏の大臣、母后となった人びとや、その腹に生まれた天皇を列記し、藤原氏が建立した寺々、代々が修している法会などを記したものである。「昔物語」は、宇多・醍醐・朱雀・村上の各天皇を中心として、天皇や臣下の逸話をあれこれと語ったものである。「藤氏物語」は大部分が箇条書きになっている。これを保坂弘司氏は「羅列型の記事」と呼び、これまでの記事とは趣が違うとして、「帝紀」「大臣列伝」とは構想を改めて書いたものとしている。[53]たしかに「藤氏物語」は大部分が「羅列型の記事」であり、「帝紀」や「大臣列伝」と重複する記事もある。しかし保坂氏の見解をそのまま受け入れることはできない。[54]というのはここで語るのは「藤原氏北家の主流」の人びとである。またここで注目すべきところは、藤原代々が建立した寺々についての記事である。「大臣列伝」は、伊尹の世尊寺と為光の法住寺だけを述べている。伊尹も為光も傍流の人であり、「大臣列伝」は主流の人々の寺院建立を記していない。法成寺建立と、その金堂供養の盛儀は、道長栄華を象徴するものであるが、これを「藤氏物語」で述べているということは、道長の栄華を、藤原氏代々が寺院を建てた善根の結果として捉えたものとしてよい。これらの点からみて、「藤氏物語」もまた当初から構想されていたとすべきであり、道長が浄妙寺・法成寺の二寺を建立したこと、さらに法成寺の金堂供養の盛儀などを述べて、道長栄華を人びとに印象づけようとしたものとすべきである。

藤原氏北家の主流について概観し、箇条書きにした「藤氏物語」とは違って、「昔物語」は、天皇や臣下の逸話を語るものであり、説話としての興味に富んだものである。しかし「昔物語」は、記事配列に何の基準も設けておらず、一見あれこれと語ったもののようである。ただ、ここでは天皇の逸話が大部分を占め、「帝紀」でふれなかったことを語るものである。一方「帝紀」「大臣列伝」は、記事内容の選択や、配列に一定の基準を設け、「藤氏物語」や「昔物語」などとは比較にならないバラエティーに富んだ内容のものになっている。その点からみて、本書の根幹となるのは、「帝紀」「大臣列伝」である。(55)

そこで『大鏡』の歴史記述の形式は『史記』に学んだとして、これを「紀伝体」と呼び、「帝紀」「大臣列伝」と分ける。しかしたとえ『大鏡』の作者が『史記』を念頭にして執筆したとしても、大きな違いがある。それは『史記』が歴史事実をふまえて、これに論評を加えた「論賛」をもつものであり、ここに司馬遷の歴史に対する態度や、政治についての理念が明確に現れているが、『大鏡』は、たとえ世継や世人の批評を加えているとしても、『史記』に及ぶものではない。(56)

『史記』だけではなく、「六国史」との相違も問題になるだろう。「六国史」は朝廷の手で編纂されたものであるが、その相違は、「六国史」が漢文で書かれ、『大鏡』は和文、かな書きという表記の違いに止まるものではない。「六国史」は、天皇を中心とする歴史であり、朝廷や国家の記録である。『大鏡』も「序文」に続いて「帝紀」をおき、天皇の事績を述べている。しかし「帝紀」の記事の量と、「大臣列伝」のそれとを比べると、「大臣列伝」が格段に多い。内容からみても、「帝紀」は記事の大部分が天皇と母后の年譜で占められており、やや詳細な逸話を語るのは、花山天皇・三条天皇の二代にすぎない。一方、「大臣列伝」は、伝を立てたものは二十人であるが、大臣の息女・子息、さらに孫にも及び、話題とした人の数は「帝紀」より、はるかに多い。内容も歴史的な事件を、表裏にわたって述べるほか、人びとのふるまい・才芸などを語り、興趣ある逸話が多い。このように、「帝紀」「大臣列伝」が本書の根幹になっているが、さらにいうなら、作者は「大臣列伝」に力点をおき、「藤原氏北家の大臣」について語るべく構想したものである。ここに「六国史」との大きな違いがある。

しかるに「帝紀」を最初においたのは、天皇と藤原氏の密接な血縁関係を明らかにするためであった。「帝紀」を語り終えたところで大宅世継が、

帝王の御次第は、申さでもありぬべけれど、入道殿下の御栄花もなに〻よりひらけたまふぞと思へば、先みかど・后の御ありさまを申也。(中略)しかればまづ帝王の御つゞきをおぼえて、つぎに大臣のつづきはあかさんと也。

と述べているところからも、明らかである。注釈書が名づけた「大臣列伝」の名称も、『史記』にならってのものであるが、伝を立てた二十人は、藤原冬嗣を始めとして、すべて藤原氏の人びとで、「大臣列伝」に「伝」を立てた人びとと、その配列などから、『大鏡』の著作意図をうかがうことができる。

(二) 構成

「帝紀」の配列は、文徳天皇から後一条天皇まで十四代は、御歴代の順になっている。「大臣列伝」は、藤原冬嗣から藤原道長まで二十人の伝を立てるが、この人びとは藤原氏に限られている。ただ同じ藤原氏であるが、醍醐天皇の外祖父で、内大臣になった高藤の伝が立てられていない。[57] しかるに陽成天皇の外祖父であった長良は権中納言で終わるが、この伝を立てている。そこで伝を立てた基準が、どこにあったか、検討する。高藤も長良も、ともに藤原氏北家の流れを汲む人で、長良は冬嗣の子息、高藤は冬嗣の孫である。ただ長良と高藤とは、母系を異にしている。「大臣列伝」が伝を立てた良房・良相・長良は、冬嗣を父とし、美都子を母とするものである。一方、高藤の父良門は安倍雄笠の腹に生まれた人である。このように『大鏡』「大臣列伝」の二十人は藤原氏北家の人びとで、冬嗣・美都子の子孫である。さらに「伝」の配列順序をみると、兄弟の順によるものではない。たとえば兄弟の順に配列したなら、長良の兄弟では、長良の次に良房・良相となるべきであるが、良房・良相・長良となって、長兄長良の伝が末尾に配置されている。このように兄弟の順になっていないものを上げると、実頼、伊尹の兄弟がある。上に「大臣列伝」に伝を立てた二十人の系図を上げ、それぞれの大臣の右肩に算用数字で配列順序を示す。

藤原氏北家略系図（内容・構成の資料）

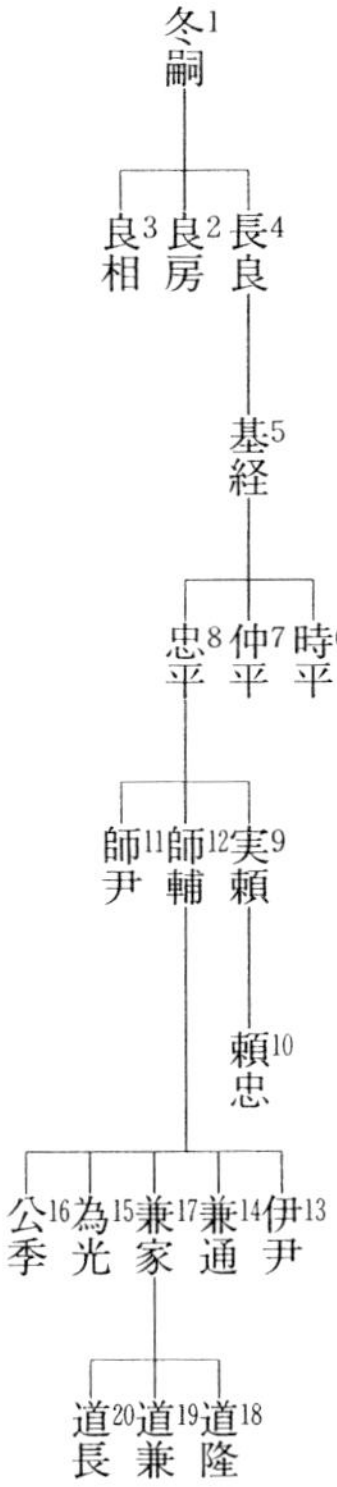

これをみると、実頼に続いてその子頼忠の伝がおかれているが、頼忠の子孫の伝は立てられていない。これを例外として、ほかは兄弟ごとに伝を立て、冬嗣から道長まで、順次藤原氏北家の家系をおっている。また、それぞれ兄弟の末尾に配置された人びとをたどると、冬嗣から道長まで、一筋に続く家系となる。そこで『大鏡』は、冬嗣から道長まで一筋に続く血脈を主軸とし、その他を傍系として歴史をみるものといってよい。(58)

六　底本・諸本

(一)　底　本

新訂増補国史大系『大鏡』は尾張徳川家本を底本としている。これは三巻のいわゆる「古本」系統のもので、「東松本」が発見されるまではもっとも古い完本とされていた。

(二)　諸　本

『大鏡』のテキストは、大きく、1、古本系、2、流布本、3、異本、と三つの系統に分けることができる。なおこれを巻数によって、1は「三巻本」、2は「八巻本」と分け、「八巻本」を「流布本」とも呼んだ。また「裏書」(「分注」)の有無で分けるなどもした。しかし「東松本」は「六巻」で、内容は「古本」系統のものであるから、巻数で分けるのは適切ではない。平田俊春氏は「八巻流布本」を「八巻増補本」と呼ぶことを提唱している。(59)「八巻本」

は本書の語り手である大宅世継の年齢の矛盾などを訂正したほか、「古本」系の本に増補加筆したものであるから、この名称で呼ぶのが適切といってよいかもしれない。

Ⅰ「古本」系。大きく「三巻本」と「六巻本」とに分けられる。

(1)「三巻本」　1建久本（天理図書館蔵）、2尾張徳川家本（蓬左文庫本）、3桂宮本（甲本）、4近衛家本（京都大学図書館蔵）、5谷森本（甲本）、6谷森本（乙本）――5、6は宮内庁書陵部蔵、7萩野本、

(2)「六巻本」　1東松本、2千葉本（天理図書館蔵）、3池田本（天理図書館本）、4古活字本（本文に傍注、その他、書き入れが混入、増補がある）。

Ⅱ「八巻増補本」　1古活字本、2整版本

Ⅲ「異本」　1披雲閣本――原本は戦災のため焼失。山岸徳平氏の書写したものが現存している。

「古本」系について、かつては「三巻本」が主であるとした。しかし「東松本」が発見され、山岸徳平氏が、「千葉本」に近い本によって校訂されているとし、さらに現存最古の完本と推定されているところから、本来は「六巻本」だったのではないかと推定されている。なお、「建久本」は残簡で、残るところは「師輔伝」と「伊尹伝」の一部であるが、最初に「大鏡中之上」とある。六巻本である「東松本」も、「師輔伝」は第三巻のはじめにあるから、「建久本」に「中之上」とあるのは本来「三巻本」で、これを「上・下」に分けたのではないか。そこでこれを、二巻ずつ合巻したとするのが通説である。しかし「建久本」をみると、三巻であったものを上と下に分けたともいえるのではないか。「東松本」の書写年代が古いからといって、本来「六巻」であったとしてよいだろうか。

松村博司氏は尊経閣文庫蔵『桑華書誌』所収「古蹟歌書目録」に、「大鏡五巻又二帖」とあることを指摘している。(60)

これによると、「五巻」あるいは「二帖」のものもあったといえるのではないか。六巻のものは、「東松本」、残簡ではあるが「建久本」も「六巻」である。しかしほかに「六巻本」は、「古活字本」は別として、数えるほどのものしか残されていない。そこで逆に、本来『大鏡』は三巻のものであったが、分けて六巻となり、一つは六巻の「古活字本」、一つはこれに増補して古活字本「八巻増補本」になったとみることもできるのではないか。たしかに「東松本」は、書写の年代も古い完本であるが、語り手である大宅世継を「世次」、夏山繁樹を「重木」とするなど、原本そのままのものではないから、「東松本」がほかのテキストよりよいとすることも問題である。なお、「古蹟歌書目録」の「五巻」に該当するテキストは今のところない。また「二帖」が何を意味するものか、検討されなければならない。

古活字本については、「六巻本」とほぼ同系統のものと、「後日物語」を増補した「八巻増補本」と同系統のものとがある。

「整版本」は、増補本であり、多くのテキストが残っている。武蔵野女子大学図書館蔵本と、同研究室蔵本はいずれも「三鏡」そろいのものであるが、『増鏡』の巻末に「風月荘左衛門」方から刊行された旨の刊記がある。これらは同じ版木によったと思われるが、図書館蔵本に摩耗がみられる。なおこれらは「日本大学秋葉文庫」や、「群書類従」「有朋堂文庫」などと、ほぼ同じものである。しかし文意の通らない箇所がたいへん多く、良好なテキストとは言いがたい。いわゆる「流布本」は、「古活字本」のほか、これをさしてのものであるから、「八巻本」のテキストについての吟味・検討も必要であり、根本敬三氏の『対校大鏡』[61]は多くの問題を示唆するものである。

七　参考文献

『大鏡』は歴史を題材とした作品であるから、「六国史」を初めとする歴史書は必須の参考文献となる。ほかに『日本紀略』『扶桑略記』『帝王編年記』など私撰の歴史書、『栄華物語』『今昔物語集』など、同時代に書かれた作品も重要な参考文献である。また『大鏡』より時代は下がるが『愚管抄』など、参考の資とすべきではないか。

ここに話題とした人びとについて、『本朝皇胤紹運録』（『群書類従』所収）、『公卿補任』特に「索引」と第一篇、『尊卑分脈』。有職に関しては『古事類苑』、和歌の検索では『新編国歌大観』、暦日の検索については『日本暦日原典』（内田正男編著）など、欠かせない資料である。『歴史物語講座』巻三「大鏡」所収の森下純昭「大鏡の研究動向」、巻末「大鏡研究文献目録」などは、至便の参考文献である。

註

（1）　佐藤球『大鏡詳解』　昭和二年七月明治書院刊。
（2）　山岸徳平『大鏡概説』（岩波講座『日本文学』）昭和八年一月刊。なお『大鏡研究』として山岸徳平著作集Ⅳ『歴史戦記物語研究』に収録。昭和四十八年五月十日　有精堂刊。
（3）　川口久雄「大鏡の成立と時代」『国文学』　昭和三十二年十二月　学燈社。
（4）　平田俊春『日本古典の成立の研究』昭和三十四年十月二十八日　日本書院刊。
（5）　注（2）に同じ。
（6）　拙著『大鏡の構成』　昭和四十四年九月五日　桜楓社刊。

（7）『大日本史』及び、大石千引『大鏡短観抄』。
（8）藤岡作太郎『国文学全史　平安朝篇』明治三十八年開成館刊。昭和四十九年二月　東洋文庫に収録。平凡社刊。
（9）藤岡作太郎『国文学全史　平安朝篇』に引く。注（8）参照。
（10）井上通泰『南天荘雑筆』昭和五年二月　春陽堂刊。
（11）西岡虎之助「大鏡の著作年代と其著者」『史学雑誌』第三十八編第七号『日本文学における生活史の研究』昭和二十九年　東京大学出版会に収録。
（12）野村一三「大鏡の作者と成立——平田俊春氏への反論」『国語国文研究』昭和三十五年十月。
（13）注（4）に同じ。
（14）加藤静子『大鏡』「解説」橘健二・加藤静子校注・訳　新編日本古典全集『大鏡』平成八年六月二十日　小学館刊。
（15）河北騰『歴史物語の世界』平成四年九月二十五日　風間書房刊。
（16）拙稿「『大鏡』の文学的特質」平成九年十二月『並木の里』第四十七号。
（17）保坂弘司『大鏡新考』「総論・索引篇　第一章」昭和四十九年七月三十一日　学燈社刊。
（18）注（9）に同じ。
（19）関根正直『大鏡新註』大正十五年十一月　六合館刊。
（20）注（12）に同じ。
（21）注（2）に同じ。
（22）注（3）に同じ。
（23）宮島弘「大鏡の著者は源俊房か」『国語国文』昭和十四年十二月。
（24）注（4）に同じ。
（25）注（17）に同じ。
（26）松村博司『歴史物語』昭和三十六年十一月　塙書房刊。
（27）注（6）に同じ。拙著『大鏡の主題と構想』昭和五十四年十月二十八日　笠間書房刊。

(28) 保坂弘司『大鏡研究序説』昭和五十四年十月十日　講談社刊。
(29) 伴信友『比古婆衣』伴信友全集第四　明治四十四年刊（「古典文庫」現代思潮社　昭和五十七年）。
(30) 注(11)に同じ。
(31) 注(12)に同じ。
(32) 注(8)『国文学全史　平安朝篇』に引く。
(33) 注(8)に同じ。
(34) 芳賀矢一『歴史物語』昭和三年十月　冨山房刊。
(35) 注(8)に同じ。
(36) 注(4)に同じ。
(37) 注(8)に同じ。
(38) 注(4)に同じ。
(39) 注(2)に同じ。
(40) 注(6)及び拙著『大鏡の研究』平成五年十一月十日　おうふう刊。
(41) 注(40)に同じ。
(42) 竹鼻績「大鏡の成立について」『国語と国文学』昭和三十七年十一月。
(43) 梅原隆章『大鏡成立論攷』昭和二十七年三月　顕真学苑刊。
(44) 注(3)に同じ。
(45) 注(17)に同じ。
(46) 増淵勝一「大鏡の成立年代について」『平安朝文学研究』昭和三十八年七月（『平安朝文学成立の研究　散文篇』昭和五十七年　笠間書院刊収載）。
(47) 注(6)に同じ。
(48) 注(2)・注(4)に同じ。

(49) 赤松俊秀「東大寺斧音不絶――『大鏡』の成立について」『文学』第三十一巻五号　昭和三十八年五月。
(50) 坂本太郎『日本の修史と史学』昭和三十三年十月二十日　至文堂刊。
(51) 松村博司校注『大鏡』日本古典文学大系　昭和三十五年九月一日　岩波書店刊。
(52) 拙稿「大鏡の『中幕』についての検討」『並木の里』第三九号　平成五年十二月。なお岡一男校注『大鏡』日本古典全書　昭和三十五年四月三十日　朝日新聞社刊は「間語」、現代語訳日本古典文学全集『大鏡』昭和三十四年四月十五日　河出書房刊は「中幕口上」と呼んでいる。
(53) 注(28)「総論・索引　第二章」。
(54) 拙稿「大鏡『藤氏物語』『昔物語』の検討――保坂博士の『構想上の突然変異』批判」『並木の里』第四十四号　平成八年六月。
(55) 注(6)に同じ。
(56) 注(6)に同じ。
(57) 注(6)、及び拙著『大鏡の主題と構想』昭和五十四年十月二十八日　笠間書院刊。
(58) 注(54)『大鏡の主題と構想』。
(59) 注(4)に同じ。
(60) 注(26)に同じ。
(61) 根本敬三『対校大鏡』昭和五十九年七月三十一日　笠間書院刊。

今鏡

加納重文

一　語り手と書名

『今鏡』の記述者ともいうべき人物が、初瀬詣の途次につくも髪の老嫗と出会い、身の上を聞いたところ、祖父は世継と言い、自分は紫式部の局に「あやめ」という名の女童として仕えていたが、今は都を離れ縁あって春日の里に住んでいると語った。世継翁は四鏡の嚆矢たる『大鏡』の語り手であり、二百歳に及ぶ高齢の翁と設定されていた。その孫娘と知って記述者は驚嘆し、「その後の事こそゆかしけれ」と言って、『大鏡』が記録した万寿二年（一〇二五）より後の話を聞きたいと嫗にせがんだ。もとよりその気のあった老嫗は、喜んでその後の百四十三年間の歴史語りを始めた。その語りを記述したのが『今鏡』である、という設定になっている。その嫗の祖父が世継翁だということを知った式部が、「古をかゞみ今をかゞみるなどいふ事にてあるに、古も余りなり、今鏡とやいはまし。まだをさをさしげなる程よりも、年も積らずみめもさゝやかなるに、小鏡とや付けまし」と語ったところから、この老嫗の歴史語りである本書を『今鏡』と呼称することになったと、序文に明記している。

とすれば、この老女は二百歳近い年齢となり、虚構の人物設定であることが明らかになるが、これは、知られるように、先行の作品『大鏡』の、これも二百歳近い世継とそれよりやや若い繁樹という二人の翁の対話の形での歴史語りを記述したという体裁を、明瞭に模倣した結果としてのものである。紫式部に仕えて後宮に出入りしていた媼も、百歳を越えた後は、山城の狛のあたりに五十年ばかり、その後はこの春日の里にひっそりと暮らしているが、五節の命婦と呼ばれて内裏に出入りしていた娘や、主殿寮の官人として仕えていた息子が、訪ねて来ては宮中のこともいろいろ語って聞かせてくれたので、この二百年近い間の内わたりの出来事も知悉していると称して語り始める。老媼の語りに信憑性を持たせるための魂胆であるが、ただ体裁を整えた設定という以上の効果を果たしているとは言い難い。

二　構成と内容

本書は、序で語った〝偶然的な歴史語り〟という設定には不似合いな、すこぶる緊密に計算された意図で、全編が構成されている。本書が歴史語りの範囲とする期間も、次のように序文に明記していた。

十三代（後一条天皇～高倉天皇）

百四十六年間（万寿二年〔一〇二五〕～嘉応二年〔一一七〇〕）　※序文は百四十三年とする

この期間が、次のように十編・八十章のほぼ均質な語り口で記述されている。

今鏡・章別内容一覧

序		
すべらぎの上・第一	雲井・子の日	後一条天皇
	初春・星合ひ	後朱雀天皇
	望月	上東門院彰子
	菊の宴・黄金の御法	後冷泉天皇
	司召し	後三条天皇
すべらぎの中・第二	手向・御法の師	後三条天皇・陽明門院禎子
	紅葉の御狩・釣せぬ浦々	白河天皇・贈皇后宮茂子
	玉章	堀河天皇
	所々の御寺	贈皇太后賢子
	白河の花の宴・鳥羽の御賀	鳥羽天皇
	春の調・八重の潮路	崇徳天皇・待賢門院璋子
すべらぎの下・第三	男山・虫の音	近衛天皇・美福門院得子
	大内わたり・内宴	後白河天皇
	をとめの姿・鄙の別れ・花園の匂ひ	二条天皇・六条天皇
	二葉の松	高倉天皇
藤波の上・第四	藤波	道長と子女の系譜
	梅の匂ひ・伏見の雪の朝・雲のかへし	頼通と子女の系譜
	白河のわたり・はちすの露・小野の御幸	教通と子女の系譜
	薄花桜・波の上の杯	師実と子女の系譜
	宇治の川瀬	忠実と子女の系譜

藤波の中・第五	御笠の松・菊の露 藤の初花 濱千鳥・使合 飾太刀 苔の衣 花の山・水茎・故郷の花の色	忠通 基実・基房 忠通の子女 頼長と子女 師通と子女の系譜 師実と子女の系譜
藤波の下・第六	絵合の歌・唐人の遊び・旅寝のとこ・弓の音・雁がね ますみの影 竹のよ・梅の木の下・花散る庭の面 宮城野・志賀のみそぎ	頼宗と子女の系譜 能信と子女の系譜 公季と子女の系譜
村上の源氏・第七	うたゝね 堀河の流れ・夢の通ひ路 根合・有栖川 紫のゆかり・新枕 武蔵野の草・藻塩の煙	師房と俊房・顕房 俊房の子女の系譜 顕房女賢子の系譜 顕房男雅実の系譜 顕房の子女の系譜
御子たち・第八	源氏の御息所・花のあるじ・伏し柴・月の隠るゝ山のは 腹々の御子	基平の子女の系譜 白河・堀河・鳥羽・崇徳・後白河・ 二条の皇子女
昔話・第九	葦たづ・祈る験・唐歌・真の道・賢き道々	
打聞・第十	敷島の打聞 奈良の御代 作り物語のゆくへ	

このように、序を含めて八十章から構成され、紀伝体の形式で記述された和文史書であるが、帝紀に三巻二十六章、列伝に五巻四十六章を正確に配して記述する態度は、本書の先蹤たる『大鏡』の紀伝意識をさらに厳密にするものである。第九昔語、第十打聞は、司馬遷の『史記』以来中国正史の形式となった紀・伝・志・表のうちの、「志」をあきらかに意識しており、四鏡と通称される歴史物語作品のなかでも、歴史記述意識において最も厳密な態度を保持するものであり、この作品の独自的価値を評価できる。

過去において、そのことが、この作品の否定的評価に繋がる側面があった。例えば、帝紀における三巻二十六章の配置は、これを十三代の天皇にほぼ均等に配し、しかもそれぞれの帝紀において、国母についての記述を、必須部分として正確に踏襲する態度などは、その記述態度の背後にあった厳密な歴史記述意識そのものの方が表面的に感得されて、それを記述させた歴史事象への感情あるいは感動の希薄をむしろ感じさせる面があった。現実に帝紀の記述に接していくと、たとえば後一条天皇紀である雲井・子の日の二章の構成は、

雲井　誕生と即位・摂政・東宮退位・天皇元服・大内裏造営・女御入内・土御門殿行幸・東宮元服・道長出家・法成寺行幸・鷹司殿倫子六十賀・高陽院競馬御覧・春宮妃嬉子出産薨去

子の日　太皇太后宮彰子出家・中宮威子御産・姫宮章子内親王の入内・上東門院に朝覲行幸・道長病悩・道長薨去・中宮威子御産・鷹司殿倫子七十賀・御悩と譲位・御製・菩提樹院の御影

といった項目が、散文的に記述されているだけで、編年式漢文史書の記事とどれほどの差違もなく、というより、和文体の修飾的記述という表面的要素によって、史書としての価値と歴史事象への態度をむしろ懐疑された。昭和二十五年に日本古典全書の一冊として出版された『今鏡』において、注釈者の板橋倫行氏は、この作品においては、『大

鏡』における道長のような一乗の法とも言うべき存在が無いために、道長以降の〃無下に下りたる世〃が、歴史に対する峻烈な意識の欠如のなかで、散漫に走馬燈のように羅列提示されているだけであり、現実からの遮蔽のなかで「荘園貴族全体の見果てぬ夢」「絢爛たる消費生活の悪夢」を今なお追い求めている作品であると批評された。『今鏡』の歴史記述の態度を最も厳しく批判した態度であるが、その後の研究の進展につれて、静かな湖面のように見えた『今鏡』の表現にも、『今鏡』作者の隠れた意識や感情や主張が看取されるようになった。

まず、中心の政治意識の希薄のために、事件や人物が平面的に羅列してあるに過ぎないと見られていた帝紀・列伝の記述が、詳細に見れば偏向を持つことも分かってきた。たとえば、後三条天皇は、在位僅かに四年であるが、司召し・手向・御法の師と、不均衡に三章の配置を得ている。その記述内容も具体的に分類してみると、

司召し　東宮立坊・即位・中納言匡房・東宮学士実政・実政と隆方・内裏焼亡
手向　後三条の治世・石清水行幸・大極殿造営・譲位・住吉御幸の御製・崩御・紫雲
御法の師　仏法尊重・世の隔て・観相・御母陽明門院

以上のようである。一見したところ、東宮時代から始めて天皇聖代の記述に終始しているように見えるけれど、子細にみると、一つの特徴が見えてくる。東宮時代の記述が多いのは、その立坊自体がかなり困難な状況であったこと、在位時代も圧迫があって即位までの道が危ぶまれたこと、その中でも臣従して運命を共有した下級貴族がいたこと、即位の後には数々の治績をあげて後代に仰がれる御代となったこと、などである。これらに共通するものは、後三条天皇が、旧勢力の圧迫を排して道を拓き新しい政治姿勢をうち出した賢帝であったという、語りの態度である。さらに言えば、「今に至るまでそのなごりになむ」(手向)の表現に知られる、摂関政治の桎梏から離れて、政権の実質を

本来の天皇家に回復する道を拓いた革新的帝王として評価する姿勢である。政権を朝廷に復すとは言いながら、摂関権力への対抗の形から、院政という変則にならざるを得なかったけれど、『今鏡』には、朝権を中心とした政治をあり得べきとする姿勢が確実に存在している。

そのことは、後三条天皇の革新姿勢を現実に実現した白河天皇への讃仰の記述に現れている。白河天皇紀の内容を示すと、次のようである。

紅葉の御狩　即位・比類なき治世・坎日の誕生・仏法尊崇・勅撰和歌集・大井川御幸御製・承暦二年殿上歌合・漢詩の造詣・五十の賀

釣せぬ浦々　能と官職・政務の厳格・仏典の学問・生類憐れみ・出家・崩御・白河院の諡号・御母贈二位茂子

配当は、他の天皇と同じ二章であるが、全編が白河賢帝の讃仰で占められている状態が知られる。十四年間の治世、その後崩御までの四十余年の院政期間を含め、白河院に対する態度は揺らぐものがない。しかも、白河院に関する記述は白河紀の内部にとどまらず、折々他の天皇あるいは朝臣についての部分にまで及び、いささか過剰に言えば、『今鏡』の全編に白河院にかかわる記述が散りばめられていると表現してもよい性格がある。板橋氏は、「今鏡は道長以降の藤氏勢力の下降経路を追求すべきであった」と言われたが、今鏡は、大鏡における道長に比すべき〝白河院〟という存在を持っており、『大鏡』とは異なる歴史観を持って構成叙述された歴史物語と理解すべきであろう。

また、『今鏡』において、表面的に感受されるところの文化史的側面の要素の内実はどうであろうか。天皇を含めた数多の登場人物を記述するなかで、その人物像を政治的側面から描写する態度は顕著とは言えない。しかし、その政治的側面からの描写とははたしてどういう内容のものであろうか。確かに対立・謀反・謀略・左遷といった事柄を、個人あるいは集団の動的な流れのなかで描く態度は希薄だが、時代は有力貴族たちが権力の掌握を目指して対立抗争する時代ではなく、いかにして院という絶対権力に結び付くかが政治的立場の明暗を決定する要素であってみれば、単に人間の行動的な側面のみが政治的態度とも言えないし、社会や人間の価値や倫理などの感覚の変遷した背景のなかで、同じ基準で批評することも当然のことではないと思われる。

今鏡の和歌一覧

	全句で示す	一～三句で示す	語で示す	連歌	総計
拾遺集以前の歌	11	5			16
後拾遺集と共有歌	32	17	4		53
(後拾遺集のとらない歌)	8			3	11
金葉集と共有歌	21	17	2		40
(金葉集の取らない歌)	6			4	10
詞花集と共有歌	7	3			10
(詞花集の取らない歌)	35	1		3	39
詞花集以後の歌	20			1	21
(総計)	140	43	6	11	200

『今鏡』が描写する文化史的記述のなかで、質的にも量的にも最も大なる位置を占めるものは、和歌に対するそれである。一、二句で示されるものも含めて、『今鏡』に収載される二百首ほどの和歌・連歌を、量的に整理してみたことがある。それによると、右表に見るように、勅撰集のなかでは、『後拾遺集』中の五十三首、『金葉集』中の四十首を引いており、格別に関係が深い。和歌を引くだけでなく、

「一夜ばかりを七夕の」など、詠ませ給へる、後拾遺に入りて侍り。(第四・梅の匂ひ)

「月や昔のかたみなるらむ」など詠み給へるぞかし。撰集には、有教が母とて入り給へり。(第五・水茎)

のように、勅撰としての二集を十分に意識した記述をしている。その意識の仕方は、両集を尊重して、その和歌や詞

書を記述のうえに多く取用したというようなものではない。『今鏡』と両集の記述を比較してみると、詳密の度合いは必ずしも一定していない。ということは、両者の関係が、資料の依拠のようなものでなく、和歌世界を共有しているところからきた、結果としての関係の密接さとも言うべきものであったことを語っている。

実際子細に検証していくと、『今鏡』の和歌記述が、広い裾野を持って表現されていることがよく感じられる。和歌関連の作品でも、万葉集・古今集・拾遺集・詞花集などの勅撰集、公任集・入道右大臣集・散木奇歌集・玄々集・金玉集・法性寺関白御集などの私家集、俊頼髄脳・袋草子・江談抄・大鏡・栄花物語・讃岐典侍日記といった歌学書・説話・日記、また堀河院艶書合・久安百首などの歌合・歌会に関連する記述が散見しており、『今鏡』という作品が、和歌関係の教養書あるいは平易な歌学書とも言えそうな様相を呈している。和歌の引かれ方も、

また範永が〝月の光も寂しかりけり〟といふ歌の心なれども、またそれにも変わりて侍り。(第五・故郷の花の色)

横川の覚超僧都の〝よろづの事を夢と見るかな〟といふ歌思ひ出られて、(第八・腹々の御子)

のように、歌評のなかで引かれる場合も多い。また、和歌の巧拙や詠歌の行為や事情に対して、「めづらしき心を先にし給へる」「心に染みて」とか、「いと優しく」「いと興ある」とかといった批評を常とする態度、さらに、第九昔語、第十打聞における多量の和歌説話や万葉集成立に関する意見の開陳などを見ると、この作品の歌論書的な性格はきわめて強烈なものがある。

けれどもこれは、この作品が、そのことを意図して成ったものであると語るものにはならないであろう。作品を成立させた意図とは別に、作者の思想が作品に反映するのはむしろ自然である。従って、和歌はこの作品を成立させたものではないけれど、作者の和歌への造詣と関心を背景としての和歌的興趣が、この作品の文芸的価値を支える大な

る要素になった結果であると考えるべきであり、それは疑いなく確実のことと私には思われる。この作品が、後拾遺集・金葉集と和歌世界を共有することが多いのは、先に紹介した通りであるが、両集と同時代の和歌で『今鏡』にのみ記述される和歌について、「とぞ承りし」「とぞ聞き侍りし」とかの伝聞表現で語られることが多いという事実がある。両集と『今鏡』の和歌世界の共有を語る現象と理解してよいが、『今鏡』成立の時代にさらに近い詞花集との疎遠は、何を語るのだろうか。詞花集中の歌の引用例十首に対して、同時代の歌で『今鏡』にのみ記述したのは三十九首で、この作品の詞花集に離反するか、あるいは少なくとも詞花集と和歌世界を共有しない性格が明瞭である。これらのことも、和歌にかかわる立場が記述のうえに自然に表出した結果と理解出来る。金葉集に対して、

金葉集にぞいとしもなき多く集められ侍るめる。（第二・玉章）

とした批評は、知られている。板橋氏は、この表現を起点にして、『今鏡』における反金葉集の態度を指摘されたけれど、『今鏡』は、金葉集撰者源俊頼について権威ある歌人として褒賞することの方が多く、端的な批評に過ぎると私は思う。後拾遺集・金葉集と和歌世界を共有するために、忌避を要しない具体的な場面や事情説明にまで及んだ記述を、批判的言辞と誤解したもので、別に言えば、『今鏡』において顕著な和歌的関心の所在が後拾遺集・金葉集の時代にあったことを、素直に表出していた以上のものでない。

『今鏡』における文雅的関心は、和歌のみにとどまらない。この作品に登場する人物の記述にあたって、必須な系譜的記述の後に語られるのは、ほぼ詩歌・管弦をはじめとする〝能〟についてである。その〝能〟たるや、すこぶる多彩な方面にまで及んでいる。

○また手書かせ給ふことは、昔の上手にも恥ぢずおはしましけり。眞名も仮名も、このもしく今めかしき方さへ添

ひて、優れておはしましき。（忠通能書、第五・御笠の松）

○時元といふ笙の笛吹き、御覚えにて、夏は御厨子所に氷召して賜ひ、おのづから氷なき折ありけるには、「涼しき御扇なり」とて給はせなどせさせ給ひけり。（堀河帝好笛、第二・玉章）

○今様も、碁盤に碁石百数へ置きて、うるはしく装束し給ひて、帯なども解かで、「釈迦の御法は品々に」といふ歌を、一夜に百反り数へて、百夜謡ひ給ひなどしけり。（成通今様、第六・雁がね）

○御鞠御覧ぜさせ給ひけるに、守長淡路守といひしを、殊の外に賞めさせ給ひけるほどに、信濃守行綱も心には劣らず思ひて、羨ましくねたく思ひけるに、大御足すまさせ給ひけるに、抓み奉るやうにたびたびしければ、「いかにかくは」と仰せられければ、「鞠も見しらぬはぎの」といひつゝ洗ひ参らするを、「行綱もよし」とかや仰せられける。御返りごとにと、さこそさこそと撫で奉りける。（師実好鞠、第四・薄花桜）

いくつか用例をあげてみたが、類例は豊富にある。自らが熟達した能者ではなくても、それに好尚の気持を寄せることを、好ましい人格として、褒誉している。『今鏡』が褒賞する〝能〟を全体的に整理してみると、

漢詩　和歌　管弦（笛・琵琶・笙・和琴など）　書道　蹴鞠　舞楽　学問

声（朗詠・今様・催馬楽・神楽）　容姿　衣紋の道　弓道　早業

など、人目を惹く要素が、すべて好ましい〝能〟として評価されているように思われる。先天的なものもあり後天的なものもあるこれらの才能を、人物描写の中心要素として語る『今鏡』には、確かに、歴史と人間を、動的にではなく静的に、集団的にではなく個別的に見る性格がある。しかしこれをもって、『今鏡』が、政治的関心を著しく喪失し、文化史的意図を持って著述された作品と理解することは誤りである。師通の容姿にかかわって、次のような記述

がある。

御即位などにや侍りけむ、匡房の中納言この殿の御有様を褒め奉りて、「あはれこれを唐土の人に見せてばや。一の人とてさし出だし奉りたらむに、いかに褒め聞えむ」などぞ、まのあたり申しける。（第四・波の上の杯）

先天的な容姿の美でさえ、貴族の公的な場における〝能〟という尺度から評価される。公的な貴族の能が、私的な個人の芸能に質を変えていくのは歴史の流れであるが、『今鏡』の思想は、貴族としてのそれの範疇を超えることはない。『今鏡』の整然とした構成は、この作品が政治史として書かれた意図を鮮明にしていた。その外貌と齟齬するかに見える風流韻事・芸能遊戯への関心は、平安末期の貴族における（一つの）政治的態度であり、それが虚飾なく自然に表出されたのがこの作品であると理解できる。その意味で、『今鏡』は、構成・内容ともにすこぶる整然とした態度で著述された作品であると批評されるのが最も正当なそれであろう。

三　作　者

前節に触れたように、『今鏡』は、作品の（ということは作者の）思想を、きわめて自然に表出した作品である。従って、作品の記述するところを把握していけば、内面まで含めた作者像が、かなりの精度で明確になっていくという特徴がある。しかし、それが的確に実践されたのは、最近時に至ってからのことである。ごく古い時期に、

藤原茂範説

『本朝書籍目録』仮名部に、『唐鏡』とともに、「茂範卿抄」とする。

中山忠親説

『増鏡』序に、「なにがしのおとどのかき給へるとき、侍しいまかゞみに、後一条より高倉の院までありしなめり」の「なにがしのおとど」を黒川春村は中山忠親とする（『硯鼠漫筆』巻六・今鏡追考）

源通親説

『増鏡』序の「なにがしのおとど」を屋代弘賢が源通親と比定（『校本増鏡』）

などの作者説が素朴に唱えられたが、近時に至り、和田英松氏によって、新説が提唱された。

藤原為経説

『日本紀私抄』（東大附属図書館蔵、明忍房劔阿筆）に「続世継長門守為綱作常葉三寂随一也」とあり、長門守為綱は、「為経」の誤記と考えられる。（和田英松『本朝書籍目録考証』）

これは新説ではあったが、後に山口康助氏の詳細な考証（「今鏡作者攷」、『国語と国文学』、昭二十七）による裏付けを得、さらに、太田晶二郎氏によって、『桑華書志』所収「古蹟歌書目録」中にある、「新鏡二帖　寂超作」の記載が紹介されることによって（『日本学士院紀要』、昭二十九）、為経（寂超）説はかなり決定的な外部徴証を得るという状況となった。古典作品について、作者に関する徴証を得られるのは珍しいことであるが、より重要なことは、そこで得られた作者の人物像が、この作品内部の問題に明瞭にかかわって、より鮮明な作品把握を可能にしたことであった。

藤原為経という人物は、近衛天皇の康治二年（一一四三）五月十日、三十一歳の若さで叡山に登り出家した。親忠女（美福門院加賀）との間に一子隆信があったが、親忠女はその後顕広（改名して俊成）に再嫁し、子女を生んだ。為経は丹後守為忠の子で、同じく出家した為業（寂念）・頼業（寂然）の兄弟とともに大原三寂と通称された。曾祖父知綱は白河院乳母子で、祖父知信は白河院・鳥羽院に寵愛され、父為忠も大国の受領を歴任して富を築いた典型的な院近臣。為忠は、若くより歌合などで活躍、後に常磐の別荘で歌会などを頻繁に催して常磐歌壇とも称された。この歌壇には、若き日の俊成や頼政なども出入りして、新古今和歌胎動期の温床になった。その三子がともに若くして出家し、大原三寂と通称される隠棲歌人となったのには、白河院時代が過去のものとなった院近臣貴族としての失意と、仏道に帰依し、人生の求道に通じる和歌愛好の姿勢とがないまぜに存している。為経は、『詞花集』を批判して『後葉集』を私撰するほどに和歌に情熱を持ち、治承の頃の歌合にも出詠するなど歌人として認められていた。

為経が『今鏡』作者と推定されるようになって、右記のような隠棲の文人像と作品『今鏡』の記述する内容とが比較考察されるようになり、作品の全貌が霧が晴れるように見えてきた。前節に述べた、白河院時代への意識・和歌への見識・貴族の芸能思想のすべては、院近臣の末裔為経の人生の軌跡に、まさに照応している。上記は、その為経の家系であるが、一受領貴族にすぎなかつた為経の系譜が、『今鏡』にかくも正確にたどれるところに、単なる皇室史ではない作品『今鏡』の本領がある。その隠れた意図を見た時に、『今鏡』における政治と文化の内実が、より正確に把握されていくというものである。

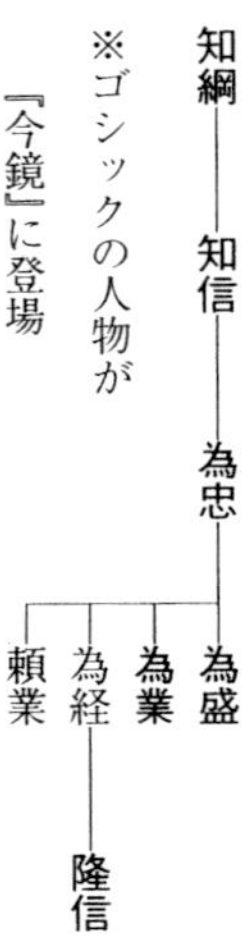

※ゴシックの人物が『今鏡』に登場

四　成立

『今鏡』の成立年時については、その序文中にある「ことしは、嘉応二年庚寅なれば…」の記述を、どれだけ信用するかによって意見が分かれる。作品の成立年時を推定させる記事をざっと見たところでは、おおむね矛盾するところがなく、序文の記述に従って嘉応二年（一一七〇）成立としてよいのではないか思われていたが、近時になって異見が提出されるようになってきた。

板橋倫行氏は、「平氏はじめはひとつにをはしけれど、にきの家とよのかためにをはするすぢとは、ひさしうかはりてかたがたきこえ給ふを、いづかたもをなじ御世に、みかどきさき同じうぢにさかえさせ給ふめるを…」（第六・二葉の松）の記述に注目され、日記の家と武門の家と、平氏が同時に帝・后を出したということ、帝は安徳天皇で后は建春門院滋子とすれば、この作品の実際の執筆年時は、安徳天皇受禅の治承四年（一一八〇）以降と見なければならないと述べられた（日本古典全書『今鏡』解説、昭二十五）。岡一男氏（「六条院宣旨私攷」、昭三十二）は、第八御子たちの「腹々の御子」章のなかで、後白河院の高倉三位腹の皇女たちを述べる記事の一部に、「六条院宣旨なる女性が後白河院第三皇女好子内親王を養育し、六条上皇が崩御された後に皇女が六条院を伝領した」という解釈をされて、この作品の成立は、安元二年（一一七六）から文治四年（一一八八）の間と結論された。その後、作品の内部徴証を博捜された竹鼻績氏（「今鏡の成立について」、『国語国文』、昭三十七）が、承安四年（一一七四）〜安元二年（一一七六）の間に成立という新説を発表された。論拠とされたのは、実家の任宰相・房覚が僧正・慈円が法印であったという、官職にかかわる三つの徴証である。竹鼻氏は、近時刊行の『今鏡全訳注』（昭五十九）解説においても、この時点での成立という意見を、さらに主唱されている。

『今鏡』自身が嘉応二年と明示しているにもかかわらず、実際の成立年時をさらに下って推定するのには、『今鏡』が先蹤とする『大鏡』が、作品の成立時点を万寿二年（一〇二五）としながら、実際ははるかに下った院政期であるらしい事実を顧慮する発想がある。しかし、『大鏡』には、作品の現在を院政期とするについて、記事内容からするある必然性が推測されるけれど、『今鏡』が僅か数年程度を遡って、成立を嘉応二年（一一七〇）と装わなければならない必然性が感じられない。私も、この問題について調査を行ったことがあるが（「今鏡の成立年時について」、『言語と文芸』、昭四十二）、登場人物の官職その他の記述をある時点に設定して、全く疎漏を見せないためには、困難というに近い注意深さが必要だけれど、無数の関連記述において、この作品はほとんど完全に近くボロを出すことがない。先述の諸説のうち、竹鼻氏指摘の房覚に関する記述が、説明されるべき問題として残るが、結論的には、『今鏡』が明示する嘉応二年成立は容認されておくのが稳当ではないかと考える。内部徴証を精査していくと、嘉応二年春といいながら、執筆時点による記述の推移も観察される。執筆時点がそのまま自然に記述に表れている。この時点での成立を前提として考える方が、理解できる表現も多いように思われる。

五　諸　本

『今鏡』の伝本としては、古写本として畠山本・前田本・金沢本・尾張本が知られている。尾張本（蓬左本とも）は、蓬左文庫に伝える古写本で、慶安三年版本・天保十三年版本などの流布刊本の祖本と見られている。袋綴十冊で、各冊内題は『続世継』とする。応永年間（一三九四～一四二七）の写本と言われる。本文は、後述の畠山本とは別系統で、金沢本に近いものと推定されている。流布本系の祖本と推定されて重んぜられ、旧輯国史大系では底本に採用された。畠山本との本文の異同については、池田亀鑑氏（『前田家本今鏡』、昭十四）・板橋倫行氏・松村博司氏（『歴史物語』、昭三十六）に解説され、池田氏は両本が系統を異にすると指摘され、板橋氏は、畠山本が『今鏡』原本に近い本文を伝えると推定し、松村氏も「畠山本の方が原形的」と結論されている。尾張本において、私がひそかに注目しているのは、「すべらぎの上」にある美福門院崩御の記述のなかで、隆信の姿が描写されている部分である。隆信は、作者と推定されている寂超の子である。この記述が、尾張本にのみあって、最古の写本と思われる畠山本に無い事実は何を語るのか、興味を引く問題である。

『今鏡』の古写本として注目を集めた畠山本は、畠山記念館所蔵本（畠山一清旧蔵本）で、重要文化財（旧国宝）に指定されている。昭和十三年に活字復刻された。鎌倉中期の書写と思われる。内題は「新世継」。もとは長州毛利家が所蔵していた、桝形二十三冊の冊子本である。昭和六十一年に複製刊行された（解説・伊井春樹）。畠山本がもっとも注目される理由は、何といっても次の奥書にある。

書写本云

承安五年之比以或人之本書写畢

右兵衛権佐　在判

今所書写之本者前右京権大夫信実朝臣本也

これによれば、現存畠山本は、『今鏡』が擱筆されたとされる嘉応二年より数年後の承安五年（一一七五）に、藤原信実が所持していた本から写されたものである。書写した右兵衛佐は、竹鼻氏（『今鏡全訳注』、昭五十九）によれば、寂超の外孫源兼能、伊井氏によれば藤原盛定である。いずれにせよこの記述を信頼すれば、この信実所持本を原本からの一次的写本と考えるのが自然である。信実は、隆信の子で似絵の名人として知られる。これが前述の父親の隆信についての記事を残さないのは一つの謎である。父親の記述を削るところに、畠山本の原本に近い性格をより強く感じるが、研究者の中には、畠山本のこの奥書の信憑性を疑う立場もある。前述した成立年時に関する内部徴証から論じるものであるが、私には本末転倒の議論と思えてならない。

現存最古の写本は、金沢本（金沢文庫所蔵）で鎌倉中期以前の書写とされている。本文は尾張本に近いと言われているが、残念ながら八葉の断簡しか存しない。断簡は『今鏡』全体に及んでおり、もとは全二十三巻の巻子本であったと思われる。金沢本断簡の裏書は新訂増補国史大系本『今鏡』の巻末に収載されている。前田本（尊経閣文庫所蔵）は、胡蝶装・桝形の小本で、表題・内題ともに存しない。畠山本・尾張本とも別系統の本文と思われて注意されるが、藤波の上第四・第五の二巻しか現存しない。尊経閣叢刊の一部として複製本が刊行されている。池田亀鑑氏・松村博司氏によれば、前記二本と異同かなり甚だしく、傾向としては記事が比較的簡略におよぶと報告されている。

『今鏡』の諸本は、おおよそ上述の三系統に分かれるが、それら相互の関係および原本との関係については、今後の解明に俟つべき部分を多く残しているが、やはり、承安五年の奥書を有する畠山本の究明を中心にして、議論は進められていくものと思われる。

六　研究史

『今鏡』の古写本が存する鎌倉中期以前にも、『古蹟歌書目録』（守覚法親王）・『本朝書籍目録』（清原業忠）などに書名が見えるが、作者や構成を示唆する程度のものであった。江戸時代になり、慶安三年（一六五〇）板本が刊行されて流布するとともに、本書に関する関心もやや高まってきた。安藤為章（『年山紀聞』）・伴信友（『比古婆衣』）・伊勢貞丈（『続世継問答』『安斎随筆』）・屋代弘賢（『校本増鏡』）・黒川春村（『碩鼠漫筆』）など、作者・成立・伝本に加え、系図や語彙など、内容にかかわる発言も見られるようになってきた。明治になって、明治十六年（一八八三）に「史籍集覧」に『校本続世継』が収録され、明治三十年に、『今鏡證註』三冊が関根正直氏によって刊行された。後者は、総説・注釈に索引・標目・系図等を完備して、本書の最初の本格的注釈であるとともに、『大鏡』『増鏡』などとならぶ、歴史物語作品の一としての本書の位置づけを確立した画期的著作であった。以後、国史大系・国民文庫・校註日本文学大系などの叢書類に、いわゆる四鏡の一として収録されるようになった。

昭和二年（一九二七）に、再び関根氏によって、先の證註に新たな考証・修正などを加えた『今鏡新註』が刊行された。近代研究の始発となる著作であるが、作者を源通親とする江戸期の指摘を踏襲するなど、なお厳密な科学的研究に達しない部分はあった。昭和初期の研究は、和田英松氏・簗瀬一雄氏・藤崎俊成氏などの伝本研究に特色があり、昭和十三年（一九三八）には、現存最古の写本である畠山本が、和田氏によって翻刻刊行された。翌年には、畠山本と系統を異にする前田本も複製本が刊行されるなど、研究のための基礎的な整備はほぼなされたと言ってよい状況となった。昭和十五年刊の新訂増補国史大系本は、底本を、蓬左本から畠山本に変更している。

近代研究の始発時の焦点となったのは作者論で、和田氏が指摘した為経（寂超）説は、戦後の、板橋氏・山口氏による支持を受け、さらに『桑華書志』所収「古蹟歌書目録」（太田晶二郎）や『日本紀私抄』（和田英松）中の有力な外部徴証の指摘などもあり、ほぼ確定されたと言ってよい状況になった。作者論と平行して議論された成立論は、本書が示す嘉応二年（一一七〇）成立説を疑う意見が、岡一男氏・板橋氏など、近くは竹鼻氏からも、成立時期を若干後年に推定する説が次々に提出された。しかし、和田氏・池田氏が素直に推定した嘉応二年説で十分で、この年時を疑うのがむしろ不自然とする見解も根強くあり、決着はついていないが、私が後年成立説には賛成しにくい感情を持つことは先に述べた。

『今鏡』作者がほぼ為経（寂超）に確定されたことが、この作品の内容研究に確かな足がかりを持たせることになった。井上宗雄氏（「丹後守為忠をめぐって」、昭三十四。「常磐三寂年譜考」、昭三十五）などの考証によって明らかにされた作者の輪郭は、岡一男氏（「歴史物語」、昭二十五）・原田隆吉氏（「今鏡の思想」、昭三十）らの研究と相い俟って、詩歌・文芸・芸能・宗教などに向かう作者の立場と思想を、次第に闡明にしていった。この時期にあたって、『今鏡』研究の先導を果たしたのは、松村博司氏の『歴史物語』（昭三十六）である。この著書には、『今鏡』研究の現状が的確に整理されており、現在の『今鏡』研究は本書から始発したと言って過言でない。

『今鏡』が和歌に対して並々でない関心と見識を持つらしいことは、一読知られるところであるが、これに関して板橋氏が指摘していた反金葉集的態度に、松村氏は、微温的ながら賛意を表しなかった。私もこれに近い意見であったが、杉戸千洋氏（「今鏡における金葉集評価について」、昭五十四）や佐藤辰雄氏（「今鏡の隠された水脈」、昭六十）などは、やや旧に復して、板橋氏の意見に近いもののようである。これらも、ただ『今鏡』の内部徴証のみによってでなく、為経さらに為忠の常磐歌壇を背景として論じられる点、作者が明確になった効果ははなはだ大きい。

『今鏡』の文学論は、巻末「作り物語のゆくへ」に、源氏物語に関する文芸評論の記述として知られている。『今鏡』の源氏物語に傾斜する姿勢は、紫式部堕地獄説から紫式部を擁護しようとする態度にも顕著に感じられる。これを、仏道への方便とする説明はやや苦しいが、作品に見られる天台仏教への傾倒とともに、隠遁者寂超の立場から、当然導かれる結論であっただろう。これについて早く則保洋栄氏（「今鏡の文学論」、昭三十二）が見解を表明していたが、山内益次郎氏（「今鏡に於ける源氏物語論」、昭五十四）や海野泰男氏（「今鏡の源氏物語論」、昭五十六）は、当時の文芸思潮のなかでの意見と見た時の文学性の感受を、先進性のあるものと評価した。河北騰氏（「今鏡に見える源氏物語の影響」、昭六十）のように否定的な評価をくだす立場はあるが、おおむね『無名草子』とならぶ物語評論として、その質を解明しようとする方向で進んでいる。

『今鏡』の芸能について、板橋氏が示した尚古趣味の現実逃避の姿勢とした理解に対して、多賀宗隼氏（「今鏡試論」、昭四十九）や加納（『歴史物語の思想』、平四）は、これを貴族の私的な遊閑の具としてでなく、政治や政務と離反しない能力、芸能の才が政治の才と言うことが可能な平安後期以来の状況を指摘した。作品は、それを生み出した時代の思潮が強く反映しており、現代の感覚で簡単に納得してしまうと思わぬ陥穽にはまってしまうということだと思う。

『今鏡』の政治的立場としては、板橋倫行氏が芸能・風雅に偏る作者の姿勢を述べていたが、加納（「今鏡の世界」、昭四十三）は、為経の父為忠を中心とする一族の（白河院）近臣としての立場から、希薄には見えながらも強く底流する政治意識とその所在を指摘した。多賀氏は、さらに「宮廷と貴族、その文化と生活を回顧し、積極的にこれを評価するという使命と抱負を持って生まれて来た」作品と、さらに明瞭に論じた。松園宣郎氏（『今鏡研究序説』、平四）は、これを構成や表現のうえで確認することに努めている。これらに対して、河北騰氏（『歴史物語論考』、昭六十一）は、歴史叙述を情趣的・心理的に描写する歴史物語通有の手法を指摘して、板橋氏の見解にやや回帰する意見を提出している。

『今鏡』研究の歴史は、戦後の日本古典全書『今鏡』（朝日新聞社、板橋倫行注、昭二十五）によって、現代の研究への門戸が開かれ、松村博司氏の『歴史物語』（昭三十六）によって研究全般への導入がなされ、作者為経（寂超）の確定によって、堤防の堤が決壊したように研究の方向が定まり、質的な進展が見られることとなった。作者周辺を精細に考究する山内益次郎氏の『今鏡の研究』（昭五十五）・『今鏡の周辺』（平五）といった著作や、大木正義氏のように、『今鏡の表現世界』（平五）以下数冊の著作で〝表現〟の視点から徹底して作品を追求する試みまで現れてきている。先述の和歌・物語・芸能・政治にかかわる研究のほかに、説話や語彙・語法の方面まで視野は広がりつつある。これらのために、『今鏡全釈』（海野泰男訳注、昭五十七）および『今鏡全訳注』（竹鼻績訳注、昭五十九）の注釈が揃えられた効果は大きかった。この基礎のもとに、最近刊行の歴史物語講座・第四巻『今鏡』（平九）を契機として、新たな『今鏡』研究の地平が拓かれつつある。研究の現状・研究文献等についての詳細は、同書によって確認し、本稿の欠を補完いただきたくお願いしたい。

参考文献

本文

和田英松解説『今鏡　畠山本』　昭和一三年　大塚巧芸社

池田亀鑑解説『前田家本今鏡』　昭和一四年　前田家育徳財団

黒板勝美『新訂増補 国史大系』第二十一巻下　昭和一五年　吉川弘文館

伊井春樹解説『今鏡』上・下（日本古典文学館影印叢刊）　昭和六一年　貴重図書刊行会

注釈

関根正直『今鏡新註』　昭和二年　六合館

板橋倫行『今鏡』（日本古典全書）　昭和二五年　朝日新聞社

海野泰男『今鏡全釈』上・下　昭和五七年　福武書店

竹鼻績『今鏡全訳注』上・中・下　昭和五九年　講談社

著書

和田英松『本朝書籍目録考証』　昭和一一年　明治書院

岩橋小弥太『上代史籍の研究』第二集　昭和三三年　吉川弘文館

松村博司『歴史物語』　昭和三六年　塙書房
山内益次郎『今鏡の研究』　昭和五五年　桜楓社
河北騰『歴史物語論考』　昭和六一年　笠間書院
大木正義『歴史物語文章論―今鏡を中心に―』　平成四年　教育出版センター
松園宣郎『今鏡研究序説』　平成四年　新典社
加納重文『歴史物語の思想』　平成四年　京都女子大学
山内益次郎『今鏡の周辺』　平成五年　和泉書院
大木正義『今鏡の表現世界』　平成五年　新典社
同『今鏡表現論』　平成一一年　新典社

論文

簗瀬一雄「金沢文庫所蔵今鏡断簡」　昭和八年『早大国文学会ニュース』
藤崎俊成「古写本今鏡断片」　昭和八年『国語と国文学』一〇ノ一二
岡一男「歴史物語」（『日本文学講座』Ⅱ所収）　昭和二五年　河出書房
山口康助「今鏡作者攷」　昭和二七年『国語と国文学』二九ノ六
同「金葉集と今鏡」　昭和二七年『岐阜史学』二・三
太田晶二郎「『桑華書志』所収『古蹟歌書目録』」　昭和二九年『日本学士院紀要』一二ノ三
原田隆吉「今鏡の思想」　昭和三〇年『文芸研究』二〇
岡一男「六条院宣旨私考」　昭和三二年『文学・語学』四

則保洋栄「今鏡の文学論」 昭和三二年『樟蔭文学』九
岩橋小弥太「常磐の三寂」 昭和三三年『国学院雑誌』五九ノ四
井上宗雄「丹後守為忠をめぐって」 昭和三四年『文学・語学』一三
井上宗雄「常磐三寂年譜考」 昭和三五年『国文学研究』二一
竹鼻績「今鏡の成立について」 昭和三七年『国語国文』三一ノ一〇
加納重文「今鏡の成立年時について」 昭和四二年『言語と文芸』五五
加納重文「今鏡の世界」 昭和四三年『国語国文』三七ノ六
多賀宗隼「今鏡試論」 昭和四九年『史学雑誌』八三ノ二
杉戸千洋「今鏡における金葉集評価について」
(『松村博司先生古希記念国語国文学論集』所収) 昭和五四年 右文書院
山内益次郎「今鏡に於ける源氏物語論」 昭和五四年『皇学館論叢』一二ノ四
海野泰男「今鏡の源氏物語論」 昭和五六年『常葉国文』六
佐藤辰雄「今鏡の隠された水脈」 昭和六〇年『日本文学』三四ノ六
河北騰「今鏡に見える源氏物語の影響」 昭和六〇年『中古文学』三五

講座

増淵勝一解説 日本文学研究資料叢書『歴史物語Ⅱ』 昭和四八年 有精堂
歴史物語講座刊行委員会編 歴史物語講座・第四巻『今鏡』 平成九年 風間書房

増鏡

大隅和雄

一　書名

「ますかがみ」は「真澄の鏡」を略したことばで、澄みきって少しの曇りもない鏡のことをいい、「ゆくとしのをしくもある哉ますかがみ見るかげさへにくれぬと思へば」（古今集　紀貫之）などに見える。『増鏡』の序の終わりに、この書の作中の語り手である高齢の尼が「をろかなる心や見えん増鏡ふるき姿にたちはおよばで」という歌を詠んで、自分の語ることは『大鏡』などの物語にはとても及ばないと謙遜するのに対して、筆録者が「今もまた昔を書けば増鏡ふりぬる代々の跡にかさねん」という歌を返したと記して、この書名の由来を説明している。本によっては、「益鏡」「増鑑」「真寸鏡」と記すものもある。

二　著　者

鏡物と呼ばれる歴史物語は、いずれもその作者名を明かしていない。『増鏡』についても、多くの人々が作者の探索を続けてきたが、未だに明確な証拠を上げるに至っていない。古くは一条兼良の子冬良の作とする説があったが、冬良の誕生の年より古い日付の奥書を持つ写本が見出されて、否定されている。その他、兼好、二条為明、四条隆資、丹波忠守など、作者に擬せられた人物は少なくないが、いずれも証拠として採るべきものはなく、近年では、二条良基とする説が、さまざまな状況の指摘によって、有力な説とされるようになった。

二条良基（一三二〇－八八）は、関白左大臣二条道平の子で、はじめは姉が女御となった後醍醐天皇に仕えたが、南北朝分立以後は北朝の歴代天皇に用いられ、北朝方の公家の中心として活動した。従って、足利尊氏、義詮、義満の三代の将軍とも親しく、特に義満に対しては、礼法や古典に関する知識の指南役として接し、初期の室町幕府が典礼を整えるのを援けた。和歌、歌論を学び、『源氏物語』をはじめとする古典に通じていたが、五山の禅僧と交わって漢詩を学び、和漢連句の会に参加し、早くから連歌に強い関心を持って、『菟玖波集』を撰し、「応安新式」をまとめ、『筑波問答』を著すなど、連歌の社会的な評価を高める上で、大きな役割を果したことはよく知られている。

博学多才な公家であった良基は、経歴、古典についての学識教養、宮廷の儀式行事に関する知識、公家文化の復興に深い関わりを持っていた点で、『増鏡』の著者として、他の人物は考えられないという木藤才蔵氏の説が、現在では一般の支持を得ている。

三　成立の背景

平安時代中期に入って、国史の編纂が行われなくなり、公家の主要な関心事は、私日記と儀式書、年中行事書などの中に記され、後世に伝えられるようになった。公家の歴史意識も変化して、国家的な大事にかんする情報を広く収集し、公的な立場で取捨選択し、公正な記録を残して行くことよりも、宮廷の儀式行事の執行や、私的な儀礼や日常的な生活に関することを、詳しく記述することに関心が集まるようになった。そうした中で、漢文で書かれた国史は、政務の処理のための先例の記録として参照されるのみとなり、和文で綴られた歴史物語が、公家社会の成り立ちや、さまざまな人間関係を知るために読まれるようになった。

『栄花物語』は、最後の六国史である『日本三代実録』の後を受け継いで、宇多天皇の時代から筆を起こし、堀河天皇の時代まで十五代二百年間の宮廷の動きを、優雅な和文で叙述した歴史物語で、正続四〇巻の大作であった。また、少し後れて成立した『大鏡』は、大宅世継と夏山繁樹夫妻という、二百歳にもなる架空の語り手を、多くの人々が参集する雲林院の菩提講の場に登場させ、三人がそれぞれの見聞を語り合うのを、傍で筆録するという形式を創出した。そこでは、文徳天皇から後一条天皇まで、百五十年間の貴族社会のできごとが、語り手の思い出として語られているが、作者は、紀伝体的な構成にも配慮して、史書としての形を整えることに意を用いた。

架空の語り手を登場させ、その物語として歴史を叙述する形式は、中世の公家社会の読者たちに好まれたらしく、『大鏡』の後を書き継ぐ形で、後一条天皇から高倉天皇までの時代のことを書いた『今鏡』が現れ、ついで『大鏡』

の前へ遡って、神武天皇から仁明天皇までのことを書いた『水鏡』が著された。『水鏡』は、『扶桑略記』などの漢文で書かれた史書の記事を抄出して、物語の形に改めたものであったから、内容に取り立てていうべき新しさはなく、国初以来当代までを、物語形式の歴史叙述で書き通すことに、意義があると考えられたものと思われる。

『今鏡』は「続世継」と呼ばれたが、その後を継ぐ歴史物語として、安徳天皇の時代のことを語る「いや世継」が書かれた。『増鏡』の「序」に、

まことや、いや世継は、隆信の朝臣の、後鳥羽院の位の御ほどまでをしるしたるとぞ見え侍し。その後の事なん、いとおぼつかなくなりにけり。

とあるが、藤原隆信の作という『いや世継』は、今は伝わらない。

『大鏡』以来の文筆活動の流れを受け継ぎ、『いや世継』に続けて後鳥羽天皇以後の歴史を書くことは、室町時代の始めに、公家文化の正統を伝える者の果たすべき務めと考えられていたに違いない。『増鏡』を著すことは、公家文化の宣揚そのものであったと思われる。後醍醐天皇が隠岐の島から京都に帰還して、公家一統の政治が実現した所で区切りをつけ、後鳥羽天皇から後醍醐天皇まで、鎌倉時代の公家の社会と文化のありようを述べようとしたのが、『増鏡』であった。

その後、『大鏡』『今鏡』『水鏡』に『増鏡』を加えた四部の歴史物語を総称して、四鏡というようになった。

四　成立年代

『増鏡』本文の内容が、後醍醐天皇の京都帰還で終わっているので、成立の上限は、元弘三年（一三三三）六、七月ということになり、蓬左文庫本など古本系の写本の奥書に、永和二年（一三七六）卯月十五日の日付があることから、それを下限とする四十三年間に成立したと見ることができる。この期間をさらに狭めようとして、和田英松は、巻第十六「久米のさら山」の末尾に、光厳天皇の後宮のことを記した文章があるのに注目して、光厳院の諸皇子の誕生を調べ、延元三年（一三三八）を上限と説き、岡一男は、巻第十一「さしぐし」の新陽明門院の記事から、応安末年（応安八年が、一三七五）頃に執筆されたとし、その説を支持した石田吉貞は、奥書にある永和二年卯月十五日を擱筆の日付であろうと説いた。

さらに、作者を二条良基と見る木藤才蔵氏は、足利義満と良基との関係を考慮して、応安から永和の頃に『増鏡』が書かれたとするのが、最も妥当な見方であるとしている。

五　構成と内容の概観

『増鏡』は、治承四年（一一八〇）から、元弘三年（一三三三）まで、鎌倉時代百五十四年、十五代の天皇の時代を叙述した書で、現在、一般に読まれている古本系諸本は、十七巻から成る。巻ごとに、『栄花物語』や『今鏡』に倣って、本文中の歌のことばから採った、優雅な題が付けられている。

本文は、歴代天皇の父母、誕生、元服、立太子、践祚、後宮、子女、譲位、出家、崩御などの記録を中心とし、歴代天皇の宮廷の雅びの生活が、編年体で述べられている。巻々が記述する期間は、記事の多寡によって一様ではないが、全体は大まかに見て三部にわけられる。

まず、巻第一から第三までは、後鳥羽院の物語で、承久の討幕運動が中心の話題になっており、公家の立場を主張している点で、書き出しの部分に相応しい。つぎの巻第四から第十二までは、承久の乱後の朝廷のできごとが語られ、鎌倉幕府の介入のもとで皇位の継承が行われたこと、親幕派公家の代表として権勢を振るった西園寺家のことが、中心的な話題になっている。最後の部分は、巻第十三から第十七までで、公家一統の実現を目指す後醍醐天皇が登場し、元弘の討幕運動と公家一統の実現が語られている。

以下、巻を追って内容を見て行くと、初めに『大鏡』『今鏡』に倣った「序」があり、或る年の二月十五日、釈迦涅槃会の日に、『増鏡』の筆録者が、嵯峨の清涼寺に参詣したところ、八十を越えたと思われる高齢の尼に出会い、優雅な雰囲気に惹かれ、心ある人にちがいないと思って語りかけ、『いや世継』に続く時代の物語を聞かせてもらうことになる経緯が説明される。

巻一「おどろのした」は、治承四年（一一八〇）から、建保六年（一二一八）までの三十九年のことを記して、後鳥羽天皇の親政と院政の下での宮廷生活、水無瀬殿の造営、土御門天皇、順徳天皇について述べられている。また、『新古今和歌集』の撰集を中心として、歌合のこと、当代の歌人のことなどが詳しく語られる。巻の名は、後鳥羽院の「おく山のおどろが下を踏みわけて道ある世ぞと人に知らせん」という歌によっている。

巻二「新島守」は、建久元年（一一九〇）から、貞応元年（一二二二）までのことが書かれ、後鳥羽、土御門、順徳、仲恭、後堀河の五代、三十三年間のことが語られるが、承久の乱の説明のために源平二氏のことから説き起こし、鎌倉時代初期の政治の動向を概観する。巻の名は、承久の乱の後、後鳥羽上皇が、配流の地隠岐の島で詠んだ「我こそは新島もりよ隠岐の海の荒き浪かぜ心して吹け」という歌によっている。

巻三「藤衣」は、承久三年（一二二一）から、延応元年（一二三九）に至る十九年間、承久の乱後の政治の動きを、後堀河天皇と四条天皇の即位の経緯を中心に記述し、両天皇の宮廷のことを、勅撰集の編集のことなどを話題にして述べ、仲恭天皇、後堀河天皇、さらに後鳥羽院の崩御のことを書いている。巻の名は、土御門院の阿波の配所での死を悼んで、藤原家隆が詠んだ「うしと見しありし別れは藤衣やがて着るべき門出なりけり」という歌によっている。

巻四「三神山」は、仁治二年（一二四一）から、同三年までの短い期間のできごとで、四条天皇の急死によって思いがけず皇位につくことになった、土御門天皇の皇子後嵯峨天皇の生い立ちと、即位の経緯が詳しく語られている。巻の名は、大嘗会の悠紀方の屏風に書かれた菅原為長の歌「いにしへに名をのみ聞て求めけん三神の山はこれぞそのやま」による。

巻五「内野の雪」は、仁治三年（一二四二）から、建長七年（一二五五）までの、後嵯峨天皇と後深草天皇の時代、十四年間を対象とし、西園寺公経の北山山荘の造営のこと、陰謀の嫌疑をかけられた将軍九条頼嗣に代わって、後嵯峨天皇の皇子宗尊親王が将軍の宣下を受けたことなどが語られている。巻の名は、藤原信実の娘少将内侍が、後深草天皇の大嘗会に際して詠んだ「九重の内野の雪に跡つけて遥かに千代の道をみる哉」という歌によっている。

巻六「をりゐる雲」は、康元元年（一二五六）から、正元元年（一二五九）までの四年間、後深草天皇の時代のことを述べているが、実氏の娘の入内、立后などで繁栄を極める西園寺家のこと、後深草天皇が、弟に当たる後嵯峨院の皇子を東宮に立てて、譲位したことが語られている。巻の名は、譲位に際して弁内侍が名残を惜しんで詠んだ歌「今はとておりゐる雲のしぐるれば心のうちぞかきくらしける」による。

巻七「北野の雪」は、正元元年（一二五九）から、文永四年（一二六七）まで。西園寺家の人々を中心に、亀山天皇の九年間の宮廷のできごとが述べられている。巻の名は、謀叛の疑いをかけられて鎌倉を追われ、京都に帰った天皇の兄で征夷大将軍の宗尊親王が詠んだ「猶たのむ北野の雪の朝ぼらけ跡なき事に埋もるる身を」による。

巻八「あすか川」は、文永五年（一二六八）から、同十年まで、亀山天皇の後半六年間のできごとが取り上げられる。皇子、後の後宇多天皇の誕生、後嵯峨院の五十の賀のことが書かれているが、その年に届いた蒙古、高麗の国書のことは、簡単にしか記されていない。巻の名は、出家を願う後嵯峨院が詠んだ「我のみや影もかはらんあすか川おなじふち瀬に月はすむとも」による。

巻九「草枕」は、文永十一年（一二七四）から、建治二年（一二七六）までの三年間のことが語られ、後宇多天皇の即位、北条時頼の回国修行の話、時頼の子時宗の提言で後宇多天皇の東宮に、後深草天皇の皇子で後の伏見天皇が立てられ、両統迭立がはじまったこと、また宮廷の男女の錯綜した情事などが語られる。巻の名は、後嵯峨院の皇女愷子内親王に、後深草院が送った「夢とだにさだかにもなきかり臥しの草の枕に露ぞこぼるる」による。

巻十「老のなみ」は、建治三年（一二七七）から、弘安十年（一二八七）まで、後宇多天皇の後半十一年間のことを対象とし、東宮の元服のことと持明院・大覚寺両統の動き、宮廷の公家の恋愛について記し、弘安の役についても述べているが、後半は、後深草院、亀山院の母で、北山の准后と呼ばれた西園寺実氏の妻貞子の九十の賀のことが詳しく語られる。巻の名は、賀宴に際して西園寺実兼が詠んだ「代々の跡に猶たちのぼる老の浪よりけん年は今日のためかも」による。

巻十一「さしぐし」は、正応元年（一二八八）から、嘉元三年（一三〇五）までの十八年間を対象とし、伏見、後伏見、後二条の三代のことを記すが、中でも、西園寺実兼の娘永福門院鏱子の入内、立后のこと、浅原為頼の皇居侵入事件、亀山院の後宮の情事などを詳しく述べている。巻の名は、伏見院が皇子後伏見天皇に譲位の折りに、関白鷹司兼忠に櫛を遣わすに際して詠んだ歌、「おとめ子がさすや小櫛のそのかみにともになれこし時ぞわすれぬ」による。

巻十二「浦千鳥」は、徳治二年（一三〇七）から、文保元年（一三一七）までの十一年間、後二条、花園天皇のことが書かれているが、主な話題は、後宇多院の後宮のこと、院の灌頂、後二条天皇の死と花園天皇の即位、『玉葉集』の撰集、伏見院の出家などである。巻の名は、伏見院が勅撰集の撰進が思い通りに運ばなかった時に詠んだ「我世には集めぬ和歌の浦千鳥むなしき名をやあとに残さむ」という歌による。

巻十三「秋のみ山」は、文保二年（一三一八）から、正中元年（一三二四）までの七年間のことを記し、後醍醐天皇の即位、邦良親王の立太子、『続千載集』の撰集などのことが書かれている。巻の名は、西園寺実兼の娘永福門院から、妹で後醍醐天皇の中宮となった禧子に宛てた「こよひしも雲井も月も光そふ秋のみ山を思ひこそやれ」と、それに対して後醍醐天皇が返した「むかし見し秋のみ山の月影を思いでてや思ひやるらん」という歌によっている。

巻十四「春の別れ」は、正中元年（一三二四）から、嘉暦二年（一三二七）までの四年間のことを、後宇多天皇の死、中討幕計画と正中の変、東宮邦良親王の死などを中心にして語る。巻の名は、東宮の使いとして関東に赴いていた、中納言源有忠が東宮の死を知って詠んだ「大かたの春の別のほかに又我世つきぬる今日のくれかな」という悲しみの歌による。

巻十五「むら時雨」は、嘉暦元年(一三二六)から、元弘元年(一三三一)までのできごとを扱う。討幕計画は次第に具体化し、後醍醐天皇は笠置に行幸、政情騒然となる中で、楠木正成が挙兵したが、笠置は六波羅勢に落とされて、天皇は捕らえられ、光厳院が践祚したことなどが記される。巻の名は、捕らわれの身となった後醍醐天皇が、六波羅の宿りを嘆いた「まだなれぬ板屋の軒のむら時雨音をきくにもぬるる袖かな」という歌によっている。

巻十六「久米のさら山」は、元弘二年(一三三二)、六波羅に幽閉された後醍醐天皇が、隠岐の島に流されるまでの旅と、島での生活のありさま、あとに残された中宮や皇子のこと、日野資朝の斬首、各地に広がり始める討幕運動、大塔宮と楠木正成の活躍などが語られる。巻の名は、隠岐へ移される途中、美作国の久米の佐良山を通過した時、後醍醐天皇が詠んだ「聞きをきし久米のさら山越えゆかん道とはかねて思ひやはせし」によっている。

巻十七「月草の花」は、元弘三年(一三三三)、後醍醐天皇が隠岐の島を脱出し、赤松円心、足利高氏らが反幕の挙兵をして、六波羅が陥落し、新田義貞が鎌倉を攻めて、北条氏が滅亡する中で、天皇が京都に帰還し、新しい政治が始まるという動きを述べている。巻の名は、読み人はわからないが、全巻の終わりに記した歌、「すみぞめの色をもかへつ月草の移ればかはる花のころもに」によっている。尊雲法親王が、政治的な活動のために還俗して、護良親王として大きな役割を果たしたことを詠じたもの。

以上が、古本系諸本十七巻の概要であるが、増補本系と呼ばれる諸本では、古本系の第五巻「内野の雪」の次に「煙のすゑずゑ」という巻を入れ、第七巻「北野の雪」を二つに分け、後半の巻には名がないが、全体を十九巻にしている。「序」を一巻に数えて、増補本系の本を二十巻に整理することもある。

また、『大鏡』には、全巻の終わりに世継翁の語りが終わったことを説明する文章を置いて、首尾を整えているが、『増鏡』には「序」を受けた結びのことばはなく、最終の巻だけが、題名のもとになる和歌の作者の名を伝えていないことなどから、そこで完結していたのではないと見る説もある。

六　史書としての特色

『大鏡』は、物語の形式に拠りながら、宮廷のできごとを、いわば脚光を浴びている舞台の上のできごととして、下から見上げ、楽屋の話にも耳を欹てていた世継の翁に語らせ、それを記述するという形式を編み出した。公家社会の営みを、間近かに見たり、当事者に近い人物から聞いたりした語り手を登場させたので、その物語は歴史の現場の呼吸を再現し、具体的に伝えるものとして、多くの読者を引き付けることができ、鏡物と呼ばれる一連の歴史物語の祖となった。

しかし、天下国家という公的な視点を失い、庶民や地方の動向に目をつぶって、宮廷の動きだけを歴史と考える見方は、摂関政治の時代には有効であったとしても、院政期に入って武士の活動が活発になり、地方の政争が中央の政治に波及してくるようになると、一つの時代の動きを捉える上での有効性を失って行った。すでに『大鏡』の作者は、三人の語りに口を差し挟む青侍を登場させて、弱点を補おうとしていたのである。

平安の都大路を武士が行き交う保元、平治の乱についで、全国規模に拡大した源平の騒乱が続き、関東に武家政権が誕生すると、その傾向はさらに顕著になり、鏡物は激動の世の動きを捉えることはできなくなった。『保元物語』

『平治物語』が、新しい軍記物の形を作り上げ、『治承物語』が成長して『平家物語』へと発展する。鏡物の語り手にはできなかった、庶民の生活や地方の武士の動静に関する情報を集め、合戦に際しては敵味方の動きを並行して伝える方法が生み出されることになった。また、漢文の史書を簡略にした種々の年代記が、歴史の骨格を示すものとして編まれ、鎌倉幕府は自らの歴史の編纂を始め、世の中の逸話や裏話を集めた数々の説話集が作られるようになる。

『増鏡』は、鎌倉時代中期から室町時代初頭の歴史を記述しているが、その時代は日本の歴史が大きな転換を遂げた激動の時代であった。京都の公家政権に対抗する関東の武家政権は、着々と力を蓄え、西国にも支配を及ぼすようになった。最盛期の軍記物が生き生きと描き出した時代を、鏡物の形式で記述しようとした『増鏡』は、多くの困難を抱えていたわけで、形式に従う中で、歴史物語の質を変えて行かざるを得なかった。

巻頭の部分の主人公である後鳥羽院は、激動の時代の担い手であったから、宮廷生活が中心であっても、世の中の動きを捉え得ているが、承久の乱後の物語になると、宮廷中心の視点を崩さない『増鏡』の叙述は、時代史としての目配りを完全に欠いている。承久の乱は、公武の戦いであり、公家方は敗者となったのであるから、歴史の記述としては、武家方の動きを捉えなければならなかったし、そうしなければ戦後処理について書くことはできなかった。しかし、作者は、譲位や即位、後宮の人間関係、宮廷の儀式行事、遊宴のこと、勅撰和歌集の編纂のことなどを、宮廷絵巻を繰り広げて行くように優雅な筆致で描き続け、北条氏を中心とした武家政治の動向には何の関心も示さない。

『増鏡』は、幕府の意向を背負う親幕派公家として権勢を振るい、北山山荘を造営した西園寺公経の、道長を思わせるような優雅な生活を詳しく語り、公経の子公実が関東申次となり、つぎつぎに后妃を出した西園寺家を、宮廷の中心として描いている。『大鏡』が藤原氏摂関家の栄華を讃えたように、『増鏡』は西園寺家の繁栄を語ろうとした書であったともいわれている。

西園寺家の系譜を辿りながら、鎌倉時代の公家の生活を描いた『増鏡』は、当然のこととして、文永年間の蒙古襲来について、

かやうに聞こゆるほどに、蒙古の軍といふ事起こりて、御賀止まりぬ。人びと口惜しく本意なしと思すこと限りなし。何事もうちさましたるやうにて、御修法やなにやと、公事・武家、ただこの騒ぎなり。されども、ほどなくしづまりて、いとめでたし。(あすか川)

としか書いていない。文永四年(一二六七)、高麗の使者が蒙古の国王世祖の書を持参して以来、高麗、蒙古の使者があいついで来朝し、朝廷は対応に追われる中で、主体的な判断を下せず、幕府に委任する結果になった。それでも、亀山院は異敵調伏の祈祷に努めたが、その間のことを「ほどなくしづまりて、いとめでたし」という文章で括っている所に、『増鏡』の特色がよく出ている。

文永の役の後、鎌倉幕府は、多くの武士に命じて西国の防備を固めたが、弘安四年、元と高麗の連合軍が来襲し、北九州の武士は苦戦を強いられた。『増鏡』の記事は、弘安の役についても、余所事のように、

其比、蒙古起こるとかやいひて、世の中騒ぎたちぬ。色々さまざまに恐ろしう聞こゆれば、「本院・新院は東へ御下あるべし。内・春宮は京にわたらせ給て、東の武士ども上りてさぶらふべし」など沙汰ありて、山々寺でらに御祈り、数知らず。伊勢の勅使に、経任大納言まいる。新院も八幡へ行幸なりて、西大寺の長老めされて、真読の大般若供養せらる。太神宮へ御願に、「我御代にしもかかる乱れ出で来て、まことにこの日本のそこなはるべくは、御命を召すべき」よし、御手づから書かせ給けるを、大宮院、「いとあるまじき事なり」と、なを諫め

きこえさせ給ぞ、ことはりにあはれなる。(老のなみ)

などと、宮廷中心の視点を外していない。元と高麗の連合軍の襲来についても「七月一日、おびただしき大風吹て、異国の船六萬艘、つは物乗りて筑紫へよりたる、みな吹破られぬれば、或は水に沈み、をのづから残れるも、泣くなく本国へ帰にけり」と述べ、「かくて静まりぬれば、京にも東にも、御心どもおちゐて、めでたさかぎりなし」と記している所を見ると、元寇がどのような事件であったかについて、全く考えようとしていないのである。

それでは、『増鏡』が熱心に語ろうとしたのは、何だったのであろうか。鎌倉時代、特に承久の乱以後、政治的な力を失った公家は、文化的な面ではなお優位に立っていることを支えにしようとした。経済的な面でも、武士にその基盤を浸食され始めた公家は、伝統的な文化の諸分野を専門化し、細分して、その一つ一つを家業として、家の存立の基礎にしようとした。しかし、家業の多くは経済的な力にはなり得なかったので、道として立てることによって、公家文化を守らざるを得なかった。

高度に専門化し、観念化して、憧憬の対象になった公家文化の中で、象徴的な意味を持たされたのが、和歌であった。『増鏡』には、武家の動きも、異国の襲来のことも、詳しく述べられることはなく、宮廷に関係のないことは埒外に置かれているが、そうした中で、勅撰和歌集の撰進のことは詳しく記されている。

鎌倉時代には、『新古今和歌集』『新勅撰和歌集』『続後撰和歌集』『続古今和歌集』『続拾遺和歌集』『新後撰和歌集』『玉葉和歌集』『続千載和歌集』『続後拾遺和歌集』という、九編の勅撰和歌集が編纂されたが、その中で『続後撰和歌集』を除く八集については、撰進のことが記述されており、歌合わせなどの記事も多い。皇室の、遊宴、賀宴、詩歌管絃の催し、仏事などが詳しく記され、宮廷の男女の恋愛、情事についても詳しく語られているのは、多くの指摘がある通りである。

しかし、それらは単に、公家の生活を耽美的に記したものではなく、武家の持ち得ない伝統的な文化の顕れとして、記述されたものなのであった。後鳥羽院は、単なる討幕の運動の指導者だったのではなく、公家文化の体現者として描かれ、その行動を記述することは、公家文化を具体的に説明することでもあった。

『増鏡』を書くに当たって、作者は、『五代帝王物語』『弁内侍日記』『とはずかたり』に拠る所が多かった。『舞御覧記』『大鏡』『今鏡』『平家物語』『土御門院御百首』『遠島御歌合』『続古今和歌集』『古来風躰抄』などを参照したことが確かめられているが、この歴史物語の中に、政治史の史料として特に重要な記述は、あまりないといってよいであろう。

ここ半世紀の間、『増鏡』は、現実から逃避した鎌倉時代の公家の生活と思想を述べたもので、文学的な価値はともかく、史書としては見るべきものがないと考えられてきた。鎌倉時代を武家の興起の時代と見て、鎌倉時代史を武家発達史として捉え、公武の対立を中心に政治史を考えるとすれば、武家の法制史料や荘園文書の解読が必要になり、時代像を得るためには、『平家物語』や『曽我物語』、さらに『太平記』に至る軍記物が重視されてきた。鎌倉時代中期、後期の公家社会に関心を持つ研究者は少なかった。

しかし、近世後期以来、『増鏡』は鎌倉時代の時代史として、広く読まれてきた。明治、大正時代にも、数多くの活字本が出され、多くの註釈書、口語訳が出版されている。宮廷中心の歴史物語が、国学以来の天皇中心の歴史観の下では、特別の違和感なしに鎌倉時代の時代史として受け入れられてきたのである。そして、ここ半世紀の間の歴史学研究の進展の中で、『増鏡』は、史書としては省みられなくなり、文学作品として研究されるのみになったのであるが、近年、公家社会に対する関心が高まり、儀式、年中行事の研究が盛んになる中で、『増鏡』が注目されるようになった。また、日本文化の構造を解明しようとする文化史研究が起こる中で、中世文化の典型を示すものとして、『増鏡』が取り上げられるようになっている。

七　諸本と翻刻、註釈書など

〔諸本〕

現存諸本は、現在一般には、古本系と増補本系とに分けられている。もとは、増補本と呼ばれている形態の本が、室町時代中期以降に流布したらしく、近世に入って古活字本、整版本が版行され、幕末明治の頃には二十巻本としての改訂が進められた。従って、長い間『増鏡』といえば増補本系の本を指していた。昭和に入って、尾張徳川家に伝えられた蓬左文庫の本が注目されることになり、十七巻からなるその本が昭和六年（一九三一）に、和田英松校訂『増鏡』として岩波文庫に収められて以来、十七巻本が古態を伝えるものと考えられるようになって、つぎつぎに紹介される古本系諸本が、多くの研究者によって取り上げられるようになった。

古本系の代表と考えられてきた蓬左文庫本は、永和二年（一三七六）の奥書を持つ本を、応永九年（一四〇二）に書写したという奥書があり、現存写本の中最も古い本であるが、応永九年書写本の転写本で、誤脱が少なくないので、諸本との綿密な校訂が進められている。この系統の本には、京都大学附属図書館（平松家旧蔵本）、陽明文庫、宮内庁書陵部、龍門文庫、岩瀬文庫、大倉精神文化研究所などの諸本がある。また、古本系の中で系統を異にするものに、宮内庁書陵部の桂宮本、谷森善臣旧蔵本があり、永正十八年（一五二一）の奥書を持つ学習院大学附属図書館本があり、その転写本である宮内庁書陵部蔵片仮名本、尊経閣文庫本などがある。

増補本系の諸本として最も古い写本は、尊経閣文庫の後崇光院（一三七二―一四五六）自筆本で、その他に静嘉堂文庫の浅野長祚旧蔵本、色川三中旧蔵本などがあり、古活字本、整版本も増補本系の本である。それらは一般に、十七巻の本を増補したものと考えられているが、増補本の方が古態を伝えているとする意見もあり、諸本の研究はまだ未解決の問題を残している。

〔複製　翻刻　註釈書〕

影印本、書陵部蔵桂宮本。龍門文庫蔵応永本（龍門文庫善本叢刊　二）。

翻刻、古本系では、蓬左文庫本を底本とするものに、岩波文庫、新訂増補国史大系、日本古典全書。岩瀬文庫本を底本とするものに、校注古典叢書。書陵部蔵御物本を底本とするものに、佐成謙太郎『増鏡通釈』。書陵部桂宮本を底本とするものに、講談社学術文庫。学習院大学永正本を底本とするものに、日本古典文学大系。書陵部蔵永正片仮名本が、佐藤高明『片仮名本増鏡の研究・本文資料篇』で翻刻されている。

増補本系では、古活字本が、史籍集覧（屋代弘賢校訂）。国史大系。

古印本が、和田英松・佐藤球『重修増鏡詳解』の底本に用いられている。


註釈書、和田英松　佐藤球『増鏡詳解』（底本二十巻本）。

永井一孝　竹野長次『校訂増鏡新釈』（底本二十巻本）。

佐野保太郎『増鏡新釈』（底本二十巻本）。

佐成謙太郎『増鏡通釈』（底本書陵部応永本、永正本で補修）。

岡　一男『増鏡』（日本古典全書）（底本蓬左文庫本）。

石田吉貞『増鏡評解』（底本二十巻本）。

岩佐　正　時枝誠記　木藤才蔵『神皇正統記　増鏡』（日本古典文学大系）（底本学習院大学蔵永正本）。

木藤才蔵『増鏡』（校注古典叢書）（底本岩瀬文庫蔵応永本）。

井上宗雄『増鏡全訳注』三巻（講談社学術文庫）（底本書陵部蔵桂宮本）。

参考文献

中村直勝「増鏡」　昭和七年　岩波書店
（『日本文学講座』三　物語小説篇所収）
和田英松「増鏡の研究」（『国史説苑』）　昭和九年　改造社
昭和十四年　明治書院

平田俊春「増鏡の成立に関する一考察
―舞御覧記との関係について―」 昭和十四年 『国語と国文学』一六ノ七
岡一男『増鏡』（日本古典全書 解説） 昭和二三年 朝日新聞社
松村博司『歴史物語 栄花物語と四鏡』 昭和三六年 塙書房
石田吉貞「増鏡作者論」 昭和二八年 『国語と国文学』三〇ノ九
（『新古今世界と中世文学』上 昭和四七年 北沢図書出版）
中村直勝「増鏡」（アテネ文庫） 昭和三〇年 弘文堂
松本新八郎「歴史物語と史論」（『岩波講座日本文学史』中世三所収） 昭和三四年 岩波書店
木藤才蔵「増鏡の構想と叙述」 昭和三六年 『国語と国文学』三八ノ六
同「増鏡の作者―二条良基に関する試論―」 昭和三七年 『国語と国文学』三八ノ一一・一二
岩佐正 時枝誠記 木藤才蔵『神皇正統記・増鏡』（日本古典文学大系 解説） 昭和四〇年 岩波書店
増淵勝一解説『歴史物語Ⅱ』（日本文学研究資料叢書） 昭和四八年 有精堂
宮内三二郎『とはずがたり・徒然草・増鏡 新見』 昭和五二年 明治書院
門屋和雄『増鏡総索引』 昭和五三年 明治書院
松村博司『歴史物語 改訂版』 昭和五四年 塙書房
井上宗雄『増鏡全訳注』上・中・下（講談社学術文庫） 昭和五四年 講談社
西沢正二『『増鏡』研究序説』 昭和五七年 桜楓社
木藤才蔵『中世文学試論』 昭和五九年 明治書院
伊藤敬『増鏡考説―流布本考―』 平成四年 新典社

河北騰『歴史物語の世界』

歴史物語講座刊行委員会編『増鏡』（歴史物語講座　第六巻）

平成四年　風間書房

平成一〇年　風間書房

律

高塩博

まえがき

古代法制の書。十巻十二篇。主として犯罪とそれに対応する刑罰を定めるので、今日の刑法に近似する法典であると言える。国家の諸制度を全般的に定めた「令」十巻三十篇とともに、日本古代国家の基本法典である。「律令」は、その後の日本の諸制度や法的思考に様々な影響を与えた点でも重要な役割を担った。

一　書名

この「律」は、養老年間の成立とされることから、今日これを「養老律」と呼んでいる。「養老律令」という名称は、大宝元年（七〇一）成立の「大宝律令」と区別するための呼称であり、法典の名称としては両律令ともに「律」「令」が本来のものである。たとえば、『本朝法家文書目録』が養老律令を「律一部十巻十三篇」「令一部十巻卅篇」と著録し、『令義解』撰定の発端をつくった額田今足の天長三年（八二六）の解文が、大宝律令を「令十一巻、律六巻」、養老律令を「奉レ勅刊二脩令律一各為二十巻一」と表記するが如くである。

『令集解』諸説は、大宝令と養老令とを区別して議論する場合、前者を「前令」「古令」、後者を「新撰」「新令」「今令」「此令」などと称した。律については大宝律を「古律」と称する事例が知られるが、養老律を「新律」「今律」「此律」などと表記して大宝律と区別することがあったと思う。わが国最古の漢籍目録である『日本国見在書目録』（藤原佐世撰、九世紀末葉頃の成立）には少数ながら国書が混在しており、ここでは大宝律を「大律六巻」、養老律を「新律十巻」と著録する。

二　構成と各篇の内容

弘仁格式の序は、その冒頭に律令格式の四者を定義して、

律以二懲粛一為レ宗、令以二勧誡一為レ本、格則量レ時立レ制、式則補レ闕拾レ遺、四者相須足二以垂一レ範、

と記す。すなわち、律令は懲粛勧誡をもって立法の目的とし、格式は律令の規定を改訂増補する追加法であり、あるいは律令の規定を運用するための法であった。この法体系は律令をもって根本の法典となし、格式をもって律令を補完する役割を担わせている。したがって、律令の規定を改正しあるいは増補する必要が生じた場合、律令の原文には変更を加えず、まずは単行法の格を発して改正増補を実現するという手続きを採った。この点は現代法と異なる律令法の特色である。

『古事類苑』は律令の内容を端的かつ平易に「律ハ罪人ヲ罰スル法ナリ、令ハ天下ノ制度ナリ」と説く（法律部二政書）。このことは『唐書』の刑法志においては、「令者尊卑貴賤之等数、国家之制度也、……其有レ所レ違、及人為レ悪、而入二于罪戻一者、一断レ以レ律」と表現されており、また『大唐六典』は律令を説明して「凡律以正レ刑定レ罪、令以設レ範立レ制」と記す（巻六）。いうまでもなく、わが律令は、基本的に中国唐代の律令法体系を継受したものであるから、これらの記事もわが律令の理解に役立つ。以上を要するに、律は犯罪とその刑罰を定めた制裁法規が中心を占める法典であり、他方、令は国制万般の大綱を定めた法典であり、制裁法に対するに命令禁止の法であると言える。

律令は、礼と徳とをもって国家を統治しようとする徳治主義の儒教思想が中核をなしており、その意味で律と令はいずれも教化法である。律は、実害の少ない行為であっても、儒教道徳に照らして非難すべき行為は相当重く罰している。儒教思想が濃厚である一方、法の威力をもって国家統治をめざす法家思想に基づく規定も随所に見られる。たとえば、闘訟律45告二等尊長条は次のような条文である。父母の犯罪を子が官憲に告発することは、儒教道徳に悖る行為であり、それ故この行為は徒一年の刑罰に該当する。しかし、父母の犯罪といえども、国家の存亡を左右する謀反・大逆・謀叛已上の三罪については、これを告発しても罪を科さないと定める。このように、律の各条文において、儒教思想と法家思想とが拮抗する場面が少なからず見られる。

さて、養老律十巻は名例律、衛禁律、職制律、戸婚律、廐庫律、擅興律、賊盗律、闘訟律、詐偽律、雑律、捕亡律、断獄律の十二律によって構成され、その編成は『本朝法家文書目録』（続々群書類従第十六、一四八頁）に、

律一部十巻十三篇

元正天皇養老二年、贈太政大臣正一位藤原朝臣不比等、奉レ勅作二律令并廿巻一、天平勝宝九年五月廿日勅令二施行一、

第一名例上　第二名例下　第三衛禁職制　第四戸婚　第五廐庫擅興
第六賊盗　第七闘訟　第八詐偽　第九雑　第十捕亡断獄

と見えている。『本朝法家文書目録』は、わが国の明法家が参照すべき律令格式その他の法律書目を収録した書で、その成立時期は平安末期から鎌倉初期を下らないとされる。この目録が養老律を十三篇と数えるのは、名例律を上下に分けて二篇と数えるためである。右の十三篇中、写本によって養老律条文の原文が今日に伝えられるのは、職制律五十六箇条と賊盗律五十三箇条の二篇、および名例律前半の五罪・八虐・六議と議条以下二十五箇条、衛禁律後半の十五箇条、闘訟律の三箇条（うち二箇条は部分）である。仮に五罪を五箇条、八虐と六議と各一箇条と数えるならば、伝存条文は百五十九箇条である。養老律は五百条に満たないから、伝存する条文数は全体の三分の一程度である。『本朝法家文書目録』の編成は、伝存写本の編成と一致し、逸文によって知られる編成とも矛盾しないから、養老律の正しい編成を示していると言えよう。

名例律以下断獄律に至る篇目は、およそ次のような内容を有する。名例律はおもに刑罰適用上の原則を定めており、名と例の二つの部分で構成される。名は五罪、八虐、六議の部分から成る。五罪は、笞罪、杖罪、徒罪、流罪、死罪という五種の正刑である。八虐は、謀反、謀大逆、謀叛、悪逆、不道、大不敬、不孝、不義の八項目を指す。謀反、謀大逆、謀叛は国家に対する反逆罪であり、いずれも死刑に該当する。悪逆以下に該当する罪は名教に違背する犯罪であり、儒教倫理に照らして特に厳しい処分を科す。これは、正刑の軽重を定めるのとは別の価値判断である。六議は議親、議故、議賢、議能、議功、議貴という、律の適用上、特別の待遇を受ける身分のことである。

例は、いわば総則的規定であり、たとえば議請減贖、除免官当など身分に応じた刑罰適用の規定、徒罪・流罪・死罪の適用に関する規定、高齢者・幼年者・身体障害者の刑事責任、自首、連坐、共犯、併合罪、および律令用語の定義規定などで構成されている。

衛禁律は、国家と皇室の安全を保つための警衛に関する刑法であり、衛と禁との二部に分かれる。衛は主として天皇とその周辺の警固に関する規定であり、禁はおもに関塞の防禦に関わる規定から成る。

職制律は、官人の職務執行違反を処罰する規定を集めてあり、国家の官僚機構を健全に保つことを目的としている。

戸婚律は、戸口と婚姻の二つの部分に分けられる。戸口は戸籍、養子、土地、租税等に関する規定を含み、婚姻はおもに婚姻法と離婚法から成る。

廐庫律は、廐牧と庫蔵の部分に分かれる。廐牧は、官私の畜産を保護するための規定を中心とし、畜産が加えた損害の賠償規定をも含む。庫蔵は、国家の庫蔵物の保管と出納等に関する規定である。

擅興律は、擅と興の部分に分かれる。擅は兵士の徴発、発遣、除遂および征討にかかわる諸規定から成る。興は軍事にかかわる土木工事や労働力の徴発等の規定を中心とする。

賊盗律は、賊と盗の二つの部分から成る。賊は反逆、謀叛、劫囚、造妖書妖言など国家の安全を侵害する罪、および謀殺、毒殺、屍体損壊など人の身体生命を侵害する罪などから成る。また盗は、神璽、内外印、関契、詔書、官文書等、国家の重要物を盗む罪、および強窃盗、恐喝など私人の財物を侵奪する罪などから成る。

闘訟律は、闘と訟の部分に分かれる。闘は、殴傷、殴傷致死、過失殺傷など身体を侵害する罪を定める。訟は告訴に関する罪であって、尊長を告訴する罪、誣告の罪および謀反大逆の不告罪を含む。訟の末尾の諸条は、事実上、告訴手続法である。

詐偽律は、詐と偽の二つの部分から成るが、その配置は偽を先とし、詐を後とする。偽は神璽、内外印等の印章の偽造に関する罪、詐は財物を詐取する罪をはじめ各種の欺罔による罪などを定める。

雑律は、他の篇目に分類しがたい種々の罪、たとえば銭貨私鋳、博戯賭財、違法な売買、堤防の決潰、失火、放火、物品の毀損、違令、不応為等の罪を規定する。

捕亡律は、捕囚と逃亡とに分けることができる。捕囚は罪人逮捕に関する規定、逃亡は罪人の逃亡罪と居るべき所から逃れることによって罪とされる逃亡罪とを定める。

断獄律は、断罪と禁獄の二つの部分から成る。断罪は刑事裁判手続に違反する罪、禁獄は判決前の囚禁法と判決後の刑の執行手続に違反する罪をおもに定める。断獄律諸条は、裁判および行刑に携わる官人に対する制裁法規であるが、あたかも裁判と行刑に関する手続法の観を呈している。

三　日本律の特徴

わが国が律の編纂を企てた時、中国の唐においては永徽二年（六五一）撰定の「律」十二巻とこれを注釈した「律疏」三十巻が存したから、日本律の編纂者は藍本として「律疏」の方を選択した。永徽の「律疏」は長孫無忌・李勣等が高宗の命によって撰定した公定の註釈書であって、詔して天下に頒たれ、「律と一体をなした権威ある注釈として、裁判に援用された」（律令研究会編『譯註日本律令』五　唐律譯註篇一あとがき〔滋賀秀三氏執筆〕昭和五十四年、東京堂出版）。わが編纂者は、この「律疏」を下敷として日本律を編纂したから、大宝・養老の日本律には本文・本注のほかに細字双行の子注が最初から存するのである。つまり、日本律においては、本文・本注・子注の三者がいずれも律文なのである。わが編纂者は永徽の「律疏」を継受して日本の「律」法典を編纂するにあたり、「疏曰」の語を省き、問答体の箇所はこれを平叙体に改めるなど、註釈書の色彩を除去することに努めている（高塩博「日本律編纂考序説」『日本律の基礎的研究』）。

そもそも母法の永徽律疏は、「疏の文章が、問題設定の的確さ、決疑の明快さ、前後照応の確かさ等において、なみなみならぬ知性の充溢を示している」のであって、戦国時代以来の多年にわたる法律学の伝統の上に生れた精華・摘要である（『譯註日本律令』五、あとがき）。日本律は、基本的にはその法体系に変更を加えずに唐の永徽律疏を継受した。養老律について言えば、名例律より断獄律に至る篇目とその配列は唐律疏に同じである。また、伝存養老律に見る限り、その各条文は唐律疏にかならず対応条文を見出すことが出来、その配列も唐律疏に従っている。唐律疏に存しない新たな規定を既存条文中に組込むことが稀に見られるが、新たな規定を独立条文として立てる事例は皆無である。

これらの事実は、唐律疏の内容が殺人、傷害、強窃盗、詐欺、偽造、賭博等々いわゆる刑法に相当する部分が多く、これらは中国・日本の国情を超えて普遍的であるから、日本律はそれらの内容に大きな改変を施すことなしに継受することが可能であったことを示す。他方、唐律疏の体系が論理的かつ緻密であって各条文が相互に緊密に関連を有するため、法体系自体に変更を加えることは、およそ不可能であったと見られる。日本律は、この意味において、わが国情に適合させるために唐令の体系に変更を加えた日本令とは編纂事情を異にするのである。

日本律は唐律疏を継受するにあたってその法体系に何らの変更を加えなかったとは言え、細部にわたっては日本の

「律」法典たらしめるべく、様々な改訂が施されている。しかしながら、その際に各種の不備が生じてしまった。すなわち、養老律には編纂上の不備が少なからず見出されるのであり、皮肉にもこれが日本律の特色の一つになっている。たとえば、雙六という遊戯は財物を賭けても賭けなくとも、その遊びに興じただけでこれを犯罪として扱い、唐律疏はこの犯罪に対する刑罰を杖一百と定め（雑律14条）、父母や夫の喪中における雙六に対してはこれより重い徒一年の刑罰とした（職制律30条）。

ところが、日本の養老律はこれらの規定を継受し、職制律の刑罰を三等軽くして杖八十に改めたものの、雑律の刑罰を杖一百のままとした。その結果、喪中に行なった雙六よりも通常の雙六の方が重く罰せられるという刑罰の不均衡が生じてしまった。ここに見られる条文間の矛盾は、刑法典としては致命的な欠缺と言わざるを得ない。その原因は、職制律の改訂に連動して雑律の刑罰もまた軽くすべきであったのに、不用意にもこれを失念したことにある（高塩「養老律令の賭戯規定について」前掲書）。

かつて瀧川政次郎氏は「律令の枘鑿」という論考を著し（『律令の研究』昭和六年、刀江書院）、養老の律と令との間に横たわる矛盾・重複、および養老令内の矛盾・重複等について指摘された。枘鑿の種々の形態は、

一、条文間における矛盾

(イ)唐制改変によって生じた矛盾

(ロ)唐令省略によって生じた矛盾

(ハ)前令改変によって生じた矛盾

(ニ)唐制の矛盾を継承したもの

二、条文間における重複

(イ)条文全体の重複

(ロ)条文一部の重複

三、用語の混乱

(イ)同語異義

(ロ)異語同義

というものであり、これらの枘鑿は養老律の内部においても少なからず散見されるところである。枘鑿の生じた原因には次のような場合が存する。(1)一方では国情に合わせて母法の律疏を改訂しておきながら、他方ではその関連規定の改訂を怠っている場合。前掲した刑罰の不均衡が典型的事例であり、このような迂闊な誤りが比較的多い。(2)母法の律疏の内容を正しく解釈できなかったがために生じた不備。たとえば、唐律疏の名例律12婦人官品邑号条は日唐の官職制度の差異により、養老律では条文全体を削除すべきであったが、養老律の編者は本条を正しく解釈することができずに、この条文を改変して継受した。そのために、この条文と名例律第八〜十一条、同第十七〜二十条との間に重複が生じてしまったのである（高塩「名例律婦人有官位条について」前掲書）。(3)唐律疏の難解な問答体の箇所を養老律で平叙体の文章に翻案するに際して生じた不備。この場合も唐律疏に対する解釈が充分でないため生じる不備であり、時には理解しがたい文章が作られたり、重要な説明文が省略されたりする場合が存する。(4)その他、養老律は唐律疏の内部に存する誤謬については、編者がそれに気付かずにそのまま踏襲している（小林宏「日本律の枘鑿」『古代文化』五一巻二号、平成十一年）。

又、養老律は「名例律第一」という標題を名例律8議条の前に置き、五罪、八虐、六議を名例律の枠外に配置する。しかしながら、養老律のこの形式は、「名者五刑之罪名、例者五刑之体例」という律の考え方を無視した改変である（井上光貞他『日本思想大系3律令』四八六頁参照、昭和五十一年、岩波書店）。

これら様々な不備は、養老律の編者が唐律疏の内容を十分に咀嚼していなかったことを示すと同時に、不用意なミスも目立つことは、養老律の修訂が必ずしも入念でなかったことを物語っている。換言するならば、これらの不備の存在は、各規定が緊密な関連を有しながら論理的整合性を保っている唐律疏を藍本に据え、これを改変して日本律を編纂することがいかに至難の業であったかということを意味する（小林「日本律の枘鑿」）。

大宝・養老の日本律はこのような困難な編纂作業を経て成立したのであり、不備が目立つからと言って、日本律編纂の意義を減ずるものではない。

四　編纂者

養老律令の編纂は、主宰者の右大臣藤原不比等のもと、矢（箭）集虫麻呂、陽胡真身、大和長岡、塩屋吉麻呂、山田白金という五人の、いずれも六位以下の官人がこの事業に携った。その行賞が養老六年（七二二）二月に行なわれ、正六位上矢集宿禰虫麻呂、従七位下塩屋連吉麻呂に田各五町、従六位下陽胡史真身、従七位上大倭忌寸小東人（のちの大和宿禰長岡）、正八位下百済人成（のちの山田連白金）に田各四町が支給された（『続紀』同年同月戊戌条）。この功田は、養老律令施行の年すなわち天平宝字元年（七五七）の十二月、各人の子に伝えられることになった（『続紀』同年同月壬子条）。

行賞賜田の前年の養老五年正月、学術技藝に優れ、人の師範となるに堪えた人物に賞賜が加えられたが、明法学の分野においては矢集虫麻呂と塩屋吉麻呂の二人が表彰されている（『続紀』同年同月甲戌条）。この二人は、『藤氏家伝』下にも神亀の頃の宿儒としてその名が挙げられている。

矢集宿禰虫麻呂はその後法律家の力量を発揮するかのように刑部省大判事（天平四年九月）、大学頭（同年十月）を歴任し、従五位下にまで陞った。『懐風藻』に漢詩二首が採られている。

陽胡史真身は、代々朝廷の文書を掌った史の家に生まれ、漢語に長じていた。天平二年（七三〇）三月、五人の学者に各二人の弟子をとらせて漢語を学ばせることとしたが、真身は五人の中の一人である。後、豊後守（天平十年四月）、但馬守（天平十三年八月）を歴任し、官位は従五位下にまで進んだ。『和名抄』に引用される「楊氏漢語抄」は真身の著作と見られている。

大和宿禰長岡はその卒伝によれば、刑部少輔五百足の子として生まれ、若いころから「刑名之学」を好み、同時に文章にも長じていた（『続紀』神護景雲三年十月癸亥条）。霊亀二年（七一六）に入唐請益生に選ばれ、翌養老元年に藤原宇合らと共に入唐し、同二年十二月には帰国入京した。時に三十四歳である。卒伝には「霊亀二年、入唐請益、凝滞之処、多有二発明一、当時言二法令一者、就二長岡一而質之」とあるから、入唐による新知識をも用いて養老律令編纂に大きく貢献したことと思う。「刑名之学」を好んだ長岡のことであるから、とりわけ律条文の整備に重きをなしたと推測される。

帰朝後の養老年間、長岡は在京官司の判官の地位にあって律令条文の整備に従事していたらしい。このことは、常陸国司藤原宇合が長岡に送った漢詩の序に、「留二驥足於将一レ展、預レ琢二玉条一、廻二鳧舃之擬一レ飛、忝レ簡二金科一（驥足を将に展べむとするに留め、玉条を琢《みが》くに預る。鳧舃《ふせき》を飛ばむと擬《す》るを廻らし、金科を簡《えら》ぶに忝くす）」とあることによって判明するところである（「在二常陸一贈二倭判官留在一レ京」『懐風藻』）。金科は律の条文、玉条は令の条文を意味する。

長岡は天平十年（七三八）閏八月、父に同じく刑部少輔に任ぜられ、その後は地方官を歴任した。神護景雲三年（七六九）十月に八十一歳をもって没したが、その年、吉備真備とともに「弁二軽重之舛錯一、矯二首尾之差違一」めた『刪定律令』二十四条を編修した（『続紀』延暦十年三月丙寅条）。考課令1集解の令釈が引用する「大和山田説」は、大和長岡と山田白金の学説であると見られている。また『藤氏家伝』下には、「文雅」の人として彼の名が挙げられており、卒伝の記事とも一致する。

塩屋連吉麻呂は、前述したように明法の学業に秀でた者として矢集虫麻呂とともに養老五年正月に賞賜の栄誉に浴し、『藤氏家伝』下にも神亀の頃の宿儒として守部大隅、越智広江、箭《(矢)》集虫麻呂らと共に名を連ねているから、当代一流の学者であったことが知られる。吉麻呂は『令集解』の中にも登場する。賦役令19集解の古記は神亀四年（七二七）正月の格を引用するが、正七位下の吉麻呂は鍛冶大角（正五位下）、越智広江（従五位下）とともに「令師」の肩書であらわれる。「令師」は、大宝律令の運用や解釈にあたって諸司・官人から提出された疑義に回答を与え、同時に律令細則の治定にも携っていた人々と考えられている（虎尾俊哉「『例』の研究」『古代典籍文書論考』昭和五十七年、吉川弘文館）。鍛冶大角は守部大隅のことであり、大宝律令編纂に参画した人物である。つまり、吉麻呂は先輩の明法学者と肩を並べて重要な任務を担当していたのである。

選叙令12集解の古記には「如二塩屋判事智判事等一之類也」とあって、ここでも越智広江と肩を並べている。吉麻呂が外従五位下に進むのは天平十一年（七三九）正月のことであるが、職員令13集解の令釈には「明法博士外従五位下塩屋連吉麻呂」と見えている。この時期の「明法博士」は「令師」の別称であるという（早川庄八「奈良時代前期の大学と律令学」『日本古代官僚制の研究』）。『懐風藻』に詩一首が採録されており、外従五位下の時、大学頭に就いていたことが知られる。

山田連白金もまた、法律家としての名声はきわめて高かった。曾孫山田春城の卒伝（『文徳実録』天安二年六月己酉条）には、白金を評して「為二明法博士一、律令之義、無レ所レ不レ通、後言二法律一者、皆咸資二准的一」と記している。前述した大和長岡は「当時言二法令一者、就二長岡一而質之」と評されたが、長岡と白金が「大和山田説」として併称されるのも頷ける。

天平宝字元年（七五七）九月十六日、その年の五月に養老律令を施行したのにともない、平城宮の禁中に新令講書が開始された。この講書の博士として説を伝えたのが、山田白金である（『清原宣賢式目抄』所引新令私記）。白金の学説はその没後も長く権威を保ったらしく、寛治の頃（寛治元年は一〇八七）、明法博士菅原有真は山田白金の学説に依拠して罪名勘文を勘申した（『平戸記』寛元三年四月十四日の陣定文）。白金は、新令講書の翌年七月に外従五位下に進み、天平宝字五年十月には明法博士をもって主計助を兼ね、同七年四月には河内介に任命された。

養老律令編纂を主宰した右大臣藤原不比等は、大宝律令編纂の実質的責任者として律令編纂事業を経験し、それのみならず律令施行直後も式部卿葛野王らと共に「令官」として活動した。「令官」は前述した「令師」と同じように、律令解釈やその運用上の疑義に対し、政府の統一見解を示すような役割を担っていたと思われる。すなわち、不比等は律令編纂のみならず、法解釈の実務的経験を併せもっていたのであり、その不比等が六位以下の五人の専門家を指揮して養老律令を編纂したのである。五人の下僚のうち、陽胡真身は漢語の専門家として律令条文の文章上の体裁を整えることに意を用いたと思われる。他の四人はいずれも当代一流の法律家であり、とりわけ大和長岡と山田白金は気鋭の新進であった。養老律令が行賞賜田から約三十七年を経て施行に移された天平宝字元年の頃、この二人は最も権威ある法律家としてその名が聞こえていたと思われる。

大宝律令の編纂においては刑部親王を総裁にいただき、藤原不比等、粟田真人、下毛野古麻呂らの有力官人が名を連ね、総勢十九名が事にあたった。これに較べると、養老律令の編纂事業は、六位以下の専門家集団のまことに小規模な編成で実施されている。この点が養老律令編纂事業の特色の一つである。

五　成立年と編纂事情

大宝律令をめぐる記事は『続日本紀』に比較的豊富に掲載されていて、その編纂の経過や成立年代等については、先学の努力により今日すでに解明されていると言ってよい。ところが、養老律令に関してはその成立年、編纂の目的、施行の遅れた理由等について様々な議論がなされ、いまだ定説が得られていないと言ってよい程である。それは、養老律令編纂をめぐる記事の少ないことに大きな原因がある。『続日本紀』には、養老律令に直接言及する記事が三つ載せられているにすぎない。すなわち、第一は「撰二律令一功」によって矢集虫麻呂以下五人に行賞賜田を行なった養老六年（七二二）二月戊戌条の左の記事であり、

A賜二正六位上矢集宿禰虫麻呂田五町、従六位下陽胡史真身四町、従七位上大倭忌寸小東人四町、従七位下塩屋連

吉麻呂五町、正八位下百済人成四町一、並以下選二律令一功上也、

第二は、養老律令の施行を令する天平勝宝九歳（七五七）五月丁卯条の次の記事である。

B又勅曰、頃年、選人依レ格結レ階、人人位高、不レ便二任官一、自レ今以後、宜レ依二新令一、去養老年中、朕外祖故太政大臣、奉レ勅、刊二脩律令一、宜下告二所司一早使中施行上、

第三の記事は、大和長岡以下五人の「修二律令一」の功績を下功と定めて各人の功田を子に伝えることを決めた天平宝字元年（七五七）十二月壬子条で、左の如くである。

C太政官奏曰、……正五位上大和宿禰長岡・従五位下陽胡史真身、並養老二年修二律令一功田各四町、外従五位下矢集宿禰虫麿・外従五位下塩屋連吉麿、並同年功田各五町、正六位上百済人成同年功田四町、五人、並執二持刀筆一、刪二定科条一、成レ功縦多、事匪二匡難一、比校一同二下毛野朝臣古麿等一、依レ令下功、合レ伝二其子一、

養老律令編纂に関するその他の基本的記事には、額田今足解と弘仁格式序とが存する。天長三年（八二六）十月五日の「應二撰定一令律問答私記事」に引用する、明法博士額田今足の解文には、

D謹検二旧記一、律令之興、年代侵遠、沿革随レ時、損益因レ世、藤原朝庭御宇、正一位藤原太政大臣、奉レ勅制二令十一巻・律六巻一、（中略）至二于大宝元年一、脩撰既訖、施二行天下一、平城朝庭養老年中、同太政大臣、復奉レ勅刊二脩令律一、各為二十巻一、博士正四位下大和宿禰長岡、従五位下陽胡史真身、従五位下矢集宿禰虫麻呂、従五位下塩屋連古麻呂、従五位下山田連白金等、（下略）

と見えており、天長七年（八三〇）十一月施行の弘仁格式の序には、

E暨乎 推古天皇十二年、上宮太子親作二憲法十七箇条一、国家制法、自レ茲始焉、降至二 天智天皇元年一、制二令廿

二巻一、世人所謂近江朝庭之令也、爰逮二文武天皇大宝元年一、贈太政大臣正一位藤原朝臣不比等奉レ勅撰二律六巻、令十一巻一、養老二年復同大臣不比等奉レ勅更撰二律令一、各為二十巻一、今行二於世一律令是也、

と見えている。

養老律令の成立年を養老二年とする説が長い間行なわれて来た。それは前掲史料Cに「養老二年修二律令一」とあり、史料Eに「養老二年復同大臣不比等奉レ勅更撰二律令一」と見えるからである。ところが坂本太郎氏は養老律令の刪定が不徹底であることを指摘された上、養老律令の刪定は実質的には完成しなかったと推測し、また「養老二年に撰修が成ったとすれば、養老六年の行賞はややおそきに過ぎはしまいか」と述べて、養老二年成立説に疑問を投げかけた（「養老律令の施行について」『律令制度』坂本太郎著作集第七巻、平成元年、吉川弘文館）。

その後、養老二年成立説を否定する議論がいくつか出されたが、なかでも利光三津夫氏が養老年間における大和長岡の動静を明らかにされた意義は大きい（「養老律令の編纂とその政治的背景」『続律令制とその周辺』）。すなわち、長岡が入唐請益して律令の新知識を持ち帰るのは、養老二年のことである。遣唐使一行は同年十月に大宰府に帰船し、十二月に入京復命した。長岡の卒伝に「入唐請益、凝滞之処、多有発明」とあるように、入唐して得た知識により今まで疑問としてきた点が数多く解決したのである。「凝滞之処」とはおそらく律令に関する疑問であり、養老度の改訂作業は長岡の帰国によって大いに進捗したことと思う。長岡は在京の役所の判官の地位にあって、その後も継続して律令改訂の作業に従事した。

一方、養老二年成立説もまた主張されている。たとえば井上光貞氏は、養老律令刪定事業の開始をかなり早い時期に求め、長岡の帰国後、「養老二年中に律令を奏上することは不可能ではないのではないか」と説かれる（「日本律令

の成立とその注釈書」『日本思想大系3律令』)。しかし、いかに準備万端で渡唐したとしても、帰国後二十日足らずで删定作業を完了させ、且つ奏上するのは無理なように思う。それよりも、養老二年を編纂事業の開始の年と考える榎本淳一氏の説が傾聴に値する。すなわち、「大和長岡らの齎した唐の新たな律令格式などの法典類や法律知識が刺激となって、法典編纂が企図された」というのである(「養老律令試論」笹山晴生先生還暦記念会編『日本律令制論集』上巻)。

養老度の改訂は律令の全篇にわたっているものの、その改訂は字句名称の変更が多くを占め、規定内容を変更する実質的改正も少なからず存するが、この場合もさほどの重要性をもたない変更が大多数である。一方、大宝律令施行以後、格によって律令の規定に重要な変更が加えられた場合でも、これは養老度の改訂に採用されていない。こうした前提から、養老律令の編纂についての従来の研究は、その編纂の目的を、藤原不比等の権勢欲、文武天皇の皇子で不比等の外孫にもあたる首皇子(のちの聖武天皇)の即位に備えての新律令の編纂、律令の制定・公布権を自己の皇統に伝える個人的目的など、政治的理由に求めることが多かった(坂本、利光、井上氏の前掲論文等)。

しかしながら、養老律令の編纂には、大宝律令の不備を是正するという内的理由が大きく作用したことも見逃してはなるまい(このような視点を有する論考に、坂本太郎「大宝令と養老令」『律令制度』坂本太郎著作集第七巻、平成元年、吉川弘文館、早川庄八「奈良時代前期の大学と律令学」前掲書、高塩博「大宝養老二律の異同再論」前掲書、榎本淳一「養老律令試論」前掲書等がある)。むしろ、不備を是正するという実務的要請の方が、養老度の改訂を推進した要因としては重要だったのではあるまいか。

前述したように、今日に伝えられる養老律令には立法技術の未熟さに起因する不備が随所に見出される。これを以て推測するに、大宝律令には養老律令にも増して数多くの不備が存在したことと思われる。それ故、大宝律令を施行してみると、条文解釈の疑問や運用上の問題がすぐさま発生したのであり、編纂に携った藤原不比等は式部卿の葛野王らと「令官」として活動し、諸司や官人から寄せられる疑問に回答を与えたのである。また和銅年間から天平年間にかけて、伊吉連子人、越知直広江、鍛冶造大隅、塩屋連吉麻呂などの法律家が「令師」という肩書で活動しており、彼らも諸司・官人に対する応答という形での法解釈の確定、および律令細則の治定などを任務としていた（早川前掲論文）。

大宝律令は施行過程の折々に不備が発見され、「令官」「令師」はその都度不備を是正する措置を講じたと思われるが、字句の修正や条文間の整合性を保つための調整など、律令に対する理解が深まるにつれてその修正は枚挙に遑なく、やがては律令の全篇にわたる全体的手直しが痛感されるようになったことと思う。そこで「少好㆓刑名之学㆒」という新進の大和長岡を唐に派遣し、山積した問題点の解決案をさぐらせようとしたのであろう。その長岡の帰国を契機として、律令改訂を本格的に開始すべしとの勅命が下ったと考えられる。養老度の改訂事業は、史料ＢＤＥにも明記されているようにそれは勅によるものであって——たとえ不比等らの私的な思惑が含まれていたとしても——れっきとした国家事業である。

次に、養老律令の編纂という国家事業の性格については、岩橋小弥太氏と小林宏氏の言説に耳を傾ける必要がある。岩橋氏は次のように述べられる（「律令新考」『（増補）上代史籍の研究』下巻、昭和四十八年、吉川弘文館）。

> 不比等は大宝の後十数年、其の間の経験や時の動きによつて、先に自ら努力した大宝の事業に不満を感じる事のあつたのを、自分の手で修飾を加へようとしたまでであつて、養老二年のは実は大宝の事業の継続であり、其の仕上げであつて、当時にあつてはこれを律令の根本的な修正とは考へなかつたのであらう。

また小林宏氏は次のように述べられる（「刑法草書と式目と律令と―前近代の法典編纂―」『創文』三八一号、平成八年）。

我が国最初の本格的な律令法典である大宝律令を施行した場合、用語の曖昧さ、不適切さ、文章上の矛盾・不備等が発見されて、それを修正しようという動きの生ずるのは極く自然の成り行きである。従って前記勅の「刊脩」を修正の意にとれば、養老度の編纂はあくまで大宝律令の修正であって、新法典の編纂とは考えられていなかったことになり、少くとも養老度の編纂者たちの間には新法典の編纂という意識は乏しかったであろう。

要するに、養老度の律令編纂は新律令の編纂にあらずして、大宝律令を手直しする事業であり、藤原不比等をはじめ五人の編纂者たちは、大宝律令と一線を画する新法典を編纂するという意識を持っていなかったということである。したがって、養老度の改訂には令の篇目構成における増補改変や律令条文の内容にかかわる大きな変更も見られるけれども、大宝律令編纂時の基本方針を堅持した上での改訂作業であったと考えられるのである。

養老律令が大宝律令を手直しした法典にすぎないということは、次の二つの事由がこれを証明する。第一は、養老律令を大宝律令とは別個の新法典たらしめるならば、大宝二年以降の格による改正点を養老律令に採り入れるべきであるのに、それをしていないということである。後世における格の編纂が大宝二年を起点とするのはその故である。第二は、養老律令の編纂委員の陣容に求められる。統轄責任者の不比等こそ右大臣の地位にあったが、編纂の実務を担当する人々は六位以下の官人であり、それは四人の法律家と一人の文章家で構成されている。したがって、高度に政治的判断を要する重大な改訂などは念頭になく、立法上の様々な不備を是正するような、法の技術的な改訂に主眼を置いていたのだと思う。そのような改訂作業を行なう過程において、規定内容を変更する改訂もしばしば必要となったのである。

以上を要するに、後世「養老律令」と呼ばれる法典は、「養老年間の改訂を経た大宝律令」であると言っても過言ではなかろう。

律令改訂事業の主宰者藤原不比等は、養老四年（七二〇）八月三日、六十三歳（一説に六十二歳）をもって薨去した。指揮官を失なった改訂事業は、開始から二年足らずで重大な局面を迎えたのである。五人の編纂委員によって改訂作業をその後も続行したとしても、作業は養老六年をもって打切られたと考えられる。すなわち、同年二月、学術に秀でた者二十三人に賜田した折、五人の編纂委員にもそれぞれ功田を支給したのである（史料A）。この行賞賜田をもって養老度の改訂事業は終止符が打たれたのであって、養老律令はついに奏上されることなく、未完成のままにお蔵入となったと考えるべきである。史料ＢＤは律令成立の具体的年紀を記さずに、「養老年中」と幅をもたせてやや曖昧に記す。ここには、改訂作業における上記の事情が映し出されているのではなかろうか。

とは言うものの、不備の目立つ大宝律令は相変らず現行法として運用されているから、折につけて発見される不都合は、「令師」たちによってその度ごとに是正措置がとられたことと思う。「令師」の活動は天平年間においても確認されるのである。そしてこれらの是正措置は、やがて施行される養老律令に盛り込まれたと考えられる。

養老律令は不比等の孫の藤原仲麻呂の手により、ようやく陽の目を見ることになった。養老二年より数えてちょうど四十年目の天平勝宝九歳（七五七）五月二十日、施行に移されたのである（史料B）。施行の理由を父祖顕彰の熱意や仲麻呂の新奇をてらう政策に求める説（坂本前掲論文）が古典的であって今も意味を失なわない。しかし、現実の政務上の要請が施行を促したという面こそ重視すべきであるとする説（榎本前掲論文）も併せて考慮されるべきであろう。

お蔵入していた律令をいざ施行に移すとなると、これにも大宝律令と同様の高い権威をもたせる必要があるから、施行の年の十二月、編纂委員五人の功績をあらためて「下功」と位置づけ、大宝律令編纂に従事した下毛野古麻呂らと同等の功績としたのである（史料C）。又、額田今足解文（史料D）や弘仁格式序（史料E）は養老律令施行後約七十年を経過した頃の記事であり、これらの記事は、養老律令を大宝律令とは別個で且つ同格の法典であるかのように扱っている。

養老律令施行の後、律令廃止の格や、効力を一時停止する法令などが出されたことがないから、律令の効力は——実効性如何は別として——明治時代を迎えるまで持続したことになる。慶長二十年（一六一五）の「禁中並公家諸法度」には第十二条に「罪之軽重、可レ被レ相二守名例律一」という規定が見られる。すなわち、江戸幕府は公家の犯罪に養老名例律を用いることを指令したのである。

六　底本ならびに諸本

紅葉山文庫本（国立公文書館内閣文庫蔵）

名例律と賊盗律の底本。巻子本二巻。烏糸欄を有し、訓点が施される。名例律には若干の書込みと多数の裏書を存する。本書はこの裏書を「名例律裏書」と名付けて附収する（後述）。また各条文には条文名を表す標目が見られる。訓点には、朱筆によるヲコト点、声点、音読符、句点、読点、注点等と、墨筆による声点、音読符、訓読符、傍訓、返り点等とが存する。本書はこの中からヲコト点、傍訓、送り仮名の必要なものを採り、ヲコト点は仮名に改めている。なお、底本に存する訓点については、築島裕「律令の古訓点について」(井上光貞他校注『日本思想大系3律令』所収解説)を参照されたい。

底本は金沢文庫本の忠実な臨摸本である。原本の金沢文庫本の「律」二巻は、豊臣秀吉の小田原征伐の折、秀次が金沢文庫より搬出した古典籍のなかの一部である。「律」二巻は、この時一緒に持出した「令義解」七巻、「令集解」十巻と共に禁裏に献上された後、今出川(菊亭)晴季に下賜された。晴季は慶長十九年(一六一四)八月、江戸幕府の律令格式採訪の要請に応え、これら金沢文庫本律令十九巻を徳川家康に献納した。

ところが、現に国立公文書館に所蔵される紅葉山文庫本律令十九巻は、すべて金沢文庫本の臨摸本である。晴季が金沢文庫本そのものを献納したのか、あるいはその臨摸本を献納したのか、今日議論の分かれるところである(石上英一「『令集解』金沢文庫本の再検討」〔『日本古代史料学』平成九年、東京大学出版会〕参照)。

名例律には文永十年(一二七三)九月に清原俊隆所持本を筆写した旨の北条実時の識語が存し、また賊盗律には正嘉元年(一二五七)十一月に「相伝秘説」をもって北条実時に伝授した旨の清原教隆の識語が見られる。つまり、底本の親本である金沢文庫本は、鎌倉時代の筆写であり、北条実時の所持本であったのである。実時は名例律についても清原教隆伝授本を所持していたが、これを焼失したが故、教隆本の転写本である清原俊隆本を書写した。実時は俊隆本書写の翌月、豊原奉重の遺本からそこに存する裏書、頭書、種々の書込等を転記したのである。これらの書込みについては石上英一氏によって詳しく分析されている(「『令義解』金沢文庫本の成立」前掲書所収)。

なお、紅葉山文庫本は、『譯註日本律令』四 律本文篇別冊(律令研究会編、昭和五十一年、東京堂出版)に影印が収載されている。

広橋家本（国立歴史民俗博物館蔵）

衛禁律・職制律の底本。広橋伯爵家旧蔵本であったが、東洋文庫を経て現在の所蔵機関に移った。烏糸欄あり。訓点や書込みは見られない。本文と本注とを同じ大きさの文字で記すので、形態の上からは本文と本注とを区別することができない。後述の九条家本闘訟律断簡においても同様である。これに対し、紅葉山文庫本および後述の東京大学史料編纂所本は、本注の文字の上の余白に朱点を打つことで、その文字が本注であることを示す。

広橋家本の「律」は「吉部秘訓抄第一」の紙背に伝えられたもので、書写年代は鎌倉時代を下らない時期と考えられる。国立歴史民俗博物館の広橋本には「吉部秘訓抄第四」が存し、その紙背に「令義解」の「応撰定令律問答私記事」以下「官位令第一」までが伝えられている。「律」「令義解」の紙背を利用して「吉部秘訓抄」が筆写されたのは、南北朝時代の頃とみられる。

なお、宮内庁書陵部には広橋家本「吉部秘訓抄」の僚巻と見做される谷森本「吉部秘訓抄第五」が所蔵されている。その紙背の第一紙から第四紙にかけては「律」の律目録から八虐までを存し、同じく紙背の第五・第六紙には「令義解」の儀制令の冒頭から第六条（文武官条）の半ばまでを存する。

広橋家本は前掲『譯註日本律令』四に、谷森本は『譯註日本律令』十一令義解譯註篇別冊（平成十一年、東京堂出版）に、それぞれの影印が収載されている。

九条家本（東京国立博物館蔵）

闘訟律の底本。第三条（闘以兵刃条）の途中から第五条（闘殴殺人条）の途中までが筆写された断簡。烏糸欄あり。

訓点、書込み等は見られない。

この断簡は九条公爵家旧蔵の「延喜式」の紙背として伝えられ、第廿六主税式の部分に存する。筆写年代は平安時代中頃とみられ、「律」の写本中もっとも古い。その影印は、『古簡集影』第壹輯（東京帝国大学史料編纂掛編、大正十三年）、および前掲『譯註日本律令』四に収載されている。

東京大学史料編纂所本（同編纂所蔵）

本書の名例律の校勘に用いた伝本にして、紅葉山文庫本と系統を同じくする善本。この伝本は、大正四年（一九一五）、田中光顕（一八四三―一九三九、内閣書記官長、元老院議官、宮内大臣等を歴任）の所蔵本を影写したもので、表紙に「本邦律　零本」、巻末には「右本邦律／伯爵田中光顕氏所蔵／大正四年十一月写了」と記されている。

原本は巻子本であったと思われるが、関東大震災の際に灰燼に帰した。その奥書に、

以二外戚証本一垂露已畢

敢無レ残二一説一之、　有隣

と見えるから、原本は平安時代後期の明法博士小野有隣（久安五年（一一四九）没）の所持本であって、それは外祖父の明法博士菅原有真のもっていた写本を忠実に写しとったものであったことが知られる。

この伝本は名例律上の写本であるが、三箇所の闕失部分を存する。すなわち、(1)巻首の律目録から八虐大不敬の子注「工匠造船、備」まで、(2)第十八条（除名条）の末尾の子注「降依当贖法」から第二十条（免所居官条）の子注「十三月内而」まで、(3)第二十八条（雑戸条）の子注「免、同居不知情亦流」から第二十九条（更犯条）の子注「不合加杖、

唯有元犯」までを闕くのである。烏糸欄、ヲコト点、傍訓を存し、条文名を表す標目も見られる。数多くの書込みと裏書とを存し、本書はこれらを「名例律勘物」と名付けて附収する（後述）。点図・訓法は紅葉山文庫本と基本的に一致する（早川庄八「『日本思想大系3律令』解題」）。

第一丁表の影印が『譯註日本律令』一首巻（昭和五十三年、東京堂出版）に、裏書の影印が『日本律復原の研究』（国学院大学日本文化研究所編、昭和五十九年、国書刊行会）にそれぞれ口絵写真として掲載されている。

江戸時代には金沢文庫本を祖とする名例律と賊盗律が多数作られているが、次の四本は紅葉山文庫本を直接の祖としないと推定される。しかもこの四本は、名例律第三十二条（彼此倶罪条）の中に共通する脱行が見られるので祖本が等しいと考えられる（早川「前掲解題」）。

(1)東山御文庫本（宮内庁侍従職蔵）

(2)前田家本（前田育徳会尊経閣文庫蔵）

(3)谷森本（宮内庁書陵部蔵）

(4)伝九条家本（宮内庁書陵部蔵）

(3)の谷森本は「吉部秘訓抄」紙背の「律」とは別本であり、新訂増補国史大系『律』の校勘に利用されている。

一方、衛禁律・職制律の流布本は、すべて広橋家本を祖とすると推測される。

名例律裏書

紅葉山文庫の名例律（巻子本）の紙背に書付けられた律の注釈。注釈は名例律の律目録、五罪、八虐、六議の裏側に存し、それらの項目の意味や用語を解釈したものである。「律目録」から「篤疾事」まで三十二の裏書を存し、そのうち紅葉山文庫本が佚している「議貴事」「名例事」は林述斎旧蔵本の『律裡書』（国立公文書館内閣文庫蔵）を以て補い、同様に「笞杖事」に存する脱文もまた『律裡書』で補塡してある。

『名例律裏書』の注釈は、「古答云」として引かれるものが六、以下「釈云」が六、「物記云」が五、「穴記云」が一、「私記云」が二、「集解云」が一である。これらは日本律の注釈書からの引用であり、「古答」のみが大宝律の注釈である。「釈」「物記」「穴記」の諸書は、『令集解』所引の註釈書にも存する。「集解」とは『律集解』のことである。

一方、『名例律裏書』には中国の法律書からの引用も見られる。「疏云」として引かれるもの七、「附釈云」が四、「楊書云」が一、「張云」が一、「抄云」が一である。「疏云」の「疏」とは唐の永徽の「律疏三十巻」のことであり、そこに引かれるのはその疏文である。「附釈」とは、『日本国見在書目録』および『本朝法家文書目録』に著録される「律附釈十巻」のことで、これは唐律の註釈書である。「抄云」の「抄」とは、『日本国見在書目録』著録の「刑法抄一巻」のことと推定され、この書もまた唐律を注釈した書である。また「張云」は、『令集解』や『政事要略』に「唐儒張云」として引かれている唐の法律家張某氏の学説であろう。

ところで、『名例律裏書』の諸注釈は、各種の法律書から各々直接に抽出されたとは考えがたい。恐らく『律集解』から間接に引用されたものであろう。周知のように、『律集解』三十巻は『令集解』の姉妹篇というべき書で、貞観年間（八五九〜七六）の頃に惟宗直本が著した日本律の註釈書集成である。ここに「律疏」をはじめ「律附釈」「刑法抄」などの中国の法律書からの引用が見られるのは、日本律の真の理解のためには母法の唐律や唐律疏の理解が欠かせないからである。『名例律裏書』の諸注釈は、名例律の五罪・八虐・六議の部分に限定されるとは言え、後述の『名例律勘物』とともに、日本律および唐律の研究に貴重な史料を提供する。

『名例律裏書』は、北条実時の所持本である金沢文庫本に存したものである。前述したように、実時は清原俊隆本をもって名例律本体を筆写した後、豊原奉重の遺本からこれら裏書と頭書その他を転記したのである。そして、裏書・頭書等の存する豊原奉重の遺本は、中原章久の所持本を伝授されたものであった。章久は寛元三年（一二四五）から宝治二年（一二四八）頃の明法博士であり、彼の所持本は「律学博士四代相承秘本」であるという。すなわち、法家中原氏の明法博士四代（季盛—章貞—章親—章久）が伝え継いだ秘本なのであり、そこにこれらの裏書が存したのである。従って、『名例律裏書』は法家中原氏の手により、平安時代末期から鎌倉時代初期にかけての間に形成されたのである。

名例律勘物

東京大学史料編纂所蔵「本邦律」の行間や余白への書込と紙背に書かれた裏書の総称。書込と裏書は全部で四十存し、そのうち裏書は四である。書込は八虐大不敬より六議の六曰議貴にかけての部分に集中して見られる（前述の如く、史料編纂所本は巻首から大不敬の途中までを闕く）。

『名例律裏書』は、『名例律裏書』と同様に「律集解」から抄出されたとおぼしき注釈で占められ、『名例律裏書』と同じ注釈もいくつか存する。『名例律勘物』に引用された諸注釈のうち、「古答」とあるのは、『令集解』所引の「古記」が大宝令の注釈書であるのに対し、同一人が著した大宝律の注釈書と見られる。「釈」「物」「額」「讃」「朱」は、『令集解』にも引用される諸家の注釈であり、これらは養老律を注釈している。ただ、「五云」「五記云」とある日本律の注釈は、『令集解』に見られない。

『名例律勘物』には、中国の法律書からの引用も存する。「律附釈」「張」「簡」「唐」「宋」「楊書」「夫書」などがそれで、唐律に対する注釈を日本律の理解のために利用しているのである。無論、これらの注釈も「律集解」からの間接的な引用であろう。「律附釈」については前述したが、「楊書」「夫書」も「律附釈」と同じように独立した注釈書であったと思う。これに対し、法律家の名を冠する「張」「簡」「唐」「宋」という注釈は法律家各氏の学説のことであって（石清水八幡宮神殿汚穢事件の仗議の定文においては「簡」の学説が「唐儒簡云、大宝自是廟宮也」と引用される。『平戸記』寛元三年四月十四日条）、想像を逞しくすれば、これらの学説は『日本国見在書目録』に著録する「金科類聚五巻」に存する学説ではなかろうか。「金科」は律を意味するから、唐儒各氏の律に関する学説を類聚したのが「金科類聚」であったと推測するのである。

『名例律勘物』にはきわめて長文の裏書が存する。「名例律第一」という標題部分の紙背に「唐法　名例律集解云」で始まる裏書がそれである。この裏書は佚して伝わらない「律集解」という注釈集成の註釈書としての構造とその特徴を解明する上に重要な史料である。また、この裏書に引用されている「律疏」「疏」は、唐の永徽律疏の疏文であり、永徽律疏の名例律の冒頭部分の原型をさぐることのできる史料として貴重である（小林宏・高塩博「律集解と唐律疏議」国学院大学日本文化研究所編『日本律復原の研究』）。

ところで、この『名例律勘物』は明法博士小野有隣の所持本に記されていたのであり、有隣は外祖父の明法博士菅原有真の所持本を『勘物』を含めて「無レ残二一説一」く書写したものである。従って、『名例律勘物』は遅くとも十一世紀末葉には成立していたと言える。

小野有隣は、大治四年（一一二九）に明法博士に任ぜられ、久安三年（一一四七）には大判事を兼ね、卒去の久安五年まで明法博士の地位にあったと考えられる人物である。有隣は祖父文義、父文道以来、小野氏三代目の明法博士である。『朝野群載』巻九に収められた有隣の申文に「金科玉条、披二文道之遺草一而可レ探、勘問糺弾以二有真之庭訓一而可レ決」とあるように、有隣は律令学を亡父文道の「遺草」に学び、「勘問糺弾」の実務を外祖父であり且つ養父でもあった菅原有真から親しく教えられたのである。

外祖父菅原有真は、承暦元年（一〇七七）頃はすでに明法博士在任中であり、後に大判事を兼ね、寛治二年（一〇八八）、勘問失錯の罪によって除名に処された。しかし、有真は当時の十大法律家の一人に数えられ、後世、「博覧之儒」と評された（布施弥平治『明法道の研究』昭和四十一年、新生社）。

菅原有真は失錯の勘問を勘申したとき、「山田白金説并唐律釈所立之義」を引用したというから（『平戸記』前掲条）、奈良時代の注釈や唐律の注釈書等を披見することのできる「博覧之儒」だったのである。その有真の所持した名例律の『勘物』は、その当時の律令学を知るための重要な手掛りを提供する。

律逸文

大宝律は、『日本国見在書目録』に「大律六巻」と著録されるから、九世紀末頃までは伝存したようである。養老律の方は現行法としての効力を有したので長く伝えられた。応仁・文明の乱によって伝本の多くが散佚したと想像されるが、一条兼良（一四〇二―八一）の所持した養老律十巻は令義解などと共にその戦乱をのがれ、延徳二年（一四九〇）までは確実に伝世した（小林・高塩前掲論文）。しかしながら、戦国の乱世を経て一条家の律令も滅失し、江戸時代には前掲の金沢文庫本と広橋家本の律しか出現しなかったのである。

諸典籍より逸文を拾い集めて律文を復旧する努力は、伊勢の神宮祠宮薗田守良（一七八五―一八四〇）の著した「律義解」が最初である（利光三津夫「律条文復旧史の研究」『律令制とその周辺』昭和四十二年、慶應通信）。ついで、尾張出身の国学者石原正明（一七六〇〔一説に一七六四〕―一八二一）が、文政三年（一八二〇）以前に「律逸」を編輯したとされる。「律逸」は、明治二十五年に『日本古代法典』（萩野由之・小中村義象・増田于信編、博文館）に収められ、さらに同三十九年には『続々群書類従』第六法制部（国書刊行会）にも収録されたから、広く知られるに至った。

本書附収の『律逸文』は、「律逸」を底本とし、これに瀧川政次郎氏の成果（「律逸々」『法学協会雑誌』四四巻二～七・九号、大正十五年）を以て増補し、編者自身の改訂増補も加わっている。したがって、『律逸文』の復原方法は、日本律未発見の部分を唐律で補うという「律逸」の手法を踏襲し、「律逸」以後の増補部分を亀甲括弧を用いて示している。

その後の律文復旧は、『律逸文』に示された復原文を拠り所として進められ、竹内理三・太田晶二郎・佐藤進一・利光三津夫等々の諸氏、とりわけ利光氏の復原研究に負うところが大きい。昭和五十年、小林宏氏を中心とする人々の手により、それまでの復原研究が集成され、『譯註日本律令』二・三 律本文篇上下（律令研究会編、東京堂出版）として結実した。同書は故唐律疏議と日本律復原案とを上下に比較対照させる方法を採用し、規定や語句の存在したことを推定できる史料をも掲げている。又、養老律のみならず、大宝律の復原案をも示している。なお、『譯註日本律令』律本文篇以降、昭和五十九年六月までに発表された復原研究と復原条文とは、「日本律復原論考一覧並びに条文索引」（前掲『日本律復原の研究』所収）によって知ることができる。

八　主要参考文献

律令研究会編『譯註日本律令』一〜十一（首巻・律本文篇上下・律本文篇別冊・唐律疏議譯註篇一〜四・令義解譯註篇一〜二・令義解譯註篇別冊）昭和五十〜平成十一年、東京堂出版
井上光貞・関晃・土田直鎮・青木和夫校注『日本思想大系3律令』昭和五十一年、岩波書店
国学院大学日本文化研究所編『日本律復原の研究』昭和五十九年、国書刊行会
水本浩典「日本律の特色について−日唐律の量刑比較を中心として−」『律令註釈書の系統的研究』平成三年、塙書房、初発表昭和五十二年
小林宏・高塩博「律疏考−我が国における唐律継受の一断面−」前掲『日本律復原の研究』所収、初発表昭和五十四年

高塩博『日本律の基礎的研究』昭和六十二年、汲古書院
小林宏「日本律の枘鑿－その立法上の不備について－」『古代文化』五一巻二号、平成十一年
利光三津夫「養老律令の編纂とその政治的背景」『続律令制とその周辺』昭和四十八年、慶應通信、初発表昭和四十五年
井上光貞「日本律令の成立とその注釈書」前掲『日本思想大系3律令』所収
早川庄八「奈良時代前期の大学と律令学」『日本古代官僚制の研究』昭和六十一年、岩波書店、初発表昭和五十三年
長谷山彰「律令法典編纂の推移と問題点」『律令外古代法の研究』平成二年、慶應通信
榎本淳一「養老律令試論」笹山晴生先生還暦記念会編『日本律令制論集』上巻、平成五年、吉川弘文館
石上英一「『令義解』金沢文庫本の成立」『日本古代史料学』平成九年、東京大学出版会、初発表昭和五十九年

〔註〕本稿において用いた律令の条文名と条文番号は、律については『譯註日本律令』二・三律本文篇上下巻、令については『日本思想大系3律令』に依拠した。

令義解

石上英一

令義解は、淳和天皇が清原夏野等に命じて、天平宝字元年（七五七）五月より施行されていた令（養老二年または養老年間に編纂されたので、現在は養老令と称する）について「数家の雑説を集め、一法の定準を挙げしめる」ことにより解釈を定めさせ、仁明天皇の時、承和元年（八三四）十二月十八日に施行した全一〇巻の法典である。書名は、「令の義しい解」の意味である。本書は、令の注釈書であるが、法典として施行されたこと、令の全文を引載してその語句に注釈を附す形式であったことから、令に替わって令法典としても機能するようになった。令義解施行後は、令は令義解より抽出して利用されるようになり、令といって令義解を使用するようになった。そのため、天平宝字元年施行の令は写本としては現在に伝えられない。また、この後、惟宗直本により、令についての明法家の諸説を類聚した令集解が九世紀後半あるいは十世紀初頭に編纂され、同書は令義解の全体（序や伝存本巻一巻頭附載の応撰定令律問答私記事・詔・表を除く）を引載する形式を採用した。すなわち、令は令義解に含まれ、令義解は令集解に含まれる、という集合関係になっている（後述のように、令義解の原形態については別の見解もある）。したがって、令は令義解または令集解により復原される。令義解欠失部は、令集解残存部であれば同書により復原される。そのため、現代における古代法研究においては、令集解が重視され、令義解は令文を参照する道具として扱われることが多い。しかしながら、平安時代以降、令は令義解（現存本の編成）という法典により伝えられ、令義解こそが令法典に代わるものとして重視され続けたことを忘れてはならない。ただし、令義解の原撰本系写本は今日に伝わらず、体裁が変えられた写本（伝存本系写本）のみが伝えられている。

　伝存本令義解は、次の二点で原撰本令義解と体裁が異なる。第一は、後に掲げる表1に示したように、序に附された目録に示される一〇巻への令三〇篇の原撰本の編成と伝存本の巻篇の編成が異なることである。第二は、国立公文書館内閣文庫所蔵紅葉山文庫本巻一と国立歴史民俗博物館所蔵広橋家本巻一（吉部秘訓抄巻四紙背）に関してであるが、巻一巻頭に、応撰定令律問答私記事（天長三年十月五日太政官符）と、詳細な語釈の附された承和元年十二月十八日令義解施行詔・天長十年十二月十五日上令義解表・天長十年二月十五日令義解序が収められていることである（寛政十二年版本（塙本）・新訂増補国史大系本は、語釈附き令義解序から本文のみを抜き出し復原された序を収載している）。これらは、新訂増補国史大系では、広橋家本を底本とし、令義解附録と称して巻末に収載されている（慶安三年版本は、巻一巻首に収載する）。

一　編　纂

(一)　天長三年の令律問答私記選定事業開始

はじめに、令義解編纂・施行過程を概観しよう（岩橋小弥太、一九七三。押部佳周、一九八一。所功、一九八〇。福井俊彦、一九九五）。

伝存本の令義解巻一（紅葉山文庫本・広橋家本）の巻頭に収める応撰定令律問答私記事は、大学寮明法博士額田今足の解の提言を採用して令律問答私記を撰定することを大学寮を管する式部省に命じた天長三年（八二六）十月五日太政官符である。額田今足は、「律令が大宝元年に施行され養老年中に刊修されてより以来、博士らが相承、教授してきた。しかし、令律は文が簡略で意味が明確でなく、理解が容易ではない。そこで、先儒の学説に由る必要があるが、それらの諸学説は問答や私記として伝えられ、互いに説が異なり、誰の学説かもわからず、後学の者は解釈を定めることができない。…よって、現在の博士らにより、先儒の諸学説の不要なものを除き、正しい説を集めて書となし、解釈に備え、学ぶ者が理解しやすく法による判断が異なることがないようにすることが必要である」と申請し、太政官により許可された。この事業は令と律の二法典を対象とするものであった。九世紀前期における律令の解釈の混乱は、養老律令編纂後、百年余、同律令施行後七十年程が経ち法典の正しい理解の相承が困難になっていたという事情と共に、政治・社会状況の変化に対応した律令の解釈による法の運用が必要となっているという事態による。後者の事態により、一方で、実効ある法令や規則を集成した内裏儀式・内裏式、弘仁格・弘仁式（弘仁十一年〔八二〇〕奏進、天長七年〔八三〇〕施行、承和七年〔八四〇〕修訂再施行）など格式法典の編纂も行われることになった。

(二)　天長五、六年に始まる令注釈事業

岩橋小弥太は、天長十年（八三三）十二月十五日上令義解表に、「星霜五たび変じて、繕写功遂げぬ」とあることから、天長三年開始の令律問答私記撰定事業とは別に、令義解の編纂開始は天長五、六年頃のことであるとした（岩橋、

一九七三、七一頁）。さらに、押部佳周は、額田今足を中心とする天長三年開始の令律問答私記撰定事業は左大臣藤原冬嗣・中納言（後、大納言）良峯安世の政権のもとに行われ、額田今足の事業とは別に、天長五年頃、清原夏野を中心にして、讃岐永直等による令の注釈編纂の新事業が始まったとした（押部、一九八一、三四二頁）。押部説は、讃岐永直等の事業は、「斬新な正説を求めて模索」した額田今足の事業の成果を無視したものであるという、法解釈の内容にまで踏み込んだ指摘であった（押部、一九八一、三四四―五頁）。一方、所功は、天長十年十二月の時点での「星霜五変」といえば開始時期は天長六年であり、額田今足は作業の完成をみないまま天長六年頃に歿したと推定されること、その後を承け明法博士讃岐永直等が新たに淳和天皇の詔を受けて、後に令義解となる令の注釈集成の作業を始めたこと、額田今足の事業は令義解の先駆段階として位置付けられることを指摘し、額田今足の事業と讃岐永直等の事業の連続性を重視した（所、一九八〇、五八頁）。

天長六年に、淳和天皇の命により清原夏野等が令の注釈の撰述を開始した。ついで、天長八年前半期に編纂の詔が出され（押部、一九八一、三四〇頁）、大納言清原夏野、参議刑部卿南淵弘貞、参議勘解由長官藤原常嗣、文章博士菅原清公、勘解由長官藤原雄敏、式部少輔藤原衛、大判事興原敏久、善道真貞（もと大学博士）、小野篁（大内記か）、明法博士勘解由判官讃岐永直、川枯勝成（判事か）、明法得業生漢部松長による編纂体制の充実が図られた（官職は天長八年前半期のものを記す）。一二名は、公卿である清原夏野・南淵弘貞・藤原常嗣と、儒者・明法道官人である菅原清公等から構成される。儒者・明法道官人の中心は、のち天安二年（八五八）に文武天皇から「律令之宗師」と称えられ、自邸における律令の教授を認めらた明法博士讃岐永直と考えられている。なお、天長八年の編纂の詔の存在を否定する説もある（福井、一九九五、九七頁）。

(三) 施行

編纂作業は天長十年(八三三)初までには終了したらしく、同年二月十五日付けで目録を附した序が記され、一応の完成をみた。さらに、同日、同時に右大臣清原夏野、中納言直世王・源常・藤原愛発、権中納言藤原吉野、参議南淵弘貞・文室秋津・藤原常嗣が、淳和天皇の前に侍して、「新撰令釈」(令義解)を校読し疑義の起請を行った(類聚国史巻一四七)。これは、淳和天皇が仁明天皇に譲位(二月二十八日)する前に「令の統一注釈書だけでも間に合わせて呈奏したい」という清原夏野の意図によるものとされている(押部、一九八一、三四三頁)。こののち一一か月を経て、十二月十五日に清原夏野の上令義解表(伝存本巻一収載)を附して、令義解は仁明天皇に呈奏され、翌承和元年(八三四)十二月十八日に詔(伝存本巻一収載)をもって施行された(続日本後紀には十二月五日とするが、承和元年紀には記事の配列に乱れがあるので、伝存本の記の日付にしたがっておく)。なお、序の日付けを、広橋家本巻一は十二月十五日とするが、これは二月十五日の誤りである。

(四) 構成

令義解は、例えば戸令第一条の場合には、

凡戸以五十戸為里謂若満六十戸者割十戸立一里置長一人其不満十家者隷入大村不須別置也毎里置里長一人(下略)

の如く、令の語句「戸以五十戸為里」の下に小字割書で「謂」以下の注釈を記す。紅葉山文庫本の尾題が「注義解」と記し、『政事要略』が「謂」以下を「義解云」を冠して引載する場合があるように、「謂」以下の注釈のみを義解と

表1　令（養老令）の編成と令義解の編成の対比

令 巻	令 篇	令義解 原撰本 巻	令義解 現存本（〈〉は逸失巻） 巻	令義解 現存本 篇等	令義解写本の題 紅葉山文庫本	令義解写本の題 広橋家本	令義解写本の題 藤波家本	令義解写本の題 猪熊本	令義解写本の題 岡谷本
			巻一	官符・上表・詔	令巻第一官位注義解	令巻第一 官位令			
		第一		序					
第一	官位令第一			官位令第一					
第二	職員令第二		〈巻二〉						
	後宮職員令第三								
	東宮職員令第四								
	家令職員令第五								
第三	神祇令第六	第二	巻三	神祇令第六			令巻第三神祇（首題） 令巻第三僧尼令（尾題）	令巻第三	令義解巻第三
	僧尼令第七			僧尼令第七					
第四	戸令第八		第四	戸令第八	令巻第四 戸田賦学				
	田令第九	第三		田令第九					
	賦役令第十			賦役令第十					
	学令第十一			学令第十一					
	選叙令第十二			選叙令第十二					

<table>
<tr><td colspan="3">第五</td><td colspan="2">第六</td><td colspan="3">第七</td><td>第八</td><td colspan="5">第九</td><td colspan="4">第十</td></tr>
<tr><td>継嗣令第十三</td><td>考課令第十四</td><td>禄令第十五</td><td>宮衛令第十六</td><td>軍防令第十七</td><td>儀制令第十八</td><td>衣服令第十九</td><td>営繕令第二十</td><td>公式令第二十一</td><td>倉庫令第二十二</td><td>厩牧令第二十三</td><td>医疾令第二十四</td><td>仮寧令第二十五</td><td>喪葬令第二十六</td><td>関市令第二十七</td><td>捕亡令第二十八</td><td>獄令第二十九</td><td>雑令第三十</td></tr>
<tr><td colspan="3">第四</td><td colspan="2">第五</td><td colspan="3">第六</td><td>第七</td><td colspan="3">第八</td><td colspan="4">第九</td><td colspan="2">第十</td></tr>
<tr><td colspan="3">第五</td><td colspan="2">第六</td><td colspan="3">第七</td><td>第八</td><td colspan="5">〈第九〉</td><td colspan="4">第十</td></tr>
<tr><td>継嗣令第十三</td><td>考課令第十四</td><td>禄令第十五</td><td>宮衛令第十六</td><td>軍防令第十七</td><td>儀制令第十八</td><td>衣服令第十九</td><td>営繕令第二十</td><td>公式令第二十一</td><td colspan="5"></td><td>関市令第二十七</td><td>捕亡令第二十八</td><td>獄令第二十九</td><td>雑令第三十</td></tr>
<tr><td colspan="3">令巻第五
選叙令　継嗣令
考課令　禄令</td><td colspan="2">令巻第六五
宮衛令
軍防令
注義解</td><td colspan="3">令巻第七六
儀制令　衣服令
営繕令
注義解</td><td>令巻第七公式令注義解</td><td colspan="5"></td><td colspan="4">令巻第十</td></tr>
<tr><td colspan="5"></td><td colspan="3">（尾欠）</td><td colspan="10"></td></tr>
<tr><td colspan="18"></td></tr>
<tr><td colspan="18"></td></tr>
<tr><td colspan="18"></td></tr>
</table>

注　(1)令の編成は本朝法家文書目録、令義解原撰本の編成は令義解序による。(2)題は、注記のないものは尾題。

いう場合もある。

天長十年十二月に呈奏され、承和元年十二月に施行された令義解の巻篇構成は、序に「分ちて一十巻とし、名けて令義解と曰ふ。凡そ其の篇目条類、具に左に列す」として記された目録によれば、表1の令義解原撰本の段の内容である。ところが、伝存本の内容は、最も多数の巻を残す紅葉山文庫本によれば、令義解序の目録が示す巻篇編成とは異なり、本朝法家文書目録（撰者未詳。十一世紀頃撰。『続々群書類従』十六所収）が示す令（養老令）の巻篇編成と同じである。これについては、嵐義人のように、原撰本令義解は、「令条文名の下に、令文より注釈の対象となる短かい語句を引いた後、「謂」云々として義解を記したもの」であり「令の本文・本注の総てを引用する用意のなかったこと」を主張し、令文（本文・本注）と義解を合体して伝存本が作成されたとする場合は（嵐、一九七七年、三一・三三頁）、それによる分量の変化による編成の変更であるとの解釈に導かれる。しかし、筆者は、令義解原撰本も伝存本と同様に全令文を掲げそれに「謂」以下の注を付した体裁であり、序に注が付されさらに応撰定令律問答私記事と注の付された施行詔・上令義解表が序の前に置かれた写本が明法家により作成された際に、分量を調整しかつ令との対応を分かりやすくするために令の編成と同じ伝存本の編成に改められたと考えている。巻三の藤波家本・猪熊本・岡谷本も原撰本とは異なる編成であり、金沢文庫本の編成と矛盾しない。陽明文庫本「戸令」は、戸・田・賦役・学の各令義解を収めた令義解巻四であり、金沢文庫本と同編成の写本を祖本としていることがわかる。

二　写本

(一)　紅葉山文庫本（巻一・四・五・六・七・八・十）

江戸幕府の書物蔵である紅葉山文庫（森潤三郎、一九三三）に伝来し、現在は国立公文書館内閣文庫に所蔵されている令義解紅葉山文庫本は、巻一・四・五・六・七・八・十の七巻を伝え、僚巻の律巻一・七、令集解巻一〜十と共に、江戸時代初期に金沢文庫本の字配りや訓点などを丁寧に臨模した巻子装の写本である。

金沢文庫は、北条実時（一二二四〜七六年）が、建治元年（一二七五）五月に武蔵国六浦荘金沢村の別業に穏退する頃までに、先に建立した称名寺の隣地に設けた文庫であるとされる（関靖、一九五一、一八九頁。神奈川県立金沢文庫、二〇〇一、六六頁参照）。文庫には、実時が伝授され収集した和漢書等を収蔵していた。天正十八年（一五九〇）の豊臣秀吉の小田原攻めの際、豊臣秀次は金沢文庫所蔵の多数の書物を入手したとされる（関、一九五一、三八九頁）。秀次は、文禄二年（一五九三）四月、金沢文庫旧蔵本などの書物を山科言経に整理させ、それらを後陽成天皇と菊亭（今出川）晴季・日野輝資に贈った（『言経卿記』文禄二年四月十三日条）。山科言経作成の書物目録には、「律二巻不具　令三十五巻不具　令十巻不具　同八巻不具　同一巻不具」とある（同四月九日条）。

豊臣秀次所蔵の「令三十五巻」は金沢文庫旧蔵令集解建治二年奥書本（建治二年（一二七六）に、実時が、おそらく清原俊隆（一二四一〜九〇年）をして、花山院師継（一二二二〜八一年）所持本を底本とし正親町本（法家中原氏正親町流の中原章兼所持本）を対校本とし、巻十・二十は正親町本を底本とし花山師継本を対校本として、書写させた本）で（石上、一九九七、二三五〜八頁）、後陽成天皇に献上されたが焼失し、その転写本が清家本（国立国会図書館所蔵）・田中本（国立歴史民俗博物館所蔵）などとして残っている（石上、一九九九A・B。水本浩典、一九九一参照）。同じく「令十巻」は金沢文庫旧蔵令集解北条実時本（巻一〜十。師継が文応元年〔一二六〇〕に一読した本の転写本で、実時が巻一に文永六年〔一二六九〕読了奥書を記したもの。巻七は花山院師継本とは別系統。石上、一九九七、二二三〜五頁）、「同（令）八巻」は金沢文庫旧蔵令義解、「律二巻」は金沢文庫旧蔵律巻一・七で、これら三書は菊亭晴季に贈られた（『言経卿記』文禄二年四月十三日条）。晴季は、慶長十九年（一六一四）八月十九日、令集解十巻本、令義解七巻、律二巻を徳川家康に献上した（『駿府記』、『本光国師日記』）。なお、金沢文庫本令義解は文禄二年には八巻あったようであるが、慶長十九年に家康に献上された本（原本または写本）は七巻となっている（『本光国師日記』に「律令十九巻」とするうち、律は二巻、令集解は十巻なので、令義解は七巻となる）。

徳川家康の蔵書で将軍家に残されたもの（森、一九三三、一五〜一六頁）は紅葉山文庫（一六三九〔寛永十六〕年建造）に伝えられた。現存の紅葉山文庫本の令集解・令義解・律一九巻（紅葉山文庫本律令三書）は、美麗な装丁、謹直な書写の巻子本ではあるが、金沢文庫本の原本ではなく、その制作時期について諸説がある。第一は、慶長十九年に晴季から家康に献上された写本が紅葉山文庫本律令三書そのものであるとの説である（関靖、一九五一、三九〇頁。土田直鎮、一九九二、一九四頁）。この場合、金沢文庫本の原本は今出川家に残されたことになる。第二は、晴季は家康に金沢文庫本律令三書を献上したが、紅葉山文庫本律令三書は江戸時代中期に作成されたそれらの写本であるとの説である（瀧川政次郎、一九四一、二二八頁。国史大系本凡例）。第三は、晴季より家康へ献上された金沢文庫本律令三書を寛永十四年（一六二七）正月に書写して後水尾院に献上した時に（『徳川実紀』寛永十三年十月十四日条・同十四年正月七日条）、献上本のほかに複本が一部作成され、それが現在紅葉山文庫本として残されているという可能性である。筆者は、第一説か第三説のいずれか、どちらかと言えば第一説の可能性が強いと考えている。紅葉山文庫本律は『譯註日本律令』四（東京堂出版、一九七六年）に、同令義解は『紅葉山文庫本令義解』（東京堂出版、一九九九年）に写真版が掲載されている。

(二) 金沢文庫本（逸失した巻一・四・五・六・七・八・十）

紅葉山文庫本律・令義解は、金沢文庫本の伝授・書写・対校本の奥書、頭書・訓点・傍書などの書入れを忠実に転写している。そこで、我々は、紅葉山文庫本律・令義解から金沢文庫本律・令義解の様態をうかがうことができる。また、金沢文庫本令義解は同律と一連の伝授により作成されたものなので、書写・伝来については両者を合わせて検討しなければならない。

北条実時は、清家中興の祖清原頼業（一一二二～八九年）の孫清原教隆（一一九九～一二六五年）について、宝治元年（一二四七）頃から清家の明経学の伝授を受け、あわせて律令の伝授を受けた。教隆から実時への律令伝授は、律一〇巻のうちの巻七の伝授が正嘉元年（一二五七）十一月二十九日に行われ、令義解一〇巻については巻一の伝授が正嘉二年（一二五八）五月十日に始まり巻八の伝授が文応二年（弘長元、一二六一）二月八日になされている。したがって建長七年（一二五五）か康元元年（一二五六）の頃に律の伝授が始まり、弘長元年頃までに令義解までの伝授が終わったと推定される。

表2　金沢文庫本律・令義解の伝授等奥書

律令	西暦	伝授奥書	西暦	読合奥書	西暦	再伝授奥書	西暦	本奥書・対校本奥書
律巻七	一二五七	正嘉元年十一月廿九日以相伝秘説奉授越州太守尊閤(北条実時)畢/前参河守清原(教隆)						
令義解巻一	一二五八	正嘉二年五月十日以相伝秘説奉授越州使君尊閤了/前参河守清原	一二六三	弘長三年十二月廿六日重読合了/越州刺史(実時)				
令義解巻五	一二五九	正元々年十月十四日以三代伝受秘説奉授越州使君尊閤畢/直講清原(教隆)	一二六一	弘長元年九月五日重読合之散蒙了				
令義解巻四	一二六一	弘長元年五月十四日以相伝秘説奉授越州使君尊閤了抑此巻相伝之本焼失之間以他人本所補入之也/前参河守清原						
令義解巻七	一二六〇	文応元年八月十六日於鶴岡八幡宮放生会棚所奉授越州専城尊閤了凡以見物為次以読書為先給好学之志有所不暇蓋以此謂而已/直講清原判						
令義解巻八	一二六一	文応二年二月八日以三代相伝秘説奉授越州使君尊閤了/直講清原	一二六三	弘長三年二月九日重読合了				

令義解巻六	令義解巻十	律巻一	
二二六五	二二六六	二二七三	
加朱点墨点／朝請大夫（従五位上）清原俊隆 文永二年後四月四日以清大外史（教隆）之本書写点校了	当巻故清大外史之本令紛失之間以原武衛奉政之本書写点校了于時文永三年黄鐘晦日（十一月三十日）／越州刺史平	文永十年蒙越州使君尊閤厳命移点畢于時蕤賓初律（五月六日）而已／音博士清原俊隆 此書先年受教隆真人之説了而件書回禄成孽化灰燼仍重以俊隆之本〈先年書写教隆之本同事也〉書写校合了于	時文永十年九月廿八日／越州刺史平（花押） 文永十年十月十九日以右金吾校尉奉重遺本裏書頭書以下多加潤色畢
二三三五			
本奥云 於僧〔儒〕廷尉亭読了／音博士清原在判 元仁二年卯月十二日午剋之許終書写之功了 同十四日申剋移点了／後生中原在判／弾正忠中原在判	（本文参照）	（本文参照）	

教隆の実時への律・令義解伝授は、祖父清原頼業・父清原仲隆（一一五五～一二三五年）と三代相伝してきた訓読について、教隆所持本の転写本に加点し、その書写加点本を実時に授けて口授する方法で行われた。ただし、諸巻により、多少の違いがあるので、一巻ずつ紹介しよう。

律巻七、令義解一・五・七・八は、教隆が清原家相伝本を転写し、実時に訓読を伝授した本である。令義解巻四は、相伝本が焼失していたので「他人本」を書写しそれに加点して実時に授けた本であるが、「他人本」の系統は不明である。また、令義解巻一・五・八には、弘長元・三年（一二六一・三）に実時が再読した時の奥書がある。[1]令義解巻六は、文永二年（一二六五）に実時が、正月末に上洛した教隆が鎌倉に残していった教隆所持本（元仁二年〔一二二五〕に二人の中原某が書写移点した本を教隆が転写した本）を自ら書写し、のち文永五年頃までに俊隆がさらに加点した本であり、祖本は清原家相伝本ではない。律巻一は、教隆から伝授を受けた本が文永七年十二月の実時邸火災（関、一九五一、一九七頁）で焼亡したので、実時が俊隆所持本（教隆所持本の転写本）を転写した写本で、文永十年（一二七三）五月に俊隆がそれに移点し、九月に実時が俊隆所持本との校合を行ったものである。令義解巻十は、教隆から伝授された本が紛失したので、実時が、文永三年（一二六六）十一月に豊原奉政所持本（豊原奉重本）を書写移点した本であり、清原家相伝本の系統ではない。

律巻一には、俊隆からの伝授に関する奥書に続けて、「文永十年十月十九日、以右金吾校尉奉重遺本、裏書頭書以下多数加潤色畢」とある。「右金吾校尉奉重」とは故右衛門権少尉豊原奉重で、奉政の父祖と推定され、豊原奉政所持本律・令義解とは豊原奉重所持本にほかならない。実時は、文永二～六年に、奉政が所持していた安貞二年（一二二八）奉重書写の類聚三代格を書写している（巻五・十二は東山御文庫所蔵金沢文庫本。巻一・三・七・八にはその転写本

（例えば宮内庁書陵部所蔵鷹司家本）がある。図書寮編『図書寮典籍解題』続歴史篇、養徳社、一九五一年、一〇頁）。また、金沢文庫本白氏文集は奉重所持本である。このように、実時は、奉重所持の諸典籍を、奉政から借りたり取得したりしていた。律巻一には、次のような奉重所持本の本奥書が転写されている。

A嘉禄弐年（一二二六）仲冬（十一月）五日、書写畢、律学博士四代相承秘本也、以彼移之、土御門院前武者所豊原奉重

B以家々秘本、聊比校畢、

C于時、任官、依当道（明法道）之挙、拝秘書（図書権少允カ）、浴無堀（涯）之恩、遷監門（右衛門権少尉）畢、

D以家説授原（奉重）右金吾校尉畢、

明法博士中原（章久）在判

E以大理卿（刑部輔）中基光・律学博士（明法）中明継・右金吾録事（右衛門志）中明方等家本、令校合之畢、

さらに、令義解巻十の奉重所持本の本奥書は、次の如くである。

F本奥之、

G安貞二年（一二二八）九月十一日、書写了、

H同十四日、委点了、　I貞永元年（一二三二）八月下旬、以或儒家本重見合了、右衛門豊原重（奉重）

J安貞第三之天狭鐘（六月）中旬之候、以家説授原右金吾校尉了、

抑金吾者、依稟庭訓於累葉之風、可瑩鑚仰於玉条之露、而中古以降、家門悉癈〔廃〕、学久昧仙砌之月、父祖共忘道、徒翫宮樹之花、爰校尉学始勤学也、志元愍志也、因之、弐部書（律令）併授之而已、

修理左宮城判官明法博士兼左衛門少尉備中権掾章久
在裏判

これらの奥書により、奉重所持の律・令義解二書は次のようなものであったことがわかる。豊原奉重の家は元来、明法道出身の官人であったが久しく明法道から離れていた（J）。奉重は、明法道学生から出身し、明法博士中原章久に師事し、嘉禄二年（一二二六）十一月から安貞二年（一二二八）九月にかけて章久所持の律・令義解を転写し（A・G・H）、安貞三年六月に章久より令律二部（令義解・律）の伝授を受けた（D・J）。伝授に際して書写されたのは、律については「律学博士四代相承秘本」とある（A）。律学博士四代とは、章久とその父中原章親、祖父中原章貞、曽祖父中原季盛と遡る四代のことである。季盛は、法家中原氏の祖中原範政の孫、中原範光の子で、範政の子明兼の法家中原氏坂上流と別流をなす法家中原氏の初代と位置付けられ、久安三年（一一四七）十二月二十一日に明法博士に任ぜられている（本朝世紀。布施弥平治、一九六六、二一八頁。今江広道、一九七六、二三一～二四頁。石上、一九九七、三四〇頁）。奉重が書写し伝授を受けた令義解は、当然、章久所持本の転写本であると考えてよい。さらに、章久は、奉重をして法家中原氏坂上流の中原基光（基広か。祖父坂上明兼、父坂上兼成）・明法博士中原明継（嘉禄二年、任明法博士）・中原明方（承元元年〔一二〇七〕に右衛門志か。利光三津夫、一九八一）等の諸家本をもって律を校合させている（E）。法家中原氏坂上流諸家本との校合は、後述の如く紅葉山文庫本令義解に豊原奉重本から転記した坂上本との校異書入が多数見られることから、律のみならず令義解についても行われたことがわかる。これらの経緯により、奉重所持の律・令義解は、法家中原氏相伝本の上に、法家中原氏坂上流の諸本との対校との結果が記入されているものであることがわかる。なお、奉重は、貞永元年（一二三二）にさらに「或儒家之本」と比校している（I）。

以上の如く、豊臣秀次が入手した金沢文庫本律・令義解は取り合わせ本であり、その写本系統は次のように整理される。

一　金沢文庫本の伝授、書写系統

A清原教隆伝授本　律巻七、令義解巻一・四・五・七・八

B清原俊隆伝授本　律巻一、令義解巻六

C豊原奉重本の転写本　令義解巻十

二　金沢文庫本の祖本系統

a清原頼業所持本　律巻一・七、令義解巻一・五・七・八

b中原章久所持本　令義解巻十

c中原某等所持本　令義解巻六

d他人本　令義解巻四

次に検討すべきは、書入れの系譜である。書入の第一は、清原教隆・俊隆が相承していた清家流の律令を訓読するための訓点（明法点とでも称すべきもの）と訓読注である。これは、北条実時が文永三年に自ら「点校」した令義解巻十にも記入されていると考えられる。金沢文庫本の訓点は、朱訓点（ヲコト点、声点等）と墨訓点（声点、訓仮名等）からなり、「鎌倉時代の漢籍の古点の要素を有しつつ、他面では平安中期十世紀前後と見られる古形を存し、又更に一部には奈良時代以前の語格を遺す面もある」、鎌倉時代の明経点と似るが異なるところがある律令古点として独自のものであるとされる（築島裕、一九七六、八一九頁）。

書入の第二は、中原章久所持本に記入されていた法家中原氏相伝本の書入れである。律巻一の奥書に、実時が、「豊原奉政之本」(すなわち豊原奉重本)から頭書・裏書を転記したと記している。律巻一には見えないが、令義解巻一巻首応撰定令律問答私記事には「原本」と典拠が記された訓読注記が七つある。原本とは豊原奉重本の略称である。このように、奉重本を転写した令義解巻十以外にも、金沢文庫本律・令義解には、奉重本から転記した書入が多数あることがわかる。令義解巻五禄令内舎人条の朱書注記に「者字事、此本無之、而以先儒章広之筆入之、落字、凡又イ本、有之」(「者」字は、この写本にはないが、先儒章広が書入れている。この本にないのは落字である。イ本にも「者」字はある)(国史大系本、一七〇頁)とある。「先儒章広」とは、中原章久の伯父中原章広であり、この校異按文は章久が所持本に書き込んだものである(金沢文庫本の本文には「者」字はあり、「本无」の注記が付されている)。このように、奉重所持本には、法家中原氏(中原季盛流)相伝本に伝えられた様々な書入もあったのであり、それらが金沢文庫本に伝えられている。中原氏相伝本の書入には、中原季盛が活動した一二世紀前半期に遡るものもあると考えられる。

書入の第三は、「宗」「師」「野」などと表記された訓読などに関する書入である。これらは、十一世紀の明法家令宗氏・小野氏の訓読に関わる書入である。これらの書入は、令宗氏や小野氏の一員ではなく、かつ令宗氏・小野氏ではない師に学んでいた明法家によるもので、その人物は法家中原氏及び法家中原氏坂上流の祖である坂上定成(天喜元年〔一〇五三〕、明法博士在任。一〇〇五~一〇八八年。利光三津夫、一九八一、八頁)・中原範政(永長二年〔一〇九七〕正月、任明法博士。一〇五〇~一一〇六年。利光、一九八一、一三頁)父子の可能性がある。

書入の第四は、法家中原氏坂上流の諸家本との比校の結果と、それらから転記した書入である。律巻一には、「坂」と典拠が示された訓読注記が六つあり、令義解巻一・四・十には文字校異・訓読に関する四八例の「坂」「坂本」「坂家」と典拠を明示した注記がある。坂・坂本・坂家とは、法家中原氏坂上流の諸本・諸説にほかならず、これらの注記は豊原奉重が中原章久の命で対校した結果の一部である。令義解巻一の原本の訓読注のうちには、本文の忌寸の寸について「原本云、坂本寸《ス》」（国史大系本、三四六頁）と記されたものがあり、これにより「坂」「坂本」「坂家」とある注記が豊原奉重所持本から転写されたものであることが証される。なお、法家中原氏坂上流に相伝された律・令義解の内容を検討するには、坂上明兼・坂上（のち中原）明基により編纂された法曹至要抄に使用されるそれらの写本の検討も必要である。

書入の第五は、従来から注目されてきた令集解や弘仁式から引用した勘物・裏書であり（土田、一九九二。森田・小口、一九八二。水本、一九八四。八重津・林、一九八四）、これらの中には十世紀初頭の延喜講書にまで遡るものもあると考えられている。

第三類及び第五類の書入は、第二類の書入と同様に中原章久所持本にあったもので、豊原奉重所持本を経由して金沢文庫本に伝えられたものである。このように、金沢文庫本律・令義解には、明法道における十世紀以来の律令学の諸営為が書入として伝えられている。

金沢文庫本令義解巻四・六・十は、巻首に欠損が生じていたので、紅葉山文庫本では欠損をそのまま空白として伝えている。巻四巻首、巻六巻首は、それぞれ令集解の戸令、選叙令により欠損文字を復原できるが、巻十巻首の関市令第一条は令集解関市令が伝存しないので、完全な復原ができない。関市令は首部が欠損していたために、近世において金沢文庫本系写本があるにもかかわらず不明とされ、徳川吉宗の享保七年（一七二二）訪書令に応じて、第一条を偽作した長崎本関市令義解が幕府に進上され、荷田春満の写本（関市令義解、元文五年（一七四〇）跋）などが作成され、明和四年（一七六七）に二種の版本（曾我部元寛刊〔『譯註日本律令』十一に勢多家旧蔵京本へ合綴された版本の写真あり〕、和泉屋太申刊）として刊行されたほどであった。しかし、尾張の律令学者神村正隣が偽作を見破り、令集解採録の逸文により第一条の復原を行った『関市令考』を明和六年に刊行し、その復原案はのち塙本『令義解』（寛政十二年〔一八〇〇〕刊行）に採録され、現在の新訂増補国史大系に引き継がれている（利光三津夫、一九六七）。しかし、なお復原できない語句がある（石上、一九九七、二〇〜二二頁）。

(三) 吉部秘訓抄紙背（巻一・巻六）

中原章久から豊原奉重へ、また清原教隆から北条実時へと、律と令義解が一体のものとして伝授されたことは、吉部秘訓抄紙背律・令義解においても同様である。吉部秘訓抄の紙背に転用された律・令義解の断簡は、鎌倉時代初期を下らない書写とされ、巻一紙背に律巻三残欠（衛禁律後半と職制律）、同巻四紙背に令義解巻一（いずれも国立歴史民俗博物館所蔵広橋家本。現状は律・令義解が表とされている）・巻五（宮内庁書陵部所蔵谷森善臣旧蔵本）紙背に律巻一首部（律目録〜八虐）・令義解巻七首部（儀制令第六条半ばまで）が残る（『図書寮典籍解題』続歴史篇、五頁。『譯註日本律令』四に写真版）。吉部秘訓抄は、藤原（吉田）経房（一一四三〜一二〇〇年）の吉記の記事を年次順に抄出した書で、律・令義解の断簡を使用する上記の写本は、南北朝頃の書写にかかるとされている。すなわち、律・令義解が二部書として伝えられ、反故とされたのである。

吉部秘訓抄巻四紙背令義解巻一は、金沢文庫本巻一と同様に応撰定令律問答私記事・令義解施行詔・上令義解表・令義解序と官位令を収めるが、訓点・訓読注はなく、正五位以下の官名が一行四段書きであり（金沢文庫本は官名は二段書き）、尾題が「令巻第一官位令」とあり（金沢文庫本は「令巻第一官位注義解」）、条文名書入がない、延喜講書記・貞観講書記などの勘物（新訂増補国史大系採録）が多いなど金沢文庫本との違いがあり、新訂増補国史大系では対校本に使用されている。吉部秘訓抄巻五紙背令義解巻七首部は一行一三字詰で、同巻紙背の律巻一では一紙一七～一八行詰である。律巻一も令義解巻七もともに訓点・勘物はない。令義解巻七儀制令第一条では天皇、陛下等に平出が使用されず、条文名がないなどの、金沢文庫本との違いがある。巻一の序までを除いた部分と巻七の儀制令冒頭部分は、『譯註日本律令』十一に写真版が掲載されている。

⑷　猪熊本（巻二）

令義解巻二の古写本には、猪熊本、岡谷本、藤波家本が残されている。猪熊本（国学院大学所蔵。猪熊信男氏旧蔵。一巻）は、神祇令と僧尼令を収め、律令古点の朱訓点（ヲコト点、声点等）・墨訓点（声点、訓仮名等）が付され、書写は鎌倉時代とされる。奥書には、「正平十七年（一三六二）五月十五日、以家説授愚息左尉（坂上）明保了、於累家本□〔者〕京都在之、先以餘本授而已、／大判事坂上大宿禰（花押）」とある。奥書には、大判事坂上某が南朝方に従っている間に（住吉行宮か）、子の坂上明保に手持ちの本で伝授したことが示されている。猪熊本は、もと本文一八丁、奥書一丁からなる冊子本で半丁七行、毎行一六字の体裁である。現在は巻子本となっている。神祇令11散斎条後半から13践祚条前半が欠け、僧尼令19遇三位以上条・20身死条と21准格律条前半が鎌倉時代末期ないし南北朝の補写である（『古簡集影』十輯、東京帝国大学、一九三〇年、解題）[2]。『古簡集影』十輯、神道大系『律・令』（神道大系編纂会、一九八七年）に写真版が掲載され、新訂増補国史大系に対校本として使用されている。

(五) 岡谷物介氏所蔵断簡（岡谷本）（巻三）

東京大学史料編纂所所蔵影写本「岡谷物介氏所蔵文書」（一九四〇年影写）に令義解巻三末尾の僧尼令第二四－第二七条（巻子本の料紙一紙分の断簡か）が残され（岡谷本とも称する）、奥題に「令義解巻第三」とあり、奥書に「元弘三年（一三三三）十二月十日、以上皇御説読了、」とある。原本は、現在、所在不明である（水本浩典、一九九九A、六五一頁）。上皇は花園上皇（一二九七～一三四八年）で、元応元年（一三一九）閏七月二十二日より二年十一月十日にかけて中原章任より令律二書を伝授された（『花園天皇宸記』。皆川完一、一九六六、九頁）。本書の奥書は、花園上皇に近侍していた某が中原章任より花園上皇に伝授された訓読法により令を読んだことを示している。中原章任は、法家中原氏章直流（章直は章貞の弟子で養子）の章重の曾孫で大判事となっている（今江、一九七六、三五頁）。本書は法家中原氏の系統の写本である。一行一六～七字詰で、訓点はないが、令集解や无名記・當〔堂〕讃記・基案を引用した勘物がある。これまで翻刻、校訂には使用されていない。

(六) 藤波家本（巻三）

原本は、江戸時代前期寛文年間に南北朝初期の写本を転写した伊勢神宮の藤波家伝来の令義解巻三の巻子装の写本で、巻首一紙は反町茂雄編『近集　善本百種』（弘文荘、一九五五年）に写真が掲載されているが、現在行方はわからない（水本、一九九九B、六五二頁）。同書より『譯註日本律令』十一に写真版が転載されている。一行十五字詰で、訓点がある。その写本を江戸末期に写したのが宮内庁書陵部所蔵藤波家本「神祇令」（一冊。『図書寮典籍解題』続歴史篇、七頁）である。

藤波家本神祇令は、令義解巻三の神祇令と僧尼令第一条前半部と尾題からなり、僧尼令の大部分は伝わらない。この令義解巻三の奥書は、次のように記されている。

A康永元年（一三四二）十月十四日、以家説奉授主殿頭殿（壬生匡遠）訖、

　　前豊前守坂上大宿禰明清 在判

B同十一月十五日、以坂家証本、重移点并裏書訖、

C建長七年（一二五五）五月十三日、未剋、書写之了、

（朱書）「同十六日、巳時、朱点了、」

　　同日、校合了、

本奥書云、

D康和二年（一一〇〇）十二月六日、蒙家君（藤原敦宗）厳旨、以善証各本移点了、　散位宗兼

E嘉承元年（一一〇六）九月廿六日、受師説了、

　　刑部権大輔藤原宗兼

藤波家本令義解巻三の祖本は、康永元年（一三四二）十月に坂上明清が、建長七年（一二五五）五月に某が藤原宗兼所持本を書写移点した本（C）をもとに主殿頭壬生匡遠（一三六六〈貞治五〉年歿）に伝授し（A）、さらに十一月に明清または伝授を受けた匡遠がその伝授本に坂上家証本をもって重ねて移点し裏書を加えた本である（B）。またそのもととなった藤原宗兼所持本は、康和二年（一一〇〇）十二月に文章生出身の藤原宗兼が父藤原敦宗（天永二年（一一

一一〕殁）の命を受けていくつかの善本から移点し（D）、さらに嘉承元年（一一〇六）九月に師よりの伝授を受けた本である。訓点（ヲコト点、訓仮名等）が付され、書入には、令集解などからの引用とともに、中原章敦の訓読についての説、家本との校異がある。中原章敦は、法家中原氏の章直流で、章直の曾孫の代にあたり、十三世紀末の人物である。建長七年に藤原宗兼所持本を書写したのは、中原章敦の祖父の世代の者であろう。一方、「家本」と注記された文字の校異内容が、坂上家相伝本系写本である猪熊本と似ているので、家本とは坂上家証本のことであろう。法家中原氏の章敦の訓説と、坂上明清によると考えられる書入が並存しているところに特徴がある。神道大系『律・令』に写真版が収載され、新訂増補国史大系に対校本として使用されている（同書未採録の書入もある。伊能・楊、一九八三）。

㈦　陽明文庫本「戸令」（巻四）

陽明文庫所蔵の室町期書写かと想定される綴葉装の写本一冊で（水本、一九九一・一九九九）、写真版が『譯註日本律令』十一に掲載されている。「戸令」と題されるが、令義解巻四の写本で、戸令・田令・賦役令・学令の四篇を収め、奥題には「令巻第四戸田賦役学」と記されている。訓点や書入はない。金沢文庫本とは別系統の写本とされている（水本、一九九二）。巻篇の編成は、金沢文庫本と同じ伝存本系である。

三　伝授と講説

古代・中世において、令義解は、明法官人には令法典に代替するもの、また令解釈の書として利用され機能したのであり、明法勘文や『政事要略』などに引用された。

律令二部書（律と令義解）の学習は、師弟間の伝授を中心として行われた。伝授は、朝廷政治の必要から学んだ貴族のみならず、武家法の充実と公家法制の知識の習得を必要とした武家においても行われた。北条実時の律令学習の成果としての金沢文庫本律令四書の伝来がなければ、江戸時代初期にまで、そして今日にまでこれほどの分量の律令法典が伝わることはなかった。もちろんその基礎には、中原氏、坂上氏など明法道官人による律令法典の相伝と実務への継続的利用があった。

紅葉山文庫本律・令義解、藤波家本令義解巻二、猪熊本令義解巻三、田中本律巻一の訓点は、築島裕により「律令古点」と称され、明経点に類似しているが、多少の違いを有する体系とされている（築島、一九七六。早川庄八・吉田孝、一九七六。嵐、一九七八B、参照）。令集解の北条実時本・建治二年奥書本系写本の巻九にも一部訓点が残されているが、書写後の訓読伝授のために移点された正確なものではなく（訓読に耐えられない）、花山院師継本あるいはその祖本にあった訓点を杜撰に転写したものに過ぎない（石上、一九九九B）。

律令学習において「読」が重要であったことは、吉部秘訓抄巻四紙背令義解巻一の勘物に引く貞観講書記・延喜講書記（国史大系、五・六頁）からも知られる。法家惟宗（令宗）氏の律令訓読史上における重要な時期は、令宗允亮・允正（一一〇五年歿）兄弟が活動した十世紀末～十一世紀初である。允亮の訓読法があったことは、金剛寺本延喜式巻十二本奥書、杏雨書屋所蔵聖徳太子伝暦上末本奥書などで明らかであり、允亮は長保元年（九九九）六月に私第で令を講じている（長保令講書。『大日本史料』第二編之三）。允正も長保五年（一〇〇三）十二月に訓点を付した律を「点壺」（点図）を添えて一条天皇に献じているし、同六年七月に藤原行成に律の訓読を伝授している（『大日本史料』第二編之四）。

十四世紀前半期には、宮内庁書陵部所蔵九条家本「令訓釈」のような貴族の令（伝存本令義解を使用）学習にかかわる書があり（吉岡眞之、一九九四C）、花園上皇も中原章任より律令の伝授を受けている。中世貴族の令学習の到達点の内容を示すのが一条兼良（一四〇二〜一四八一年）の令抄（群書類従巻七十八）、その男冬良の令聞書（続群書類従巻二百四十七）である。令抄には群書類従本系とは異なる異本令抄（宮内庁書陵部所蔵藤波家本など）と称されるものがあり、兼良の令義解講義の内容を伺うことができる（橋本久・林紀昭、一九六八）。

四　近世における版本刊行

(一)　京　本

近世初頭、金沢文庫本律令四書（律、令義解、令集解北条実時本・令集解建治二年奥書本）が世に現われ、それらを親本・祖本とする写本が多く作られ、律令研究が再度おこった。立野春節（京都の儒医、有職家。一六二五年生）が、金沢文庫本を祖本とする御所本系の令義解を底本とし、金沢文庫本系令集解写本により令義解が逸失した巻二の職員令・後宮職員令・東宮職員令・家令職員令、巻九の厩牧令・仮寧令・葬喪令、さらに当時令義解写本が知られていなかった巻三の神祇令・僧尼令を復原した研究成果を版行したのが、慶安三年（一六五〇）版本（一〇冊）であった（下条正男、一九八一A・B。佐藤邦憲、一九八〇）。これは、令集解が残らない倉庫令・医疾令（令義解巻九）と、金沢文庫本令義解巻十の冒頭が欠損していたので写本として当時流布していなかった関市令の三篇を欠いていた。この版本は、印本、京都から刊行されたので「京本」、表紙が藍色であったので「青本」とも略称され、十八世紀末までの令研究のテキストとして流布した。令集解・令義解諸写本や古代法制史料との比較を行った江戸時代の学者達（伊藤東涯、松下見林、荷田春満、伴信友、山田以文、曽我部元寛等）は、本書への書込み校合を行い、それぞれの校本を作成した（石上、一九九七、三二一～三二四頁）。

〔二〕 倉庫令と医疾令の復原

令義解も令集解も残らない倉庫令と医疾令については、尾張の学者により、古代法制史料に引用された逸文の蒐集の方法をもって復原が試みられた。尾張藩の律令学の成果は、河村秀頴（一七一八～八三年）・稲葉通邦（一七四四～一八〇一年）らの編による『講令備考』（続々群書類従六）にもあらわされている（藤直幹、一九六七）。河村秀頴・秀根（一七二三～九二年）兄弟は、令義解原撰本の巻編成にしたがい『令義解第八本　倉庫令補　厩牧令　医疾令補』を撰し、のち秀根の男益根（一七五六～一八一九年）が校補して文化七年（一八一〇）版行した（高塩博、一九八七、三〇二～三〇四頁）。河村本は、倉庫令二二条中一六条を、医疾令二七条中二六条を復原した。稲葉通邦は『逸令考』で逸文の蒐集・復原を行い、倉庫令一七条を復原している（吉岡眞之、一九九四B）。

また、関市令についても、金沢文庫本系令義解巻十写本をもとにして、第一条の復原と関市令義解全体の利用が行われるようになったことは前述した。

金沢文庫本が遺されていなかった令義解巻三については、令集解によりつつも、河村秀頴・秀根の『首書神祇令集解（一七四八〔寛延元〕年刊）』、稲葉通邦『神祇令和解』（いずれも神道大系『律・令』所収）などにより、令義解の研究が蓄積されていた（嵐義人、一九七八B）。

(三) 塙本

京本の令義解テキストとしての不十分さが、学者達をして校本作成を通じての令義解研究を促していた。このようななかで、塙保己一は紅葉山文庫本などを利用することにより正確な本を作成するために寛政十年（一七九八）、令義解の開版を幕府に願いでて、寛政十二年に、令義解原撰本の編成にしたがった一〇冊を刊行した（坂本太郎、一九八九）。本書は、「塙本」、表紙が朱色なので「赤本」とも略称された。第九冊所収の関市令第一条は神村正隣の復原に従っている。当初、第八冊は厩牧令のみであったが、後に『逸令考』を利用し倉庫令・医疾令の復原を収載した第八冊後刷本が作成された（高塩、一九八七、三〇八頁。吉岡、一九九四B、二五七頁、初刷本・後刷本の影印は『譯註日本律令』十一掲載）。以後、塙本が、令義解の最善本として流布した。一八九七年（明治三〇）刊行開始の国史大系（現在は旧輯国史大系と称される）の第十二巻に収められた令義解は塙本を底本とし使用したものであった。

五 現代における利用環境

新訂増補国史大系『令義解』は、一九二九年に塙本を底本とし、紅葉山文庫本、吉部秘訓抄巻四紙背（当時は東洋文庫所蔵広橋家旧蔵本）、書陵部所蔵藤波家本（当時は宮内省図書寮所蔵本）、猪熊本を対校本として刊行され、現在に至るまで、令義解の最善刊本テキストとして使用されている。そして、国史大系本には次のような特徴がある。イ、塙本に従い令義解原撰本の編成を採用している。ロ、紅葉山文庫本等の書入、訓読を多数、採録している。ハ、神祇令・僧尼令は令義解の藤波家本・猪熊本による対校を行っている。ニ、関市令第一条は神村正隣の復原を塙本からそのまま転載している。ホ、逸失した倉庫令・医疾令については、それぞれ一五条、二七条を復原している。ヘ、塙本を底本とすることにより、令集解から抽出して復原した令義解（伝存本の編成の巻二・九）を含む。ト、各種写本の奥書を収録している。チ、伝存本では巻一を構成している巻一巻首の応撰定令律問答私記事と注釈の付された施行詔・上令義解表・序を附録として扱っている（序自体は首部においているが、注釈付きの序は附録に再録）。

令義解・令集解から令文のみを抽出し、欠失篇の倉庫令・医疾令は復原令文により養老令を復原し、残存する養老律と合わせて、その詳細な訓読と注釈を加えたのが井上光貞等編『律令』（日本思想大系、岩波書店、一九七六年）である。また、律令研究会編『譯註日本律令』九・十令義解譯註篇一・二（東京堂出版、一九八九、一九九一年）は、巻一冒頭の応撰定令律問答私記事・施行詔・上令義解表・序を含め、官位令から家令職員令までの訳注を収める。施行詔・上令義解表・序の訓点の翻刻には、嵐義人「紅葉山文庫本令義解巻首附録〈官符・詔・表・序〉訳文」（『国学院大学日本文化研究所紀要』四二輯、一九七八年）がある。また、索引には、水本浩典・村尾義和・柴田博子編『令集解総索引』（高科書店、一九九一年）、『日本思想大系本『律令』頭注・補注索引』（明治大学法学部法史学研究室、一九八〇年）・亀田隆之・中西康裕・安田政彦編『令義解総索引』（高科書店、一九九一年）がある。なお、近年の倉庫令・医疾令の復原研究や令義解研究の状況については吉岡眞之の紹介を参照されたい（吉岡、一九九四、三四～三七頁）。

国史大系本を初めて利用する者が注意しなければならないことは、国史大系本令義解をもって、それが今日まで伝来した令義解の姿をそのままに写したものであると誤解してしまうことである。国史大系本令義解は、最善テキストであることは言うまでもないが、同時に、それは、伝存本の巻編成で伝来した写本による篇、令集解から復原した篇、逸文から復原した篇を取り合わせて作成したものであることを知っておかねばならない。立ち入った研究のためには、『紅葉山文庫本令義解』、『譯註日本律令』十一、『神道大系』、『古簡集影』などで提供される影印版を利用して写本に立ち戻ることが必要となる。なお、この解題では、令義解の成立と写本の紹介を中心として述べたので、令義解の法解釈についての評価、明法官人の法曹活動における利用、散逸篇の復原研究史の紹介には論及できなかったことをことわっておきたい。

註

（1） 紅葉山文庫本令義解巻五巻末には、正元元年の清原教隆の北条実時への伝授奥書に次いで、「元亨」から「故」まで一六行分の訓点の付された春秋経伝集解巻二十一巻末部の一文があり、その次に弘長元年（一二六一）の実時再読奥書が記されている。実時は、教隆より建長五年（一二五三）から文永二年（一二六五）正月にわたり春秋経伝集解の伝授を受けた。実時は、また、残された巻の伝授を受けるべく、それらの巻について教隆所持本を書写していた。実時の子北条篤時が文永五〜六年（一二六八〜九）に教隆の子の清原直隆・俊隆に伝授を受けるために実時所持本を転写した二六巻と、篤時の弟顕時が俊隆から弘安元年（一二七八）に伝授を受けた四巻（巻十四・十五は俊隆所持本の転写本、巻二十三・二十六は実時所持本の転写本）とを取合せた金沢文庫本春秋経伝集解が宮内庁書陵部に所蔵されている（『図書寮典籍解題』漢籍篇、一九六〇年）。実隆は、文永二年十月十一日に、同年七月十九日に京都で歿した教隆が鎌倉に残していった本の巻二十一を書写した（篤時本巻二十一本奥書）。令義解巻五混入春秋経伝集解巻二十一残簡は、篤時所持本の断簡ではなく、実時所持本の料紙一紙分が混入したものか、実時が春秋経伝集解を書写した時にできた反古あるいは破紙が混入したものと推定される。したがって、春秋経伝集解巻二十一残簡の次に記される弘長元年奥書は、実時の令義解再読奥書である。

（2） 猪熊本は、巻子冒頭本文第一紙を冊子第一丁表とした時（各丁の表と裏は小口で切り離されているが、三、七、八、十□（二）の丁付が小口上部に残る）、第三丁裏（第六紙）は神祇令11散斎条の「問」（国史大系、七九頁三行目）で終わり、第四丁裏（第八紙）は12月斎条の「謂万」（国史大系、七九頁七行目「詞」の次）から始まる。第四丁表（第七紙）は空だが第六行相当部下端に「為小祀」が小字で記されている。「為小祀」は、月斎条文末の「一日斎為小祀」の「為小祀」である。猪熊本は半丁七行、毎行一六字なので、藤波家本などにより第四丁表を復原すると、左の如くなる。

〔第四丁表〕

第一行　病謂有重親喪病者不在預祭之限食宍亦不判刑殺不

第二行　決罰罪人不作音楽謂不作絲竹歌舞之類也不預穢

第三行　悪之事謂穢悪者不浄之物鬼神所悪也致斎唯祭祀事

第四行　得行自余悉断其致斎前後兼為散斎

第五行　凡一月斎為大祀謂上条云一月即此条称斎者皆散斎也唯於

第六行　一日斎更無散斎其致斎者皆在散斎限之内也三日斎為中祀一日斎為小祀

第七行　凡践祚之日謂天皇即位謂之践祚践祚位也福也中臣奏天神之寿詞

第六行が「一日斎為小祀」の六字多く、第七行が四字多くなる。この異例な文字配列を解決するためには、様々な案が考えられるが、第六行相当部下端に小字で「為小祀」とあることを重視すれば、「一日斎為小祀」が小字傍書で第六行下端左に補われていたとみて、次のような文字配列の復原案を提示できる。

第六行　一日斎更無散斎其致斎者皆在散斎限之内也三日斎為中祀一日斎為小祀

第七行　凡践祚之日謂□□□□□中臣奏天神之寿詞

なお、第六行全体が小字双行であったとしても文字は収まる。また「一日斎為小祀」の六字は第六行の行末に補書されていたとみることもできる。第七行は、践祚之日についての義解に脱文があったことになる。

僧尼令補写部分は第十四丁裏（第二八紙）～第十五丁裏（第三〇紙）に当たるが、この部分は墨付一四行分であり、猪熊本の親本も半丁七行の冊子本であったことがわかる。

参考文献

嵐　義人「律令注釈書をめぐる二、三の問題」　一九七七年　『国史学』一〇二
同「紅葉山文庫本令義解巻首附載〈官符・詔・表・序〉訳文」　一九七八年Ａ　『国学院大学日本文化研究所紀要』四一
同「塙本令義解神祇令の成立まで」　一九七八年Ｂ　『神道史研究月報』八
石上英一『日本古代史料学』（「『令集解』金沢文庫本の再検討」、「『令義解』金沢文庫本の成立」所収）　一九九七年　東京大学出版会
同「令集解」（東山御文庫本令集解の解題）（『東山御文庫御物』一）　一九九九年Ａ　毎日新聞社
同「解題」（田中本令集解の解題）（『国立歴史民俗博物館蔵善本影印叢書』令集解五）　一九九九年Ｂ　臨川書店
今江広道「法家中原氏系図考証」　一九七六年　『書陵部紀要』二七
伊能秀明・楊永良「藤波本神祇令の書入れについて」　一九八三年　『日本歴史』四二四
岩橋小弥太「令義解」（『増補上代史籍の研究』下）（一九五八年初出）　一九七三年　吉川弘文館
押部佳周「令義解」（『律令成立史の研究』）（一九七一年初出）　一九八一年　塙書房
神奈川県立金沢文庫『北条実時』　二〇〇一年　神奈川県立金沢文庫

坂本太郎「和学講談所における編集出版事業」（『坂本太郎著作集』第五巻）　一九八九年　吉川弘文館

佐藤邦憲「黒川家旧蔵本『令義解』について」　一九八〇年　『明治大学刑事博物館年報』一一

下条正男「近世前期における国書雕版と立野春節」　一九八一年A　『国史学』一一四

同「立野春節と延喜式雕版」　一九八一年B　『史学研究集録』六

関靖『金沢文庫の研究』　一九五一年　講談社

高塩博「養老医疾令復原の再検討」（『日本律の基礎的研究』）　一九八七年　汲古書院

瀧川政次郎「律裏書の研究」（『日本法制史研究』）　一九四一年　有斐閣

土田直鎮「律令―紅葉山文庫本令義解―」（『奈良平安時代史研究』）〔一九六四年初出〕　一九九二年　吉川弘文館

築島裕「律令の古訓点について」（日本思想大系『律令』）　一九七六年　岩波書店

所功「『令義解』撰者伝」（『史正十周年記念古代・中世史論集』）　一九八〇年　史正会

橋本久・林紀昭「異本令抄攷―『令抄』の成立に関する一試論―」　一九六八年　『法制史研究』一八

早川庄八・吉田孝「解題」（日本思想大系『律令』）　一九七六年　岩波書店

布施弥平治『明法道の研究』　一九六六年　新生社

藤直幹「名古屋藩に於ける律令学の考察―稲葉通邦を中心として」（『武家時代の社会と精神』）　一九六七年　創元社

福井俊彦　「令義解の撰定と格式の施行」（『日本古代の法と社会』）　一九九五年　吉川弘文館
水本浩典　「令義解古写本書入・裏書集成」　一九八四年　『神戸学院大学紀要』一六・一七
同　『律令注釈書の系統的研究』　一九九一年　塙書房
同　「解題」（『譯註日本律令』十一、令義解譯註篇別冊）　一九九九年A　東京堂出版
同　「解説」（『紅葉山文庫本令義解』）　一九九九年B　東京堂出版
森田悌・小口雅史　「旧紅葉山本『令義解』書入」　一九八二年　『金沢大学教育学部紀要』社会科学・人文科学編三一
皆川完一　「岡谷本令義解について」　一九六六年　『新訂増補国史大系月報』三九
森潤三郎　『紅葉山文庫と書物奉行』　一九三三年　昭和書房
八重津洋平・林紀昭　「紅葉山文庫本『令義解』書入補考」（瀧川政次郎博士米寿記念論集『律令制の諸問題』）　一九八四年　汲古書院
吉岡眞之　「古代の史書と法典」（『古代文献の基礎的研究』）　一九九四年A　吉川弘文館
同　「延暦交替式二題」（『古代文献の基礎的研究』）　一九九四年B　吉川弘文館
同　「九条家本『令訓釈』」（『古代文献の基礎的研究』）　一九九四年C　吉川弘文館
利光三津夫　「関市令伝本の由来」（『律令制とその周辺』）　一九六七年　慶應義塾大学法学研究会叢書一七
同　「法家坂上家の研究」　一九八一年　『法学研究』五四—一二

令集解

水本浩典

一 『令集解』研究史

一九四五年以前の『令集解』研究の概況を最初に述べておきたい。江戸期を含めて、『令義解』に比べて、『令集解』に関する諸研究は、格段に見劣りがする。その理由は、分量の多さ・難解さ・律令正本（『令義解』を律令そのものと同一視する江戸期の見方）と注釈本との重きの置き方の差などに由来すると考えられる。

江戸期の注釈作業の一端は、考証学者でもあった荷田春満が『令集解』の校訂作業や講説を行っている。(1) また、尾張藩の稲葉通邦は、『神祇令和解』(2) のなかで、『令集解』にも言及し、『令集解』所載の各私記の考証など、当時としては高い水準の概説を残している。この『神祇令和解』を継承するかたちで著されたのが、佐藤誠実氏の「律令考」である。(3) 佐藤氏の「律令考」は、その後の『令集解』研究の基本文献として参照され、瀧川政次郎氏の「『定本令集解釈義』解題」(4) として結実した。瀧川氏の『令集解』解題は、戦後精緻を加える令私記に関する個別研究の萌芽を網羅しているなど、今日まで存在意義を失っていない。

一九四五年以降の研究を一覧する際に便利なものに、小口雅史氏による「『令集解』関係文献目録」[5]がある。一連の研究の中で、長歩の進展をみたのは、亀田隆之・青木和夫・黛弘道などの諸氏が先鞭をつけた令私記の成立年代の研究である。これらの研究が刺激となり、井上辰雄・野村忠夫・押部佳周などの諸氏による一連の令私記研究の隆盛[6]が始まる。その研究の方法としては、主に、各私記の成立年代を明確にすることから、『令集解』所収の令注釈学説を奈良・平安時代史研究に活かそうとするものであった。

ついで、家学の形成という視点を導入し、諸説相互の関係を分析することによって、令私記の性格を分析しようとした神野清一氏の研究[7]が公表されて以降、神野氏の方法論を継承した論考が数多く発表されるようになる。このような分析視角は、森田悌氏と林紀昭氏との間で論争となった「穴記」の成立時期に関する問題提起[8]というかたちで詳密さを加え、北条秀樹氏による穴記の重層的な構造解析研究[9]によって一定の到達点に至った感がある。このような『令集解』研究の伸展を集大成的に俯瞰したものとして、井上光貞氏が執筆した『律令（日本思想大系）』の解説[10]がある。井上氏の長年の考察の成果とそれまでの先学の諸研究を踏まえた解説は、『令集解』の編纂上の構造にまで迫るものであった。井上氏が一九五九年から七八年までの二十年間にわたって作成された稿本を基にした『令集解の研究』[11]（十巻の予定であった）が、氏の卒去によって未完に終ったことは、誠に残念である。

『令集解』研究は、井上光貞氏の研究がひとつの頂点を形成しており、以後、『令集解』所収の令私記の研究や『令集解』の構造分析を行う研究は、減少傾向になったと言っても過言ではなかろう。その理由は、『令集解』の編纂方針にも起因するのであろうが、引用関係の複雑さや断片的な令の字句の解釈の羅列から、各明法家の令解釈の微妙な差異を汲み取る必要があるなど、全体像の把握に難渋する点などがあげられる。

最近では、令私記の研究のような『令集解』の構造を考察するような研究は、ほとんど見ない状況下にある。一方、原点にもどって『令集解』の書誌学的研究の再吟味や[12]、『令集解』と他の典籍に引用された令注釈文との比較研究などが提示されている。これらの研究の成果として、金沢文庫本『令集解』の書誌的な位置づけが学界共通の理解を持てる段階になってきている。また、索引[13]や引用漢籍に関する研究など[14]、より基礎的な研究を蓄積する段階に入っていると言うこともできる。また、昨今のコンピューターを利用した研究の隆盛を反映して、『令集解』研究においても、全文データベースの公開[15]や一字検索が可能な総索引[16]などが作られ、『令集解』研究も新たな飛躍の段階に入りつつある。

二　著者・書名

(一)　『令集解』と惟宗直本

『令集解』は、どのように成立したのか。いつ、誰の手によって編纂されたのか、古代の法制を研究するうえで必須の典籍でありながら、現在までも不明なままであると言ってよい。

佐藤誠実氏は、「律令考」のなかで、

本朝書籍目録ニハ、令釈七巻、令集解三十巻直本撰、令總記を載せたり、…(中略)…　直本ハ惟宗朝臣直本にして、

…(後略)、

と解説して、『本朝書籍目録』所載の注記を根拠に、『令集解』の撰者を惟宗直本としている。以降、概ね『令集解』の撰者は惟宗直本として通説となっている。(17)

『本朝書籍目録』には、「律集解　直本撰　三十巻」の記載もある。『本朝書籍目録』（国立公文書館内閣文庫所蔵『日本書籍目録』を使用）記載の順序を見てみると、

律	養老贈太政大臣不比等奉勅作律令二十巻	十巻	養老『律』
律附釈		十巻	『律』の注釈書
律集解	直本撰	三十巻	『律』の注釈書
律疏		三十巻	不明
律	大宝元年不比等大臣与令并作	六巻	大宝『律』
令	養老与律并作或右大臣夏野公撰	十巻	養老『令』
令釈		七巻	養老『令』の注釈書カ
令義解	右大臣夏野奏進	十巻	養老『令』の注釈書
令	天智天皇元年仰近江国令是也	二十二巻	近江『令』カ
令	大宝元年不比等大臣与律并作	十一巻	大宝『令』
令義（集カ）解	直本撰	三十巻	養老『令』の注釈書
三十巻抄	明兼抄		不明
弘仁格			

（中略）

法意簡要抄　一巻
裁判至要抄　一巻
令惣記　不明
朝筆要抄　一巻
廷尉装束抄　三巻

の順番に記載されており、一応、律・令・格・式・その他のように大まかな分類がされている。『律集解』及び『令集解』は、『律附釈』及び『令義解』の後に位置づけられ、律及び令の注釈書として分類されているようである。そして、両書とも「直本撰　三十巻」とあり、惟宗直本が撰者として明記されている。

しかし、この他の史料を博捜しても、『令集解』の編纂についての記述や惟宗直本と『令集解』を結び付ける記述は皆無といってよい。唯一、『惟宗系図』（東京大学史料編纂所所蔵）に『本朝書籍目録』と同じような記述を見出すことができる。

富成――直本――善継――致明――忠方――允亮
（直本：令集解撰者　右衛門少志　元慶七年十一月一族共改賜惟宗朝臣姓）

同書には、允亮の項に、「政事要略　類聚判集　撰者」とあり、『惟宗系図』では、惟宗直本を『令集解』の撰者、惟宗允亮を『政事要略』及び『類聚判集』の撰者と注記している。利光三津夫・松田和晃両氏の研究(18)によれば、『惟宗系図』の記載は、信頼性の高いものであることが考証されており、『本朝書籍目録』の記載を補完する史料として位置づけることは可能であろう。

諸書にみえる惟宗直本の記事を整理してみると次のようになる。(19)

元慶元年(八七七)　弾正少忠正七位上秦公直本が兄讃岐国香河郡人左少史正六位上秦公直宗とともに、本貫を左京六条に変更(『日本三代実録』)

元慶七年(八八三)　右衛門少志の任にあり、兄の直宗(従五位下守大判事兼行明法博士)らと共に、惟宗朝臣に改姓(『日本三代実録』)

この頃、検非違使宣旨を受けるか(利光・楊・伊能論文)

仁和二年(八八六)　右衛門大尉に転任(『経俊卿記』建長八年五、六月裏書)

寛平四年(八九二)　右衛門尉(『政事要略』巻六一)

寛平年間　『検非違使私記』を撰述(『政事要略』巻六一)

延喜二年(九〇二)　勘解由次官(『政事要略』巻六九)

延喜四年(九〇四)　主計頭(『二中歴』第二)

延喜五年(九〇五)　勘申(『法曹類林』巻一九二)

延喜七年(九〇七)　主計頭兼明法博士(『源語秘訣』)。極官か、利光・楊・伊能論文)

延喜年間　律令講書(『西宮記』巻一四)

惟宗直本が『検非違使私記』を撰述したことはわかるが、『令集解』とのかかわりについては、現存史料からは判定できない。このようななかにあって、先学は、『令集解』所収の各私記の成立年代等の研究から、編纂の時期を想定している。瀧川政次郎氏は、「本書に引かれている格及び式が、悉く弘仁の格式であつて、貞観の格式ではないこと」や、儀制令集解太陽虧条の引用などから、元慶元年以前若しくは貞観十年以前（貞観格編纂以前）を想定されている。井上光貞氏もこの説に賛意を表され、「直本はその履歴からみて四十歳前後ではなかろうか」と推測された。

しかし、検非違使としての活躍を契機として『検非違使私記』が著されたとすると、『令集解』を著す時期も明法家としての活躍を契機として考えたい。明法博士として活躍する時期は、延喜年間であり直本の晩年の時期に当たる。一方、『令集解』所引の各令私記の成立年代等の分析からは、直本が秦氏姓を名乗っていた時期に著したことになる。この矛盾について、整合性のある説明は、未だなされていないように思える。

なお、諸書に散見される「基云」「基案」などの表記に着目し、惟宗直本との関連性を検討した論考がある。この「基」なる人物を坂上明基とする説もあるが、清水潔氏[20]や利光・楊・伊能三氏の論考では、直本の「本」と「基云」の「基」の訓が相通じる点などから、「基云」が惟宗直本の学説の可能性を指摘された。

筆者も、両論考の驥尾に付して検討したことがある。[21]やはり『令集解』等の注釈書において明法家学説を表記する際は、「穴太」氏の学説は「穴云」、「物部」氏の学説は「物云」、「讃岐」氏の学説は「讃云」と表記するなど、中国の明法家の学説を表記する際に使用した表記法である「宋云」「張云」「簡云」などと同様の使用原則が貫徹していると想定される。拙稿においても「基云」を誰に比定するべきか成案を得るまでに至っていないが、「基云」の表記の場合のみ、氏の一字を表記に使う原則を捨て、名の一字を使用したとは考えがたい。また、仮に『令集解』を編集した惟宗直本が自説を披瀝する場合は、他の私記（讃記など）の例からみて単に「私案」または「私」と表記したと想定され、現行『令集解』の随所に見える「私案」「私云」の一部に直本の学説が含まれていると想定するのが妥当であろう。

㈡ 三十巻本『令集解』

養老『令』そのものが現存しないため、本来『令』がどのような形式で記載されていたのかは不明であると言わざるを得ない。我々は、中国律令の記載形式の影響を直接的に受けながら、大宝『令』が成立し、その改訂版である養老『令』が作られ、養老『令』の注釈書である『令義解』及び『令集解』によって、養老『令』及び大宝『令』を復元している。

『本朝書籍目録』に記載する「令集解」は、巻数として「三十巻」が掲げられている。しかし、現行『令集解』は、假寧令・喪葬令集解の奥題に、「令集解巻第四十」とあり、以下の諸篇の欠逸部分を勘案すると、五十巻程度で構成されていたのではないかと想定される。

『令集解』写本のうち、善本のひとつであり、三十二巻本金沢文庫本系写本の鷹司本（宮内庁書陵部所蔵）に添付されている表題は、『令集解』を『法家文書目録』記載の令集解の巻別編成と合致する表記をしており、僚本であった金沢文庫本令義解（所謂、紅葉山文庫本令義解）の奥題とも異なる編成をしている。『令集解』の成立の前提が『令義解』にあることを窺わせる傍証になると考えている。

また、紅葉山文庫本『令義解』や藤波本『神祇令』（宮内庁書陵部所蔵）に、「集〇」と記載された書き入れがある。[22]古くは、土田直鎮氏をはじめ多くの先学が注目した書き入れである。計十一カ所に書き入れられた「集〇」を整理しながら、三十巻本『令集解』の巻立編成を推測しながら、作成したのが次の表1である。

紅葉山文庫本『令義解』軍防令冒頭書き入れの「集廿五」及び「惣廿七」を除いて、残りの九つの「集〇」の記載が、三十巻本『令集解』の巻立編成を表示したものであることが推測されるのである。[23]

従って、嵐義人氏が推測されたような、見出しと掲出した『令』の一部に私記諸説を注記したものが、三十巻本『令集解』であり、これに義解の注釈文（全文）を合体させたものが現行『令集解』（推定五十巻）とする考え方には無理がある。[24]

三　『令集解』と「令惣記」

前述の『本朝書籍目録』政要篇の後半に、「令惣記」という記載がある。稲葉通邦以来、多くの先学が、『令集解』との関係のなかで諸説を提示されてきた。すなわち、同一書説、異書説、姉妹書説、集解を取り込んだ集成書説などである。

「令惣記」または「令惣義」と表記された逸文は、現在、七条（『江家次第』第一、『令聞書（所謂、令抄）』考課令、『小右記』長和四年五月十一日条、『北山抄』巻六、『平戸記』寛元三年四月十四日条、紅葉山文庫本『令義解』捕亡令書き入れ、陽明文庫本『裁判至要抄』紙背勘物）が蒐集されている。このなかで、注目すべき逸文は、陽明文庫本『裁判至要抄』紙背勘物である。すなわち、

僧尼合惣記云空僧尼者沙弥〻〻尼皆僧尼事也

とあり、書写の過程で誤写されているものの、僧尼令集解の冒頭部分である、

表1　三十巻本『令集解』巻立編成の復元（拙著『律令註釈書の系統的研究』所載、一部修正）

令篇目	法家文書目録 令	法家文書目録 令義解	京本 塙本	広本・紅本・猪本・藤本・岡本・黒本・陽本・奥題	三十巻本令集解 嵐案	三十巻本令集解 私案	現行本令集解	鷹司本表題
官位令第一	第一	第一	第一	広本：令巻第一官位令 紅本：令巻第一官位注義解	一	〔集二〕～〔集三〕	第一	令一〔ノ一〕
職員令第二	第二			欠本	〔二〕・〔三〕		第二～第五	令一ノ二
後宮職員令第三					〔四〕		第六	令一ノ二
東宮職員令第四								令一ノ二
家令職員令第五								令一ノ二
神祇令第六	第三	第二	第二	猪本：令巻第三 藤本：令巻第三 本无神祇令 本无僧尼令 岡本：令義解巻第三	〔五〕	集四	第七（一部僧尼令含む）	令二ノ一
僧尼令第七						〔集五〕～〔集七〕	第八	令二ノ二
戸令第八	第四			紅本：令巻第四戸田賦学 陽本：令巻第四戸田賦役学 黒本：令巻第四戸田賦学	六・七		第九～第十一	令二ノ三
田令第九		第三	第三		〔八〕	集八	第十二	令三ノ一
賦役令第十					〔九〕	集九	第十三・第十四	令三ノ二
学令第十一					〔十〕	〔集十〕～〔集十五〕	第十五	令三ノ三
選叙令第十二	第五	第四	第四	紅本：令巻第五選叙令 継嗣令 考課令 禄令	〔十一〕		第十六	令四ノ一
継嗣令第十三					〔十二〕		第十七（一部選叙令含む）	令四ノ二
考課令第十四					〔十三〕・〔十四〕		第十八～第廿二	令四ノ三
禄令第十五					十五		第廿三	令四ノ〔四〕

<table>
<tr><td>宮衛令第十六</td><td rowspan="2">第六</td><td rowspan="2">第五</td><td rowspan="2">第五</td><td rowspan="2">紅本：令巻第六（五）宮衛令軍防令注義解</td><td>十六</td><td>集十六</td><td>第廿四</td><td>令五ノ一</td></tr>
<tr><td>軍防令第十七</td><td>十七・十八</td><td>〔集十七〕・集十八</td><td>欠本（廿五〜第廿七）</td><td>欠本</td></tr>
<tr><td>儀制令第十八</td><td rowspan="3">第七</td><td rowspan="3">第六</td><td rowspan="3">第六</td><td rowspan="3">紅本：令巻第七（六）儀制令衣服令営繕令注義解</td><td>十九</td><td rowspan="3">〔集十九〕〜不明</td><td>第廿八</td><td>令六ノ一</td></tr>
<tr><td>衣服令第十九</td><td>〔二十〕</td><td>第廿九</td><td>令六ノ二</td></tr>
<tr><td>営繕令第廿</td><td>〔二十一〕</td><td>第卅</td><td>令六ノ三</td></tr>
<tr><td>公式令第廿一</td><td>第八</td><td>第七</td><td>第七</td><td>紅本：令巻第七公式令注義解</td><td>〔二十二〕〜〔二十四〕</td><td>集至過所式条</td><td>第卅一〜第卅六</td><td>令七ノ一</td></tr>
<tr><td>倉庫令第廿二</td><td rowspan="5">第九</td><td rowspan="3">第八</td><td rowspan="3">第八（京本、倉庫令医疾令欠）</td><td rowspan="5">欠本</td><td>〔二十五〕</td><td rowspan="6">不明〜〔集廿五〕</td><td>欠本（第卅七）</td><td>欠本</td></tr>
<tr><td>厩牧令第廿三</td><td>〔二十六〕</td><td>第卅八</td><td>令八ノ二</td></tr>
<tr><td>医疾令第廿四</td><td>〔二十七〕</td><td>欠本（第卅九）</td><td>欠本</td></tr>
<tr><td>假寧令第廿五</td><td rowspan="4">第九</td><td rowspan="4">第九</td><td rowspan="2">〔二十八〕</td><td rowspan="2">第四十</td><td rowspan="2">令九ノ一</td></tr>
<tr><td>喪葬令第廿六</td></tr>
<tr><td>関市令第廿七</td><td rowspan="4">第十</td><td rowspan="4">紅本：令巻第十</td><td rowspan="2">〔二十九〕</td><td rowspan="4">以下欠本</td><td rowspan="4">以下欠本</td></tr>
<tr><td>捕亡令第廿八</td><td>集廿六</td></tr>
<tr><td>獄令第廿九</td><td rowspan="2">第十</td><td rowspan="2">第十</td><td>〔三十〕</td><td>集廿七・集廿八・〔集廿九〕</td></tr>
<tr><td>雑令第卅</td><td></td><td>集卅</td></tr>
</table>

※広本＝国立歴史民俗博物館所蔵広橋本『令義解』、紅本＝国立公文書館内閣文庫所蔵旧紅葉山文庫本『令義解』、猪本＝国学院大学所蔵猪熊本『令義解』、藤本＝宮内庁書陵部所蔵藤波本『神祇令』、岡本＝東京大学史料編纂所影写本岡谷本『令義解』、黒本＝明治大学刑事博物館所蔵黒川真頼旧蔵本『令義解』、陽本＝陽明文庫所蔵『令義解』、京本＝慶安三年立野春節校印板本『令義解』、塙本＝寛政十二年塙保己一校印板本『令義解』。〔 〕は推定を示す。

僧尼穴云、僧尼者、沙弥々尼、皆僧尼耳、讃云、問、僧簡取尼之法、………

に該当する穴説を「僧尼令惣記云」として引用している。従来、他の逸文に私記名の部分を引用したものがなかったため、『令集解』と「令物記」の関係に諸説が提起されたわけであるが、陽明文庫本『裁判至要抄』紙背勘物の引用によって、『令集解』の諸説を引用する際に「令惣記」と題して引用していることが確実となったのである。

従って、『令集解』は、いずれかの時期に、「令集解」とも「令惣記」とも呼称され、両者が混在する状況が想定されるのである。前述の『令義解』写本の「集〇」という書き入れのなかに、「集廿五」及び「惣記廿七」があるが、この二例は三十巻本『令集解』の巻立編成に合致しない。反対に、現行『令集解』の巻立編成に合致している。

現行『令集解』の巻立編成のような構成を持つ『令集解』を、中世には、「令集解」とも「令惣記」とも呼称していた証左であり、「令惣記」は、『令集解』の異称であったと推測される。

㈣　異質令集解

現行『令集解』の諸篇のうち、巻一（官位令集解）・巻二十（考課令集解）・巻三十五（公式令集解）の三巻は、現存三十五巻のうち他の三十二巻と異なる記載形式を採っている。そのためこれら三巻の集解を、異質令集解と総称している。

早く瀧川政次郎氏は、『令集解』が欠巻となったため、後人が追補（巻一は平安末期に、巻二十及び巻三十五は鎌倉期）したと想定され、土田直鎮氏は本来の『令集解』を取意節略したものとされた。それに対して、利光三津夫・斎川真氏[25]は、平安初期に編纂された『令集解』とは別本の『令』注釈書であり、明法家諸説を類聚した編纂書であるとする、新しい見解を提起された。また、早川庄八氏も同じ頃、異質令集解についての検討を公表され(26)、現存『令集解』と異なる、令文に義解説と明法家説や編者の問答などを付記した特定明法家の令私記であるとされた。

本来の『令集解』が、異質令集解と並行して存在していたことは、諸書に残存する令集解逸文から推測できる。巻三十五公式令集解の公式令55条は、『政事要略』巻六十九から該当する本来の令集解逸文が蒐集されている。いま、田中本『令集解』で当該条を翻刻してみると以下のようになる。

文武職事条
凡文武職事散官朝祭《ママ》行立各依
位次為序　或云行音胡郎反　朝参
者元日之類也
問依位次者放上条率二階為一位哉　或云正従上下是稱位次各以次例見衣服令咸條　問条字意何或云依位之科多稱各字文官武官散官不別列
位同者五位以上即用授位先後
或云位同者共上階共下階之類六位以
下以歯　義云歯齢也　親王立前
義云夾馳道而分立東西也諸王諸
臣各依位次不雑分別　義云自親
王行降一等諸王立西諸臣列東　或云

大臣以下皆立親王後
問　或云外位別耳者何　或云不見
別　問或云坐一行之時諸王一位
次諸臣一位次王二位次臣二位次
王三位次臣三位又正従以次別坐
一同諸臣不別王臣何者朝服之
色无別之故但四位以下
朝服有別依衣服令王一位深紫衣二
位以下五位以上並浅紫衣
臣一位深紫衣三位以上浅紫衣也然則
王臣无別又臣四位深緋五位浅緋也則
与王別也故王五位之次臣四位坐
耳或云王三位以上坐了ママ之次臣
一位坐者
唯且ママ之

明らかに、２行下げで細字双行の部分と、太字一行の部分と書き分けてあることが分かる。少なくとも異質令集解巻三十五は、令文や義云の書き出しの義解文及び或説などと、細字双行の問答を多く含む部分は、書写の過程では別物と意識して大きさを換えてあると考えなければならない。

太字一行を基本とする異質令集解巻一、他の集解と基本的に書写形式が変わらない異質令集解巻二十を、一つに括って考えることは妥当ではないのではなかろうか。後に述べるように、金沢文庫本の祖本であった藤原師継所持本である花山院本を校合本であった正親町本で取り替えている事情も、異質令集解の書写形式が他の令集解写本と大幅に違っていた点などが反映しているとも考えられよう。

鎌倉期には、既に当時の明法家のなかに、「令物記」と呼称する『令集解』や、異質令集解のような書写形式を持つ令注釈書も、全て『令集解』と一括して理解する状況にあったと想定される。

三 『令集解』引載私記及び文献

(一) 各私記解説

前述のように、『令集解』は、惟宗直本によって編纂されたと推測される。では、直本は、どのような資料を参照しながら編纂したのであろうか。試みに『令集解』を開くと、「釈云」「朱云」「古記云」「穴云」「跡云」「伴云」「讃云」など明法家の注釈説を引用した箇所と、「私案」「私」「師云」「一説」「或云」など特定できない学説を引用している箇所や、「大同元年十月十三日官符云」といった法令、各種の漢籍など様々な引用文献が散りばめられて構成されている状況がわかる。

では、直本はどのような法則や方針で『令集解』を編纂したのであろうか。この問題については、先学が様々に分析をしているが、確たるものを抽出できていないのが実情である。

試みに、『令集解』巻二、職員令集解の職員令2条の太政大臣の職掌を規定した部分を例に挙げながら、『令集解』が集約した明法家諸説について解説してみたい。次頁に掲げるのは、新訂増補 国史大系所収『令集解』(完成記念版)の前篇四二頁の部分である。

居、恐有誤

碎、原作悴、今從萩本〇言辭以下二十字、恐衍

太政大臣職掌

結、萩本作紲

匝、或云當作通

常、原作孝、今從萩本

德稱事

定、萩本作言

無此句。**經邦論道。燮理陰陽。**謂。燮者和也。理者治也。言太政大臣。佐王論道。以經緯國事。和理陰陽。則有德之選。非分掌之職。爲无其分職。故不稱掌。設官待

周禮。體國經野。鄭玄曰。經謂爲之里數也。鄭衆曰。營國方九里。國中九緯九經。又曰。六典。一曰。治典。以經邦國。鄭玄曰。經法也。

德。故无其人則闕也。釋云。尙書曰。三公論道經邦。燮理陰陽。注云。三公之任。佐王論道。以經緯國事。和理陰陽。言有德乃堪也。燮和也。音蘇協反。理治也。古記云。經國。經者治也。論道。居君臣父子夫婦之道。燮理陰陽。此人德行。通感天地。風五日吹。不折枝。雨十日落。不碎塊。此所謂賢人君子。言行可爲法則哉。言辭謂諸蕃歸化俘囚等人所申消息秘密之辭也。穴云。經邦。謂執爲邦經事耳。論考也。考德行道藝。謂之論。問。太政大臣職掌何。答。依公式令。有署奏書之文。又依儀制令。有坐廳上見太政大臣之文。然則預雜政。同左大臣耳。但可消息也。新令私記云。經邦。謂結辨國堺也。燮理陰陽。謂象四時行政事。仍陰陽不乖節也。跡云。經邦。補江反。周禮大宰之職。掌建邦之六典。以治邦國。鄭玄曰。大曰邦。小曰國。邦之所居亦曰國。韓詩至于海邦。邦界也。又曰。邦匪厥祁。邦大也。謂能行爲國家令固綱云事。所謂經緯國事是也。論道。謂治國。亦可用可堪此任之人也。朱云。經邦者。化內與蕃國二界。弁結耳。此反。大者云邦也。小者云國。未知。依何所說也。論道者五常之道也。後說。孝悌仁義惣名。論道者。未知。敎示他人歟。若行己身歟。答。能行己身者。他人自喩習者。未知。而論字之情何。問。此事惣幾事。又職掌歟。若自所得德行歟。答。德行也。又惣四事。但闕一事。不可任此司也。問。太政大臣者。左大臣以下政。共預行不。答。依公式令。詔書。論奏。々事式。太政大臣位臣姓名者。依此爲可共預行。而何職掌不云情何。答。貞云。何長官不預行哉。可行者。伴云。論道。治國之正道。則五常之道耳。廣定時。經國論道一種。爲足句文耳。此是太政大臣之職掌。故亦可用可堪此任之人也。又云。論治國道。并緣論仁義孝悌之道。自然被陰陽燮理耳。此太政大臣德稱耳。但衆務者。左右大臣共行耳。讚云。問。太政大臣有職掌哉。答。公式令云々。又儀制令云々。又獄令云。公坐相連。右大臣以上爲長官者。依此等文。雖不注職掌。而預視雜務。不異左

このように、一般に研究上の基本テキストとしてよく利用される国史大系本『令集解』では、一頁に九行詰めで、令本文や令注文を太字で、諸説の部分を一行に二行割り（細字双行）で翻刻されている。

まず、太字で「経邦論道、燮理陰陽」と記載して、令文を掲げている。写本では、令文と令注文とに書写の際の文字の大きさに区別はなく、明法点と言われるヲコト点を打つことによって識別していたようである。

続いて、細字双行で始まる「謂、燮者和也、……、故无其人則欠也」までが義解の解釈文にあたる。異質令集解では、「義云」の書き出しで記載されているが、通常の『令集解』では、概ね「謂」で始まり、所謂『令義解』の記載と同じである。

一行目と二行目の行間に、小字で「周礼、体国経野、……、経法也」の一行が挟在している。これは、写本では、行と行の間に書き込まれた所謂書き込みである。『令集解』では、明法家がそれぞれ漢籍[27]を注釈の参考として引用しており、特に『玉篇』など類書[28]が参考にされていることが分かる。

義解文に続いて「釈云」から始まる「令釈」の説が引用されている。七八七年（延暦六）から七九一年（同十）までの間に成立したと推測される「令釈」は、養老令全般を注釈したと推測される最古の注釈書である。『本朝法家文書目録』の養老令の部に、巻立編成を掲載している。

令釋一部七巻卅篇

第一 官位 職員 後宮職員 東宮職員 家令職員 神祇 僧尼　第二 戸 田 賦役 学　第三 選叙 継嗣 考課 禄　第四 宮衛 軍防 儀制 衣服 営繕

第五 公式　第六 倉庫 厩牧 醫疾 假寧 喪葬 捕亡 関市　第七 獄 雑

「令釈」の解釈は、後に政府によって編纂される『令義解』の解釈と一致する部分が多く、『令』解釈の定準として評価されていたことがわかる。井上辰雄氏は、訓詁的注釈が目立つ特徴などから、「令釈」の撰者として、当時、春秋公羊伝・穀梁二伝に造詣の深かった伊予部家守を比定されている。ただ、『令集解』の編纂方針を推測すると、直本は、義解の解釈の後に、義解の解釈の淵源を明示する意味からも「令釈」の該当箇所及びことさらに訓詁的な注釈の部分を意図的に載録したとも考えられ、他の明法家と比べて特に訓詁的な注釈に多大な感心を寄せたと評価することには躊躇を覚える。直本は、訓詁的な注釈や義解の注釈の淵源を提示する目的から、「令釈」の該当箇所を孫引いたとも想像され、以降に引用する「古記」やその他の明法家諸説にも存在したかもしれない訓詁的な注釈や義解の注釈に似た説は、既に「令釈」として引用したため、二重に掲出する必要はないと考えて、省略した可能性も否定できないからである。

次に、「古記云、経国、経者治也、」以下の「古記」の引用が続く。「古記」は、『令集解』全篇にわたって存在しており、現在、大宝令の注釈書として最も利用される価値の高い明法家私記である。成立時期は、七三八年（天平十）ごろの成立と考えられている。作者としては、大和長岡、山田白金、秦大麻呂などが比定されている。瀧川政次郎氏の指摘を継承された井上光貞氏は、「古記」を評して「古典的な（均整・普遍・客観）かおりのある注釈」であるとされている。しかし、『令集解』のなかにおいて「古記」は、必ずと言っていいほど「令釈」の後に位置づけられている。「令釈」に続く「古記」について、「古記無別」とか「余与釈無別」などと記載されている事例(29)などを勘案すると、直本は、第一義的に義解文の直下に「令釈」を配し、「古記」の注釈のうち語句や文章が同一の場合（即ち、「令釈」が「古記」の解釈を踏襲していることを示している）は、省略する方針であったことが推測される。

続いて、「穴云、経邦、謂執為邦経事耳、」以下の「穴記」の引用が配されている。「穴記」は、概ね、延暦期（七八二〜八〇六）の明法家私記と考えられている。「穴」の説を「穴太博士説」と呼称している事例もあり、「穴記」の作者は、穴太氏であり、明法博士でもあった人物と推測される。佐藤誠実氏以来、「穴太内人」を比定してきたが、押部佳周氏(30)や森田・林論争などを経て、北条秀樹氏による「穴記」の階層的な成立過程を想定する説が提起されるなど、「穴記」を一人の明法家による私記と考えず、穴太氏による何世代にもわたる注釈の蓄積が『令集解』引載「穴記」のなかに包含されていると考えられるようになってきている。

「穴記」の問答の後に続く「新令私記」は、『令集解』に散見される「新令説」「新令問答」「新令釈」と類似の性格を持つ注釈書であり、「新令」＝養老令の注釈書と考えられる。早川庄八氏によると(31)、これらの注釈書の契機は、七五七年（天平勝宝九歳）の養老律令の施行に付随して実施された、新令講書にあると推測されている。直本が、「新令私記」の職員令の部分を引用していることから考えて、注釈私記として高い権威を保持していたと想像されるものである。この箇所は、「穴記」に引用されたものか、直本が「新令私記」を直接引用したのか不明である。このように『令集解』が引載する諸説は、直本が明法家私記を直接引用したのか、他の明法家私記に引用されている諸説を直本が孫引いたものか、不明なものが多い。

「新令私記」に続く「跡云」以下の注釈は、「跡記」と通称される明法家私記に当たる。延暦期に「令釈」と近接して成立したと推測される「跡記」は、前述の「穴記」や後述の「讃記」などとともに、『令集解』ほぼ全篇に引載されている。「跡記」の作者も、作者の氏の名を想定して、「跡」連または「阿刀」宿禰に属する人物に比定されている。

「跡記」の注釈に続いて、「朱云、経邦者、化内与蕃国二界、」以下の注釈が配されている。この「朱」説について、井上辰雄氏[32]は、「跡説に附けられた朱筆を中心とするもの」とされ、押部佳周氏は、「独立した注釈書である朱記なるものの存在」を主張され、延暦期中頃の成立と推定された。[33]同じく森田悌氏も「朱記」の存在を提唱されている。[34]しかし、多くの古文書や注釈書の記載形態などから判断して、朱筆を持って書写した冊子体の私記を想定することには無理があるように思う。やはり、墨筆で記載された本文の行間や鼇頭などに本文などと区別する意味で朱筆で書き込む形式が、本来の姿ではなかろうか。このように考えてくると、井上光貞氏が考証したように、『令集解』に引用される「朱」説の多くは、「跡記」の行間や紙背に書き込まれた諸説であるとみるのが妥当なように思われる。

「朱」説の引用のなかに「貞云、何長官不預行哉、可行者、」として「貞」説が引用されている。「跡記」に書き入れられた「朱」説は、「貞」（貞江継人か）・令釈・跡記・穴記や物（興原〈物部〉敏久か）・額（額田今足か）などの説も引用しており、「讃」説や『令義解』の文も引用している。直本が編纂する以前に、「跡記」の行間に明法家諸説を縦横に書き入れた私記の存在が推測されるわけで、直本が編纂する『令集解』もこの延長線上に位置づけることも可能であろう。

また、「貞」説の後に、「伴」説が引載されている。「伴」説は、職員令集解にのみみえ、瀧川政次郎氏は伴良田連宗を比定されている。

最後に、「讃云、問、太政大臣有職掌哉、」以下の「讃記」の引用が続く。『令集解』には、「讃記」「讃云」「讃案」「讃博士」「讃説」などの表記で、「讃」説が引載されている。古くは讃岐永直が作者に比定されてきた（稲葉通邦説）が、神野清一氏の研究以降、永直に至るまでの代々の明法家としての讃岐氏による学説が蓄積された重層的な「讃記」であると認識されるに至っている。

このように多くの明法家諸説が複雑に入り組みながら引載されている『令集解』は、現存の書写本を見てもそれぞれの諸説の引用関係を明確にする材料は見出せない。研究者が個々に当該箇所の『令集解』を読み込むことにより、引用関係や直本の直引部分などを想定する以外にはないのが現状である。

井上光貞氏は、『令集解』の複雑な引用関係について、以下のように類型化されている。

(1)集解がその人(A)の著書ないし学説を直接に引用する場合

跡記・穴記自身

(2)集解が引用した著書の作者Aが、他の人Bの著書ないし学説を信用する場合

跡記が引用する古記や令釈、穴記が引用する古記や興大夫など

(3)集解の引用したA作者の著書には、Cなる何人かが、Dの著書ないし学説を引用する場合

跡記の朱の注記にみえる讃説、穴云の注記に見える讃云・讃博士など

(二) 明法家の注釈上の特色

古代の明法家たちは、『令』を注釈する際、まず最初にこれから注釈する『令』の語句または当該箇所を提示して注釈を施している。例えば、前掲の職員令集解太政官条をみると、「 」で囲った箇所が、『令』の本文または注文を掲げた箇所に当たる。

古記云、「経国」、経者治也。「論道」、居君臣父子夫婦之道。「燮理陰陽」、此人徳行、通感天地、風五日吹、不折枝、雨十日落、不砕塊。……

その他の私記や諸説を見てみると、

穴云、「経邦」、謂執為邦経事耳。論考也。……

新令私記云、「経邦」、謂結弁国堺也。「燮理陰陽」、謂象四時行政事。……

跡云、「経邦」、……、謂能行為国家令固綱云事、所謂経緯国事是也。「論道」、謂治国、……

朱云、「経邦」者、化内与蕃国二界、弁結耳。……

このように、『令』の語句を掲載しては、注釈を施している。この特色によって、「古記」の注釈から、大宝令の復元が一部可能となるのである。(35)

また、随所に問答形式の注釈が存在している。前掲集解のなかにみえる、

問、此事惣幾事、又職掌歟、若自所徳行歟。答、徳行也。又物四事、但欠一事、不可任此司也。

などが典型的な例である。

明法家たちは自説を展開するにあたって、「一云」「或云」「師云」「生云」「先云」「博士云」「大夫云」や「私案」(36)「私」など、特定の個人を想起できない標示で説を提示する場合がある。特に、「穴記」「讃記」など重層的な成立過程を持つ私記にその傾向が多い。

このような一般的な特色を前提として、代表的な私記の特色を、井上光貞氏の評言によって概括しておきたい。「古記」は、瀧川政次郎氏によれば、具体的事例による条文解釈や慣習などを考慮した実務的・常識的な注釈がなされていると評される。それに対して、「令釈」は、中国の訓詁学的な素養が全面に出るなど格調高い注釈を施しており、養老令の注釈書のなかでも最も権威あるものとして認識されていたことがうかがえる。「跡記」は、「簡潔・即物

的である」とされている。「穴記」は、「説明が微に入り細をうがち、冗長・瑣末な論を展開することが多いので、簡潔な古記や跡記とは全く風格を異にするところがある」。「讃記」は『令集解』全篇にわたる注釈とは考えられず、「関心に精粗がめだ」ち、「長文であって」、「律令の個々の条文を律令全体の中」で捉え「律令の法意において理解しようとする態度がうかがわれ、実務家よりも法律学者の風貌を彷彿とうかんでくる」注釈であるとされる。

(三)『令集解』が引用する文献

『令集解』には、多くの中国の典籍が引用されている。特に、訓詁的注釈の部分には、『玉篇』などの類書や逸書を含む貴重な逸文が存在している。(37)

以下に代表的な引用文献について、概説しておく。

(1) 律令格式

(a) 中国の律令格式

『律』……「律疏」「賊盗律疏」「賊律疏」「唐律」「本律」として引用。

『令』……「本令云」「唐令云」「封爵令」「永徽令」「開元令」「本獄令」、また各篇目に「唐」を付して「唐職員令」などとして引用。このなかには大宝令の濫本であった永徽令や開元令の逸文も含まれている。

『道僧格』……僧尼令集解には、「道僧格云」「本格云」など、僧尼令を編纂するうえで参照したとされる『道僧格』の逸文がある。

『格』……刑部格及び吏部格の逸文が各一条ある。また、「垂拱格」「開元格」の引用が各一箇所ある。

『式』……永徽式や開元式の逸文として「刑部式」「開元式」「監門式」「大僕式」が引用されている。

その他、儀典書である『唐礼』や、唐代頻繁に編集された勅令集である『格』後の「勅」である『格後勅』、判決集である『法例』や『判集』の引用もある。

(b) 日本の律令格式

『律』……「古律」「先律」として引用された大宝律、養老令の「律目録篇」などがあるが、ごく少ない。

『令』……大宝令は、「古令」「古假寧令」「旧令」「前令」などとして引用されている。養老令は、「新撰」「新令」「今令」などとして引用されている。

『删定令』……七六九年（神護景雲三）、吉備真備・大和長岡らによって編纂された養老律令を修訂したもの（全二十四条）であり、後宮職員令集解に三条の逸文がある。

『格』……『令集解』に引用された「格」の多くは、弘仁格と推測される。

『式』……『令集解』には一箇所「弘仁式」（選叙令集解）が引用されている。

その他、『令集解』には、律令格式以外に様々な形で編纂された法令が引用されている。

『別記』……職員令集解には、大宝令の「別記」と称する附属法令（または施行細則）に該当する法令が引用されている。

『例』……古代の各省の内部規則のうち、規範性の高いものを「例」として集めたものに、「刑部省例」「式部例」「民部例」などの省例がある。弾正台の行う糾弾手続きに関する「弾例」や『本朝書籍目録』や

『本朝法家目録』に「八十一例　一巻」とある「八十一例」の逸文も存在している。

(c)中国の律令私記

日本は、中国の法制を継受するにあたって遣隋使や遣唐使などによって多くの法律関係書を舶載し参考に付してきた。その一部が、日本の明法家の注釈のなかに引用され、『令集解』に残されている。その一端は、「宋云」「宋張云」「張云」「簡云」などの標記で引用されている。また、「唐令」に関する問答が「唐答」として頻繁に引用されており、『日本国見在書目録』による「唐令私記　三十巻」とあるような「唐令」の解釈集の一部が、「唐答私記」(職員令集解)として日本令の注釈に利用されている。「唐令釈」は、「唐令ノ釈」か「唐ノ『令釈』」なのか不明であるが、「新令釈」の記載もある点を勘案すると、「唐令ノ釈」と解しておきたい。

㈣『令集解』は、何を注釈するために明法家私記を集成したのか。

惟宗直本は、どのような意図を持って『令集解』を編纂したのであろうか。この問題について、筆者が確たる識見を有しているわけではない。そこで、先学の見解を紹介しながら考えてみたい。早く瀧川政次郎氏は、以下のように述べられている。

義解以後の法律家は、令の本文を註釈する如く、義解の註文を解釈する必要があった。「令集解」に引かれてゐる学説の中には、義解の註文を註釈し、又義解の註文を根拠として、他の令文を解釈したものも、往々にして見えてゐる。伴記の如きは、即ちその著しい例である。

つまり、『令義解』を解釈する必要性から、直本は『令集解』を編纂したと推測されたわけである。

井上光貞氏も、『令集解』を「私的注釈書集成ともいうべき」ものと評され、『令義解』と同じように「行政上前向きの意味が乏しかった」二面性を感じておられる。

令集解が、各条ごとにまず義解の説をかかげ、ついでそれまでの諸注釈を広く聚成してくれたことは古代律令の研究者に対しては実に大きな功績であるが、著者が諸説をかかげつつ、積極的に自説を展開しないのは、この書が客観的には回顧的な注釈集成にすぎないものであったことを端的に示しており、かかる意味において律令注釈時代の掉尾をかざっているのである。

それに対して、利光三津夫・齋川真両氏は、『令集解』の編者を惟宗直本とする説は、「脆弱な基盤のうえにうちたてられたもの」であるとされ、直本が作成した明法勘文にも、「集解」からの引用がない点など不審を提示される。そのうえで、私人が、平安初期に諸明法家の注釈書を収集し、それによって一書を編む困難さを想起され、「官辺の威光をかり」た書ではなかろうかと想像された。

そのうえで、利光・齋川両氏は、『令義解』編纂の契機となった八二六年（天長三）の額田今足による「令律問答私記」の編纂、及び八三三年（天長十）の『令義解』の編纂のために、明法家諸説を類聚した一書が作成され、後世、転写の結果、「令集解」や「令物記」・異質令集解などの異本を生じたのであろうと、推定された。

しかし、『令集解』を紐解いてみると、『令集解』の編者は、義解の注釈文に収斂されるかたちで諸注釈書を類聚しているようには見られない。たしかに、義解に連なる「令釈」や「古記」の注釈を先頭に掲載している点など、義解の注釈文を意識した編纂方針が窺える部分も存在している。しかし、「〇〇無別」「同〇〇」などの省略方法や「在釈」「在跡記背」「在穴」などの注記方法などに注目すると、『令集解』は、

(1)『令義解』の後に、披見できた諸注釈書をメモ的に類聚した。
(2)編纂には、井上光貞が考証したように複数の人が参画し筆録したようすがうかがえる。
(3)「令釈」「古記」「穴記」「跡記」「讃記」など、並列的に配置されており、編者の編集方針は、あくまで禁欲的であり類聚することを目的としていたと考えられる。
(4)法令についても、『令』や『令義解』との異同を云々することより、関係法令を当該条文の箇所に掲載することに価値を見出しているように思われる。
(5)以上のような編纂方針は、惟宗允亮の編纂した『政事要略』にみられる「私」の書き出しで掲出される法令や典拠の引用方法と同様の引用方法が、『令集解』においても「私」の標記で見出される特色と、軌を一にしている。
などの特色を指摘できる。

四 金沢文庫本『令集解』からみた『令集解』の世界

(一) 花山院本と正親町本

元来、金沢文庫に所蔵されていた『令集解』(一本)は、豊臣秀次によって、『令義解』(所謂、紅葉山文庫本の親本)など古典籍群とともに、京都に将来された。これら古典籍群は、秀吉が政治的な贈り物として、禁裏・菊亭晴季・日野輝資などに献上・贈呈されている。この経緯を記した『言経公記』によれば、禁裏には、「令三十五巻」が献上され、菊亭家には「律、令二トヲリ不具」が贈呈されている。禁裏献上の『令集解』が、江戸期に流布する所謂三十五巻本『令集解』写本の祖本に該当する。一方、菊亭晴季に献上された「律、令二トヲリ不具」は、その後、徳川家康に献上され幕府の所蔵するところとなった。現在、国立公文書館内閣文庫に所蔵されている紅葉山文庫本『律』二巻及び『令集解』十巻がそれに連なる写本である。残念ながら、この二本は現在、模写本のみが伝来しており、原本は亡逸したと考えられる。

このように、金沢文庫には『令集解』写本が二本伝来しており、いずれも金沢実時所持本であった。いずれも、写本または模写本として伝存している三十五巻本金沢文庫本及び十巻本金沢文庫本に拠って、中世の『令集解』の姿について言及しておきたい。

鎌倉幕府の引付衆・評定衆などを歴任した北条（金沢）実時は、将軍宗尊親王に扈従して下向した京都の儒者清原教隆に師事し、経史律令の書写・校合・受講を行っている。晩年まで精力的に蔵書や学習につとめ、武蔵国金沢の自邸に保管した。これが、金沢文庫に発展した[38]。清原教隆の〝つて〟によって書写・移点した『令義解』や『律』、豊原奉重所持本を書写した『類聚三代格』など、精力的に律令の諸巻を収集している北条実時の手に、金沢文庫本『令集解』二部も帰したのである。

どのような〝つて〟によって北条実時が『令集解』二部を入手したのかは、現在のところ不明である。これら金沢文庫本二部の奥書から、鎌倉期の『令集解』の姿を見てみたい。

北条実時所持本の親本は、京都の貴族藤原（花山院）師継所持本である。藤原師継は、一二六〇年（文応元）から一二六二年（弘長二）にかけて、『令集解』を初読し、各巻の末尾に「見合本書加首書」した識語を書き込んだ。次いで、一二六三年及び一二七三年（文永十）年に、再読し識語を書き込んでいる。

また、一二七六年（建治二）になって、校合できる「他本」＝正親町本をもって校合した識語が記載される。この識語を記載した人物が、北条実時か藤原師継か、清原俊隆または一族か、見解が別れているが(39)、三十五巻本金沢文庫本は、以上の手が加わった写本であった。

では、いずれの人物が、建治二年の年紀を持つ奥書を書いたのであろうか。石上英一氏は、以下のように推測している。

（金沢）実時が、一〇巻しかない端本であった『令集解』のより完全に近い本の再収書を企てて、あるいは完本であった実時本に火災によって欠本が生じたので、（清原）俊隆をして京に調達せしめたのが建治二年奥書本であろう。したがって、建治二年の書写校合の奥書は俊隆またはその一族の手によるものであると考えられる。俊隆は花山院本と正親町本を借出して傭写せしめて、自らまたはその一族が校合した。それが北条実時の子篤時に送られて金沢文庫本になった。

建治二年の奥書には、校合のことを記すのみで、だれが校合したのか署名はない。建治二年に藤原師継所持本の各巻の末尾に校合した旨の奥書を記した人物は、手元に「正親町本」（「正親町判官章兼本」とも）をおいて校合したことがわかる。では、石上氏が推測するように、「俊隆またはその一族の手によ」って書写・校合されたのであろうか。石上氏の推測を図示すると次のようになる。

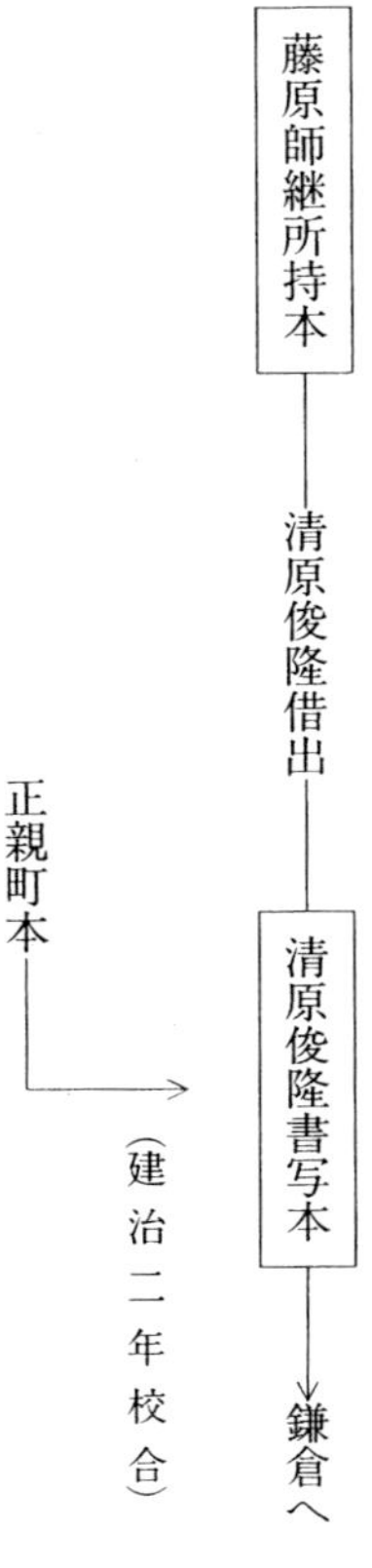

いわば、清原俊隆またはその一族は、藤原師継所持本と正親町本の二本の『令集解』を見る機会を得たことになる。建治二年に正親町本で校合する過程で、巻十及び巻二十を正親町本で取り替えたのは、清原俊隆またはその一族ということになるのである。

いま、巻十と巻二十の奥書部分を、田中本によって掲げてみたい。

○巻十

本云注校了

建治二年三月卅日正親町本書写了

同後三月七日引合他本（花山院）校合了

他本云

文応元年九月九日見合本書加首書了文字狼藉未直得之

権大納言藤原在―

○巻二十

本云　　　　　　　　　　見畢
比校了　　　　　　　章藤（二行、朱書）
比校了
建治二年閏三月廿九日以正親町本書写了
同二年四月五日引合他本《花山院》校合了

巻十及び巻二十は、建治二年三月卅日及び閏三月廿九日に藤原師継所持本を、他の本では校合に利用した正親町本を書写し、取り替えているのである。そして、三月七日及び四月五日に「他本」（＝藤原師継所持本の方の巻十及び巻二十）で校合しているのである。

石上氏のように想定してみると、藤原師継所持本の書写する機会を与えられた清原俊隆またはその一族は、たまたま借閲できた正親町判官章兼所持本で校合し、書写が完了していた藤原師継所持本のうち、巻十及び巻二十は両者を取り替える作業を行ったということになる。校合に利用した正親町判官章兼所持本を、清原俊隆またはその一族と奥書で「正親町本」と呼称している。では、なぜ、巻十及び巻二十で取り替えて手元にある藤原師継所持本を「他本」と呼称したのであろうか。正親町判官章兼所持本を「正親町本」と呼称したように、藤原師継所持本は「花山院本」と呼称して差し支えはないのではなかろうか。手元にある一本を「正親町本」と固有の呼称を付けながら、他の一本を単に「他本」と呼称する理由が想定できない。清原俊隆またはその一族にとっては、手元にある『令集解』の一本が「正親町本」であれば、他の本は「花山院本」であるはずであり、校合識語にもそのように書いてしかるべきなのではなかろうか。

このように考えていくと、手元に借閲できた別本を「正親町本」と呼称したとしても、自分が所蔵する本に、わざわざ家名を付して「〇〇本」と称するのも不自然であろう。やはり、取り替えて離れ本となった本来の巻十及び巻二十は、「他ノ本」と呼称する以外にはない。

花山院本と正親町本の自由な書写校合が可能な人物で、一本を「正親町本」と呼称し、自家の所持本は単に「他本」としか呼称し得ない人物は、藤原師継以外には想定できない。

筆者は、以上のように想定しているため、藤原師継が記した奥書部分は、建治二年の奥書部分まで含めて考えている。建治二年の奥書がある『令集解』（すでに師継の手で巻十及び巻二十は正親町本で取り替えられている）を、書写して鎌倉に送付した人物、又は、鎌倉でこの本を実見した人物が、「他本」を左傍に「花山院」と注記したと想像している。

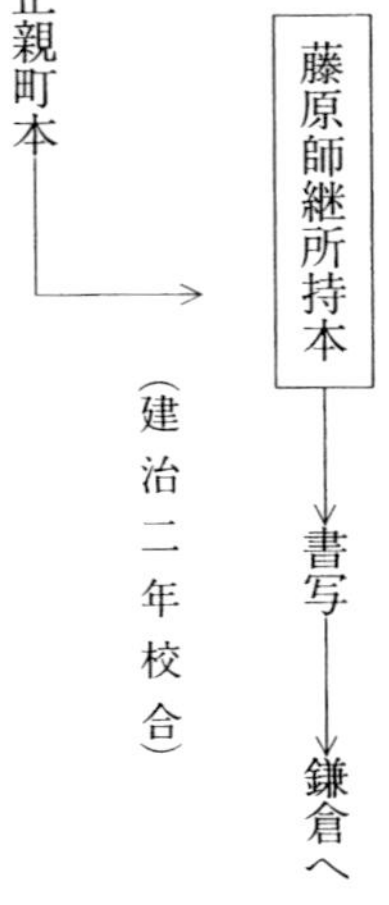

北条実時は、一二六九年（文永六）以前に、藤原師継所持本を入手していた。これが、現存する内閣文庫本（紅葉山文庫本）『令集解』十巻の祖本である。この祖本を、早川庄八氏が提起されて以来、花山院本と呼称している。北条実時が入手した花山院本の転写本は、当初、完本であったのか否かは不明である。一二七〇年（文永七）の火災の結果、十巻のみ残存した可能性も否定できない。そのため、再度、完本の入手を試みた結果、三十五巻本『令集解』

が、金沢文庫に伝来することになったとも憶測できる。

内閣文庫本（紅葉山文庫本）とは伝来経緯を異にする三十五巻本金沢文庫本の存在によって、鎌倉期に、藤原師継所持本＝花山院本以外に、正親町本が存在していたことがわかる。正親町本は、「正親町判官章兼本」（巻六奥書）とあり、中原氏正親町流の中原章兼が所持していた本であった。また、この正親町本には、参議四条隆親と推測される宰相某が中原章行所持本を入手し、それを右衛門大志中原某が書写したものであり、正親町判官中原章兼の手に帰した『令集解』であったことなどが、本奥書の記載から判明する。法家中原流のなかに正親町判官・正親町大夫と称される一流があり、法家中原流の家に『令集解』が伝来していたことがうかがえる。また、中原「章藤」（巻十及び巻二十本奥書）の名前も見えており、何世代にもわたる伝来と校合の一端がわかる。(40)(41)

現在、われわれは、鎌倉期に伝来した『令集解』の姿を伝えるものとして、二部の金沢文庫本を比較検討することができる。内閣文庫本十巻は、藤原師継が所持した花山院本の転写本であり、三十五巻本金沢文庫本は、正親町本で校合した跡をとどめる写本である。

花山院本と正親町本とは、建治二年の校合の結果から推測して、それほど大幅な異同は存在しない写本であったと思われる。藤原師継が、自ら所持する『令集解』を読むにあたって「文字狼藉未直得之」と記した巻十や、巻二十を、正親町本で校合作業を行った際に、正親町本で取り替えている点なども、花山院本と正親町本とは、ごく近しい関係にある写本であったと想像される。

また、正親町本自体にも、多くの法家中原氏の手が加わっていたようであるが、この事実が、どの程度花山院本を正親町本で校合する際に、三十五巻本に注記されたかは不明である。現在、『令集解』写本の随所に見られる「イ本」

「他本」「正親町本」などの注記が、建治二年の折の校合の跡と推測することも可能であろう。いずれにしても、文字の異同などにとどまり、記載形式や内容に大幅な訂正をもたらすような異同はなかった。

三十五巻本金沢文庫本において、建治二年の校合段階で、巻十及び巻二十を正親町本を書写して本来の花山院本と取り替えてくれたため、次のような事実が判明することになった。

①花山院本巻十は、本来、奥題に「令集解巻第十」とあった。それに対して、正親町本の方は、内題に「令物記巻第十」とあり、本来は、「令物記」と称するものであった。

②花山院本巻十と正親町本巻十を取り替えた事実は、鎌倉期には、「令集解巻第十」も「令物記巻第十」も同じものと見做していたことが判明する。

③異質令集解に属する巻一は花山院本そのままで校合し、巻二十は正親町本に取り替えて書写し、他本＝花山院本で校合している事実は、花山院本も正親町本も異質令集解との取り混ぜの状態であったことが推定できる。

最後に、藤原師継の識語のなかから、鎌倉期の貴族が『令集解』を「此巻政道至要」（巻十九）として重視する姿勢を見せたり、「今年大嘗為検校之上経営五節」（巻十五）「今日評定之次可有五位蔵人廷尉佐所望輩沙汰云々仍見此巻」（巻十九）と記しており、『令集解』が貴族のなかで政道や故実を知るうえで有用な書であったことがうかがえる。

(二) 他書に引用された「令集解」と現行本『令集解』

「集解云」と明記して引用されている事例に限定してみてみると、『令集解』が他書に引用される事例は、意外と少ないと言わざるを得ない。[42]内閣文庫本（紅葉山文庫本）『令義解』に残る勘物群、『法曹類林』に引用されたもの、『令聞書』（所謂、『令抄』）に引用されるものなどがある。これらのなかで、最も多く引用があるのが、『政事要略』である。『政事要略』所載の「令集解」及び「令集解」諸説を抽出すると、七十七例あげることができる。[43]『政事要略』は、『令集解』の編者に擬せられる惟宗直本に連なる明法家を多く輩出した惟宗家の出自を持つ惟宗（後、令宗に改姓）允亮[44]によって編まれた。従って、允亮が引用した『令集解』は、惟宗家に伝来した信頼に足るものであると評価できよう。

この『政事要略』所載「令集解」については、かつて嵐義人氏が魅力的な説[45]を提起された。すなわち、『政事要略』所載の「令集解」のなかに、「『令集解』の原形を留めている」ものや「『令集解』の原本を髣髴せしめる例を挙げること」ができるとされたのである。

このような評価を下された事例は、巻二十五及び巻六十一のものである。試みに、巻二十五の事例を、『政事要略』流布本の祖本と目される滋野井本[46]に拠って、当該部分をあげてみたい。

十一月

朔日著朝座事見三月朔日

清涼記同朔日早旦内膳司供忌火御飯事同六月

同月中務省奏御暦事

日本記云欽明天皇十四年六月内臣使於百済別

……

又云推古天皇十年冬十月百済僧観勒來之仍貢

……

儒傳云以小治田朝十二年歳次甲子正月戊甲《ママ》朔

……

職員令云陰陽寮頭一人掌暦数謂暦数者暦計日月度数而造暦授時也暦博士一人掌造暦及教○《歴》生等暦生十人掌習暦

集解云暦数釈云尚書尭典云乃命羲和欽若昊天暦象日月星辰敬授民時孔安国曰重黎之後羲氏和氏世掌天地之官故尭命之敬順昊天昊天言元氣廣大也星田方中星辰日月所會暦象其分即教謁天時以授民也大戴礼聖人脊《ママ》守日月之數以察星辰之行以序四時之從逆謂之暦也

私問以十一月朔日為奏御暦期若有故乎答慥

……

たしかに、惟宗允亮は手元に『令集解』を所持していたと推定できるほど、頻繁に『政事要略』のなかに引用している。しかし、引用の様態を詳細に現行『令集解』と比較してみると、職員令集解陰陽寮条の引用は、「暦」に関連する部分のみを節略して記載しているのであり、その直前に引用する「日本紀」「儒伝」「右官史記」も同様の節略方針で関係箇所のみを引用している。このような方針は、『令集解』の引用にも踏襲され、「(令)『集解云』フトコロノ、(令文)『暦数』(ノ箇所ノ集解ニ)『釈云、尚書尭典云、……、謂野暦也』トアル」として掲載されていると理解できる。[47]

同様の方針は、嵐氏が指摘された巻六十一の事例（職員令集解弾正台条の引用）でも確認できる。職員令義解を掲出した後に、一字下げて「掌粛清風俗」の箇所の集解を引用している。そのなかに「古記」の引用がある。当該「古記」は、『令集解』では次の如くである。

古記云、風者気、俗者習也、土地水泉、気有緩急、声有高下、謂之風焉、人居此地、習以成性、謂之俗焉、風有厚薄、俗有淳澆明王之化、当移風使之雅、易俗使之正、是以、上之所化、亦謂為風、人習而行、亦謂為俗、故越之風好勇、其俗赴死、而不顧、鄭衛之風好淫、其俗軽蕩而忘帰、晋有唐堯之遺風、節財而倹嗇、斉有太公余化、其俗奢侈以誇競、斯皆上所風化、人習俗也、又漢書地理志云、民有剛柔緩急、音声不同、繋水土之風気、故謂之風、好悪取舎、動静無常、随君上之情欲、故謂之俗、然則風為本、俗為末、皆謂民情所好悪也、繋水土之気、急則失於躁、緩則失於慢、王者為政、常移之使緩急調和、剛柔得中、随君上之情、則君有善悪、道有昇降、政教失所、民亦従之、有風俗傷敗者、王者為政、為易之使善也、但此条、風俗之字訓者、法也、式也、国家之立法式糺正耳、

傍線部分が、『政事要略』所引の「古記」の文章に当たる。これによっても、『政事要略』所引「令集解」は、節略した箇所は指摘できるが、現行『令集解』にみえない新たな文章は見出し得ない。ただし、異質令集解に該当する部分では、『政事要略』所引「令集解」と異同が指摘できる。

惟宗允亮が参照した『令集解』は、金沢文庫本『令集解』と同様の内容と形態（義解や集解の文が細字双行で記載されている点など）を持つものであったことが推測される。同時に、現行『令集解』で異質令集解との取り合わせになっている諸巻も、通常の諸巻と同じ形態を持つものであったことがうかがえる。

このようにみてくると、惟宗允亮が所持していた「令集解」を引用しているとは言え、『政事要略』所引「令集解」から、惟宗直本が編纂した原本の姿を復元することは、困難であると言わざるを得ない。

わずかな古写本を除いて、現行本が、金沢文庫本『令集解』＝藤原師継所持本及び正親町本（巻十及び巻二十）に拠っているのが現状である。このようななかにあっては、惟宗氏に伝世していた可能性のある『令集解』の引用文である『政事要略』所引「令集解」を、より重視されてよいのではなかろうか。国史大系本『政事要略』は、「令集解」の箇所は、国史大系本『令集解』で校訂し、訂正や追補を行っている。今後は、逆に『政事要略』善本の「令集解」を前提に、『令集解』を校訂する必要があると考えている。

五　伝本と諸本の特色

(一)　三浦周行の校訂作業

二種類の刊本（青本・赤本）が広く流布した『令義解』に対して、『令集解』の刊本は、明治最初期に木活字本（石川介校印本）が出版されるまで、写本を利用する以外になかった。結果として、江戸期の写本の残存が少ない『令義解』に対して、多くの写本が現存する結果となった。[48]
その一端を、土浦在住の商人学者色川三中の『令集解』写本の入手過程にみることができる。色川は、なんとしても『令集解』を手に入れたいと切望し、江戸に〝つて〟を頼って書写を試みている。結局、山崎知雄を通じて塙本

『令集解』を転写し、ようやく『令集解』を所持することができた。そして、この『令集解』を、幕府大番組与力を勤めた国学者内藤広前所蔵本をもって校合している。この内藤広前所持本は、江戸の国学者岸本由豆流所持本を転写したものであり、広前が既に塙本で校合した写本であった。

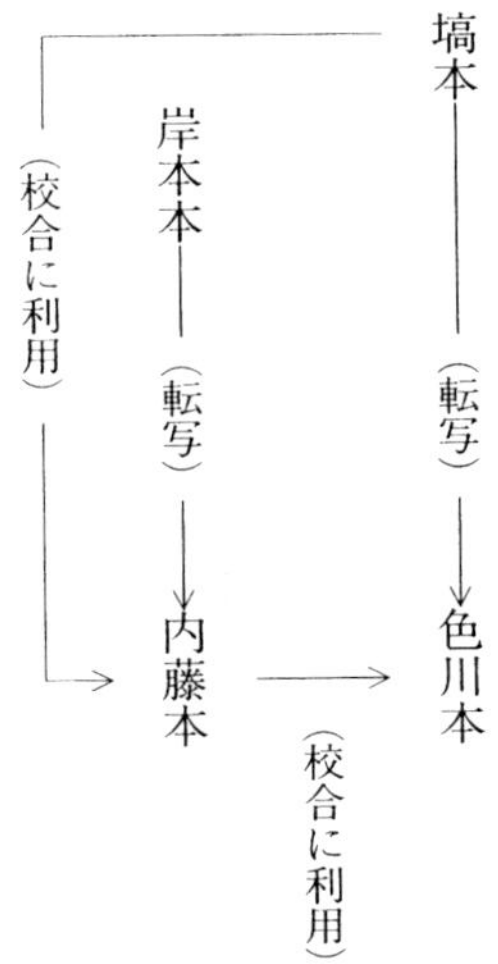

色川本『令集解』には、直接書写した塙本の情報に、内藤本や内藤本の親本である岸本本、内藤が校合に利用した塙本の校合や書き込みまで含まれた、重層的な内容を持つ写本になっている。

この色川本『令集解』とは、色川三中の旧蔵書を架蔵している静嘉堂文庫の三十六冊本がこれに当たり、色川が借覧を許した佐原の清宮秀堅の書き入れがあるなど、幕末の考証学の伸展にともない大いに『令集解』が利用された跡がうかがえる貴重な写本の一つである。(49)

江戸期の『令集解』写本を実見すると、夥しい校合の跡をとどめる写本も多い。水戸彰考館の「水府本」を校合本として使用した塙本（水府明徳会彰考館及び阪本龍門文庫所蔵）などがそれに当たる。三浦氏の校訂、国史大系本の校訂の際には、塙本の校合・校訂が大いに参照されている。

一八七二年（明治五）正月の刊記を有する「蕉園石川介」が木活字で印刷した、所謂、石川介校印本は、鉛活字本以外で唯一の印刷本である。「蕉園石川介」なる人物は不詳のままであるが、本人が刊記に「不能無錯置請読者増補校正之」と記したように江戸期の流布本を底本に刊行した限界はあるが、日本で最初に活字組みで刊行した事実を顕彰すべきであろう。

石川介が要請した「増補校正」の業を継承したのが、近代法制史の大家三浦周行氏である。三浦氏は、一八九八年（明治三十一）から宮崎道三郎氏と「校読」を開始し、和田英松・佐藤琉・幣原坦・中田薫の諸氏と、後、高橋万次郎・植木直一郎の両氏と精力的に校訂作業を進め、一九〇六年（明治三十九）に校合の業を終えた。この三浦本を底本に高橋万次郎氏が中心になって刊行されたのが、国書刊行会本（『校訂令集解』、国書刊行会、一九一二年）である。後、京都帝国大学に移った三浦氏を中心に『令集解』校読の作業は一九二八年（昭和三）まで継続され、その成果は、三浦氏が病没する一九三一年（昭和六）、瀧川政次郎氏の標注を加えた皇学叢書本（釈義本ともいう）（『新註皇学叢書』第二巻〔内外書籍株式会社、一九三一年〕。一カ月遅れの奥付で同一紙型を利用した『定本令集解釈義』が同社から刊行された）として結実した。

『令集解』研究に果たした、国書刊行会本及び皇学叢書本の役割は大きなものがある。ちなみに、三浦氏の明治から昭和にかけて断続的に書き込まれた校合の跡をとどめる石川介校印本が、国立国会図書館に所蔵されている。

（二）諸本解説

ここでは、江戸期の写本を中心に、金沢文庫本系写本の系統について概略を示しておく。

(1)三十五巻本系金沢文庫本

(a)東山御文庫本（東山御文庫所蔵、三十五軸）

三十五巻本系写本群のなかにあって、唯一、巻子本の体裁を持つ東山御文庫本は、豊臣家によって禁裏に献上された「令三十五巻」の忠実な転写本と想像される善本である。後述の田中本や鷹司本などに「金澤文庫」の印形が模写したようなかたちで存在しているのに対して、まったくそれが見えないのが特徴である。しかし、東山御文庫本は、禁裏献上の金沢文庫本を忠実に書写した写本であり、『令集解』研究にはもっと重要視してよい写本である。

(b)鷹司本（宮内庁書陵部所蔵、三十五冊）

袋綴冊子体の写本であり、全ての巻の巻首・巻尾に「金澤文庫」の文字を書写している点など、田中本と同様に三十五巻本系写本の善本の一つである。鷹司家には、「令三十五巻」と同様に禁裏に献上された金沢文庫本『類聚三代格』（東山御文庫に、一巻のみ現存）の忠実な転写本が伝来している。従って、鷹司本も、禁裏所蔵の金沢文庫本『令集解』を転写したものと考えていいのではなかろうかと考えている。

(c)田中本（国立歴史民俗博物館所蔵、三十五冊）

新訂増補国史大系本の底本とされたのが、田中本である。田中本の書誌については吉岡眞之氏の研究に委ねたいが[50]、全ての巻の巻首・巻尾に「金澤文庫」の印形を模写したごとく記載しているなど、「金澤文庫」の印形を有する写本群（井上頼圀旧蔵本（無窮会神習文庫所蔵）や神谷本（大阪府立中之島図書館所蔵）など）の一つである。

この田中本は、山田清安や穂井田忠友との関連も推測されるなど、江戸期の国学者や考証学者のネットワークを検証できる写本でもある。近時、全冊影印印刷されたので、田中本の全容を知ることができるようになった[51]。

(d)舟橋本（国立国会図書館所蔵、三十六冊）

三十五巻本系統に属する写本のなかにあって、書写の時期が明確に判明するなど、現存する『令集解』写本のなかでは最古のものである。一五九七年（慶長二）～一五九九年（慶長四）にかけて、後に明経博士や侍講を務める舟橋（清原）秀賢が書写・校合した自筆の識語を有する写本である。秀賢は、禁裏献上の三十五巻本を直接書写したか、それに近い写本を転写したと考えられている。

この舟橋本は、江戸時代に流布する多くの三十五巻本系写本の親本となっている。蔵人所出納職を代々務めた平田家の平田（中原）職忠が借覧・書写し（阪本龍門文庫には、職忠手写本と称する〔『龍門文庫善本書目』〕写本がある。また、この平田本の転写本としては、榊原本〔国立国会図書館所蔵〕があげられる）。ついで、この平田本を一六六〇年（万治三）から翌年にかけて書写した花山院（藤原）定誠書写本（自筆本の存在が確認できているが、現所蔵は不明）などを基に、多くの転写本が作成されている。新訂増補国史大系本『令集解』後篇では、この舟橋本を重視した校訂が行われている。(52)

舟橋本第十九冊（第十九巻、考課令集解）は、清原家に伝来していたと思われる『令集解』残簡をもって差し替えて一本にしている。この第十九冊は、元来巻子本の体裁であった残簡を冊子体に改装し欠脱している巻首部分を、三十五巻本系写本を新写して補綴した体裁を持つ。残簡部分は、中世前期頃の書写にかかる古写本であり、中世期の『令集解』の姿を伝える貴重なものである。京都大学綜合博物館所蔵の『旧抄本経書』紙背に、秀賢が新写した巻首部分のうち二紙分に該当する断簡がある。(53)

(2)十巻本系金沢文庫本

(a)内閣文庫本（紅葉山文庫本ともいう、国立公文書館内閣文庫所蔵、七軸）

菊亭晴季に送られた金沢文庫所蔵古典籍は、一六一四年（慶長十九）徳川家康の求めに応じて献上された。『本光国師日記』に「律令十九巻箱ニ入封之俣披露仕候」とあり、献上された時点で『律』一巻、『令義解』七巻、『令集解』十巻であった。

この徳川家康伝来の律令十九巻とおぼしき律令十九軸が、江戸幕府の御文庫（紅葉山文庫）を継承した国立公文書館内閣文庫に所蔵されている。この律令十九軸については、江戸後期の書物奉行近藤守重らが鑑定した結果、「金沢本之影鈔本に相違無之」と結論を出しており、(54)現存の巻子本は、いずれかの時点で書写されたものである。

この内閣文庫所蔵律令十九軸は、金沢文庫本を臨摹したものであるが、『律』や『令義解』に随所に見られるヲコト点・声点・音読符・句点・注点などが、忠実に朱筆・墨筆で附せられるなど、かなり忠実に臨摹している。同様の方針は、『令集解』でも取られたと想像される。従って、金沢文庫本原本ではないが、十巻本金沢文庫本の姿を今に伝える貴重な写本である。

従来、金沢文庫に所蔵されていた『令集解』は一本であったとする認識が通説的な認識となっていた。そのため、内閣文庫本も「無窮会（神習文庫）所蔵本と内閣文庫本ともまた同じく金沢文庫本の転写」（国史大系本『令集解』前篇凡例）であり、「現存令集解諸本すべてのそもそもの祖本は金沢文庫本であり、この金沢文庫本そのものかあるいはその転写本が江戸時代の初期に転写され」(55)、内閣文庫本も一本であった金沢文庫本の一転写本として位置付けられてきた。そのため、国史大系本の校訂の際にも、校合本の一本としては利用されているが、重要な位置付けは与えられていないように見受けられる。

しかし、現在では、石上英一氏や筆者などの研究によって、藤原継師が所持していた『令集解』を一二六九年（文永六）以前の段階で転写した十巻本と、その後、継師が他本をもって校合した後のものを書写した三十五巻本の二本が、鎌倉の金沢実時のもとに送られていたことが判明している。

このような経緯を有する内閣文庫本は、正親町本で校合する以前の藤原継師所持本（花山院本）の姿を今に伝えるなど、鎌倉期の『令集解』に対する研究を深化されてくれる貴重なものでもある。

(b)菊亭文庫本（京都大学附属図書館所蔵、四冊のうち二冊）

菊亭文庫所蔵『令集解（四冊。存巻二、巻四、巻十三、巻二十四）』のうち、巻二及び巻四の二冊は、内閣文庫本と同じ十巻本系金沢文庫本の本奥書を有し、同じ親本から転写されたと想定できる写本である。

内閣文庫本は、幕府紅葉山文庫に秘蔵されていたためか、転写本は存在しない。菊亭文庫本には、内閣文庫本にない「金澤文庫」の印形が書写されている。紅葉山文庫本律令十九巻は、臨摹の時点では印形までは書写しない方針であったらしく、どの巻にも印形は書写されていない。同じ親本から転写された菊亭文庫本では、転写の方針が違ったため親本に存在した「金澤文庫」の印形も書写したと想定できるのである。(56)

その他、金沢文庫本とは別系統に属する写本としては、内閣文庫本のなかに取り合わせ本の形態で存在する「三春信貞」本（第七軸）がある。また、阪本龍門文庫所蔵二十冊本（三浦周行氏旧蔵本）は、多くの巻に本奥書がないなど、系統の不明な写本の一つであるが、巻十五及び十六に、金沢文庫本とは全く違う本奥書を書写している。

（巻十五）

（本云）

貞應二年三月日　亜相藤公之以本一校畢　　吏部某

建長四年五月三日　書写畢

黄門（花押）

（巻十六）

弘安四年季秋廿八日

特進橘《カ》（花押）

この本奥書が信に足るものであるとすると、鎌倉期に金沢文庫本以外の『令集解』写本の存在を知りうる貴重な二巻ということができる。

また、前述の舟橋本伝存の巻十九残簡及び断簡二葉も、中世の貴重な古写本ということが出来よう。

(三)　国史大系本の特色

国史大系は、経済雑誌社を活動の拠点としていた田口卯吉が編集し、黒板勝美が校訂を担当して一八九七年（明治三十）年刊行を開始している。『類聚国史』などを加えた第二次の刊行を経て、一九二九年に開始された第三次の刊行計画「新訂増補国史大系」になって、初めて『令集解』の刊行が企てられた。一九四三年（昭和十八）、当時最も信頼に足る写本（「凡例」）と目された「田中忠三郎氏所蔵本」＝田中本を底本として、（『令集解』前篇　吉川弘文館、一九四三年）が刊行された。戦局の逼迫するなかで刊行された初版本『令集解』前篇は、紙も質が悪く、今日顧みる研究者はないが、戦災で焼失したコロタイプ写真版を冒頭に掲げ（焼失したため、完成記念版では掲載されていない）、返り点なども鮮明に判読できる（完成記念版や普及版では、同じ紙型を繰り返し使用しているため、しだいに返り点や句点が不鮮明になっている）。

戦後、『後篇』を編集するにあたって、底本は『前篇』を踏襲して「田中忠三郎氏所蔵本」を採用したが、「国立国会図書館支部上野図書館本」（凡例）＝舟橋本を校合本のなかで重きを置いた校訂を行っている。従って、一九五四年（昭和二十九）に完成した『後篇』と戦前の校訂にかかる『前篇』では、校訂の方針が微妙に変遷していることも留意する必要がある。このような経緯を経て完成した国史大系本は、戦後の『令集解』研究の隆盛を育む基礎となった。

その後、福尾猛一郎氏の作成された正誤表や校訂作業に携わった坂本太郎氏の気付きなどを基に一部紙型を修正して、一九六六年（昭和四十一）に完成記念版が刊行された。従って、それ以前の国史大系本（前・後二冊）及び普及版（三冊本）とのあいだで若干の字句の差異が生じる結果となっている。(57)

現在に至るまで、国史大系本（完成記念版）は、最も校訂の行き届いた『令集解』刊本として学界に裨益するところ大なるものがある。ただ、田中本など、善本の写真版が刊行されるようになった現在、再度、善本を底本とした校訂本が編集されることが望まれる。(58)

註

（1）荷田春満の『令集解』に関する著述に、『令解』（一冊、天理図書館所蔵、自筆稿本）や『令集解劄記』（一冊、東羽倉家所蔵）がある。

（2）稲葉通邦『神祇令和解』（一七九六〔寛政八〕年）（無窮会神習文庫所蔵、翻刻版は、神道大系編纂会編、小林宏校注『神道大系　古典編九　律・令』所収、神道大系編纂会、一九八七年）。

（3）佐藤誠実「律令考」（同著、瀧川政次郎編『佐藤誠実博士律令格式論集』所収、汲古書院、一九九一年。初出、一八九九～九〇年）。

（4）瀧川政次郎「『定本令集解釈義』解題」（同著『日本法制史研究』所収、有斐閣、一九四一年、初出、一九三一年）。

（5）最近までの『令集解』研究の文献については、小口雅史「『令集解』関係文献目録」（戸川・新井・今駒編『令集解引書索引』汲古書院、一九九〇年）参照のこと。

（6）嵐義人、井上辰雄、神野清一、瀧川政次郎、中嶋宏子、野村忠夫、松原弘宣、黛弘道、森田悌諸氏の論考は、荊木美行編『令集解私記の研究』（汲古書院、一九九七年）に集められており、便利である。

（7）神野清一「令集解『讃記』の性格分析」（『続日本紀研究』一三八・一三九合併号、一九六八年）。

（8）森田悌「令集解『穴記』について」（同著『平安初期国家の研究』Ⅱ所収、関東図書、一九七二年。初出、一九七一年）。林紀昭「穴記義解施行以降成立説への疑問」（『続日本紀研究』一五八号、一九七一年）。森田悌「令集解『穴記』再論」（『続日本紀研究』一六〇号、一九七二年）。林紀昭「続穴記義解成立以降成立説への疑問」（『続日本紀研究』一六五号、一九七三年）。中嶋宏子「令集解『穴記』の成立年代をめぐって」（『神道宗教』一五三号、一九九三年）。

（9）北条秀樹「令集解『穴記』の成立」（同著『日本古代国家の地方支配』所収、吉川弘文館、二〇〇〇年。初出、一九七八年）。

（10）井上光貞「日本律令の成立とその注釈書」（井上他校注『律令（日本思想大系）』所収、岩波書店、一九七六年）。

（11）井上光貞著『わたくしの古代史学』（文芸春秋、一九八二年）。井上氏が構想された『令集解の研究』は未完に終ったが、氏が作成された稿本三十七巻（公式令集解までという）が、学界に提供されれば、令集解研究に多大なる寄与が想定される。御遺族の方々や関係者の御検討を切に願っている。

（12）代表的な研究として、石上英一「『令集解』金沢文庫本の再検討」（同著『日本古代史料学』所収、東京大学出版会、一九九七年。初出、一九七九年）。拙稿「『令集解』諸本の系統的研究」及び「『令集解』写本に関する一考察」（拙著『律令註釈書の系統的研究』所収、塙書房、一九九一年。初出、一九七九年、一九八〇年）。吉岡眞之「田中本『令集解』覚書」（同著『古代文献の基礎的研究』所収、吉川弘文館、一九九四年）をあげておく。

(13) 戸川芳郎・新井榮藏・今駒有子編『令集解引書索引』(汲古書院、一九九〇年)。
(14) 奥村逸三編『令集解所引漢籍備考』(関西大学出版部、二〇〇〇年)。
(15) 水本浩典・柴田博子・村尾和義編データベース『SUGE』(京都大学大型計算機センター、一九九四年)。
(16) 水本浩典・柴田博子・村尾和義編『令集解総索引』(髙科書店、一九九一年)。
(17) 佐藤誠実注(3)論文が言及。瀧川政次郎氏も注(4)のなかで、「本書の撰者は、本朝書籍目録に『直本撰』とあることによつて、平安初期の法学の泰斗惟宗朝臣直本と断定してよからうと思う。」と述べられている。
(18) 利光三津夫・松田和晃「『惟宗系図』の研究」(利光編著『法史学の諸問題』所収、慶応通信、一九八七年、初出、一九八三年)。
(19) 利光三津夫・楊長良・伊能秀明「惟宗直本に関する一考察」(『続日本紀研究』二二二号、一九八二年)所載の年表を基に作成。
(20) 清水潔「『基』(『令集解』所引)について」(『皇学館大学紀要』第十三輯、一九七五年)。
(21) 拙稿「律令講書と律令註釈書―明法家『基』を中心として―」(拙著『律令註釈書の系統的研究』所収、初出、一九八三年)。
(22) 土田直鎮「律令」(同著『奈良平安時代史研究』所収、吉川弘文館、一九九二年、初出、一九六四年)。
(23) 拙稿「『令集解』と『令惣記』」(拙著『律令註釈書の系統的研究』所収。初出、一九八四年)。同様の検討を行った前掲注(12)石上論文においても同じ結論が導かれている。
(24) 嵐義人「律令注釈書をめぐる二、三の問題」(『国史学』一〇二号、一九七二年)、同「令惣記」(『国書逸文研究』四号、一九八〇年)。
(25) 利光三津夫・斎川真「異質令集解の史料価値について」(利光著『律令制の研究』所収、一九八一年、慶応通信。初出、一九七七年)。
(26) 早川庄八「異質令集解三巻について」(同著『日本古代の文書と典籍』所収、吉川弘文館、一九九七年。初出、一九七七年)。

(27) 漢籍については、前掲の『令集解所引漢籍備考』や『令集解引書索引』を参照されたい。

(28) 『令集解』に引用された類書については、森鹿三「令集解所引玉篇考」（『東方学報（京都）』四一冊、一九七〇年）や林紀昭著『令集解漢籍出典試考（上）』（油印、一九八〇年、（下）は未刊）に詳しい。

(29) 松原弘宣「『古記無別』について」（『続日本紀研究』一五七号、一九七一年）。

(30) 押部佳周「跡記と穴記」（同著『日本律令成立の研究』所収、塙書房、一九八一年。初出、一九七〇年）。

(31) 早川庄八「新令私記・新令説・新令問答・新令釈」（同著『日本古代の文書と典籍』所収、吉川弘文館、一九九七年。初出、一九八一年）。

(32) 井上辰雄「『朱説』を中心として」（『新訂増補国史大系月報』五二、一九六六年）。

(33) 押部佳周「朱記」（同著『日本律令成立の研究』所収、塙書房、一九八一年。初出、一九七〇年）。

(34) 森田悌「『令集解』朱云について」（同著『日本古代律令法の研究』所収、文献出版、一九八六年。初出、一九七八年）。

(35) 大宝令の復元については、現在までの成果が、古瀬奈津子・坂上康俊・高塩博によって集大成されている。仁井田陞著池田温編『唐令拾遺補』（東京大学出版会、一九九七年）所収「唐日両令対照一覧」。

(36) 『令集解』の「私案」を扱ったものに、伊村吉秀「令集解『私案』と割注について」（『浜松短大研究論集』三〇号、一九八四年）がある。

(37) これらの価値については、早く新見寛氏が注目されている。新見寛編　鈴木隆一補『本邦残存典籍による輯逸資料集成（正・続）』（京都大学人文科学研究所、一九六八年）。林氏、戸川・新井・今駒諸氏、奥村氏に先駆ける基礎的研究として指摘しておきたい。

(38) 関靖著『金沢文庫の研究』（講談社、一九五一年）。

(39) 関靖氏は北条実時説を提示し、早川庄八氏は藤原師継説に拠っており、石上英一氏は、藤原師継の手による識語は文永十年までのものに限定し、実時の命を受けた清原俊隆が京において調達し校合したと推測している。

(40) 『検非違使補任』一二五二（建長四）年〜一二六七（文永四）年にかけて、右衛門少志・右衛門大志・右衛門少尉・左衛門少尉として見える。

(41) 法家中原流については、布施弥平治著『明法道の研究』(新生社、一九六六年)。今江広道「法家中原氏系図考証」(『書陵部紀要』二七号、一九七六年)参照。

(42) 内閣文庫本(紅葉山文庫本)『令義解』に残る勘物群については、石上英一「『令義解』金沢文庫本の成立」(同著『日本古代史料学』所収、東京大学出版会、一九九七年。初出、一九八四年)が詳細に検討している。

(43) 『政事要略』所載の事例を一覧表にしておく。

『政事要略』所載の「令集解」及び「令集解」諸説一覧

冒頭語句	大系本頁・行	編　目	令編目・令条文番号	備　考
1釈　云	11(11)	巻22　年中行事	廐牧令6条集解	
2古　記　云	14(4)	巻22　年中行事	廐牧令8条集解	「私案」が引用
3集　解　云	18(9)	巻22　年中行事	考課令1条集解	
4穴　答	87(8)	巻25　年中行事	考課令1条集解	
5集　解　云	99(9)	巻25　年中行事	職員令9条集解	
6集　解　云	119(4)	巻26　年中行事	田令36条集解	
7釈　云	119(12)	巻26　年中行事	田令37条集解	
8集　解　云	122(7)	巻26　年中行事	職員令1条集解	
9釈　云	188(1)	巻29　年中行事	職員令19条集解	
10集　解　云	193(8)	巻29　年中行事	喪葬令1条集解	
11集　解　云	194(5)	巻29　年中行事	喪葬令10条集解	
12集　解　云	207(14)	巻29　年中行事	儀制令8条集解	
13論奏式条穴問	249(11)	巻30　年中行事	公式令3条集解	
14説　者　云	229(4)	巻30　年中行事	公式令2条関連	「説者云」が7つ
15旧　説　云	276(6)	巻51　交替雑事	賦役令8条集解関連	

16	説者云	276(11)	巻51 交替雑事	賦役令9条集解関連	
17	当条穴云	282(15)	巻53 交替雑事	田令29条集解	寛弘三年九月作成「問答」引用
18	額云	286(8)	巻53 交替雑事	田令34条集解	交替式私記引用
19	集解古記云	287(6)	巻53 交替雑事	田令31条集解	
20	集解釈云	334(1)	巻54 交替雑事	軍防令4条集解	
21	集解釈云	334(15)	巻54 交替雑事	軍防令45条集解	
22	集解云	353(15)	巻54 交替雑事	職員令21条集解	
23	又集解伴云	354(2)	巻54 交替雑事	職員令21条集解	
24	集解古記云	354(6)	巻54 交替雑事	営繕令17条集解	
25	集解釈云	354(12)	巻54 交替雑事	営繕令16条集解	
26	集解古記云	355(8)	巻54 交替雑事	雑令12条集解	
27	旧説云	417(2)	巻57 交替雑事	職員令4条集解関連か	
28	穴云	424(3)	巻57 交替雑事	戸令6条集解	
29	集解釈云	444(6)	巻59 交替雑事	賦役令37条集解	
30	伴云	451(2)	巻59 交替雑事	後宮職員令4条集解	
31	釈云	451(6)	巻59 交替雑事	賦役令38条集解	
32	古記云	452(14)	巻59 交替雑事	賦役令14条集解	
33	釈云	472(1)	巻59 交替雑事	倉庫令14条集解か	
34	釈云	478(14)	巻59 交替雑事	職員令16条集解	
35	集解云	479(9)	巻59 交替雑事	喪葬令7条集解	
36	釈云	485(9)	巻60 交替雑事	賦役令9条集解	

37	釈云	505(11)	巻60	交替雑事	賦役令6条集解
38	讃云	506(6)	巻60	交替雑事	賦役令9条集解
39	説者云	506(11)	巻60	交替雑事	厩牧令16条集解関連
40	集解云	508(3)	巻60	交替雑事	考課令65条集解
41	集解尺云	508(4)	巻60	交替雑事	戸令45条集解
42	釈云	518(13)	巻61	糺弾雑事	職員令58条集解
43	讃答	518(頭書)	巻61	糺弾雑事	職員令58条集解関連か
44	古記云	519(7)	巻61	糺弾雑事	職員令2条集解
45	集解云	519(14)	巻61	糺弾雑事	職員令1条集解
46	古記云	520(10)	巻61	糺弾雑事	倉庫令8条集解
47	説者云	520(頭書)	巻61	糺弾雑事	職員令1条集解関連か
48	額云	522(9)	巻61	糺弾雑事	
49	釈云	522(頭書)	巻61	糺弾雑事	職員令2条集解
50	穴問	523(5)	巻61	糺弾雑事	職員令2条集解
51	右旧説	526(1)	巻61	糺弾雑事	職員令58条集解を引用か
52	釈云	566(1)	巻67	糺弾雑事	儀制令21条集解
53	説者云	572(10)	巻69	糺弾雑事	公式令60条関連か
54	説者云	572(11)	巻69	糺弾雑事	公式令59条関連か
55	穴云	573(15)	巻69	糺弾雑事(所謂「不明巻」部分)	儀制令23条集解か
56	釈云	576(4)	巻69	糺弾雑事(所謂「不明巻」部分)	公式令55条集解
57	説者云	579(4)	巻69	糺弾雑(所謂「不明巻」部分)	選叙令34条集解関連か
58	説者云	579(13)	巻69	糺弾雑事	公式令55条集解関連か

59	釈云	579(15)	巻69	糺弾雑事	衣服令14条集解
60	釈云	582(1)	巻69	糺弾雑事	選叙令21条集解
61	説者云々	584(14)	巻69	糺弾雑事	獄令17条集解関連か
62	穴云	585(16)	巻69	糺弾雑事	儀制令12条集解
63	説者云	586(2)	巻69	糺弾雑事	儀制令12条集解
64	説者云	587(5)	巻69	糺弾雑事	儀制令12条集解関連か
65	釈云	589(3)	巻69	糺弾雑事	職員令3条集解
66	説者云	589(11)	巻69	糺弾雑事	神祇令11条集解関連か
67	説者云	590(7)	巻69	糺弾雑事	儀制令10条集解関連か
68	釈云	618(16)	巻70	糺弾雑事	廐牧令23条集解
69	釈云	619(14)	巻70	糺弾雑事	捕亡令15条集解
70	説者云	628(10)	巻81	糺弾雑事	獄令32条集解関連か
71	説者云	634(10)	巻81	糺弾雑事	公式令76条集解関連か
72	釈云	659(8)	巻82	糺弾雑事	戸令7条集解
73	朱云	669(10)	巻82	糺弾雑事	獄令62条集解
74	朱云	682(10)	巻84	糺弾雑事	公式令73条集解
75	説者云	684(9)	巻84	糺弾雑事	戸令23条集解関連か（勘文引用）
76	基問	692(8)	巻84	糺弾雑事	獄令34条集解関連か
77	釈云	699(7)	巻95	至要雑事	医疾令3条集解

(44) 惟宗允亮については、木本好信「『政事要略』と惟宗允亮」（木本好信・大島幸雄編『政事要略総索引』所収、国書刊行会、一九八二年）が研究段階をよくまとめてある。

(45) 前掲注(24)嵐論文「律令注釈書をめぐる二、三の問題」。

(46)『政事要略』は、内閣文庫及び尊経閣文庫に分蔵される金沢文庫本と、江戸期に流布する滋野井公澄・公麗所持本に大きく別れる。滋野井公澄・公麗所持本は、十三冊が京都大学附属図書館に、残り七冊が宮内庁書陵部に日野本のなかに取り合わせのかたちで分蔵されている。『政事要略』の写本については、押部佳周「『政事要略』の写本に関する基礎的考察」(『広島大学学校教育学部紀要』第2部5巻、一九八二年)がある。
(47)ちなみに、国史大系本『政事要略』では、当該箇所の「集解云、……」の文は、次に続く「私問、以十一月朔日、……」と同じく、本文一字下げて翻刻している。しかし、滋野井本では、「日本紀云」「(日本紀)又云」「儒伝云」「右官史記云」「職員令云」に続いて同列の書き出しで記載されており、職員令義解に従属する形態で記載されてはいない。
(48)拙稿「『令集解』諸本所在目録」(前掲拙著所収。初出、一九七九年)参照。未調査のものや個人蔵を含めると、まだ増加する。
(49)中井信彦著『色川三中の研究』伝記篇(塙書房、一九八八年)。
(50)前掲注(12)吉岡論文。
(51)国立歴史民俗博物館蔵史料編集会編『貴重典籍叢書　歴史篇1～6令集解一～六』(臨川書店、一九九八年～一九九九年)。第六冊には石上英一氏による簡要な解題があるので参照されたい。
(52)『昭和五十五年度　古典籍下見展観大入札会目録』(東京古典会、一九八〇年)第六二八番「令集解　万治四年　花押奥書写　三十六冊」。
(53)今江広道「京大古文書室蔵『旧抄本経書』をめぐって」(『国学院雑誌』八十巻十一号、一九七九年)。
(54)森潤三郎著『紅葉山文庫本と書物奉行』(昭和書房、一九三三年)。
(55)前掲注(31)早川論文。
(56)拙稿「『令集解』写本に関する一考察」。
(57)橋本久「新訂増補国史大系『令集解』の改版に伴う異同について」(『法学研究論集〔大阪経済法科大学〕』五号、一九八一年)。
(58)全冊影印したものは田中本のみであるが、善本の概要は、筆者が編集した律令研究会編『譯註日本律令　十一　令義解譯註篇別冊』(東京堂出版、一九九九年)で見ることができる。

弘仁格抄

川尻秋生

はじめに

『弘仁格抄』については、すでに瀧川政次郎氏による先駆的研究があり、かなりの部分まで解明されているように思われる。(1) しかし、最近徐々にではあるが、格の研究も進展してきているので、それらの研究を振り返りながら、私見を付け加えることにしたい。

なお、『弘仁格抄』はその史料の性格上、それ自体で使用されることはあまりなく、『類聚三代格』と組み合わせることによってはじめてその真価を発揮する。したがって、『弘仁格抄』の研究とは、『弘仁格』ひいては『類聚三代格』を研究することをも意味する。そのため、本書上巻の吉田孝氏による『類聚三代格』の解題と重複する部分があることを、(2) あらかじめ吉田氏ならびに読者にお断りしておかねばならない。

一　『弘仁格抄』の伝来

『弘仁格抄』とは、弘仁十一年（八二〇）に撰進され、天長七年（八三〇）に施行された『弘仁格』の目録である。『弘仁格』自体は残っていないが、三代の格を再編集した『類聚三代格』はかなりの部分が現存するので、両者を組み合わせることによって、ある程度『弘仁格』を復原することが可能である。

『弘仁格抄』（以下、格抄と略称する）は、現在上下二巻の巻子本からなり、表1のような構成をとっている。神祇格から雑格までの順番は職員令の順番にほぼ対応しており、『弘仁式』の配列とも大略一致する。平安初期の官制・経済改革の影響を受けて、式部・民部・兵部格が七割を占めるのに対し、中務・大蔵格など機能の低下しつつあった官司の格がほとんどないことが注目される。

格抄の伝本は、現在京都御所御池庭御文庫に所蔵されるものただ一本である。これは九条家に伝来したもので、江戸初期の九条家当主九条道房が著した『九条家記録文書目録』第十四箱には、『西宮抄』『北山抄』などとともに次のようにある。(3)

二巻　弘仁格抄上下

表1　『弘仁格抄』の構成

<table>
<tr><td colspan="10">巻下</td><td colspan="6">巻上</td><td rowspan="2">巻</td></tr>
<tr><td>十</td><td colspan="5">九</td><td>八</td><td>七</td><td>六</td><td>五</td><td>四</td><td>三</td><td>二</td><td colspan="2">一</td></tr>
<tr><td>雑</td><td>京職</td><td>弾正</td><td>宮内</td><td>大蔵</td><td>刑部</td><td>兵部</td><td>民部下</td><td>民部中</td><td>民部上</td><td>治部</td><td>式部下</td><td>式部上</td><td>中務</td><td>神祇</td><td>編目</td></tr>
<tr><td rowspan="2">41</td><td rowspan="2">11</td><td rowspan="2">5</td><td rowspan="2">5</td><td rowspan="2">1</td><td rowspan="2">29</td><td rowspan="2">80</td><td>25</td><td>47</td><td>38</td><td rowspan="2">46</td><td>73</td><td>90</td><td rowspan="2">13</td><td rowspan="2">16＋α</td><td rowspan="2">格数</td></tr>
<tr><td colspan="3">110</td><td colspan="2">163</td></tr>
<tr><td rowspan="2">8</td><td rowspan="2">2</td><td rowspan="2">1</td><td rowspan="2">1</td><td rowspan="2">0</td><td rowspan="2">6</td><td rowspan="2">16</td><td>5</td><td>9</td><td>7</td><td rowspan="2">9</td><td>14</td><td>17</td><td rowspan="2">3</td><td rowspan="2">3</td><td rowspan="2">割合</td></tr>
<tr><td colspan="3">22</td><td colspan="2">32</td></tr>
</table>

格抄は、大正十二年（一九二三）五月、東京帝国大学文学部史料編纂掛（現在の東京大学史料編纂所）主催の史料展覧会においてはじめて公開された(4)。また、昭和十五年（一九四〇）二月にも、大阪府立図書館で展示されている(5)。ついで旧国宝に指定され、のちに九条家から皇室に献納された。新訂増補国史大系第二十五巻に収められ公刊されたのは、昭和十一年（一九三六）のことであった。

『弘仁格抄』の研究において、画期をなしたのは、瀧川政次郎氏の論考であった。瀧川氏は、史料編纂掛での史料展覧会で実見した後、『弘仁格抄』本文および紙背の具注暦の翻刻、具注暦の年代考証、『弘仁格抄』の筆者、『類聚三代格』との比較研究、逸文の収集など、当該史料の全般的な研究を行い、その基礎を築いた。

二　『弘仁格抄』の書誌的特徴

最近、『弘仁格抄』の原本調査が行われ書誌的特徴が明らかにされたので、その報告書によりつつ概要を述べたい(6)。

筆者については、下巻の巻末に、

暦応二年二月十九日以㆓内府師平《鷹司》本㆒、令㆓

抄出㆒畢、（花押）

とあり、暦応二年（一三三九）に時の内大臣鷹司師平の所持本から抄出させた旨の奥書ならびに花押がある。この点について、参考となるのは、下巻の巻頭にある追記である。

此一巻、三縁院道教公（九条）

御真跡歟、末苗（九条）忠栄記之、

但、弘仁格抄下、此五字者、慥真筆也、

能々以二御筆類本一見合、可レ分二別他筆一

一巻歟、追而忠栄記之、

江戸時代初期の九条家の当主忠栄が、九条道教の真筆であろうかと述べ、「弘仁格抄下」の五文字は、確かに道教の真筆である。道教自筆のほかの写本と見比べて分別すべきである、との識語がある。忠栄は、寛永八年（一六三一）に名を幸家と改めたから、(7)瀧川氏がすでに指摘しているように、この識語はそれ以前に記されたと考えられる。

瀧川氏は、これらの点から格抄が道教の命により書写されたと推定された。ところが、国史大系本の凡例では、忠栄の注記を紹介しつつも「未だ明らかならず」と慎重な姿勢をとっている。これは、当時道教関連の史料が公開されていなかったためである。しかし、現在では九条家の典籍類は皇室に献納されているため、花押・筆跡を比較することができる。そこで、格抄の花押（写真1）と道教の花押（写真2）を比較してみると、両者が一致することがわかる。(8)また、「弘仁格抄下」の五文字も（写真3）、道教の筆になると推測される『叙位抄』（写真4）と比較してみると、特徴的な筆跡（「抄」字に注意）が共通しており、忠栄の指摘どおり自筆と考えられる。時に道教は二十五歳、右大臣、一上で、この年の暮れには左大臣となった。(9)

上巻は、十二紙からなる。紙背の具注暦は文保元年（一三一七）二月から六月のものであるが、現在は裏打ちされており、直接見ることはできない。巻首の料紙はすでに失われており、現在の第一紙は、神祇格の途中から始まっている。各料紙の左上隅には、「イ」から「ワ終」までの記号が追筆されているが、これは修補の際に付されたと考え

写真１　『弘仁格抄』の花押

写真２　九条道教の花押
『九条家文書』7-2085

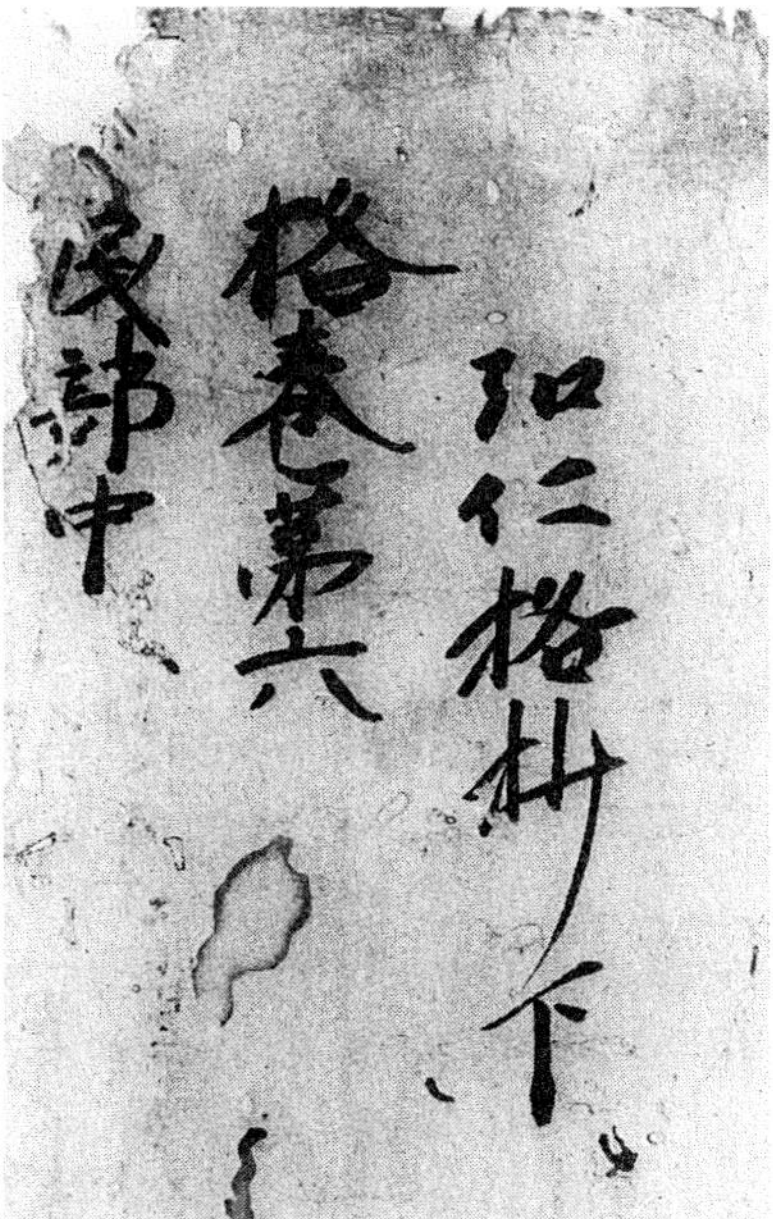

写真３　『弘仁格抄』下巻頭

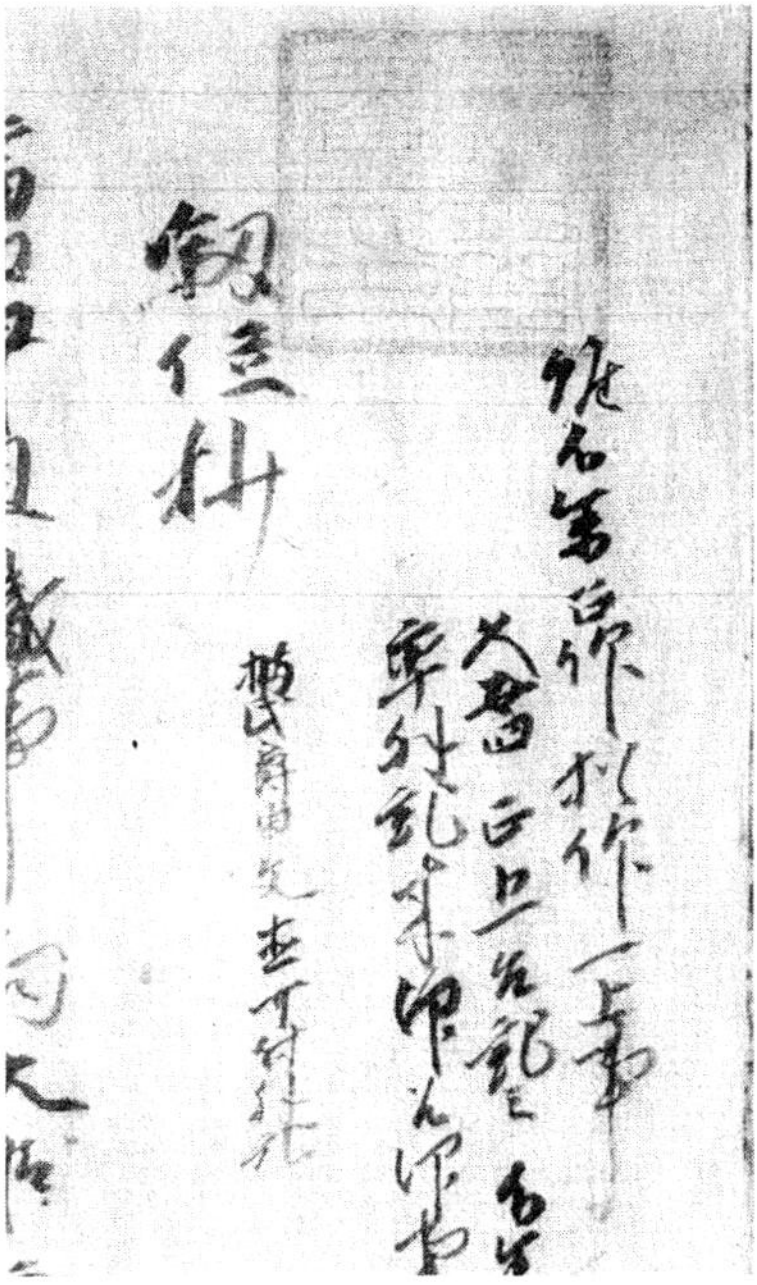

写真４　『叙位抄』（宮内庁書陵部所蔵）

られる。したがって、巻首の料紙が失われたのは、瀧川氏の指摘にもあるように、修補以前であったことになる。
下巻は十一紙からなり、各料紙の左上隅に「一」から「十一終」までの数字が付されている。これも修補時に付けられたと思われる。現在は裏打ちされているが、具注暦は正和四年（一三一五）四月から七月のものである。

修補の時期について、瀧川氏は追記の存在から忠栄が行ったと推定されたが、国史大系本の凡例は、「弘仁格抄上」「弘仁格抄下」と記した後補の外題の筆者および修補した人物を忠栄の子道房としている。今回の調査によれば、後補の外題の筆跡は道房のものであり、修補を施したのも同一人物と考えられる。道房の日記であり、宮内庁書陵部所蔵の『道房公記』寛永十八年（一六四一）七月九日条には、

九日、癸未、晴、終日見㆓別記文㆒、虫等破捐〔損〕令㆑続之、此日来如㆑此、

と、九条家伝来の古文書を修補したことがみえ、『道房公記』同年同月十六日条にも、

十六日、晴、取㆓文書目録㆒、又加㆓奥書㆒、

とあり、文書目録を作成し奥書を加えたことが記されている。[10]残念ながら、彼の日記のなかに『弘仁格抄』に関する記述は見出せなかったが、『道房公記』を通覧すると、寛永十八年に修補・目録作成の記事が集中するから、修補が行われたのもこの時期であったと考えておく。

次に、写本の特徴について述べる。上巻は第七紙の終わり、すなわち式部上の終わりあたりまでは、一紙二十三行で整然と書写されている。格抄に界線は引かれていないが、紙背の具注暦には一紙二十三行の界線が引かれているから、格抄の書写の際には、それを代用したのであろう。ところが、それ以降行数がしだいに増えはじめ、式部下25から地の文の筆跡が変わる。ことによると、途中から一紙あたりの行数が増えることと関係するのかもしれない。[11]

ところが、格抄にみえる筆跡はこの二筆にとどまらない。太政官奏の御画文（ただしすべてではない）や、たとえば式上17（和銅七年五月七日太政官謹奏）の「可レ校二合類聚格一、委細之旨不レ能二註載一、篇目許註之、」という注記などは、墨色・筆跡ともに明らかに地の文とは異なっている。(12) かなり特徴的な筆跡であり、道教の書き入れと判断される。

また、格抄には全面に朱線が施されている。中務4・5を示せば次のようになる。

撰二定位階一事 尚侍二人、典侍四人、掌侍四人、　大同二年十二月十五日

聞

／『聞字為レ不レ混二次官符一突二朱点一也、』

応レ給二女官職事五位已上時服一事官符□〔也カ〕　弘仁三年八月廿日

朱による「／」（朱点）は、御画聞と次の官符を混同しないために付けたという朱書がある。また、民中15・16にも、

応二京畿内七道□〔諸カ〕国括一部内浮宕百姓一事　宝亀十一年十月廿六日

＼『為レ不レ混二已前官符之篇目一突二朱点一』

一、応二畿内七道諸国括一責戸口一事

一、応レ勘二他国浮浪一事　延暦四年六月廿四日

とみえ、朱による「＼」（朱点）は、前の官符の事書（篇目）と混同しないためにつけたという朱書が存する。御画聞と次の官符を区別する朱線「／」とは方向が異なっている。いずれの朱書の筆跡も道教のものと推察されるから、朱線を施したのも道教と思われる。

以上から、道教の命により一人めの書き手が、『弘仁格』を抄出して式下25まで書写した。ここで書き手が替わり、最後まで書写し校訂も行った。次に道教が内題、『弘仁格』の撰上の日付、編纂者および奥書を書き加え、誤脱を訂正し朱点・朱書を加えた、という作成過程が想定される。(13)

三　『弘仁格抄』の復原

1　弘仁神祇格の復原

先に述べたように、上巻の巻頭には欠失があり、神祇格は、終わりの三格しか残されていない。また、『類聚三代格』巻一と比較すると、『弘仁格抄』にみられない弘仁十年以前の格は一三ある。そのうち、国史大系本『類聚三代格』で「弘神」すなわち、弘仁神祇格を示す鼇頭標目を有するのは十二格で、持たない格が一つ（延暦十九年十一月三日官符）ある。しかし、金沢文庫本の転写本と推定される鷹司本『類聚三代格』では、「弘神」の鼇頭標目があるから、すべて弘仁神祇格であると推定される。(14)

ところで、先に指摘したように、式部上の終わりまでは一紙二十三行で整然と書写されているから、欠失している料紙も、二十三行であったと推測できる。また、下巻に目を転じると、「弘仁格抄下／格巻第六／民部中」という内題から格の編目までは、具注暦にして五行ほどである。この行数が上巻にもあてはまるとすれば、一紙の行数二十三から五行を減じた十八が、神祇格の欠失した行数となろう。したがって、この数字から、『弘仁格抄』にみえない『類聚三代格』の弘仁神祇格の数十三を減じた五が、格抄にも『類聚三代格』にもみえない神祇格の数となる。もっとも、事書が複数ある場合や御画聞があれば、それで一行を費やすから、最大で五格程度の欠落があるという目安に留めるべきである。(15)いずれにしろ、未見の神祇格が存在したとしてもそれほど多くはないという点は確認できる。

2 『弘仁格抄』の脱漏と『弘仁格』の逸文

瀧川氏は、『弘仁格抄』に通し番号を振り、全部で五〇六の格がみえるとした。ところが、瀧川氏の番号で、二九四と二九五の間に発出の日付が落ちており（国史大系では翻刻されている）、正確には次のようになり、全部で五〇七の格が記載されている。(16)

応レ停三欠損進二塡外国一事　同(弘仁)十年四月十五日

聞／詔　慶雲三年三月十四日

さらに、神祇格以外にも、『類聚三代格』にみえ、『弘仁格抄』にみえない格、つまり格抄の脱漏に当たる格がある。『類聚三代格』での鼇頭標目、事書、日付を示せば次のようになる。

① 「弘治」定二僧綱幷十五(衍カ)大寺三綱法華寺鎮等従僧一幷可レ充二童子食一事　延暦十七年六月十四日
② 「弘治」応下僧尼之犯依二令条一勘上事　弘仁三年七月十日
③ 「弘治」応下自レ京所レ入諸国国分寺僧路次充中供養幷伝馬上事　弘仁七年五月三日
④ 「弘治」応レ給二時服幷番上粮米一事　大同四年四月一日
⑤ 「弘民」東山道出挙正税事　大同三年九月二十六日
⑥ 「弘治」勅　天平宝字四年十二月十三日

このうち、⑤は、鼇頭標目をもつものの前田家本になく、しかも充所をもっているから、『弘仁格』ではない可能

性もある。(17)

問題は⑥である。天平宝字四年十二月十三日付けの法令は『類聚三代格』に二通ある。

a巻十七「弘治」勅　天平宝字四年十二月十三日

b巻八「弘民」応㆑全㆓給尚侍尚蔵封戸幷位田㆒事　天平宝字四年十二月十三日

一方、格抄では、同日の史料は次の二つである。

民下16　応㆑全㆓給尚侍尚蔵封戸幷位田㆒事　天平宝字四年十二月十三日

式下22　勅　天平宝字四年十二月十三日

民下16がbに当たることは間違いない。ところが、式下22は前後の配列からみて資人に関するもので、aのように太皇太后の陵墓に関するものとは見なしがたいし、鼇頭標目も異なる。そこで『続日本紀』天平宝字四年（七六〇）十二月戊辰（十二日）条をみると、

勅、准㆑令、給㆓封戸㆒事、女悉減㆑半者、今尚侍・尚蔵、職掌既重、宜㆑異㆓諸人㆒、量須㆓全給㆒、其位田、資人、並亦如㆑此、又勅、太皇太后・皇太后御墓者、自㆑今以後、並称㆓山陵㆒、其忌日者亦入㆓国忌例㆒、設斎如㆑式、

とあり、民下16では、「資人」が削除されていることがわかる。このことから、前半の勅は民下16と式下22に分割され、封戸関係は民下16に、資人関係は式下22に収められ、後半の勅は治部格に収められたが、格抄から漏れていると考えておく。(18)

また、注目すべきは治部格が五つもある点である。もちろん、底本とした『弘仁格』にすでに欠落があった可能性もあるが、前述のように式部下から筆跡が変わることからすれば、格抄の作成過程で書き漏らした可能性も考えられる。

さらに、『弘仁格抄』では、関連する格が概ね年代順に配列されているから、[19] この点を用いて配列順を推定できるものもある。『類聚三代格』巻三、僧綱員位并僧位階事、諸国講読師事から『貞観格』『延喜格』を除けば、治部13・14・15・16・①・17の順となり、『弘仁格抄』と一致する。よって①は治部16と17の間に所在したと思われる。つぎに、治部43から46まではいずれも山陵に関する勅・官符が年代順に並んでいるから、⑥は治部43と44の間に存したと推定される。同様に②は治部30（または治部24）の次、③は治部18の次あたりであろうか。④については、治部格にほかに時服関係の格がないので、今のところ決め手に欠ける。

一方、『弘仁格抄』に記載がありながら、現存する『類聚三代格』にみえない格もある。これは、瀧川氏が指摘されているように、「選叙に関するもの」「勘籍に関するもの」「学校に関するもの」「帳内資人に関するもの」「服章儀礼に関するもの」が『類聚三代格』の欠失巻に含まれていたためで、その存在は、『弘仁格抄』と『類聚三代格』を比較してはじめて知ることができる。また、『類聚三代格』巻四、廃置諸司事、加減諸司官員并廃置事についても、底本の破損が激しく、その復原にも狩野文庫本（後述）とともに『弘仁格抄』が役立っている。なお、『弘仁格』の逸文については、笠井純一氏の精緻な研究があるので参照されたい。[20]

四　『弘仁格』編纂における格文の改変

1　格文の作出

飯田瑞穂氏によれば、『類聚三代格』巻四、加減諸司官員幷廃置事に収められている中納言設置についての格（式上3）は、次のようである[21]。

勅旨、依二官員令一、大納言四人、職掌既比二大臣一、官位亦超二諸卿一、朕念之、任重事密、充員難レ満、宜下廃二省二員一、為レ定二両箇一、更置二中納言三人一、以補中大納言不足上、其職掌、敷奏、宣旨、待問、参議、其官位・料禄、准レ令商量施行、奉レ勅、如二前件一、朝議商量、今加任官、掌近二大納言一、事関二機密一、官位・料禄不レ可二便軽一、請其位擬二正四位上一、資人卅口給、

慶雲二年四月十七日

この格を『続日本紀』『歴運記』等と比較すると、「別封二百戸」が削除されていることがわかる。天平宝字五年二月一日勅（式上4）により、相当位が従三位官に格上げされたことにともなって無効になったため『弘仁格』編纂時に削除されたのであり、国史大系本が意によって補ったのは誤りである。

また、『続日本紀』『歴運記』により、立法の手順を復原すれば、①天皇が、勅によって中納言の設置を決め、その官位・料禄等については太政官に委ねた。②太政官が、天皇の諮問を受けて、官位・（封戸の数）・資人の人数を論

事奏式により回答した。③天皇が太政官の論事奏式を裁可した。という三つの過程から成り立っていたことになる。ところが、『弘仁格』編纂者は、この三つの過程を合体させて、一つの法令として新たに格文を作出した。『弘仁格』を太政官符など、公文書の研究に使用する場合には、十分注意しなければならない。

2　書き換え・増補

『弘仁格』編纂時に、有効でなくなった格文を削除することについては、すでに吉田孝氏によって実例が示されている。しかし、格文の書き換えや増補が行われていたことは、従来あまり知られていない。本節では、この点について明らかにしたい。

保安元年（一一二〇）、観世音寺が東大寺の末寺となった際、観世音寺は寺家に伝来した公験を書写し東大寺に進上した。そのうちの一通が本史料にあたる。[22]

府牒　観世音寺三綱

　寺幷王臣百姓山野浜嶋尽収入公事

牒、被二太政官去年十二月八日符一偁、「被二右大臣宣一偁、奉レ勅、准令、山川藪沢公私共レ利、所以至レ有二占点一、先頻禁断、如レ聞、寺幷王臣家及豪民等不レ憚二憲法一、独貪二利潤一、広包二山野一、兼及二浜嶋一、㋑草木魚塩毎レ事成レ妨、慢レ法蠹レ民莫レ過二斯甚一、自レ今以後更立二厳科一、不レ論下有二官符一賜及旧来占買上並皆収還、公私共之、墾田地者未開之間、所レ有草木亦令二共採一、但元来相伝加レ功成レ林、非二民要地一者、量二主貴賤一、五町以下作レ差許之、墓地牧地不レ在二制限一、但牧無レ馬者亦従二収還一、㋒若以レ嶋為レ牧者、除草之外、勿レ妨二民業一、此等山野並具録二四至一、分明牓示、不レ得三因レ此濫及二遠処一、仍国郡官司専当糾察、如レ慣常不レ悛、違二犯此制一者、六位已下科二違勅罪一、五位已上及僧尼神主、録レ名申官、仍聴下捉二彼使人一申中送所司上、登時示レ衆決罰、以懲二将来一、若所司阿縦、即同二違勅坐者一、府宜二承知、依レ宣施行一、要路牓示、普令二知見一、其入レ公幷聴許等地数、具録申官、不レ得二疎漏一者、」三綱宜二察レ状、依レ件施行一、今以レ状牒、

延暦十八年正月十一日　　従六位下行大典勲六等御使朝臣在判

正五位下行少弐勲十等阿倍朝臣在判

（後略）

今「　」で示した官符は、民中33（延暦十七年十二月八日官符、寺幷王臣百姓山野(あ)藪沢浜嶋尽収二入公一事）の原官符であり、両者を比較することにより、『弘仁格』編纂段階での改変を知ることができる。両者の違いは次の三点である。

① 民中33の事書には(あ)「藪沢」の文言が存するが、原官符の事書にはない。

② 原官符が「浜嶋、草木魚塩毎レ事成レ妨」とするのに対し、民中33は(い)「藪沢、禁二制蒭樵一、奪二取鎌斧一」と書き換えた。

③ 原官符が「若以レ嶋為レ牧者、除草之外勿レ妨二民業一」とするのに対し、民中33は(う)「其京城側近高顕山野常令二衛府守一、及行幸経過顕望山岡依レ旧不レ改、莫レ令二斫損一」と書き換えた。

ここでは、改変理由が判明する①②について述べておく。山川藪沢に関する『弘仁格』は、民中32から民中35までであるが、「藪沢」に関するものは民中33にしかない。一方、「浜嶋」を寺や王臣家等が不法に占拠した場合、収還させるとの規定は、民中34（大同元年閏六月八日官符、応三尽収二入公一勅旨幷寺王臣百姓等所レ占山川海嶋浜野林原等事）にも見

える（『日本後紀』にもあり改変されていない）。そうすると、原官符には「藪沢」の文言はないから、改変せずに『弘仁格』に収めたのでは、「藪沢」は収還の対象外となる。

ところが、「藪沢」は、雑令9国内条で「公私共利」と規定されているように、律令国家の土地政策の重要な根幹を占めていた。また、『類聚三代格』延喜二年三月十三日官符所引延暦三年十二月十九日騰勅符により、違法な山川藪沢の囲い込みは「還公」となった。

以上から、『弘仁格』編纂時に、「浜嶋」は重複するので民中34（大同元年格）に譲り、代わりに延暦三年官符に基づき民中33に「藪沢」の文言を新たに加えたと思われる。その結果、延暦三年官符は『弘仁格』には収められなかった[23]。

『弘仁格』編纂時には、法として無効となった部分を削除しただけでなく、内容に立ち入って格文を書き換え・増補した場合があった。弘仁格式序には「司存常事、或可レ裨二法令一、或堪レ為二永例一者、随レ状増損惣入二於式一」と見え、『弘仁式』については「増損」を施したことがわかるが、『弘仁格』についても同様の編纂方針が存在したのである。

3　読み替え

まず、弘仁格式の組み合わせによる読み替えの実例として、民下19をあげる。

太政官符

応レ賜二信濃国監牧公廨田一事

右、被二大納言従三位神王宣一偁、奉レ勅、監牧之司雖レ非二正職一、而離レ家赴レ任、有レ同二国司一、宜下以二埴原牧田六町一為中公廨田上、自レ今以後、永為二恒例一、但以二当土人一任者、不レ在二賜限一、其新任之年、便以二牧田稲一給二佃料町別一百廿束一、

延暦十六年六月七日

「監牧」が牧の現地管理者として任じられていたのであるが、延喜兵部式牧監条、左右馬寮式などでは、甲斐・上野・信濃三国には「牧監」が任じられることになっており、「監牧」という表現と齟齬がある。あるいは、「監牧」と「牧監」を同一の職と考えても、なぜ、異なった表記をとったのか、今まで説明できなかった。

ところが、京都大学附属図書館所蔵の平松家本『北山抄』巻九、羽林抄、分取諸牧御馬事の裏書から、次のような貞観馬寮式御馬条が復原され、この問題も解決された。

本朝月令云、〔貞観馬寮式脱〕右、諸牧駒者云々、信濃・上野両〔国脱カ〕任二牧監一、〔甲斐・武蔵国〕余国任二主当一、今案、甲斐国亦任二牧監一、

『貞観式』は、『弘仁式』を引用し、その改訂箇所に「今案」を付すという形式であるから、(24)「右、諸牧駒者云々、信濃・上野両〔国脱カ〕任二牧監一、余国任二主当一」までが『弘仁式』である。『弘仁式』で、信濃・上野両国に「牧監」が任命されていたことが判明した。そして、格式は一体として読まねばならないという原則に従えば、弘仁十年当時の名称としては『弘仁式』の「牧監」が正しいが、その歴史的経緯を残すという方針から、民下19は「監牧」のまま、「牧監」に改変されなかったと考えられる。したがって、民下19の「監牧」は、『弘仁格』として読む場合には「牧監」と読み換え、制度的には「監牧」と「牧監」とは連続すると解釈しなければならないのである。(25)

つぎに、『弘仁格』どうしによる読み替えの実例をあげよう（狩野文庫本による）。

兵部1

勅

近衛府

大将一人、正三位官、中将一人、従四位下官、少将二人、正五位下官、将監四人、従六位上官、将曹四人、従七位下官、医師一人、府生六人、番長六人、近衛四百人、

天平神護元年三月二日

兵部2

勅　中衛府

大将一人、従四位上官、中将一人、従四位下官、少将二人、正五位下官、将監四人、従六位上官、将曹四人、従七位下官、医師二人、府生六人、番長六人、中衛四百人、使部卅人、直丁二人、

右、官員、令外特置、常在二大内一、以備二周衛一、其考選禄料善最等、一准二兵衛府一、其府生者、帯レ剣上下、補曹不レ定、准二文官史生一与レ考、即固〔同カ〕二左右衛門主師〔士カ〕〔師〕給禄一、如有二立仗一者、執レ兵立レ陣、余五衛府々生准レ此、宜下付二所司一永為中常員上、

神亀五年七月廿一日

『続日本紀』と比較すると、次の違いがある。

	『続日本紀』	『弘仁格』
① 近衛少将の定員	一人	二人

② 中衛中将の定員・相当位	記載なし	一人・従四位下
③ 中衛少将の定員・相当位	一人・正五位上	二人・正五位下
④ 中衛将曹の相当位	従七位上	従七位下
⑤ 中衛府中衛の定員	三百人	四百人

これらについて検討された仁藤敦史氏は、この相違が『弘仁格』編纂の際の不手際ではなく、編纂時点での有効法にするために、改定されたことを明らかにされた。(26)

一方、兵部1・2に規定があっても、後の法令によって、修正された箇所もある。

	『続日本紀』	兵部1・2	変更した法令	改正後
a 近衛府の名称	近衛府	近衛府	兵部5	左近衛府
b 中衛府の名称	中衛府	中衛府	兵部5	右近衛府
c 近衛大将の官位	正三位	正三位	兵部3	従三位
d 中衛大将の官位	従四位上	従四位上	兵部3・5	従三位
e 近衛府医師の定員	記載なし	二人	兵部4	一人
f 中衛府使部の定員	記載なし	三十人	兵部7	十人

今まで指摘されていないが、以上の事例から、次のような編纂方針の存在を読みとることができる。

増補・書き換えがなされた項目の場合、それを定めた法令は原則として『弘仁格』に収められない。(27)一方、同一項目について、複数の『弘仁格』がある場合には、編纂時点にもっとも近い『弘仁格』が有効であり、それ以前の規定は、無効となったものの原格の文言がそのまま残された。無効になった規定はすべて削除されたのではなく、原格の文言をそのまま残した場合もあることに注意しておきたい[28]。兵部1・2を例にとると、近衛府・中衛府の名称（a・b）、近衛大将の官位（c）、中衛大将の官位（d）は、原格のまま改変されていない。したがって、五位以下のため『続日本紀』に収められなかった近衛府医師・中衛府使部の定員も、『弘仁格』編纂時に改変されていないことになる[29]。

兵部1・2の文字面は確かに近衛府、中衛府に関するものであるが、以下の兵部格と組み合わせることによって、実質的には弘仁十年当時の左右近衛府についての規定になっているのであって、『弘仁格』編纂時の不手際[30]ではない。文字面に惑わされず、弘仁十年段階の官司名（左右近衛府）に読み替えをしなければならない顕著な事例である。

日本の格は、編纂時点での有効法という観点から、格文に削除・増補・書き換えを施された。しかし、一方では、歴史的経緯も示すという相矛盾した使命も持っていた。そのために、民下19、兵部1・2のように、格編纂時にはすでに無効となった古い規定を残した場合がある。かつて筆者は、三代の格の引用状況を調査し、『弘仁格』が官人に受け入れられにくかったことを明らかにしたが[31]、このような点も、その一因であったと思われる。しかも、現在では『弘仁式』『貞観式』は散逸し、わずかな逸文と『延喜式』、それに『弘仁格』を新たに編纂し直した『類聚三代格』から類推するほかはなく、格式、そして格どうしの密接な関係をなかなか知ることができない。また、編纂以前の原格もほとんど残されていない。したがって、改変の可能性および『弘仁式』の規定を類推し、『弘仁格抄』の配列に注意しながら格を読むという努力が常に要求される。

4　『弘仁格』撰上後の改変

『弘仁格』には、『弘仁格』撰上後の改定が盛り込まれている場合がある。この点を最初に指摘したのは、鎌田元一氏であった。[32]鎌田氏は、京職10（弘仁十年十一月五日官符、応下以二閑廃地一賜中願人上事）と、『類聚三代格』で次に収められている天長四年九月二十六日官符、応下以二閑廃地一賜中願人上事を比較し、弘仁十年官符の内容は、天長四年官符の省略であることを明らかにされた。また、中務13（弘仁十一年四月二十一日官符〔実は弘仁十年八月二十六日の誤り〕、減二定大舎人数一事）に、当時在籍するはずのない中納言藤原貞嗣が宣者として見えることから、撰上以後の改定を盛り込んだことを推定された。

一方、仁藤氏は、鎮守府の弩師に関する弘仁七年正月十二日官符、弩師歴任五年為レ限事が兵部26に収められているが、鎮守府の弩師は、『類聚三代格』天長五年正月二十日官符、応レ補二鎮守府弩師一事により、以後兵部省が補任することを指摘し、弘仁七年官符が兵部格のみに収められるようになったのは、天長五年官符の影響によるものであることを明らかにされた。[33]両氏の研究から、少なくとも天長五年まで『弘仁格』の編纂が継続され、天長期の改定が遡って『弘仁格』に盛り込まれていることが明らかとなった。

ただし、この改変がいつ行われたのかはいまだ明らかとなっていない。『弘仁格』は天長七年に一端施行されたが、修正作業は続けられ、ようやく承和七年に再施行されたという複雑な施行過程を経ている。したがって、この改正作業が最初の編纂段階で行われたのか、それとも天長七年以降の段階で行われたのかは、いまだ明らかとなっていない。また、『弘仁格』がすべて天長期の改変を受けているわけではない。たとえば、天長元年九月三日官符で多褹嶋は大隅国に併合されたが、天平宝字四年八月七日勅（民上34）には多褹嶋司の規定がそのまま残されている。むしろ、天長期の改変を受けていない場合の方が多いと言える。今後は、何が改変され何が改変されなかったのか、またそれがいつ行われたのかという点を明らかにしていく必要がある。

五　『弘仁格』および『類聚三代格』編纂段階での格の分割

ここでは、もともとの詔・勅・官符・官奏などからどのように『弘仁格』へ、そして『類聚三代格』へ分割されていったのかという点を明らかにしよう。(34)

兵部42
一、弾正台所レ弾諸司官人事
一、続労考人成選事
一、雑色人続労事
一、諸司六位以下考唱不レ到事　　延暦十九年十二月十九日

式上70
一、大宰・陸奥・出羽等国蔭子孫叙位事　　延暦十九年十二月十九日
一、諸司六位以下考唱不レ到事

同じ日付で、「一、諸司六位以下考唱不レ到事」という事書が重複することから、『弘仁格』編纂以前には、少なく

とも次のような五つの事書を持つ官符であったことがわかる。

一、弾正台所レ弾諸司官人事

一、続労考人成選事

一、雑色人続労事

一、諸司六位以下考唱不レ到事

一、大宰・陸奥・出羽等国蔭子孫叙位事

ここで、少なくとももと言ったのは、式下19にも、

応レ補二五位以上事業一事　　延暦十九年十二月十九日

とあり、同日付けの官符があるからである。現存していないため、はっきりとは言えないが、いずれも下級官人にかかわると推定されるので、『弘仁格』編纂以前には、同一の官符に含まれていたと推測される。

兵部42および式上70については、二つの格が残されている。

『類聚三代格』巻二十、断罪贖銅事

太政官符

一、弾正台所レ弾諸司官人事　四箇条内初条

右、得二式部省解一偁、台移偁、給二春秋禄一日不参五位及雑任六位已下既違二勅例一、事須二断レ罪附レ考勘科一者、

今依二移状一将レ科二違勅一、所レ犯事軽、贖銅還重、加以六位已下応レ至二解官一者、宜レ待二後処分一者、

以前、被二右大臣宣一偁、奉　レ勅、如レ右者、省宜三承知、立為二恒例一、

延暦十九年十二月十九日

『令集解』選叙令1応叙条

延暦十九年十二月十九日官符云、一、諸司六位以下考唱不レ到事、右、得二式部省解一偁、養老二年十月十八日太政官処分云、諸司預レ考之徒、必宜二正身参対一、若被レ追不レ起者、不レ須レ預レ考、自身披訴有レ理者、省未レ校以前、聴レ入二考例一者、依二一日怠一除二一年労一、准二其労一、怠事須二優恕一、若従レ降レ等、足二以懲勧一者、宜レ従レ降レ等、以前、被二右大臣宣一偁、奉レ勅、如レ右、自レ今以後、立為二恒例一

『令集解』の場合、誰が引用したのかが問題となるが、この官符の直前に『弘仁式』が引用されているから、惟宗直本が『弘仁格』から引用したと考えてよい[35]。これらの官符から、兵部42および式下19を復原すると、次のようになる。

兵部42

太政官符

一、弾正台所弾諸司官人事

右、得二式部省解一偁、台移偁、給二春秋禄一日不参五位及雑任六位已下既違二勅例一、事須二断レ罪附レ考勘科一者、今依二移状一将レ科二違勅一、所レ犯事軽、贖銅還重、加以六位已下応レ至二解官一者、宜レ待二後処分一者、

一、続労考人成選事

右、得二同前解一偁、（格文不明）

一、雑色人続労事

右、得㆓同前解㆒偁、（格文不明）

一、諸司六位以下考唱不㆑到事

右、得㆓同前解㆒偁、養老二年十月十八日太政官処分云、諸司預㆑考之徒、必宜㆓正身参対㆒、若被㆑追不㆑起者、不㆑須㆑預㆑考、自身披訴有㆑理者、省未㆑校以前、聴㆑入㆓考例㆒者、依㆓一日怠㆒除㆓一年労㆒、准㆓其労㆒、怠事須㆓優恕㆒、若従㆑降㆑等、足㆓以懲勧㆒者、宜㆑従㆑降㆑等者、

以前、被㆓右大臣宣㆒偁、奉 ㆑勅、如㆑右者、省宜㆓承知、立為㆓恒例㆒、

延暦十九年十二月十九日

式上70

一、諸司六位以下考唱不㆑到事

右、得㆓式部省解㆒偁、養老二年十月十八日太政官処分云、諸司預㆑考之徒、必宜㆓正身参対㆒、若被㆑追不㆑起者、不㆑須㆑預㆑考、自身披訴有㆑理者、省未㆑校以前、聴㆑入㆓考例㆒者、依㆓一日怠㆒除㆓一年労㆒、准㆓其労㆒、怠事須㆓優恕㆒、若従㆑降㆑等、足㆓以懲勧㆒者、宜㆑従㆑降㆑等者、

一、大宰・陸奥・出羽等国蔭子孫叙位事

右、得㆓同前解㆒偁、（格文不明）

以前、被㆓右大臣宣㆒偁、奉㆑勅、如㆑右、自㆑今以後、立為㆓恒例㆒、

延暦十九年十二月十九日

兵部42の書き出しは、「右、得㆓式部省解㆒偁」ではじまるが、二条目以下は一条目を承けて「得㆓同前解㆒偁」と省

略されていたと考えられる。式上70も一条目は原官符では「得二同前解一偁」であったが、『弘仁格』編纂時に「得二式部省解一偁」と改変されたと推定される。また、『類聚三代格』に収められるに当たって、兵部42は一条目が独立して断罪贖銅事に、二条目から四条目までは、おそらく帳内資人の編目に収められ、その際、「得二同前解一偁」と省略されていた書き出しは、「得二式部省解一偁」と書き直されたであろう。『類聚三代格』編纂時の分割については、事書の下などに「四箇条内初条」などと、三代の格との異同が示されていることが多く、格抄と組み合わせることによって、復原することが可能である。

原史料が『弘仁格』編纂時に分割され、さらに『類聚三代格』に収められる際に分割された例をみてきた。しかし、二つの分割には徹底的に違う点がある。すなわち、『弘仁格』の分割時には、形式的な書き換えのみならず、格の内容に立ち入って格文の削除・書き換え・増補を行う場合があったが、『類聚三代格』編纂時の分割に際しては、字句を整える形式的な書き換えだけを行ったのである。

六　研究の現状

『弘仁格』を研究する場合には、これまで蓄積されてきた『類聚三代格』などの研究を参照する必要がある。そこで、今まで触れられなかったものについて概要を述べておく。

『弘仁格』の復原的研究については、福井俊彦氏による一連の研究があり、現時点での到達点と言える。『弘仁格抄』『類聚三代格』を用いて『弘仁格』を復原しようとする場合には、是非参看されたい。(36)

国史大系本『類聚三代格』の底本は、前田育徳会尊経閣文庫所蔵のいわゆる享禄本であるが、この復原を吉田孝氏とは別に行った渡辺寛氏の研究、(37)飯田瑞穂氏による享禄本の欠失巻に関する研究はともに重要である。(38)また、熊田亮介氏による『類聚三代格』諸本の研究など、写本の研究が最近深化している。(39)

一方、抄出本ではあるが、渡辺寛氏によって発見され、享禄本の欠落が大きい巻四前後を含む東北大学附属図書館所蔵の狩野文庫本『類聚三代格』が写真版とともに翻刻された価値は大きく、解題も含めて欠かせない文献となっている。(40)

最後に、格抄の写本について述べておく。『弘仁格抄』の影写本が東京大学史料編纂所に所蔵されている。(41)とくに、原史料が簡単に見られず、また、紙背の具注暦は、現在裏打ちされているだけに、具注暦を含めて影写されている価値は高い。また、同所には巻三、式下61から巻九、大蔵格の編目名までを収めた写真帳も所蔵されているが、錯簡があり使用には注意を要する。(42)

おわりに

以上、『弘仁格抄』の書誌学的検討および『弘仁格抄』を基にした『弘仁格』の復原について、研究の現状と展望を解説してきた。奈良・平安初期の研究で、格を使用しないものはないと言っても過言ではないが、それらはほとんど格を正史と同じく史書として扱っている。しかし、格の本来の性格は法制史料であり、弘仁十年までの有効法にするために、格文の削除・増補・書き換えなど改変の手が加えられている場合がある。しかも、そうした改変を知ることができる場合はむしろ少ないのであって、多くの場合、その有無を見分けることすら困難である。しかし、『弘仁格』の性格を熟知した上で、『類聚三代格』を使用すれば、ある程度『弘仁格』を復原することが可能であることもまた事実であり、その際大きな威力を発揮するのが『弘仁格抄』である。従来、『弘仁格抄』そのものを扱った論考は少ないが、本稿が少しでも『弘仁格抄』の性格、そして『弘仁格』の復原に役立つならば、これに過ぎる喜びはない。

註

（1）瀧川政次郎「九条家弘仁格抄の研究」（法制史論叢一『律令格式の研究』角川書店、一九六七年、初出一九二六年。以下、瀧川氏の見解はすべてこの論文による）。

（2）吉田孝「類聚三代格」（坂本太郎・黒板昌夫編『国史大系書目解題』上、吉川弘文館、一九七一年。以下、吉田氏の見解はすべてこの論文による）。

（3）宮内庁書陵部所蔵（九函―二七一）。

（4）「彙報　第十二回史料展覧会」（『史学雑誌』三五ノ七、一九二四年）。

（5）『皇紀二千六百年記念　国史善本展覧会目録』（一九四〇年、大阪府立図書館）、『皇紀二千六百年記念　国史善本集影』（一九四〇年、大阪府立図書館）。なお、後者には、『弘仁格抄』下の巻頭の写真が載せられている。

（6）『弘仁格抄』調査グループ「御物『弘仁格抄』古写本調査報告」（科学研究費基盤研究(A)(2)報告書『東山御文庫本を中心とした禁裏本および禁裏文庫の総合的研究』東京大学史料編纂所、二〇〇一年）。

（7）『公卿補任』寛永八年条。なお、九条道教の自筆と推定される史料については、前掲注（6）を参照。

（8）巻頭に、三縁院公（九条道教）の執筆であるとの九条政基の識語がみえる。『平成新収善本目録』（宮内庁書陵部、一九九九年）参照。

（9）『公卿補任』暦応二年条。

（10）寛永十八年六月二十二日・二十七日、七月十日・十八日条などにも同様の記載がある。そして、宮内庁書陵部所蔵の九条政基筆『除目次第』（九条政基）には、

除目次第、慈眼院殿（九条）御筆也、

寛永十八年七月、道房銘之、

との識語があり（前掲『平成新収善本目録』）、日記の記載を確認できる。

（11）なお、この番号は吉田氏が採用され、官司ごとに改めて通し番号を付したものである。

（12）このような書き込みからみて、道教が目録のみを書写させたのは、本文については『類聚三代格』をみればよいと考えていたためであろう。この点は瀧川論文参照。ただし、『九条家記録文書目録』に『類聚三代格』の記載はないし、遡って道教の祖父九条忠教が永仁元年（一二九三）に著した『九条家文庫文書目録』（図書寮叢刊『九条家文書』五―一五〇三、明治書院、一九七五年）にも見られないので、九条家に『類聚三代格』が伝存していたことは確認できない。

（13）なお、全体にわたり擦り消しが散見されるが、これも道教の手になると推定される。

（14）福井俊彦「弘仁神祇格」（『国書逸文研究』四、一九八〇年）。なお、鷹司本『類聚三代格』については、石上英一「『令集解』金沢文庫本の再検討」（『日本古代史料学』東京大学出版会、一九九七年、初出一九七九年）参照。

（15）ただし、巻首に「弘仁格式序」が書写されていたとすれば、ここでの推測は成立しなくなる。

（16）林紀昭「弘仁格抄刊本に見える異同について」（『続日本紀研究』一五〇、一九七〇年）。なお、この論考は、国史大系および瀧川氏の翻刻の誤脱を、東京大学史料編纂所所蔵の影写本により校訂した研究であり、有用である。

（17）瀧川氏は、①②③④⑤については指摘されたが、⑥については看過された。これは、⑥を式下22に充てたためである。

（18）笠井純一「『弘仁格』と『弘仁格』逸文」（『金沢大学教養部論集』人文科学編二三ノ二、一九八六年）。なお、飯田瑞穂「類聚三代格の欠佚巻に関する一史料について」（飯田瑞穂著作集三『古代史籍の研究』中、吉川弘文館、二〇〇〇年、初出一九七〇年）、同「「類聚三代格」巻第四の復原に関する覚書」（同上、初出一九八四年）も重要。寒川照雄「『明文抄』所引の「三代の格」―『類聚三代格』の逸文と校訂をめぐって―」（『中央史学』五、一九八二年）もある。

(19) 配列に意味を持たせたのは、唐の格に倣ったためと推測される。川尻秋生「三代の格の格文改変とその淵源」(虎尾俊哉編『日本古代の法と社会』吉川弘文館、一九九五年)参照。
(20) 笠井純一前掲論文。
(21) 飯田瑞穂「『類聚三代格』巻第四の復原に関する覚書」(前掲)。なお、この格については、新日本古典文学大系本『続日本紀』同日条、早川庄八「続日本紀慶雲三年二月庚寅条の「制七条事」をめぐって」(『日本歴史』三七四、一九七九年)も参照。
(22) 玉井大閑堂待賈文書(太宰府天満宮蔵版『大宰府・大宰府天満宮史料』一、吉川弘文館、一九六四年)、『平安遺文』四八九八号文書。
(23) 詳しくは、川尻秋生「三代の格の格文改変とその淵源」(前掲)参照。
(24) 虎尾俊哉「貞観式の体裁」(『古代典籍文書論考』吉川弘文館、一九八二年、初出一九五一年)。
(25) 詳細については、川尻秋生「御牧制の成立—貞観馬寮式御牧条の検討を中心として—」(『山梨県史研究』七、一九九九年)参照。
(26) 仁藤敦史「『弘仁格』の編纂方針—式部格の検討を中心として—」(『古代王権と官僚制』臨川書店、二〇〇〇年、初出一九九五年)。
(27) 大同二年四月二十二日官符(兵部5)に右近衛府(もと中衛府)の中将復置の記載があり、筆者の指摘と矛盾するように思われるが、あくまで復置の記載であって、員数・官位相当については何の記載もないから、兵部1に増補の手が加えられたのである。また、左近衛府の近衛(もと近衛府の近衛)が大同三年七月二十日官奏(兵部7)で四百から三百に削減され、弘仁元年十二月二十七日詔(兵部15)で左右近衛が「旧数」に戻されたことも、「旧数」が明示されていなかったために、兵部1に遡って改変の手を加えたとみることによって説明できる。
(28) 先に示した中納言設置の格(式上3)でも、相当位は「正四位上」のままであるが、式上4で従三位に読み替えることになる。『弘仁格』編纂時には無効であったが削除されなかった例となる。
(29) もう一つ興味深い例をあげておく。『古語拾遺』には、「遺《も》りたる所」の第六として、斎宮主神司の位階は、もと中臣・

斎部とも同じ七位官であったのに、延暦のはじめに斎部のみ八位官となり、大同二年（八〇七）にいたるまで、復されていないと不満を述べている。一方、飯田瑞穂「「類聚三代格」巻第四の復原に関する覚書」（前掲）で復原された式上2（神亀五年七月二十一日勅）でも「主神司／中臣一人、従七位官、忌部一人、宮主一人、已上従八位官、」とし、すでに神亀五年（七二八）から、位階に差があったかのような記載をし、斎部広成の主張と齟齬がある。この点は、はやく奈佐勝皐が『古語拾遺』の疑問点を書き上げた『疑斎』のなかで指摘した。これに対し、本居宣長は『古語拾遺疑斎弁』を著し反論を加えたが、この点は勝皐の主張を認め、現在でも広成の見解は誤まりと考えられている（西宮一民校注『古語拾遺』〔岩波書店、一九八五年〕参照）。しかし、広成は、「造式の年」を意識しているように、根拠のない主張をしたとは考えがたい。この場合も『弘仁格』編纂時の書き換えとみるべきであろう。

(30) 笹山晴生「中衛府設置に関する類聚三代格所載勅について」（『日本古代衛府制度の研究』東京大学出版会、一九八五年、初出一九五五年）。なお、古藤真平「中衛府・近衛府官員制度の再検討」（角田文衛先生傘寿記念会編『古代世界の諸相』晃洋書房、一九九三年）も、『弘仁格』の合理的な解釈を提唱しているが、まだ、不手際があったとしている。

(31) 川尻秋生「平安時代における格の特質」（『史学雑誌』一〇三ノ一、一九九四年）。

(32) 鎌田元一「弘仁格式の撰進と施行について」（大阪歴史学会編『古代国家の形成と展開』吉川弘文館、一九七六年）。

(33) 仁藤敦史前掲論文。

(34) この点は、川尻秋生「三代の格の復原についての一考察」（『千葉県立中央博物館研究報告人文科学』三ノ二、一九九四年）で詳しく論じている。

(35) 鬼頭清明「令集解所引格と弘仁格について」（『古代木簡の基礎的研究』塙書房、一九九三年、初出一九七〇年）。

(36) 福井俊彦編『弘仁格の復原的研究』民部上・中・下篇（吉川弘文館、一九八九・九〇・九一年）ならびに同「弘仁格の編纂方針について」（『史観』九八、一九七八年）。なお、民部上篇に収められている同「格式研究の成果と課題」には、詳しい研究史が解説されており有益である。

(37) 渡辺寛「類聚三代格の基礎的研究」（『芸林』二〇ノ三、一九六九年）。なお、渡辺氏には「類聚三代格の成立年代」（『皇学館論叢』二ノ三、一九六九年）、「類聚三代格の編纂方針」（『歴史教育』一八ノ八、一九七〇年）、「類聚三代格の鼇頭標目」（『皇学館大学紀要』八、一九七〇年）、「類聚三代格の復元に関する若干の問題点」（『皇学館大学紀要』一一、一九七二年）、「『類聚三代格』解説」（天理図書館善本叢書和書之部十三『古代史籍続集』八木書店、一九七五年）など重要な研究がある。

(38) 飯田瑞穂前掲論文。

(39) 熊田亮介「『類聚三代格』の諸本についての覚書」（関晃先生古稀記念会編『律令国家の構造』吉川弘文館、一九八九年）、同「『類聚三代格』の印本についての覚書」（皆川完一編『古代中世史料学研究』上、吉川弘文館、一九九八年）。

(40) 関晃監修、熊田亮介校注・解説『狩野文庫本　類聚三代格』（吉川弘文館、一九八九年）。なお、熊田亮介「類聚三代格復原に関する覚書」（『歴史』四九、一九七六年）も参照。

(41) 弘仁格抄并裏文書（請求番号　三〇五六—三）。

(42) 弘仁格抄（請求番号　台紙付写真七四四—一〇六七一）。

参考文献　※主として吉田孝氏の研究以後とした。

瀧川政次郎　「九条家弘仁格抄の研究」（法制史論叢一『律令格式の研究』所収）（初出一九二六年）　一九六七年　角川書店

亀田隆之　「『弘仁格抄』と『類聚三代格』の所収格」（『日本古代制度史論』所収）（初出一九六五年）　一九八〇年　吉川弘文館

吉田孝　「墾田永年私財法の変質」（『律令国家と古代の社会』所収）（初出一九六七年）　一九八三年　岩波書店

林紀昭　「弘仁格抄刊本に見える異同について」　一九七〇年　『続日本紀研究』一五〇

吉田　孝　「類聚三代格」（『国史大系書目解題』上所収）　一九七一年　吉川弘文館
鎌田元一　「弘仁格式の撰進と施行について」（大阪歴史学会編『古代国家の形成と展開』所収）　一九七六年　吉川弘文館
福井俊彦　「弘仁格の編纂方針について」　一九七八年　『史観』九八
笠井純一　「『弘仁格』と『弘仁格』逸文」　一九八六年　『金沢大学教養部論集』人文科学編二三ノ二
福井俊彦編　『弘仁格の復原的研究』民部上・中・下篇　一九八九・九〇・九一年　吉川弘文館
川尻秋生　「平安時代における格の特質」　一九九四年　『史学雑誌』一〇三ノ一
同　「三代の格の復原についての一考察」　一九九四年　『千葉県立中央博物館研究報告（人文科学）』三ノ二
同　「三代の格の格文改変とその淵源―書き換え・増補を中心として―」（虎尾俊哉編『日本古代の法と社会』所収）　一九九五年　吉川弘文館
仁藤敦史　「『弘仁格』の編纂方針―式部格の検討を中心として―」（『古代王権と官僚制』所収）（初出一九九五年）　二〇〇〇年　臨川書店
『弘仁格抄』調査グループ　「御物『弘仁格抄』古写本調査報告」（科学研究費基盤研究(A)(2)報告書『東山御文庫本を中心とした禁裏本および禁裏文庫の総合的研究』）　二〇〇一年　東京大学史料編纂所

法曹類林

西岡芳文

はじめに

『法曹類林』は、院政期を代表する学者・藤原通憲（信西入道、一一〇六～五九）の編になる、明法勘文を分類集成した最も浩瀚な法制書である。

しかし現存する本は金沢文庫旧蔵の数巻のみで全容を知ることはできず、また完存する二巻を除いては錯簡や欠落が多く、本大系に収録されたとはいえ、史料として使用することが困難であった。そのため、律令逸文を収集する素材とされるほかは、文献として深く追究した研究に乏しいのが実情であった。

ところが近年、称名寺伝来・金沢文庫保管資料の中から、従来全く知られていなかった『法曹類林』の残欠と関係資料が発見された。これによって、既知の残片を復元し、本書の全貌を推測することもある程度可能になった。そこで、本稿においては、新発見残巻の翻刻・紹介もかねて、『法曹類林』についての新しい知見を紹介することにしたい。

一　本書の成立と転写過程

本書を藤原通憲の撰とする根拠は『本朝書籍目録』の「法曹勘文類集、加通憲今案、藤原通憲撰」という記載による。ただし、通憲の旧蔵書を記録したとされる『通憲入道蔵書目録』（群書類従所収）には、通憲が編した『本朝世紀』が記されているのに対し、本書ないし本書に類似した内容の書名は見えない。本書の現存する巻を通覧すれば、一応の部類立てをしながらも、編者が入手できた明法勘文を手あたり次第に編集した印象が濃い。また、編者の按文や注記にあたる記事は本文中には見られないが、頭注や行間注として朱筆で加えられた綱文や分類注記が、本書の編集者の意図を示していると言えよう。個々に集められた法家問答は、架空の議論ではなく、平安時代において現実の相論に際して提出されたもので、きわめて具体的な内容であり、本書は、律令格式に基づく判例集として空前絶後の内容を備えていたと考えられる。現存本の巻頭に、二百をこえる巻次が明記されているところを見れば、巻次を追った編集作業は終了し、決定稿に至ったものと考えるのが適当であろう。

しかし、これだけ膨大な内容をもつ判例集が、一私人たる藤原通憲の単独作業で編集されたとは思われない。むしろ鳥羽上皇・後白河天皇の下で通憲が主導した王朝国家の再建、朝儀復興事業の一環として、法曹官僚を動員し、明法道を世襲する家々に伝わった法家問答の草案や勘文を提出させ、彼らの総力を挙げて編集にあたらせたものと見るべきであろう。とすれば、本書は、通憲が政界の中心として活動した保元元年（一一五六）から、平治元年（一一五九）に内乱によって失脚・自殺するまでの三年余りの短期間に成立したと考えてよいのではなかろうか。

ただし、現在知られる限り、蓮華王院の宝蔵に納められた後白河上皇遺愛の書籍・調度品の中に『法曹類林』は見出せない。各種の断片的な記録から復元されたこの宝蔵には、『官曹事類』『删定律令問答』など、本書と相通じる内容の文献が納められていたことが判明しているが、本書の名は見えず、現存写本にも、後白河上皇を経由した伝来の識語類は一切記されていない。こうした点から見れば、本書は稿本として一応成立したものの、精撰本として献上されるまでには至らず、関与した公家によって保存されてきた可能性が考えられる。

金沢文庫を経て現代まで伝えられた古写本は、嘉元二年（一三〇四）六月に、六波羅探題として在京中の金沢貞顕が巻次を追って一挙に筆写したことを示す奥書が記されている。現存写本は、いずれも数筆に分かれ、複数の筆者が交互あるいは分担して写し継いだものと想像される。貞顕の奥書は簡単なもので、本奥書や出所を示す記事は一切見られない。それにしても、鎌倉時代後期に、二百巻をこえる本書の写本が洛中のどこかにほぼ完本として保存されていたことは確かである。作者・成立年代ともに明証を欠くが、『明法肝要鈔』に本書巻二百四十六が引かれていることを見ても、法家の間では、ある程度流布していたものと考えてよいであろう。

二　本書の構成

『本朝書籍目録』によれば、本書は全二三〇巻あるいは七三〇巻といわれる浩瀚な分量をもっていたことが知られている。現存巻を見るだけでも、細分された内容ごとに問答体の形式の明法勘文を集成したもので、案件ごとの個有名詞は甲乙に置き換えられてはいるが、年月日・勘申者を明記した判例集として、明法道官人の活動を記録するのみならず、そこに収録される各種の判例は、平安時代の変容しつつあった律令法の姿をうかがわせる史料としても貴重な存在である。

現存巻のうち巻百九十二は、僧官制度における諸国国師・講師の任期についての問答を収めるが、国史大系本の中間部分の大半（新訂増補国史大系本の一頁後半四行より三頁一三行まで）は標題と符合せず、他巻が混入したものと思われる。巻百九十七は、官人の考課（勤務評定）についての問答であり、さまざまな実例に即した判例が収録されている。巻二百は、公務の場あるいは公文書における席次・署名の序列についての判例であり、令文・格式・法家勘文等を用いて論じている。収録される問答の年紀は承平二年より天承元年（九三二〜一一三一）におよぶ。

巻二百廿六は佚文ではあるが、嫡子の法的認定についての問答が記されている。

また内閣文庫所蔵の巻百九十二に混入した巻次不明の断簡は、民間における動産の貸借契約をめぐる相論にかかわる判例の部分である。金沢文庫の巻次不明断簡も同じく「借物事」などの朱書頭注をもち、動産の貸借契約にかかわる部分であり、すでに石井良助氏によって内閣文庫本巻百九十二に混入する断簡と一具になる可能性の高いことが指摘されている。

『法曹類林』の編成については、目録を欠く上に佚文として伝わる部分もほとんどないため、その全容を窺うことが困難である。ただし現存巻を見る限り、僧官制度・官人考課・官人座次の内容が隣接した巻に収録されており、聖俗にわたる官等の事務手続の内容が第百巻末より第二百巻前部にあったことが分かる。『本朝法家文書目録』に見える平安時代に作られた各種の法書には、こうした配列に類似する編目をもつ文献はなく、藤原通憲自身が分類を加えて編集した独自の構成であったようである。

ところで、金沢文庫に保管される称名寺伝来古書の中から、本書の構成を示唆する紙帙（巻子本を束ねた際に、整理のため覆いとして巻かれた紙）の残片が発見されている。この残片には、

□□類林第十一帙十巻　神事断罪十

と記されており、『金沢蠹《と》餘《よ》残編』（貞享二年、一六八五成立）に「散在表紙外題云」と注記して、「法曹類林第十一帙神事断罪十」と写されているものに該当しよう。中世まで、巻子本は通常十巻を一束として三角形にして収納されたと言われるが、それを前提として計算すると、本書の十一帙目は、巻数では巻百一から巻百十に当たり、それが「神事断罪」の十帙目ということになる。おそらく巻一より巻十までが序文や目録、凡例などに当てられ、巻十一より少なくとも巻百十までが「神事断罪」編であったらしい。

内閣文庫に巻頭が残る巻百九十二が「寺務執行　十七」であるから、巻百七十六から少なくとも巻百九十二までが「寺務執行」編であり、その他の現存巻によれば、巻百九十三から最低巻二百二十六までが「公務」編であったことが判明する。このようにして見ると、本書は全体を神・仏・世俗の三部に分け、それぞれに関係する内容を部類分けして編成されたと推定される。

『法曹類林』の全巻数については『本朝書籍目録』の記載が唯一の手掛かりであるが、この目録には信頼できる古写本がない。群書類従本では、本文を「二百卅」とするが、その底本では「二」の字の横に異本の注記として「七」を傍書している。つまり本書には全二百三十巻説と七百三十巻説の二つがあることになる。現在のところ、このいずれかを確定するに足るだけの材料はない。しかし、神事や寺務に百巻近い巻数を割いたことが明らかとなった本書が、裁判の分野で最も需要の多い公務や世俗に関する部分をその半分以下で終わらせていたとは考えにくい。それにして

も全体で七百三十巻に及ぶ分量があったと推論することは、すでに憶測の域さえ越えることになろう。

三　現存する『法曹類林』

現存する『法曹類林』は次のとおりである。

①巻第百九十二寺務執行十七……（国立公文書館）内閣文庫所蔵

　巻頭（金沢文庫印あり）　一紙

　弘仁二年物部敏久の勘文に始まる他巻の残巻　四紙

　延暦二年格を引く勘問と政事要略第五十六と題する一紙

＊巻頭一紙は、諸国の国分寺に配置される「国講師」の任期についての問答。何の注記もなく「私記云」で始まるが、おそらく前巻の内容を受けてそのまま続けたものであろう。次の四紙分は全く巻頭の標題とは異なる内容で、民間の借財に関する訴訟についての法家問答五件を記す。末尾一紙は、諸国分寺の官僧の死闕の補充についての延暦二年四月廿八日格についての問答で、巻頭の標題に呼応した内容である。末尾近くに「政事要略第五十六」と書き、抹消符が付けられているのは、底本にすでに存した誤写と推定される。その後一行だけ残る「定額寺国分二寺燈分稲間事」と朱の綱文が付された記事は、本文に連続する内容と考えられる。なお『金沢蠹餘残編』には、巻頭・巻末の各一紙分が断簡として収録されている。

②巻第百九十七公務五考選　解任　不上等事

巻頭（金沢文庫印あり）　一紙……内閣文庫所蔵

巻頭を除く全巻（巻末に金沢貞顕識語・金沢文庫印あり）……（前田育徳会）尊経閣文庫所蔵

＊官人の考課に関する問答および法文規定を簡約した箇条の列記。尊経閣文庫所蔵本は長らく『政事要略』と題されてきたため、埋もれていたが、大正時代初頭、和田英松氏が『法曹類林』に比定し、内閣文庫所蔵本と接合することを発見したため、ようやく世に知られることとなった。

③巻第二百公務八座次二……内閣文庫所蔵

完存（首尾に金沢文庫印、巻尾に金沢貞顕識語あり）

＊公務における官人の位署や座次についての法家の判断を列記。

④巻第二百廿六公務卅四吏務六　戸貫……宮内庁書陵部所蔵江戸写本

ただしこの写本自体は『明法肝要抄』であり、『法曹類林』は引用されているのみであることが指摘されている（太田晶二郎「『法曹類林巻第二百廿六』辨」『日本歴史』一三八号、一九五九年）。

＊ここに引かれる『法曹類林』は、大系本の四二頁五行目までの嫡子の相続に関する問答二件（後者は問のみ）であり、以後の神仏祈祷・祥瑞に関する記事は、『法曹類林』とは無関係な内容であり、『明法肝要抄』という法書を抄出したものかと推定される。

⑤巻次不明断簡……称名寺所蔵・神奈川県立金沢文庫保管

正暦三年月十六日、秦連忠勘問を末尾に置く残欠　二紙

＊この内容は、すでに石井良助氏によって紹介され、一九六五年の本大系復刊の折に、皆川完一氏の校訂により、

図版入りで『新訂増補国史大系月報』13の付録として収録されている。称名寺新出残巻(1)に接続するものと考えられるので、翻刻を付載する。

このうち、⑤を除き『新訂増補国史大系』第二七巻に翻刻収録され、①②③が『群書類従』雑部に、④が『続群書類従』律令部および『改定史籍集覧』に収められている。また①〜③のうち、内閣文庫所蔵の分は同文庫によって原装影印版が公刊され、②の尊経閣文庫に存するものは、巻頭一紙の大正年間の模写を含めて古典保存会よりコロタイプ版の複製が公刊されている。

現在各所にある『法曹類林』の写本は、以上の古写本を祖本とし、近世以後に転写されたものばかりである。完全な形で伝わる巻は、②百九十七・③二百の二巻のみであり、本書の全貌を知ることははなはだ困難な状態である。

四　称名寺新出残巻

ところで、かなりまとまった量の『法曹類林』の断簡が、近年金沢称名寺から発見された。すなわち、称名寺本堂内に留置されていた近世の仏典の版本（実翁編『性霊集鈔』全十二冊）の表紙裏打紙として使用されていた断簡である。

実翁の『性霊集鈔』の初版は正保二年（一六四五）刊行であるが、発見された本は、版行されてから相当時間が経過して荒れた本であった。各冊に捺された扇形の黒印から、この本は江戸時代の称名寺光明院院主・周成（一七〇六〜九八）の所持本であったと推定される。裏打に使用されていた『法曹類林』の残簡は、発見当初は表紙に塗られた渋汁が浸透し、褐色に覆われた無残な姿であったが、その後、神奈川県立金沢文庫に移管され、表具師の山口聴太郎氏によって科学的処理が施され、復元された配列で一巻の軸装に修復された。

この残簡は総計十九紙よりなり、中には金沢文庫印と金沢貞顕の奥書の部分も含まれ、標題部分を欠くものの、内容および奥書の日付より『法曹類林』の断簡であることが認められた。この残簡には、界高二三・一㎝、界幅二・六㎝の界線が施されており、これはすでに知られている金沢文庫保管断簡に等しいことが確認される。

さて、これらをもとの形に復元する作業を進めた結果、次のような項目が含まれていることが判明した。

(1)　私稲貸与をめぐる法家問答

これは、乙が甲より私稲を借用し、返済を迫られたが、甲に対して「赦前之物不弁」と言い、返済を拒否したという相論に対する勘答である。ところで石井良助氏によってすでに紹介・考証が行われた金沢文庫保管『法曹類林』断簡の二条目には、正暦三年（九九二）秦連忠の勘問として「稲無息利事兼又雖会赦猶弁済事」という標注をもつ部分があり、文脈上もこの断簡は直ちにそれに連続するものと思われるが、後部を欠いている。

(2)　「借船可有賃直事」と朱筆で頭注される問答

正暦三年（九九二）沙弥覚授の勘問である。九十石積（勝載）の海船を船主以外の者が借用し、他国へ航行した際の代価や水主の功物についての問答である。勘答では「名例律」下34平贓条の「平功庸」の規定を引いている。ただし、孤立した断簡である。

(3)　「依数状可弁息利事」と朱筆で頭注される問答

冒頭を欠くが、甲乙両人の借米にかかわる相論の判例である。甲が乙より米二五石を利息を合せて五〇石を返補すべき契約をして借用した。そして甲は准米二〇石を弁済した。ところが残りの三〇石を返せという乙に対して、甲は、実際に借用したのは一五石であり、しかも五月に乙から受けた消息には一五石に利息を合せて三〇石が返すべき額であると記されているので、返すべき残額は一〇石であると主張しているのである。書面の契約と実際の履行とが齟齬する場合の判例であり、勘答も、是非を決し難いので虚実を明確にしてから処理せよというばかりで、明確な判断はしていない。

(4)「高直責勘依先約可弁償事」と朱筆で頭注される問答

貞元二年（九七七）、山部公豊の勘問である。甲が乙より借用している石帯を、直銭二貫文で譲ると約束したが、親しい仲であったため正式の契約書を交わさず、支払いをせずに年月を経た。その後、丙は甲よりその石帯を借用したまま妻子ぐるみ逃亡してしまった。そこで甲が丙の身を捕らえて尋問したところ、石帯は丁によって盗まれたと供述した。甲は、丙の供述書を添えて検非違使庁と本家に訴え、丁の属する在地刀祢に糺返の仲介を依頼した。しかし丙が逃亡したので手立てが立たずにいるところ、乙がこの事件を聞き、急に約束を変じて銭三〇貫文で弁償するように申し入れてきた、という相論である。勘答は前半を欠いているが、雑律50などを引いて、石帯の価格などの実情を調査し、一決しなければ評贓法によって中品の帯に相当する価格を弁償せよとする。

(5)「借用帯被強盗不可弁償事」と朱筆で頭注される問答

正暦三年（九九二）讃岐扶範の勘問である。これも石帯の借用をめぐる判例で、甲は乙に石帯を貸した。これとは別に、甲は丙に所領を沽却しようとしたが、結局沽却できず、丙に負債を作ってしまった。ところで、乙のもとで借用中の石帯が盗難にあった。それを乙から知らされた後、甲は丙に対して、負債は乙の石帯の弁償金をもって直接に丙に払わせるべき旨を伝えた。こうした契約が成立するかどうかという問いである。答は、雑律・棄毀官私器物条を引き、強盗されたものは弁償の対象にはならないと断じている。

(6) 奥書部分

金沢貞顕の識語と金沢文庫印が捺されている。嘉元二年（一三〇四）六月廿二日は、他の『法曹類林』と一連の日付である（巻百九十七：六月一日、巻二百：同八日）。このペースで順次書写が行われたとするならば、新発見の部分は巻二百八か二百九に近い部分となろう。とすれば、ここも「公務」編であり、他の巻を参考にするならば「借物」という副題がついていたものと思われる。

また金沢文庫の墨印は、関靖『金沢文庫の研究』に言うところの重郭肉太印、第二類第一号印に該当する。これは『春秋経伝集解』（巻十五ほか、宮内庁書陵部所蔵）などに捺されたものと同じである。しかし『法曹類林』の他巻に捺されたものは、巻百九十二の巻頭に第三類第三号印、巻百九十七の首尾に第三類第五号印、巻二百の首尾に第三類第五号印と、いずれも重郭肉細印であり、今回出現した巻とは違う金沢文庫印を捺している。

ただし、千巻以上におよぶ『太平御覧』（宮内庁書陵部所蔵）はこの三種類の印が捺されており、今回出現した『法曹類林』と同じ第二類第一号印をもつ『春秋経伝集解』『白氏文集』においても、数種類の金沢文庫印が捺されている。このことは中世の金沢文庫あるいは称名寺にかなりの巻数の『法曹類林』が存在し、他の膨大な分量をもつ書籍とともに手分けして金沢文庫印が捺されたことを物語っているようにも思われる。

むすび

本書は、残存する部分が必ずしも現代的な研究課題に適応した内容でなかったために、名高いほどには利用されることのない法書であった。しかし近年の称名寺・金沢文庫における新出資料の発見により、その全体構成と、歴史研究者にとって興味深い内容をもつ部分が明らかとなった。これによって、古代法の資料としてはもとより、後白河院政期の朝儀復興・王朝国家再建の一環としての藤原通憲の意図も含めて、本書の編集作業そのものへもさらに注目が寄せられることになるであろう。本大系収録の分と、本稿に附載する新出本文と合わせて、今後大いに活用されることを期待したい。

参考文献

石井良助「金沢文庫を探りて」 一九三二年 『国家学会雑誌』四七ノ一〇

太田晶二郎「『法曹類林巻第二百廿六』辨」(『太田晶二郎著作集』二) 一九九一年 吉川弘文館
(初出は一九五九年)

西岡芳文「金沢文庫新出『法曹類林』残巻について」 一九九四年 『金沢文庫研究』二九二

同「金沢文庫新出『法曹類林』残巻について(補遺)」 一九九四年 『金沢文庫研究』二九三

新出残巻奥書部分

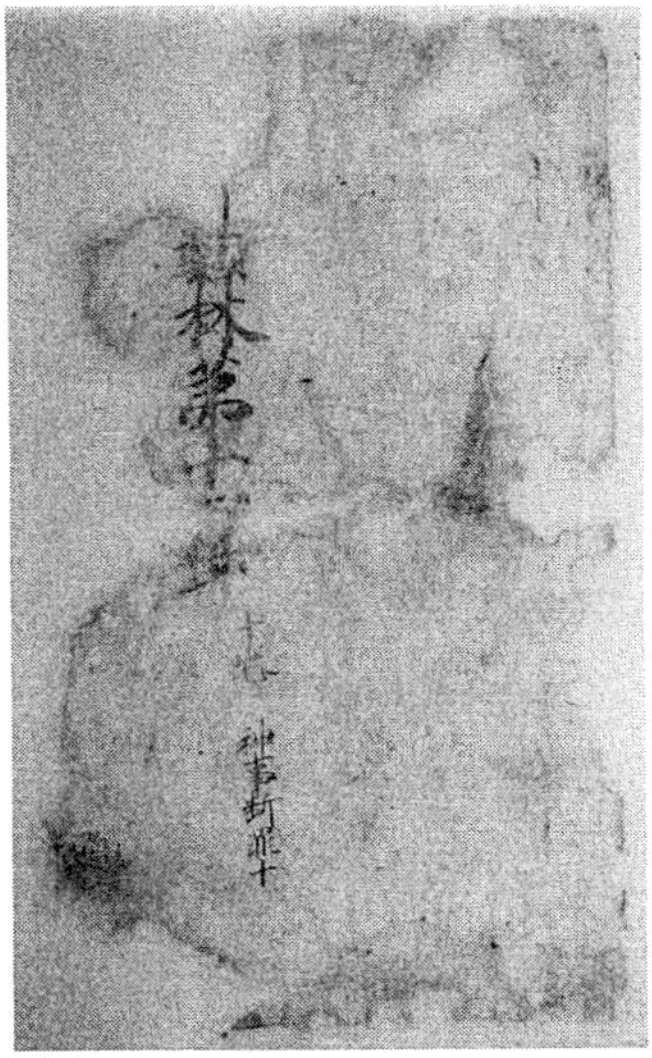

〔法曹〕類林　紙帙残片

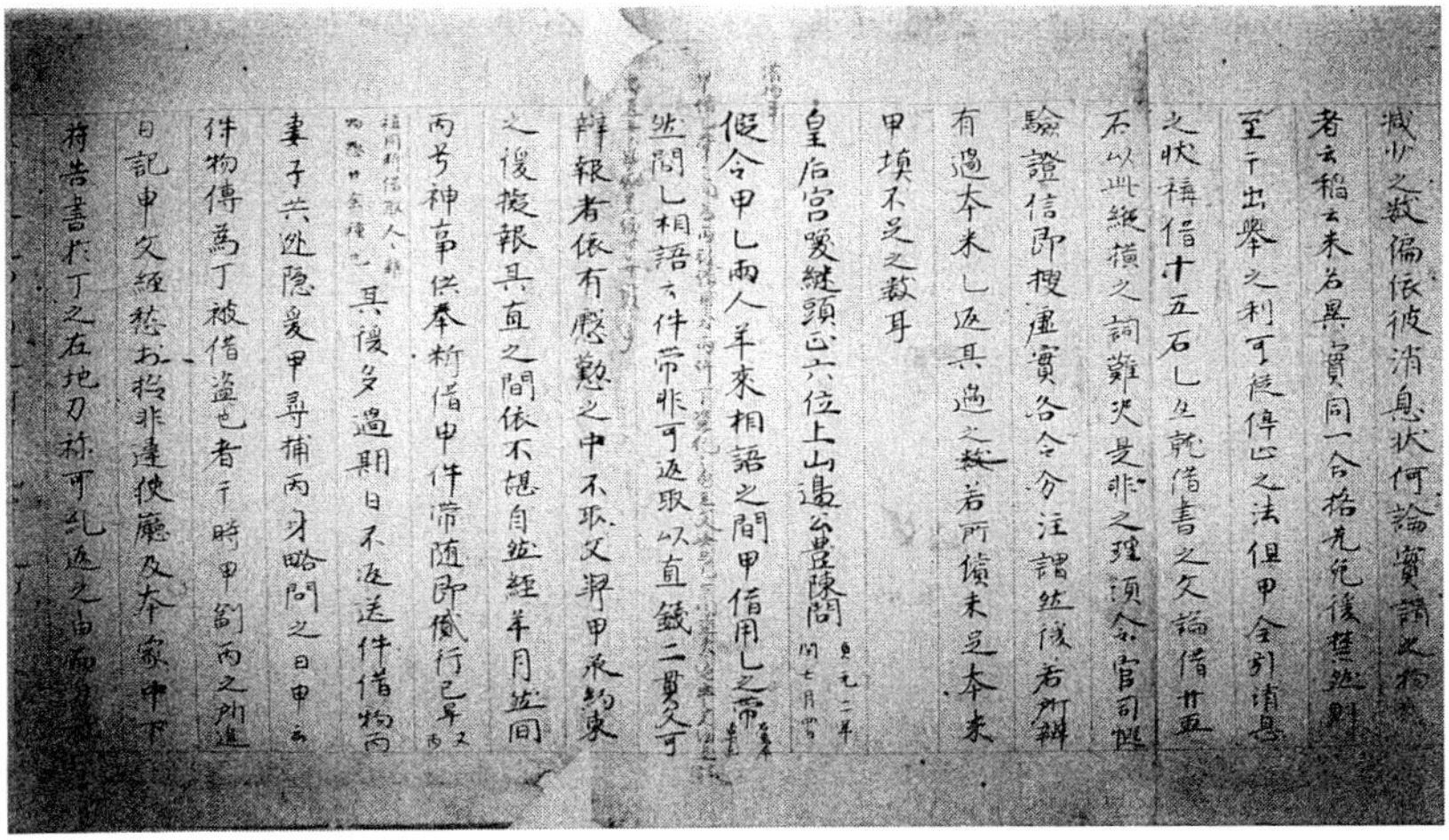

山邊公豊陳問の前後（断簡３紙接合）

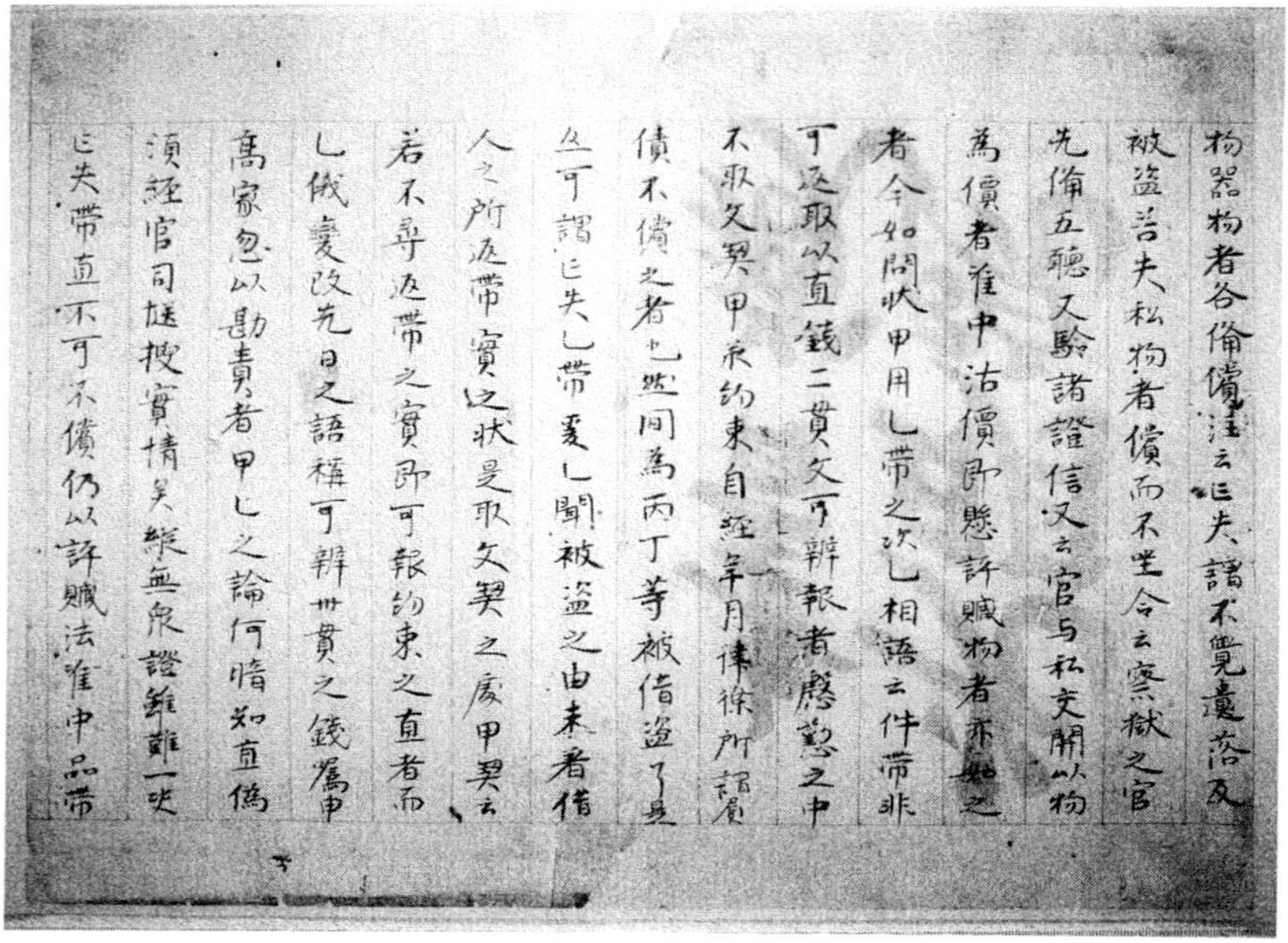

同勘答末尾（２紙接合、紙背に光明院書蔵の書入あり）

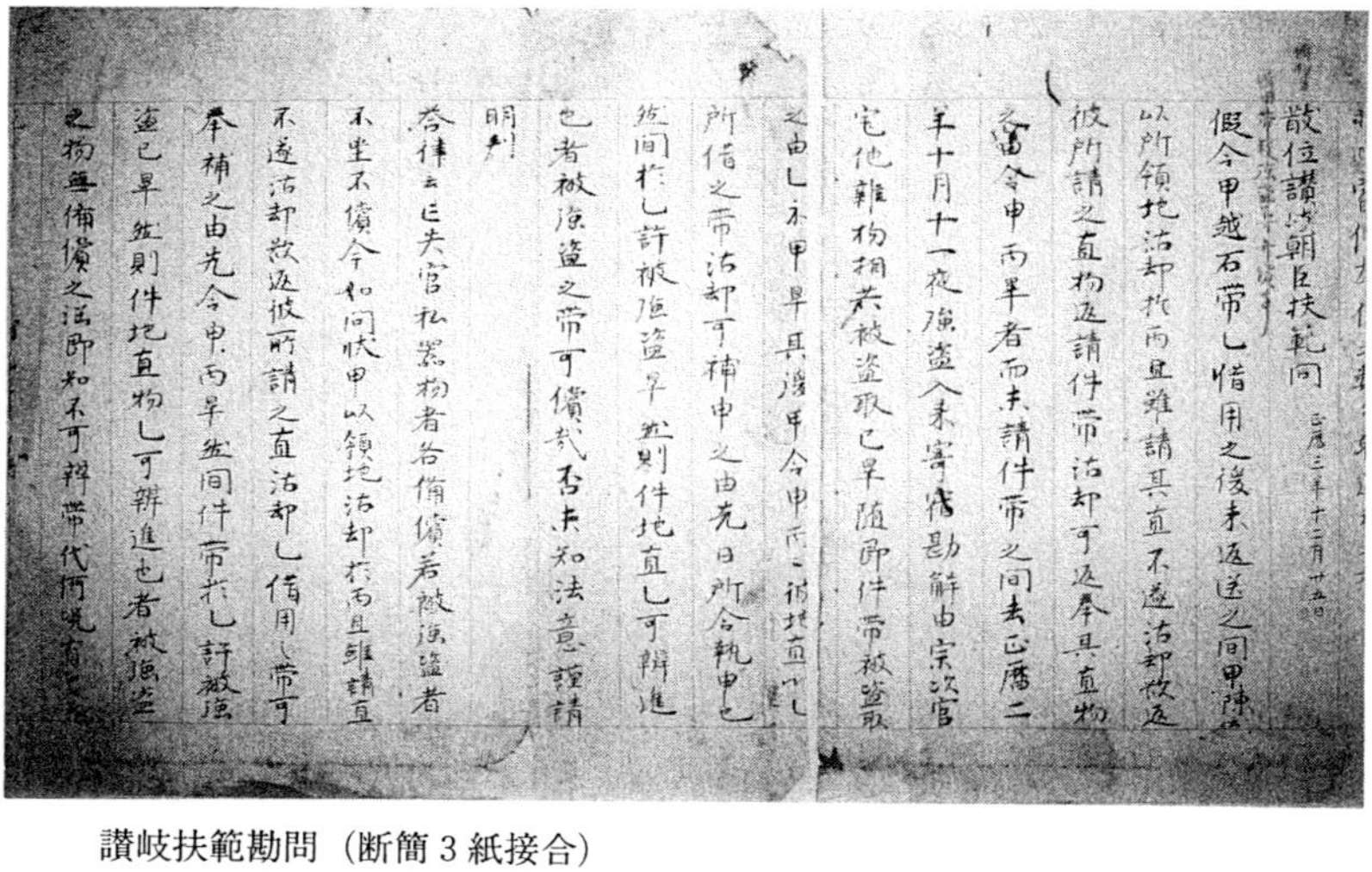

讃岐扶範勘問（断簡３紙接合）

以上５点称名寺所蔵（神奈川県立金沢文庫保管）

新訂増補國史大系　未収『法曹類林』残巻

例　言

一、ここに紹介する法曹類林は、称名寺伝来・金沢文庫保管の残巻である。冒頭一紙は戦前に既に紹介され、重要美術品に指定されており、皆川完一氏によって本大系に準じた校訂本が本大系月報に附載されている（解題参照）。しかし、それに続くと考えられる断簡十九葉が近年新たに発見された。そこで既に紹介されている冒頭一紙を含め、想定される排列順に、本大系に準じた校訂本文を作成した。

二、本残巻の形態および概要については、解題および参考文献に明示されているので、省略に従い、復元本文として翻刻した。

三、接合しうる断簡は、本文をそのまま続けたが、数行の欠損が想定される箇所は点線で区切った。また記事内容が異なり、一巻内部における排列を確定し難い本文については実線で区切った。

又、戸令作亦〇倶、原作但、據戸令改〇諸、戸令此上有則字
寡、原作寘、據戸令改〇夫、戸令此上有若字〇亡、原作已、據戸令改
然、戸令此下有者字
理、雑令此上有爲字

■借物事〔朱〕
月、恐此上脱字
□稲無息利事 兼又雖會赦猶可辨済事〔朱〕
勘、原作助、今意改

死去之後。有二相叶一事一。而間件雑物請乞。兼名暗論レ可レ有二處分一。専不二辨申一者。難レ知二其理一。仍注二-検事状一。謹問如レ件。謹言。

答。令云。應レ分者。田宅資財総計作レ法。嫡母継母及嫡子。各二分。庶子一分。兄弟亡者。子承二父分一。養子•又同。兄弟•倶亡。•諸子均分。其姑姉妹在レ室者。各減二男子之半一。•寡妻妾無レ男者。承二夫分一。•夫兄弟皆•亡。各同二一子之分一。若亡人存日處分。證據灼然•。不レ用二此令一。又云。以二財物一出擧者。任依二私契一。官不レ•理者。處分之法。已立二其限一。但至二于姪一非二得分親一。而姪夫兼名。稱レ可レ有二亡姑處分之財一。専不レ辨二存日借用之物一者。論二彼行事一。尤違二憲章一。須下任二契状一早返中借物上。何以二牢籠之詞一。徒廻二遁避之謀一乎。

大蔵少主鎰秦連忠問 正暦三年•月十六日

假令。甲之稲。以二先年一乙借請。乙加二息利一可レ辨之由出契已畢。爰甲年来雖レ勘二-徴件稲一。乙貧弊未二辨報一之間。經卅余箇年也。于レ時甲任二件乙借書一。•勘二-徴所

皆悉、三代格作悉皆
非、原作准、據職制律改
息、原作恩、今意改

■借物事〔朱書〕

□借船可有賃直事〔朱書〕

レ負物一。而已乙申稱赦以前私物。不レ可レ辨之由云々者。未レ知二法意一。仍欲レ承二明判一。謹問。

答。格云。私稲貸二-与百姓一求レ利皆悉禁斷。如有レ犯者以二違勅一論。物即没官。律云。所レ貸之物元非レ擬二将入一レ己。雖レ經二恩免一。物尚徴還者。今如レ状。乙請二-借甲稲一之時。契下可レ加二息利一之由上。爰甲任二借書之文一勘徴。乙稱赦前之物不レ辨者。格立二私稲不レ可レ求レ利之法一。律設二貸物不レ可レ逢レ恩之條一。甲責レ免レ失也。

乙論又

地直弁レ甲責通也。乙説宜哉。

沙弥覺授問正暦三年二月十七日

假令乙借二-取甲之勝載九十石海船一艘一。従二甲在所一差二他國一乗用送二數月一。此間賃物并挟抄水手等功物可レ有哉。不レ可レ有哉。未レ知二法意一。仍請二明判一。謹問。

答。律云。平功庸者計二一人一日一。爲レ布二尺六寸。其船亦依二當時賃直一。庸賃雖レ多。各不レ得レ過二本價一者。案レ之。爲レ人則立二功庸之法一。船亦生二賃直之□

□依契狀可弁息利事〔朱書〕

出擧者任、四字切斷、據雜令補

盡、原作蓄、據雜令改

出、雜令此上有粟字

稲、三代格此上有私字

發、原作條、據獄令改○驗、原作騷、據獄令改

有借㆓‐請乙米㆒之。即其借契云。相㆓‐加經日息利㆒将㆔以返補㆒者。乙以㆓淀津宿納米㆒相㆓‐加京定車賃㆒依㆑數借處。甲使㆔彼借契端書付㆒依㆑數請畢之由。加㆓署名㆒畢。其後本利并定米五十石甲須㆓甲返補㆒者。

其辨者乙。謹案㆓雜令㆒云。凡公私以㆓財物㆒出擧者任依㆓私契㆒官不㆑爲㆑理。每㆓六十日㆒取㆑利不㆑得㆑過㆓八分之一㆒。雖㆑過㆓四百八十日㆒不㆑得㆑過㆓一倍㆒。家資盡者役㆑身折酬。不㆑得㆓廻㆑利爲㆒㆑本者。如㆓此文㆒者稱㆑契已以分明。使者情名掲焉。又下㆓米實㆒之人其身同存之。縱公稲怠忙之間失錯注㆓減少之數㆒催㆓送件米㆒。偏依㆓彼消息狀㆒何爭㆓‐論實請物㆒哉。愚闇之徒未㆑知㆓法意㆒。望㆓‐請明判㆒将㆑決㆓稲足㆒謹問。

答。雜令云。以㆑稲出擧者任㆓依私契㆒官不㆑爲㆑理。仍以㆓一年㆒爲㆑斷不㆑得㆑過㆓一倍㆒。格云。稲貸㆓‐与百姓㆒求㆑利皆悉禁斷。如有㆑犯者以㆓違勅㆒論。物即没官。獄令云。犯㆑罪皆於㆓事發處官司㆒推斷。又云。察獄之官先備㆓五聽㆒。又驗㆓諸證信㆒

事状疑似。猶不レ首レ實者。然後拷掠。今如二問状一。甲借二乙米廿五石一契云々。加二經日利一将二以返補一者。乙以二淀津宿納米一加二車賃一依レ數借下。甲使二彼借書之端書付一依レ數請之由。本利并之後定米五十石僅所レ辨之物准米二十石也。爰乙催二遺米卅石一之處。甲云。雖レ有二廿五石借書一實所二請用一十五石也。就レ中今年之所レ送消息状云。可二辨済一米本十五石利并卅石也。者可レ返二補遺米十石一也。借書縦注二廿五石一。又加二使請名一如レ此。消息状者非レ可二敢辨一者。乙云私契已以〔　〕請〔　〕縦〔　　〕借主也。而過二約期一僅所二辨済一色色代物准米廿石也。爰乙遺米卅石早可二究償一之由催送之處。甲陳云。件米廿五石借書前日雖レ有二造度一依レ實所二請用一十五石也。就レ中今年五月十一日乙所レ送消息状云。可二辨済一米本十五石利并卅石早可レ弁旨者。今可レ返補遺米十石也。然則縦雖下借契之面注中廿五石上。又加二使請名一如二此消息状一者敢非レ可レ有二減少之數一偏依二彼消息状一何論二實請之物一哉。者云レ稲云レ米名異實同一。合レ格先免後禁。然則至レ于二出擧之利一可レ従二停止之法一。但甲全引二消息之状一。稱レ借二十五石一。乙亦就二借書之文一論レ借二廿五石一。以二此縦横之詞一難レ決二是非之理一。須下令二官司一慥中驗證信上。即捜二虚實一各

令レ分二注謂一。然後若下所レ辨有レ過中本米上。乙返二其過之數一。若所レ償未レ足二本米一甲
填二不足之數一耳。

皇后宮喚繼頭正六位上山邊公豊陳問 貞元二年 閏七月四日

假令甲乙両人年来相語之間。甲借二用乙之帯●右烏犀帯下品一。然間乙相語云。件帯非レ可二返
取一以二直錢二貫文一可二辨報一者。依二●不慇懃之中一不レ取二文契一。甲承二約束一之後擬
レ報二其直一之間。依レ不レ堪自然經二年月一。然間丙号二神事供奉料一借二●用件帯一。随即
貸行已畢。又丙稱二同料一借二取人々雑物一惣廿余種也。其後多過二期日一不レ返二送件借物一丙妻子共逃隱。爰甲尋二
捕丙身一略問之日申云。件物傳下爲レ丁被二借盗一也上者。于レ時甲副二丙之所レ進日記
中文一。經二愁於檢非違使廳及本家中一。下二符告書於丁之在地刀称一可二糺返一之由。
而刀称［　　　　］辨
日記等雖レ経レ愁。於レ家依レ無二丙身一于レ今未二糺得一之間。乙聞下件帯被二盗失一之由上。
来二著於甲之所一。可レ返二帯實一云々。甲陳二在状一令レ出二見丙之所進文書一。爰乙
是取二文契一云。若帯實不二尋返一者任二先日約束一以レ直可二辨報一者。其後乙先日之

■借物事〔朱書〕
□甲借乙帯之間爲丙被借用於丙許丁盗犯之由立文契而乙乍聞盗失之由率先約直法」一高直責勘依先約可弁償事〔朱書〕
右、恐當作古不、當衍用、原作中、今意改

沽、關市令作估

語變改俄嘱二-申高家一稱。有二以レ直可レ辨文契一充二件帯價直錢卅貫文一。急以勘責。于レ時甲陳云□□帯實爲レ丙被二借盜一已了。至レ于レ直者任二先日約束一。以二錢一貫文一可レ報也。所レ度於二文契一不レ注二直員一者依レ有二先約之員一也。今帯被二盜失一之後何稱二高直一乎。加レ之丙所レ爲不レ異二強盜一。亦經レ於二公家明察一盜失之由須三隨レ理致二辨償一者。然而乙專不二承引一。假二高家之威勢一充二非之高直一擬二責取一矣。可二徵償一之理未レ知二法意一。仍謹請二明判一。謹問。

物器物者各備償。注云亡失。謂。不覺遺落及被レ盜。若失二私物一者償而不レ坐。令云。察獄之官先備二五聽一。又驗二諸證信一又云官与レ私交關。以レ物爲レ價者。准中二●沽價一。即懸二-評贓物一者。亦如レ之者。今如二問狀一。甲用二乙帯一之次乙相語云。件帯非レ可二返取一以二直錢一貫文一可二辨報一者。慇懃之中不レ取二文契一。甲承二約束一自經二年月一。律條所謂負債不レ償之者也。然間爲二丙丁等一被二借盜一了。是亦可レ謂三亡-失二乙帯一。爰乙聞二被レ盜之由一。未レ著二借人之所一返二帯實一之狀是取二文契一之處。甲契云。若不レ尋-返二帯之實一。即可レ報二約束之直一者。而乙俄變二-改先日之語一稱可レ辨二卅貫之錢一。囑二-申高家一忽以勘責者。甲乙之論何暗知二直僞一。須下經二官司一慥捜中實情上矣。縦無二衆證一雖レ難二一决一亡失帯直不レ可レ不レ償。仍以二評贓法一准二中品帯一。

非□當□本□者數□敢〔　　〕

■借物事〔朱書〕

□借用帯被強盗不可弁償事〔朱書〕

散位讃岐朝臣扶範問 正暦二年十二月廿五日

假令甲越石帯乙借用之後未二返送一之間。甲陳云。以二所領地一沽二-却於レ丙。且雖レ請二其直一不レ遂二沽却一欲レ返二彼所レ請之直物一返二-請件帯一沽却可レ返二-奉其直物一之由。令レ申レ丙畢者。而未レ請二件帯一之間。去正暦二年十月十一日夜強盗入二-来寄宿勘解由宗次官宅一。他雑物相共被二盗取一已畢。随即件帯被二盗取一之由乙示レ甲畢。其後甲令レ申レ丙云。彼地直以二乙所借之帯一沽却可二補申一之由。先日所レ令二執申一也。然間於二乙許一被二強盗一畢。然則件地直乙可二辨進一也者。被二強盗一之帯可レ償哉否未レ知二法意一。謹請二明判一。

不、雑律此上有各字

答。律云。亡二-失官私器物一者各備償。若被二強盗一者・不レ坐不レ償。今如二問状一。

甲以二領地一沽二却於レ丙。且雖レ請レ直不レ遂二沽却一。欲レ返二彼所レ謂之直一沽二却乙一。借用之帯可レ奉レ補之由。先令レ申レ丙畢。然間件帯於二乙許一被二強盗一已畢。然則件地直物乙可二辨進一也者。被二強盗一之物無二備償之法一。則知レ不レ可レ辨二帯代一。何況有令二報□哉

嘉元二年六月廿二日書寫校合了

貞顕

続左丞抄

皆川完一

一　書名

『続左丞抄』は、元禄・宝永の頃壬生季連が、平安時代以降の壬生官務家伝来文書その他を書写したものである。今日宮内庁書陵部に架蔵される『新写古文書』四冊（F一〇—一二六六）がそれであって、明治二十一年に他の記録・古文書とともに壬生家から皇室に献納された。(1)

この『新写古文書』が『続左丞抄』という書名で流布するようになったのは、明治三十三年九月、旧輯『国史大系』第十二巻に収められて刊行されてからのことである。

旧輯『国史大系』は明治二十九年秋に予約出版広告を出しているが（『史学雑誌』第七編第十号）、その中には『続左丞抄』は載っていない。だから当初の書目には入っていなかったことが知られるが、その後校訂に参画した黒板勝美の提案によって追加され、書名が定まったのであろう。(2)

書名の由来は、壬生家に保安二年（一一二一）書写の『類聚符宣抄』（外題「左丞抄」）（五〇〇—一一三）があることから、その続編ともいうべきものとして、旧輯『国史大系』によって命名されたのである。

二　編　者

『続左丞抄』の編者は、壬生季連とされているが、『新写古文書』にそのことを記しているわけではない。旧輯『国史大系』の凡例にも編者のことがみえないから、或は当時まだ編者を確定することができなかったのかも知れない。壬生季連の手抄と明記したものは、管見では昭和五年十二月に宮内省図書寮より刊行された『壬生新写古文書』が最初である。

その根拠は明らかにされていないが、恐らく筆跡から断定されたのであろう。季連が元禄四年（一六九一）閏八月二十七日より五年正月二十二日にかけて写した『類聚符宣抄』の写本（F一〇―二八二）があるが、『続左丞抄』の筆跡はそれと同一である。

もっとも『類聚符宣抄』の写本は、かなり自由にその古写本を写しているのに対し、『続左丞抄』の方は原本に似せて写そうとしたあとがみえるから、両書を一見しただけでは同一の筆跡と考えることは困難かも知れない。しかし両書にみられる朱書の注記は全く同一の筆跡であるから、『続左丞抄』も季連の書写と断定することができる。なお季連の筆跡は、自筆日記『季連宿禰記』（F九―一三四）からもうかがうことができる。

季連は『類聚符宣抄』を写しているように、家蔵の文書に対する関心が深く、自らもそれにならって、新たに古文書集を作成しようと思い立ったのであろう。

その書写の時期を、『新訂増補国史大系』の凡例が「元禄の頃」としているのは、所収文書の下限が元禄七年（一六九四）であることと、季連の元禄書写『類聚符宣抄』からの類推であろう。刊本『壬生新写古文書』の解説には、「其の書風の円熟せるを視れば、蓋元禄書写類聚符宣抄に比し、遙かに後年の筆に成るを想はしむ」とある。書写の下限を求めると、季連死没の宝永六年（一七〇九）となる。

壬生家は本姓小槻氏で、小槻氏は平安時代以降太政官の左大史の官を世襲した家であった。鎌倉時代の初め壬生流と大宮流とに分れて、左大史（官務）と氏長者の地位を争って来たが、大宮家が天文二十年（一五五一）大宮伊治の死去により断絶してからは、官務家は壬生家一流となり、明治維新に及んだ。

季連は明暦元年（一六五五）八月二十六日、忠利の子として生れた。本名を重経という。延宝四年（一六七六）五月二十三日叙爵して季連と改名、同日左大史に任ぜられた。同年十二月二十三日主殿頭を兼ね、元禄十年（一六九七）十二月二十六日正四位下に叙せられ、宝永六年（一七〇九）二月十二日五十五歳で卒した（『壬生家譜』）。

三　新写古文書

『新写古文書』は美濃判袋綴四冊、渋引表紙の中央に各冊「新写古文書」と外題を打付け書にする。右下に「共四」とあるが、内題はなく、冊の順序も定まっていない。旧輯『国史大系』に収められるに際し、「続左丞抄第一」以下「第四」に至る内題がつけられた。

表紙の文字は、壬生輔世（一八一一—七九）の筆と考えられるから、四冊を修補したのは輔世であることがわかるが、それ以前の状態は不明である。輔世は天保十三年（一八四二）六〜八月、同十四年五・六月に『壬生家文書』を修補していることが、修補奥書によって知られるから、(3)この表紙もそのころのものであろう。「新写古文書」という題名は、書名として定着させようとしたものとは考えにくいから、他の原本と区別して仮につけたものと思われるが、季連がつけたものか、輔世によるものか明らかではない。

宮内庁書陵部には、また「続（朱抹）新写古文書」という題簽をもつ美濃判袋綴二冊の写本が架蔵されている（F一〇―一五二）。現在の茶表紙は後に加えられたものであるが、第一冊には中に原表紙があり、中央に打付け書で「新写文書」、右に「法中／親王宣下消息」とあり、原裏表紙の見返しには「天保十四年修補、加表紙訖」と輔世の識語がある。写本の筆跡は四冊本の『新写古文書』と同じく季連の筆である。

第二冊には原表紙がなく、筆跡も第一冊と異なるようであり、季連の筆とは断定しにくいが、内容は同類の古文書の写しであることに変りはない。この二冊は化粧断ちによって現在多少の違いはあるが、四冊本と同大の用紙を用いたものである。以上のことから、この二冊本の少なくとも第一冊は、本来四冊と一具のものではなかったかと思われるのである。(4)季連の書写は、このように四冊本の『新写古文書』即ち『続左丞抄』のみでなく、他にも何冊かあったのであろう。

季連の古文書書写は、官務という職務柄、文書作成の参考にするため、家蔵文書の写しを手許に多く蓄えておくためであったと思われる。彼のこのような態度は日記にもよく現れており、彼の日記にはその日に作成した文書、取扱った文書を写しとっているところが多く、先例となる古文書を写しているところもある。

季連の『新写古文書』は、古文書集としての編纂意識は必ずしも高かったとはいえないが、彼の古文書に対する関心は相当に深いものがあり、古文書学史上見逃すことのできないものである。彼にとって古文書は実務のための参考資料であったが、徴古資料としても重要視しており、その写には形態の記録に格別の注意が払われている。

『新写古文書』は、原本より少し小さめの用紙を用いた謄写であって、原本と同大に筆跡を似せた影写・模写とは異なるが、原本の字詰・書風を全く無視しているわけではない。文書内の字くばりと筆跡を似せることにはかなり留意しているようで、虫損の痕はその形を描き、花押を模写し、印影をその位置に朱筆で示すなど、文書の形態を残そうとした意図はたしかに窺えるのである。さらに朱書の詳細な注記があって、謄写で表わし切れないところを補っている。以下にその例をいくつかあげてみよう。

まず欠損についてみると、「端欠」「此間脱漏」「私云、此間有脱漏歟」「右一紙奥端欠」「此奥無余紙、欠歟」「虫損」「二字虫損不慥見」「此字如削不見」のような注記があり、欠損文字には「○歟」、脱字には「○字落歟」の傍書がしばしばみられる。また「右一紙也」と説明を加え、二紙以上にわたる時は、継目を朱線で示し、「続紙之所捺印」と注記したところもある。端裏書は「此一行銘也」「此二行銘也」と記している。

印章については、形と位置を示し、一部印文を模写したところもある。さらに「印方弐寸、捺所拾三ケ所」「印三ケ所、方弐寸四分」「請印方弐寸三分、除奥端幷続手以上七ケ所捺之」「右一紙請印無之、但奥史位署之所一ケ所如捺印薄不慥見」「此印薄如無」などの注記を加えている。

花押については、その形を模写し、「判体如此」「判形如此」「草名如此」「判形各似写之」などと記したものや、「判形虫損不慥見」とことわっているものもある。裏花押は表に写されているが、「三ケ所之判者、文書之裏方各実名之裏程加之」という注意を忘れず、「此継目之裏書判、長知之判也」と花押の主を記したところもある。自署の「朝臣」について「此二字弁所加歟」としたものや、「実名不分明」とことわっているものなどがある。

また用紙について「右一紙宿紙也」「宿紙ニ書之」と注意しているものや、「右一紙折紙也」と注したところもある。無年号文書には「此一紙年号不知」「年号不分明」「此一紙年号不分明、若文永六歟、可考」などとしたものがあるが、附年号については注意が払われていないようである。

次に注目すべきは、季連が文書の筆者を考定していることである。「右以彦枝宿禰留書真跡写之」「右于恒宿禰真跡写之」「右晨照宿禰勘進留、以真跡写」のような注記がかなりみえるが、このように官務家の祖先の筆跡を指示したものは、壬生淳方・有家・彦枝（改周枝）・晨照・晴富・于恒・朝芳・忠利、大宮伊治の九人であり、他家では清原枝賢・大中臣朝忠・庭田重通の三人がみえる。これらの鑑定は、日頃その自筆文書を多く見ている季連の目を通したものだから、恐らく確かなものであろう。

しかし、これらの注記は『新写古文書』を底本とした旧輯『国史大系』では、すべて翻刻されたが、新訂増補本では底本をその原本に置き換えたため、採録されないこととなった。惜しまれることである。

四　内　容

『続左丞抄』に収められた文書は、天暦二年（九四八）より元禄七年（一六九四）に至る二五八通で、(5)官符・官牒・官宣旨・宣旨・綸旨・院宣・令旨・省符・解・国司庁宣・下文・御教書・中文・書状・勘文・占文等、多様な文書が収められている。しかし全編が必ずしも整理、類聚されているわけではない。

第一より第三までは壬生家伝来文書で、全体の九割を占めるが、第四には『善通寺文書』『随心院文書』の二五通を収める。

『壬生家文書』は、官務家が伝えた官文書を中心に、同家の所領関係文書を含む大量の文書群である。小槻氏は太政官の事務官の筆頭として左大史（官務）の地位を独占世襲した家で、官中の文書・記録類を保管する文殿の管理に当っていたが、次第に官文書は小槻氏の私文庫に移るようになった。特に嘉禄二年（一二二六）の官文殿の焼失以後は、代って官務文庫が全ての官文書を保管することになり、官務家は代々先例規範として、書類の保全に努めて来たのである。

官務家伝来でない『善通寺文書』『随心院文書』が写された事情は明らかでないが、官宣旨・国司庁宣等の文書が季連の興味を引いたのであろうか。

この第四の冊は、書写にあたり花押を省略し、或は「在判」「判」と記すのみで、花押を模写せず、また季連の注記がみえないなど、他の壬生家伝来文書の冊とは異なっている。このことから考えられることは、原本からの書写ではなく、既成の写本からの転写かということである。随心院には門跡増孝（一五八九―一六四四）の筆という『善通寺文書』の写が残っているように、本寺である随心院には末寺の文書が写されており、それには本寺の文書も混じっていたかも知れない。

また忽々の間に原本を写したためと考えるにしても、わざわざ讃岐まで出向かなくとも、本寺に於て原本を見る機会はあったのであろう。末寺の文書が本寺に保管されている例は他にもあるのである。

また『善通寺文書』が寺外に出た例として、元禄九年の江戸御開帳がある。善通寺にはこの年四月晦日の桂昌院様御照覧という『霊仏宝物之目録』が残っており、中に「綸旨院宣十一軸」がみえる。その内訳は現在の『善通寺文書』の表題に合致し、『続左丞抄』所収の配列はこの成巻の順となっている。宝物東下と帰還の途中、京都の随心院には必ず立寄ったことであろう。

五　底　本

『続左丞抄』は、旧輯『国史大系』では、『新写古文書』四冊を底本としたが、新訂増補本ではその原本の存するものは、原本（正文に案文・写を含む）を底本として収めることとした。これは既成の典籍を収載するという方針から離れ、新たに『新写古文書』の構成で、原本により紙背文書も含む古文書集を編纂したことになるから、『国史大系』では異例のことである。ただ第四所収の『善通寺文書』『随心院文書』は例外で、『新写古文書』を底本として原本の影写本で校訂しており、壬生家伝来文書とは別の方式が採られている。

『図書寮典籍解題』歴史篇によると、『新写古文書』の原本は、壬生家献納文書の中の「諸官符口宣古宣命諸社寺申状等古文書」と題する三一軸の内一一軸の全巻と、その他二・三軸の中に混じっていたという。現在『壬生新写古文書底本』として成巻された一一八軸一九五通(6)（四一五―四）は、それらから摘出して修補を加えたものである。『新写古文書』第一～三所収文書で、『壬生新写古文書底本』を除いた三三通の中には、なお原本の所在をつきとめることができるものがある。『新訂増補国史大系』も二通について原本を校訂に用いたところがあるが、管見に入ったものを次に示しておく。

〔第一〕

承保元年	八月廿八日	民部省符　若狭国司　応給従三位源朝臣澄子位封弐拾伍烟仕丁壱人事	根岸文書　国立国会図書館所蔵	一一
*建久六年十二月	四日	太政官符　若狭国司	吉川半七氏所蔵文書（所在不明）	二三
*貞応二年	二月廿九日	中宮職請大粮米状	狩野亨吉氏蒐集文書168（七）　京都大学文学部所蔵	五三
建長八年	八月廿九日	実検田畠在家等目録	同上143（七）	五六

〔第二〕

天文七年	二月　八日	大外記清原枝賢勘例	壬生新写古文書底本　八十七	一一四
天文七年	二月　八日	左大史小槻伊治勘例	同上	一一五

〔第三〕

承久三年	二月　五日	石清水賀茂両社行幸日時定記	狩野亨吉氏蒐集文書175（七）	一四七
天徳四年―建武三年		内裏炎上年々例	同上502（十二）	一五〇
文永十年十二月	三日	助教中原師種注進御修法中内裏焼亡例	同上915（十七）	一五三
建長六年	正月十六日	造左右宮城使防鴨河使造東大寺司等補任	同上169（七）	一五七
年月日未詳		某社造営日時幷諸国勤	同上163（七）	一六二
年月日未詳		駄賃減省申詞読法	同上144（七）	一六三

年月日未詳　両度奏上卿相替例　同上165（七）　一六三
建仁四年—建保二年　藤原光時受領補任　同上167（一）　一六四
治安元年—弘安三年　初覧吉書代々例　同上513（十二）353・2（十）　一七五
（＊印は校訂済。狩野亨吉氏蒐集文書のアラビヤ数字は原本整理番号、（　）内は東大史料編纂所影写本冊次）

六　刊本・写本

刊本は、旧輯『国史大系』『新訂増補国史大系』のほかに、宮内省図書寮が昭和五年に刊行した『壬生新写古文書』がある。体例は『新訂増補国史大系』と同じく、『壬生新写古文書底本』に原本のあるものは、底本をそれに置き換えているが、壬生家流出文書や第四の『善通寺文書』『随心院文書』についても原本に置き換えている点は異なる。

『続左丞抄』（『新写古文書』）は、写本では流布しなかったようで、写本は無窮会図書館神習文庫に『壬生家文書』（表題）二冊があるだけである（三〇三七）。上冊が第一・二、下冊が第三・四にあたる。井上頼圀（一八三九—一九一四）旧蔵。蔵書印「井上／氏」がある。

しかし季連の写本は、『続左丞抄』とは異なる形でいくつか伝写されている。すべて同一形態の写本で、「壬生官務家蔵古文書」上・中・下と題するか、それと同類のものである。

㈠静嘉堂文庫本（一〇三—五五）　三冊

第一冊扉に、

大秘禁他借　　　　此様三本

壬生官務家蔵古文書　上

神社部

阿波介以文蔵

とある。中・下には「神社部」の文字なし。山田以文（一七六一―一八三五）の旧蔵書である。

(二)無窮会神習文庫本（三〇三八）　二冊

扉題(一)に同じ。中・下を合冊。(一)の転写本。井上頼圀の旧蔵書である。

(三)国立国会図書館本（八三〇―一四六）　四冊

扉題は「大秘禁他借」「阿波介以文蔵」の文字がないほかは(一)に同じ。上を二分冊。中・下の扉に「神社部」とあるのは誤り。村岡良弼（一八四五―一九一七）の旧蔵で、蔵書印「邨岡／良弼」がある。

(四)大和文華館鈴鹿文庫本　二冊

第一冊扉に「壬生官務家蔵古文書　上／神社部」とある。中・下合冊、「神社部」の文字なし。鈴鹿連胤（一七九五―一八七〇）の旧蔵書で「尚褧／舎蔵」の蔵書印がある。上記(一)(二)(三)系統の写本との関係は不明であるが、山田以文は鈴鹿連胤と同じく京都吉田神社の神官であったばかりでなく、連胤にとって国学の師でもあったから、二つの写本の間には何らかの関係があったかと思われる。

(五)神宮文庫本（一―一〇七七）　一冊

表題「禰家古文書」、天保十四年（一八四三）御巫清直（一八一二―九四）写。足代弘訓（一七八四―一八五六）蔵本の転

写であるが、「右禰家秘本令書写訖／天保元年季冬　光棣」の本奥書を伝えており、天保元年の竹屋光棣（一七八一―一八三七）の写本があったことが知られる。上記写本の上の部分のみで、中・下の部分を欠く。なお神宮文庫には、弘化四年（一八四七）度会履正がこの本を写した『禰家古文書写』二冊（一―七四一二）がある。

以上の写本に収める文書は、上冊の天喜二年四月十六日斎宮寮解より、下冊の建久六年五月廿五日大外記中原師直勘文に至るが、『続左丞抄』と配列はかなり異なり、またそれにみえない文書もあり、上記二冊本『新写古文書』の第一冊の全部が同じ配列で収められている。さらに上冊を「神社部」とし、下冊が寺院関係文書であるように、類聚を試みた形跡もみられる。

このように壬生季連の写本の写しでありながら、その原本の現状（『続左丞抄』）と著しく異なるということは、『続左丞抄』その他の文書の写を独自に編集したためか、或いはその元となったものが、壬生輔世の修補以前は現状と異なっていたかであろう。もしも後者が事実としたら、『続左丞抄』は輔世によって編成されたことになり、編者を季連としておいてよいか、再考を要することになろう。

なお『壬生家文書』の原本は、宮内庁書陵部所蔵のものとは別に、壬生家より流出したものがあり、まとまったものとしては京都大学文学部所蔵の『壬生文書』と、『狩野亨吉氏蒐集文書』中のものが知られている。

注

（1）『壬生家献本目録』明治三十二年、宮内省図書寮御系譜課蔵本、一冊がある。

（2）黒板勝美が田口鼎軒の『国史大系』に参画した経緯については、黒板博士記念会編『古文化の保存と研究』（昭和二十八年）に詳しい。

（3）『図書寮典籍解題』歴史篇では壬生以寧の修補としているが、後に輔世と改められた。
（4）宮内庁書陵部『和漢図書分類目録』下では、二冊とも季連の書写とする。
（5）『新訂増補国史大系』の目次の数え方によると二五八通になるが、刊本『壬生新写古文書』の解説と『図書寮典籍解題』歴史篇では、二六〇余通とする。
（6）『新訂増補国史大系』の目次の数え方では二〇〇通。

参考文献

宮内庁書陵部編『図書寮典籍解題』歴史篇　昭和二五年　養徳社
宮内省図書寮編『壬生新写古文書』　昭和五年
宮内庁書陵部編『壬生家文書』一—十（『図書寮叢刊』）　昭和五四—六三年　明治書院

別聚符宣抄

清水　潔

一　書名

「別聚符宣抄」という書名は、昭和八年に本書を新訂増補国史大系第二十七巻に収録するに当たり、編者によって新たに付けられたもので、本来いかなる書名を冠していたかは明らかでない。本書の唯一の伝本である広橋家旧蔵本（東洋文庫旧蔵岩崎文庫本、現国立歴史民俗博物館蔵）は首尾や表紙を欠いており、内外題及び奥題等が伝わらないためである。今のところ、他に本来の書名を推測する手掛かりも全く見出せない。

本書が新訂増補国史大系（以下国史大系と略称する）に収載される以前は、「符宣抄　別本」と称されていたことが『大日本史料』第一編之一（大正十一年発行）によって知られる。[1] これは広橋家旧蔵本を補修した表紙（裏紙）に題簽して「符宣抄　別本 端奥闕 筆者不詳 奥書無之　焼損　壱冊」と墨書していることによったものであろう。この墨書の時期は明らかではないが、近世に溯るものではなく、比較的新しいものである。大正九年に史料編纂掛がこの広橋家本を書写した写本の奥書にも「符宣抄　別本」とある。[2] また財団法人東洋文庫編『岩崎文庫和漢書目録』（昭和九年発行）には「符

宣抄　端奥闕　焼損　写本　一冊」と記す。

「符宣抄」というのは、文字通り太政官符・宣旨などを集めた文書集の意味で、その内容よりつけられた書名と思われるが、しかもこれには類似の内容をもつ『類聚符宣抄』が既に知られていたから、これに示唆を得たものであろう。特に「符宣抄　別本」と言った場合には、『類聚符宣抄』を前提として意識したもので、その別本であることを示そうとした名称に他なるまい。しかし別本と言った場合、「本書は壬生家の類聚符宣抄とは全然系統を異にせるものであって、断じて壬生家の類聚符宣抄の別本又は異本を以て目すべきものではない(3)」という指摘のような誤解を招きかねないから、『類聚符宣抄』とは全く別に官符・宣旨を聚めた文書集の意味で「別聚符宣抄」と命名されたと思われる。『類聚符宣抄』と異なるのは、国史大系本の凡例にも示されているように、ただ「官符・宣旨等を集めたもの」で、類聚編纂されたものとはみなされていないことである。その理解がこの書名にも反映されていることが留意されよう。

いずれにしても「別聚符宣抄」は本来の書名を欠くために考案された仮の書名である。さらに憶測すれば、後述のように本書はもともと定まった書名がつけられていたかどうかさえも明らかではないのである。しかし国史大系に収める際につけられたこの書名は、便宜のためとはいえ、今日考えることができる内容に即した最も相応しい名称ではないかと思われる。

二　内容と構成

本書は、延喜二年（九〇二）から天禄二年（九七一）までの七十年間に執行された太政官符・宣旨等の文書百三十三通を収めている（以下、収載されている文書順に通し番号を付し、必要に応じて個別の文書を一〜一三三の番号で呼ぶこととする）。これは首尾を欠く現存分のことであるから、本来の内容は当然さらに多くの文書と広い時代範囲を考えておく必要があろう。しかしもとの姿を推測する材料が乏しいのであるから、現存分の範囲内で知ることのできる内容と構成について、以下に指摘しておきたい。

まずその百三十三通の文書の時代別構成は、次の通りである。

延喜年間	五十五通（うち一通重複、三・一一九文書）
延長年間	十四通
承平年間	二十通
天慶年間	十二通
天暦年間	十四通
康保年間	一通
天禄年間	十五通
未詳	二通（五四・一三三文書）

所収文書は醍醐・朱雀・村上・円融天皇朝にわたっているが、村上天皇朝の後半からは僅少で、醍醐・朱雀天皇朝における文書が中心であるといってよい。

文書様式別の内訳は、太政官符五十二通、宣旨七十通（うち一通重複）、勅二通、宣命一通、定文一通、上表二通、解一通、不詳四通である。不詳四通（八八・一〇八・一〇九・一一三文書）はいづれも文書を大幅に節略しているため、その様式が定かでないものである。(4)なお一一〇、一一一文書は太政官符と判断した。(5)とりたてて指摘するほどの特色ではないかも知れないが、最も多い宣旨は、宣旨の原形をとどめず内容を要約してしまっている文書もあるものの、判明する限りでいえば、殆どが弁官宣旨であり、外記宣旨はわずかに四通（三・六・二四・二五）に過ぎない。そのほか大弁宣も一通（二）収載されている。また康保・天禄年間の文書はすべて太政官符で、殊に天禄年間のそれは一連の内容となっている。

このような年代別文書様式別の構成分布から考えて、失われてしまった前端部や奥部の文書も現存分の年代分布をそう大きく逸脱することはないであろう。

次に構成上の基本的な問題として、本書は類聚編纂物であったのかどうかを検討する必要がある。前項で触れたように、国史大系に収録する際につけられた書名から判断して、類聚されたものとはみなされておらなかったようで、平成十年に開始された復刻版の刊行案内書に記された本書の内容と解題でも「雑然と集めたもので、分類は施されていない」とある。

しかし、本書には「厨家雑事」（三六頁）「御季御服雑物事　付皇太后宮」（六〇頁）「皇太子事　付改御名事、坊官幷御封戸等事」（六六頁）などの類聚部目名が掲出されているし、その部目のもとに関係の深い文書が収載されている。「厨家雑事」部には、延喜十三年五月二十二日宣旨（一〇一）より延喜十四年八月八日官符（一〇六）に至る六文書が収められ（三六頁～五四頁）、「御季御服雑物事」部には承平三年三月四日官符（一一〇）より承平三年十一月十日官符（一一六）に至る七文書が収められ（六〇頁～六六頁）、「皇太子事」には延喜四年正月二十七日表（一一七）より年紀不明官符（一二三最末文書、奥欠）に至る少なくとも七文書の存在が確認される（六六頁～六八頁）。また部目名につけられた「付」載項目についても、その部目のなかに関係の文書が認められる。そのほか延長八年十二月九日官符の前に記された「中務省可レ献二荷前一山陵幷墓事」も、そのなかに収める関係文書は延長八年の同官符（一〇七）一通のみであるが、類聚部目とみてよいであろう。これらの類聚部目名の存在とその部目に関する文書を収載し整然とした編集がなされていることは、本書が類聚編纂物であった証左となる。

さらに天暦元年十一月十三日宣旨（九八）には「文在二神祇部一」（三六頁）とある。これは、同宣旨の内容が「可レ停三止禊日給二両度禄一事、賀茂斎院」と事書きされているため、その宣旨文は神祇部に掲載している旨を注記したものであろう。されば本書には「神祇事」なる部目が存在したとみなければならない。また承平三年十一月二十一日宣旨（一一七）には「又在二雑事部一」とあり（五九頁）、延喜九年閏八月十五日宣旨（一一九）には「又在二太政官部一」との注記がある（六〇頁）。しかも延喜九年閏八月十五日宣旨は、現存する本書の第三文書としても重載されているから（一頁）、第三文書が収載されている箇所は太政官部であったことになる。「応四毎月旬日令三庭立奏二印鑰一事」という同宣旨の内容をはじめ前後の文書の内容からも、太政官部に類聚されているとみて問題はない。されば欠失している前端部には「太政官事」なる部目名が記されていたはずである。もしそうでなければ、今日では失われてしまった部分にこの延喜九年の宣旨がさらに重複して掲載されていることになるが、それでは同文書が三箇所に収載されていたことになり、いかにも不自然であろう。神祇部は常識的に考えてこの太政官部のさらに前の前端部にあったとみられるし、雑事部はすべての類聚部目の最末に置かれていた可能性が高いから、欠佚した奥部に認められたのではあるまいか。ともかく神祇事部・太政官事部・雑事部などの存在を推定できることも、本書が類聚編纂されていたことを物語るものである。

以上にように神祇事部・太政官事部・厨家雑事部・中務省可献荷前山陵幷墓事部・御季御服雑物事部・皇太子事部・雑事部の計七部目名を知ることができる。それでは本書はこれらの部目名のもとに整然とした類聚編纂がなされていたのであろうか。前述のように厨家雑事部、御季御服雑物事部、皇太子事部は、それぞれその部目に相応しい文書が類聚されているし、中務省可㆑献㆓荷前㆒山陵幷墓事部も所収文書は一通であるが、一応、類聚されているとみることができる。(6)ところがそれ以外の箇所は、類聚編纂の跡がそれほど明瞭ではないのである。

先述のように太政官事部が現存分の冒頭部分にあたると考えられることは、この問題を考える手掛かりとなろう。ところがこの太政官部はどこまでかかるのかが必ずしも明らかではなく、次の類聚部目名とみられるのは、一〇一文書の前に掲出された「厨家雑事」である。そうすると一〜一〇〇文書は太政官部であったことになるが、その中味を検討してみると、雑多な内容に及んでいる。しかし全く関連のない文書を雑然と配列し、前後の脈絡など無視した編集になっているかといえば、決してそうでもない。内容的にややまとまった文書が連載されていると考えられる箇所を具体的に示すと次の通りである。

二（延喜七年二月十六日宣旨）〜七（延長四年十二月八日宣旨）　太政官の政務手続き、考課・儀式・年中行事に関すること

八（延喜十九年五月二十三日宣旨）〜一七（天暦二年八月二十三日宣旨）　国司の交替・赴任とその手続き、正税交易・挙

填に関すること

一八（延喜六年七月十一日宣旨）〜二三（延喜十三年八月二十九日宣旨）　格式や儀式の編纂・施行に関すること

二四（承平六年十一月二十九日宣旨）〜二六（天暦三年二月十五日宣旨）　撰国史所、大蔵一本御書所に関すること

二七（天慶六年十二月十七日官符）〜三〇（承平七年十月八日官符）　諸国の公使・公文、封事などに関すること

三四（延喜七年十二月二十一日宣旨）〜三八（延喜十六年五月十三日宣旨）　季禄位禄王禄などに関すること

三九（延喜十年六月二十三日宣旨）〜五二（承平四年四月七日宣旨）　国司受領の功課、解由・任符・赴任・国務等に関すること

五三（延喜十四年六月十三日宣旨）〜五六（承平七年九月八日宣旨）　諸司・公使に関すること

五九（承平五年十一月二十七日官符）〜六五（天慶九年三月十三日官符）　諸国検非違使に関すること

六七（承平元年五月二十三日官符）〜七二（天慶九年八月十三日官符）　大嘗会に関すること

七三（天禄元年九月八日官符）〜八七（天禄二年七月十九日官符）　諸国進上の御斎会料・季御読経料・賑給料・施米料・春米・絹・調布・庸米等に関すること

八九（延喜五年十二月五日宣旨）〜九〇（延喜二十二年三月十五日宣旨）　官奏に関すること

九四（天慶七年閏十二月九日宣旨）〜九六（延喜二十年八月八日宣旨）　諸国受領に関すること

関連する文書が一応まとまって収載されている様子が窺われる。しかしこれらをすべて太政官部で括ってしまうことには無理があろう。類別編纂するのであれば、もっと詳細な部目立てが必要である。例えば『類聚符宣抄』では一七文書（天暦二年八月二十三日宣旨）は巻十の「勘出事」に、二四・二五文書（承平六年十一月二十九日宣旨、同日

宣旨）は巻八の「撰国史所」に、四〇文書（延喜十五年十二月八日宣旨）は巻十の「受領功課事」に類聚している。一概に『類聚符宣抄』と比較するのは、両書の編集方針の違いなどから問題もあろうが、一七・二四・二五・四〇文書を同一項目のなかに収集するのであれば、そもそも類聚編纂書としての特色とその企図した利便性は減じることになろう。国司受領に関係する文書が八〜一七、三九〜五二、九四〜九六などに分散しているのは、そこに明確な区分の基準を見出しがたく、類聚の意図は認められても、それが不備不完全であることを示している。諸司、諸国の公使・公文などに関する文書が二七〜三〇、五三〜五六に分かれているのも同様のことが言えよう。殊に二九と五三文書は同じ延喜十四年六月十三日の官符と宣旨で、その内容も近似するのであるから、同じ箇所に類別されていてもよいと思われる。

次の一〇一〜一〇六までは「厨家雑事」、一〇七は「中務省可献荷前山陵幷墓事」、一二〇〜一二六は「御季御服雑物事」、一二七〜一三三は「皇太子事」として整然と類聚されていることは既述の如くであるが、その間の一〇八（天慶九年四月二十七日文書）〜一一九（延喜九年閏八月十五日宣旨）には何の部目名も立てられていない。それらの文書を一括することはできず、一一四（延長元年六月九日宣旨）・一一五（天慶八年七月十九日宣旨）は同じ天文道習学に関する文書が連載されているものの、他は一通ずつ独立した内容であり、分類配列されているとはみなし難い。

要するに、類別編集する意図が存在し、部分的にそれが実現されていることは認めなければならないが、同時に整然とした類聚の手が及んでいない箇所も多く、いまみる文書配列が本来のものであれば、本書は類聚編纂物としては完備したものではなく、その意味で編集途上の姿を止めていると言わざるを得ない。このことは、本書は未だ編纂が完了していない未完成のものであったという想定を導き出す可能性もある。そうであれば、もともと定まった書名が付けられていたかどうかも怪しくなろう。

しかし収集せられた文書は、現存分に限っても他に認めることができない貴重な内容をもつことは、いまさら多言を要しまい。特に延喜以降の朝廷の政務、公事法制、官職、制度、機構などを明らかにする上で重要な史料的価値を有している。延喜以降の官符・宣旨を多数伝えているのは『類聚符宣抄』や『政事要略』等であるが、本書はそれらと比較しても決して遜色がない。『類聚符宣抄』は特に本書と親近性が強いが、それは官符・宣旨を集めた〝符宣抄〟としての性格にある。また所収文書の年代が、『類聚符宣抄』は天平九年（七三七）より寛治七年（一〇九三）に至る三百五十七年に亙るのに対して、本書は延喜二年（九〇二）から天禄二年（九七一）に至る七十年間で、彼の約五分の一に過ぎないが、『類聚符宣抄』所収文書の約半分は延喜から安和年間に集中しており、その点で本書の年代と共通性をもっている。しかし官符・宣旨の内容を比較してみると、本書はおもに社会経済史的な側面においてより重要度が高い文書が少なくない。また『類聚符宣抄』が文書の原形を損なわずに忠実に写しとどめると共に、文書執行手続きや細部にわたる政務の実際を記した注記等を付記しているのに対して、本書にはそのような配慮はほとんどみられず、場合によっては文書の原形を大幅に節略し、その主意をとって要約するなど、文書の内容そのものを知ることに主眼を置いている。従って本書は、『類聚符宣抄』とは編纂の旨趣に相違するところがあったと見るべきであり、両書は何の関係も連絡なくそれぞれ独自に編纂されたものに相違ない。

なお、その『類聚符宣抄』と本書所収文書との間には、前記した四通の文書が共通して収載されている。また『政事要略』とは、延喜十年十二月二十七日官符（一〇三）、延喜十四年八月八日官符（一〇六）、延喜十四年八月十五日官符（一〇四）、延喜十五年十二月八日宣旨（四〇）、延長八年十二月九日官符（一〇七）、天慶元年十二月二十六日官符（一一一）、天暦元年十一月十三日宣旨（四）の七通を共有する。『政事要略』と『類聚符宣抄』とは収載年代の幅員で本書とは比較にならないほど長い期間を共有するが、一致する文書は一通（四〇）のみである。明法博士惟宗允亮が法曹考勘と官庁執務の参考のために撰した『政事要略』とのこのような関係の相違は、両書の文書の性格の違いを示唆するものであろう。『朝野群載』にも天暦七年六月十三日宣旨（九）一通が収められている。

その他、『西宮記』『北山抄』『小野宮年中行事』『日本紀略』『本朝世紀』にも関連の記事や文書がみられる。

三　成立と伝来

本書はその編者、成立年代ともに不詳である。所収文書の年代が最も下るのは天禄二年（九七一）七月十九日の太政官符であるから、それ以後の成立であることは言うまでもないが、成立年代の下限を推測する確かな資料はない。しかも本書の全体が現存するわけではないから、成立年代の上限についても、現存範囲での一応の推定である。

ただ前述のように、所収文書の年代別分布の中心は村上天皇の天暦年間までで、その後、天徳・応和・康保・安和年間は、その間十三年間で康保四年の太政官符一通を収めるのみであることは注意せられてよいであろう。それ以前はほぼ毎年連続して文書が収載されており、延喜二年に始まって以降、全く所収文書がみられないのは、延喜十二年、延長五・六年、天慶二・五年、天暦五・八・九年のみである。これは十数年にわたって所収文書がみられない天徳以降と明らかな対照をなしている。そしていきなり同類の内容をもつ天禄元年九月八日太政官符九通と翌二年七月十九日太政官符六通が連載されており、それ以降の年紀の文書はない。これは、現存分が本来の所収文書のすべてではないという限定条件を考慮しても、特異な年代別文書構成といわねばならない。文書の残存や入手には様々な事情を配慮しておかねばならないが、敢えて憶測すれば、こうした年代別文書分布の特色は本書の成立年代と密接に関連する問題ではあるまいか。すなわち本書は天禄二年以降、それほど時代が下らない頃に編纂されたか、天禄年間の文書が書き継がれたとみることはできないであろうか。書き継がれたとすれば、村上天皇朝の最末年頃にいったん編集を終えたことになろう。このように推測することができれば、上述のような所収文書の時代的分布の特徴は本書の成立事情を如実に反映していることになる。

ところで最も年代が下る天禄元・二年の太政官符十五通のうち天禄元年の九通は、従来、その期に臨んで進納を求めてきた正月御斎会料・春秋二季御読経料・施米料・賑給料について、以後、賑給料については庸米、それ以外については年料米のうちから所定の斛数をあてるので、毎年それぞれの期日までに進納するよう命じたものである。これらは、『小野宮年中行事』の正月八日大極殿御斎会始事、二月御読経事、五月京中賑給事、六月施米事、八月御読経に引用されている「天禄元年九月八日宣旨云」と同趣旨である。この宣旨をもとに関係国に下された官符が、本書所収文書となっている。『小野宮年中行事』の記載で注意されるのは、天禄元年の宣旨のあとにいづれも必らず長元二年（一〇二九）の宣旨が引かれていることである。長元二年の宣旨は節略されているが、その主意は、御斎会料・季御読経料・賑給料・施米等を前司をして早く進納せしむべきことを命じたもので、天禄元年の宣旨・官符を前提としている。このような対応関係から推測すれば、もし本書が長元二年以後に編纂されたのであれば、『小野宮年中行事』のように長元二年の宣旨か太政官符を収載したのではあるまいか。このように考えることが許されるとすれば、本書は少なくとも長元二年以前に成立したこととなる。天禄二年以後数年間というのが第一案であるが、欠佚部分を考慮すれば、長元二年以前という成立年代の下限をおさえておくことが穏当であろう。

以上は形式的な考察であり、繰り返し述べたように現存範囲内における考えることのできる成立年代の措定であることを断っておきたい。しかも前項で記したように本書は類聚編纂物として甚だ不完全であり、編纂が完了していないものであるとすると、成立年代といってもあくまでも本書の現状が形成された時期の一応の目安に過ぎないことになる。

編者についてはほとんど何のてがかりもない。ただ本書を伝来してきた広橋家は藤原北家内麿流の日野家の支流で、名家の一つとして代々朝廷に仕え、ひろく典籍文書の伝来においても重要な役割を果してきた。歴代、蔵人頭や弁官を経て、なかには内大臣や准大臣に任じた者もいるが、多くは大中納言を極官とする官歴を伝統としてきたから、内廷外廷の実務機構にも通じた人物を輩出してきた家である。(7)されば本書が同家に伝来されたことに不思議はないが、単に伝来されたのみならず編纂そのものも広橋家かその周辺の人物が関与していたのではないかと考えられなくもない。しかし広橋家の祖である頼資は鎌倉時代初期に活躍した人物で、先に推測した本書の成立年代とは相当に時期が離れている。今日の伝本は広橋家の人物が書写した可能性はあろうが、編者とは切り離して考えねばなるまい。

いま敢えて、頼資以前の祖先で天禄~長元頃の人物を求めると、藤原有国の名が浮び上る。有国は文章生出身で、『本朝麗藻』などに作品を遺す漢詩人であるが、同時に『続本朝往生伝』に一条天皇朝の九卿の一人に数えられた名臣でもある。播磨・石見・越後・周防等の地方官を歴任し、右大弁、蔵人頭、勘解由長官、弾正大弼などを経て参議に至っているから、(8)官歴から判断する限り、太政官実務の心得もあったとみられる。しかし有国が当時の官符・宣旨等を伝宣・奉行したり、文書作成に関わった形跡は、ほとんど認められない。このことは、本書のような文書集を編んだ人物としては似つかわしくない点であり、有国を本書の編者に比定するのは躊躇せざるを得ない。結局のところ編者を特定することは困難であり、平安時代中期の太政官実務に明るかった人物という以上に限定することはできないのが現状である。

そもそも本書が広橋家に所蔵されるようになった時期も明らかではないが、仮に鎌倉時代頃に広橋家において書写され、それ以来とすれば、おそらく他見されることなく同家に秘蔵され続けてきたのではないかと思われる。『本朝書籍目録』をはじめとする各種の蔵書目録などに本書の内容にふさわしい書名を見出すことはできないし、本書が活用された形跡もない。本書の存在が世に知られ史料として利用されるようになるのは近代になってからで、それも広橋伯爵家旧蔵の文書典籍が岩崎文庫として東洋文庫に入り、調査整理され、東京大学史料編纂掛が『大日本史料』の編纂のために影写本を作成した大正年間のことである。その史料価値の高いことに注目し、昭和八年に『新訂増補国史大系』第二十七巻に収録されて一気に世に広まった。

四　伝本

もと広橋家に伝えられ、現在、国立歴史民俗博物館に所蔵する東洋文庫旧蔵の岩崎文庫本が唯一の伝本である。他に転写されることはなかったが、大正九年七月に東京大学史料編纂掛がこの広橋家本を影写した一本が同史料編纂所に所蔵されている。

既述のように首尾を欠くが、現存分は全七十四丁（外一丁断裂、国史大系本二五頁の承平二年八月十七日太政官符と承平二年八月二十三日太政官符の本文）で、天地縦押界した斐紙に一頁九行宛て墨筆する。胡蝶装の一冊本である。しかし毎丁下隅が焼損しているために、判読不能の箇所がほぼ毎丁存在する。焼損箇所は現在補修の手が加えられている。

各丁表の左端頭部に一丁から二十六丁目まで「改卅壱」「卅二十七終」の如く朱筆されている。途中、十二丁目を「卅十三」とし、「卅十二」を飛ばしているが、十一丁目と十二丁目は内容的に接続するとみられるので、この「卅十三」は「卅十二」の単純な誤りではないかと思われる。或いはここに何か別の一丁分が紛れて混入していたのかも知れないが、ともかく、以下一丁分の差異がでているため、二十六丁目を「卅二十七終」と記す。この朱筆が何を意味するものかも不明であるが、広橋家において文書を調査整理した節に付けられたものとすると、「卅」とあることから広橋家旧蔵時代の一時期には、本書は広橋家文書の第三十番目の文書として保存されており、特に「卅二十七終」とあることからすると、この二十六丁目までとそれ以降とは分離され、別の文書集の扱いを受けていた可能性がある。おそらく、綴糸が切れ一紙ごとに分離し、重ねて保管されていた時期に生じた問題であろう。もし綴合のしかたが変更されたとすると、類聚ものの場合、編纂書としての基本的な性格にかかわる問題が内包されていることになるが、補修された表紙には「綴合モトノマヽ」とあり、「モト」を消して「コノ」と訂している。しかも焼損跡は全丁共有しているから、現状は少なくとも焼損時点まで溯ることは確かであろう。なお現在本書は、広橋家記録の八十九に収められているが、次の九十に整理されている法曹至要抄にも本書とほゞ同様の焼損跡が認められる。

書風は醇雅にして鎌倉時代を降るものではないとされる。奥書などが伝えられていないために書写年代は不詳である。ただ本書は二筆よりなっている。異筆の箇所は国史大系本に頭注されているので既に知られていることであるが、

①天慶六年九月五日「可太政官暫停官奏事」（八八文書、三三頁九〜十一行、三十七丁表八・九・十行）、②延喜五年十二月五日宣旨「令大納言源昇藤原道明逓候官奏事」（八九文書、三四頁四行目、三十八丁表一行目）から延喜十九年九月五日宣旨の「若経年之間有損」（一〇二文書、三七頁一行目、三十九丁裏最終行）まで、③天慶九年四月二十七日「尊号詔書頒下事」（一〇八文書、五六頁三行目、六十一丁一行目）から延喜九年閏八月十五日宣旨（一一九文書、六〇頁七行目、六十四丁裏二行目、以下同丁裏空白）までの、三箇所である。これらの異筆箇所は、いずれもその間の文書が大幅に節略要約され、全文が記されていないという共通性をもっている。しかも①を除けば、ちょうど②は二丁分、③は四丁分となっており、この四丁目の裏は三行目以下が空白のままにされている。①は三十七丁表の空白部分に書き込んだものである。従ってこれらの異筆箇所は、後に補筆され、同綴されたものと思われる。しかし補筆された丁とそうでない丁とは同紙であるから、後に補筆されたといってもそれほど時が経過してからとは考えられない。

ただその場合、補筆された部分は本来存在しなかったとみるか、存在したとみるかで、本書の原本の姿が異なってくる。この点の考察に参考となるのは、①が三十七丁表の空白部分に書き込まれていることである。もし新たに文書を補うのであれば、②は官奏に関する文書から始まっているのであるから、それに関係する①も②の三十八丁目の最初に記せばよいのであって、わざわざ三十七丁表の空白部分を利用する必要はないであろう。しかも三十七丁裏は「厨家雑事」（三三頁十二行目）から延喜十九年九月五日宣旨の「若経年之間有損」（三四頁三行目）まで他の本文と同筆で記されている。この頁の頭には大きく「×」印が付けられ、さらに全体を墨抹して、三十九丁裏に同文が異筆で改めて記されている。これは原本の文書の配列を尊重したからであろう。おそらく本来は全文が記されていたが、後に原本と照合する機会があり、その箇所が脱落していることに気付き、補写したのではあるまいか。その際、文書を節略して書写した可能性があろう。なおいろいろな憶測も浮かぶが、その点を除けば、ひとまず伝本は原本の姿を伝えていると解釈しておきたい。

『新訂増補国史大系』本はこの広橋家旧蔵本を底本として、忠実にこれを翻刻されたものである。欠脱の部分を諸書によって補い[9]、意をもって改められた校訂箇所も少なくない。また目次及び巻末の編年索引は行き届いた編集で、検索の利便はこの上もない。

註

（1）『大日本史料』第一編之一には、一六三頁をはじめとして、以下「符宣抄　別本」として掲出されている。昭和八年に新訂増補国史大系に『別聚符宣抄』の書名で収録されて以後も、その掲出名は一貫しているが、第一編之十三（昭和三十九年発行）では「符宣抄〇東洋文庫所蔵」と改められている。

（2）東京大学史料編纂所の影写本の奥書には「右符宣抄　別本一冊／東京市岩崎文庫蔵本　大正九年七月写了」とある。

（3）瀧川政次郎博士「船橋本類聚符宣抄に就いて」（『史潮』第二巻一号、昭和七年）、船橋本というのは広橋本の誤解であろう。

（4）一〇九文書は成明親王に勅授帯劔した承平四年三月二十六日の文書で、『西宮記』巻十二には同日の皇太后五十算の賀宴記事があり、そのなかに「親王勅授村上」とみえる。また同巻十五の勅授帯劔事には「上卿奉勅、書宣旨、給弾正検非違使幷式部兵部丞」とあるから、この文書は宣旨であると思われる。

（5）一一〇文書はその形態と内容より中務省に下した太政官符と推定し、一一一文書は『政事要略』巻五十七に収める天慶元年十二月二十六日の民部省に下した太政官符と同内容のものであるから、同じく太政官符と判断した。

（6）一通のみのために部目をたてることは類をもって聚める類聚編纂書としては、不自然な感を与えるかもしれないが、『類聚符宣抄』のなかには多くのこのような実例がある。

（7）『尊卑分脈』『公卿補任』参照。
（8）『大日本史料』第二編之七、寛弘八年七月十一日条（一八頁以下）の藤原有国の薨伝史料参照。
（9）本書所収文書が他書にも収載されている同一文書や記事によって、さらに欠脱箇所を補える部分がある。いま一二の例をあげれば、天暦元年十一月十三日宣旨（四、一頁）の焼損箇所（大系本では□で表記）は、『政事要略』巻二十二によって「太政官列見、定考」「過差、自今以」（「遺」は「過」と訂すべし）「考・可行者」（「共」は「考」に訂すべし）を補足訂正することができる。また「使部」の上に「又史生」を補うべき注記も導き出せる。延喜六年十二月十三日宣旨（六、二頁）の「外記」は大系本は意に拠って補っているが、『西宮記』正月、女官除目の記事に拠りより確かな校訂となる。天暦七年六月十三日宣旨（九、三頁）の文字不明箇所は『朝野群載』申交替使文条に引載された同宣旨によって「去」を補うことができる。

参考文献

瀧川政次郎　「船橋本類聚符宣抄に就いて」　昭和七年　『史潮』二ノ一
清水　潔　『類聚符宣抄の研究』　昭和五七年　国書刊行会

	文書数		官符	宣旨	勅	宣命	上表	定文	解	不詳
延喜2	1			1						
3	1			1						
4	5				2	1	2			
5	2			2						
6	2			2						
7	3			3						
8	4		1	3						
9	3（同文書一通重載）		1	2						
10	4		2	2						
11	2	55	1	1						
12										
13	5		1	4						
14	4		3	1						
15	2			2						
16	1			1						
17	2		1	1						
18	3		1	2						
19	3		1	2						
20	2			2						
21	1									1
22	4			4						
23	1			1						
延長1	6		5	1						
2	1			1						
3	3		1	2						
4	1	14		1						
5										
6										
7	1		1							
8	1		1							
9	1			1						
承平1	1		1							
2	2		2							
3	3		2	1						
4	2	20		1						1（宣旨か）
5	4		2	2						
6	4			4						
7	3		1	1				1		
8	1			1						

	文書数		官符	宣旨	勅	宣命	上表	定文	解	不詳
天慶 1	1		1							
2										
3	1			1						
4	1			1						
5										
6	2	12	1							1
7	1			1						
8	1			1						
9	5		4							1
天暦 1	2			2						
2	3			3						
3	4			3					1	
4	1	14		1						
5										
6	1		1							
7	2			2						
8										
9										
10	1			1						
天徳 1										
2										
3										
4										
応和 1										
2										
3										
康保 1										
2										
3										
4	1	1	1							
安和 1										
2										
天禄 1	9		9							
2	6	15	6							
未 詳	2	2	1	1						
計	133		52	70	2	1	2	1	1	4

本朝文粋

後藤昭雄

一　書名

『本朝文粋』の「文粋」は『唐文粋』に倣ったものと考えられる。『唐文粋』は宋の大中祥符四年（一〇一一）に姚《よう》鉉《げん》によって編纂されたもので、唐代の詩文を選録する。一百巻。

「本朝」は、従って唐に対して、日本をいう。「本朝」をこの意味で用いて書名に冠した例は、すでに一条朝に高階積善が編纂した『本朝麗藻』、また『本朝詞林』（源為憲撰、散佚）があり、『本朝文粋』との先後は不明であるが、藤原明衡の撰とされる『本朝秀句』（散佚）もあった。

「文粋」とは〈文の精粋〉の意であるはずだが、「文」の意味するものは何か。平安朝には、劉勰の『文心雕竜』の論を承けた、『文鏡秘府論』西巻の

文とは詩・賦・銘・頌・箴・讃・弔・誄等、是なり。筆とは、詔・策・移・檄・章・奏・書・啓等なり。即《つ》きて之を言はば、韻ある者を文と為し、韻に非ざる者を筆と為す。

のような、押韻の有無によって区分し、散文に対して韻文を「文」と規定する考えがあり、これは源為憲の『口遊』、また『作文大体』へと承け継がれていっているが、『本朝文粋』における「文」はこれとは相違する。『本朝文粋』は韻文も散文も含んでおり、中国の『文選』や『唐文粋』、本朝の『都氏文集』や『菅家文草』がそうであるように、「文」は両者を併せたものを意味している。

二 編者

『本朝文粋』の編者について早く記録したものは『本朝書籍目録』で、「本朝文粋 十四巻〈明衡撰〉」と記す。これによって『本朝文粋』は藤原明衡の編著とされている。

明衡は藤原式家宇合流に属するが、この家系は明衡の祖父令茂から文人的性格を見せ始める。令茂は対策に及第し、地方官を経て大内記となる。村上朝の応和元年（九六一）三月三日には、冷泉院の釣殿で行われた花宴に文人の一員として参加し、詩を賦している。父敦信も対策及第を果たしているが、受領を歴任し、儒官に就くことはなかった。ただし詩文の才に優れ、『本朝麗藻』に詩が採録されている。また明衡は敦信が関白頼通の侍読を勧めたことをしきりに顕揚している（「申二階一状」『本朝続文粋』巻六）。

明衡は敦信の子。生年は明確ではないが、一条朝、九九〇年頃と考えられる。寛弘元年（一〇〇四）大学寮に入学し、長和三年（一〇一四）には学問料を文給され、給料学生となるが、以後長年に亙ってその身分のままに据え置かれ、長元二年（一〇二九）あるいは三年、四十歳前後にしてようやく文章得業生に補せられた。同五年、対策に及第し、左衛門尉に任官する。勘解由次官、出雲守を経て、天喜四年（一〇五六）儒官である式部少輔に任ぜられ、康平五年（一〇六二）には文章博士を兼ね、翌年には、東宮学士をも兼任する。従四位下に至り、治暦二年（一〇六六）には大学頭も兼ねるが、その年十月十八日没した。(1)

明衡は壮年までは不遇な境遇に置かれたが、式部少輔時代以降は、詩会への参加、上流貴族の依頼を承けての表状、願文等の執筆など、文人官僚として旺盛な活動を行っている。その制作になる詩文は『本朝無題詩』『中右記部類紙背漢詩』『本朝続文粋』『朝野群載』『詩序集』等に百余首が残されており、明衡の活躍ぶりを雄弁に語っている。「新猿楽記」『雲州往来』（「雲州消息」「明衡往来」とも）も明衡の述作編著とするのが一般であるが、疑問とする見方もある。(2)また『本朝秀句』（五巻）は『本朝書籍目録』に明衡撰と記載されているが散佚した。

三　成立年時

『本朝文粋』には序文はなく、外部資料にもその成立時を記したものはない。論証しなければならない。

現在の通説は天喜・康平年間（一〇五三―一〇六四）に成立したとするものである（文献4・5・14）。(3)これは編者藤原明衡の経歴をたどって、『本朝文粋』編纂がなされる可能性のある時期を推定する考え方である。膨大な量の資料を収集閲覧し、十四巻、四百三十余首に及ぶ詩文集を編纂するためには、それが可能な社会的地位、環境が必要であるとして、明衡が式部少輔、文章博士、東宮学士などの官職に在ったこの時期に成立したであろうと推定する。なお、このうち小島憲之氏は、成立年時を考える条件の一つとして、書名が『唐文粋』にもとづくことから、この書の成立の一〇一一年以降ということを指摘している。またいずれも明言はされていないが、集中最も制作時の後れる長元三年（一〇三〇）の作（後述）より以後ということは当然の前提とされているはずである。

これに対して、もう一つの説（文献10）がある。これは全く発想を異にし、所収作品の表題、目録における官職による人物呼称に着目して、それを手がかりに成立年時を限定していく考え方である。

『本朝文粋』の作者表記あるいは表題の官職による人物呼称には、その作品の制作時のそれではなく、編纂の時点に立って、通称あるいは最終官職で呼んだものがある。たとえば巻五、141[4]「為二四条大納言一請レ罷二中納言左衛門督一状」の「四条大納言」は、この表題自体が示しているように、この辞状が執筆された時点での官職（中納言）による呼称ではない。このような例に注目すると、編纂時期を絞る手がかりとなるものがある。56「答下入道前太政大臣辞二大臣并章奏等一表上勅」、108「入道大相国謝二官文書内覧一表」などにおける「入道前太政大臣」「入道大相国」は藤原道長をいうが、道長が出家したのは寛仁三年三月二十一日であるので、道長がこれらの呼称で呼ばれるのはこの時以後のことである。

もう一つ注目すべきものは藤原行成の呼称である。巻七に行成の大江以言宛の書状（190）が入集するが、巻七の目録には「員外藤納言　送二大江以言一状一首」とある。この書状は長保三年七月一日付のもので、「尚書右大丞藤原行成」と署名する。長保三年には、行成はこの官、すなわち右大弁に在り、「員外藤納言」は執筆時の呼称ではない。また巻十三には大江以言の391「為二員外藤納言一請レ修二飾美福門院額字一告二弘法大師一文」（表題、目録同じ）があるが、これは寛弘四年の作で、当時、行成は「参議正三位行兵部卿兼左大弁侍従播磨権守」で「員外藤納言」ではなかった。

以上二例の行成の呼称「員外藤納言」は共に執筆時のものではない。であれば、これは『本朝文粋』編纂の時点で、そう表記したと考えなければならない。

行成は寛弘六年三月四日に権中納言となり、中納言を経ないまま、寛仁四年十一月二十九日、権大納言に昇り、これを最終官として没している。

「員外藤納言」は権中納言、権大納言のいずれをいうものか。「納言」は一般には中納言の唐名であるが、念のために『本朝文粋』における両者の用法を検討してみると、「納言」は「紀納言」（紀長谷雄）、「江納言」（大江維時）、「橘贈納言」（橘広相）、「員外納言」（藤原敦忠・429）、「在納言」（在原行平・143）、「員外藤納言」（藤原伊周・251）のように、やはり中納言について用い、大納言は「員外大納言」（352）、「南亜相」（南淵年名・245）、「藤亜相」（藤原在衡・246）のように記す。従って、先の「員外藤納言」も権中納言をいうものと考えられる。

そうすると、行成が「員外藤納言」と称されるのは、権中納言の官に在った寛弘六年三月四日から寛仁四年十一月二十八日までの間である。これに前述の道長についての「入道太政大臣（大相国）」という呼称のことを考え合わせると、『本朝文粋』の成立は寛仁三年（一〇一九）三月から翌四年十一月までの間のことになる。

以上が久曽神氏の論の要点であるが、これに関連して次のようなことがある。行成の呼称「員外藤納言」に関してである。

『本朝文粋』には異本系の諸本があるが（後述「諸本」参照）、その一つ石山寺本に、前述の巻七、書状の目録に該当するものが巻六として遺存しているが、通行本とは違っている。次の通りである。

	（通行本）		（石山寺本）	
190	員外藤納言	送大江以言状	藤亜相行成卿	贈江以言状
192	江匡衡	返送貞観政要於蔵人頭藤原行成朝臣状	江匡衡	返納藤亜相行成卿政要状
193	行成朝臣	同返報状	藤亜相行成卿	同返答状
194	江匡衡	贈同行成朝臣状	江匡衡	贈藤亜相行成卿状

通行本の「員外藤納言」が石山寺本では「藤亜相行成卿」と書き改められている。「藤亜相」は行成の極官、権大納言を唐名で呼んだものであるが、石山寺本におけるこの書き変えは、石山寺本編者にとって、この作者表記が留意すべき事柄であったことをものがたっている。

石山寺本は通行本に対して改編本と考えられるテキストであるが、上述の例もそのことの例証となるものであろう。一つに、通行本の「員外藤納言」が石山寺本では「藤亜相」と改められているが、極官で呼んでいたのを、ことさらにその前の官職に変改することは考えられない。通行本が先である。また、通行本では「員外藤納言」「（藤原）行成朝臣」の二通りの表記であったものが石山寺本では「藤亜相行成卿」で統一されているが、これも通行本が先であることを示している。一様の表記であったものを、後に二通りに書き分けることは考えられない。

この石山寺本の改編本という性格を考慮して改めて顧ると、その石山寺本が最終官によって一律に表記しているのに対して、先行する通行本がその前官で以って表記していることは十分に意味のあることと考えられる。

ここで『本朝文粋』の成立時期についての二説に戻るが、寛仁三年（一〇一九）三月から翌四年十一月までの成立という説に拠ると、問題とすべきいくつかの点が出てくる。

まず第一は、集中最も後れる作品の制作年時、長元三年（一〇三〇）よりも前にあるということである。このことについて、久曽神氏は、この長元三年作の和歌序はその前に位置する作とは十七年もの隔たりがあることから（後述）、後の追補と考えている。

次いでは、寛仁三・四年には、明衡は三十数歳、なお文章得業生にも至らない給料学生の身分であった。このような身分で大部の詩文集の編纂が可能であるのか。このことについては、久曽神氏も明衡が儒家としての顕職を兼ねる晩年の成立とみる通説を考慮に入れつつ、祖父以来の家系の学問的雰囲気に留意すべきことを主張している。

また、寛仁三・四年は『本朝文粋』が書名の規範とした『唐文粋』が編纂された大中祥符四年から十年弱の時間しか経過していない。すなわち『唐文粋』は成立して後、比較的短い期間のうちに日本に将来されたと考えなければならない。

第四に、寛仁年間の成立とすると、その時点で生存している作者の作品が入集していることになる。以下の四人である。（ ）内は没年。藤原行成（万寿四年、一〇二七）、藤原広業（万寿五年、一〇二八）、藤原斉信（長元八年、一〇三五）、大江挙周（永承元年、一〇四六）。なお、天喜・康平頃の成立という通説では、この四人も故人となる。

『本朝文粋』の所収作者は故人に限られている。常識に属することとされてか、明言したものは、管見では一例しか見出しえないが、これが従来の共通理解であったと考えられる。そうであれば、四人の生存者の作が含まれるというのはこれに抵触する。[5]

寛仁年間成立説からは、以上の諸点はどう理解すればよいのか。

まず四から考えると、文集ではなく詩集であるが、『本朝文粋』と時代的に並行する『扶桑集』は生存者の作を含んでいる。『扶桑集』の成立は一条朝の長徳年間（九九五—九九八）であるが、これには菅原輔正（九二五—一〇〇九）の詩が採録されていた。(6) また、これも詩集ながら、一条朝期成立の『本朝麗藻』、はるかに遡るが、『凌雲集』『文華秀麗集』『経国集』の勅撰三集、いずれも生存者の作が入集する。あるいはそれをこそ採録する。『本朝文粋』の作品の採録は故人に限定されていると考えなくてよいのかもしれない。

三も、十年という時間は『唐文粋』が成立してのち日本へ伝来するのには十分な時間であるという見方もありえよう。

三については、むしろ二と同じように、舶来の『唐文粋』という貴重な、かつ大部な文献を一介の学生が手にすることができたかということの方がより大きな疑問であろう。

寛仁年間成立説に立つとき、一番の疑問は二であろう。先の『唐文粋』も含めて、なお文章得業生にも至っていない明衡が多量の編纂資料を利用することができたかということである。久曽神氏のいう祖父以来の家系、環境も氏がいうほど評価しうるものではない。一については、久曽神氏のいう後の追補という解釈に従うとしても、この疑問はなお大きいものと考えられる。

それでは、寛仁成立説を捨てて、明衡が儒家の顕職を兼ねた天喜・康平頃の成立とする通説に従うか。そうすると、行成が「員外藤納言」と呼ばれているという事実をどう説明すればいいのか。石山寺本のような「藤亜相」という本文に拠れば何の疑問もなくなるのであるが、久遠寺本以来の通行本ではこのことを解釈しなければならない。

通説が穏当であろうとは思うものの、右の疑問を説明しえないまま、二説とその問題点の提示にとどまらざるをえない。

四　分類・配列

『本朝書籍目録』に「本朝文粋　十四巻」とあり、現在の本も十四巻である。

ただし、『通憲入道蔵書目録』には「文粋十巻、下帙八巻」とあり、この十八巻本を異本系の諸本と関連させて、初稿本と見る考え（文献3）もあったが、現在では否定されている。

また、『文選』の影響を大きく捉え、目録一巻を想定して、これを加えて十五巻とし、『文選』三十巻の半分の十五巻を本来の形とみる考え（文献4・5）があるが、目録は諸本いずれも巻ごとの目録が各巻の巻頭に付されており、目録一巻の存在をうかがわせる徴証は古写本あるいは外部資料にも何もなく、これも成り立ちがたい。

要するに、『本朝文粋』は本来十四巻として成立した。

収載された作品は四三二首である。ただしこのうち三首は重複している。(7)

この四三二首の詩文が、文体ごとにまとめられていて、次のような構成になっている。（　）内は作品数。

巻一　賦◎（15）・雑詩◎（28）
巻二　詔○（6）・勅書（1）・勅答（7）・位記（2）・勅符（3）・官符（3）・意見封事（3）
巻三　対冊○（26）
巻四　論奏（2）・表◎（20）

巻五　表(26)・辞状(4)・奏状△(6)
巻六　奏状(26)
巻七　奏状(5)・書状(17)
巻八　序◎(37)
巻九　序(39)
巻十　序(46)
巻十一　序(34)
巻十二　詞(1)・行(1)・文△(1)・讃◎(5)・論◎(1)・銘◎(9)・記△(5)伝△(2)・牒(5)・祝文(1)・起請文(1)・奉行文(1)・禁制文(1)・怠状(1)・落書(2)
巻十三　祭文○(3)・呪願文(2)・表白文(1)・発願文(2)・知識文(1)・廻文(1)・願文(12)
巻十四　願文(15)・諷誦文(6)

このうち、雑詩はさらに古調(6)・越調(11)・字訓(2)・離合(1)・廻文(1)・雑言(1)・三言(1)・江南曲(2)・歌(3)に分類され、序は書序(6)・詩序(139)・和歌序(11)に分けられる。

文体の数にして三十八種(8)である。

このような分類配列の規範として、従来『文選』と『唐文粋』とが指摘されることが多い。前掲の一覧で、右に◎を付したものは『文選』『唐文粋』の両者と、○は『文選』と、△は『唐文粋』と重なるものである。

従来の指摘のうち、たとえば『文選』とは、重なるものが順序までも全く一致するということなどは確かに注目すべき点であるが、『文選』と『唐文粋』との対比のみで事足りるわけではない。『文選』との関係にしても、三十八種の文体（『文選』は三十七種）のうち、一致するのは十一種で、相違するものの方がむしろ多いのである。日本と中国と、それぞれの社会、歴史のもとで、さまざまの場で実際に用いられるものとして制作された文章が多く含まれている。相違するものがあって当然である。

我が国における詩文集の系譜をたどり、その流れのなかで『本朝文粋』の文体・分類を捉える視点も必要であろう。我が国の漢文学史において、詩文集として最初に位置するのは勅撰三集の一つ『経国集』（天長四年、八二七）である。序文に、

賦十七首、詩九百十七首、序五十一首、対策三十八首。分かちて両帙と為し、編んで二十巻と成す。

とある。詩だけでなく、賦、序、対策の三種の文を採録していた。詩文集である点では画期をなすが、文はわずか三種にとどまる。

次いでは空海の『性霊集』がある。編纂に当たった弟子真済の序文には、

夫れ其の詩・賦・哀・讃の作、碑・誦・表・書の制、遇ふ所にして作る。……兼ねて唐人の贈答を摭《ひろ》ひ、稍《やや》警策を挙げて、此の帙の中に雑《まじ》ふ。編んで十巻と成す。

とあるが、実際はやや異なり、巻一―詩、巻二―碑・銘、巻三―表・詩、巻四―表状・啓・遺言、巻五―書・啓状、巻六―達嚫・願文、巻七―願文・達嚫となっている。

都良香（八三四―八七九）の『都氏文集』はもと六巻のうち三巻が現存するが、次のような内容である。

巻三―賦・論・序・銘・讃・表

巻四―詔書・勅書・勅符・牒・状

巻五―対策・策問・策判・省試詩判

昌泰三年（九〇〇）、菅原道真自身によって編纂された『菅家文草』は最も巻数が多く、完好な形で現存しているが、次のような構成を持つ。

巻一～六―詩

巻七―賦・銘・賛・祭文・記・序・書序・議

巻八―策問・対策・詔・勅・太上天皇贈答天子文

巻九―奏状

巻十―表状・牒状

巻十一―願文

巻十二―願文・呪願文

道真とほぼ同時代の紀長谷雄（八四五―九一三）にも『紀家集』があるが、現存するのは巻十四の断簡のみで、記と伝が収められている。

今は佚書であるが、橘在列、出家して尊敬の家集『沙門敬公集』がかつて存し、源順の天暦八年（九五四）執筆の序文（202）が『本朝文粋』に遺存する。それには採録した作品について次のようにいう。

公が作れる所、詩・賦・歌・賛・啓・牒・記・状・呪願・願文等、且《かつが》つ編録して七巻と成す。

以上が『本朝文粋』に先立って成立した平安朝の詩文集であり、それが採録する文体である。

これら詩文集の存在を念頭に置きながら、『本朝文粋』の構成配列の特徴の主な点を考えていこう。『本朝文粋』は詩文集ではあるが、詩は極端に少なく、しかも、いずれも古調詩あるいは非定型詩である。「雑詩」として採録される詩は二八首で、全体四三二首の7％弱にしか過ぎない。これは『文選』では四三五首の詩が採られ、全体の半数以上を占めるのに比べると、『本朝文粋』では詩の比重が極めて小さいのである。また、当時の詩の最も一般的な詩形である律詩は完全に排除されている。ここには編者の明確な意図が看取される。それは早く柿村重松の言及（文献1）以来、しばしば言われるように、『扶桑集』や『本朝麗藻』がすでに存在することを考慮して、律詩はこれに委ねたのに違いない。

一方、採録された「雑詩」は、越調・字訓・江南曲・離合・廻文・雑言・三言といった、はなはだ特殊な詩体の作が多く、しかも越調を除くと、他はいずれも一首か二首しか採録されていない。すなわち、『本朝文粋』においては、詩は平安朝期に制作された詩体のモデルを提示することに主眼があったと考えられる。

このモデルの提示ということは、ひとり「雑詩」にとどまらず、『本朝文粋』という集そのものがその基本的性格の一つとしたと考えられる。

このことを述べる前に、あるいは述べるためには、文体による所収作品の多寡ということを考えてみる必要がある。前掲の『本朝文粋』の構成の一覧に示した文体ごとの作品数からただちに知られるが、文体によって多寡がある。改めてまとめてみると、数の多いものは、

序―156、表―42、奏状―37、願文―27、対策―26、書状―17、賦―15

などである。ことに序は、その中心は詩序（139首）であるが、『本朝文粋』全体の三分の一以上を占めて突出してい

る。

この序、表、奏状、願文といった文体が上位を占めるという情況は平安朝全般に拡げて考えてもよさそうで、遡っては別集である『菅家文草』では、願文(33)、序(27)、奏状(27)の順序で、また後続の詩文集『本朝続文粋』は、序(68)、表(28)、対策(24)、願文(22)、状(15)、奏状(13)などが多数の作であり、『本朝文粋』とほぼ一致する。これらは『枕草子』の「めでたきもの」の段に、「博士の才あるは、めでたしといふもおろかなり。……、願文、表、ものの序など作り出してほめらるるもいとめでたし」、また「文は」の段に、「願文、表、博士の申文」という願文、表、序、申文(奏状)と見事に一致していて、『枕草子』のこのような表現の背景を説明するものであるが、また、広く当代人にとって、漢文の文章としては、これらの文体が最も日常的なものであったことをものがたっている。すなわち、『本朝文粋』は当時多く制作され、最も一般的であった文体の作品を多く採録している。

一方、これと対遮的に、わずか一首のみが採られている文体も少なくない。勅書・詞・行・文・論・祝文・起請文・奉行文・禁制文・怠状・表白文・知識文・廻文がそうである。三十八種の文体のうち約三分の一の十三種が一首のみであることは、前述の「雑詩」にも同じ傾向が見られることと共に、『本朝文粋』編纂の目的の一つが、さまざまな文体の見本を提示することにあったことを示している。

先に『本朝文粋』の三十八種の文体のうち十一種は『文選』と一致することを見たが、残りのうち、先の一首のみの見本展示的なものを除いて、ある程度の数の作品が収められる文体は、多くは平安朝の先行する詩文集に分類項目としてすでに挙げられていた。

勅符──都氏文集

奏状―菅家文草

記―紀家集・沙門敬公集

伝―紀家集

牒―都氏文集・菅家文草・沙門敬公集

呪願文―菅家文草・沙門敬公集

願文―性霊集・菅家文草・沙門敬公集

このように先蹤がすでにあるが、その『都氏文集』以下の詩文集は、多くが『本朝文粋』の編纂資料となったと考えられている。(9)

すなわち、『本朝文粋』の分類配列の規範としては、これら本朝成立の詩文集も考慮しなければならないであろう。たとえば、巻二が詔・勅書・勅答・位記・勅符などの天皇が発する官文書類を収録するのは、『都氏文集』巻四が詔書・勅書・勅符を集めた巻であるのに相似し、末尾の十三、十四の二巻に願文類をまとめて置くのは『性霊集』『菅家文草』が、また現存しないが『沙門敬公集』も序文の記述から、同じく終りの巻にそれらを配するのに倣うなどのことをただちに指摘することができる。

五　作　者

『本朝文粋』に作品が収載されている作者は六十七人(10)である（後述の戯名の二人を除く）。そのうち入集数の多いのは、

大江匡衡　47首、大江朝綱　45首、菅原文時　38首、紀長谷雄　37首、菅原道真　36首、源　順　32首、
大江以言　26首、慶滋保胤　22首、兼明親王　19首、紀　斉名　12首、都　良香　11首、三善清行　7首。
等であり、以下、小野篁・橘在列・源英明が四首、紀在昌・菅原淳茂・同輔正・橘正通が三首入集する。
時代的に見ると、早い時期に位置するのは小野篁（八〇二―八五二）、春澄善縄（七九七―八七〇）、菅原是善（八一二―八八〇）、および嘉祥元年（八四八）の作（33「字訓詩」）がある清原真友らである。一方、時代が下っては、藤原行成（九七二―一〇二七）、同広業（九七六―一〇二八）、同斉信（九六七―一〇三五）、大江挙周（?―一〇四六）がある。
作品によって見ると、最も遡る作は小野篁の186「奉二右大臣一書」で、「学生小野篁誠惶誠恐謹言」と書き起こされるが、篁は弘仁十三年（八二二）に文章生となっているので、この書状はこれ以前の執筆となる。以下、
八二四（天長元年）　66公卿意見六箇条（作者未詳）・95太政官謹奏（作者未詳）
八二七（同四年）　64太政官符（作者未詳）
八三三（同一〇年）　197令義解序（小野篁）
となる。一方、最も制作年時の新しいものは藤原斉信の346「後一条院御時女一宮御着袴翌日宴和歌序」で、これは長元三年（一〇三〇）十一月二十日の章子内親王の着袴（『日本紀略』）の翌日の作である。
『本朝文粋』は二百十余年の時間枠のなかから作品を選録する。
これら『本朝文粋』の作者（作品）の選択には、時代的に明白な偏りがある。それは平安朝最初期のいわゆる勅撰三集時代の作者が採録の対象から除外されていることである。九世紀初頭のこの時期は、客観的には『凌雲集』『文華秀麗集』『経国集』の勅撰集に象徴されるように、平安朝漢文学史上、最初の隆盛期であった。そうであるにもか

かわらず、この時期の作者、作品の採録は、以下のようにはなはだわずかのものにとどまっている。

勅撰三集の作者であって、『本朝文粋』にも入集するのは前述の小野篁、そして春澄善縄の二人である。篁は四首入集するが、そのうちの二首は、前述のように弘仁・天長期に執筆されたもので、勅撰三集期の作であるが、残りの二首は共に漢文学史の大きな転換期となる次の承和期の制作である。善縄は『経国集』には本姓の猪名部氏の名で入集する。『本朝文粋』には二首が採録されるが、都良香に対する策問で、貞観十一年（八六九）の作であって、勅撰三集時代のものではない。

作者未詳の作で勅撰三集時代の作とみるべきものは前掲の三首である。この三首および小野篁の作があることから、全く排除されているわけではないが、勅撰三集時代の作者、作品に極めて冷淡な編者の姿勢が看取される。

一方、時代の新しい作者、作品の採録にも問題が含まれている。

制作年時が最も下るものは、後一条朝、長元三年（一〇三〇）の藤原斉信の和歌序（346）であるが、その前に遡ってみると、その間には十七年間もの間隔がある。すなわちその前に位置するのは寛弘九年（一〇一二）の作である。これを含めて、終わり数年の作を挙げると次のようになる。

一〇〇八（寛弘五年）　345中宮御産百日和歌序（藤原伊周）・416花山院四十九日願文（大江以言）
一〇〇九（同六年）　163中美濃守状（大江匡衡）
一〇一一（同八年）　417一条院四十九日願文（大江匡衡）
一〇一二（同九年）　167中式部大輔状（文室如正）・392北野天神供御幣并種々物文（大江匡衡）
一〇三〇（長元三年）　346女一宮御着袴翌日宴和歌序（藤原斉信）

寛弘の後半（寛弘九年が長和元年）はほぼ毎年の作が採録されているのであるが、以後は十七年間もの空白があって、最後の一首がある。久曽神氏は以上のことを指摘し（文献10）、最後の藤原斉信の作は後からの補入であるとして、前述のように、このことを『本朝文粋』の成立に関連する事柄として説いた。

ただし、これには一つ補足しておくべきことがある[11]。それは巻十一所収、源道済の352「初冬泛二大井河一詠二紅葉蘆花一和歌序」が前記の空白の間の制作である可能性があるということである。ただもしそうであったとしても、源道済は寛仁三年（一〇一九）に没しているので、それ以後の制作ではありえない。すなわち、道済作の和歌序は前掲の表の一〇一三年から一〇一九年までのどの年かの作である可能性もあるが、一〇二〇年以後ではない。最もおそく一〇一九年の作であるとしても、それから一〇三〇年まではやはり十一年の間隔がある。久曽神氏の指摘の大勢はなお変わらない。

『本朝文粋』の作品制作年表の終わり数条ははなはだ疎である。このことが成立に関わるのか、簡単には答えられないが、重要な指摘であったと思う。

ここでやや視点を変えて、採録されていない詩人文人にふれておくと、『扶桑集』『和漢朗詠集』『日観集』いずれにも、小野篁と共に承和期を代表して登場する惟良春道、また儒門としての大江家の始祖と目される大江音人は全く採録されていない。『田氏家集』を持つ島田忠臣は一首にとどまる。撰者明衡に近い一条朝期では、藤原公任の作が一首もないのは、藤原伊周・斉信・行成・有国らが一首にとどまることと共に、詩集『本朝麗藻』とは異なり、『本朝文粋』では専門文人の存在が比重を増している（大江匡衡・同以言・紀斉名）ことに依るのだろうが、その専門文人のなかでも、源為憲は一首のみであり、藤原為時は全く入集がない。

注記を加えておくべき作者がある。

戯名の作者が二人ある。

巻三に「弁二散楽一」の題の策問（93）と対策（94）がある。前者は村上天皇の作であるが、後者の作者は「散楽得業生正六位上行兼腋陣吉上秦宿禰氏安」となっている。「散楽得業生」なるものは実在せず、文章得業生に擬えて仮構されたもので、「秦宿禰氏安」も架空の人名である。久遠寺本に「蔵人文章得業生藤原雅材作云々」の注記があり、また『桂林遺芳抄』に「藤原雅材献策（弁散楽）。村上御問也」の記載があり、実作者は藤原雅材と考えられる。

巻十二、377「鉄槌伝」の作者は「前雁門太守羅泰」であるが、一見して明らかなように、戯名である。「鉄槌伝」は男性性器を擬人化した戯文であるので、その作者らしく、「羅」は魔羅（まら）の略、「泰」は太い意で、太い男根と戯称したもの。実作者については、久遠寺本および真福寺本に「或説」として「博文作云々」の注記がある。これによれば、『本朝文粋』に策問一首（77）が入集する藤原博文が作者となるが、「鉄槌伝」の用語に「新猿楽記」や『明衡往来』の措辞に類似するものがあることから、その作者とされる藤原明衡を実作者に擬する説が有力である。[12]

疑問のある作者。

95「太政官謹奏、停二多褹島一隷二大隅国一事」は「都良香」の作者表記があるが、天長元年（八二四）九月三日の作であり、承和元年（八三四）生れの良香の作ではありえない。

427「宇多院為二河原院左大臣一没後修二諷誦一文」は紀在昌の作であるが、この作品を引載するもう一つの文献『扶桑略記』延長四年七月四日条では作者は三善文江とされる。

154「申二勘解由次官図書頭一状」、155「申二遠江駿河守等一状」の二首の奏状は共に目録には平兼盛の作とするが、前者は書陵部本・高野山宝寿院本に、後者は京都国立博物館本・醍醐寺本に「可尋作者」という注記があり、兼盛の作とはみなしていない。奏状には、151小野道風奏状—菅原文時作、164大江成基奏状—紀斉名作、170賀茂保憲奏状—大江朝綱作のように、専門文人の代作である場合が少なくない。このことを考えると、二首の平兼盛奏状も誰かの代作である可能性が大きい。

巻十二、落書の389「秋夜書懐、呈二諸文友兼南隣源処士一」は作者として「貧居老生藤原衆海」と書かれている。藤原衆海なる人物は他の諸資料に全く見出しえないのであるが、久遠寺本・真福寺文庫蔵弘安三年写本には、前記作者表記の下に「在列云々」の小字注記があり、作者はじつは橘在列であると注する。ただし、この注記が正しいか否かも確認することはむずかしい(13)。

六　諸本

『本朝文粋』は古写本に恵まれている。ただし十四巻が完存する本はなく、近いものとして、身延山久遠寺蔵本が巻二以下の十三巻を有する（ただし巻十四には一部後代の補筆が混じる）(14)。各巻末に奥書があるが、たとえば巻十三には、

建治二年閏三月十六日、於二階堂杉谷令書写畢
本云西明寺禅門之御時仰故教隆真人被加点云々

とある。他の巻にも類似の奥書があり、それらによって、北条時頼が清原教隆に加点させた本を時宗が伝領し、それにもとづいて、文永六年（一二六九）から八年の間に書写し、さらにそれを建治二年（一二七六）に鎌倉の二階堂杉谷

で書写したものであることが知られる。本書は『本朝文粋』の通行本の祖本たる位置を占めているのであるが、『本朝続文粋』のテキストとして同様の位置にある内閣文庫蔵金沢文庫旧蔵本と、きわめて近い場、時間のなかにかつて存在したものであることが、この奥書から知られるのである。

全巻に近い形で伝存するのはこの久遠寺本だけで、そのほかは一、二巻の零本として残るのみである。それらの古写本については、前記阿部氏の解題および『本朝文粋の研究校本篇』(後述)の「書誌解説」がすでに備わるので、これに譲って解説は省略する。

『本朝文粋』には、通行本とは巻次、所収作品、配列などに相違のある異本が存在する。三本が知られている。

石山寺本

代表的な異本として国史大系本および『本朝文粋の研究校本篇』に目録が掲げられている。二つの部分からなり、前半は「本朝文粋巻第六」の内題があるが、通行本の巻五の辞状四首と巻七の書状一八首(通行本にない二首を含む)を収め、後半部は巻次不明であるが、通行本の巻五の辞表の部に該当する。

大河内本

奈良長谷寺能満院蔵。現状は聖教の紙背となっている。巻十三、巻十四の内題があり、この二巻に当たるが、通行本とは採録された作品、その配列に異同がある。『本朝文粋の研究校本篇』に目録が示されている。この大河内本のツレである巻十四の巻頭部分(目録と願文二首)が東京大学史料編纂所蔵『成賢筆第八略抄』に含まれている。(15)

以上の二本は鎌倉時代の古写本である。

高野本

静嘉堂文庫蔵、正保五年刊本への山崎知雄の書入れによって知られる。巻四のみであるが、もとは弘安七年（一二八四）書写本である。通行本に見えない賀表二首があり、重出する辞表三首（註（7）参照）がない。

これら異本と通行本との関係については、早くには異本を原撰本と見る考えがあったが（文献3・10）、近年は、異本はより配列基準を徹底させた形をもつ改編本と考えられている（文献13・14）。異本の一つ石山寺本の後出性については、本稿でも先にその一例を示しておいた。

『本朝文粋』は古写本の伝存するものが少なくない。それらは久遠寺本を除いては、一、二巻の零本として遺存するが、巻によって偏りがある。伝存する平安鎌倉期の古写本は次の通りである。

宮内庁書陵部蔵、巻六、平安末鎌倉初期書写。

お茶の水図書館蔵（成簣堂文庫旧蔵）、巻七、平安末鎌倉初期書写、高山寺旧蔵本。

宝生院真福寺文庫蔵、巻十四、建保五年（一二一七）書写。

京都国立博物館保管（神田喜一郎氏旧蔵）、巻六、寛喜二年（一二三〇）書写。

菅孝次郎氏旧蔵、巻二、文永二年（一二六五）書写。東洋文庫にツレの断簡がある。

身延山久遠寺蔵、巻二〜巻十四、建治二年（一二七六）書写。

金沢文庫保管、巻一、建治三年（一二七七）書写。

宝生院真福寺文庫蔵、巻十二・巻十四、弘安三年（一二八〇）書写。

中山法華経寺蔵、巻十三、永仁年間（一二九三〜一二九八）書写。

東京国立博物館保管（梅沢記念館旧蔵）、巻十三、正安元年（一二九九）書写。

醍醐寺蔵、巻六、延慶元年（一三〇八）書写。
高野山宝寿院蔵、巻六、鎌倉時代書写。
天理図書館・猿投神社蔵、巻十三、鎌倉時代書写。
猿投神社蔵、巻二、鎌倉時代書写。
猿投神社蔵、巻十三、鎌倉時代書写。
猿投神社蔵、巻十三、鎌倉時代書写。
金剛寺蔵、巻十三、鎌倉時代書写。
大谷大学神田文庫蔵、巻六、鎌倉時代書写。
陽明文庫蔵、巻十三、鎌倉時代書写。
東寺宝菩提院旧蔵、巻八・九・十、鎌倉時代書写。

これらに異本系の石山寺本、大河内本も含めて、伝存する本を巻ごとに数えてみると、巻十三―9、巻六―6、巻十四―4、巻二―3、巻七・八・九・十・十二―2で、あとは一巻のみである。古写本が多く伝存している巻は巻十三および巻六に集中しているのであるが、巻十三は願文を、巻六は奏状を収載する巻である。また四本が残る巻十四も願文を収める。

このように伝存する古写本に巻による偏りがあることは、後代における本書の享受のあり方と深く関わっている。すなわち、文体によって各巻が独立して利用されたことを示している。そうして、このことは翻って先に述べた『本朝文粋』の編纂目的の一つが文体の手本を提示することであったこととも密接に関わっている。

近世には、久遠寺本を祖本として盛んに書写されていて、大和文華館蔵慶長二十年写本、国立国会図書館蔵寛永元年写本、静嘉堂文庫蔵本、内閣文庫蔵本、京都大学附属図書館蔵菊亭家旧蔵本、陽明文庫蔵本などが伝わっている。また板本も刊行され、寛永六年刊古活字本、正保五年刊本が出版された。

明治以後の校訂本として次のものがある（主なものに限る）。

田中参『校訂 本朝文粋』八冊　一八八六年

正保刊本を底本として古写本や古活字本を用いて校合し、標注として示すが、弘長本・乾元本・文和本・永享本など、現在見られない古写本の校異が含まれている点で有用である。

柿村重松『本朝文粋註釈』　一九二二年

田中校訂本を底本として、真福寺蔵本、静嘉堂文庫蔵本および歴史史料、諸詩文集を用いて校訂し、詳細な出典注を加えたもの。現在もなお第一に依拠すべき注釈である。

新訂増補 国史大系本　一九四一年

神宮文庫蔵寛永六年古活字本を底本として、多くの古写本、田中校訂本、『本朝文粋註釈』および関連する諸史資料を以って校訂したもの。通行本の代表的テキスト。

新日本古典文学大系本　一九九二年

久遠寺本を底本とする初めてのテキスト。諸本を用いて校訂を加えるが、校異は底本を改訂した場合しか示されない。なお四十九首を選んで、訓読文を示し、注釈を付す。

本朝文粋の研究校本篇　一九九九年

久遠寺本を底本として、古写本二十四本を以って校合した労作。行間、欄外、紙背に書き入れられた勘物も注記する。

註

(1) 藤原明衡の伝記研究として、大曽根章介「藤原明衡の生涯」(『王朝漢文学論攷―『本朝文粋』の研究』、岩波書店、一九九八年。初出一九五八年)、三保忠夫「藤原明衡略年譜」(『島大国文』14号、一九八五年)、「藤原明衡論考」(『大谷女子大国文』16号、一九八六年)、「藤原明衡論考(続)」(『大谷女子大学紀要』20巻2号、一九八六年)がある。

(2) 註(1)の「藤原明衡略年譜」。

(3) 後掲の参考文献に付した通し番号によってこのように示す。

(4) 新日本古典文学大系本の作品番号。

(5) 佐藤道生「『本朝続文粋』と『本朝無題詩』」(『三田国文』12号、一九八九年)。

(6) 残欠本である現存本には、輔正の詩は残らないが、『二中歴』第十二・詩人歴の「扶桑集作者七十六人」に「菅相公輔正」とある。

(7) 巻四の108「入道大相国謝官文書内覧表」、109「同公重上表」、110「復重上表」が、巻五に127「為入道太政大臣辞左大臣并章奏随身等表」、128「為同太政大臣辞左大臣第二表」、129「同第三表」として収載されている。

(8) 対冊(策)を策問と対策の二つに分ける見方もあるが、『本朝文粋』の分類に従う。

(9) 大曽根章介、文献7。

(10) ただし後述するように代作の可能性のある作もあり、確定はむずかしい。

(11) この和歌序はこれまで正暦二年(九九一)の作と考えられている(杉崎重遠「源道済」『勅撰集歌人伝の研究』、東都書籍社、一九四四年)。序の冒頭に「十月三日、員外大納言源相公、惜秋景之既過、賞節候之纔残」とあるが、「員外大納言源相公」を権大納言源氏と見て、道済の活躍時期のなかで、これに該当する人物として源重光を比定し、十月に大井河に出遊することの可能な年として正暦二年を考えるのである。しかしこの解釈は誤っている。「相公」は参議の唐名であるから、これを「員外大納言」と一続きのものとして捉えるのは矛盾であり、これは「員外大納言」と「源相公」、権大納言と参議源氏の二人と理解すべきものである。そうすると、長和元年から道済の没年の寛仁三年まで、「員外大納言」として藤原斉信、公任、頼通、源俊賢が、「源相公」として源経房、道方、頼定があり、いずれかの組み合わせとして、その二人が中心となった大井河遊覧があり、和歌序がこの時に制作されたと考えることも可能である。

(12) 滝川政次郎『倩笑至味』(青蛙房、一九六三年)、小島憲之、文献5、大曽根章介「『本朝文粋』作者概説」(『大曽根章介日本漢文学論集』第一巻、汲古書院、一九九八年)。
(13) 後藤昭雄「落書拾遺」(『平安朝漢文文献の研究』、吉川弘文館、一九九三年)。
(14) 中尾真樹「身延本『本朝文粋』の伝来過程」(『棲神』65号、一九九三年)。
(15) 『日本歴史』六二七号(二〇〇〇年)の口絵、解説参照。

参考文献

影印

『重要文化財本朝文粋』(汲古書院、一九八〇年) 身延山久遠寺蔵巻二〜巻十四
天理図書館善本叢書『平安詩文残篇』(八木書店、一九八四年) 天理図書館蔵巻十三
真福寺善本叢刊『漢文学資料集』(臨川書店、二〇〇〇年) 真福寺蔵巻十二・巻十四建保五年書写本・巻十四弘安三年書写本

注釈

柿村重松『本朝文粋註釈』(内外出版株式会社、一九二二年。新修版、冨山房、一九六八年)

小柳司気太「本朝文粋註釈補正」（『続東洋思想の研究』、森北書店、一九四三年）
小島憲之『懐風藻　文華秀麗集　本朝文粋』（日本古典文学大系、岩波書店、一九八四年）
大曽根章介　金原理　後藤昭雄『本朝文粋』（新日本古典文学大系、岩波書店、一九九二年）

索　引

土井洋一　中尾真樹『本朝文粋の研究漢字索引篇』（勉誠出版、一九九九年）
藤井俊博『本朝文粋漢字索引』（おうふう、一九九七年）

テキスト（全体に亙るものは「諸本」の項に既述）

太田正弘「本朝文粋巻十三の基礎的研究」（『尾三文化』1輯、一九八四年）
中尾堯「『立正安国論』（国宝）とその紙背『本朝文粋』巻第十三の成立と伝来」（『日蓮真蹟遺文と寺院文書』、吉川弘文館、二〇〇二年）
小林芳規「本朝文粋巻第六延慶元年書写本（乾）（坤）」（『（醍醐寺文化財研究所）研究紀要』10・11号、一九九〇・九一年）
中尾真樹「中世における『本朝文粋』書写事情の一側面—未紹介資料　金剛寺本巻八・大谷本巻六をめぐって—」（『和漢比較文学』9号、一九九二年）
皆川完一「本朝文粋と平出鏗二郎」（『日本歴史』五四八号、一九九四年）
1柿村重松『本朝文粋註釈』（前出）「叙説」
2岡田正之『日本漢文学史』（共立社書店、一九二九年。増訂版、吉川弘文館、一九五四年）

3近藤喜博「異本本朝文粋の問題」(『芸林』8巻6号、一九五七年)
4川口久雄『平安朝日本漢文学史の研究』(明治書院、一九六一年)
5小島憲之、日本古典文学大系『本朝文粋』(前出)「解説」
6大曽根章介「山崎知雄書入本『本朝文粋』について」(『大曽根章介日本漢文学論集』第二巻、汲古書院、一九九八年。初出一九六五年)
7大曽根章介「本朝文粋の成立—その典拠について—」(『王朝漢文学論攷—『本朝文粋』の研究』、岩波書店、一九九四年。初出一九六六年)
8大曽根章介「本朝文粋の分類と排列」(前出『王朝漢文学論攷』。初出一九六八年)
9大曽根章介「本朝文粋の原形について」(前出『王朝漢文学論攷』。初出一九六九年)
10久曽神昇「原撰本本朝文粋と本能寺切」(『愛知大学文学論叢』42号、一九七〇年)
11阿部隆一「本朝文粋伝本攷—身延本を中心として—」(『重要文化財本朝文粋』、汲古書院、一九八〇年)
12大曽根章介「本朝文粋成立試論—『扶桑集』との関係について—」(前出『王朝漢文学論攷』。初出一九九〇年)
13中尾真樹「異本本朝文粋の問題—石山寺本をめぐって—」(『和漢比較文学』6号、一九九〇年)
14大曽根章介「本朝文粋解説」(新日本古典文学大系『本朝文粋』(前出)、一九九二年)
15大曽根章介『王朝漢文学論攷』(前出、一九九四年)

本朝続文粋

後藤昭雄

一　編者

編者については、早く『本朝書籍目録』に「続文粋　十四巻〈季綱撰〉」の記載がある。これを承けて、江戸期の松下見林「本朝続文粋序」(元禄十三年、一七〇〇)、市河寛斎『日本詩紀』(天明六年、一七八六)、尾崎雅嘉『群書一覧』(享和元年、一八〇一)、岡本保孝(一七九七―一八七八)の『難波江』などは、季綱を南家藤原氏の季綱として、これに従っている。

季綱は実範の子で、子に『江談抄』の筆録者実兼がある。文章生であった天喜四年(一〇五六)の殿上詩合に参加、のち方略試に及第して、東宮大進、備前守、越後守、大学頭等を歴任した。承徳三年(一〇九九)が資料所見の下限である。『殿上詩合』『本朝無題詩』『中右記部類紙背漢詩』等に二十余首の詩が残る。編著として『季綱切韻』『検非違使庁日記』があったが伝存しない。

このような経歴からは、藤原季綱は『本朝続文粋』の編者として有資格者といってよいであろう。江戸時代の学者たちもそう考えて『本朝書籍目録』の記事に従ったはずである。しかし、季綱を編者と考えることには、次の点において大きな疑問がある。それは所収作品の制作年時と季綱の没年との関係である。

岡田正之（文献2）[1]は保延六年（一一四〇）の作があることと前述した季綱の履歴との年代差、また季綱の編纂とすれば、自作（190[2]「陰車讃」）を収載していることになり、規範とした『本朝文粋』の方針に外れることを論拠として、季綱を編者とすることに疑問を提出した。また、林鵞峯の『本朝一人一首』が藤原明衡の条では『本朝文粋』編纂のことに言及しているにも拘わらず、季綱の条では『続文粋』のことに全くふれていないことも指摘している。

和田英松（文献3）は『中右記』康和四年（一一〇二）九月十一日および十四日条に「故季綱」とあることを指摘してその没年を限定したが、季綱編纂の立場に立ち、多数存する康和以後制作の諸篇は後人の増補と見なした。なお、先の岡田著も季綱の原撰に後人が補修を加えたとする見方も付記している。

この季綱の原撰、後人の増補という解釈については、山岸徳平（文献4）が全体の組織や各巻の配列と分量などから推測して、考えられないと批判している。

これを具体的に検証すると、もし季綱が編者であるとすれば、文体によって立てられた類題（後述、七五二頁参照）のうち、勘文（巻二）、表のうちの賀瑞（巻四）と辞随身（巻五）、都状（巻十二）、祭文、表白（巻十二）、諷誦文（巻十三）の類題のもとに収載されている諸篇はいずれも季綱没後の制作であり、従って原撰本にはこれらの類題は存在しなかったことになる。すなわち増補に当たった後人は新たに前記の諸類題を立項するという操作をも行ったうえで、作品を採録したと考えなければならない。また同様の考え方で、書状（巻七）は二首から六首へ、願文のうち修善の部門（巻十二）は三首から八首へと大幅な増補がなされたとしなければならないが、共に考えがたいことである。季綱原撰、後人増補説はやはり成り立ちえないとすべきであろう。

では『本朝続文粋』の編者は誰か。そのことを考えるには、本書に入集する作者に目を向けなければならない。作者をおおよそ系図化して示すと次頁のようになる。人名に付した数字は作品数。『続文粋』の作者でない者は（　）でくくった。

作者全般については改めて述べることとして、ここでは当面の問題に限るが、これを見ると、作品の採録がいかに藤原式家の三人、および大江匡房に集中しているかが見て取れる。このことから、編者としては、藤原式家の学者、具体的には有光らの三人（文献8）、あるいは茂明（文献5）などが想定されている。一方、大江匡房も多くの作品が入集することと、その作に「以自筆写之」（6「参安楽寺詩」）、「被作此詞之冬被薨卒、取文獲麟之詞也」（179「白頭詞」）、「自作」（232「為亡息隆兼朝臣四十九日願文」）といった心覚え的な注記の付された作が集中してあることから、江家の文人の可能性も指摘されている（文献5・7）。

私見でも明確な答えを出すことはできず、残念ながら両説を紹介するにとどめざるをえない。

二　成立年時

成立年時をはっきりと記載した資料はない。また編者を藤原季綱とする説は前述のように成り立ちえないものであり、これを顧慮する必要はない。そこで、従来、収載作品のなかで最も執筆年時の遅れる作に注目し、それより何年か後に本書の成立時を想定するという考え方が多く行われてきた。それによると、巻四所収、藤原敦光作の藤原忠実

藤原氏

式家

- 明衡[34]
  - 敦基[13]
    - （茂明）
  - 敦光[52]
    - （有光）
    - （永光）
    - （成光）
- — 義忠[3]

北家

- （有国）
  - 広業[2]
    - 家経[1]
      - 正家[5]
        - 広綱[1]
      - 行家[1]
  - （資業）
    - 実綱[8]
      - 有綱[1]
      - 有信[4]
        - 資光[1]
    - （実政）
      - 敦宗[7]
- — 季仲[2]
- — 国成[5]

南家

- 実範[9]
  - 季綱[1]
    - 友実[1]

大江氏

- （匡衡）
  - （挙周）
    - （成衡）
      - 匡房[40]
        - 隆兼[1]
        - 匡時[1]
          - 匡輔[1]
  - 時棟[1]
- — 佐国[3]

菅原氏

- 定義[2]
  - 清房[2]
  - 是綱[1]
    - 宣忠[2]
  - 在良[8]
- — 忠貞[2]

源氏

- 宇多源氏　経信[1]
- 村上源氏　師房[2]
  - 俊房[1]

その他

- 惟宗孝言　7
- 善滋為政　3
- 平　定親　1

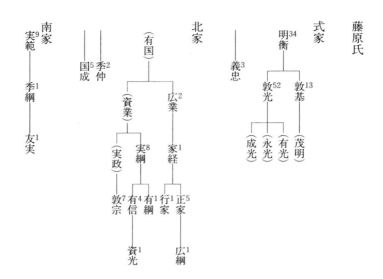

のための「辞二准后一表」(61)が保延六年(一一四〇)七月十三日の日付を持ち、最も執筆が遅れる。従って『続文粋』の成立はそれより数年後の近衛朝(一一四一—一一五五)かと考えられる(文献4・6)。

これに加えて、佐藤道生氏は本書も『本朝文粋』に倣って、所収作者を故人に限るという編集方針を取っているであろうとして、その点から考察を加えている(文献8・9)。しかし、この論の前提である、『本朝文粋』の所収作者は故人に限られるということは、本書の「本朝文粋」の項で述べたように、寛仁年間成立説に立つとき、そうは考えられなくなってくるのである。従って、これを前提として、『続文粋』に援用するという方法は採りえない。

別の立場が必要となるが、『本朝文粋』の成立時期の推定に用いられた、所収作品の表題の人物呼称に着目するという視点は、『続文粋』においても有効であると考えられる。

成立時期の論証に援用できるのは次の例である。巻五に、

66知足院禅定前太相国辞二右大臣一第三表(藤原敦基)

70知足院禅定前大相国辞二随身一表(藤原敦光)

がある。この二首の表の「知足院禅定前大相国」は藤原忠実をいうが、忠実がこの呼称で称されるのは、保延六年(一一四〇)十月二日に出家し、保元元年(一一五六)八月、洛北の知足院に幽閉され籠居して以降のこととなる。

佐藤氏は前述の方法で考証し、成立時期を後白河朝から二条朝にかけて、すなわち保元から応保まで(一一五六—一一六二)と推定しているが、私見では、上述のことから、保元元年八月以降となる。下限は未詳である。

三　構成・巻数

はじめに作品数についてふれておこう。

『本朝続文粋』には一二三首の作品が収載されている。このことに関して、一つ見落とされていたことがある。巻一に越調詩として「秋日於二河陽旅宿一敬奉レ和二入道肥州前史越調詩一」が収められているが、目録には「河陽旅宿越調詩一首」とあり、これまでこれに従って一首と見ているが、これは目録がすでに誤っていて、二首である。そのことがよく分かるようにして本文を示すと、次の通りである。

非啻文章無比方。
五経義理笥中蔵。
循良吏　著作郎。
万代賢名遠近揚。（自注略）

倚官昔事帝王尊。
求道今帰法界恩。
書妙偈　仰誠言。
占居山麓避囂喧。（自注略）

越調詩とはそもそも七・七・三・三・七という句形なのであり、かつ、見るように前者（陽韻）と後者（元韻）とでは脚韻が異なっている。二首なのである。

全体のことに戻ると、一三三首という作品数は『本朝文粋』の四三二首に比べると、その半分強にしか過ぎない。それが本書の十三巻という巻数と深く関わっているはずであるが、そのことは次に述べる。

『本朝続文粋』の集としての構成は『本朝文粋』に大きく依拠している。巻ごとの分類、類題を『文粋』と対比させて示すと、次頁の通りである。

両者を比較して集の構成を見ていくに先立って、文体について述べておこう。

『本朝続文粋』もさまざまな漢文の文体のモデルを提示するというのが編纂目的の一つであったはずだが、本書には二十七種の詩文が集められている。『本朝文粋』の三十八種に比べるとかなり少なくなっているが、そのなかで、『続文粋』において新たに採録された文体がある。勘文（巻二）、施入状（巻七）、都状、定文（巻十一）の四つである。それぞれについて簡略に説明しておこう。(3)

勘文　天皇の下問に応じて、時の政治に関する諸事について、故事先例を調べて自分の考えを上奏した文章。『本朝文粋』所収の意見封事に類似する。

施入状　神仏に物を奉納する趣旨を述べた文章。古代の献物帳の系譜を引く。

都状　祭文の一つ。陰陽道信仰のもとで、泰山府君（中国の民間信仰の神。冥界を支配し、人の寿命を司る）や冥道の諸神に供物を捧げて、延命や現世の利益を祈願する趣旨を述べて神に奉る文章。

定文　守るべき規定を定めた文章。所収の定文は興福寺近辺での魚鳥の殺生を禁止する旨を述べたもの。

巻	続文粋	文粋
巻一	賦 雑詩	賦 雑詩
巻二	詔 勅答 位記 勘文	詔・勅書 勅答・位記 勅符・官符 意見封事
巻三	策	対冊
巻四	表(上)	論奏 表(上・中)
巻五	表(下) 状	表(下) 辞状 奏状(上)
巻六	奏状	奏状(中)
巻七	書状 施入状	奏状(下) 書状
巻八	序(上)	序(甲)
巻九	序(中)	序(乙)
巻十	序(下)	序(丙)
巻十一	詞・讃 論・銘 記・牒 都状・定文	序(丁)
巻十二	祭文 呪願 表白 願文(上)	詞・行 文・讃 論・銘 記・伝 牒・祝文 起請・奉行 禁制・怠状 落書
巻十三	願文(下) 諷誦文	祭文 呪願文 表白文 発願文 知識文 廻文 願文(上)
巻十四		願文(下) 諷誦文

さて、『続文粋』と『文粋』とでは、巻一・三・八・九・十は両者全く一致している。巻二・四も相違はあるが類似した性格の文章であり、ほぼ照応しているといってよい。巻五—七は、巻六は両者ともに奏状で一致し、巻五は表と状、巻七は書状が中心で、『文粋』はこれに奏状が加わるが、基本的なところでは照応している（奏状については後述）。以上、巻一から巻十までは、『続文粋』は『文粋』にほぼ準じている。

大きく食い違っているのは巻十一である。『文粋』はすべて序であるが、『続文粋』は詞・讃以下、八種の文体を収載し、全く異なっている。そして『文粋』で多種の文体を収載してこれに対応しているのは、巻十二である。以下も『続文粋』巻十二は神祇仏教関係の文章を収めていて『文粋』巻十三に対応し、巻十三は願文と諷誦文で『文粋』巻十四と一致する。すなわち『続文粋』の巻十一以下は一巻ずつずれて『文粋』巻十二以下と照応しているのである。

このように見てくると、『文粋』では四巻に亙っていた序が『続文粋』では三巻になったことが、集の構成に関わる大きな変化であり、それ以外は、両者は一致ないし照応しているといえる。すなわち序一巻の減少がそのまま『文粋』より一巻少ない『続文粋』の十三巻という巻数になっていると見ることができよう。

しかし、本来は『続文粋』も『文粋』と同じく十四巻だったのではないか、とする考えがある。

その論拠となるのは、まずは次の二点である。

『本朝書籍目録』に「十四巻」と記載する。

醍醐寺蔵の「文粋以下」と題された写本は『文粋』と『続文粋』から表白、願文を抄出したもので、(4)『続文粋』からは「尊勝寺灌頂表白」以下八首を抄写している。首題に「本朝続文粋巻十三抄出」とあるが、通行本では八首はすべて巻十二に収載されている。

これに関連して、松下見林の「本朝続文粋序」に「旧本、願文上居二十三巻一、願文下居二十四巻一。後世誤願文上併二十二巻一、願文下為二十三巻一。故無二十四巻一。今改復二其旧一」という。これを図示すると、

旧本（十四巻本）		（十三巻本）
十二	祭文・呪願・表白	→十二
十三	願文上	
十四	願文下	→十三

となる。見林の序を巻首に置く明治二十九年刊本は「改めて其の旧に復した」十四巻の体裁の本であるが、これでは巻十二はわずかに五首のみの薄冊となっている。巻十二の収載作品が五首というのは他の巻とはなはだ均衡を欠くものとなる。見林のごとき見方に立つときは、この点をどう考えるかの説明が必要であろう。

十四巻説が議論されるとき、対象となるもう一つは巻七である。

巻七は書状六首と施入状五首を収載するが、『文粋』でこれに対応する巻七は奏状と書状を収める。すなわち前半に奏状があるが、この奏状という文体は、『文粋』では前掲の表に示したように巻五から巻七に亙っていて、これと比較すると、『続文粋』は大きく減少している。また巻六の目録には「奏状上」とある。このことから、奏状を収載した一巻が欠落した可能性が指摘されている（文献3）。

はたしてそう考えられるか、検討してみよう。『文粋』と『続文粋』の奏状を収載する巻を対比して示す。（　）内の数字は作品数。

	文粋	続文粋
巻五	建二学館一（1） 仏事（5）	
巻六	申二官爵一（21） 申二譲爵一（2） 申二学問料一（3）	申二京官一（4） 申二受領一（4） 申二加階一（3） 申二学問料一（3）
巻七	左降人請二帰京一（1） 省試詩論（4）	

『文粋』の巻五の「建二学館一」および巻七の二項は特殊な個別的な場合の作であり、作品数も多く、一般性を持つのは巻六所収の位階官職と学問料を申請する奏状であるが、これについては『文粋』と『続文粋』とは照応している。このように、表面的な数だけでなく、内容にまで立ち入って見てみると、奏状の中心をなす位官および学問料を申請する奏状は『続文粋』もよく採録しているのであり、その上に特殊な一回性的性格の奏状が集められて一巻を成していたとは考えにくいのである。

また、巻七には異本の存在がある。東寺宝菩提院三密蔵旧蔵巻七は一巻を完存するが、通行本と比べると、収載作品に大きな相違がある。通行本は書状六首、施入状五首であるが、宝菩提院本は施入状の一首、106「春宮大夫家施入状」がなく、通行本では巻十一に入る都状(204)、定文(205)各一首、そして『続文粋』にはない起請文一首、「比叡山起請文」(『朝野群載』巻三所収)を採録する(文献6)。

このような内容をもつ異本について、大曽根章介氏は後代の享受段階における異本化とみているが、山崎誠氏(文献7)は十四巻本説と関連させて、前述の巻七に奏状の存在を想定し、異本系に付加されている都状以下の三首および施入状は、性格からいえば巻七ではなく、巻十二に配されるべきものであるとして(『文粋以下』のように表白、願文を巻十三とすると、巻十二は作品数が少なくなる)、十四巻が本来の形である可能性を指摘した。

この論では、巻七が他の巻に比べて採録作品が少なく、均衡を欠くということが前提となっているが(この点は大曽根氏も同じ)、そうとはいえない。巻七の十一首は巻一(十首)、巻二(八首)よりは多く、巻六・十二の十三首に近い数である。つまり巻七の収載数が少ないということを議論の前提にはできないのである。また奏状が巻六で完結すると考えられることは先に述べた。従って巻七に奏状の存在を想定する必要はないだろう。

以上を要するに、上述の観点からの十四巻説は成り立ちがたいと考えられる。『続文粋』は『文粋』に比較すると、作品数において半数強に過ぎない。それが巻数においては、詩序を収めた一巻の減少となり、十三巻となった。やはりそう考えていいのではないだろうか。

四　編纂事情

『続文粋』については従来未定稿であるとする見方が有力である。

その根拠としては、岡田正之（文献2）が大江匡房を例として作者表記の不統一を指摘して以来、そのことが第一にあげられてきた。すなわち、匡房については、その作者表記が江大府卿、江匡房、大江朝臣、江都督、江帥、匡房、江大府卿匡房、大江朝臣匡房、大府卿など、多様な書き方が存在していて、[5]統一がはかられていないというのである。

そのほかに、これも匡房に集中するが、前述のように、その作に備忘録的な注記が書き添えられたものが残ること、また巻六の目録に「奏状上」とあるのに、巻七には奏状が採録されていないことも、未定稿と見る理由として指摘されている（文献7）。

『続文粋』がもつ体裁上の不備、不統一はじつは以上にとどまらないのであり、もっと大きな不完全さを抱え込んでいるのである。以下、列挙してみよう。

本文の欠落

奏状を収載する巻六の目録には、藤原敦基の「申二弁官一状」と「申二東宮学士一状」とが入集することが記されているのであるが、本文にはこの二首がない。なお、後者については、国史大系本頭注（九八頁）に指摘する通り、『教家摘句』（『泥之草再新』）に、これに該当する「申二東宮学士一状」からの摘句が引用されている。

もう一例、巻十一の巻頭に大江匡房の179「白頭詞」があるが、序のみで、詞そのものを欠いている。

表題の欠落

巻七所収の施入状五首（105―109）、いずれも本文には表題がない。目録のように、「内大臣家施二入鐘一口金峯山一状」といった表題が付されるべきであろう。巻十三所収の願文四首、目録には「皇后宮四十九日願文」、「中宮周忌願文」、「東宮四十九日願文」、「実成卿為二家督一追善願文」と題されているもの、いずれも本文にはこうした表題が付されていない。さらに諷誦文（233）も表題を欠いている。

類題の欠落

目録、本文双方に類題の記載がないものが少なからずある。

目録における欠落

本文と対比してみると、巻一、雑詩の下位類題としての「古調詩」と「越調」。巻五、状のうち「辞参議并勘解由長官状」「辞大学頭文章博士状」「辞文章博士状」三首に冠する類題。詩序は内容によってさらに分類されているが、そのうち巻八の「時節」、巻九の、本文にも欠き『本朝文粋』から推測すれば「木」。以上の類題が目録に記載されていない。

また、目録から推してあるべき類題が本文に欠けている例。

これはかなり多い。「賦」（巻一）、「勅答」（巻二）、「策」（巻三）、「辞関白摂政」「辞太政大臣」「辞准后」（巻四）、目録にも欠いている前述の辞状三首に冠する類題（巻五）、「奏状／申京官」[6]（巻六）、「書状」「施入状」（巻七）、「譜序」「居処」（巻八）、「詩序中／木」（巻九）、「詩序下／草」（巻十）、「詞」「都状」「定文」（巻十一）、「願文下」「諷誦文」（巻十三）。以上の類題が欠落している。

類題の、目録と本文とにおける齟齬

巻一所収の勘文が目録では「勘文」であるが、本文では「勘申」となっている。同様にいずれも巻八、詩序の下位類題であるが、講書−詠史、地儀−居処、聖廟−廟社と、目録と本文とで食い違っている。

作者表記の欠落

作品の表題の下に作者名が記されるのであるが、その作者表記を欠くものがかなりある。1「羽觴随波賦」（大江匡房）、9 10「於河陽旅宿詩」（藤原敦光）、81「辞大学頭文章博士状」（藤原実範）、82「辞文章博士状」（藤原明衡）、85「明快僧正辞延暦寺座主等状」（菅原定義）、101 102書状二首（明衡）、103「被奏祈雨御祈書」（匡房）、104「申式部大輔中弁書」（敦光）、106―109施入状四首、120「管絃臨暁清詩序」（明衡）、129「城南別業即事詩序」（大江佐国）、176「大井河翫紅葉和歌序」（藤原国成）、196「比叡山不断経縁記」（明衡）、199「宇治宝蔵袈裟記」（明衡）、200「納和歌集等於平等院経蔵記」（惟宗孝言）、203「日本大宰府牒高麗国」（匡房）、204「大納言実行卿泰山府君都状」（敦光）、205「春日祭使已下不可用魚鳥饗饌定文」（明衡）、208「円勝寺供養呪願文」（敦光）、225「中宮周忌願文」（敦光）、226「東宮四十九日願文」（藤原有信）、230「実成卿為家督追善願文」（明衡）。以上の諸篇は作者表記を欠いている。ただし、このうち85・106―109・199・200・230は本文の後に「作者菅定義朝臣」のように作者が記載されている。

作者表記の重複

次の二首は作者表記があるにもかかわらず、本文の後にも作者の注記がある。191「弁運命論」、202「狐媚記」。ともに大江匡房の作で、「江大府卿」という作者表記で十分なのであるが、本文の後にも「江都督作」（202）のごとき記載が残る。

作者表記の不統一

はじめにも述べたように、作者表記の不統一が、しかも専ら大江匡房のそれが、『続文粋』未定稿説の論拠とされてきた感があるが、『続文粋』における作者表記の不統一は何も匡房一人に限ってのことではなく、全体に及ぶこととして捉えなければならない。

全体から帰納される『続文粋』の作者表記の標準形は「敦光朝臣」(8)のような、名＋朝臣の形である。これを基本として、その他、種々多様な作者表記が見られるが、それも次のように整理することができる。

標準形に官職を冠したもの。例、美作守実綱朝臣(58)。

標準形に氏を冠したもの。例、藤原忠貞朝臣(17)。

以上における「朝臣」は敬称と見ることができようが、この敬称を付けないもの。

氏＋名。例、大江佐国(125)。

氏＋名に官職を冠したもの。例、弾正少弼菅原定義(134)。

名のみ。例、敦宗(135)。

名のみに官職を冠したもの。例、式部大輔広業(57)。

さらにこれに「作」を付したもの。例、文章博士為政作(60)。

令制の正式の位署に倣うもの。例、参議従三位行左近衛権中将藤原朝臣宗輔(110)。

これにさらに「上」を添えるもの。例、従一位行左大臣源朝臣俊房上(161)。「上」(たてまつる)はこのように右寄せでやや小さく書かれる。

以上の二つは、いずれも序の作者表記のみに見られるものであるが、これは(ことに最後に「上」を加える形は)詩会における詩題の書式そのままで、(7)『続文粋』が編纂に用いた資料のもとの姿をそのまま残しているものと考えられる。

唐名。例、藤義忠(155)。

これに敬称を加えたもの。例、藤国成朝臣（156）、藤広業卿（177）。

唐名として他に「藤前都督」（138）、「贈藤三品」（147）、「土御門右丞相」（173）などがある。

『続文粋』の作者表記は「〇〇朝臣」を基本形としながらも、以上のようなさまざまの呼称が混在している。従来言及されることの多かった大江匡房についての作者表記の不統一も、このような全体のなかで捉えられるべきものである。(8)

『続文粋』の体裁上の未整理はなお次のようなところにも残されている。

編纂資料のもとの形がそのまま残存しているもの。類題と本文と一例ずつあげる。

巻十の和歌序で、172「秋日於嵯峨野尋虫声和歌序」の題の前行に「虫部」とある。確かにこの和歌序は虫部という類題にふさわしいものではあるが、和歌序はその中が内容によって細分されてはいないし、ここ以外に類題に類する記載はない。おそらく編纂に当たって利用された和歌序集のごときものの類題がそのまま記載されたものであろう。

巻二に詔として11「朔旦冬至詔」と12「奉太上天皇尊号詔」の二首が採録されているが、その末尾が、前者は、

嘉承二年十一月二十九日御画

後者は、

応徳三年十二月二日

中務少輔従五位上臣藤原朝臣基頼宣奉行

作者大内記藤原朝臣敦基

となっている。これは、それぞれに「公式令」に規定された詔の書式の一部を部分的に残しているのである。すなわち、前者の「御画」は年月日のうち「二十九日」という日付を天皇が自ら書き加えたことを示す。また後者の「中務少輔――宣奉行」の一行は、「公式令」の「大輔又在らずは、少輔の姓名の下に併せて宣奉行注せ」に該当する。ただし、これらは文集に採録するに当たっては、削除されるべきものであろう。

『続文粋』の不備、不統一はこのように多岐に亙っている。上述のうちのいくつかは内閣文庫本という一写本固有の欠陥に帰すべきものだろうが、すべてがそうであるとは考えられない。やはり集としての不完全さを考えざるをえない。いくつかは例示したが、編纂に用いられた資料のもとの姿をそのまま残しているものがある。詩文集という統一体として当然加えられるべき整理が十分に加えられないまま流布してしまったのが、今見る『本朝続文粋』ということになるのであろう。

五　作　者

『本朝続文粋』に作品が収載されている作者は三十八人で（後述の明白な戯名は除く）、先にこれを簡略な系図にして示した。

改めて顧ると、本書の作者が特定の儒家に偏っていることが見て取れる。藤原氏の式家・北家日野流・南家、大江氏、菅原氏であるが、なかでも藤原式家の明衡父子、および大江匡房への集中が著しい。この四人の作で一三九首にのぼり、過半数に及ぶという偏頗ぶりである。

時間軸で見ると、藤原広業（九七六—一〇二八）、善滋為政（?—一〇二九史料所見下限）、菅原忠貞（?—一〇四〇）、藤原義忠（?—一〇四一）等が早い時期の作者で、このうち広業は『本朝文粋』にも入集し、ただ一人の両集に亙る作者である。一方、時代が下っては、没年の明らかな人物として藤原資光（一〇八三—一一三二）、同敦光（一〇六三—一一四四）があり、没年未詳であるが、菅原宣忠、大江匡時も最も新しい世代に属する作者と思われる。宣忠の父是綱の生年は一〇三〇年、没年は一一〇七年で、その子として宣忠は敦光と同世代と考えられる。匡時は匡房の子で、のち維順と改名する。仁平四年（一一五四）六月二十一日（『平範記』）まで史料に所見がある。

　個別に述べておくべき作者がある。

　一つに戯名で記されたもの。

　巻十一の190「陰車讃」の作者は「姪水校尉高鴻」と記されているが、これは男性器を車に見立てた戯文に即して、男根に関わる雁高の意を託した戯名である（『本朝文粋』所収「鉄槌伝」の作者名「羅泰（太い男根）」の方法に倣う）。ただし、讃の本文の後に「越後守藤原季綱作」と実名が注記されている。

　巻三に「詳二和歌一」の策問（41）と対策（42）があり、前者の作者は「紀朝臣貫盛」、後者は「花園朝臣赤恒」となっているが、いうまでもなく共に戯名である。この二首は『朝野群載』巻十三、『本朝小序集』にも収載するが、これには作者についての注記がある。紀朝臣貫盛（ただし「貫成」とする）について、『朝野群載』には「江匡房作」、『本朝小序集』には「弾正大弼明賢」と注記する。ともに実作者を注記したということであるが、明賢は源氏で隆国の孫に当たる。同様に花園赤恒について『本朝小序集』に「大江広房、匡房卿作与」の注記がある。花園赤恒は大江広房の戯名であるが、それもじつは匡房が作ったものであるという。広房は匡房の養子。

疑問のある作者。

巻六、奏状に源頼義の93「申二伊予重任一状」があるが、頼義は清和源氏で、陸奥守鎮守府将軍として、反乱を起こした安倍氏の討伐に功を成した武将である。『本朝続文粋』にこの頼義の一首があることに注目し、そこに転換期としての時代性を読み取ろうとする見方（文献5）があるが、この奏状を頼義の自作と見てよいのか、慎重であるべきだろう。というのは、奏状には専門文人の代作であるものが少なくないからである。『続文粋』所収の作にはその明証は見出せないが、『本朝文粋』には、小野道風奏状－菅原文時作、大江成基奏状－紀斉名作、賀茂保憲奏状－大江朝綱作（以上巻六）、藤原隆家奏状－高階成忠作（巻七）の例がある。このことを考えると、『本朝一人一首』附録に「『続文粋』に頼義が文一篇を載す。未だ知らず、自ら作る所か、博士の手を借る者か。所謂習ふこと性と成る、之を思はざるべけんや」と述べるように、むしろ頼義の作ではないと考えるべきであろう。

大江匡輔。巻八に詩序一首（118）が入集し、その作者表記に「蔭孫匡輔〈江帥〉」とあり、匡房の孫で、この詩序は匡房が匡輔のために代作したものと理解される。しかし、匡輔は大江氏系図の類、また他の資料にも所見がなく、佐藤氏の推測(9)のように、実在に疑問が残り、仮構された人物である可能性が大きい。

六　諸本

国史大系本の底本となっているのは国立公文書館内閣文庫蔵金沢文庫旧蔵本である。巻子本十三巻。『続文粋』の最古写本であり、全巻完存する。各巻に奥書があるが、巻一を例に挙げると、

文永九年十月廿二日以相州御本書写校合了
於点者本無点之間、当時無沙汰者也
巳下巻々効之　　越州刺史（花押）
同十二月十三日以大内記広範之本移点校合畢

とある。文永九年（一二七二）十月、北条実時が北条時宗所持本に基づいて書写し、さらに十二月に大内記広範（藤原茂範の子か）の本を用いて移点した本である。以下全巻に同じく文永九年書写のことを記す。本書は一九五八年に複製が公刊され、山岸徳平氏の解説（文献４）を付す。

『続文粋』は古写本の伝存がはなはだ少なく、全巻が伝わるのはこの内閣文庫本のみで、ほかは部分的に残るに過ぎない。

東寺宝菩提院三密蔵旧蔵巻七、一巻

前述（七五五頁）の通り、通行本とは採録作品に一部違いがある異本系の一本である。南北朝期を下らない写本である。大曽根章介氏によって紹介された（文献６）。同文献に全文の翻刻、内閣文庫本との校異が付されている。

醍醐寺蔵『文粋以下』一冊

表紙に「文粋以下」とあるが、『本朝文粋』と『続文粋』から神祇仏教関係の作を抄出したものである。義演が文禄二年（一五九三）八月、書写させた旨の奥書がある。前半に『続文粋』からの抄出があり、「本朝続文粋巻第十三抄出」として通行本では巻十二所収の「尊勝寺灌頂表白」「唯識会表白」「鳥羽院高野御塔供養願文」「勝光明院供養願文」「一品宮仁和寺御堂供養願文」「法成寺塔供養願文」「京極前太政大臣御八講願文」「子息等賀左大臣七十算願文」

の八首を抄書する。

古写本に恵まれない『続文粋』では古筆断簡も貴重な資料である。

古筆手鑑叢刊『宮内庁書陵部蔵　古筆手鑑』（貴重本刊行会、一九九九年）に鎌倉時代の『続文粋』の断簡一葉がある。慈鎮（一一五五―一二二五）筆とされる「本朝続文粋切」で、「本朝続文粋巻第四」の尾題があり、「富家殿辞准后表」の末尾五行（国史大系本六七頁3行以下）が残る。

あとは近世の写本であり、これはかなりの数の本が伝存する。川口久雄氏の著書（文献5）に紹介略述がある。

『続文粋』の刊本は明治に至ってようやく刊行された。

明治二十九年（一八九六）刊木活字本

扉に「菅家原本」とあり、菅原家伝来の本を底本として菅原（東坊城）徳長が京都の聖華坊から刊行した。「旧本」の形に復した十四巻本となっている。五十部のみの印刷であったので、今では稀覯本である。巻首に置かれた元禄十三年の松下見林の「本朝続文粋序」および巻末の菅原徳長の「書後」は国史大系本末尾に付録として移録されている。

国書刊行会本　大正十二年（一九二三）刊

内閣文庫本を底本として「流布本」を以って校訂する。『本朝文粋』と合冊。

校註日本文学大系本　昭和二年（一九二七）刊

明治二十九年刊本に拠った十四巻本。送り仮名と略注を付す。

新訂増補国史大系本　昭和十六年（一九四一）刊

内閣文庫本を底本として、尾張徳川黎明会所蔵本、明治二十九年刊本ほかを以って校訂する。通行本の代表的テキスト。

註

（1）後掲の参考文献に付した通し番号によってこのように示す。

（2）論述の便宜のために、国史大系本に付した通し番号。各巻の巻頭の作品の番号をここに記しておく。巻一―1、巻二―11、巻三―19、巻四―43、巻五―62、巻六―86、巻七―99、巻八―110、巻九―137、巻十―155、巻十一―179、巻十二―206、巻十三―219。

（3）これ以外の文体については、後藤昭雄「文体解説」（新日本古典文学大系、大曽根章介・金原理・後藤昭雄校注『本朝文粋』、岩波書店、一九九二年）参照。

（4）内閣文庫蔵金沢文庫旧蔵本を底本とする国史大系本をいう。

（5）文献10にすべてが例示してある。

（6）底本では二行に亙ることを示す。

（7）『朝野群載』巻十三にさまざまの場合のその書式が例示されている。

（8）従って、『本朝続文粋』の編纂作業について、一応の整理がなされたある段階で、未整理のままの大江匡房の作品が追補されたという想定（文献10）は成り立たない。

（9）「「暮年記」の執筆時期」（『芸文研究』65号、一九九四年）。

参考文献（発表順）

1尾上八郎「(本朝続文粋)解題」（校註日本文学大系24、国民図書株式会社、一九二七年）

2岡田正之『日本漢文学史』（共立社書店、一九二九年。増訂版、吉川弘文館、一九五四年）

3和田英松『本朝書籍目録考証』（明治書院、一九三六年）
4山岸徳平「本朝続文粋解説」（内閣文庫、一九五八年。のち「『本朝続文粋』に就いて」と改題、山岸徳平著作集Ⅰ『日本漢文学研究』、有精堂、一九七二年に収録）
5川口久雄『平安朝日本漢文学史の研究』（明治書院、一九六一年）
6大曽根章介「『本朝続文粋』の異本」（『中央大学文学部紀要』文学科59号、一九八七年。のち『大曽根章介日本漢文学論集』第二巻、汲古書院、一九九八年に収録）
7山崎誠「本朝続文粋」（『国文学解釈と鑑賞』53巻3号、一九八八年）
8佐藤道生「『本朝続文粋』と『本朝無題詩』」（『三田国文』12号、一九八九年）
9佐藤道生「藤原式家と二つの集―本朝続文粋と本朝無題詩―」（『国文学解釈と鑑賞』55巻10号、一九九〇年）
10佐藤道生「大江匡房の嘉承二年「朔旦冬至賀表」―『本朝続文粋』研究（一）―」（『日本漢学研究』1号、一九九七年）

（補記）三校を待つ間に次の論文が発表された（二〇〇一年五月）。
佐藤道生「『本朝続文粋』解題」（『日本漢学研究』3号、二〇〇一年）

日本高僧伝要文抄

横内裕人

一　書名と伝来

本書は、東大寺尊勝院の学侶宗性が、日本高僧の諸伝記を蒐集し要処を抄出した僧伝集で、個別の僧伝十九篇をもとに総計四十二名の伝記を収載したものである。建長元年（一二四九）に一旦完成し、同三年に増補改編されて三冊本となった。「日本高僧」の名称は、宗性が披見・研究した梁の宝唱撰『名僧伝』・梁の慧皎撰『高僧伝』・宋の賛寧撰『大宋高僧伝』等、中国の諸高僧伝に比して付けられたようで、収載された僧侶は、真言・天台・南都諸宗に及ぶ。本書は、日本初の僧伝集として知られる『延暦僧録』ほか多くの個別伝記の逸文をほぼ正確に引用・収載しており史料的価値は高い。

著者宗性（建仁二年・一二〇二～弘安元年・一二七八）は、鎌倉中期を代表する南都華厳宗の碩学で、弟子凝然が「宗性権僧正者、近代之名哲也、智弁縦横把二弥天之徳一、論難清雅播二経国之量一、華厳因明倶舎法相皆悉研究無レ不二精詳一、諸宗奥旨兼暢無レ遺」（『三国仏法伝通縁起』）と評したように、諸宗の義に通じ、南北公私の論筵で活躍した。その修学・研鑽の過程で録された聖教類は、宗性の止住した尊勝院経庫（聖語蔵）に伝えられ、明治二十七年に聖語蔵および隋・唐経を含む古経巻が宮内省に献納された際にも、寺内修学の用のため東大寺に留められ現在東大寺図書館に所蔵されている。この『日本高僧伝要文抄』は、宗性自筆の清書本が現存し、その他の僧伝とともに高僧伝六種として昭和二十七年に重要文化財に指定された。本書は、永く尊勝院経庫に秘蔵されていたが、延宝九年（一六八一）、水戸彰考館の修史事業に伴う史料採訪に際し書写され巷間に知られるようになった。現在、他所に所蔵される写本は、すべて彰考館本に拠るものである。(1)

刊本は、彰考館本ほかの諸写本を校合し底本とした『大日本仏教全書』（大正二年）と、宗性自筆本を底本とした『新訂増補国史大系』（昭和五年）がある。但し、『仏教全書』本には、編集時に加えられた目次・補訂（「陽勝上人伝」等）も翻刻されており、自筆本の原形とはかなり隔たるもので、利用には注意を要する。

二　撰述の特色

日本における僧伝集編纂は、八世紀末の思託撰『延暦僧録』に始まり、十世紀初頭延喜年間の小野仲廉撰『日本名僧伝』を経て、十三世紀初めの覚隆撰『三論祖師伝集』（東大寺東南院三論宗）ほか鎌倉期の『御室相承記』（仁和寺）・『阿娑縛鈔（名匠伝）』（延暦寺）・『寺門高僧記』（園城寺）等、各宗・各寺高僧歴伝の出現を見、十四世紀初頭の虎関師錬撰『元亨釈書』に至るが、これらはいずれも撰者が典拠史料に潤色・改変を加え編纂した独自の著作である。(2)唯一、『延暦寺智行高僧伝』（寛喜元年以前成立、興福寺蔵）が、最澄以下六名の、それぞれ編者を異にする個別伝記を本文の省略なく集成したものであるが、(3)これらの僧伝集は、広く読者一般に読まれることを想定し、自らの先師の顕彰や僧史による日本仏教史の構想を示すべく撰述されたものであるといえよう。

一方『日本高僧伝要文抄』は、先学がすでに指摘しているように、宗性の独自の歴史観に基づく伝記の著述ではない。(4)本書は、典拠となった諸「高僧伝」の「要文」の正確な抜書であり、読者を限定した、至極実利・実践に供する著作であったと思われる。宗性の手になる要文抄類は「為レ備二後日之披見一」・「為レ備二後覧一」に成された、後日の論義や唱導に利用するための資料であった。本書の特色は、第一に中世僧侶の学問・修業の中で編まれた僧伝集であったことにあり、それは本書の独自のスタイルに反映していよう。以下、本書の外形的特徴を述べ、伝記の内容を検討し、僧伝集としての史料的意義に触れたい。

三　形態と構成

本書は、袋綴装の大型冊子本で、表紙には斐紙、本紙には楮紙を用い、宗性清書本に特有の厚手で良質な料紙を使用する。各冊ともに縦三一・二cm、横二五・五cmで、第一冊は四十二紙（墨付四十紙）、第二冊は五十一紙（墨付四十八紙、遊紙一紙）、第三冊は二十八紙（墨付二十六紙）である。各紙綴目の大半に僧伝毎の丁付があり、伝によっては最終丁に書写識語が記されたものもある（表1参照）。文中随所に、典拠としたテキストに付されていたと思われる墨・朱の訓点・仮名・傍注が記されている。表紙の中央に『日本高僧伝要文抄第一（第二、第三）』の表題があり、右下方に「権大僧都宗性」の自署がある。各冊の構成と奥書の本文を以下に示す（〔一〕は掲載順の通番号）。

第一

〔一〕婆羅門僧正伝・〔二〕弘法大師伝・〔三〕禅林寺僧正伝・〔四〕静観僧正伝・〔五〕浄蔵伝・〔六〕書写上人伝・〔七〕道場法師伝・〔八〕陽勝仙人伝

(奥書)

建長元年己酉十月五日巳時於㆓東大寺知足院別所信願上人御房御奄(菴)室㆒抄レ之畢

抑宗性自㆓去七月四日㆒至㆓今月今時㆒、南北往還之隙、身心清浄之時、連々参㆓籠此幽閑之勝地㆒、漸々抄㆓出諸伝記之要処㆒畢、是偏為レ忍㆓先賢之遺徳㆒、為レ勧㆓後昆之修学㆒也、願以レ之為㆓慈尊値遇之業因㆒、願以レ之為㆓出離得脱之芳縁㆒而已、今日忽出㆓此禅室㆒、欲レ還㆓尊勝院㆒之間、惜別催レ悲之余、右筆記㆓録之㆒矣

第二

〔九〕伝教大師伝・〔一〇〕慈覚大師伝・〔一一〕智証大師伝・〔一二〕無動寺大師伝・〔一三〕尊意贈僧正伝・〔一四〕慈恵大僧正伝・〔一五〕池上阿闍梨伝

(奥書)

建長元年己酉七月晦日申時於㆓東大寺知足院別所信願上人御房御奄(菴)室㆒抄レ之畢

抑宗性自㆓去四日㆒時々参㆓籠此勝地㆒、至㆓于今時㆒漸々抄㆓出之㆒畢、是偏為レ忍㆓先賢之遺徳㆒、為レ勧㆓後昆之修学㆒也、願以レ之為㆓慈尊値遇之業因㆒、願以レ之為㆓出離得脱之芳縁㆒而已

第三

〔一六〕護命僧正伝・〔一七〕音石山大僧都伝・〔一八〕増利僧都伝・〔一九〕延暦僧録

（奥書）

建長三年辛亥十月一日未時於二東大寺知足院実弘法師之菴室一抄レ之畢、是偏為レ聞レ昔励レ今見レ賢思レ斉也、願以二此勤一

擬二内院受生之業因一、願依二此志一結二龍華聴法之芳縁一而已

個別の伝は冒頭一行分を空けて「某伝云…文」と括って引用され、二行を空白にして「又云…文」と次に続ける。数紙にわたって抄出されるものもあるが、伝毎に丁を替え新たに起筆されている。これは、個別の僧伝を抄出したものを合綴したことによる。

又、宗性は、本書撰述に際して、僧伝毎に抄出予定箇所の綱文を列挙した目録『日本高僧伝指示抄』一冊を作成している。(5)『要文抄』には、『指示抄』綱文に対応するはずの箇所が見当たらない場合が多く『要文抄』の撰述にあたってかなりの省略がなされたことを知りうる。奥書に、

建長元年自レ秋至レ冬、於二東大寺知足院別所信願上人御房御奄（菴）室一、披二見日本高僧諸伝記一之次、為レ止二後見之煩一、

聊示二主要之事一畢、願以二此右筆之功一、必為二彼上生之縁一而已

とあり、成立は『要文抄』第一・第二の奥書にみえる建長元年七月から十月の時期と一致する。『要文抄』に対応する伝の配列は、〔二〕〔三〕〔六〕〔四〕〔五〕〔八〕〔九〕〔一〇〕〔一一〕〔一二〕〔一三〕〔一四〕〔一五〕〔一七〕〔一八〕となっており、若干前後の相違がある。さらに〔一〕、〔七〕、〔一六〕、〔一九〕の四伝が見えない。

四　成立と配列

三に記した書誌データをもとに、本書の成立を検討する。まず各冊の奥書に見える抄出の日時・場所は以下の通りである。

『要文抄』

第一　建長元年七月四日から十月五日　知足院別所信願上人御房御奄室

第二　建長元年七月四日から七月晦日　知足院別所信願上人御房御奄室

第三　建長三年十月一日　知足院実弘法師之菴室

『指示抄』

建長元年自秋至冬　知足院別所信願上人御房御奄室

すなわち、『要文抄』第一・第二および『指示抄』は、建長元年七月から十月五日までの抄出にかかり、おくれて建長三年十月一日に『要文抄』第三が完成したことになる。しかしながら、表1に掲げた『要文抄』中の各僧伝の書写識語を見ると、七月晦日に撰述を終えているはずの第二に九月十日に書写された〔一〇〕が含まれていたり、第二に載せられてしかるべき〔四〕（七月二十八日書写）が、第一に載せられているなど、『要文抄』各冊の奥書と各個僧伝の抄出日次に齟齬がある。また建長元年秋・冬に記された『指示抄』に綱文が挙げられていた〔一七〕・〔一八〕は、建長三年十月成立の『要文抄』第三に収載されている。必ずしも現状の順序で各僧伝が抄出・編纂されたわけではなかった。

まず建長元年段階では、『指示抄』に記載のない〔一〕・〔七〕・〔一六〕・〔一九〕を除く十五伝が収録されたのであろう。書写奥書をもつ伝記のうち、〔一四〕(七月一日)が最も早く「尊勝院中堂東廊」にて抄出されたが、これは七月四日より開始された知足院別所良遍菴室での抄出(『要文抄』第一・第二奥書)以前におこなわれたものである。次いで〔四〕(七月二十八日)、〔一五〕(七月晦日)、〔五〕・〔六〕(八月一日)、〔八〕(八月二日)、〔一〇〕(九月十～十二日)、〔二〕(九月十四・十五日、十月二～五日)が、順次抄出された。『要文抄』第一の奥書は〔二〕の書写日次と一致し、同第二は〔一五〕と一致する。他の僧伝については、書写日次不明のため撰述順は明らかではないが、〔一七〕・〔一三〕・〔一二〕・〔一八〕には、綴目に連続すると考えられる丁付があるので(表1参照)、この順序で書写されたと推定される。宗性は以上のように抄出した各僧伝を一旦清書し、『指示抄』の順に従って『要文抄』第一・第二を完成させたのではなかろうか。

さらに二年後の建長三年に至り、〔一〕・〔七〕・〔一六〕・〔一九〕が増補され、現在の『要文抄』三冊に改編されたのであろう。〔一〕の紙綴目(右端)に「第一」、〔一六〕に同じく「第三」の丁付がある。〔一〕・〔一六〕は、それぞれ『要文抄』第一と第三の冒頭に配されていることから、建長三年次の編纂過程で付けられたものであろう。

以上、各僧伝の抄出経過と集録・編纂の過程に触れた。建長三年次の増補があるものの、おおよその配列は、『指示抄』に見るごとく建長元年にすでに決定されていたようである。宗性は、飛鳥時代の道場から、十一世紀中期の皇慶までの僧侶を、各冊ごとほぼ生没年順に掲出している。第一は真言宗高僧および諸宗の修行者、第二は天台宗の高僧、第三は南都高僧に分類されよう。宗性が、どのような意図で上記の僧侶を収録したのか、一見するところ不明とするほかはない。その動機を探るべく、まず個々の僧伝の内容を検討する。

五　素　材

以下、本書に収載された個別僧伝の出典・類書との比較を摘記する(6)（なお個別伝記そのものの書誌的検討は、本書の全体構成を考える上で不可欠ではあるが、紙数の都合上最小限度にとどめた。書写識語、訓点などの注記は表1を参照されたい）。

〔一〕婆羅門僧正伝

内容は、菩提僊那・仏哲による古楽の伝来を伝えるものであるが、話の中核は行基を文殊菩薩の化身とする説話的色彩の濃いものである。奈良朝成立の伝記『南天竺波羅門僧正碑』（群書類従伝部）および『大安寺碑文』（続々群書類従雑部）には見えず、これらとは別系統の伝記で、「笙譜」の引用であることが知られる。鎌倉期の楽書『教訓抄』巻第四の「菩薩」項に、『要文抄』所収の伝とほぼ同文の記事が収録されている(7)。若干の字句の相違があるものの、ともに「笙譜」に依拠していることは間違いなかろう。

〔二〕弘法大師伝

『要文抄』所収僧伝の中でも引用箇所が最も多く、『弥勒如来感応抄』第五にも同書からの引用がある。空海諸伝中、最も博引旁証といわれる元永元年（一一一八）成立の聖賢撰『高野大師御広伝』（続群書類従伝部、『弘法大師全集』）に依拠したといわれる。数箇所の字句の相違が見られ、又、続群本『御広伝』で撰述途中とされていた箇所が、『要文抄』では全文が引用されている(8)。さらに精査が必要になろうが、『要文抄』引用の「弘法大師伝」は、続群本『御広伝』

の完成本と見てよい。

〔三〕 禅林寺僧正伝

平安前期の真言僧宗叡の伝記。本文は『日本三代実録』の宗叡卒伝（元慶八年三月二十六日条）と全く同文である。

〔四〕 静観僧正伝

平安中期の天台僧増命の伝記。増命伝は現在逸文の形でしか伝えられず、その主要な部分が『要文抄』所収の伝である。逸文は『新訂増補国書逸文』に網羅されているが、中でも『扶桑略記』に収載される「伝」・「伝文」に類似する部分が多い。

〔五〕 浄蔵伝

浄蔵は平安中期の天台僧。浄蔵の伝記は完存するものとして、『大法師浄蔵伝』（続々群書類従史伝部）および興福寺蔵『延暦寺智行高僧伝』中の『浄蔵略伝』の二本が知られている。又、『扶桑略記』所収の伝記は『大法師浄蔵伝』によっていると思われる。堀池春峰氏は、『要文抄』に『浄蔵略伝』と同句のものが多く見られることから『浄蔵略伝』は『要文抄』収載伝の完本からの抄出ではないかと推定されている。[9] また『要文抄』の伝は、『大法師浄蔵伝』に較べ情報量は少なく抄出の順序も前後するものの、字句は共通するところ多く構成も類似する。両者に関連があることは間違いなかろう。明確な決め手を欠くが『大法師浄蔵伝』は、寛喜三年（一二三一）宗蓮が「接㆓合広略二本㆒成㆓此一冊㆒」したものとされており（同奥書）、『要文抄』の伝の完本は広・略二本のいずれかであったのかもしれない。

〔六〕 書写上人伝

平安中期の天台僧性空の伝。本文は、長保四年（一〇〇二）花山法皇撰『性空上人伝』（群書類従伝部、『朝野群載』第二）とほぼ一致する。宗性が『弥勒如来感応抄』第五に引用する『性空上人伝』は、一部に文の構成・字句が類似するものの『要文抄』の伝とは別伝である。

〔七〕道場法師伝

飛鳥時代の僧道場の伝記。都良香が『日本霊異記』所収の説話を抄出・改編したとされる『道場法師伝』の全文を引用したものである。字に小異ある。

〔八〕陽勝仙人伝

平安中期の天台験者陽勝の伝記。『陽勝仙人伝』の完本は、大東急記念文庫本（高山寺旧蔵）と、その写である高山寺本が知られ、前掲『延暦寺智行高僧伝』所載の『延暦寺陽勝仙人伝』は同系列に属する伝記である。『扶桑略記』所収陽勝「伝」も、これらに依拠している。『要文抄』の伝は字句に若干相違があるものの、これら完本からの抄出である。

〔九〕伝教大師伝

内容は仁忠（最澄弟子）撰『叡山大師伝』（続群書類従伝部）からの抄出であり、最古かつ資料的に信頼できる伝記を典拠としている。字句に小異がある。

〔一〇〕慈覚大師伝

現存する円仁伝として最古かつ最良のものとして著名な『慈覚大師伝』（続群書類従伝部）と系統を同じくする伝記からの抄出と見られるが、両者に字句・文章の脱漏が見られる。他に慈覚の伝記としては、続群書本の草本とみられ

る京都三千院蔵本があり、前掲『延暦寺智行高僧伝』にも異本と見られる伝記が収載されている。(10)

〔一一〕智証大師伝

円珍伝としては、延喜二年の『智証大師伝』（続群書類従伝部）が、最も信頼できる伝記として著名である。これは僧綱所牒を受け弟子が史料蒐集・勘校を加え、三善清行に撰述・清書させたもので、国史編纂のために国史所に提出した公的記録である。『要文抄』収載の伝記は、随所に文句の省略が見られ、続群書本の略本を引用したものと推測される。

〔一二〕無動寺大師伝

平安前期の天台僧相応の伝記。『要文抄』の依拠した原本は、延喜から延長年間頃に成立した『天台南山無動寺建立和尚伝』（群書類従伝部）と同系統のものと思われる。両者を対校すると、文の結構は殆ど同一であるが、字句にかなりの異同があり、『要文抄』には文章の省略が散見される。

〔一三〕尊意贈僧正伝

平安前期の天台僧尊意の伝記。『要文抄』の伝は、十世紀中頃に撰述されたと推定される『尊意贈僧正伝』（続群書類従伝部）からの抄出であろうが、若干の字句の異同がある。宗性は『弥勒如来感応抄』第五にも同伝を引用している。『扶桑略記』にみえる「伝」も続群書本と一致する。

〔一四〕慈恵大僧正伝

平安中期の天台僧良源の伝記。良源伝記中最古の藤原斉信撰『慈恵大僧正伝』（群書類従伝部）からの抄出といわれている。前掲『延暦寺智行高僧伝』中にも同書が収載されている。

〔一五〕池上阿闍梨伝

平安後期の天台僧皇慶の伝記。本書に収録された僧侶の内、最も時代の下る人物である。天仁二年（一一〇九）大江匡房撰『谷阿闍梨伝』（続群書類従伝部）よりの抄出である。字句の異同は若干あるが、典拠は同一と見て間違いない。『谷阿闍梨伝』は、逸話集成の要素が大きく行業記に近いというが、皇慶没後六十年にして撰述され、同伝記中最古の成立という。

〔一六〕護命僧正伝

奈良・平安前期の法相僧護命の伝記。文中の記述から、護命八十歳の天長六年に弟子某が師の見聞を記録したものであると考えられる。『要文抄』が依拠した原本は今に伝わらず、逸文として貴重である。護命の伝は、『続日本後紀』（承和元年九月十一日）に卒伝があるものの『要文抄』とは全く異なる。『拾遺往生伝』巻下は、一部この卒伝に拠ったと思われる。宗性は『弥勒如来感応抄』第四では、『拾遺往生伝』を引用している。

〔一七〕音石山大僧都伝

平安前期の法相僧明詮の伝記。撰者は、元興寺僧義済（明詮弟子）で、明詮没後間もなく成立したと思われる。(11) 類本は他に伝わらず、明詮の事績を知るに欠くことのできない逸文である。『弥勒如来感応抄』第五にも同伝が引かれ、『要文抄』に省略された箇所を一部補うことができる。

〔一八〕増利僧都伝

増利は平安前期の法相僧。『要文抄』が依拠した伝記の撰者・成立年代ともに不詳であるが、逸文として貴重である。

〔一九〕延暦僧録

思託撰『延暦僧録』五巻の内、第一・二・五からの抄録。『延暦僧録』は、鑑真に従い渡来した唐僧思託の手により延暦七年（七八八）に成立をみた日本初の集成僧伝である。もと計百四十二名の伝が収載されていた模様であるが、現存するのは数書に収載された逸文のみで『要文抄』には最も多くの逸文（二十四伝）が収められている。近年、『延暦僧録』の逸文集成、成立過程の研究が進み、本書の構成が解明されつつある。(12)

第一巻は、鑑真以下の「高僧」七人の伝である。この内、逸文として知られるのは『要文抄』所収の鑑真・道璿・思託・栄叡・普照・隆尊の六人の伝記である。第二巻は「王帝・菩薩」十人の伝である。逸文は聖徳太子・天智天皇・聖武天皇・藤原光明子・桓武天皇・乙牟漏・文屋浄三の七伝が知られ、これらも『要文抄』にのみ収載される。第三巻・第四巻ともに、被伝者の逸文は無い。第三巻は仁幹・智光・光任の名が見え、第一巻収載以外の「高僧」の伝記といわれる。第四巻は「沙門」五十八名の伝で、賢璟・平備・行表の三人の名が知られる。第五巻は「僧」十四人・「居士」三十人を収載したもので、確実なものとしては諸書に十五名の逸文が伝わる。『要文抄』には十一伝が収載されている。

本書の素材となった諸伝記について特記すべき事柄を列記する。

各伝は概ね素性の確かな史料を典拠としている。『日本三代実録』収載僧伝の〔三〕や没後ほどなく後資が撰述した〔六〕・〔九〕・〔一一〕・〔一七〕、あるいは現存する伝記の中でも最古の部類に属する〔五〕・〔一〇〕・〔一四〕・〔一五〕等、公的記録あるいはそれに準ずる伝記を用い、平安期以来巷間に流行した往生伝・説話集の類は引用していない。例外的に〔一〕・〔七〕は説話的色彩が濃いものの、両者は建長三年の第二次の編纂で増補された伝であって、当初の編集方針とは異なるものであろう。数々の往生伝を引用した『弥勒如来感応抄』の編集態度と明確に区別され、あくまで「僧伝」に固執する姿勢が読み取れる。

収載された僧侶については、まず奈良朝から平安初期にかけて諸宗伝来に功績のあった〔一〕菩提、〔二〕空海、〔三〕宗叡、〔九〕最澄、〔一〇〕円仁、〔一一〕円珍、〔一九〕鑑真・道璿・普照・栄叡に関する伝が大きな位置を占めていることが注目される。また、〔七〕・〔八〕の伝説的な行者や、〔五〕・〔六〕・〔一二〕・〔一三〕・〔一五〕などの山林修行者、法花持経者らの伝を多く引用している。〔一六〕・〔一七〕・〔一八〕の南都僧三伝が、学問や維摩会など法会の話が中心であるのと対照的である。南都の学侶として生きた宗性が、験者・修行者らに関心を寄せている意味は大きい。

さらに天台宗の僧侶が最も多く十一伝が収載されている一方で、真言僧は二伝で、南都僧は〔一九〕『延暦僧録』を除くと法相宗の三伝のみにすぎず、宗性が所属した東大寺僧に至っては一人もその名を見出せない。一見南都軽視とも見える姿勢について、堀池春峰氏は「南都名僧の諸伝なるものが、当時真言・天台宗等に比べて撰述されたものが極めて少なかった事を示しているように思われる」と推定されている。(13)『日本高僧伝要文抄』の八年後に完成した『弥勒如来感応抄』第五（正元二年・一二六〇）では、宗性は六十種に近い中国・日本の様々な僧伝を披見している（表2参照）。うち『要文抄』所収の伝記は実に十六伝が含まれており、当時、宗性が手許に置き参照しえた伝記をほぼ尽くしているように思われるのだが、南都僧の単伝は『高僧伝』に重複する護命伝・増利伝・明詮伝の他は全く見えないのである。堀池氏の推定の正しさを裏付けるものといえよう。ただ、披見書目の中には『三論宗祖師伝集』

『華厳宗師資相承次第』の東大寺二大教学の僧伝集が含まれていることから、東大寺に関しては、この二書のほか『東大寺要録』等の寺史で事足りると考えたのかもしれない。

以下、本書の素材を検討し得られた特徴を踏まえ、本書撰述の動機と背景に触れてみたい。

六　中世僧侶の学問と僧伝研究

(一)　撰述の動機

長年にわたる宗性の修学過程の中で、僧伝の研究は三つのピークがあった。まず文暦二年（一二三五）から暦仁元年（一二三八）にかけて、笠置寺福浄院南堂で『名僧伝指示抄』『名僧伝要文抄』『法苑珠林指示抄』『大宋高僧伝指示抄』（『三宝感応録』『日本法華伝』『冥報記』を含む）『大宋高僧伝要文抄』を抄出した。(14) 次に、建長元年（一二四九）から同三年にかけて『日本高僧伝要文抄』『日本高僧伝指示抄』を知足院別所で抄出した。最後に、宗性最晩年に属する建治元年（一二七五）に笠置寺般若院で高山寺伝来の『華厳経伝記』『華厳宗祖師伝』を書写している。

既に先学の指摘があるように、(15) 第一期の僧伝研究は、天福元年（一二三三）より開始された『弥勒如来感応抄』（第一から第四）撰述と密接な関係があり、「弥勒感応之要文」を抄出する次でにその他の「至要之釈」を記し置いたものであった（『名僧伝要文抄』・『大宋高僧伝指示抄』奥書）。特に『大宋高僧伝』は東大寺東南院経蔵に秘蔵され、「向後設廻二秘計一再難レ遇」いため、要処を撰び其文を写したものという。第一義的には弥勒研究に主眼が置かれ、その副産としてこれら僧伝が書写されたのである。また、第三期の華厳宗僧伝の書写は、同年に撰述された『華厳宗香薫抄』などに見る如く、宗性晩年に顕著になる華厳研究の一環であった。当時、宗性は明恵以来の伝燈を維持した新華厳の拠点高山寺を訪れ、華厳談義を聴聞するかたわら、これら伝記を借得・書写しており、尊勝院院主すなわち華厳宗長者の立場で宗義を発揚せんとしていたものと思われる。

　これに対し、第二期すなわち『日本高僧伝要文抄』撰述の動機は、案外にはっきりしない。奥書には、「先賢」たる高僧の遺徳を忍び、「後昆」(後人)の修学を勧めるため、と記すのみである。『日本高僧伝要文抄』完成の八年後、すなわち正嘉元年(一二五七)から翌年にかけて『弥勒如来感応抄』の最後となる第五を完成させているが、これとても『日本高僧伝要文抄』著述との直接の関係は窺われない。本書撰述の動機は、収録された伝記と抄出された本文の内容から検討する必要があろう。

(二) 学侶としての僧伝研究——天台・法相への関心——

五で検討したように、本書は、①入唐求法僧の比重が高い、②天台宗を重視している、③験者・修行僧の逸話が多い、④南都では法相宗の比重が高い、といった特徴が見られた。このうち②については、諸宗が宗義を闘わせる論義に臨むためにも天台僧の研究が必要とされたのであろう。(16) これは④の法相僧への関心(特に維摩会などの論義の逸話が多い)についてもあてはまることである。宗性は、論義会の論題を抄出した際にも「願以レ之、為二法相・天台両宗結縁之計一」(17)と、殊更に両宗への関心を示している。また論義会に集う法相・天台・華厳・三論の顕教四宗は、弥勒・観音・普賢・文殊の弘通であると理解しており、(18)天台・法相僧の収録は、学侶ゆえの広学研鑽が主たる要因であったと考えられる。

とりわけ第一次撰述の前年、すなわち宝治二年（一二四八）に開催された院最勝講への出仕が注目される。この法会は、後鳥羽院政以後断絶していたが、後嵯峨院政の開始に伴って久々に興行された論義会であった（『百練抄』）。後嵯峨院は治世のかたわら、仏教教理の研究に励み、法相・三論・天台・華厳の「宗英哲」を召し「各々奥理」を窮めるべく、院御所で度々談義を行い、そのため諸宗の高僧は叡聞を恥じて研学に励んだという。(19)諸宗を「究達」した後嵯峨院は、特に天台奥旨の「御解」を尽くしたといわれ、前述の院最勝講を円宗興行の中心に据えたのであった。本論義会への出仕は特に天台教学の知識が必要であったごとく、宗性は「近年常被レ召二仙洞最勝講一之処、天台宗論義頗依レ為二難得一」って、(20)知己の延暦寺智円らから天台書籍を借り書写に努めている。(21)院の顕教興隆政策が、天台教学研究を必要不可欠なものとし、ひいては天台僧伝研究の間接の契機となったものと考えたい。

(三) 浄行への思慕――修行僧の伝と『延暦僧録』――

本書の特徴の③験者や修行僧の逸話を多く収載している点についても何らかの理由があろう。これは、宗性の僧侶としての処世に関わる問題である。すなわち宗性は「東大寺之学侶」として仏法研鑽を積む傍ら、一方で「笠置之陰士」として東山「観音之霊崛」に詣るなど、(22)南都における弥勒信仰の中心であった笠置寺や、かつて戒律復興の先鞭を付けた実範の隠棲した鳴川中川寺ほか「当国近辺之山寺」を「巡礼」している（『春華秋月抄草』第一113／121／23-1奥書ほか）。霊地参詣は、宗性二十九歳、すなわち寛喜二年（一二三〇）の笠置寺参籠に始まり、七十五歳にして示寂する建治四年（一二七八）の笠置寺般若台霊山会参加まで連綿と続けられていた。とりわけ宗性の笠置参詣は、師覚遍・良遍との値遇を通じて、学侶の地位を捨て遁世した祖師貞慶への追慕にあったといわれる。[23] 笠置参籠に際して「日来頗隠遁之志是切」（『弥勒如来感応指示抄』第一113／79／3-1奥書）と記していたように、生涯を通じて抱き続けた遁世への思いが、宗性をして「日本高僧」の修行・浄行に関心を抱かせたのではなかったか。

宗性の浄行に対する関心は、法相・律学の師覚遍・良遍を通じて得られたもののごとく、これは当時南都において高まった律学復興の動きと密接に関連していたようである。覚遍の師貞慶は、承元年間に「戒律興行願書」を草し、律家道場の建立と律部章疏書写収集を二大眼目とする興福寺律宗の興行を図った（『日本大蔵経』）。実範によって先鞭を付けられた南都律学復興は、貞慶に至り具体的実践を見たわけであるが、[24] さらに貞慶門下に覚心・戒如・覚盛らが出で、また興福寺学侶に連なる光明院覚遍・勝願院良遍に受け継がれた。特に覚盛・叡尊らの自誓受戒を支持したことで著名な良遍は、維摩会講師を経て法印位に至った興福寺の学侶であったが、仁治三年（一二四二）生駒竹林寺に遁世し、以後戒律・唯識の膨大な著作をなしている。宗性が唯識・因明・律にわたる諸学問の薫陶を受け師事したのが、この良遍であった。良遍は竹林寺に拠点を置きながら、白毫寺にも住し律学談義を催していたが、この間宗性・円照らが来訪し師事している。

宗性との関係でとりわけ注目されるのが、良遍が寛元四年（一二四六）頃より来住していた東大寺知足院である。知足院は東大寺における浄行寺僧の常住する律院、すなわち別所であった。[25] 宗性は『日本高僧伝要文抄』を、この知足院良遍庵室で撰述したのであって、良遍の学問、さらには律院たる知足院という場の特質が、『要文抄』撰述の動機に関わると予想されるのである。

寛平二年（八九〇）に建立された知足院は平安期に荒廃・廃絶していたものの、寛元二年（一二四四）秋より、四代大勧進円琳の西塔再建に伴い西塔院にあった故尊円（勧進僧宗春上人）建立の堂舎が「知足院之南山」に移建された。(26)知足院の前身である西塔院もまた「清浄勝地」であり、宗性は仁治四年（一二四三）より修学のため度々来訪し「毎日受二持八斎戒儀一」して律書『梵網経疏』の奉読を行っている。(27)寛元三年（一二四五）には宗性が、翌四年には良遍が「知足院新別所」にて聖教撰述を行っており、(28)両者は知足院において教学上の交流があった。

知足院が「清浄之地」たる律院として本格的に整備されたのは、建長二年（一二五〇）で、東大寺別当定親が房舎を移築し隠遁の禅侶を止住させ戒律を学ばせている（『東大寺続要録』諸院編）。この年、良遍は同所にて律書『通受軌則有難通会抄』（『日本大蔵経』戒律宗章疏二）を著すなど、建長四年五十九歳で示寂するまでの間、知足院は良遍晩年の弘戒の拠点となった。(29)また本院には、宗性の甥実弘の庵室があり、実弘没後は宗性の「私草庵」として継承された模様である。建長元年、知足院良遍室での『要文抄』第一・第二の編纂、さらに建長三年の実弘庵室での第三の増補は、時あたかも同院が律院として整備されていく時期に相当しており、良遍の教学の影響下に同書が撰述されたと考えられる。

ここで想起されるのが、建長三年の『延暦僧録』の増補である。宗性が『延暦僧録』から収録した僧侶は、日本に戒律を伝えた鑑真・道璿他の渡来僧と、彼らの渡日を助けた渡唐僧普照・栄叡らが中心であった。宗性は師良遍を通じて、南都律家を「以二鑑真和尚一為二祖師一、以二曇无徳部一為二本業一」（貞慶『戒律興行願書』）と位置付けた祖師貞慶の戒律思想を学んでいた。宗性は、鎌倉期に高まりを見た南都律学復興の気運の中で日本への伝戒伝律の歴史を記し置いたのではなかったか。特徴の①に挙げた入唐求法の真言・天台宗祖とならび、伝律の高僧を取り挙げて、三国意識に基づく仏法伝来の歴史を記し、本書を「日本高僧伝」と名付けたものと考えられる。

又、同書からは、僧伝のみならず聖武・光明子・佐伯今毛人ら東大寺や大安寺など南都諸寺に関わりの深い俗人らの伝を多く掲出していることも特筆すべき事柄である。菩提を求め利他行を修し三宝を興隆した「王帝・菩薩」や、在俗ながらも戒律を持し「躰業清勤」たる「居士」を描き出す『延暦僧録』の世界は、はるか時代を隔つ鎌倉時代に生きる宗性にとって、戒律の普及によって僧・俗が一致して修行に励んだ理想の時代に映ったのではないか。

(四) 本書の利用

考察の最後に、本書が「要文抄」という特殊な形態を取った理由について推測してみたい。二で触れたように、本書は典拠となった伝記から、宗性自身が関心を抱いた箇所を恣意的に抜書したものであって、第三者が読んで利用するにはかなりの困難が伴うものと想像される。宗性自身の心覚え、ないしは宗性周辺の同学の輩のみが利用する、読者を限定した書物であったろう。

さらなる推測が許されるのであれば、本書は、良遍・宗性の影響下にあった僧侶集団の学問研究に利用されたのではなかったか。宗性は実弘を含む数輩の僧侶を「結衆」として度々談義を催している。[30] 特に建長七年（一二五五）には、故実弘菴室に移住し、「知足院別所住侶上人等諸共」に華厳経普賢行願品別行疏・随疏義記を習学し要文を抄出している。[31] 一般に、僧伝の利用形態そのものが明確でないのだが、興福寺では『高僧伝』が、講師が聴衆に講義する形で読まれている。[32] 奥書の「是偏為レ忍二先賢之遺徳一、為レ勧二後昆之修学一」との言は単なる修辞ではなかろう。宗性は、結衆した僧侶らの修学を促すべく、先賢の遺徳を抽出した僧伝を談義・講義していたのではなかろうか。談義には経論章疏の本文の正確な理解が要求される。かつて「個性なき抄出」[33]と称された本書のスタイルは、中世僧侶の学問研究から生まれた固有の形態であり、その点にこそ本書独自の歴史的意義が求められねばなるまい。

むすび

宗性の著述活動を通覧すると、その著作が絶えず増補・更新されていくことに気づかされる。たとえば著名な『弥勒如来感応抄』は、天福元年（一二三三）より資料の抄録が開始され、第一から第四までが寛元元年（一二四三）に一旦完成しているものの、再び第五の編纂が正嘉三年（一二五九）に開始され、翌文応元年にすべての著述を終えている。すなわち前後二十七年をかけてようやく完成したのである。前述したように『日本高僧伝要文抄』も同様の増補・改編があった。さらに、建治元年（一二七五）前後の宗性宛と思われる某書状断簡(34)には、「日本高僧伝」編纂事情を推測する上で示唆的な記事が載せられている。

先日内々所二申出候一
天台宗諸徳伝一帖・
藤原広嗣伝一帖并
日本感霊録下・日本
名僧伝・華厳経尺（釈）
都合五帖謹返上仕候、
日本高僧事可二注集一

由相存候之処、已属二寒気一

□《(之)》□《(間)》□□□□□」（後欠）

藤原広嗣伝・日本感霊録・日本名僧伝は、宗性の手許（あるいは知足院）にあった書籍であり（表2参照）、借用していた天台宗諸徳伝以下の五帖を宗性に返上する旨を述べた書状であろうと推定される。注目されるのは、差出の某者が「日本高僧の事を注し集めようと考えていた」点で、宗性周辺で「日本高僧」の伝記の撰集が企画されていた節がある。宗性は建治元年で七十四歳であり、自らの高齢を鑑みて、他筆を誂え『日本高僧伝要文抄』のさらなる増補を意図していたのではなかろうか。「今年歯闌七旬、余命迫二一瞬一之間、結二集一帖之之《(ママ)》書一、欲レ伝二千年之末一」[35]と記す聖教撰述の意志に、宗性の修学にかけた執念の程が知られるのである。

註

（1）『国書総目録』「日本高僧伝要文抄」項などによれば、内閣文庫蔵一冊（寛政八年写、水戸本）・東京国立博物館蔵（天和三年写）・東京大学史料編纂所蔵一冊（巻三、天和元年、彰考館蔵本）・旧彰考館（三部）等がある。なお彰考館本については、平出鏗二郎「延暦僧録と日本高僧伝要文抄」（『史学雑誌』第十二編第十号、明治三十四年）を参照。

（2）藤本了泰「僧伝の編纂と其形態」史学会編『本邦史学史論叢』上巻、冨山房、昭和十四年。『国史大辞典』（昭和六十二年、吉川弘文館）「僧伝」（高木豊氏執筆）。

（3）堀池春峰「「延暦寺智行高僧伝」について」『南都仏教の研究』下、昭和五十七年、法蔵館。

（4）大屋徳城「日本に於ける仏教史家の先駆並に其の著書」『宗教研究』十七号、大正十二年（後に同『日本仏教史の研究』（1）所収）。藤本氏前掲注（2）論文。

（5）体裁・法量は『要文抄』に同じ。紙数二十紙（墨付十八紙）、綴目に丁合識語あり。

(6) 続群書類従完成会『群書解題』(多賀宗隼「南天竺波羅門僧正碑并序」・「天台南山無動寺建立和尚伝」・「慈恵大僧正伝」、和田昭夫「高野大師御広伝」、横田健一「道場法師伝」、山田昭全「叡山大師伝」、小野一成「慈覚大師伝」・「智証大師伝」・「尊意贈僧正伝」・「谷阿闍梨伝」)、および国書逸文研究会編『新訂増補 国書逸文』を参照した。

(7)『古代中世藝術論』日本思想大系二三、岩波書店、昭和四十八年。

(8) 聖賢は、『御広伝』「鉄鉢供養之事…」・「行基菩薩弟子家女…」条を「遊方記第二」・「経範ノ御行状集記」を基に校正・作成するようにと記している(続群書類従第八篇下伝部、六五九頁)。一方、『要文抄』「弘法大師伝」上では「又云往播磨国宿羈旅間…」(新訂増補国史大系、三頁)が、これに対応する部分である。すなわち『御広伝』は元永元年時点で未完成であり、後代に『遊方記』等をもとに完成された条文が『要文抄』におさめられたのであろう。また本条は逸書『遊方記』の原文を推測しうる貴重な逸文である。

(9) 堀池前掲注(3)論文。

(10) 堀池前掲注(3)論文、小野勝年『三千院本慈覚大師伝』五典書院、昭和四十二年。

(11)『弥勒如来感応抄草』第三同伝引用部に「弟子伝燈大法師位義済撰」とある。延喜十二年に維摩会講師となった元興寺僧義済その人であろう(『僧綱補任』第二参照)。

(12) 平岡定海「延暦僧録と『日本高僧伝要文抄』の関係について」龍谷大学仏教学会『仏教学研究』四十三号、昭和六十二年。後藤昭雄「「延暦僧録」考」『平安朝漢文文献の研究』吉川弘文館、平成五年(初出昭和六十三年)。蔵中しのぶ「『延暦僧録』注釈(一)・影印校本篇」『大東文化大学紀要』第三十号、平成四年、同「『延暦僧録』注釈(二)・解題篇」『池坊短期大学紀要』二十三号、平成五年、同「『延暦僧録』注釈(三)・注釈篇(一)—高僧沙門道璿伝(一)—」『池坊短期大学紀要』二十四号、平成六年。

(13) 堀池春峰「宗性と日本高僧伝要文抄」『新訂増補国史大系月報』二三、吉川弘文館、昭和四十年。

(14) 宗性の著述活動については、「宗性上人年譜」(平岡定海『東大寺宗性上人之研究並史料』上・中・下、昭和三三年〜三五年、以下『宗性史料』とする)を参照した。

(15) 平岡定海「日本弥勒浄土思想展開史の研究」(前掲注(14)所収)。

(16) 平岡前掲注(15)論文。

(17) 建長四年『諸宗疑問論義抄』第十七奥書(113/18/22-17東大寺図書館架蔵番号)。宗性著書の奥書については、前掲注(14)『宗性史料』および東大寺図書館編『東大寺図書館蔵宗性・凝然写本目録』(昭和三十四年)を参照した。

(18) 『華厳経普賢菩薩感応要文抄』奥書(113/120/1)。

(19) 『東大寺円照上人行状』中。宗性も華厳の貫首として院に近侍し「記述鈔書之徳」の賞として「料紙六十帖」を下賜されている。

(20) 建長四年撰述・文永四年結集『維摩経章安疏要文抄』奥書(113/75/4-1)。

(21) 建長四年『天台宗疑問論義用意抄』第三奥書(113/48/8-3)など。

(22) 『春華秋月抄』第一(113/123/3-1)所収東山観音堂敬白文、『宗性史料』四七五頁。

(23) 平岡前掲注(15)論文。

(24) 貞慶は、承元四年(一二一〇)から翌建暦元年(一二一一)にかけて海住山寺において八斎戒を持し、同年九月には唐招提寺鑑真御影堂において律書の講義を行い、建暦二年には興福寺内に常喜院を建て南都律宗の拠点とした(『鎌倉旧仏教』〈日本思想大系一五、昭和四十六年〉「著作者略伝」貞慶〈田中久夫氏執筆〉、田中久夫「仏教者としての良遍」『鎌倉仏教雑考』思文閣出版、昭和五十七年)。

(25) 久野修義「中世寺院の僧侶集団」『日本の社会史』第六巻社会的諸集団、岩波書店、昭和六十三年。

(26) 『因明相承秘密鈔』奥書(124/69/1『宗性史料』中一六五頁)。

(27) 『梵網経疏上巻要文抄』・『同中巻要文抄』(113/199/2-1、2)奥書。なお宗性は西塔院で、寛元二年十一月七日『積聚性因違法自相事』(124/600/1、『宗性史料』中一五七頁)、翌三年正月十四日『因明相承秘密鈔』(124/69/1、『宗性史料』中一六五頁)を書写しているが、これらは良遍より借用した因明の典籍である。

(28) 宗性『諸家八講疑問論義用意抄第一』(113/33/2-1)奥書、良遍『善導大意』(『浄土宗全書』十五)奥書。

(29) 良遍は、建長三年に『知足院縁起并遺戒』(24/452/1)を草し、知足院を弟子覚澄に譲っている。

(30) 仁治四年(一二四三)西塔院での「梵網経疏」・「玄賛至要文」談義など(実弘『梵網経香象疏文集』奥書113/178/1、

『幽暗浄心抄』奥書（113／183／1、『宗性史料』下一七五頁）。

（31）『明本抄』奥書（103／94／11-8）、『華厳経感応要文抄』奥書（113／94／1）。

（32）興福寺蔵『高僧伝』巻第十三（第三函9号）奥書に「康和二年二月十六日奉読了、講師有賢大法師、聴衆大法師□□」とある（『興福寺文書典籍目録』第一、七頁）。

（33）藤本前掲注（2）論文。

（34）堀池前掲注（13）論文。建治元年、宗性『華厳宗香薫抄草』（113／6／1）紙背文書。後欠のため年次は不明であるが、同書には文永十一年（一二七四）から建治三年（一二七七）の紙背文書が含まれており、あまり時期の隔たらない文書であろう。筆跡から見て宗性筆とは思われない。

（35）『諸宗疑問論義草抄』（113／227／1、『宗性史料』下一八一頁）。ただしこの奥書は『諸宗疑問論義草抄』のものではない。

参考文献

辻　善之助　「本邦最古の僧伝集（『日本高僧伝指示抄』と同『要文抄』）」　明治三四年　『史学雑誌』十二ノ九

平出鏗二郎　「延暦僧録と日本高僧伝要文抄」　明治三四年　『史学雑誌』十二ノ一〇

藤本了泰　「僧伝の編纂と其形態」（史学会編『本邦史学史論叢』上巻所収）　昭和一四年　冨山房

堀池春峰　「弥勒如来感応抄『延暦僧録逸文』に就いて」　昭和二五年　『古代学』二ノ一

平岡定海　「鎌倉時代に於ける僧伝の編纂について―東大寺宗性上人日本高僧伝要文抄について―」　昭和三二年　『印度学仏教学研究』五ノ二

平岡定海　『東大寺宗性上人之研究並史料』上・中・下　昭和三三～三五年　臨川書店
堀池春峰　「宗性と日本高僧伝要文抄」　昭和四〇年　『新訂増補 国史大系月報』一三
平岡定海　「日本高僧伝要文抄」解題（『大日本仏教全書』第九十八巻　解題二）　昭和四八年　財団法人鈴木学術財団
同　「延暦僧録と『日本高僧伝要文抄』の関係について」　昭和六二年　『仏教学研究』四三

表1「日本高僧伝要文抄」書誌データー

僧伝名・生没年・所属	綴目左端識語（※は右端識語）	訓点など・指示抄記載順番
第一 〔一〕婆羅門僧正伝（菩提僊那） 七〇四～七六〇	ナシ（※右端綴目に「第一」の丁付あり）	指ナシ
〔二〕弘法大師伝上（空海） 七七四～八三五・真言	弘一　建長元年九月十四日於上人御房御奄室写之　宗性	指1
	弘二　同日所書了	
	弘　同日同所書了	
	弘四　建長元年九月十五日於上人御房御奄室書之了、今日退出也　宗性	
	弘上五　建長元年十月二日於知足院別所上人御房御奄室書始之　宗性	
	弘上六　同日同所書了	
	弘上七　建長元年十月三日於知足院別所上人御房御奄室書之了　宗性	
	弘八　同日同所書了	
	弘上九　同日同所書了	
	弘上十　同日同所書了	
弘法大師伝下	弘下一　同日同所書了	

	弘下二　同日同所書了	
	弘下三　同日同所書了	
	弘下四　建長元年十月四日於知足院別所上人御房御奄室書了　宗性	
	弘下五	
	弘下六　同日同所書了	
	弘下七　同日同所書了	
	弘下八　同日同所書了	
	弘下九　同日同所書之了	
	弘下十　建長元年十月五日於知足院別所上人御房御奄室書之了　宗性	
	弘下十一	
	弘下十二	
	弘下十三　建長元年十月五日於知足院信願御房御奄室書了　今日退出了　宗性	
〔三〕禅林寺僧正伝（宗叡）八〇九〜八八四・真言	禅一	返点・句切点（いずれも朱）
	禅二　建長元年八月二日於知足院上人御房御奄室抄之了　宗性	指2
〔四〕静観僧正伝（増命）八四三〜九二七・天台	静一	指4
	静二	
	静三	

	静四	
	静五　建長元年七月廿八日酉時於知足院上人御房御奄室写之了	
〔五〕浄蔵伝 八九一～九六四・天台	浄一	返点・仮名 指5
	浄二（※右端綴目に「七十七枚」の墨書あり）	
	浄三	
	浄四　建長元年八月一日於知足院上人御房御奄室馳筆了　宗性	
〔六〕書写上人伝（性空） 九一〇?～一〇〇七・天台	書一	指3
	書二　建長元年八月一日酉時於知足院上人御房御奄室書了　宗性	
〔七〕道場法師伝 六世紀	ナシ	返点・句切点・送仮名・読仮名 指ナシ
〔八〕陽勝仙人伝 八六九～?・天台宗	陽勝之一　建長元年八月二日於知足院上人御房御奄室書之了　宗性	返点・送仮名・読仮名 指6
第二 〔九〕伝教大師伝（最澄） 七六七～八二二・天台	伝一	訓点・読仮名、異本による校正傍注（いずれも朱） 指7
	伝二	
	三	
	四	
	五	
	六	

	七	
	八	
	九	
	十	
〔一〇〕慈覚大師伝（円仁） 七九四～八六四・天台	慈覚一　建長元年九月十日於知足院上人御房御奄室写之了　宗性	読仮名・送仮名・（朱）訓点 指8
	慈覚二　同日同所書之了	
	慈覚三　同日同所書之了　宗性	
	慈覚四　同日同所書了	
	慈覚五　同日同所書之了	
	慈覚六　建長元年九月十一日於知足院上人御房御奄室写了　宗性	
	慈覚七　同日同所写了　宗性	
	慈覚八　同日所書了	
	慈覚九　同日同所書之了	
	慈覚十　建長元年九月十一日於知足院御房御奄室写之了　宗性	
	慈覚十一　同日同所書了　宗性	
	慈覚　同日同所書之了　十二	
	慈覚十三　同日同所書了	
	慈覚十四　同日同所書了	

	慈覚十五　建長元年九月十二日酉時於知足院上人御房御奄室馳筆了 宗性	
〔一一〕智証大師伝（円珍） 八一四～八九一・天台	智之一	返点・読仮名・送仮名
	智之二	指9
	智之三	
	智之四	
	智之五	
	智之六	
	智之七	
〔一二〕無動寺大師伝（相応） 八三一～九一八・天台	九	指10
	十	
	十一	
〔一三〕尊意贈僧正伝 八六六～九四〇・天台	四	指11
	五	
	六	
	七	
	八（七を抹消）	
〔一四〕慈恵大僧正伝（良源） 九一二～九八五・天台	慈一	指12
	慈二	

	慈三	
	慈四	
	慈五　建長元年七月一日酉時於東大寺尊勝院中堂東廊抄之了	
〔一五〕池上阿闍梨伝（皇慶） 九七七～一〇四九・天台	池一 池二 池三　建長元年七月晦日於知足院上人御房御奄室書之了　宗性	指13
第三 〔一六〕護命僧正伝 七五〇～八三四・南都	護命一（※右端綴目に「第三」の丁付あり） 護命二 護命三	指ナシ
〔一七〕音石山大僧都伝（明詮） 七八九～八六八・南都	一 二 三	指14
〔一八〕増利僧正伝 八三七～九二八・南都	十一	指15
〔一九〕 延暦僧録第一 鑑真・道璿・思託・栄叡・ 普照・隆尊	一 二 三 四 （ナシ）	一部に返点・送仮名 指ナシ

延暦僧録第二
聖徳太子・天智天皇・聖武天皇・藤原光明子・桓武天皇・乙牟漏・文屋浄三

延暦僧録第五
慶俊、戒明、藤原良継、藤原魚名、藤原種継、石上宅嗣、佐伯今毛人、石川恒守、淡海三船、大中臣諸魚、穂積加古

六
七
八（七を抹消）
九（八を抹消）
十
十一
十二
十三
十三（ママ）
十四
十五
十六
十七　建長三年十月一日未時於東大寺知足院別所実弘法師奄室抄之
了　宗性

表2　『弥勒如来感応抄』第五撰述時披見の書目

類聚国史伝、日本名僧伝、金光明懺悔滅罪伝、大唐法花経集験記、拾遺法花験記、続本朝往生伝、戒修往生伝、新修往生伝、三論宗祖師伝集、往生西方浄土瑞応略伝、新編随願往生集、大織冠伝、○延暦僧録、本朝新修往生伝、三外往生伝、今撰往生伝、後拾遺往生伝、日本地蔵菩薩霊験記、○弘法大師伝、○僧正護命伝、鏡縁記、日本感霊録（下）、華厳宗師資相承次第、○書写上人伝、○増利僧都伝、○陽勝仙人伝、○池上阿闍梨伝、道風伝、○道場法師伝、広嗣伝、法照得見臺山境界記、慈覚大師御遺言、南天竺国婆羅門僧正碑、空也上人伝、沙門性空伝、○叡山大師伝、尊師聖宝伝、○浄蔵伝、延豊伝、○宗叡伝、入道二品親王師明伝、仁和寺禅定二品親王伝、○音石山大僧都伝、○慈恵僧正伝、○円珍和上伝、○相応和上伝、冥報記、三宝感通録、浄土論（迦才撰）、大唐法花顕応録、往生浄土宝珠集、通賛往生伝、大唐地蔵菩薩応験記略本、善導和尚楽人臨修要詩、日本往生極楽記、○尊意贈僧正伝、巡礼記

『弥勒如来感応指示抄』第三より抄出。○は『日本高僧伝要文抄』所収の伝記。

吾　妻　鏡

五味文彦
井上　聡

一　構成と編纂

『吾妻鏡』は鎌倉時代の歴史を記した編纂物であり、原本の存在は確かめられておらず、早くに散逸したが、戦国時代の頃から武家政権の形成を物語るものとして重視され、写本が収集されるようになり、近世になってからは、それが広く公刊されるようになった。それとともに鎌倉時代の政治史の基本史料として多くの研究が積み重ねられ、現代に至っている。

記事は、治承四年四月九日の以仁王の挙兵から文永三年七月二十日に宗尊親王が京都の六波羅に到着するまでの八十七年間に及ぶ歴史が綴られている。北条本などには巻頭に目録があり、全部で五十二巻とされているが、途中の寿永二年、建久七・八・九年、仁治三年、建長元・七年、正元元年、弘長二年の分については、現在、欠いている。ただ建長七年分は北条本などの目録では四十五巻に配当されているので、途中に失われたものであろう。しかし他の巻については当初から欠けていたものかどうかは明らかでない。したがって全体は完成したものか、未完成なのかは明確でない。

本文は、和風の変型漢文体で日記のごとく編年で実録風に記されており、歴代の将軍ごとに記事を記す将軍記の体裁をとる。将軍ごとに袖書があって、その時期の天皇や上皇・摂関が記されている。以下にその構成と北条本の該当巻を示す。

頼朝将軍記	治承四年から建久六年	一巻から十五巻
頼家将軍記	正治元年から建仁三年	十六巻から十八巻
実朝将軍記	建仁三年から承久三年	十九巻から二十五巻
頼経将軍記	承久四年から寛元二年	二十六巻から三十五巻
頼嗣将軍記	寛元二年から建長四年	三十五巻から四十一巻
宗尊将軍記	建長四年から文永三年	四十二巻から五十二巻

途中の実朝将軍記は実朝が承久元年に亡くなっているので、承久三年まであるのはおかしいが、実朝の死去から頼経の将軍宣下までは、平政子や北条泰時が補佐した時期として捉えられているのであろう。なお総じて頼朝将軍記など最初の記事には説話的な内容のものが多く、文書も多く載せられているが、宗尊将軍記など後半になると、実務的な記事が中心になってしまい、文書も少なくなる。

書名の吾妻鏡がいつ命名されたのかは明らかでないが、「関東記録（号吾妻鏡）」と吉川本の奥書に見えることから、いつしか『吾妻鏡』と称されるようになったものであろう。鎌倉時代に成立した漢文体の記録であれば、「吾妻」や「鏡」の呼称があるのはおかしいとして、金沢文庫所蔵の長井貞秀書状に見える「関東治記」をあてる説もある（五

味文彦『増補　吾妻鏡の方法』吉川弘文館、二〇〇〇年）。

編纂の時期については、源氏三代の将軍記は文永の頃、以後の将軍記はそれより遅く正応三年から嘉元二年の頃の成立という二段階編纂説が説かれてきたが（八代国治『吾妻鏡の研究』明世堂書店、一九一三年）、それを裏付ける証拠は乏しく、全体は同じ頃に成立したと見るのが妥当であろう。そしてその時期は二段階編纂説の第二段の編纂として指摘されてきた、正応三年二月以後、嘉元二年七月以前の成立となると見るのが大枠となろう。これは北条本の第四十二巻の宗尊将軍記の袖書に、後深草院の出家が記され、その死去が記されていないことに基づくものである。

さらに『吾妻鏡』の記事の形成に絡んで、永仁の徳政令が出されて以後に成立したものであろうと説かれており（笠松宏至「徳政・偽文書・吾妻鏡」『中世人との対話』東京大学出版会、一九九七年）、ほぼ十四世紀の初頭といったところがおおよその成立の時期と考えられている。

編纂にあたった人物は、執権の北条泰時や問注所執事の三善氏に関する顕彰記事が多くあることから、十四世紀の初頭の問注所執事であった大田時連が有力候補とされ、また金沢文庫を持つ金沢氏や政所執事の二階堂氏の顕彰記事も見えることから、その協力もあって編纂のなされたであろうことが指摘されている（五味前掲書）。

時連は弘安六年に父の跡を受けて問注所執事に十五歳で就任し、翌々年に一旦は職を摂津親致に奪われるが、永仁元年に再任され、以後、正和元年の配流で一年ほど執事を交替させられる時期を除いて、元亨元年まで執事の任にあった。その活動を見ると、永仁元年に評定衆として見え、永仁四年には寺社奉行、正安元年には京下執筆、正安二年には引付頭人となっており、延慶二年には寄合衆として見える。父の康有には『建治三年記』と称される日記の抄録があり、さらに自身も『永仁三年記』を記しており、室町幕府には「武家宿老故実者」として仕えている。

編纂の意図は、様々な武家の先例や故実がいかに形成されてきたのかを、武家の歴史を探ることにより明らかにすることにあったと見られ、室町幕府の奉行人が参照したのは、まさにその先例を知るためのものであった。

しかし北条本を始めとする諸本の収集者が『吾妻鏡』に関心を注いだのは、武家の政治がいかにして作られたかという点であり、武家政治の規範をそこに見出だすことに狙いがあった。『吾妻鏡』や『東鏡』と称された理由はそこにあろう。

このことはもちろん、『吾妻鏡』の編纂者の当初からの意図でもあって、幕府の形成と展開の歴史を叙述しながら、幕府を構成する北条氏を中心とした家の成立と展開の歴史に多くの筆がさかれている点がうかがえる。（五味文彦）

二　特　徴

『吾妻鏡』は、本文である地の文のほか、文書や御家人の交名などから構成されている。そのうちの地の文は基本的には幕府の公事を執行した奉行人の日記に多くを依存していたものと見られる。地の文や所載の文書の傾向から、治承四年頃には藤原邦通、元暦二年頃には藤原俊兼などといった奉行人の記した日記に基づいて構成され、以後については次のような奉行人の日記が利用されたであろうと考えられている（五味前掲書）。

頼朝・頼家・実朝将軍記	政所奉行（二階堂行政・行光）
頼経・頼嗣将軍記	恩賞奉行（後藤基綱・中原師員）
宗尊将軍記	御所奉行（二階堂行方・中原師種）

このため記事はそれらの原史料の影響を受け、時期によって性格の異なるものとなっているのであろう。また奉行人の日記だけでは記事が少ないために補助史料として様々な史料が用いられている。文治五年の奥州合戦や建保元年の和田合戦の時のような合戦の記事は、その合戦の奉行をした軍奉行人の日記が利用されたと見られる。また藤原定家の日記『明月記』も補助史料として利用されており、『金槐和歌集』『十訓抄』や『六代勝事記』などの文学作品も利用された可能性が指摘されている。

ただし六波羅探題府の動きや西国の御家人の動きなどについての記事はいたって少なく、京都から鎌倉に報告してきた記事を載せる程度で、積極的にその方面に史料収集を図ることはしなかったようである。

また御家人や寺社などが提出した記録や文書が利用されたであろう。たとえば元久二年閏七月二十九日条は、伊予国の大三島社の神官が訴訟に際して提出した元久二年閏七月日の伊予国の御家人交名によって作成された記事であることが指摘されている（笠松前掲論文）。この点は『吾妻鏡』に載る文書の場合には特に顕著であって、御家人や寺社の所領の由緒を記した、明らかな偽文書と見られるような文書も頼朝将軍記には多く載せられている。

『吾妻鏡』に載る文書はほぼ三つに分類されるが、その一つは先に見た御家人や寺社などが提出した文書であり、多くは権利関係の寄進状や下文である。第二は原史料となった奉行人の日記に記されていた文書であり、第三は朝廷と幕府との間でやりとりした文書である。

このうちの第一の権利関係の文書の場合、偽文書の可能性はあるものの、反面で『吾妻鏡』の成立事情をよく伝えるものとなっている。また第三の文書は朝廷と幕府との交渉を物語るものであり、幕府の性格を考察するに重要な文書として広く研究の対象となっている。

『吾妻鏡』は後世の編纂物であるだけに、その編纂上の立場からの加筆や曲筆が多く見える。将軍の一族や北条氏の一族には「殿」や「主」の敬称をつけられており、執権の北条泰時や問注所の執事の三善康信については明らかに多くの加筆を行って、顕彰記事を作成している。そこからは『吾妻鏡』が将軍記という性格とともに、執権記という性格をも有していたことが考えられる。

なお編纂上のミスから切り張りの誤りによる記事の間違いもよく見受けられる。治承五年五月十九日の三河国目代大中臣以通の送文や同奉書、同年五月二十九日の伊勢神宮禰宜等請文などは、時期を一年も間違えて翌年の寿永元年の記事に載せられている。また文治二年十一月八日条に載る元暦三年十一月八日の下文は、文治への改元が元暦二年八月なので元暦三年という年はないことから、換算して文治二年の文書として載せられているが、しばしば元年と三年とを見誤ることからすれば、「元暦三年」が誤りであり、元暦元年を元暦三年に誤った可能性が大きい。さらに文治三年四月二十九日条に載る伊勢国在庁解は三年と五年とを間違ったもので、文治五年三月の文書ということになろう。

こうした文書だけでなく、他の文の張り間違いは数多い。たとえば寿永二年二月の志太義広の蜂起を養和元年閏二月の記事として張り付けていることが指摘されている（石井進「志太義広の蜂起は果して養和元年の事実か」『鎌倉武士の実像』平凡社、一九八七年）。また幾つかの記事を吟味することなく混ぜ合わせてしまったことから、相互に矛盾した記事も多々見える。こうしたことから、鎌倉幕府の法令を収集した『中世法制資料集　鎌倉幕府法』（佐藤進一・池内義資編、岩波書店、一九五五年）は、地の文のみに載る法令の場合は原則としてとっていない。

文書と並んで武士の交名が多く載っていることも『吾妻鏡』の記事の大きな特徴である。将軍の随兵や、鶴岡八幡宮の相撲・流鏑馬の神事への奉仕者など、御家人の交名が多く見えるが、それは先祖の活躍を確認しようとする御家人の動きと無関係ではなく、交名からは御家人の格付けや意識が読み取れ、またその名乗りからは武士の家の在り方をうかがうことができる（五味前掲書）。

（五味文彦）

三　諸本と伝来

『吾妻鏡』の形成過程に不明な点が大きいのと同様、伝来した諸本もその実像を明確にすることは容易ではない。『吾妻鏡』の伝本研究は、和田英松・八代国治両氏によって本格的に確立されて以来、多くの蓄積がなされているが、依然として不明確な部分が大きい（和田英松「吾妻鏡古写本考」『国史説苑』明治書院、一九三九年、初出は一九一二年。及び八代前掲書）。本章では、諸写本のうち北条、島津、吉川の各本を中心としてとりあげ、その成立や伝来について新知見を交えつつ書誌的な紹介を行いたい。

(一)　北条本

江戸時代初頭より多くの刊本の底本として利用されてきたのが北条本であり、新訂増補国史大系本もこれによっている。北条本は冒頭に掲げられた目録によると全五二巻から構成され、現在巻四五以外の五一巻が伝来している。江戸幕府の紅葉山文庫を経て内閣文庫の所蔵となり、現在国指定重要文化財とされている。北条本という名称は、これがもと小田原北条氏の所蔵であったという所伝による。天正十八年（一五九〇）の小田原開城にあたり、後北条氏は仲介の労を執った黒田孝高にこの吾妻鏡を贈った（『寛政重修諸家譜』巻第四二五）。その後、慶長九年（一六〇四）に孝高の子長政により将軍徳川秀忠に献上されると、翌一〇年には家康の命によって慶長古活字本として印行された。伏見版と呼ばれるこの古活字本は、相国寺承兌のもとに準備が進められ、承兌の跋文とともに巷間流布することになった。

以上の経緯については、はやく近藤守重（重蔵・正斎）が著書『右文故事』のなかで、慶長九年に入手した本を、その翌年に印行しうるのかとの疑念を表している。いくつかの史料によって知られることであるが、実のところ徳川家康のもとには、北条本が伝わる以前から吾妻鏡が蔵されており、慶長八年には五十川了庵に対して吾妻鏡の印行を命じている（林鵞峰「老醫五十川了庵春意碑銘」『鵞峰林学士文集』巻六七所収）。益田宗氏は、こうした点をふまえて、現在、北条本と呼ばれているものが、北条氏から一括相伝されたとする考え方に否定的な見解を示している（益田宗「吾妻鏡の伝来について」中世の窓同人編『論集中世の窓』吉川弘文館、一九七七年）。

既に和田・八代両氏の研究以来指摘されていることであるが、実際のところ北条本五一巻は、複雑な経緯を経て今日の姿になっている。最近の調査成果によれば、五一巻のうち八巻（七・二四・二五・三八・三九・四一・四二・五二巻）は、新たに写されたもので、オリジナル巻とは紙質が全く異なり、その体裁を異にしている。残り四三巻についても、うち一〇巻（二一・二二・二三・三一・三二・三四・三五・三六・三七・四〇巻）はオリジナルの丁と補写された丁が交互に配される複雑な様相を呈し、また巻三三は補写紙のみからなり補写時に全体が書写されたことが分かる。補写紙はオリジナル紙に紙質が近くまた新写より古いから、オリジナル→補写→新写という時間の経緯を知ることができる。興味深いのは、補写のある巻に島津本や吉川本といった他の系統の流れをくんだ写本によって校閲が施されている点である。こうした改訂・校閲は、現状の北条本が慶長古活字本の底本となっていることからみて慶長一〇年以前に施されたことは確実であり、筆跡や紙質を勘案するに中世段階のものと考えて良い。中世の東国では、近世に入りその存在が忘れられていた吉川本、島津本系統の写本が存在していたのである。北条本は、後に述べる吉川本と同じように長期間にわたって蒐集され、さらに補訂が重ねられて成立したのである（井上聡・高橋秀樹「内閣文庫所蔵『吾妻鏡』（北条本）の再検討」『明月記研究』五、二〇〇〇年）。

北条本と同じ系統に属する和学講談所本には、巻一の目録末尾に「応永十一年甲申八月廿五日以金沢文庫御本書之」と記されている（黒川真頼旧蔵本、現在所在不明。天理図書館本にも記載あり）。現在、北条本では該当部分が刷り消されているが、先学の指摘どおり同様の記載があったものと考えられる。ただし、この記載をもって、北条本の全体が金沢文庫本に由来すると考えることは危険である。目録につづいて皇室系図、執柄系図、関東将軍次第、同系図、関東執権次第、同系図が収録されているが、この部分は、巻一本文と筆跡・体裁が異なり、本文成立時に書写・合綴されたものと推定される。系図類の成立は、文亀年間と考えられるが、北条本本文との合綴は、それより時期が下るだろう。系図に見られる追筆などをふまえると、北条本の成立は、文亀以降天文以前に比定すべきであろう。すなわち、今日の北条本は、様々な素材から十六世紀前半に編まれ、およそ十六世紀後半に先にのべたような様々な改変がなされたと予想される（井上・高橋前掲論文）。

こうした北条本の生成・変化は、益田氏の指摘にあるように北条氏のもとでなされたとは考えにくい。相国寺文書中には、北条本を印行した承兌に宛てられた家康書状が残されている。年記のない書状であるが中村孝也氏によると内容から北条本献上の三ヶ月後、慶長九年六月に比定されるものという（中村孝也『徳川家康文書の研究』丸善、一九六〇年）。同書状には現北条本に存在する三八、四一、四五の三巻が家康の手元にないことを伝えており、今日我々が北条本と呼ぶものと後北条氏から伝来したそれとの間に差異のあることが明らかとなる。現存しない巻四五をのぞき、巻三八、四一は新写巻に相当しており、新写が家康の段階でなされたことは確実である。これに近藤守重や益田宗氏の指摘―北条本の献上と慶長本印行の間隔が短すぎる―をふまえるならば、現北条本は、家康が以前から有していた旧蔵本に、黒田氏献上本やそれ以外の諸本が新写という形で補入されることで成立したと見るべきであろう（前掲、井上・高橋論文）。

なお北条本と同系統に属する諸本としては、先にふれた黒川真頼旧蔵本や、広橋家旧蔵本（京都府立総合資料館蔵）などが知られているが、現在までのところ詳細な研究はなされていない。

(二) 島津本

北条本と系統を同じくしながら、北条本に無い記事を多く収録し、これを補うものとして利用されてきたのが、島津本である。島津家旧蔵で、現在は他の島津家文書とともに東京大学史料編纂所の所蔵となっている。島津本の巻構成は、目録一巻と五一巻からなり、基本的に北条本と一致するが、北条本に欠落する嘉禄元年・二年・安貞元年の三ヶ年分が存在している。巻二六の元仁元年記奥には、北条本と同じく、嘉禄元年以下の三年分が欠けている旨の注記があるものの、これに続けて該当記事が補われている。また、この他の部分においても北条本には無い記事が多数存在している（異同表参照）。おそらく島津本は、原北条本よりやや記載の詳しい祖本より写され、さらに三カ年の脱落が補入されて形成されたのであろう。この脱落部分については、後に述べる吉川本にも記事が存在しているが、両者を対比すると、相違点が多く存在しており、同一の系統ということは難しい。

さてこうした経緯を持つ島津本は如何に形成されたのであろうか。二階堂文書中には、二階堂氏から島津氏に『吾妻鏡』を進上するむねの三月三日付島津修理亮あて書状（「二階堂氏正統家譜」五ノ四）があり、八代氏はこの『吾妻鏡』を島津本であると想定されている。八代氏は、島津修理亮を八代久豊もしくは十代立久に比定して、書状を応永から文明年間になるものとされた。しかしながら前川祐一郎氏によると、差出人は二階堂政行に比定すべきで、文書は延徳三年（一四九一）の成立と見られるとのことである（前川祐一郎「室町時代における『吾妻鏡』」『明月記研究』五、二〇〇〇）。この二階堂氏から進上された『吾妻鏡』を、直ちに現在の島津本と考えることは難しい。というのも島津本冒頭の目録に付された皇室系図では、後奈良天皇を当今と記しており、少なくも目録・系図を含む巻一の成立は十六世紀の第2四半期に該当するものである。また目録では嘉禎元年以降の三ヶ年を欠落と記しており、巻一成立時には依然欠落部の補入はなされていなかったと考えられる。二階堂進上本がいかなる系統のものであったか不明ながら、進上の後、島津家において北条本と同様の構成を持つ『吾妻鏡』が整えられ、さらにこの後、他本を入手して脱漏部の補入がなされたと考えるべきであろう。

島津家にて整えられた『吾妻鏡』は、慶安三年（一六五〇）に至り、幕府へと献上されたことが確認される（『旧典類聚』『書目抄出』）。現在島津家文書に残されている島津本は、この際作られた写しと考えられる。島津本の招来によって北条本に多くの欠落があることが知られると、寛文八年（一六六八）には北条本に脱落する三ヶ年分を収めた『東鑑脱漏』が板行され、続いて延宝七年（一六七九）には他の脱落記事をまとめた『東鑑脱纂』（古本東鑑纂、東鑑島津本抽纂、東鑑纂ともいう）が著された。しかしながらこののち近世後期になると、島津本そのものの所在は不明確なものとなり、塙宝忠は著書『書目抄出』で、幕府献上本・島津家所蔵本いずれもが行方の分からなくなっている旨を記している。八代・和田の両氏も島津本を見ておらず、再び島津本が現れるのは、丸山二郎氏が島津家にその所在を確認し、記事の特徴や諸本との比較・校合を紹介した昭和初期のことである（丸山二郎「吾妻鏡諸本雑考」『歴史地理』六一―五、一九三三年）。

なお、島津本の巻五〇・五一・五二には、文字の記されない空白部分が多数存在している。これは現在の島津本のもとになった幕府献上本に、相当の虫損があったことによると考えられる。こうした欠落を補う上で重要なのは、島津本と同系統にある毛利本である。毛利家旧蔵で、現在明治大学図書館に所蔵されている同本は、島津本成立を考える上でも興味深い素材である。巻一の奥書には、大徳寺一三五世の宝叔宗珍が文禄五年（一五九六）に書写したとあるが、全巻の書写が終了した時期は分らない。毛利本から記事を抜粋した『抜書』の成立が元和六年（一六二〇）であることをふまえると、文禄から慶長にかけて書写がなされたと推測される。福田栄次郎氏によれば島津本と毛利本の異同は極めて小さく、両者は非常に近い関係にあると言える（福田栄次郎「毛利家旧蔵本吾妻鏡について」『駿台史学』八、一九五八年）。現島津本からの書写ではないことは明かであるが、幕府献上本とこの毛利本はいかなる関係にあったのであろうか。先に推測したような経緯で島津本が先行して成立していたとすれば、近世初頭に島津本の祖本は京都周辺においてある程度流布していたことになる。島津家、大徳寺、毛利家が相互にどのような交流をもっていたのか具体的に検討せねばならない。また慶長前後の京都五山では、先述のごとく家康とともに後の北条本を生み出す動きも示しており、相互に関連があったのか否か注目すべきであろう。

北条本や島津本と大きく異なる構成をもち、近世段階において全く知られていなかったのが、次に述べる吉川本である。現在吉川史料館において所蔵されている同本は、大内氏の重臣陶氏の一族、右田弘詮によって蒐集されたものである。弘詮の記した奥書によれば、文亀年間から大永二年（一五二二）にかけて約二〇年にわたり、諸国をめぐる僧らに依頼して「洛陽畿内東国北国」から集めたものであるという。

三　吉川本

吉川本は、年譜一巻と四七巻からなり、その構成においても本文テキストにおいても独自性がつよい。北条・島津両本にある目録は存在せず、代わって弘詮の手になる年譜が付されている。また巻の構成も、金沢文庫本に由来する五二巻ではなく、弘詮の編んだ四七巻からなっている。寛元四年、建長三年、弘長元年の記事は全て欠落しているが、『東鑑脱纂』『東鑑脱漏』に相当する部分を収録し、また北条・島津両本には無い記事を多数収めている。一方、数は少ないが北条本にあって吉川本に無い記事も存在しており、両系統にはかなりの距離があると言えるだろう。

吉川本は、明治四四年（一九一一）に東大史料編纂掛（現東大史料編纂所）に貸与されるまで吉川家にて秘蔵されており、近世の活字本や板本においては、これを反映するものは無い。しかしながら北条本について説明したように、近世以前に遡ると同本の流れを汲む写本が東国において確実に存在していた。また次に述べるような吉川本と系統を同じくする零本の存在からみて、中世京都周辺でも流布していたことが窺われる。こうした本が、弘詮の努力によって吉川本に蒐集されて今日に伝わる一方、畿内や東国においては近世初頭以降、次第にその存在が忘却されていったと考えられる。吉川本を除き他系統の諸本が消えていった背景には、統一権力による北条本の成立およびその印行が、大きな影響を与えたのではないだろうか。

吉川本と同様に北条本と異なる系統の写本を以下に紹介する。いずれもその全貌を知ることのできない零本ながら、中世における諸本の状況を考えるうえで非常に重要である。

現在前田育徳会尊経閣が所蔵する前田本は、『吾妻鏡』古写本中で最古のものとして知られ、重要文化財に指定されている。仁和寺心蓮院の旧蔵で、紙背には『山密往来』が書写されており、この紙背にあわせる形で前後が裁断されたため、『吾妻鏡』は首尾を欠いた状態となっている。『山密往来』には、応永十三年（一四〇六）の奥書が記されており、前田本はこれ以前に書写されたと推定されている（太田晶二郎氏はこの奥書を、本奥書とされ、応永十三年の書写を否定している。なお前田本の成立については、鎌倉時代末と比定する。太田晶二郎「巻子本吾妻鏡解題」前田育徳会尊経閣文庫小刊十二、一九八二年）。同本は、寿永三年四月六日条から元暦元年十二月十六日条までを収めており、その記事は吉川本と同様に北条本の脱落を補う部分が見られる。一方で北条・吉川両本に存在しない記載もあり、いずれとも異なる系統にあることを知ることができる。尊経閣には前田本のほか、『文治以来記録』と呼ばれる室町時代成立の抄本もあり、同じく重要文化財に指定されている。文治三年八月から嘉禄二年八月にいたる記事のうち四十三日条分を抄録するもので、吉川本の系統に属しているが、成立や来歴については不明な点が多い。

このほか、宮内庁書陵部が所蔵する伏見宮本や、東京大学史料編纂所所蔵の清元定書写本などが、吉川本系の写本として知られている。伏見宮本は、伏見宮家旧蔵の抄本で、宝徳二年（一四五〇）の仮名暦の裏に元久・正治・承久・嘉禄にわたる十七日条分収める。わずかな日条ながら北条本を補う部分が見られ貴重である。一方、史料編纂所本は四冊からなり、室町幕府奉行人であった清元定の手になる古写本である。第一冊は、治承五年から元暦元年までの抄録で、紙背に明応四、五年前後の文書があり、およその成立年代を知ることができる。第二冊は建久六年分の抄本で、明応五年（一四九六）に元定が書写したと奥書にある。この冊には、あわせて本奥書もあり、「御所御本」から延文三年（一三五八）に転写した旨が記されている。御所本については詳細を知るよしもないが、室町初期に御所において吾妻鏡が所持されていたことは注目すべきであろう。また第三冊は暦仁二年分の完本、第四冊は建長四年分の完本で、第四冊には文明十四年（一四八二）書写の奥書がある。第二冊以外は如何なる本から書写したのか不明ながら、いずれも吉川本と記事が一致しており、異なるところが無い。こうした事実をふまえて村田正志氏は、同本が吉川本の原拠となった可能性について言及されている（村田正志「吾妻鏡の一古写本」『国史学』五八、一九五二年）。

以上、成立が中世に遡る諸本について簡単な解説を試みた。問題は、こうした諸本を相互にいかに位置づけるかという点にある。中世における諸本の併存がどのような人的ネットワークを媒介としていたのか、また近世初頭における北条本をベースとする流布本への収斂の過程をどう跡づけるのかが、今後の大きな課題である。

かつて八代氏や和田氏が示された諸本成立に関する仮説は、現在さまざまな点において矛盾を孕んでいることが明かとなっている。今日的な観点から、『吾妻鏡』の伝来過程について、さらに多くの情報を網羅的に蒐集するとともに、各写本の厳密な検討を進めることで、新たなモデルを構築することが急務である。

（井上　聡）

四　『吾妻鏡』関係文献一覧

影　印

古典籍覆製叢刊刊行会編　『振り仮名つき吾妻鏡　寛永版影印』　一九七六年　汲古書院

『巻子本吾妻鏡　元暦元年』　一九八一年　前田育徳会尊経閣文庫

萩原義雄　「新資料・西教寺蔵『吾妻鏡抄録』（零古写本）について―付・影印資料およびその国語学的考察―」　一九九八年　『駒澤大学北海道教養部論集』一三

活　字

高桑駒吉校訂　依田喜一郎　成川睿次郎増補　『校訂増補吾妻鏡』　一八九六年　大日本図書

経済雑誌社編　『続国史大系』第四・五巻　一九〇三年　経済雑誌社

国書刊行会編　『吾妻鏡　吉川本』全三冊　一九一五年　国書刊行会（のち名著刊行会より復刊）

広谷雄太郎編　『校訂増補吾妻鏡』全三冊　一九一五年　広谷図書刊行会

与謝野寛　正宗敦夫編纂　与謝野晶子校訂　日本古典全集『吾妻鏡』全八冊　一九二六年　日本古典全集刊行会

黒板勝美編『新訂増補国史大系』第三二・三三巻　一九三二〜三三年　国史大系刊行会（のち吉川弘文館より刊行、普及版全四冊）

菊地紳一「財団法人前田育徳会所蔵の『吾妻鏡』の古写本について」　一九九二年　安田元久『吾妻鏡の総合的研究』科学研究費補助金研究成果報告書

訓読・注釈

龍粛『吾妻鏡』一〜五　一九三九〜四四年　岩波文庫

堀田璋左右『訳文吾妻鏡標註』全二冊　一九四三〜四四年　東洋堂（のち名著刊行会より復刊）

貴志正造訳注『全訳吾妻鏡』全六冊　一九七六〜七九年　新人物往来社

遠藤好英『「吾妻鏡」諸本の収集とその研究』　一九九〇年　科学研究費補助金研究成果報告書

岡田清一「吾妻鏡注釈」(一)〜(七)　一九八〇〜八七年　『東北福祉大学紀要』五ノ二〜一二

索引

武相史料刊行会編『吾妻鏡地名社寺索引』　一九六三年　武相史料刊行会

国学院大学日本史研究会編　『吾妻鏡人名索引』　一九六八～七〇年

御家人制研究会編　『吾妻鏡人名索引』　一九七一年　吉川弘文館

及川大渓編　『吾妻鏡総索引』　一九七五年　日本学術振興会（のち東洋書林より復刊）

国学院大学日本史研究会編　『吾妻鏡地名索引』　一九七七年　村田書店

峰岸明・横浜国大東鑑之会編　『寛永三年版吾妻鏡巻第二漢字索引』　一九七九年　笠間書院

安田元久編　『吾妻鏡人名総覧—注釈と考証—』　一九九八年　吉川弘文館

福田豊彦監修　『吾妻鏡・玉葉データベース CD-ROM 版』　一九九九年　吉川弘文館

吾妻鏡に関する研究論文

星野恒　「吾妻鏡考」　一八八九年　『史学雑誌』一ノ一

原勝郎　「吾妻鏡の性質及其史料としての価値」　一八九八年　『史学雑誌』九ノ五

和田英松　「吾妻鏡古写本考」（のち同著『国史説苑』明治書院、一九三九年に収録）　一九一二年　『史学雑誌』二三ノ一〇

八代国治　『吾妻鏡の研究』　一九一三年　明世堂書店

関靖　「金沢文庫の再吟味（五）」　一九三三年　『歴史地理』六二ノ二

丸山二郎　「吾妻鏡諸本雑考」（後に同著『日本の古典籍と古代史』　一九三三年　『歴史地理』六一ノ五
吉川弘文館、一九八四年に収録）

龍　粛　「吾妻鏡の解題―性質と史的価値―」　一九三六年　『古典研究』一ノ三

和田英松　「吾妻鏡の伝本に就いて」　一九三六年　『古典研究』一ノ三

堀田璋左右　「始て吾妻鏡を読む者の為に」　一九三六年　『古典研究』一ノ三

木谷祥隆　「吾妻鏡研究の歴史」　一九三六年　『古典研究』吾妻鏡特集号

川瀬一馬　『古活字版之研究』　一九三七年　安田文庫（のち日本古書籍商協会
より復刊）

平田俊春　「吾妻鏡と六代勝事記」（同著『吉野時代の研究』）　一九四三年　山一書房

佐藤進一　「吾妻鏡の原資料の一つ」　一九五二年　『史学雑誌』六一ノ九

村田正志　「吾妻鏡の一古写本」（後に『村田正志著作集』第五、思
文閣出版、一九八五年に収録）　一九五二年　『国史学』五八

丸山二郎　「金沢文庫の吾妻鏡断簡と寛元二年記」（後に同著『日本
の古典籍と古代史』吉川弘文館、一九八四年に収録）　一九五六年　『歴史地理』八六ノ三

石母田正　「文治二年の守護地頭停止について」　一九五八年　『法学志林』五六ノ一

同　「一谷合戦の史料について―吾妻鏡本文批判の試みの一
環として」　一九五八年　『歴史評論』九九
（右記二論文、後に『石母田正著作集』第九巻、岩波
書店、一九八九年に収録）

福田栄次郎　「毛利家旧蔵本吾妻鏡について」　一九五八年　『駿台史学』八
益田　宗　「吾妻鏡のものは吾妻鏡にかえせ―六代勝事記と吾妻鏡―」　一九六〇年　『中世の窓』七
石井　進　「吾妻鏡の欠巻と弘長二年の政治的陰謀(?)」(後に同著『鎌倉武士の実像』平凡社、一九八七年に収録)　一九六一年　『中世の窓』八
笠松宏至　「吾妻鏡と追加法と」(後に同著『日本中世法史論』東京大学出版会、一九七九年に収録)　一九六一年　『中世の窓』八
石田祐一　「放生会と弓始の記事について」　一九六一年　『中世の窓』八
益田　宗　「吾妻鏡のものが吾妻鏡にかえらない話」　一九六一年　『中世の窓』八
益田　宗　「所謂吾妻鏡断簡について」　一九六三年　『日本歴史』一七九
笠松宏至　「徳政・偽文書・吾妻鏡」(後に同著『中世人との対話』東京大学出版会、一九九七年に収録)　一九六三年　『中世の窓』一二
平田俊春　「吾妻鏡と平家物語及び源平盛衰記との関係」(上)(中)(下)　一九六三～六五年　『防衛大学校紀要』八・一〇・一一
益田　宗　「吾妻鏡騒動記」　一九六四年　『新訂増補 国史大系月報』一
平田俊春　「六代勝事記をめぐる諸問題」　一九六六年　『金沢文庫研究』一二ノ八～一一
益田　宗　「佐々木氏の奉公初日記と吾妻鏡―実ハ平家物語」　一九六八年　『古事類苑月報』一〇
野口武司　「吾妻鏡の編纂技法」　一九六九年　『国学院大学大学院紀要』一
益田　宗　「吾妻鏡の本文批判のための覚え書き」　一九七一年　『東京大学史料編纂所報』六

阿部隆一　「解題—吾妻鏡刊本考—」（『振り仮名つき　吾妻鏡　寛永版影印』）　一九七六年　汲古書院

益田宗　「吾妻鏡の伝来について」（中世の窓同人編『論集中世の窓』所収）　一九七七年　吉川弘文館

石田祐一　「吾妻鏡頼朝記について」（中世の窓同人編『論集中世の窓』所収）　一九七七年　吉川弘文館

平泉隆房　「吾妻鏡編纂過程の一考察」　一九八一年　『古文書研究』一六

太田晶二郎　「巻子本吾妻鏡解題」　一九八二年　前田育徳会尊経閣文庫小刊一二

同　「巻子本吾妻鏡紙背山密往来解題」（右記二論文、後に『太田晶二郎著作集』第四冊、吉川弘文館、一九九二年に収録）　一九八二年　前田育徳会尊経閣文庫小刊一三

平田伸夫　「『吾妻鏡』編纂の一考察—「死者参着」方式について」　一九八二年　『社会科学研究』二ノ二

小島鉦作　「『吾妻鏡』所載寿永三年四月五日・六日源頼朝下文について—『吾妻鏡』の史料的批判に関連して—」　一九八三年　『古文書研究』二一

山下宏明　「関東の〈歴史〉記述—「吾妻鏡」頼朝将軍記をめぐって」　一九八五年　『日本文学』三四ノ五

晋哲哉　「島津家本吾妻鏡の伝来—二階堂某書状の検討」　一九八六年　『鹿児島中世史研究会会報』四四

平田俊春　「文治勅許の守護の再検討—『吾妻鏡』の記事の批判をめぐって」　一九八六年　『日本歴史』四五九

平田俊春　「屋島合戦の日時の再検討—吾妻鏡の記事の批判を中心として」　一九八七年　『日本歴史』四七四
同　「吾妻鏡編纂の材料の再検討」　一九八八年　『日本歴史』四八六
高橋伸幸　「『吾妻鏡』—その成立と編者—」　一九八九年　『国文学解釈と鑑賞』五四ノ三
五味文彦　『吾妻鏡の方法』　一九九〇年　吉川弘文館
工藤敬一　「吾妻鏡」（『日本歴史「古典籍」総覧』）　一九九〇年　新人物往来社
平泉隆房　「『吾妻鏡』源実朝暗殺記事について」　一九九〇年　『皇学館論叢』二三
永井晋　「鎌倉の部類記」　一九九一年　『季刊ぐんしょ』四ノ二
末広昌雄　「『吾妻鏡』原本の謎」　一九九一年　『季刊ぐんしょ』四ノ四
笠松宏至　「『吾妻鏡』〝地の文のみ〟の幕府法」（同著『中世人との対話』所収）　一九九七年　東京大学出版会
野口武司　「『吾妻鏡』の編纂について—その記事と用字のあり方」　二〇〇〇年　『信州豊南女子短期大学紀要』一七
川島茂裕　「寺塔已下注文の基本テキストと中世都市論—『吾妻鏡』文治五年九月十七日条と平泉研究の問題点」　二〇〇〇年　『史海』四七
井上聡・高橋秀樹　「内閣文庫所蔵『吾妻鏡』（北条本）の再検討」　二〇〇〇年　『明月記研究』五
前川祐一郎　「室町時代における『吾妻鏡』　東京大学史料編纂所所蔵清元定本吾妻鏡を手がかりに」　二〇〇〇年　『明月記研究』五
五味文彦　『増補　吾妻鏡の方法』　二〇〇〇年　吉川弘文館

【附記】

この文献一覧作成にあたって、高橋秀樹氏が公開する「『吾妻鏡』文献リスト(稿)」(http//member. nifty. ne. jp/daikichi/adumabun.htm) を参考とした。また前川祐一郎氏に情報の提供をいただいた。

(井上　聡)

吾妻鏡諸本異同表

凡　例

一、本表は北条本を基準として島津本・吉川本との異同を示すものである。原則として北条本に存在しない日条を異同の欄に記し、北条本にのみ存在する日条のある場合には、丸カッコを用いて示した。

二、閏月の場合、先頭に＊を付した。

三、嘉禄元～安貞元（太野部分）は、北条本が欠落しているため、島津本と吉川本との異同を吉川本の欄に記した。

四、島津本は、巻四九以降、虫損が著しく対照が困難な箇所がある。そのため巻四九～五二までの異同の確認には、同系統に属する毛利本を併せて利用した。

将軍	年号	北条本		島津本			吉川本			慶長本
		巻数	収録	巻数	収録	北条本との異同	巻数	収録	北条本との異同	巻数
頼朝	治承4	1	4～12月	1			1	4～12月		1
	養和元	2	1～12月	2			2	1～12月		2
	寿永元		1～12月					1～12月		
	寿永2	—		—			—			—
	元暦元	3	1～12月	3			3	1～12月		3
	文治元	4	1～8月	4			4	1～12月	(4/28)	4
		5	9～12月	5						5
	文治2	6	1～12月	6			5	1～12月	1/9	6
	文治3	7	1～12月	7			6	1～12月		7
	文治4	8	1～12月	8			7	1～12月		8
	文治5	9	1～12月	9			8	1～12月	9/19	9
	建久元	10	1～12月	10			9	1～12月		10
	建久2	11	1～12月	11			10	1～12月		11
	建久3	12	1～12月	12			11	1～12月	8/15	12
	建久4	13	1～12月	13			12	1～12月	(8/18)	13
	建久5	14	1～12月	14			13	1～12月	3/17,9/25,(12/20)	14
	建久6	15	1～12月	15			14	1～12月	(4/10),7/12	15
	建久7	—		—			—			—
	建久8	—		—			—			—
	建久9	—		—			—			—
頼家	正治元	16	2～12月	16			15	2～12月	9/25	16
	正治2		1～12月			4/9		1～12月	3/29,4/9	
	建仁元	17	1～12月	17			16	1～12月		17
	建仁2		1～12月					1～12月		
	建仁3		1～9月					1～9月		
実朝		18	9～12月	18			17	9～12月		18
	元久元		1～12月					1～12月		
	元久2		1～12月					1～12月	8/19	
	建永元		1～8， 10～12月					1～8， 10～12月		
	承元元		1～12月					1～12月	(3/20)	
	承元2	19	1～12月	19			18	1～12月	(7/20)	19
	承元3		1～12月					1～12月		

<table>
<tr><th rowspan="2">将軍</th><th rowspan="2">年号</th><th colspan="2">北条本</th><th colspan="3">島津本</th><th colspan="3">吉川本</th><th>慶長本</th></tr>
<tr><th>巻数</th><th>収録</th><th>巻数</th><th>収録</th><th>北条本との異同</th><th>巻数</th><th>収録</th><th>北条本との異同</th><th>巻数</th></tr>
<tr><td rowspan="10">実朝</td><td>承元4</td><td rowspan="2">19</td><td>1～12月</td><td rowspan="2">19</td><td></td><td></td><td rowspan="2">18</td><td>1～12月</td><td></td><td rowspan="2">19</td></tr>
<tr><td>建暦元</td><td>1～12月</td><td></td><td></td><td>1～12月</td><td></td></tr>
<tr><td>建暦2</td><td>20</td><td>1～12月</td><td>20</td><td></td><td></td><td>19</td><td>1～12月</td><td>11/27</td><td>20</td></tr>
<tr><td>建保元</td><td>21</td><td>1～12月</td><td>21</td><td></td><td>3/6.16,5/15,6/3.8,8/19,9/10.18,*9/12.17,11/5.23.24,12/11.13</td><td>20</td><td>1～12月</td><td>3/6.16.21,5/15,6/3.8.29,7/20,8/19,9/10.18,*9/12.17,11/5.23.24,12/11.13</td><td>21</td></tr>
<tr><td>建保2</td><td rowspan="3">22</td><td>1～12月</td><td rowspan="3">22</td><td></td><td></td><td rowspan="3">21</td><td>1～12月</td><td>1/12.22.28,2/15,3/11,4/3.23.27,5/15,10/6.10.27,12/1</td><td rowspan="3">22</td></tr>
<tr><td>建保3</td><td>1～12月</td><td></td><td></td><td>1～12月</td><td>1/11.20,2/2.24,8/19,9/26,10/2,11/12.20.21,12/15.19</td></tr>
<tr><td>建保4</td><td>1～12月</td><td></td><td></td><td>1～12月</td><td>*6/11.29,12/13.20</td></tr>
<tr><td>建保5</td><td rowspan="2">23</td><td>1～12月</td><td rowspan="2">23</td><td></td><td></td><td rowspan="3">22</td><td>1～12月</td><td>2/19,3/4,4/5,5/20.29</td><td rowspan="2">23</td></tr>
<tr><td>建保6</td><td>1～12月</td><td></td><td></td><td>1～12月</td><td>1/17,2/23,5/9.25,(6/28)</td></tr>
<tr><td rowspan="2">承久元</td><td rowspan="3">24</td><td>1～②月</td><td rowspan="3">24</td><td></td><td></td><td>1～3月</td><td>1/8.15.23.24.25.29.30,2/1.2.4.5.6.21.22,*2/14.28.29,3/1.8.11.17.26.27.28</td><td rowspan="3">24</td></tr>
<tr><td rowspan="6">頼経</td><td>7～12月</td><td></td><td></td><td rowspan="3">23</td><td>7～12月</td><td></td></tr>
<tr><td>承久2</td><td>1～12月</td><td></td><td>(2/26)</td><td>1～12月</td><td></td></tr>
<tr><td>承久3</td><td>25</td><td>1～12月</td><td>25</td><td></td><td>(6/20.23.25.29,7/2.6.10.11.13.14.20.24.25.26,8/1.2.3.5.6.7.9.10.15.23,9/10.15.16.17.29,10/2.12.13.16,*10/1.10.29)</td><td>1～12月</td><td>8/15</td><td>25</td></tr>
<tr><td>貞応元</td><td rowspan="3">26</td><td>1～4,6,8,10,12月</td><td rowspan="3">26</td><td></td><td></td><td rowspan="3">24</td><td>1～12月</td><td>1/2.3.8.10.16,2/9.12,4/26,5/4.24.25,7/3.23,8/15.16.20.23.29,9/21.22,10/5.25,11/1.4.25.30,12/12.13</td><td rowspan="3">26</td></tr>
<tr><td>貞応2</td><td>1～10,12月</td><td></td><td></td><td>1～12月</td><td>1/2.5.6.18.20.23.25.26,2/1.8,3/14,4/8.13,5/12,6/26.28.30,7/6,9/1.2.3.4.10.26,10/1.4.5.6.21,11/1.7.19.27.29.30,12/20.</td></tr>
<tr><td>元仁元</td><td>1～12月</td><td></td><td></td><td>1～12月</td><td>1/4.5.6,2/3.11.23,3/19.23,4/25,5/16,6/1.15.17,7/4.6.9.13.29,*7/28,8/19,9/13.17,10/29,11/13.15,12/2.17</td></tr>
</table>

将軍	年号	北条本		島津本			吉川本			慶長本
		巻数	収録	巻数	収録	北条本との異同	巻数	収録	北条本との異同	巻数
	嘉禄元	—				1～12月		1～12月	8/28	—
	嘉禄2	—		26		1～12月	25	1～12月	3/23.(29)	—
	安貞元	—				1～12月		1～12月	5/14	—
	安貞2		1～12月			1/7.9.19,2/4.14,3/25,4/7.21,5/8.10.14.15.28(6/6),6/22.28,7/5.16.18,8/2.11.13,9/8.18.26,10/8.9.10.19.25.26.30,11/14.19.25,12/1.4.6.13.29		1～12月	1/2.3.7.9.19,2/4.14.19,3/9.25,4/7.21,5/8.10.14.15.16.28,6/22.26.28,7/5.16.18,8/2.11.13,9/8.18.26,10/8.9.10.15.18.19.25.26.30,11/14.25,12/1.4.6.13.29	
	寛喜元	27	1～12月	27		1/13.16.21.27,2/5.17.20,3/1.5.8.14.28,5/5.15,6/14.15.26.27.28.29,7/3.4.5.7.8.23,8/15.16.17,10/14.25,11/3.14.27.30,12/13.19.25.27	26	1～12月	1/1.2.3.8.13.15.16.21.27,2/5.17.20,3/1.5.8.14.28,5/5.15,6/14.26.27.28.29,7/3.4.5.7.8.23,8/15.16.17,9/17.20.30,10/14.25,11/3.14.27.30,12/13.19.25.27.29	27
頼経	寛喜2		1～12月			1/2.8.16.17.20.25,*1/17.19.22,2/17.20.23,3/5.12.14.15.16.17.18.28.29,4/1.9.17,6/6.28,7/15.26,8/4.15,9/18,10/24,11/6.7.13.22,12/10.15.16		1～12月	1/3.4.8.10.15.16.17.20.25,*1/17.19.20.22,2/17.19.20.23,3/2.5.12.14.15.16.17.18.28.29,4/1.9.17,5/24,6/6.10.28,7/15.26,8/4.15,9/18,10/6.24,11/6.7.13.22,12/10.15.16	
	寛喜3		1～7,9～12月					1～12月	1/6.14.16.19.24.25.29,2/2.11,3/1.16.19,4/4.14.15.27,5/7.14,8/1.15.16,9/23.24.29,11/6.9.10.27,12/5.10.28	
	貞永元	28	1～5,7～12月	28			27	1～12月	1/1.5,2/7.8.13.14.23,3/9.13.14.15,4/9.13.25,5/15.16.17.26,6/7,7/12.15.23.27.28,8/6.13.15.16,9/18.28,*9/4.5.6.7.8.9.10.11.15.18.20.21.26,10/2.5.7.14.17.22.29,11/3.9.16.17.20.21.24,12/18.23	28
	天福元	29	1,5,8,11,12月	29			28	4～12月	(1/1.2.3.13),4/15.16.17.23,5/5.19.24,6/8.12.19.20.25.27,7/9.10.11.20.21,8/15.16,9/13.18.24.27.28.29,10/19,11/3,12/12.28	29

将軍	年号	北条本		島津本			吉川本			慶長本
		巻数	収録	巻数	収録	北条本との異同	巻数	収録	北条本との異同	巻数
頼経	文暦元	29	1～4,6～8,11,12月	29			28	1月	1/1.2,(3,2/24,3/1.5.10.22,4/5,6/19.30,7/6.26.27,8/1.21,11/28,12/28)	29
	嘉禎元		1～12月				—			
		30	1～12月	30			29	1～12月	3/11.13,4/9	30
	嘉禎2	31	1～12月	31		3/7.11.22.25,9/1.7.8.13.28,10/13.29	30	1～12月	3/3.7,4/11,6/22.25,9/1.7.8.13.28,10/13.29,11/23.24	31
	嘉禎3		1～12月			3/26,4/8,8/4		1～12月	3/26,4/8,8/4	
	暦仁元	32	1～12月	32		3/2.6.24,5/19,11/14,12/22.26	31	1～12月	3/2.6.24,5/19,6/23,10/9,11/14,12/14.22.26	32
	延応元	33	1～3,5,6～12月	33		4/13.14.15.16.23.24.25.26,5/1.2.3.4.(13.)14,6/12.19,7/2.15,12/15.21	32	2～12月	(1/1.2.3.5.11.17.19.27,2/3.4)2/16,3/29,4/13.14.15.16.23.24.25.26,5/1.2.3.4.13.14,6/12.19,7/2.15,12/15.21	33
	仁治元		1～4,8～12月			1/20.22.23.24.26.27,2/2.6.7.12.14.16.19.22.23.25,5/1.2.4.6.7.11.12.14.20.25,6/1.2.8.9.11.15.16.17.18.22.24.25,7/1.4.8.9.11.13.26.27,8/2.3.4.5.6.21,10/22.*10/3.23,11/19.23.28.29		1,7～12月	(1/2.3.4.5.6.7.8.9.10.11.13.14.15.17.18.19.20,2/29,3/6.7.9.12.17.18,4/1.8.9.10.12.14.18.25.27,)7/26.27,8/2.3.4.5.6.21,10/22.*10/3.23,11/19.23.28.29	
	仁治2	34	1～12月	34		2/5,4/2,6/17.28,9/11.15,12/11.24	33	1～12月	2/5.10,3/20,4/2,(5/20),6/15.17.28,9/11.15,12/11.24	34
	仁治3	—		—			—			—
	寛元元	35	1～12月	35		3/15.19	34	1～12月	2/15,3/15.19.27	35
	寛元2		1～12月			5/20		1～6月	(1/21),3/20,5/20,6/5.(15.16.17,7/5.13,8/8.15.16.17.19.22.29,9/1.2.3.5.13.15.19.28,10/2.3.13,11/3.16,12/7.8.26.27)	
頼嗣		36	5～12月	36		10/1	35	5～12月	6/13.15.17.27.29,7/5.13	36
	寛元3		1～12月					1～12月	5/23,7/1.13.16,8/19.26,9/8.(11),10/28,12/13	
	寛元4	37	1～12月	37		3/30,4/3.5.14,6/1.10.20,7/2.5,8/17.20.25.26	—			37
	宝治元	38	1～12月	38			36	1～12月	7/10,10/21	38
	宝治2	39	1～12月	39			37	1～12月	*12/11	39

将軍	年号	北条本		島津本			吉川本			慶長本
		巻数	収録	巻数	収録	北条本との異同	巻数	収録	北条本との異同	巻数
頼嗣	建長元	—		—			—			—
	建長2	40	1～12月	40		(3/16,)8/15	38	1～12月	8/15	40
	建長3	41	1～12月	41		12/22	—			41
	建長4		1～2月			(1/1.2.3.5.7.8.9.11.12.13.14.27,2/1.8.10.12.20.27.28)	—			
宗尊		42	1,3～12月	42			39	1,3～12月	6/20	42
	建長5	43	1～12月	43		8/29.(30)	40	1～12月		43
	建長6	44	1～12月	44		(1/14)	41	1～12月		44
	建長7	(45)		(45)			—			(45)
	康元元	46	1～12月	46			42	1～12月	6/14	46
	正嘉元	47	1～12月	47			43	1～12月		47
	正嘉2	48	1～12月	48			44	1～12月		48
	正元元	—		—			—			—
	文応元	49	1～12月	49			45	1～12月	(5/13)	49
	弘長元	50	1～12月	50			—			50
	弘長2	—		—			—			—
	弘長3	51	1～12月	51			46	1～12月	3/17,(6/17,12/28.29)	51
	文永元	—		—			—			—
	文永2	52	1～12月	52		1/12	47	1～12月	1/12	52
	文永3		1～7月			6/19.20		1～7月	6/19.20	

吾妻鏡零本一覧

凡　例

一、閏月の場合、先頭に＊を付した。

名　称		収　録
前田本		元暦元4/8～12/16
文治以来記録		文治3:8/4.15,10/2, 文治4:8/23,9/21, 建久元:9/18,11/7.9, 建久2:1/5.15,8/1,9/21, 建久4:1/26,3/21.25,5/16.27.28.29.30,9/11, 建久5:5/5.14, 6/15.28,7/3,10/9.22, 元久2:11/20, 建永元:1/27,10/20, 承元2:10/21, 建暦元:5/4,10/13, 建暦2:6/8,8/19, 建保4:6/8.15, 建保5:6/27,7/8, 承久2:4/26, 嘉禄元:12/20, 嘉禄2:8/1
伏見宮本		元久2:6/22.23.26.28.29, 正治元:10/24.25.27,12/9.18.29, 正治2:1/20.21.23, 承久3:*10/10.29, 嘉禎4:*2/16
東大史料編纂所本	①	養和元:1/1.11.18.21,4/7,9/3,寿永元:2/14.15,4/5,5/27,6/7.8, 元暦元:1/1.10.20.21.23.26.29,2/4.5.7.8.9.11.13.14.15.20.25.27,3/18,4/1.10.16,8/17,9/14,10/20
	②	建久6:1/1.2.4.13,2/14, 3/4.6.9.10.11.12.13.14.27, 5/5.10.15.20.21,6/24.25,7/8.12.14,8/15.16
	③	延応元:吉川本巻32延応元年と同じ
	④	建長4:吉川本巻39に同じ

徳川実紀・続徳川実紀

小宮木代良

一　概　要

江戸幕府の官撰史書。江戸幕府の歴代将軍毎に、編年体に叙述される本文と、将軍の事績・言行・逸話をまとめた付録からなる。江戸時代においては、それぞれ将軍の諡号を冠し、たとえば三代将軍徳川家光の場合、「大猷院殿御実紀」「大猷院殿御実紀付録」等と呼ばれ、総称としては「御実紀」と呼ばれていた。現在は、天保十四年に献上された初代家康の「東照宮御実紀」から十代家治の「浚明院殿御実紀」までを総称して『徳川実紀』と呼び、続けて編纂されたが完成献上には至らず、稿本等が残る十一代家斉の「文恭院殿御実紀」から十五代慶喜の「慶喜公御実紀」までを『続徳川実紀』と呼んでいる。本稿では、『徳川実紀』の方を中心に、その作成の契機・過程・特色等を紹介したい。

『徳川実紀』（以下『実紀』）の編纂事業は、林大学頭衡（以下述斎）の建議を契機とし、述斎を事業総括者、奥儒者成島司直（以下司直）を編纂主任とし、文化六年二月に起稿されている。実作業の中心は司直であった。天保十四年十二月二十二日の『柳営日次記』記事では、「御実紀取調之儀、出精相勤候ニ付」との理由で、二十七名の出役に対して金子や時服等が下賜されている。また、同日、林大学頭皝（以下檉宇）に対しても、天保十二年になくなった述斎のあとを受けて「御実紀」編集に関わっていたことを賞賜されている。

天保十四年の献上に至るまでの作成過程を示す資料としては、まとまったものはない。起稿直後の編纂実態については、文化六年二月から同七年七月までの間、述斎の記録した実紀御用関係の留書(1)（「御実紀」の表題あり、以下『留書』と呼ぶ）があり、述斎・司直から担当若年寄堀田正敦宛の多数の伺書が収められている。また、編纂方針や叙述の体例については、三十八ヶ条から成る「御実紀成書例」(2)がある。さらに、進行状況については、後述の徳川旧公爵家本（中清書本）や司直添削本に、校閲時期についての書き込みがあり、それからおおよその校閲の進み具合を推測することができる(3)。また、『実紀』の稿本と推測される『柳営日次記』等にも、校訂過程が推測できる書き込みがある。引用書目については、引用書目一覧(4)があるほか、副本には毎日の記事毎、中清書本には一件の記事各条毎に出典を記してある。

成島司直。字名は邦之。通称邦之助・邦之丞。幕府奥儒者の成島家に生まれる。寛政七年奥儒者見習、文政年間に奥儒者となる。実紀作成に推薦されたことからも分かるように、林述斎に信任され、また筒井政憲らとの学問上のつながりも深かった。現実政治への関心も強く、天保改革開始後の天保十二年八月に将軍家慶に対し上書を行い、歴代将軍の逸話を例示して将軍の心構えを風諭した。この直後に広敷用人に任命され、加増と叙爵も受けている。しかし、天保改革挫折後で実紀完成直前の天保十四年十月に、「大学頭之調物に相加り候より」後、「表役同様之振舞」をなしたのを「奥儒者心得方」として「不都合」であるとされ、自宅への謹慎隠居を命じられている。この間の事情としては、木村芥州「幕府名士小伝」に以下の様に述べている部分が当たっているだろうか。「此時満朝の有司多くは文事に暗く、儒者は概ね事務に迂闊にして、其為す処は作文講経に止るものとなせしが、司直が才幹ありて寵用せられ往々外政にも干渉せんとする勢あるを見て、窃かに之を忌みて讒する者あり」。文久二年歿(5)。

二　作成の契機

『留書』冒頭の文化六年二月十二日堀田宛述斎「御代々御実紀之事ニ付伺」には、以下のように実紀編纂開始までの経緯が記される。

寛政十一未年、都而　御当家之御事蹟見合ニ可相成記録追々取集メ後年修史之助ニ可仕旨、相伺候処、伺之通被仰渡候ニ付、累年相集候分、最早余程ニ相成有之、享和元酉年史料取立之儀申上候節、右編輯之体例慶長八年権現様将軍宣下ニ而絶筆仕候積り、夫より後ハ別段　御代々様江掛ケ候而　御家之実録を追而取立可申含申上候得共、近来御用向も崇(嵩)ミ未た取掛も難及、其上右御用取調候相当之人物を得不申候ハてハ、容易ニ取掛り兼候、旁彼是空敷年月を経候処、此間成島邦之助面談仕候砌、同人申聞候者、浚明院様御代ハ誠ニ間近之儀ニ候得共、最早御事実を委敷存知候者ハ稀成様ニ成行キ候間、何卒御実録を取立、若出来候事ニも候ハ、、御一代宛繰上、取調申度心願之旨、深存込候趣ニ御座候、邦之助事、右様之取調物ハ、随テ出来仕候者ニ而、精力も強く、殊に手早ニ物事相弁シ、既ニ近年御文庫御書目改正之調、私手ニ附ケ、様子も篤と存罷在候得ハ、右者へ御実録之調方附属仕候ハ、、必定成就可仕哉と奉存候、左候得者、手伝之者両三人も出役被仰渡候様仕度、弥被　仰付候義

ニも候ハヽ、猶又委細之儀取調、相伺可申候、先以此段御内慮奉伺候、以上

すなわち、ここには、寛政十一年に「御当家之事蹟見合ニ可相成記録」の蒐集案が許可され、その後蓄積が進んだこと、享和元年に、「史料取立」の編集については慶長八年の家康の将軍宣下までとし、それより以後については、別に将軍家「御代々」の「御実録」を始めるつもりであったが、現在まで果たさないでいたこと、それが、ようやく、今回、成島司直という人材を得たので開始したいこと、等の事情が記されている。享和元年の「史料取立」とは、その後文政二年から、述斎監修で、昌平坂学問所内沿革調所において作業の開始された『朝野旧聞裒藁』の企画を指すと思われる。さらに、同時期の学問所では、『新編武蔵国風土記』等の地誌を作成する地誌調所も設けられていた。これらの事業については、その前段階として寛政期から資料の収集と整理がはかられており、その利用のための『番外雑書解題』『記録解題』『編集地誌備用典籍解題』の作成も進められていた。内閣文庫の「記録御用所」印のある多数の伝本も、この時期のものである。また、堀田正敦の事業総裁による『寛政重修諸家譜』の編集作業も、寛政十一年から文化九年にかけて行われていた。(6) このように、大きな流れとしては寛政改革期の松平定信の影響下、述斎を中心とする学問所を中心とした幕府内における大部の歴史書・地誌等の編纂事業及びその準備作業の機運が、『実紀』編纂開始の契機となっている点も無視できない。付け加えれば、寛政五年創設された塙保己一の和学講談所における事業の進展も影響があったと思われる。

『実紀』以前の幕府官撰による徳川家の歴史書としては、秀忠の事蹟録としての『東武実録』(貞享元年成立、松平忠冬撰)、徳川氏創業史としての『武徳大成記』(貞享三年成立、林信篤等撰)があり、ともに綱吉の命による。また、私撰ではあるが、家康一代記として作成され、完成後、吉宗に献上された『武徳編年集成』(元文五年頃成立、木村高敦

著）もある。だが、前将軍までに至る徳川将軍代々記を中国や日本の古代王朝の『実録』を意識しつつ作成する試みはこれが初めてであった。

三　作成過程

作成作業の最初の段階は、史料原文を年月日順に抜書きした史料稿本ともいうべき部分の作成である。次に、各記事を平仮名まじり文で要約した下書本を作り、それに何度かの推敲や加筆を加え、最終的には、献上用の清書本の作成となる。作業のあとを示す現物の史料稿本としては、明暦期以降については『柳営日次記』（一部に「御実紀調所印」を有す）、承応以前については、内閣文庫蔵の『天寛日記』A本・『同』B本（以上二本後述）・『慶安日記』（「御実紀調所印」あり）・『紀水記』・『三家記』・『承応三年御日記』の諸本が伝存する。これらの史料稿本も、おそらくは必要に応じて何段階かの作成工程を経ていると推測される。次の段階の下書き本としては、静嘉堂に司直添削本が伝存する。(7)また、新訂増補国史大系本の校訂に用いられた徳川旧公爵家本にも、書き込みや添削の後があり、静嘉堂本同様に下書き本の一つであるが、献上本にもっとも近く、最終段階の下書き（中清書本）と考えられている。献上本は、天保十四年の将軍への献上本でのちに紅葉山文庫におさめられたものが内閣文庫に伝存する。なお、その後嘉永二年には、副本が作成され、安政四年には日光東照宮への奉納献上本が完成している。(8)この副本と東照宮本とは、ともに各日の引用史料が明記されている。

前述のごとく、作業は文化六年二月から開始された。史料稿本の作成については、『留書』の文化七年六月若年寄堀田正敦への報告に、「御用編集物之儀ニ付見合之為、表御日記・諸家系譜一覧仕候儀、伺済候通ニ付、邦之助事、奥御右筆所相詰候二階江罷出、一覧仕、要用之ケ條書抜、又ハ右編集之草稿持参仕、引合校訂等仕候」とあり、まず、土台となる「編集の草稿」を用意し、それへの「表御日記」「諸家系譜」等との間の「引合校訂」がなされていた。詳細は後述するが、現存する『柳営日次記』には、空白を多めにとった本文太字部分と、それへの細字による書き込みがあり、「引合校訂」とは、まさに、この作業を示すものと思われる。明暦元年分『柳営日次記』各月分末の各所に、「藤十郎」による写作成の日時が、例えば「五月十四日写」のように記してあり、さらに「邦之助・藤十郎」連名で、「五月廿二日校了」のように記してある。邦之助は、成島司直のことである。藤十郎は、出役の一人と思われるが未詳。今後、この部分の年付けが分かれば、ある程度、稿本作成の時期と進行を推測することも可能となるだろう。

次の、下書き本の段階はどうだろうか。文化六年『留書』三月九日伺には、「下書出来次第大学頭江相渡し一覧仕、邦之助申談之上中清書仕候而相伺候」との方針が示されている。成島添削本に残された校了日付書き込みと、中清書本におけるそれ（「徳川実紀校閲記」以下「校閲記」参照）を比較検討すると、遅くとも文化十二年以降、各将軍代毎に、成島添削本→中清書本の順で校正作業が進められ、天保十一年に終わっている。成島添削本の前段階にさらに下書き本があった可能性も否定できないが、おおむね、当初の方針に則っていると推測される。なお、各将軍代毎の編纂の順番についての方針は、『留書』三月九日伺に「取調方先手近キ所より相始メ、追々ニ遡り候様可仕候」とあるように、まず、直前代の十代将軍家治代の編纂から始め、順次、九代家重、八代吉宗というように古い方に遡るとしている。この下書本→中清書本の段階では、実際には十代将軍から順に遡るということが厳密には守られておらず、八代吉宗→九代家重→十代家治→五代綱吉→四代家綱→三代家光→二代秀忠→家康の順になっている。下書き本における添削の書き込み内容には、用語の選択や表現の変更等が具体的に含まれており、今後の『実紀』の内容分析には豊富な材料を示してくれると期待される。

次に、『留書』から、文化六年から七年にかけての作業開始時期の実態を確認しておきたい。三月九日伺では、作業場所は「邦之助宅ニ而取調」、作業人員として、「出役之者も同人宅江出勤候様仕」る様にしたいと計画を述べている。このうち、場所については、少なくとも数年間は司直宅での作業が続けられた後、昌平坂学問所内に移っているようである。(9) 文化六年十月に述斎が司直宅の「調御用所」へ作業の見廻りに赴いた時は、二階で司直と出役頭取が「書き物」等を行い、一階にその他の出役が詰めているという状況であった。出役は、まず最初に四月から荻野八百吉（西丸徒士、奥右筆組頭手附出役）・石原多助（徒士）・岸本寛蔵（徒士）・櫻井庄五郎（徒士）が勤め、六月より黒沢新八郎（徒士）が新たに加わり、さらに十月より中村伝之助（富士見宝蔵番弥三郎倅）・小川留三郎（留守居石河若狭守与力三郎左衛門養子）・小林鉄之助（御先手依田平左衛門組与力勝蔵倅、仮抱与力）の三名が加えられた。頭取は最初荻野が勤め、しばらくして石原多助も頭取に加わった。「多助」の名は、文化十二年における延享二年分実紀本文下書き校正者として成島司直と連名で記されていた。彼らの延べ出勤日数は、文化六年四月から翌年六月までで計一六一二日分であった。出勤体制は、正月十六日より十二月十五日までとし、毎月六日間を休日としている。ちなみに、彼らへの筆・墨代は、一人一月につき筆拾対・墨一挺である。相当の労力が集中して用いられている。天保十四年の献上直後の賞賜でも二十五人の出役の名前が判明するが、文化六年段階における八名の名と重なる者はいない。出役の参加は、『実紀』完成に至るまで、入れ替わりながら維持されたと推測される。

作業手順については、三月九日伺でさらに細かく以下のように希望を述べている。

1　「右筆所奥表日記」を少しずつ邦之助宅へ運び、編集に加えるべき箇条を書き抜くこと。ただし、邦之助が奥右筆と相談して受け取りたいので、右筆の内で担当者を決めてもらいたいこと。

2　書物方（表御文庫）や小納戸（奥）の書籍で必要なものは、それぞれの手続きを経て借り出すこと。

3　宣命・位記之類之写は、司直が江戸城内において拝見するようにすること。

4　諸家の事で「詮索」が必要な時は、「家々の系譜所」へ当たる必要もあるので、その時は、堀田豊前守や取り扱いの大目付・目付に事前連絡されたいこと。

5　下書き用の紙は岩城紙、中清書用は下美濃紙とし、それぞれ御納戸から受け取ること。

6　出役へ渡す筆・墨は、『孝義録』御用の時の例に随う。

7　（前出出役出勤日）

8　最低長持二三棹分にはなる宅下げの書籍や下書きにつき万一に備えるため、司直宅への駆け付け人足を命じられたいこと。

9　紙類や硯・箱・机の類は細工所より渡されたいこと。

10　「世上流布之記録類」であっても、実説の多い物は参考とすること。尤も是まで述斎の所の「記録御用」で集めた分はいうまでもなく、その他見当たりの品も写しを作り、後で「記録御用之口」に立てること。

11　完成して表紙を掛け、綴じる作業は、御細工所で行うと「手重」にもなるので、司直宅へ「職方」を呼び寄せて行うこと。

12　この「取調」御用は「余品」とも異なるので、出役には改めて誓詞をさせたいこと。

以上の要望に対しての若年寄堀田正敦からの返事は、かなりの部分（駆付人足の件は断られている）はそのまま認められているが、1に関し、「奥日記」の閲覧は断られ、「表日記」や「諸家系譜」は司直本人が江戸城本丸御殿内の奥右筆所詰之者詰所（右筆所二階）に赴き「一覧」することとなっている。右筆詰所での作業は、作業量が多いということで、奥右筆組頭手附出役の荻野が同行し、さらに翌年六月には他の出役四名の中から「一両人」同行させたい旨を願い出ている。

この「表日記」とは、幕府の「右筆所日記」のことである。この日記については**五**で詳述するが、江戸城内の儀礼・将軍の動静・任免・人事等について正式の記録として大目付・目付の関与のもと、右筆の職務として毎日作成されていた記録で、「御日記」と呼ばれていた。[10] そして、先の史料稿本＝「編集之草稿」は、作成した司直・述斎の認識では、「殿中御沙汰書」と呼ばれる記録を底本としたものであった。**五**で詳述するように、実は、彼らの用いた「殿中御沙汰書」は、幕府の「（御用部屋）日記」に限りなく近いものであった。現存する明暦元年以降分の実紀史料稿本としての『柳営日次記』に記された太字本文部分は、「（御用部屋）日記」と一致し、一方同じ『柳営日次記』に記された無注記の細字書き込みは、「右筆所日記」と一致する。さらに、太字部分の各項行頭に細字で「欠」と記してある場合、中清書本の『実紀』引用書注には「年録」と記されていることがしばしばある。「年録」とは、『柳営日次記』の別名であることから、これは、『柳営日次記』の太字本文にのみ記事があり、「右筆所日記」＝（「御日記」）には記載されていなかったことを意味していると思われる。そして、『柳営日次記』において何も書き込みのない太字部分項目や先ほどの無注記細字書き込み部分に対応する『実紀』中清書本の引用書注は、すべて「日記」となっている。「欠」の注記がある一方で「欠」の注記のない記事項目があるということは、太字の「（御用部屋）日記」の記事をたたき台として、その一つ一つの項目について、それに対応する「右筆所日記」の記事があるかどうかを逐一対照し、全く一致する場合は何も書き込まず、記事内容が異なる場合や全く新しい記事の場合は文中に細字で書き込み、さらに「(御用部屋)日記」のみに記事が有る場合は、その項目に右筆所日記には記事がないという意味で「欠」を書いたということである。したがって、「編集之草稿」作成にあたり、あくまでも記事の中心とするのは右筆所の「御日記」であり、草稿に最初に書き付けた「殿中御沙汰書」(「(御用部屋)日記」)は、準備段階におけるたたき台の史料でしかなかったといえる。以上のことは、『留書』三月二十一日伺に、実紀編集について「本編之方(筆者註―附録に対して)ハ、申さハ　殿中御沙汰書を調直し候も同様之儀」と述べ、また「右筆所日記」(＝「表御日記」)の閲覧利用を要望するにあたり「御実紀之儀ハいつれ年月日を追ひ認不申候ハてハ書籍体ニも不相叶、世上通行之御沙汰書等ヲ以間違之事も其儘可差置道理も有之間敷奉存候、依之ハ邦之助表御右筆所江罷出、表御日記一覧仕、御実紀ニ組入候程之儀ハ書抜候様仕度奉存候」と言っていることからも確認できる。

なお、本章の最初にもふれたが、こうやって作成された史料稿本のうち、慶安期分の『慶安日記』、承応元年分の『紀水記』第三冊・四冊、同二年分の『三家記』、同三年分の『承応三年御日記』には、表紙に共通して「廿六」との打ち付け書きがある。また、続く明暦元年分以降の『柳営日次記』には、「廿七」以下の打ち付け書きがある。『慶安日記』と『柳営日次記』の一部に「御実紀調所」の印があることからも、あらためて、これらは、一連の実紀稿本作成作業の中で作成されたものであると断定していいだろう。前述のごとく、『柳営日次記』の土台は「(御用部屋)日記」であるが、それに中心史料としての「右筆所日記」を積み上げたものである。承応期の三稿本は、後述するが『水戸記』を土台かつ中心史料として『紀伊記』『尾張記』を補完したもの、『慶安日記』は、「右筆所日記」を土台かつ中心史料とし、『水戸記』以下で補完している。さらに、『天寛日記』の内題を持つ天正十八年から元和九年分までの五十二冊本（内閣文庫蔵一六三―一七九、以下『天寛日記』A本）、及び同じ『天寛日記』の内題、『寛永日記』の貼外題を持つ寛永元年から同二十年分までの五十八冊本（内閣文庫蔵一六三―一八〇、以下『天寛日記』B本）があり、これらは、慶長八年分以降の各日付の引用史料及び記事が『実紀』と対応する。さらに、『天寛日記』A本表紙には「廿六」の打ち付け書きもある。この二本は、作成の経緯を示す識語や関連史料がないが、慶長八年から寛永二十年分までの『実紀』史料稿本のひとつである可能性は極めて高い。なお、この二本に関して、『天寛日記』の内題を持つ四十六冊本（内閣文庫蔵一六三―一七八、以下『天寛日記』C本）があり、これは、文化八年七月付の凡例を持ち、奥右筆組頭尾島定右衛門を中心として、「右筆所詰并出役」六人により作成されている。このC本は天正十八年から寛永七年分までのものであるが、先の『天寛日記』A本及びB本は、引用記事と史料を比較すると、このC本を土台としている可能性が高い。C本については、作成の動機、及びなぜ寛永七年までで終わっているのかについて、さらに検討が必要であるが、ほぼ同時期の作業であるだけに、ふたつを結びつける何らかの事情が存在したものと思われる。最後に残された正保年間の部分についても、当然『実紀』史料稿本、おそらくは「正保日記」という名称のものが作成されていた筈である。実際、後に「正保日記」を引用史料とした研究が散見されるが、現時点では、その存在を確認できない。

「奥日記」は、「側日記」のことと思われる。『柳営日次記』の家綱期から綱吉期にかけては、「奥」等の引用文字を付した細字書き込みが目立つ。したがって、文化六年時点では閲覧を断られているが、後に許可され、稿本に書き込まれた可能性を推測できる。また、「諸家系譜」は、作成中で完成間近の『寛政重修諸家譜』のことである。これは、目付・大目付の管理下にあったと思われ、その出納にあたっては目付に伺いを立てている（文化七年三月四日伺）。ただし司直宅への貸し出しは許されず、右筆所二階での閲覧になっている。

述斎の所での「記録御用」とは、「記録御用所」における記録蒐集作業を指すと思われる。これも五で詳述するが、ここに蒐集されていた記録類は、『実紀』編纂に多く引用されている。

作業量に関しては、出役が漸次増やされていることからも、次第に増加傾向にあったと推測される。とくに、「時世遠き方へ相成り候程追々物数嵩ミ（文化六年四月二十六日伺）」、「享保之頃、又慶長・元和頃等ハ取調候書物余程数多く可相成（同年十月十二日伺）」とあるように、将軍代々を遡るほど史料の種類が増え、作業量が増えるとの見込みが示されている。また、吉宗期は前後の時期に比べ、調査量が多くなると予想されていた。

四　作成方針と内容・特色

本書編纂にあたり常に念頭に置かれたのは、「我朝文徳三代の実録」及び「唐の順宗実録と明清の実録」であった。ただし、「御実録」という名称に関しては「御実紀」と変更がなされている。これに関して、三月九日に出された「編集之儀大意伺」では、「今般被仰付候編集之儀、御実紀ト唱へ候方哉と奉存候、実録と申候ハ和漢共天子之事に限り候、都而前々関東之儀称号筋ニハ　御深慮も有之哉ニ相見へ候間、旁以御実紀と仕候方可然哉ニ奉存候」とあり、京都の朝廷との関係が念頭にあった。五月三日には、「実録」なるものの検討のために、司直は、書物方から『明実録』を借り出している。また、九月十六日の伺には「此度取調候編集物は体例を和漢実録ニ倣」っているので「日月之蝕を始惣而天事ニ係わり候儀」を書き加える必要があるため、天文方吉田勇太郎所持の書留を用いたいとしており、体例については、あくまでも「実録」的なものにこだわっていた。ただし、文章については東アジア文化圏の共通言語としての漢文体にはこだわらず、三月九日の伺では、「本編ハ和漢実録之書法ニ本つき、尤平仮名文に認立」としている。このような「実録」なるものに対する折衷的なスタンスは、「成書例」の最初の箇条において以下のように表現された。「体例は我朝文徳三代の実録をもととし、漢土にては唐の順宗実録と明清の実録をもて標準とす、されば古今宜を殊にし和漢制異なれば、ひたすら　皇朝のさまにもならひがたく、又漢土の制はことさら遵用しがたき事共多し、いたづらに虚文淫字を学び、事実にもど［とカ］るべきにあらず、よりて彼是を斟酌して、別に成書例一篇をつくりて巻首に冠す」(11)。

本書の内容や表現上の特色については、先にあげた箇条以下三十八箇条から成る「成書例」や、『実紀』本文自体から以下のことが指摘される。

① 収載範囲を厳密に規定する。万石以上の武家の「家格」は、「国持」・「城主」・「領主」の三つに分け、「品秩」は、「四品以上」・「万石以上」・「布衣以上」・「御目見以上」とする。その上で、卒伝をつけるのは「万石以上」、初見で姓名を記すのは「布衣以上」の子、加増・減封・辞職・任命・賜物等は「布衣以上」、黜罰等は「御目見以上」に限るとするなど（十条・十一条・十二条・十五条・二十二条・二十三条等）の体例を立てる。

② 表記については、闕字・平出・「御」附・院号への「殿」附、等の基準を厳密に定める（三十五条）。

③ 儀礼に関することも、その記述の基準を定める。例えば、将軍宣下・元服等の将軍自身に関することは各代毎に儀注を載せる。京都との間の関東使や勅使往来、御三家・御三卿への上使・賜物、日光門跡・増上寺方丈への使者等

は基本的には漏らさない。万石以上の参勤・就封記事は、初回のみ記す、等々（五条～九条）。

④　本来、載せるべきであるが、「今の制（法）」では「秘して示」さないために載せられなかったものとして、宣命・位記・異国よりの書表・御内書等々の文面、諸国からの災害・凶作等の報告書、毎年の「戸口田賦の惣計」等をあげている（十六条・三十三条）。

⑤　本文は、基本的には、将軍自身の日々のルーチンについて、一々は記していない。ただ「将軍御成」の事実や、③にあげたような特記することを定めた儀礼的なことは記してある。また、江戸城内における任免・賞罰等の人事記録も①に従い記述されている。また、江戸城外の出来事についても、事件・火事・天災等の注進に従い記載されている。だが、本文の表記で目立つのは、④でも限界を認めていたように、事実に関する原史料自体の引用がきわめて限られていることである。また、引用されていても、文意をとり、表現を大幅に変えている。そして、その内容で目立つのは、政治的意志決定の場における将軍や幕臣たちの発言内容が、ほとんど全く記されていないことである。老中や評定所における寄合が何月何日に催されたとの記事や、幕臣が将軍に呼ばれ、何かを議していたとの記事はあるが、そこで何が議されたのかということは、ほとんど『実紀』には記されていない。従って、『実紀』本編のみからは、将軍やその周囲の人物の具体的な意志や人間的特性をくみ取ることは極めて困難である。そこに、逸事・言行史料を集めた「附録」の作成が必要となった理由がある。

⑥　用語については、当時の日本における思想表現の主流ともいえる日本的名辞の中国的名辞への言い換え（正名に基づく称謂の変換）が成されている。このことの行き過ぎへの自戒が、前出成書例第一箇条における「虚文淫字」を排すとの宣言であるが、結果的には、意味が解釈し難い時でも、原史料における表現をそのまま取って保留するのでは

なく、幾分無理をしながら機械的に表現の変換を行っている。その過程では、もとの表現には例えば「御用」としかないのを、「大政」や「万機」を「討論」「議す」といった表現に膨らませている場合のように、一九世紀前期幕府機構の中にいる編纂者が意識的・無意識的に持っている思い入れが、かなり無原則に新たな表現の中に潜り込まされている。

以上のような『実紀』の特色を一言で言えば、記事内容自体の持つ意味よりも、体裁や表現における形式性へのこだわりを強く持つといった側面であろうか。では、こうした『実紀』の特色は、国家権力の正式の記録として作られた他の同種の編纂物と比べて、どこが一般的で、どこが特殊なのであろうか。中国や日本古代の「実録」にのみ気を取られていた『実紀』作成者たちはほとんど意識していなかったと思われるが、同時期、隣国の朝鮮王朝においては、同様に中国の「実録」を意識しながら独自の実録を作成していた。以下に、これとの比較を行うことによって、江戸幕府の『実紀』の特徴を浮かびあがらせたい。

末松保和氏の研究(12)によれば、『朝鮮王朝実録』の編纂の制度と実態については、何度かの変化があるが、基本的に一六世紀頃までには、史官により、毎日の朝廷内の記録である「史草」が作成され、それと官庁の記録をまとめた「時政記」を春秋館に保管、一代の王が代わる毎に、前代の王の治世について、春秋館の「時政記」と「史草」をもとにして、実録庁等において実録が編纂されたという。ここにいう史官は、議政府以下の諸官司の官員の兼官としての春秋館の官員のことであるが、中心には芸文館の奉教二名と待教二名・検閲四名がいた。史官の職務内容で注目すべきは、国王の左右に侍してその言動を逐一記録するとともに、全ての会議に出席してそれを記録する権限を持ち、機密文書にも接することができたこと、そして、作成された「時政記」は、史官以外は、国王も閲覧できなかったことである。これは、ある意味で、国王の権力を掣肘する意味を持っていた。逆にいえば、実録の記述は、政治問題化することがしばしばあり、党争の影響を受け、後で実録が編纂し直されているし、史官が前もって自己規制する可能性もなかったわけではない。だが、ともかく制度的には「不虚美、不隠悪、直書其事」（『大唐六典』史官条）という、伝統的な当為としての「史官」の義務が常に強く認識されていた訳である。

実際の内容を見ると、朝議における国王と官司の間の問答が、細かく生々しく記される。例えば、「司諫院啓曰」以下、懸案事項についての報告と該官司の案が国王に示されると、「（国王）答曰」以下、それに対する国王の回答が示される。「依啓」でそのまま官司の案が認められる場合もあるが、国王と官司の意見が対立すると、「再啓」「三啓」が官司から執拗に繰り返されることもある。そして、「余只流涕」のごとく、国王が思わず感情的になったり懇願したりする場面もそのままに記録されていく。

以上のように、『朝鮮王朝実録』における日々の記録の朝廷内具体的事件への踏み込み方は、『実紀』の定式主義、表面だけの記述の印象とは鮮やかな対照を呈している。これは、基本とした史料の違いであり、また、その基本とした史料の日々の作成のあり方や体制の違い、さらには、記録作成行為自体への、彼我の認識の違いに及ぶ問題の所在を暗示している。

そこで、次に、実紀の引用史料について分析し、その引用のあり方の特徴と、中心となった引用史料の特色を検討したい。

五　引用書目

(一)　全体的特色

『実紀』への引用史料について、「実紀成書例」の冒頭では以下のように述べている。

恭しく編集する所の歴朝実紀は、史局の日録を根拠とし、かたはら内外の漢籍をかねとり、また家伝の正しきも参考するところあり、されど明暦より前は日録多半毀ちたり、よりて西城日記および世につたふる残編断帙をさくり、家牒野史をもてこれを補ひ、彼是を校正し虚実を審定して、ようやく一代の大体をなす

実際の引用はどうだったのであろうか。『実紀』中清書本や副本に記されている引用注記を承応三年以前（明暦より前）の主な引用史料について巻毎に整理したのが附録の表である。（なお、承応元年から三年にかけての『水戸記』の引用注は、中清書本等でのそれとことなるが、稿本類の検討から、本来『水戸記』が中心であったと推定した。詳細は別稿参照[13]）表に しなかった明暦元年以降については、基本的には「日記」と表現されている記録が毎日の基本となっている。それ以外の記録としては、『御側日記』が「厳有院殿実紀」と次の「常憲院殿実紀」において、『憲廟実録』が「常憲院殿実紀」において、『湯原日記』が「常憲院殿実紀」の元禄元年から同十一年にかけて、『間部日記』が「文昭院殿実紀」から「有章院殿実紀」にかけて、『西丸日記』が「惇信院殿実紀」の延享四年までの部分、『御小納戸日記』が「浚明院殿実紀」の宝暦十一年分について、それぞれ頻出している。できあがった中清書本では、必ずしも引用の呼称が一

致していない部分もあるが、大体の引用状況は把握できる。この表から確認できる引用の特色は以下の通りである。

① 「日記」が毎日の中心史料として位地付けられるのは、寛永八年以降であり、途中、承応元年から三年にかけて一時欠けるものの、以後連続して中心史料になっている。

② 寛永七年以前は、単独で中心となる記録はないが、複数の頻出記録が認められる。『当代記』『家忠日記増補追加』『駿府記（駿府政事録）』『創業記』『御年譜』『紀年録』『武徳大成記』『東武実録』『江城年録』『坂上池院日記』『藩翰譜』『武徳編年集成』『慶長年録』『慶長見聞書』『元寛日記』『寛明日記』『国師日記』『異国日記』『吉良日記』『大内日記』『舜旧記』『視聴日録（＝水戸記）』『紀伊記』等である。

③ また、「日記」が中心となる寛永八年以降についても、承応頃までは、「日記」以外にも頻出する記録の存在が確認される。『尾張記』『曾我日記』『公儀日記』等がそれである。さらに前の時期から引き続き、『視聴日録（＝水戸記）』『紀伊記』『大内日記』『吉良日記』『藩翰譜』『紀年録』『寛明日記』等も頻出する。「日記」以外の引用記録数は、明暦以降よりも格段に多い。

④ 以上の記録類とは別に、『寛永諸系図伝』『貞享書上』『寛政重修諸家譜』『断家譜』等の家譜類が、常に引用されている。また、表には示していないが、単に「家譜」とのみ引用注のある部分が多く、これは、『寛政重修諸家譜』編纂材料としての個別の家譜等を指すと思われる。また、『実紀』本文では、もとの記録では官途や呼び名だけで記されていた名前が、実名で記されており、その調査に、実名が記してある『寛政重修諸家譜』等が用いられたことは言うまでもない。

⑤ また、『御朱印帳』『武家補任』『以貴小伝』等の主題毎にまとめられた史料も利用されている。

⑥　法令集としては、『令条記』『条令』『条令拾遺』『武家厳制録』『制法留』『大成令』『憲教類典』『柳営禁令』が適宜引用されている。成島司直添削の下書においては、各冊の末尾にその巻に関わる法令をまとめて調べた別紙が追加して綴じ込んである。したがって、法令は、下書作成の段階でまとめて調査・追加されたものである。

(二)「日記」の引用について

『実紀』本文への連続した「日記」の引用注記は、表に示したごとく寛永八年より始まり、半年ほどずつ抜けた時期も若干あるが、慶安四年まで連続する。そして承応元年からしばらくなくなり、先に『水戸記』の間違いであることを推定した承応三年前半部分もあるが、再び連続して始まるのは明暦元年からである。

明暦元年以降の稿本としての『柳営日次記』の作成において、土台の太字部分として用いられた「(御用部屋)日記」(=「殿中御沙汰書」)は、明暦元年以降のみしか現存せず、かつ『実紀』編纂当時においても承応三年以前分は目録等に所在を確認することができない。一方、『実紀』作成時において、「右筆所日記」は、寛永八年から慶安四年分までが連続してほぼ残っており、承応元年から明暦二年分までの日記が欠けた後、明暦三年以降の分も連続して残っていた。このうち、寛永八年から元禄十二年までの分については、長持九棹に入れられ書物方の蔵に預けられていた。

以上のことを前提として、「成書例」冒頭にいう「史局の日録」が具体的にどの記録を想定して掲げられたかを推定することは、少々困難さが伴う。すなわち「史局」を字義から右筆所と考えれば、中心とされた右筆所の日録という文脈からは、「右筆所日記」がそれにあたると推測することが可能である。だが、この「右筆所日記」は寛永八年から慶安四年分までがまとまって存在しており、かつ実紀本文においてもその部分を「日記」として引用しているのであるから、「明暦より前は日録多半毀ちたり」という記述とは矛盾する。そうすると、明暦元年から残っていた「(御用部屋)日記」が「史局の日録」にあたるとも考えることができるが、本文の「日記」の引用のある部分の記述は、(そもそも「右筆所日記」のない明暦元年から二年の部分を除けば)「(御用部屋)日記」よりも「右筆所日記」の記事と多く一致する。前述のように「右筆所日記」に記事が「欠」の時には「年録」として引用していることを合わせ見ると、「(御用部屋)日記」=「史局の日録」との結論には無理がある。したがって、以前からひきあいに出されることの多かった「成書例」のこの部分の記載は、「柳営日次記」や『実紀』等に見える実際の作業の跡と比較すると矛盾することが多く、「成書例」のうちのこの部分を書いた人物が、全体の作業状況をどれだけ正確に把握していたかも含めて、不正確な記述になっていると思われる。結論としては、「成書例」における「史局の日録」は、「右筆所日記」を指すと考えるべきであると思われるが、「右筆所日記」の現物を見て実際の『実紀』編纂作業に用いた人物の記述というよりは、間接的に「御日記」(=「右筆所日記」)についての情報を得た人物の記述である可能性が強い(14)。ここでは、「成書例」の記述とは少し距離を置いて、上述の材料に基づいて引用中心史料としての「日記」の実態を考えたい。

(1)

まず、「(御用部屋)日記」については、当初は老中たちの詰める奉行所で作成された記録であり、貞享元年以降の御用部屋設置以降はそこで作成されていたものである。貞享元年以前について「御用部屋」の名辞を冠するのはやや矛盾した名称かもしれないが、日記の様式・内容、作成主体の性格は連続しているので、ここでは「(御用部屋)日記」と呼ぶ。記事内容は、御用部屋を中心とした江戸城内の日々の儀礼・人事・寄合の有無等であるが、このうち必要な情報については、殿中御沙汰として御用部屋から発して、江戸城内全体に回覧されていた。したがって、江戸城内の各部署や御城坊主等が、廻ってきた沙汰状を書き留めて作った記録である「殿中御沙汰書」は、限りなく「(御用部屋)日記」に近い内容を持つこととなった。

この互いによく似た両者のうち、「殿中御沙汰書」の方については、城坊主や各部署の役人の手を経て、まさに「世上通行」していた。ただし、これと「右筆所日記」(=「御日記」)を区別する認識は、当時、成島や述斎のみならず広く存在していたようで、当時の書物奉行近藤守重は、「守重按ニ、日記トイフモノ、世ニ伝フル所ハ、明暦ヨリ今ニ至ルマデ殿中御沙汰書ナリ、御文庫ニ、寛永ヨリ元禄宝永ニ至ル御日記アリ、倶ニ内外記ナリ」[15]とし、松浦静山は、「殿中日々の行事を坊主衆など記せるを、御沙汰書と称して家毎に秘蔵し、或は機密に係る有司などに知る人ある者は、何月何日何の事を、よくよく聞けば御沙汰書と相違せりとて怪しむ人多し、是尤笑ふべし、一体御沙汰書と云は、殿中の御沙汰の聞及べるを私に書留しと云ことにて、実の御日記などの類には無きなり、夫故坊主衆や諸役所の同心などが写し伝るなり、従来屹としたることにては無き筈なれば、間違いあるは其通のことなるを、その所にさへ気の付かぬと云うは余り敷こと也、」[16]としている。実際に世上に伝存流布したと思われる各種の「殿中御沙汰書」は、写本や抜粋を重ねられたことにもよるのか、その内容が雑なものが多い印象を受ける。だが、『実紀』の稿本としての『柳営日次記』作成にあたって用いられたそれは、内閣文庫等に残る「(御用部屋)日記」系の記録の内容とほとんど一致している。すなわち、成島らが、用いたのは、かなり良質の「(御用部屋)日記」であったと考えられる。なお、目付には日記掛という役職があり、幕末の段階では日記掛目付の責任のもと本丸の坊主に記録させていたことが知られる。[17]また、明暦期にも「(御用部屋)日記」の実際の作成は坊主が行なっていた。[18]従って、「(御用部屋)日記」

の作成が、目付管轄により坊主の作業によって行われていた可能性は大きい。そう考えると、一方で坊主のもとから「殿中御沙汰書」が流出した場合、それが「(御用部屋)日記」と区別しがたいのも無理からぬことであった。

以下に、管見の範囲での「(御用部屋)日記」系の主な伝存写本を確認する。

① 一橋家本。(19) 明暦元年より文政四年に至る三百五十五冊が伝存する。年次不明の「一橋御書目録」(20)には明暦元年から文政十一年分までの四百六十冊があったとされる。

② 実紀調所本。明暦元年から万治三年分までの四冊からなる「御実紀調所」印を有する写本がある。(21) これは、さらに、表紙に「正齋本」とあり、近藤守重所蔵本から写されたものと思われる。

③ 松岡辰方旧蔵本。(22) 塙門下の松岡辰方の旧蔵書であり、明暦元年から安永九年分まで伝存する。文政九年の松岡蔵書目録にも「御日記」として載せられている。この目録では、さらに寛政以降元治期までの「御沙汰書」が加筆されている。「(御用部屋)日記」と「殿中御沙汰書」を意識しては区別していなかった様子が窺える。

④『柳営日録』。明暦三年から天明五年までの二百十一冊本。(23) かなり簡略化した抄写本。水野忠弘からの献上本。

以上の中に、『実紀』の稿本作成土台として直接用いられた伝本があるかどうかは②以外は確認できない。ただし、右にはあげなかったが、多門櫓本中にある承応元年分日記から文化六年分日記までに点在する通し番号の付けられた日記群(「一」から「百三十六」まで、別稿で多門櫓乙本と呼んだ(24))は、「右筆所日記」と「(御用部屋)日記」を中心とした諸種の日記が混在しているが、中期以降の「(御用部屋)日記」を多く含む。末尾が『実紀』作成開始の文化六年であることから、この一群自体が『実紀』作成に関係して形成された可能性も考えることができる。

(2)

「右筆所日記」は、当時「御日記」と呼ばれていたことからも推測できるように、幕府の正式の記録として作成された。右筆の（天和元年からは表右筆）日記担当者のもとに集められた江戸城内各部署からの情報（もちろんこの中には殿中御沙汰も含む）をまとめ、さらに次飛脚記事等の右筆所独自の記事も加えて、大目付・目付のうちの日記当番との連携により日々作成されていった。その眼目は、特に殿中儀礼に関する記載の正確さ（部屋・座次・服制・手順等）や人事情報の確認等にあり、目付が関与する理由もここにあった。

この記録には、将軍や幕府老中・奉行との間の御前御用等におけるやりとりの詳細は記されていない。右筆の寄合等への臨席は、決定したことについての伝達文書をすぐに作成するためという理由ではありえたが、御前御用や寄合における列席者の発言の一々について記録するための役割ではなく、したがってそれが「右筆所日記」に記されることもなかった。記されるのは御前御用や寄合の有無と、重要な結論が出た場合、それが関係の大名や奉行等に（大目付等を通じて）伝達されたという事実だけである。これは、先の『朝鮮王朝実録』の場合と大きく異なる部分である。王の行動への掣肘として現実的な意味を持っていた「史官」に対し、後に「史局」とはよばれながらも、そうした意識とはかけ離れたところで、実務遂行に専念した幕府右筆（この場合、日記に関わるので、天和元年以降は表右筆）の性格は、そもそも異なると言ってしまえばそれまでである。また、前述のごとく「（御用部屋）日記」や「右筆所日記」作成に関与している目付は、同時に、営中における奉行等の「御座敷評議」に出席することになっていた。[25]このことに注目すると、朝鮮王朝における「史官」との共通性を指摘することもできる。だが「史官」は国王の言動を監視してそれを後世に告げることが職務であり、同時代の将軍の耳目として働いた目付とは対照的である。そして決定的に異なるのは、政治的倫理義務としての「史実」の記録自体が当為として前提されていること（内実はどうであれ、それが必要であるという認識のもと制度として準備されているということ）の有無であり、それは、記録作成過程における緊張感の違いや、内容における政治的言動への踏み込み方の違いにもつながった。

作成された「右筆所日記」は右筆所内に保管されていたが、宝永元年九月、書物方に対して、長持九棹分に入れた寛永八年から元禄十二年分までの「右筆所日記」が預けられた。これは、少なくとも天保十四年までは書物方に保管されていた。その後も作成され続けた元禄十三年以降の分については、おそらく右筆所にあったものと思われる。これらの日記原本の現在の所在は不明である。この日記は、基本的には他出をはばかるとされたが、以下のように、諸種の編纂物に利用され、写本や抜粋が作成されて流布している。

① 宇和島伊達家蔵『大橋左兵衛殿より　御城御日記書抜の写』(26)。宝永六年十月、幕府表右筆組頭大橋重豊が、寛永八年から同二十年までの「御城日記」（＝右筆所日記）より、宇和島伊達家関係の記事を書き抜いた写が、同家に伝存する。これは、重豊の妻が、伊達家家臣柘植平左衛門の娘であった縁にもよると思われる。重豊は、同役表右筆組頭の蜷川親英とともに、宝永元年九月の長持九棹分「右筆所日記」の書物方保管委託を行っている。そして、同六年四月から十月までは、日記作成職務に関して西丸右筆だけにこれを押しつけたとして逼塞を命じられていた。伊達家のための「右筆所日記」抜き書き作成は、この間になされたものである。

② 幕府人事記録をまとめる場合も、この「右筆所日記」が多用されている。

(a) 『諸役人系図』(27)。慶長より元禄十五年までの、「大老」「執政」「近習」等毎に、代々の就任者名と、その在任期間をまとめてある。この前書きとして「寛永八未年以来者日記ニ而改之、以類本補之」「寛永七午年以前者依類本考之、名乗も類本ニ而認之」とある。寛永八年以降と以前で切られていることからも、この「日記」が「右筆所日記」であることは明白である。元禄十五年に作成されたとすれば、宝永元年の書物方への日記移管直前であったことが窺える。

(b)『歴代仕官録』[28]。江戸城内での諸儀礼や人事・加増等のできごとをテーマ毎にまとめたもので、全二十九冊から成る。全体は、「前編」五冊と、中編にあたる部分十冊、「布衣以下の部」とされる独立した一冊、「追纂」十三冊の四部分に分かれているが、「前編」は寛永八年から慶安三年まで、中編は明暦三年七月から正徳五年まで、「布衣以下の部」は寛政八年から同十一年まで、「追纂」は享保元年から享和二年までの収載範囲である。作成された時期は、部分ごとに異なることも考えられるが、「前編」と中編の切れ目の間の空白が、書物方に預けられていた「右筆所日記」の欠けている部分にほぼ一致することからも推測されるように、この『仕官録』は、「右筆所日記」から抜粋類纂して作成されたものである。

(c)『御番方代々記』[29]。番方諸士の名前と在任期間をまとめたものである。後出の幕府中奥番岡野融明が文政三年に作成献上したものである。「御日記」を用いたことが明示されている。

③『人見私記』[30]。書物奉行人見美至（明和六年から天明三年在職）が、書物方の蔵にあった寛永八年より元禄十二年までの「日録」を抜粋したものである。『実紀』作成過程においては、稿本のひとつ『寛永日記』のうち、寛永十一年夏の部分の表紙に、「已下御日記欠、以人見私記補之」とあるように、「右筆所日記」と『人見私記』を別のものと認識していた。表に示したように、引用注においても、「右筆所日記」とこの『人見私記』を別のものとしている。「記録御用所」の印を有する十四冊本と松平定信旧蔵十三冊本が伝存する。

④「御日記抄」。表右筆組頭神谷脩正（天明元年より寛政四年在職）が、「右筆所日記」の寛永八年から慶安四年分

を抜粋したものを、友人の児玉慎が抄写したものである。

⑤ 中川本。目付中川忠英は、寛政三年ころから同六年にかけて書物方保管中の「右筆所日記」を頻繁に借り出している。当時右筆所にあったと思われる宝永以降の記録も含め、内閣文庫には文政までの中川蔵書印のある「右筆所日記」抄写本としての『柳営録』が伝存する。この『柳営録』には、『視聴日録（＝水戸日記）』による書き込みもあり、『実紀』編纂の過程との関係を連想させる。中川忠英の日記調査には、松平定信の指示も推測される。そして、この中川本は、さらに多くの人の目に触れることとなっており、確認できただけで、松岡辰方（塙保己一門下）、幕府小十人番士岡野融明（前述の「御番方代々記」はこの中川本系統から作られたものだろうか）、岡野の友人小浜藩士藤林誠政、津山藩関係者等[31]により写本・抜粋本多数がこの中川本をもとにして作成されている。

⑥ 以上の「右筆所日記」写本に比して、もっとも原本に近い良質の伝本が、姫路酒井家旧蔵のものである。寛永八年から寛文十三年分まで確認できた。ただし、これが酒井家に伝来していた経緯等は未詳である。

これ以外にも、島原松平家本の『殿中日記』『御日記抜書』等、年記は不明であるが、明らかに「右筆所日記」を見て作成された写本が存在する。また、前述の多門櫓乙本のうち、明暦三年七月から貞享四年五月分までの二十一冊は、「右筆所日記」である。以上より明らかなのは、かなり早い時期より、「右筆所日記」のことは幕府内外を問わず広く知られており、その内容や史料価値についても写本・抜粋本が作られていく中で明らかになっていったと推測される。そして、⑤の中川の作業は、寛政十一年までになされていた記録収集の一部をなすものである。実紀作成が現実に開始された文化六年に、まっさきに「右筆所日記」（「右筆所表御日記」）が中心史料として要求されたのは偶然ではなかった。

㈢ その他の引用書について——記録収集事業の存在——

「日記」以外の引用史料について、その主なものの内、内容・成立・伝来等がこれまであまり明確でなかったものを中心に略述し、かつ実紀作成の前提となった記録蒐集事業との関連について述べる。(32)

①『視聴日録(水戸記)』『紀伊記』『尾張記』。実紀への引用期間は、『水戸記』が元和六年から明暦三年まで、『紀伊記』が寛永四年から明暦三年まで、『尾張記』が慶安四年から明暦三年までである。ともに、御三家の「御城附」、すなわち、江戸城詰めの留守居的な役割の家臣が、江戸城内で回覧される殿中御沙汰を書き留めた筆記記録がもととなっている。従って、記録の中身は、「(御用部屋)日記」と近い。右筆所日記のみならず「(御用部屋)日記」も欠けている承応元年から三年にかけての記録を補う為の記録としては最適のものであり、この間の稿本としての『紀水記』(承応元年分)・『三家記』(承応二年分)・『承応三年御日記』(承応三年分)は、『水戸記』をもとにして、『紀伊記』『尾張記』で校訂したものであると推定される。また、慶安以前についても、「右筆所日記」の欠けていた期間については、『水戸記』や『紀伊記』が中心史料として用いられており、「記録御用所」の印のある『紀水記』の寛永十四年春・夏分二冊は、そのための史料稿本作成を示すものと推測される。また、『天寛日記』A本・『同』B本や『慶安日記』(「御実紀調所」の印あり)・『柳営日次記』にも細字での三家の記録の書き込みのある他、『天寛日記』B本においては、「右筆所日記」の欠けている期間(寛永十四年春〜夏、同十九年春、同二十年春・冬等)については、『水戸記』と『紀伊記』が中心の記録となっている(寛永十四年春・夏分の表紙には「紀水記」とあり、前述の『紀水記』がそのまま写されている)。松平定信の『宇下人言』に、寛政期の史料蒐集のことについて、「御日記てふものも、明暦の前ハいとあ

らく、ことに灰燼の余なりしかば、御三家にあんなる視聴日録の類、又ハ榊原・酒井などが家にあるところ之旧記を探出し、御用部屋に備へし也」と記している。御三家の史料が「実紀」編纂に用いられた背景には、この寛政期の作業が前提となっていたと思われる。『水戸記』については、文政十三年小宮山昌秀作成の水戸家記録目録に、承応元年から同三年にかけての『視聴日録』が記されている。一方享和三年には、書物方に、「新規御本仕立」となった『視聴日録』二十二冊が収められていた。水戸家の蔵本から写本が作られたものと推測される。

② 『御側日記』。『実紀』へは、承応三年二月二十八日より引用が始まり、四代家綱の「厳有院殿御実紀」と五代綱吉の「常憲院殿御実紀」にかけて頻出する。三でも述べたように、『承応三年日記』『柳営日次記』等の稿本段階では「奥」の引用文字を付した細字引用記事として現れる。家綱の側衆は、承応二年九月に任命された牧野親成・久世広之・内藤忠吉・土屋数直に始まる。対応する伝本は未見である。

③ 『公儀日記』。この記録は、『実紀』では正保二年から引用が始まり、寛文四年まで続く。伝存するのは「記録御用所」印を有する十一冊本（本来、正保二年四月から寛文五年十一月まで連続する十六冊本であったが、現在は、第六冊から第十冊までが欠けている）である。『実紀』中清書本（徳川公爵家本）では、『公儀日記』引用注の一部が「榊原日記」と表記されている。また、現存する記録御用所本冒頭の正保二年四月一日の記事では、「予去廿九日着府、則今日御目見」とある。この日に着府御目見している大名の中に、姫路城主榊原忠次がおり、この日記の終わる半年前に忠次が没していることからも、『公儀日記』が榊原忠次と関係深い記録であろうことが推測される。これが、忠次の日記そのものであると考えて良いかについてはいくつかの留保が必要（小宮二〇〇〇年論文参照）だが、先の『宇下人言』にあった「榊原などが家にあるところの旧記」のひとつとして寛政期ころに記録御用所に収集されたものであることはほぼ

間違いない。

④『御当家紀年録』。慶長十年の記事から慶安三年までの記事が『実紀』に引用されている。榊原忠次により寛文四年に編集された徳川創業から三代家光までの記録である。成立と伝来、特に榊原家において秘蔵されていた経緯等については、松尾美恵子・藤實久美子氏らの研究に詳しいが、はじめて幕府へ献上されたのは天明三年であった。ここでは、前述の『公儀日記』同様、「榊原などが家にあるところの旧記」のひとつとして寛政期に強く注目されていた可能性を指摘しておく。

⑤『曾我日記』。『実紀』への引用は、寛永十六年秋からである。幕府御徒頭の記録であり、将軍御成への警備にあたった職務に沿い、将軍の動向が詳しく記される。「記録御用所」印のある寛永十六年から寛文八年までの五冊本が伝存する。中川忠英旧蔵六冊本もある。また、これらと同内容の「御徒頭無名氏之記」との題の寛永十六年〜慶安三年の四冊本もある。おそらく少なくとも前半部分は、寛永十六年から慶安元年まで徒頭であった曾我包助の手によるものと推測される。この記録は、慶長五年から安政までの御徒方記録をまとめた『御徒方万年記』の一部とされており、この名称で呼ばれることもある。

⑥『寛明日記』。寛永元年から明暦三年までの幕府に関わる記事を日記体でまとめたものである。『実紀』への引用は、ほぼ同期間である。別名『寛明事跡録』。複数の雑史的史料を含むが、寛永八年一月から七月九日分までと、同九年一月・六月〜十二月分は、「右筆所日記」をそのまま引用している。成立の事情は未詳。少なくとも延享三年以前には存在していたらしいが、『書物方日記』では、寛政元年八月に『寛明事跡録』七十一冊が松平定信に貸し出されている。また、天保十三年五月六日の『書物方日記』では、寛政二年八月以来の長期貸し出しとなっていたことが

記されている。この間に『実紀』編纂に利用されたことも推測される。その後も幕末に至るまで、比較的に注目された史料であり、天保以降、毛利家本『寛永日記』や『水戸藩編年史』にも引用され、かつ写本も多く作られている。『天享東鑑』（天文十一年から享保十一年まで）のうち寛永から明暦部分と内容は同じであり、また正保から明暦までについて『正慶承明記』とも同内容である。

⑦『元寛日記』。元和元年から寛永二十年までの幕府に関わる記事を日記体で記してある。『実紀』にも同期間を引用している。元和二年の江戸城年賀儀礼記事等、儀礼に関する記事に詳しいものが多い。写本が多く流布しているが、成立の事情等は未詳である。

⑧『大内日記』。元和九年より正保元年に至る記録。『実紀』にも同期間についての引用がある。記主は、旗本天野長信で、寛永三年九月より女院和子附の武家となり、続けて同二十年八月からは禁裏附となっている。この記録は、その間の公務日記ともいえるもので、京都における幕府と朝廷の間の交渉についての詳細な記録が記されている。現存する内閣文庫の十二冊本には「記録御用所」の印がある。

⑨『吉良日記』。慶長から元禄に至る朝幕間の儀礼に関わる記録。幕府高家吉良氏に関わる記録を中心とすると推測されるが、一部は、「右筆所日記」から抜粋された記事である。松岡辰方旧蔵の二十七冊本が伝存する。

⑩『江城年録』。別名『寛永日記補闕』。寛永元年から十三年までの幕府に関する記録。伝存する昌平坂学問所旧蔵七冊本には、寛政二年に、水戸藩家中浅羽甚左衛門所持のものを同藩家老中山備前守から松平定信に提出し、写を作ったものであるとの識語がある。

⑪『坂上池院日記』。別名『坂日記』、『坂氏古日記』。中川忠英旧蔵九冊本では、大永六年から元禄十一年分までを

収める。徳川家及び幕府に関する記録を日記形態で集めたものである。そして、「記録御用所」印のある九冊本は、慶長十年から元禄十一年までの範囲である。実紀は秀忠代から綱吉代までの間の所々に引用されている。近藤守重もその存在に注目している。(34) 坂上池院家は、秀忠の時の坂洞菴以降、将軍家の奥医師を勤めた坂家のことである。洞菴の五男実菴は、天和三年七月、他の二名とともに「奥の日記役」を命じられ、土圭間詰を命じられていた。従って、このこととの関連も検討する必要があるだろう。

⑫『憲廟実録』。別名「常憲院贈大相国公実紀」。延宝八年から宝永六年まで。五代将軍綱吉の編年体の事績録。綱吉没後、天台座主公弁法親王の依頼により、柳沢吉保の命で荻生徂徠・服部南郭が執筆した。正徳四年に完成。のち八代将軍吉宗の命により一部が改められた。享保二年献上本の写が伝存する。

⑬『令条記』。別名『御当家令条』。慶長二年より元禄九年までの幕府法令を収める。作成経緯等は未詳。田安家旧蔵本には、正徳元年藤原親長作成との序がある。(35) 書物方では享保十二年に貸し出された記録があり、その後も、しばしば吉宗期には『武徳大成記』の調べ直し等のために出納されている。また、寛政四年には、奥右筆秋山維祺により出納されている。田安家旧蔵本の他、内閣文庫等に伝存する。

⑭『条令』『条令拾遺』。『条令』は、慶長五年から寛文四年までの幕府法令を部門別に集めた法令集。内閣文庫蔵四冊本と、田安家旧蔵本が伝存する。山本英二氏の研究によれば、『条令拾遺』は、『条令』の拾遺として作成されたものである。これも内閣文庫本と田安家旧蔵本が伝存する。(36)

⑮『憲教類典』。慶長期から寛政期までの幕府法令をまとめたもので、近藤守重編集。寛政十年に献上されている。ただし、その後、『書物方日記』によると、文政元年十月五日に「憲教類典編集ニ付、御実紀御用之方江増員」が命

じられており、『実紀』作成にあたり参考資料とするための増補がなされたのではないかと推測される。また、このことからも、法令の『実紀』下書きへの組み込みは、少なくとも文政期以降の段階から始められたことが窺える。内閣文庫に「正斎蔵」と「昌平坂」印のある百二十二冊本が伝存する。

⑯「間部日記」。六代家宣と七代家継の側用人間部詮房の公務日記。宝永六年から正徳五年の内容。内閣文庫に伝存する二十一冊本の写本には「御実紀調所」の印がある。

六　小　結

以上の『実紀』引用史料を見ると、「日記」を中心として、その作成の契機自体に、『朝鮮王朝実録』のもととなった「史草」や「時政記」におけるような、記録者（「史官」）と権力者（「国王」）の間の緊張関係がほとんど存在しないことが明らかになった。彼我の一番大きな違いは、「史草」「時政記」が、記述された同時代においては他見無用のものとされ、当該の国王の退いた後に「実録」の形で公にされるものであったのに対し、「右筆所日記」「（御用部屋）日記」や『水戸記』等の情報内容の基盤である「殿中御沙汰」とは、そもそも江戸城内で回覧されるための、同時代の万人須知の実務的な情報であったにすぎないという点である。朝鮮王朝内においても、実務遂行上「殿中御沙汰書」同様のものは当然あったと思われるが、『朝鮮王朝実録』の編纂に必要なものは、それとは別のシステムによって作っていくという考え方であった。朝鮮王朝の場合は、中国における伝統的な当為としての「史官」「実録」像を、かなり厳密に自らに課しているとの印象を受ける。あるいは幕府においても、目付関与のもとに、一応他見を憚ると位置づけた「右筆所日記」作成を行っていたこと自体の中に、中国的「史官」観の影響は当然あったと思われるが、『実紀』の「成書例」に見られるごとく形式の類似を追求するのみで、将軍権力に対する「掣肘」装置を置くという発想自体がどこまで受け入れられていたかは疑問とせざるを得ない。

七 『続徳川実紀』について

十一代家斉（天明七年〜天保八年）の「文恭院殿御実紀」の編纂は、『徳川実紀』献上の天保十四年より後開始されたと推測される。ただし、最終的に献上本という形まで到達した形跡はなく、伝存する旧徳川公爵家本は、文化六年までは、朱筆や附箋による加除・添削のあとがあるが、文化七年以降については、加除のあとも見られない。同本の「校閲記」には、慶応三年から明治元年、あるいは明治三年の校閲や筆入れの後がある。内容としては、「附録」に、「林衡話」「奥勤之者話」等、同時代人への聞き取りが引用されており、編纂時期と対象時期が近接していたことによる特色がある。

続く十二代家慶（天保八年〜嘉永六年）の「慎徳院殿御実紀」以下、十三代家定（嘉永六年〜安政五年）の「温恭院殿御実紀」・十四代家茂（安政五年〜慶応二年）の「昭徳院殿御実紀」・十五代慶喜（慶応二年〜明治元年）の「慶喜公御実紀」は、それぞれの将軍の歿後、もしくは辞職後に編纂が開始されたものと推測される。その事業としての「御実紀編集御用」には、隠居後の成島司直（文久二年歿）や、その子良譲（安政元年歿）、さらに良譲の子柳北が携わっていた。(37)

また、作業場所としては、昌平坂学問所内の御実紀調所、要員としては、少なくとも元治元年までは、「御実紀調出役」や「御実紀書物方御用出役」が存続していた。その意味で、基本的に天保十四年完成の『徳川実紀』の編纂体制とさほど変わっていない。

そして、『御実紀沿革』(明治三十八年徳川家扶瀧村小太郎記述)によると、明治維新後も編纂作業は続けられ、明治元年七月に林昇・林晃・土屋正直らが「学問所御用」を再編した折も、その中に「御事蹟取調役」が置かれた。最初は、小日向服部坂の寄合大草敬吉屋敷内に同調所が置かれ、静岡藩として駿河に移動したのちは、静岡の学問所内に置かれた。その後、明治三年まで何度か改廃を経ているが、その後は制度的には不明である。明治四年に静岡藩は廃されるが、同九年の明治政府の修史局から徳川家への問い合わせでは、「文恭院殿御実紀」から「昭徳院殿御実紀」までが存在していたことが確認できる。

なお、「温恭院殿御実紀」以下三編は、原史料としての日記をそのまま並べ、各日毎にタイトルとも綱文ともつかない題が付けられている。つまり、ほぼ稿本の形式に留まっている。その日記は、基本的には、土台としての「(御用部屋)日記」が中心であり、一部、奥日記等が加えられている場合もある。「附録」は、「文恭院殿御実紀」にあるのみで、以降はないが、東京大学史料編纂所蔵の林家本には、「家定公御言行」と題する安政五年八月の大目付土岐頼旨筆記があり、これには「御実紀之材料」との打ち付け書きがある。また、明治三十八年から三十九年にかけ、徳川公爵家では、「昭徳院殿御実紀」の一部の欠けている部分(安政六年十月~万延元年二月、文久元年十二月十六日~同月晦日)について、「側衆岡部長富」の日記を抄録して補っている。また、外編として、『御上洛日次記』(文久三年二月~六月)や『御在坂日次記』(慶応元年閏五月~二年九月)も作られた。

八　『徳川実紀』のその後の影響——結びに替えて

完成した『実紀』は、基本的には将軍への献上を以て完結し、広く公開される性格のものではなかった。現存する伝本の主なものは、先に述べた献上本（紅葉山文庫・日光東照宮本）・中清書本（徳川旧公爵家本）・成島司直添削下書本（静嘉堂文庫）であり、幕末までの間、他の写本の流布は確認できない。ただし、この『実紀』作成のために行われた史料蒐集や校訂作業を通じて蓄積・獲得された知見は、編集作業に直接関わった昌平坂学問所や出役の幕臣だけでなく、交友関係を通じてその周囲にも広がったはずである。

そして、明治以降、活版の印刷によって一挙に伝播が始まる。明治十六・十七年の『徳川氏御実紀附録』を始めとして、明治二十九年〜三十二年の内藤耻叟校訂標記『徳川実紀』等が、ともに一部分だけであるが刊行された。そして、経済雑誌社刊の『徳川実紀』七冊と『続徳川実紀』五冊（明治三十七年〜四十年）において始めて完結した刊本が揃った。昭和初年の新訂増補国史大系版は、経済雑誌社版をもとにしつつ、経済雑誌社版が底本とした貴族院本（＝副本）が焼失していたため、あらたに徳川公爵家本で校正し直されている。徳川公爵家本は、副本の引用史料名記載が各日ごとであったのと異なり、各事項ごとに引用書目名を記しているが、それは、この新訂増補では再現されなかった。[38]なお、明治十年代に修史局等を中心とした写本作成が行われている。

こうして、『実紀』が流布された結果、江戸幕府政治史研究において、とりわけ前期幕府政治史について、『実紀』が到達した水準は、良くも悪くも現在に至るまで強い影響を与え続けている。ここで、『実紀』が持つ意味を再吟味する必要があることはいうまでもない。本稿で見えてきた『実紀』像は、一面では、一八世紀末から一九世紀初めにかけての組織的な記録蒐集活動を踏まえて、有る程度定式化し分業化した編纂行程により作成されたものとしての特色を持つ。その土台となった「右筆所日記」「(御用部屋)日記」等、さらにはその前提としての「殿中御沙汰書」は、その成り立ちからして、ある意味で機械的・価値中立的であり、同時代の朝鮮朝廷における「史草」が有する政治的な「事実」への意味付加に対する強烈な志向性、別の言い方をすれば「危険性」とは対照的である。一面を強調すれば、『実紀』編纂は、いわば、そうした「安全な」史料群に検索をかけ、年月日ごとに並べ替えをし、成書例にしたがって選択し、可能な限りすべての史料用語を国際的共通言語としての漢語に変換したものである。もちろん、当時の検索は、ロボット検索などではなく、主体的に個別の史料価値を吟味できる経験者が行っている。個々の政治的な問題となるであろう事件の記述にも、相当の苦心のあとが見られる。また、各将軍への「論賛」に相当するものが意識して置かれているとの指摘もある。(39)だが、全体として見た場合、『実紀』には、最初から最後まで、矛盾をほとんど孕まない形式的な権威とでもいうものを強く感じてしまう。

無論、こうした面からの『実紀』の位置づけは、もう一面からの『実紀』の大きな価値を否定するものではなく、むしろ、それと背中合わせになっている。それは、初めての網羅的・客観的なデータベースとしての価値である。発案者としての林述斎を中心とした幕府組織の後ろ盾と、推進者としての成島という「精力強く」「手早ニ物事相弁」ずる才能の継続した努力により作成されたそれは、それ以前とは段階を画する良質のデータベースとなったのである。その結果、現在にいたるまで、江戸幕府政治史を調べる場合の最も便利なデータベースであり続けている。この恩恵ははかり知れないだろう。しかし、これが便利であるが故の危うさに少し無頓着すぎる傾向が少なからずあったことは否定できない。政治上の意志決定過程や、権力体内部での生の意志のぶつかり合いを（たとえ党派性等によるバイアスが存在したとしても史料批判をしながら）より説得的に跡づけることのできるいわゆる狭義の政治史料を『実紀』とは別のところから見出す試みが現在続けられている。

註

(1) 東京大学史料編纂所蔵。四一四〇・五―六三。
(2) 新訂増補国史大系『徳川実紀』第一篇。
(3) 中清書本の校閲日付書き込みは、新訂増補国史大系『徳川実紀』第十篇附録に「徳川実紀校閲記」として掲載。
(4) 新訂増補国史大系『徳川実紀』第一篇。
(5) 以上、成島司直については、新訂増補国史大系『続徳川実紀』第五篇附録「御実紀沿革」、内閣文庫蔵『成島図書守上書』等参照。
(6) 福井保著『江戸幕府編纂物』解説編（参考文献参照）参照。
(7) 静嘉堂文庫甲一、全二百九十一冊。
(8) 東照宮献上本については、橋本政宣論文参照。
(9) 「御実紀調所」の場所については、山本武夫一九七九年論文で考察されている。
(10) 以下、「右筆所日記」「（御用部屋）日記」『柳営日次記』等に関する記述については、小宮一九八八年・一九九〇年・一九九三年・一九九六年①・同年②・二〇〇〇年論文参照。
(11) 尾藤正英氏による、名称や、体裁についての当時の史学思想の流れの中での検討がある（参考文献参照）。
(12) 末松保和「李朝実録考略」（『学習院大学文学部研究年報』五、一九五七〜五八）。
(13) 小宮二〇〇〇年論文参照。
(14) 成書例を完成させたのが、副本完成の時であったとすると、成島司直自身が、この時に隠居中であったことに注意する必要がある。またこの成書例作者の認識は、現物を間違いなく見ている近藤正齋の認識 (後述、「寛永ヨリ元禄宝永ニ至ル御日記」) よりも、松平定信が隠居後幕府記録蒐集作業を振り返って述べた認識 (後述、「明暦の前ハいとあらく、ことに灰燼の余」) により近い。小宮一九八八年論文では「史局の日録」を「右筆所日記」と別物とし、同二〇〇〇年論文では、「史局の日録」を、右筆所にあった「(御用部屋) 日記」のことと解釈していたが、本文のように「史局の日録」＝「右筆所日記」と修正する。

(15) 『好書故事』(『近藤正斎全集』第三、一〇八頁)。

(16) 『甲子夜話』巻四七 (平凡社東洋文庫321、二五六頁)。

(17) 『旧事諮問録』第三編。

(18) 小宮二〇〇〇年論文参照。なお、同論文では、「(御用部屋) 日記」は、明暦期ころは、坊主による作成、その後右筆の作成に変わったと推測したが、本文のごとく幕末まで目付責任のもとでの坊主による作成の可能性のあったことから前説は訂正する。

(19) 東京国立博物館蔵、徳川本一〇三三七。

(20) 右同、徳川本二一九－一二九。

(21) 内閣文庫 163-206 三冊及び 163-213 一冊。

(22) 宮内庁書陵部蔵、四五〇函－九号。

(23) 内閣文庫蔵。

(24) 小宮一九八八年論文参照。

(25) 『旧事諮問録』第三編。

(26) 宇和島伊達文化保存会蔵。

(27) 東京大学史料編纂所蔵。

(28) 内閣文庫蔵。マイクロフィルム (雄松堂) あり。

(29) 内閣文庫蔵。マイクロフィルム (雄松堂) あり。

(30) 以下、この節の「右筆所日記」については、小宮一九八八年論文参照。

(31) 津山市立郷土館愛山文庫。

(32) 以下の記録類については、小宮二〇〇〇年論文参照。また、『内閣文庫所蔵史籍叢刊』（汲古書院）には、本稿で言及した『御徒方万年記』『寛明日記』『元寛日記』『江城年録』『憲廟実録』『憲教類典』及び本稿での解説は加えなかった『慶長見聞録案紙』『慶長日記』『慶長年録』『元和年録』が影印で収められており、解説が付されている。

(33) 松尾美恵子「榊原家の秘本『御当家紀年録』」・藤實久美子「『御当家紀年録』と幕府の儒者林家」（児玉幸多編『訳注日本史料　御当家紀年録』集英社、一九九八）。

(34) 前出『好書故事』参照。

(35) 石井良助校訂『近世法制史料叢書』第二（創文社、一九五九）「序」参照。

(36) 山本英二『慶安御触書成立史論』（日本エディタースクール出版部、一九九九）参照。

(37) 『旧事諮問録』参照。

(38) 丸山二郎一九三二年論文参照。

(39) 尾藤正英論文参照。

参考文献

丸山二郎　「徳川公爵家本徳川実紀に就いて」　一九三二年　『歴史地理』五四―六、のち『新訂増補国史大系月報』一六に転載

赤堀又次郎　「徳川御実紀の伝本」　一九三二年　『歴史地理』五五―一

大石慎三郎　「徳川実紀」　一九六四年　『日本歴史』一九四

藤野保　「徳川実紀の引用史料について」　一九六四年　『新訂増補国史大系月報』八

尾藤正英　「徳川実紀の史体について」　一九六五年　『新訂増補国史大系月報』三一

太田晶二郎「徳川実紀の活字本」 一九六六年 『新訂増補国史大系月報』四〇
山本武夫「徳川幕府の修史・編纂事業　十二―実紀とその史局―」 一九六六年 『新訂増補国史大系月報』五六
山本武夫「『御実紀調所』再考」 一九七九年 『国学院雑誌』八〇―一一
橋本政宣「日光東照宮所蔵の徳川実紀と寛政重修諸家譜」 一九八一年 『大日光』五四
福井保「御実紀」（同著『江戸幕府編纂物』解説編所収） 一九八三年 雄松堂出版
小宮木代良「『御実紀』引用『日記』の検討―江戸幕府記録類の解明のために―」 一九八八年 『日本歴史』四八六
山本武夫「徳川実紀」（『国史大辞典』第十巻） 一九八九年 吉川弘文館
小宮木代良「初期江戸幕府記録類分析のための覚書」（九州大学国史学研究室編『近世近代史論集』所収） 一九九〇年 吉川弘文館
秋元信英「徳川実紀の修史法と林羅山」 一九九〇年 『ぐんしょ』一〇
小宮木代良「家光政権『将軍親政』の再検討」（藤野保先生還暦記念会編『近世日本の政治と外交』所収） 一九九三年 雄山閣
辻達也「『徳川実紀』における原典加筆一斑」 一九九三年 『ぐんしょ』二一
小宮木代良①「幕府記録と政治史像―右筆所日記を中心に―」（山本博文編『新しい近世史①国家と秩序』所収） 一九九六年 新人物往来社
小宮木代良②「史料紹介『徳川実紀』」 一九九六年 『歴史と地理』四九六
橋本萬平「『続徳川実紀』に見られる一時法」 一九九七年 『日本歴史』五九〇
小宮木代良「家綱将軍初期（慶安四年四月より万治三年）における幕府記録類について」 二〇〇〇年 『東京大学史料編纂所研究紀要』十

（追記）

本解題の成稿は二〇〇〇年三月中旬であるが、二〇〇一年三月刊行の『史料館研究紀要』三二号誌上に、二〇〇〇年二月に国文学研究資料館史料館の館内研究会として行われた韓日比較史料学研究会「歴史編纂の比較史」の記録が、小特集として掲載されているのに接した。本解題において強調した『朝鮮王朝実録』と『徳川実紀』の比較について、多くの論点が示されている。また、同小特集における藤實久美子報告「『徳川実紀』の編纂について」においては、本解題では現時点における所在を明記しなかった徳川林政史研究所寄託徳川宗家蔵本（本解題で「徳川旧公爵家本」＝「中清書本」としたもの）を明記し、かつ諸伝本形態等についての詳細な書誌データを記した上での考察がなされている。本解題の結論といくつかの異なる部分もあるが、併せて一読されることをおすすめする。

（二〇〇一年四月二十三日記）

附表『徳川実紀』における慶長八年より承応三年までの史料引用状況一覧

凡例

1 各実紀各巻毎の主な引用史料の引用頻度を示した。

2 新訂増補国史大系『徳川実紀』における引用状況をもとにした。すなわち、副本及び徳川旧公爵家蔵の中清書本に基づいている。

3 ●は当該巻における中心史料として引用されていることを、◎は当該巻において頻出する史料であることを、○は一回以上引用されていることを示す。

4 承応元年分については、『実紀』副本及び中清書本には、「尾張記」の引用注が中心史料もしくは頻出史料として書き込まれているが、史料稿本段階の『紀水記』の検討により、これは、「尾張記」ではなく本来「水戸記」と注されるべきであると判断した。

5 承応三年分についても、『実紀』副本及び中清書段階では「水戸記」の引用注は全くないが、史料稿本段階の『承応三年御日記』の検討により、本来「水戸記」が中心史料であったと判断した。

6 承応二年から同三年の『実紀』副本及び中清書には、「三家記」「紀水記」等の引用注記があるが、史料稿本段階の『三家記』『承応三年御日記』の検討により、これらは単独の記録名ではなく、「水戸記」「紀伊記」「尾張記」の組み合わせを表現していることから、本表にも単独の引用史料名としては載せなかった。

台徳院殿御實紀																																	東照宮御實紀						
19年									18年				17年			16年			15年			14年			13年		12年		11年		10年			9年		慶長8年			
33	32	31	30	29	28	27	26	25	24	23	22	21	20	19	18	17	16	15	14	13	12	11	10	9	8	7	6	5	4	3	2	1	10	9	8	7	6	5	
																																							日記
																																							人見私記
																													○										年録
																																							視聴日録（水戸記）
																																							紀伊記
																																							尾張記
																																							御側日記
																																							曾我日記（御徒方万年記）
																																							公儀日記（榊原日記）
	○	○	○	○		○	○	○	○	○	○	○	○	◎	◎	○	◎	◎	◎	◎	◎	◎	◎	◎	◎	◎		◎	◎	◎	◎	◎	◎	◎	◎	◎	◎	◎	当代記
○	○	○	○	○	○	○	○	○	○	○	○	○	○		○		○		◎	◎	◎	○	○	◎	○	○	○	○			◎	◎	○		◎	○	◎		家忠日記
○	○	○	○	○	○	○	○	○	○	○	◎	○	◎	○	○	○	○		◎	○	○																			国師日記
○	○	○	○	○																																			金地院日記
																																							大内日記
																																							吉良日記
○					○	◎	○	○	○	○	○		◎	◎	◎	◎	◎																						駿府政事録
◎	◎	◎	◎	◎	◎	◎	◎	◎	◎	◎	◎	◎	◎	◎	◎	◎	◎																						駿府記
																									○														羅山年譜
																○	○																						羅山文集
○	○	○	○	○	○		○	○	○		○	○	○	○	◎	○	○	◎	◎	◎	◎	◎	◎	◎		◎	◎	◎	◎	◎	◎	◎	◎	◎	◎	◎	◎	◎	創業記
○	○	○	○			○	○	○	○								○		○	○	○				◎			○	◎		○								紀年録
○	○	○	○	○	○		○				○	○									○					○		○				○						○	武徳大成記
																								○															東武実録
																																							江城年録
																																							寛明事蹟録（寛明日記）
																																							玉露叢
																																							続（元和）年録
	○	○									○								○		○	○	○		○	○	○	○	○		○	○							烈祖成績
○		○				○				○		○								○	○			○	○		○			◎									坂上池院日記
																																				○			天亨東鑑
																																					○	○	続通鑑
					○	○	○	○	○	○	○	○	○	○	○	◎	○			◎	○	○	○	○	○	○	○	○	◎	○	○	○		○		○	○		藩翰譜
												○								○						○			○									◎	藩翰譜備考
					○		○		○												○						◎	○											大業広記
								○				○					○		○		○				○		○	○	○		○	○		○	○			○	大三川志
○		○	○	○	○	○		○	○				○		◎	◎				○	◎	○	○	◎	○	○	○	○	○	◎	○	○	◎	○	○	○	○		御年譜
		○					○																					○			○								御年譜附尾
○	○	○	○	○	○		○	○					○	○				◎	◎	○	◎	○	○	◎			○	◎	○	○	○	◎	◎	○	○		◎		武徳編年集成
○	○	○			○	○	○	○	○	○	○	○	○	○		○	◎	◎	○	◎	◎	○	○	◎	○	○	◎	◎	○		○	○	○	○	◎	○	○	○	慶長年録
		○	○	○	○		○	○	○		○			○			○				○		○	○	◎	◎	◎	◎	○	○	○	○		○		○		○	慶長見聞録（書）
	○				○	○		○	○	○		○	○		○	○			○	○	○			○	○			○	○	○		○			○				慶長日記
																																							元寛日記
																																							元和年録
																																							元和日記
																																							慶延略記
																																							正慶承明日記
	○		○		○	○		○						○		○																							落穂集
																																							君臣言行録
																																							承応年中行事
																																		◎	○		○		古文書
								○	○	○	○		○	○	○				○	○		○	○		◎				◎		◎					◎			異国日記
															○							○		○					○	○		○						○	武家補任
										○		○	○		○						○		○	○	○	○	○	○	◎	○	◎	◎	○	○	○				御朱印帳
											○							○										○		○		○					○		以貫小伝
	○	○	○	○	○	○	○	○				○	○	○	○	◎	◎	◎	◎		◎	○	○	○		◎	○	◎	◎	◎	◎	◎	◎	○	◎	○	◎	◎	寛永諸家系図伝
	○	○	○	○	○		○		○	○	○	○	○			○	○	◎	○	○	○	○	○	○	○		○	○	○	○	◎			○	○		◎	○	貞亭書上
○			○			○	○	○	○	○	○	○	○	○	○	○	○		○	○		○	◎	○	○	○	○	○	○	◎	◎	◎	◎	○	◎	○	◎	◎	寛政重修諸家譜
					○		○		○	○	○					○			○		○	○				○										○	○		断家譜
			○	○				○		○			○	○	○	○			○		○	○	○	○	◎				○		○		○						令条記
																																							条令
																																							条令拾遺
							○					○											○					○									○	○	武家厳制録
				○																																			○	制法留
																													○									○	大成令
																		◎	○	○	○																	◎	勧修寺記
																																							憲教類典
																																							柳営禁令
			○	○																○	○												○		◎		◎	◎	西洞院記
																																						○	中原記
																																							日野記
○		○	○	○		○	○				◎								○	○	○				◎		○	○	◎	◎	◎	◎	◎	◎	◎	○	◎	◎	舜旧記

大猷院殿御實紀																	台徳院殿御實紀																											
8年		7年		6年		5年		4年		3年			2年		寛永元年		9年			8年			7年		6年		5年		4年		3年			2年				元和元年						
18	17	16	15	14	13	12	11	10	9	8	7	6	5	4	3	2	1	60	59	58	57	56	55	54	53	52	51	50	49	48	47	46	45	44	43	42	41	40	39	38	37	36	35	34
○	●																																											
	○																																											
				○											○	○																				○								
●	◎	●	●			◎	◎	○	◎				◎	◎		◎	○	○	◎	○	○	○	○	○	◎	◎																		
◎							◎	○	○																																			
																																												○
																																			○	○	○	○	○	○	○	○	○
◎	○	○	○	○	◎		◎	◎	○	◎	◎	◎	◎			◎	◎	◎	○			○	◎	◎	◎	◎	○	◎	◎	◎	◎	◎	◎	◎	◎	◎	○	○		○	○		○	○
																																												○
		○	○	◎	◎	○	○			○	○	○	○	○	◎	◎	○	○																										
○	○	◎				○	◎	○	○				○	○		○		○																										
																	○																					○						○
																																					◎	◎	◎	◎	◎	◎	◎	◎
				○			○				○	○	○	○		○											○																	
																																	○				○						○	○
○		○	○	○	○	○	◎	○	○	◎	◎	○	○	○	○	◎	○	○	○		○	○	○	○	○	○	○	○	○		○	○	○	○		○			○	○		○	○	○
																																				○	○					○	○	○
○	○	◎	◎	◎	◎	◎	◎	◎	◎	◎	○	◎	◎	◎	◎	◎	○	◎	◎	◎	○	○	◎	◎	◎	◎	◎	◎	◎	◎	◎	◎	◎	○	◎	○	◎							
○	◎	○	○	○	◎	◎	◎	◎	◎	◎	○	◎	◎	◎	○	◎					○																							
			○	○	○					◎				○		○																												
										○				○	○																													
																	◎	○	◎	◎	○	◎	○	◎	◎	◎			○	◎	◎	◎	◎											
										○					◎	○																	○	○	○	○	○					○			
○	○																○																											
○	○	○	○	○	○	○	○	○	○	○		○	○	○	○	○	○	○	○	○	○		○		○		○	○	○	○		○		○	○	○	○	○	○	○			○	○
○	○	○				○		○	○	○	○	○			○					○												○	○	○						○				○
																																	○			○		○	○	○			○	○
																																									○		
																																		○	○	○	○	○	○	○	○	○	○	○
																																						○		○	○			○
																																						○		○	○		○	○
										○		○		○					○			○	○	○	○	○	◎	○	○	○			○			○	◎	○			○	○	○	○
															◎											○			○				○	○	○	○		○					○
																		○			○		○			○							○				○							
						○								○																													
										○	◎				○		○																											
				○		○		○		○				○	○		◎						◎			○			○		○	○												
					○					○	○	○					○								○							○	○	○		○	○	○						
																○																			○		○	○						○
										○							○							○																				
○	○	○	○	○	○	○	○	○	○	○	○	○	○	○	○	○	○	○	○	○	○	○	○	○	○	○	○	○	○	○	○	○	○	○	○	○	○	○	○		○	○		○
○	○		○	○	○	○	○	○	○	○	○	○	○	○	○	○	○	○	○	○	○	○			○	○	○	○	○	○	○	○	○	○	○	○	○			○	○	○	○	○
○	○	○		○	○	○	○	○	○	○	○	○	○	○	○	○	○	○	◎	○	○	○	○	○	○	○	○	○	○	○	○	○		○	○	○	○	○	○	○			○	○
○		○	○	○		○		○		○			○	○	○		○			○		○		○	○			○	○	○	○		○	○			○							○
						○				○		○	○			○			○	○	○	○	○					○	○	○	○	○	○	○	○				○				○	
									○	○		○	○																	○		○												
						○		○			○														○	○	○		○		○		○									○	
															○																												
														○																													
○											○				○																		○											
		○		○	○					◎	◎	○				○	◎	◎					○																					
○				○	○										○		○	◎	○	○		○					○	○		○				○		◎	○		○	○				○

大猷院殿御實紀															
13年				12年			11年			10年		9年			
33	32	31	30	29	28	27	26	25	24	23	22	21	20	19	
●	●	●	●	●	●	●	●	● (7/11ヨリ)	● (4/1マデ)	●	●	●	● (6月ヨリ)	● (1/22マデ)	日記
						○		◎	● (4月ヨリ5月)						人見私記
															年録
													◎	◎	視聴日録（水戸記）
							◎	○					◎	● (2月以降)	紀伊記
															尾張記
															御側日記
															曾我日記(御徒方万年記)
															公儀日記(榊原日記)
															当代記
															家忠日記
											○			◎	国師日記
															金地院日記
							◎	◎	○						大内日記
	○	○	◎	○	○	○	◎	◎		○	◎		○	○	吉良日記
															駿府政事録
															駿府記
															羅山年譜
															羅山文集
															創業記
○	○	○	○	○	○		◎	◎	○		○	○	○	○	紀年録
															武徳大成記
											○	○	○	◎	東武実録
							○			○	◎	○	○	○	江城年録
															寛明事蹟録（寛明日記）
															玉露叢
															続（元和）年録
															烈祖成績
					○										坂上池院日記
					○					○	○	○	○	○	天享東鑑
															続通鑑
○	○	○					○	○	○		◎	○	○	○	藩翰譜
									○			○			藩翰譜備考
															大業広記
															大三川志
															御年譜
															御年譜附尾
															武徳編年集成
															慶長年録
															慶長見聞録（書）
															慶長日記
													○		元寛日記
															元和年録
															元和日記
								○						○	慶延略記
															正慶承明日記
															落穂集
					○	○			○					○	君臣言行録
															承応年中行事
															古文書
															異国日記
															武家補任
															御朱印帳
															以貫小伝
○	○	○	○	○	○	○	○	○	○	○	○	○	○	○	寛永諸家系図伝
	○	○	○			○	○				○		○	○	貞享書上
○	○	○		○	○	○	○	○	○	○	○	○	○	○	寛政重脩諸家譜
				○	○	○	○			○	○	○	○		断家譜
					○			○	○		○				令条記
	○	○		○		○		○	○	○	○	○			条令
															条令拾遺
	○					○	○		○	○	○				武家厳制録
															制法留
	○			○						○	○				大成令
	○	○						○			○		○		憲教類典
															柳営禁令
															勧修寺記
															西洞院記
															中原記
															日野記
															舜旧記

大猷院殿御實紀																															
3年			2年			正保元年				20年			19年				18年			17年			16年			15年			14年		
65	64	63	62	61	60	59	58	57	56	55	54	53	52	51	50	49	48	47	46	45	44	43	42	41	40	39	38	37	36	35	34
●	●	●	●	●	●	●	●	●	●	●（9月ノミ）	●	●（5/11ヨリ）	●	●	●	●	●	●	●	●	●	●	●	●	●	●	●	●	●	●	
○					○													○												○	
◎	◎	◎	◎	◎	◎	◎	◎	◎	◎	●（10月ヨリ）	◎	●										○	◎	◎	◎	◎	◎	○			●
								◎	◎	●（10月ヨリ）	◎	●	◎	◎	◎	●	◎	◎	◎		◎	◎	◎	◎	◎	◎	◎	◎			●（4月ヨリ）
○		◎	○	○		○	○		○		○	◎	◎	◎	○	◎	◎	◎	◎	◎	◎	◎	◎	◎							
○	○	○	◎	◎	○																										
									○			○			○		○					○		○			○		○	◎
○		○	○			○																	○	○	○			◎	○	○	◎
○		○			○					○		○			◎			○	○		○	◎	○	○			○	○			○
				○				○								○												○			
		○							○							◎															
○	○		○	○	○		○	○		○		○	○	○	○	○			○	○	○	○	○		○	○	○	○	○	○	○
																										○					○
																○															
																															○
																○															
																			○	○											
		○						○					○	○				○		○											○
	○		○	○	○		○					○	○	○	○	○		○	○				○	○	○		○	○	○	○	○
			○																								○				
○			○	○	○	○	○	○		○	○	○	○	○	○	○	○	○	○	○	○	○	○	○	○	○	○		○	○	○
													○	○	○	○		○		○							○		○	○	
		○								○			○	○	○							○			○				○		
○									○								○														○
○																○															
														○	○									○							
									○	○					○																
																	○			○	○	○									
				○		○								○	○					○		○	○								

		大猷院殿御實紀															
4年			3年			2年				慶安元年				4年			
2	1	80	79	78	77	76	75	74	73	72	71	70	69	68	67	66	
●	●	●	●	●	●	●	●	●	●	●	●	●	●	●	●	●	日記
									○			○					人見私記
																	年録
◎	◎	◎	◎	◎	◎	◎	◎	◎	◎					◎	◎	◎	視聴日録（水戸記）
	◎	◎（4月ヨリ）	◎	◎	◎（5月ヨリ）	◎（9月マデ）	◎	◎	◎							◎	紀伊記
○																	尾張記
																	御側日記
					○	○		○	○	◎	○			○	○	○	曾我日記(御徒方万年記)
						○	○	◎	○	○	○	◎	◎	◎	○	◎	公儀日記(榊原日記)
																	当代記
																	家忠日記
																	国師日記
																	金地院日記
																	大内日記
	○	◎	○	○	○									○		○	吉良日記
																	駿府政事録
																	駿府記
																	羅山年譜
																	羅山文集
																	創業記
				○				○	○	○	○	○	○	○			紀年録
																	武徳大成記
																	東武実録
																	江城年録
○	○			○	○			○									寛明事蹟録（寛明日記）
																	玉露叢
																	続（元和）年録
																	烈祖成績
																	坂上池院日記
◎	◎			○	○					○		○	○	○		○	天亭東鑑
																	続通鑑
○	○	○	○	○	○			○		○	○			○	○		藩翰譜
																	藩翰譜備考
																	大業広記
																	大三川志
																	御年譜
																	御年譜附尾
																	武徳編年集成
																	慶長年録
																	慶長見聞録（書）
																	慶長日記
																	元寛日記
																	元和年録
																	元和日記
																	慶延略記
																	正慶承明日記
																	落穂集
																	君臣言行録
																	承応年中行事
																	古文書
																	異国日記
																	武家補任
																	御朱印帳
	○												○				以貫小伝
		○	○	○							○						寛永諸家系図伝
		○								○							貞亭書上
			○	○				○		○	○		○	○	○		寛政重脩諸家譜
			○	○													断家譜
				○													令条記
					○							○			○	○	条令
									○								条令拾遺
○						○		○		○	○					○	武家厳制録
																	制法留
	○	○				○	○	○	○	○	○	○	○				大成令
○	○		○	○								○				○	憲教類典
				○													柳営禁令
																	勧修寺記
																	西洞院記
																	中原記
																	日野記
																	舜旧記

厳有院殿御實紀					
3年		2年		承応元年	
8	7	6	5	4	3
					○ (3/15.3/17.3/19)
●	●	●	●	●	◎
◎	◎	◎	◎	●	◎
◎	◎	◎	◎		
◎	◎ (2/28ヨリ)				
				○	
○	◎	◎	◎	◎	◎
				○	○
○	○	○	○		
		○	○	○	○
○	○	○	○	○	○
○	○		○	○	○
			○	○	◎
○	○	○	○		○
		○			
					○
○					
○	○	○	○		○
	○		○		

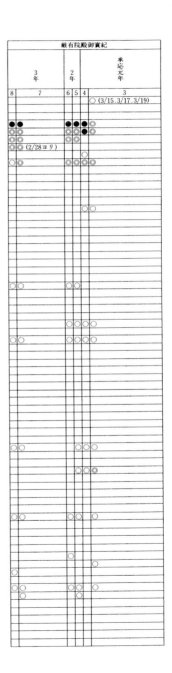

公卿補任

美川圭

一 成立と内容

神武天皇の時代から明治元年（一八六八）に至る公卿の官員録である公卿補任は、おもに『新訂増補国史大系』（以下、国史大系本と略す）を通じて、歴史研究者にとってはなじみの深い書であり、研究上も座右になくてはならないものである。持統天皇までは天皇の代ごとに、文武天皇元年以降は年次ごとに列記し、明治元年まで書き継がれている。この間、宝治元年（一二四七）と建長四年（一二五二）から正元元年（一二五九）及び正中元年（一三二四）の年次は古く失われたが、正中元年を除く九年間はのちに徳川光圀が『一代要記』にもとづいて『公卿補任補闕』を作成したことにより補われた。

南朝に関しては、後醍醐天皇の延元二年（一三三七）から後亀山天皇の元中九年（一三九二）に至る南朝公卿補任というものがある。これは、内閣文庫所蔵の松平定信旧蔵本など、稀にこれを収載したものもあるが、本居宣長の『玉勝間』に「吉野朝の公卿補任」という記事があり、塙保己一に「南朝公卿補任考」という著作があり、江戸中期の編作であることがわかっており、本書には収められていない。

また、武家の場合も公卿となったものはすべて本書に掲げられていたが、元和元年（一六一五）の禁中並公家諸法度第七条で「武家之官位者、可レ為二公家当官之外一事」と規定されて、実際に元和六年（一六二〇）の本書からははずされ、別に武家補任が作成された。他に、明治三十三年（一九〇〇）に作られた慶応三年（一八六七）から明治十七年（一八八四）に至る公卿補任十七冊がかつて宮内省図書寮に存したが、四冊の写を除いて焼失した。[1]

後述するように流布本系は国史大系本に集成されているが、その形式は現任公卿の摂政・関白、大臣、大中納言、参議が位階・姓名とともに序列順に列挙され、各人の下に兼官や位階・官職の異動が注記される。次いで公卿の前官者および非参議（三位以上ではあるが、大臣以下参議以上の官職にはついたことのない者）が列挙され、同じく注記が施されている。また、各人の名が初めて公卿補任に記された箇所には、本人の父母や、それ以前の官歴・行状がまとめて記されており、この部分は尻付とよばれる。なお、公卿の名が掲げられるのはその出家までであって、死亡年はそこに付記される。

公卿補任の成立時期については明らかではないが、まず『小右記』長徳元年（九九五）四月五日条に「夜中引二見公卿補任一」、寛弘八年（一〇一一）七月三十日条に「余云以二公卿補任一可レ決」の記事が見られるので、それ以前の成立であることはまちがいない。問題は上限であるが、土田直鎮氏が詳細な分析の末、

①　公卿補任は、弘仁二年（八一一）撰述の『歴運記』を基として、それに弘仁（八一〇〜八二四）以後の分を付け足したものである（なお『歴運記』の逸文は『延喜式』に付載され、『吉口伝』に収載されている）。

②　本文および尻付中の父祖の名は仁和（八八五〜八八九）以後に書かれ、公卿補任全部の尻付中の母の名と官歴・行

状の部分は応和（九六一～九六四）以後に記されたと思われる。
③　すなわち、詳細な尻付を伴う現在の内容の公卿補任が成立したのは、応和以後長徳以前の三十余年のうちであると考えられる。

とされており、従うべきであろう。(2)

次に、書き継ぎについてであるが、これも成立以上に不明な点が多い。『実隆公記』によると、その記主の三条西実隆が正月一日に「公卿補任」を書いている例が多く見られる。斎木一馬氏は、これを公卿あるいは四位五位の殿上人と六位の蔵人を官位の順に列挙した簡単な名簿で、その他の諸家においても毎年作成していた「補任歴名」すなわち「補歴」のことであると推定している。(3)また、土田氏は、蔵人が毎年公卿や殿上人たちの叙任の記録を整理して「補略（ふりゃく）」を作成する近世の慣習から、それ以前においても公卿補任が蔵人によって毎年書き継がれていた可能性を指摘する。

「補歴」と「補略」とは同様のものであるが、それがその年の官位昇進などの台本ともいうべきものとなり、その異動があるごとに朱墨の線や貼紙などによってこれを記入・訂正していったと考えられる。『師守記』によると、大外記中原師茂は命を承けあるいは依頼に応じて、毎年さかんに禁裏・仙洞をはじめ諸家の「補歴」の訂正をしているが、それは叙位・除目の聞書や口宣案を引き合せて厳密正確に行っている。こうして公卿補任の草案となる毎年の「補歴」が諸家において蓄積されて、それらがさらに集成されて現状の公卿補任の形に整えられていったと推定される。

二　底本並びに諸本

国史大系本は、神武天皇より後西天皇寛文二年（一六六二）までを宮内庁書陵部所蔵の御系譜掛本を底本とし、霊元天皇寛文三年より明治元年（一八六八）までの底本を同部所蔵の十八冊本とし、以下の山科本・三条西本などによって校訂を加えたものである。

主たる底本の御系譜掛本とは、神武朝から後西天皇の寛文三年までの年次を載せた江戸末期の書写本で、別に竹屋本あるいは日野西本とも称せられている首尾の整った善本である。丁子引表紙の左上に「公卿補任 自二神武朝一至二称徳朝一 一」などと外題が記され、本文は楮紙・半紙判袋綴で六十冊におよぶ。そのいくつかには山科言継の本奥書がのこされているが、後述のように言継書写本が正親町天皇以前の現行流布本のほとんどすべてのもとになったと考えられるので、この本が流布本系の新写本であることがわかる。

公卿補任の諸本については、大きく分けて流布本系と異本系に二分類される。その詳細については、宮内庁書陵部編『図書寮典籍解題』続歴史篇（一九五一年）、および流布本系については斎木氏が、異本系については土田氏が明らかにしているので、以下の記述は主にそれらによる。なお叙述の都合上、異本系、流布本系の順でその代表的なものに限り解説を加えることにしたい。

(一) 九条家旧蔵中右記部類紙背公卿補任

九条家旧蔵の『中右記部類』全十一巻中の五巻の紙背に反古として存することが発見されたもので、土田氏が公卿補任の成立との関連で詳細に紹介したものである。天平元年(七二九)～神護景雲二年(七六九)、承平元年(九三一)～天禄元年(九七〇)の二巻、および長保元年(九九九)～寛弘八年(一〇一一)、長暦二年(一〇三八)～長久元年(一〇四〇)を含む一巻が宮内庁書陵部所蔵、長和五年(一〇一六)～長暦元年(一〇三七)の一巻が天理大学附属天理図書館所蔵、宝亀三年(七七二)と四年の一巻が反町十郎氏所蔵となっている。表の『中右記部類』の成立は野村忠夫氏によって、鎌倉時代の安貞・寛喜(一二二七～一二三二)頃と推定されているので、紙背はそれ以前の成立であり、あとで詳説する冷泉家時雨亭文庫蔵本とほぼ同時期の最古の写本の一つということになる。国史大系本の校合には用いられていない。

この本の特徴は、国史大系本にまとめられている流布本系の伝本とは、その書式が大きく異なっていることである。まず、流布本系では尻付がその人物が公卿となった最初の年に置かれ、尻付の内容は父母の名と公卿になる以前の官歴からなっているのに対し、この本では尻付は死去あるいは出家などで、その人物が公卿の地位を離れた年に記される。そのために、その官歴は公卿になった以後のものも含み、その人物の生涯の官歴というべきものになっている。また、その一部である『中右記部類』第二十七と第十九の紙背部分(天平～神護景雲と宝亀三・四年)に宝亀三年条の「中納言正三位兼行宮内卿右京大夫石川朝臣豊成」というような位署書の形が多数存在する。知太政官事を常に大臣の次に置いている点も流布本系と異なっている。

以上の特徴が、公卿補任の基になった弘仁二年（八一一）撰述の『歴運記』に一致することから、土田氏はこの本がその『歴運記』を基にした公卿補任の古い形を残しているとされる。なお、宮内庁書陵部所蔵の葉室家旧蔵公卿補任（江戸中期書写、以後書継）の大半部は、山科本の転写と思われる流布本の系統であるが、第二冊（大宝元年～神亀五年）、第三冊（天平元年～神護景雲三年）のみが、異本の性格を有している。とくに、第三冊は『中右記部類』紙背のこの本に記述がほぼ完全に一致するのみならず、虫損もかなり一致するので、この本を転写した可能性が強い。

(二) 山科本公卿補任

山科言継および息言経が中心となって書写したもので、正親町天皇以前の現行流布本のほとんどすべての基になる本である。もと五〇冊が完備していたが、現在は言継自筆の二十七冊半と言経筆の四冊、中御門宣忠筆の一冊半の計三十三冊が残っており、尊経閣文庫に所蔵されている。

この山科本の重要性は、現行諸本の祖本であることのほか、『言継卿記』とこの本の奥書等によって書写の過程が比較的判明することにある。すなわち、言継は享禄二年（一五二九）二月頃から書写を始め、同四年までに二十六冊を書写、以後毎年一、二冊を写し続けた。そして、天文二十二年（一五五三）にほぼ完成、さらに元亀元年（一五七〇）九月二十四日に欠漏分一冊を補って、その足掛け四十二年におよぶ書写事業を終えた。

この本の祖本の大部分は、広橋兼秀から借り受けた広橋本であり、欠失部分は姉小路基綱所蔵の旧中院本や禁裏本で補っているが、ごくわずかながら三条実澄や徳大寺実通などからもその所蔵本を借り受けている。一方で、禁裏をはじめ万里小路惟房・三条実澄・広橋兼秀・町資将・中山孝親などに新写本を貸与しているので、相互の校訂や欠失部補塡が行われていた可能性が強い。なお、『言経卿記』によると、言経も父言継から譲り受けた『公卿補任』を、禁裏をはじめ諸家に貸与している。

(三) 三条西本公卿補任

三条西実隆の書写本で、もと「後奈良院上」まで四十冊あったが、現在八冊が宮内庁書陵部と尊経閣文庫に分蔵されてのこされている。書陵部には、永祚元年(九八九)〜寛弘七年(一〇一〇)、文和元年(一三五二)〜康安元年(一三六一)、嘉吉元年(一四四一)〜享徳元年(一四五二)の三冊、尊経閣には神武〜天平勝宝三年(七五一)、寛弘八年(一〇一一)〜長元九年(一〇三六)、永承元年(一〇四六)〜治暦四年(一〇六八)、永正十一年(一五一四)〜大永六年(一五二六)、大永七年〜天文十七年(一五四八)の五冊がある。

『実隆公記』によると、実隆は長享二年(一四八八)八月頃から、当代の後土御門天皇の分から遡って書写を開始し、永正二年(一五〇五)六月八日に書写を完了した。この間、町広光・中御門宣秀・万里小路賢房・西室僧公瑜・家司重種らの助筆を得たほか、明応六年(一四九七)八月三日には大工を雇って収納する櫃を作らせていることなどが特筆される。祖本については明らかではないが、町広光・禁裏・冷泉為富などから借り受けている所見がある。また、実隆は甘露寺親長・中御門宣胤・中院道世・広橋守光らに書写本を貸与しているほか、禁裏本の欠失部分の書写を命じられたこともあった。

㈣　広橋本公卿補任

山科本の祖本となったものであるが、享禄三年（一五三〇）に広橋兼秀が禁裏本を書写した承暦四年（一〇八〇）～嘉承二年（一一〇七）の一巻のみが国立歴史民俗博物館に所蔵されている。広橋本としては他に同館所蔵の天平宝字八年（七六四）～神護景雲三年（七六九）、宝亀元年（七七〇）～天長十年（八三三）、永承元年（一〇四六）～承暦三年（一〇七九）、天永二年（一一一一）～長承二年（一一三三）、長承三年（一一三四）～久寿二年（一一五五）、貞和元年（一三四五）～観応二年（一三五一）、天文十年（一五四一）～弘治三年（一五五七）の七巻があるが、いずれも山科本の転写本である。

『兼顕卿記』および山科本の本奥書によれば、広橋兼顕は文明八年～十年（一四七六～七八）の頃、しばしば正親町公兼から洞院本を祖本とする正親町本を借り受けて書写しており、欠失部分は姉小路基綱所蔵の旧中院本や禁裏本によって補っているが、これらはまったくのこっていない。

㈤　甘露寺本公卿補任

建暦元年（一二一一）～建保四年（一二一六）、貞治元年（一三六二）～応安四年（一三七一）、永徳三年（一三八三）～明徳三年（一三九二）、嘉吉二年（一四四二）～享徳元年（一四五二）、享徳二年～寛正五年（一四六四）の五冊が、国立公文書館内閣文庫に所蔵されている。このうち後半の三冊に延徳三年（一四九一）の書写奥書があって、甘露寺親長の自筆本であることがわかる。前半の二冊の筆者は不明であるが、貞治元年～応安四年分について、斎木氏は天文末年の甘露寺経元の書写と推定している。この本は国史大系本の校訂に用いられていないが、本文の記載はほとんど変わるところがない。

三　冷泉家時雨亭文庫蔵本について

公卿補任の古写本としては、既述のように宮内庁書陵部や天理図書館などに分蔵される九条家旧蔵本『中右記部類』計五巻の紙背に存するものが知られているが、最近公開された冷泉家時雨亭文庫蔵本はそれとほぼ同時期で最古のものの一つであり、重要文化財に指定されている。俊成本には嘉承元年（一一〇六）から大治三年（一一二八）までのうち十年分（正確には後述のように十一年分）が残簡の形で残り、定家本には建久九年（一一九八）から承久三年（一二二一）までの二十四年間分が完全な形で収められており、国史大系本の脱漏や誤謬を補塡・訂正できる箇所が多く見られるのみならず、公卿補任書き継ぎの過程の一端を明らかにしうる。なおこの本の公開は、朝日新聞社刊行の冷泉家時雨亭叢書第四十七巻に『豊後国風土記・公卿補任』の影印本のかたちで行われ、その解題で書誌について触れたが、その後再考した部分も含めて、あらためてやや詳しくとりあげたい。

俊成本は素紙の包紙に包まれ、その表には合わせて六枚現存することなどが、江戸時代の筆跡で記されている。もと綴葉装であるが、現状の残簡の形としては一枚縦二四・六㎝、横三一・二㎝で中央に折れ目がある。但し、内五オ〜六ウの一枚のみは横が一六・七㎝となっている。（この本は残簡の形でのこっているものであるが、時雨亭叢書収載にあたっては、便宜上時期の早いものから順に配列し直し、一オから一〇ウまでの記号が付された。オとは一丁の表、ウとは裏の意味である。）もとの本の寸法は縦二四・六㎝、横一五・六㎝であったと推定される。なお、表紙は残存しない。
この写本は墨付の五枚と白紙の一枚からなる。但し、内三オ～四ウ（第二枚目）と九オ～一〇ウ（第五枚目）の墨付二枚は書写時点ですでに二紙の料紙を上下に糊継したものである。なお、その上下糊継の二枚の片面のみに縦の墨界がある。墨付五枚すべては二つ折となっており、元装で十丁分に相当し、折目には綴穴の痕跡が見られるが、綴糸などは残存しない。時雨亭文庫に現存する五枚は、綴葉装の各括の一枚であり、少なくとも俊成本はもと五括あったと考えられる。

第一枚目（一オ～二ウ）の料紙は楮紙で、一オから一ウが一丁分の表裏であり、嘉承元年（一一〇六）の藤原顕実の尻付部分である。国史大系本と比較して、年月日や官位の記載方法に若干の相違がある他、行間に「十三」「廿三」などの墨書による年齢記載、「寛治元十月十一日服解父」などが見られる。二オから二ウは、天仁元年（一一〇八）の記事である。現官のみのこの部分での記載形式は、官職、位階、氏姓名の順で国史大系本と概ね同じであるが、名前直下にある年齢記載がこの本のこの部分にはない。

第二枚目（三オ～四ウ）の料紙は斐交り楮紙で、既述のように上下二紙の料紙が糊継され、三ウ四オの側のみに墨界が引かれている。三オから三ウは、天永元年（一一一〇）後半から翌天永二年前半である。現官部分の記載形式は国史大系本と概ね同様であるが、名前の下の年齢記載はない。しかし散位の部分では、まず藤原忠通の項に大きな相違がある。忠通はこの年にはじめて公卿になったのであるから、ここには尻付として父母名と公卿昇進以前の履歴が記されるべきであり、実際国史大系本ではそのような記載形式になっているが、この本ではそれが欠けている。またこの写本では国史大系本に存する源師忠の「前大納言」大江匡房の「前権中納言」、藤原顕季以下の「非参議」の記載が欠けている一方で、この忠通に関してのみ「右近権中将兼播磨権守藤原朝臣忠通」という官職名ほとんどすべてが記されていて、異例である。四オから四ウは、永久三年（一一一五）の条が冒頭から記される。この部分は現官部分のみなので、記載形式は概ね国史大系本と変わらないが、名前下の年齢記載は見られない。国史大系本と比べると、本文には目立った異同はなく、概してやや記載が簡略である。影印ではわかりにくいが、位階・氏姓名の字の上に重ねて朱点が加えられている部分がある。それは四オ「内大臣」の下の「従一位源、、雅実」の部分、四ウ「権大納言」の下の「正二位藤、、、家忠」とそれに続く「正二位藤、、、経実」の部分、そして四ウの最後の「正二位藤、、、忠通」の部分に見られるが、いずれの人物もこの年に官位の昇進を果たしているので、昇進前の記載位置を明示する朱点であることがわかる。

第三枚目（五オ～六ウ）の料紙は楮紙で、他の四紙が綴葉装の綴紐切の状態なのに対し、折れ目近くで裁断された後の一枚。影印ではわからないが、五オの右端と六ウの左端はつながって折れ山となっており、五ウの左端と六オの右端はつながって折れ谷となっている。元装が横一五・六cmと考えられるのに対し、この一枚が一六・七cmと一・一cmほど横長なのは、六オでいえば右の折れ谷より一・一cm左、六ウでいえば左の折れ山より一・一cm右で裁断されているためである。この一枚の大半が永久五年（一一一七）条なのだが、六ウにある「権中納言藤、、、宗忠　正二位」の記事はこの年のものではなく、少なくとも翌年以降、権大納言になる前年の保安二年（一一二一）までの四年のいずれかのものと考えられるが、後で述べるように元永二年（一一一九）条であることはまちがいない。俊成本が正確にいうと実は十一年分であると述べたのは、このことによるのである。記載形式は前の第二枚目までとは異なり官職、氏姓名の順で、位階はその下に割注の形で記される。この部分にも年齢記載は見られない。散位の部分では、源俊実の項には「前大納言」の記載があり、「前権大納言」とする国史大系本の方が正確だが、第二枚目（三オ～四ウ）の記載形式に比べて整っている。但し「非参議」の記載はない。

第四枚目（七オ～八ウ）の料紙は楮紙で、七オから七ウは、保安三年（一一二二）の条。現官のみのこの部分では、記載は官職、氏姓名の順で、割注の形で位階が続く第三枚目と同様の形式であり、国史大系本のような名前直下の年齢記載は見られないが、源雅俊の死亡記事に「年五十九」と記されている他、源顕通の権大納言任官にかけて「年卌二」（なお顕通はその後三箇月たたずに死亡）、藤原能実の権大納言任官に「年五十三」と記されるなど、死亡・任官時の年齢記載が目立っている。ちなみに、この年死亡した顕通は国史大系本の年齢記載が欠け生年が不明であったが、この本の記事から永保元年（一〇八一）生まれと判明する。この年は官職の昇進の目立って多い年だが、藤原家忠の項に「大納言労卅二年」とあるように、一々「大納言労十二年」「大納言労二年」といった記載が任官記事に続けてあり、これが国史大系本には見られない点となっている。四オ・ウに見られた官位昇進前の記載位置を示す氏姓名に重ねる形式の朱点がここにも見られ、昇進後の氏姓名の上部に朱点が一つ記されている。また、雅俊と顕通には朱合点が記されているが、双方ともこの年の死亡を明示するためであろう。八オから八ウは、保安四年（一一二三）の条最後の部分である。現官部分では官職、氏姓名の順で割注に位階が続くが、名前直下の年齢記載は見られない。散位の部分では、藤原長忠に「前中納言」の記載がある他、「非参議」の記載もある。さらに、国史大系本では、参議伊通と前中納言藤原長忠との間に記されている前関白藤原忠実の記載が欠けている点も注目される。よく知られているように忠実は、保安元年（一一二〇）鳥羽天皇への入内問題などから白河法皇の怒りを買い、内覧を止められ翌年に関白を子息忠通に譲って事実上政界を引退している。しかし出家の事実は確認されていないから、国史大系本のように前官の冒頭に記されるべきである。しかも後述の一〇ウ（大治三年条）にも記されていないから、たまたま脱漏したのではない。他に、八ウの藤原顕季に朱合点が見られるが、これもこの年の出家・死亡を示すものである。

第五枚目（九オ～一〇ウ）の料紙は斐交り楮紙で、既述のように上下二枚の料紙が糊継されており、九ウから一〇オの側のみに縦の墨界が引かれている。九オから九ウは、大治二年（一一二七）条。現官のみのこの部分での記載形式は、官職、氏姓名の順で割注に位階が続き、基本的に名前直下の年齢記載はない。しかしこの年に死亡した藤原実隆には朱合点が記されており、ここのみに年齢が記されている。一〇オから一〇ウは、大治三年（一一二八）条である。記載形式は現官部分では共通しており、名前直下の年齢記載はない。散位の部分では、源顕仲に「非参議」、藤原長忠に「前権中納言」の記載はなく、位階のみが記される簡略な形式となっている。国史大系本では参議藤原伊通と非参議である従三位源顕仲との間に記されている忠実の記載が、保安四年条と同様に一〇ウにもない。実はこの問題については、次節で述べるように「補任切」を検討することによって解決する。この部分に年齢記載、朱合点などは見られない。

以上、形式面を中心に国史大系本との異同を見てきたが、次に目についた内容面の異同の特徴について述べる。まず、一オウの尻付本文の内容にはほとんど異同はないのだが、藤原顕実の左近衛権少将補任を国史大系本が「同（延久）六十二廿六」とするのに対し、この本は「承保元年十二月廿四日」としている。延久六年（一〇七四）は八月二十三日に承保元年に改元されており、この本の方が記載は正確である。除目が二十六日か二十四日かについては、信頼すべき同時代史料を欠いているが、この本のように二十四日であった可能性も高い。また、天仁元年（一一〇八）の源顕雅の備中権守任官を国史大系本が「正月十三日」とするのに対しこの本の二ウでは「正月廿三日」とする。この年の正月除目が正月二十二日からはじまったことは、『殿暦』『中右記』などから確実なので、この本の記載の方が正確である。さらに、永久五年の藤原信通の項（五ウ）に「十一月十日叙従三位」とあるのは、他の流布本系ではいずれも「十三日」とし、国史大系本の編者が『殿暦』によって「十日」と校訂しているが、この本の方が正確である。このように国史大系本を訂正しうる内容を含んでいることは、この写本の注目すべき点であろう。

また、国史大系本に記載されない新たな事実の発掘もある。八オから八ウにかけての保安四年（一一二三）条の為隆と伊通が、正月二十六日（国史大系本は二十七日とする）停任されるが、その理由についてこの本のみが八オ為隆の項に「依二除目笘文事一与二伊通卿一依レ有二口論一也」と記しているのである。また、国史大系本が、為隆について正月二十七日に左大弁を停め、四月日に復したとし、伊通については同日に右兵衛督を停め、五月日に復したと記す。それを読む限りは、両者とも参議はもとのままで、しかも赦免の時期がずれており、伊通に厳しい処罰がなされたともとれるが、この本では両者とも「正月二十六日停任」で「五月六日復二本官一」と同じであり参議も停められたと読める。

しかし、国史大系本を室町後期以降の写本の集成ゆえに常に不正確で、古さゆえにこの写本が常に正しいわけではない。すなわち、大治二年（一一二七）の藤原実隆の項で国史大系本が十月十四日出家、十六日死亡とするのに対し、この本の九ウは十月十五日出家、十七日死亡とするが、『中右記』十月十六日条によると前者が正確で、この本は誤りである。大治三年（一一二八）の藤原実行、顕隆ともに、この本の一〇オでは正月七日に正三位に叙されたとあるが、『中右記目録』によるとこの年の叙位は正月五日なので誤りである。国史大系本は実行の項では正月五日とするが、顕隆の項では正月七日として混乱している（但し、校訂者が顕隆の項で「五カ」としている）。以上述べたように国史大系本と時雨亭文庫蔵本とは必ず一方が正しく一方が誤っているという単純な関係にはないので、その間の校訂については個々の点について厳密に行うべきである。

次に、定家本に移る。定家本は牡丹唐草文様の包紙に包まれており、その表には「公卿補任二冊、五条殿京極殿両筆、一冊自㆓保延六年㆒到㆓承安四㆒、一―自㆓建久九―㆒到㆓承久三㆒」と記される。昭和一六年（一九四一）藤原定家卿七百年鑽仰会発行の『定家卿筆跡集』に、久安元年（一一四五）〜二年の見開き写真が収載され、かつて冷泉家に保延六年（一一四〇）から承安四年（一一七四）までの公卿補任一冊ものこされていたことがわかるが、現在のところ確認されていない。定家本も綴葉装で、縦二六・一cm、横一六・〇cmとなっている。

この本に外題、内題はないが、建久九年（一一九八）から承久三年（一二二一）に到る二十四年間の公卿補任であることはまぎれもない。九括の綴葉装で墨付百四十八丁（「惣計百四十七枚」と墨書のある最後の一丁を含む）、他に前後の表紙と前表紙に続く一丁の遊紙がある。前表紙は斐交り楮紙で、表面に若干残存する金銀胡粉から、元は胡粉地金銀箔散らしの料紙であったと考えられる。なおこの前表紙は、一括目を包む形で一五ウと一六オの間に挿入されている。続く遊紙一丁には押界が見られ、一五丁目とつながる一紙であるが、表の左端に胡粉が若干残存するので、前表紙に貼り付けられた見返し紙であったと推定される。斐紙の後表紙は後補である。

第一括は八枚の料紙を折り、それが遊紙から一五丁までとなっている。第二括も八枚の料紙を折り、一六丁から三一丁までである。第三括も八枚の料紙で三二丁から四七丁まで、第四括は九枚の料紙で四八丁から六五丁まで、第五括も九枚の料紙で六六丁から八三丁まで、第六括は八枚の料紙で八四丁から九九丁まで、第七括は七枚の料紙で一〇〇丁から一一三丁まで、第八括は十枚の料紙で一一四丁から一三三丁までになっている。なお、九八オの藤原家通と藤原範朝の記事の間（九八ウで言えば藤原公氏と顕俊の間）に糊継がある。

最後の第九括はまず七枚の料紙を折り、これが一三五丁から一四八丁までに相当し、それをさらに糊継された後補の後表紙と一三四丁が包む形となっているが、現在両者は糊離れしている。なお、時雨亭文庫には「京極殿公卿補任之端也」と注記された古筆断簡がある（冷泉家時雨亭叢書第九巻『拾遺愚草下・拾遺愚草員外・俊成定家詠・古筆断簡』所収）。その右端の「廿四年　自二戊午一至二于辛巳一」の記事は、建久九年（戊午）から承久三年（辛巳）の二十四年を収めたこの本を示すことは明らかで、左端の残画は一三四オの藤原忠定の記事にほぼ一致する。おそらくは、当初一三五丁から一四八丁まではこの一紙に包まれていたが、何らかの理由で一三四丁が切断され、新たに現一三四丁が後表紙と糊継される形で補われたのではないだろうか。

料紙は、九八丁の一部に補われた斐紙一紙を除き、すべて楮交り斐紙となっている。首尾の各一丁の遊紙を含み、全丁の半葉ごとに押界で匡郭が引かれ、縦界七行、横罫を上段復罫、下段単罫に施す。

本文の記載形式は原則として二段書であるが、建保四年（一二一六）条から承久元年（一二一九）と承久三年（一二二一）条の計五年分の現官部分は冒頭から一段書となっており、他の部分と好対照を示す。散位の部分はすべて二段書で、初出の公卿は一段に掲げ、続く尻付は二行に小書する。現官部分では、官職、氏名の順で、位階は尻付注記の部分に記されており、概ね俊成本の第三枚目以降の形式に統一されているが、俊成本に一貫している姓（朝臣）の記載は省略されている。すなわち官職、位階、氏名の順の国史大系本とは、位階の位置が異なる。散位部分では、前官は一貫して現官部分に准じて前官職、氏名の順で、位階は割注の形であるが、非参議は建久九年（一一九八）から建仁四年（一二〇四）までは位階が割注形式で注記されているが、元久二年（一二〇五）以降は位階の位置が変わって位階、氏名の順となっている。なお一貫して非参議の筆頭一人の冒頭に「非参議」の記載がある。

文中には定家自筆の墨書あるいは朱書で訂正加筆の形での校訂、記事の位置移動を示す記号などが見られ、人名にはしばしば朱合点が付され、さらに各所に銀地小切紙の押紙が貼り付けられている。とくに、四一オの藤原経家・光範の行の上部には、光範の注記と見られる「辞二式部大輔一申事可レ尋」という墨書のある付箋が貼られていたが、現在は糊離となっている。人名付載の朱合点は、多くが当該年の辞任、出家あるいは死亡などを明示する。朱合点の右肩にさらに「上」の朱書（一部に墨書も）が記されている場合があるが、これはその年に任官あるいは散位から現官への昇進があって二度記載される場合に、昇進前の部分に付されているようである。また、国史大系本のような氏名直下の年齢記載はないが、朱書あるいは墨書の追記の形で年齢が記されている部分が多い。

内容の面では、七九オからウにかけての定家自身の官歴記載が国史大系本と異なっていることがすでに知られているが、他の人物でも任官・任日などの官歴において国史大系本の記事の脱漏あるいは誤謬を補い訂正する点がしばしば見られる。しかし、俊成本でも述べたように、定家自身の官歴は例外としても、両者の対校には慎重な考証が必要である。さらに特筆される異同は、公卿初出項の尻付に掲げられる父母の表記で、とくに母の記事はそれが顕著である。例えば、内大臣源通親の息通具についての建仁元年（一二〇一）条で、国史大系本ではその母を「修理大夫通盛女」とするが、この本は「高倉院女房尾張、伊勢国人」（一七ウ）とする。また藤原定長の息清長についての承元四年（一二一〇）条には「安芸守藤原能盛女」（六九オ）という国史大系本にはない母が記されている。この承元四年条には、他にも藤原家衡や藤原家宗の項にも国史大系本には欠けている母の記載があり注目される。

四　「補任切」について

時雨亭文庫蔵の俊成本は、現在五枚の残簡をのこすのみとなっているが、すでに中世以来冷泉家のもとを離れ、諸家に伝来し現存するものも多い。それらの断簡は「補任切」と称され、和歌の家としての冷泉家の名声と、その祖としての俊成への尊崇が高まるにつれ、俊成筆蹟として珍重されていったものと思われる。また、それら「補任切」が、応仁の乱後の京都荒廃と、そのなかでの冷泉家の財政的困難を幾分か救い、その後の家の継承に大きな力となったことは想像に難くない。その「補任切」の全貌を明らかにすることは、現状では難しいが、古筆手鑑のなかに収載されているものを中心に、現時点での時雨亭文庫蔵本との関係を以下に記すことにする。

「補任切」がまとまった形でもっとも多く収載されているのは、小松茂美氏の『古筆学大成』であろう(4)。そこには写真図版が一八葉とそのすべての釈文、ならびに釈文のみ一葉のあわせて一九葉の「補任切」が紹介されており、大変便利である。しかし、時雨亭文庫蔵の俊成本との関係で、まず最初に触れなければならないのは、『古筆学大成』に未収の田中塊堂氏旧蔵手鑑『都地久連』に収載されているものである(5)。

時雨亭文庫蔵俊成本の六ウ右端には「権中納言藤、、、宗忠　正三位」の記事があるが、その文字の右端が若干裁断されているのがわかる。既述のように、この記事の左には折れ山と綴穴が確認され、その左部分は永久五年（一一一七）条であるが、宗忠の記事の年次はこれだけでは元永元年（一一一八）～保安二年（一一二一）の範囲以上に限定できない。ところが、この『都地久連』収載の「補任切」の左端に裁断の跡があり、文字の残画が確認され、それと六ウの宗忠記事がつながることは明瞭である。すなわち、『都地久連』収載のものは、時雨亭文庫蔵本の五オ〜六ウの一枚から裁断された一紙と考えられる。記事は連続しており、すべて元永二年（一一一九）のものであるから、当然時雨亭文庫蔵本の宗忠の記事も元永二年のものとなり、この結果は先の推定に矛盾しない。なお、これが時雨亭文庫蔵本と異なって横長であるのは、裁断した一紙を剝いで、もと表裏にあった記事をすべて表に出したためと考えられる。未だ原本で確認することができず、寸法も明らかではないが、右端もおそらくは一・一㎝ほど裁断されているはずで、中央に綴穴もないものと推定される。横の寸法はおそらく（三一・二－一・一）×二＝六〇・二㎝であろう。

次に『古筆学大成』所収の「補任切」について、年代順に並べ、若干の注釈を記す。

① 嘉承元年（一一〇六）冒頭、左大臣源俊房から大納言源師忠、個人蔵

② 嘉承元年、源重賢尻付「嘉保二年正月五日叙従四位下」以下、陽明文庫蔵『大手鑑』所収

③ 嘉承二年（一一〇七）、関白右大臣藤原忠実から権大納言藤原公実、個人蔵手鑑『静中観』所収

④ 嘉承二年、散位正二位源国信から正三位源基綱、個人蔵重文手鑑所収

⑤ 天仁二年（一一〇九）あるいは天永元年（一一一〇）、権中納言源雅俊から同藤原能実、個人蔵手鑑『千歳のとも』所収

⑥ 天永二年（一一一一）、大納言源俊明から権大納言藤原宗通、保安三年（一一二二）、参議藤原為隆尻付「永久二年正月七日従四上」以下、宮内庁三の丸尚蔵館蔵手鑑所収

⑦ 天永二年、参議藤原為房尻付「日叙従四位上」から同藤原実隆冒頭、不二文庫蔵

⑧ 天永二年、参議藤原実隆尻付「基貞朝臣女」から「同五年八月任春宮権亮」、梅沢記念館蔵手鑑『あけぼの』所

収

⑨ 天永二年、参議藤原長忠尻付「従五位上」から「天永二年十二月見任」、個人蔵重文『大手鑑』所収

⑩ 天永三年（一一一二）、散位正三位藤原顕季から永久元年（一一一三）右大臣藤原雅実、個人蔵

⑪ 永久元年（一一一三）、大納言源俊明から権中納言藤原能実、岩国徴古館蔵重美手鑑『翰墨帖』所収

⑫ 元永元年（一一一八）、権中納言藤原宗忠から参議源顕雅、藤田美術館蔵手鑑『野草芳』所収

⑬ 保安二年（一一二一）、左大臣源俊房から大納言藤原経実、個人蔵手鑑『古筆帖』所収

⑭ 保安三年（一一二二）、参議藤原伊通尻付「故民部卿大納言宗通卿二男」から「元永元年十二月十七日正四下廿六」、個人蔵手鑑所収

⑮ 天治元年（一一二四）、中納言源顕雅から同藤原顕隆、ＭＯＡ美術館蔵国宝手鑑『翰墨城』所収

⑯ 天治元年、散位従三位藤原経忠尻付「同四□正月廿八日但馬介」から天治二年（一一二五）、右大臣藤原家忠、出光美術館蔵国宝手鑑『見ぬ世の友』所収

⑰ 大治元年（一一二六）、冒頭から大納言藤原経実、徳川美術館蔵手鑑『玉海』所収

⑱ 大治二年（一一二七）、権中納言藤原実能から参議藤原伊通、および大治三年（一一二八）、大納言藤原経実から中納言藤原通季、『青山子爵入札目録』（一九三五年十一月、東美）所載、『平成六年明治古典会七夕大入札会目録』所載

⑲ 大治五年（一一三〇）、参議藤原宗輔から同忠宗尻付「長治元年正月十四日昇殿、十七」、白鶴美術館蔵手鑑所収

他に、個人蔵の「補任切」を一、二目にする機会をもったが、いずれも嘉承元年（一一〇六）から大治五年（一一三

〇）の範囲を前後に越えるものはなく、元は時雨亭文庫蔵の俊成本公卿補任とともに綴葉装の一冊をなしていたものの断簡と思われる。現在の段階では確定的なことはいえないが、元装の俊成本も五括本であり、時雨亭文庫蔵本と①〜⑲の「補任切」の年代の範囲を大きく越えないものであったと推定しておく。この推論の可否は今後の「補任切」の徹底的収集によって明らかになるであろう。なお、⑥のようにまったく別の部分を貼り継いだものや、⑱のようにほぼ現状の綴葉装一枚に近い形態（但し他面は剝いであると思われるが）で残存するものなどがあり、年代比定の際幾分かの注意が必要である（事実⑱の年代比定は誤っている）。

時雨亭文庫蔵の俊成本には見られないが、俊成本の断簡（「補任切」）には⑥の保安三年為隆尻付のように明らかに定家筆と思われる部分が現存し、かつ小松茂美氏によって俊成筆跡が比較的晩年のものとされていることからしても、俊成本が大治五年直後に編纂されたものとは到底考えられない。(6) 晩年の俊成が壮年の定家の力をも借りて、この本を完成させたか、あるいは晩年の俊成の書写本に後で定家が加筆したと考えるのが自然であろう。それならば、定家本も承久三年直後に編纂された可能性に加えて、そこから離れた時期にまとめられたと考える余地が残っている。そのことは、七オの藤原定経出家記事に続く「寛喜三年（一二三一）二月十四日薨、七十四」や一三五オの藤原仲経出家記事に続く「嘉禎二年（一二三六）十二月廿七日薨、七十」という加筆などが、本文とどれほど離れた時期に記載されたものかという問題と関わるが、今後の課題として残される。

最後に、俊成本の保安四年条（八ウ）大治三年条（一〇ウ）の前官者筆頭に、国史大系本には記されている藤原忠実の記載が欠けている問題を解決しておこう。これについては、時雨亭叢書の「解題」においては、何らかの原因であえて記されなかったことだけを指摘した。その後、拙稿が紹介した「補任切」を詳細に検討された今野鈴代氏は、⑯

の天治二年条に、

前太政大臣従一位藤原、、忠実

摂政左大臣従一位藤、、、忠通

と⑰の大治元年に、

前太政大臣藤原、、忠ｌ　従一位

摂政左大臣藤、、、忠ｌ　従一位

という国史大系本と異なった記載があることに注目し、「記載されていない」のではなく、保安四年条と大治三年条でもこれと同様に関白あるいは摂政忠通の前に「前太政大臣忠実」と記載されていたはずであるとした。拙稿が迂闊にも見落とした点であり、従うべきである。今野氏は、この俊成本独自の忠実の記載位置の理由までは特定されていないが、他の前官者とは同列に扱えない忠実に対する俊成の特別な尊崇意識を示していると考えるべきだと思う。(7) そうであるならば、三ウの天永二年条での官職名がすべて記された忠通の表記にも、同様な俊成の意識を読みとってよいのではないか。

なお、今野氏は「忠ｌ」のような「ｌ」表記を、国史大系本では唯一菅原道真に、九条家旧蔵中右記部類紙背のいわゆる異本公卿補任では道長・頼通父子に見出し、前者は天神として崇められたこと、後者は「北家藤原氏の勢力を盤石にした嫡流の人物」としての特別扱いとする。また、時雨亭文庫蔵本および俊成本断簡である「補任切」では、同様の表記が忠実、忠通、良経、道家および源有仁、藤原俊忠に見られる。このうち、俊忠は俊成の父、有仁は輔仁親王の子で和歌・管弦にすぐれ、その周辺は文化的サロンの趣を呈していたとされるから、そのような点が理由であろう。

ここで問題となるのは忠実、忠通、良経、道家という九条家につながる摂関家の流れの人物の表記である。良経、道家は定家本であり、定家が文治二年（一一八六）以降九条家に家司として仕えたためであろう。俊成本における忠実、忠通の表記は、第一に俊成との直接の関係を考えるべきであろうが、管見の限り確たる証拠は見出せない。むしろ、九条兼実は安元二年（一一七六）十月に重病に陥った俊成を、日吉社に帰依し春日明神に背を向けた罰であるとさえ述べており(8)、保安四年（一一二三）父の死後、俊成が院近臣であり摂関家とは疎遠であった藤原顕頼の養子となったことも考えると、摂関家とは親密な関係ではなかったと考えられる。俊成が九条家に近づくのは六条家の中心であった藤原清輔が死去した治承元年（一一七七）以降であり、翌治承二年の兼実による「右大臣家百首」への和歌詠進、加点などのため九条家に参上したが、『玉葉』六月二十三日条に「今夜始所ㇾ来也」とあるように、これが初参だったのである(9)。このような兼実と俊成の急速な接近を考えると、兼実の祖父忠実、父忠通に特別な配慮を行っている俊成本は治承二年以降に成立したと考えるべきであろう。

このような俊成、定家の家の公卿補任の形式を見ると、他の家でもその政治的立場などに応じて、記載形式の異なる公卿補任が存在していたことを想定しうる。現在の国史大系本は、それらの家の公卿補任をも集成し、客観性を重視した形式に改めたものであるという可能性を指摘しておきたいと思う。

註

（1）今江広道「公卿補任補闕雑考」（『新訂増補国史大系月報』四、一九六四年）「明治の「公卿補任」」（同三八、一九六六年）。

（2）土田直鎮「公卿補任の成立」（同氏『奈良平安時代史研究』吉川弘文館、一九九二年所収、初出『国史学』六五、一九五五年）。氏の所説引用の場合は、以下すべてこの論文に基づく。なお、氏の前掲書には、かつて氏によって翻刻された「異本公卿補任」（国史大系本付録）も収載され、参照することが大変容易となった。最近、荆木美行氏はこの「異本公卿補任」が、その一部に養老官位令の位署形式をのこしている事実を指摘され、大宝令復元研究の素材としても利用可能であるとする（「『異本公卿補任』の史料的価値について―大宝官位令の復元研究への利用―」（『皇学館論叢』二六―一、一九九三年）。

（3）斎木一馬「公卿補任」（斎木一馬著作集二『古記録の研究』下、吉川弘文館、一九八九年所収、初出『日本歴史』一九四、一九六四年）。氏の所説引用の場合も、以下すべてこの論文による。なお、氏の前掲書には関連する「公卿補任雑感―「歴運記」および「公卿伝」のことなど」（初出『新訂増補国史大系月報』二六、一九六五年）なる一文も収載されている。

（4）小松茂美『古筆学大成』二五、二八（講談社、一九九三年）。

（5）『都地久連帖』（田中塊堂喜寿記念出版千草会、一九七二年）。なおこの「補任切」の存在は『皇室の至宝　御物』一〇（毎日新聞社、一九九二年）における平林盛得氏の解説（二四五頁）によって知ったが、その後氏には直接のご教示をえた。また、「補任切」について田中登氏の貴重なご意見を賜わった。両氏のご厚意に対し深く感謝したい。

（6）前掲『皇室の至宝　御物』一〇の平林氏解説によると、⑥に貼られている了佐を祖とし代々琴山を号する古筆鑑定家の短冊形鑑定書は、天永二年部分を俊成筆跡、保安三年部分を定家筆跡と極めており、妥当な鑑定と認められている。前掲小松氏著書（二五、三四〇頁）によると、他に⑭の伊通尻付、⑯の経忠尻付、⑲の忠宗尻付などが定家筆とされている。時雨亭蔵の俊成本はすべてが俊成筆と思われるので、これらの「補任切」の存在は貴重である。小松氏は、俊成の筆跡を七十五歳の文治四年（一一八八）頃、定家の筆跡はそれより十数年後の定家四十歳前後とされるが（二五、三四一頁）、さらなる検討が必要であろう。

（7）今野鈴代「俊成の父　定家の父」（『ぐんしょ』再刊四一、一九九八年）。

（8）『玉葉』安元二年十月二日条。

（9）松野陽一『藤原俊成の研究』（笠間書院、一九七三年）一八七～九頁。

辞典類

『国史大辞典』土田直鎮
『日本史大事典』橋本義彦
『平安時代史事典』藤木邦彦

参考文献

和田英松『本朝書籍目録考証』　一九三六年　明治書院
宮内庁書陵部編『図書寮典籍解題』続歴史篇　一九五一年　養徳社
土田直鎮「公卿補任の成立」（のち『奈良平安時代史研究』に収録、吉川弘文館、一九九四年）　一九五五年『国史学』六五
斎木一馬「公卿補任」（のち斎木一馬著作集二『古記録の研究』下に収録、吉川弘文館、一九八九年）　一九六四年『日本歴史』一九四
今江広道「公卿補任補闕雑考」　一九六四年『新訂増補国史大系月報』四
斎木一馬「公卿補任雑感―「歴運記」および「公卿伝」のことなど―」（のち斎木一馬著作集二『古記録の研究』下に収録、吉川弘文館、一九八九年）　一九六六年『新訂増補国史大系月報』二六
今江広道「明治の「公卿補任」」　一九六六年『新訂増補国史大系月報』三八

荊木美行「『異本公卿補任』の史料的価値について―大宝官位令の復元研究への利用―」一九九三年『皇学館論叢』二六ノ一
美川圭「解題」（冷泉家時雨亭叢書 第四七巻『豊後国風土記・公卿補任』）一九九五年 朝日新聞社
今野鈴代「俊成の父 定家の父」一九九八年『ぐんしょ』再刊四一

尊卑分脈

皆川完一

一　書名

『尊卑分脈』に内題のみえるところは、

新編纂図本朝尊卑分脈系譜雑類要集巻第三（藤氏一、北家甲）

新編纂図本朝尊卑分脈系譜雑類要集巻第四（藤氏二、北家乙）

新編纂図本朝尊卑分脈系譜雑類巻（マヽ）（源氏乙下、貞観下、清和下）(1)

の三巻だけであるが、これによって「新編纂図本朝尊卑分脈系譜雑類要集」が本来の書名であり、「尊卑分脈」はその略称であることがわかる。

このような長い書名は中国によくみられるところで、『新編纂図増類群書類要事林広記』のような例がある。この書は宋の陳覯が編纂した通俗百科事典で、元・明代に数回版を重ね、我が国にも数本が伝存している。(2)『尊卑分脈』の本来の名称は、このような中国の書名が念頭にあって、命名されたのであろう。

「纂図」は『纂図互注礼記』『纂図互注荀子』などの書があるように、図入りの書という意であるから、「新編纂図」は新編の纂図と解さなければならない。従って一部の写本で、清和源氏の首にある「編纂本朝尊卑分脈図」が最初の書名で、「新編」はその後の改編をさすという説は、[3]誤りとしなければならない。この内題は後人が誤って補ったものであろう。

「尊卑分脈」は書名として定着し、今日広く普及しているが、写本で表題を「尊卑分脈」とするものはほとんどなく、大部分は「藤(原)氏系図」「源氏」「大系図」「系図」等であり、表題に「尊卑分脈」とあったら、それは新写本であるか、後から加えられたものとみた方がよい位である。

一方、室町時代の記録類にも『尊卑分脈』や本来の長い書名は全然現れず、江戸時代初期の『寛永諸家系図伝』(寛永二十年〔一六四三〕完成)や『本朝通鑑』(寛文十年〔一六七〇〕完成)等にもみえない。これらの書は『尊卑分脈』を利用していながら、引用書として『尊卑分脈』の名で出していないのである。これらのことから考えて、この頃はまだ『尊卑分脈』という名称は生れていなかったとみてよいであろう。

『尊卑分脈』の名がはじめて現れるのは、水戸藩の史官によって考訂された『参考源平盛衰記』(元禄二年〔一六八九〕成立、同十五年再訂)の引用書目である。しかし同書とともに考訂が行なわれ、元禄四年に刊行された『参考太平記』や、同六年刊行の『参考保元物語』『参考平治物語』の引用書目には『大系図附諸氏家譜』とあって、『尊卑分脈』の名はみえない。このことから水戸の史館が元禄六年から十五年の間に『尊卑分脈』の名を採用したことが知られるのである。水戸の史館は書名の改題・改字を多く行なっているから、これもそこで案出されたものであろう。

また『大日本史』も『尊卑分脈』の名を採用している。恐らく『大日本史』の編纂方針として『尊卑分脈』の書名が決定されたとみる方が正しく、『参考源平盛衰記』のためのみではなかったのであろう。『大日本史』は藤原公賢伝のところで、孫の「公定官左大臣従一位、（公卿補任、園太暦系図、尊卑分脈、）精譜学、著尊卑分脈若干巻、（尊卑分脈）」と記し（巻第百七十八、列伝百五）、このほか史料の出典を『尊卑分脈』としているところが随処にみられる。

『大日本史』は正徳五年（一七一五）に本紀・列伝が完成して、徳川光圀の廟に供えられた（正徳本）。その後補訂されたものが享保五年（一七二〇）幕府に献上され（享保本）、この頃から『尊卑分脈』の名が水戸藩外でも用いられるようになった。『幕府書物方日記』享保元年六月廿三日条に「尊卑分脈　一帖」とみえるものが古く、寛政十一年（一七九九）の『日本後紀』塙保己一校印本にも『尊卑分脈』が挙げられている（巻第八校異）。文化六年（一八〇九）の自叙のある大草公弼の『南山巡狩録』、同七年完成の塙保己一の『宇多天皇事記』、さらに幕府編纂の『徳川実紀』『後鑑』等、引用書に『尊卑分脈』として掲げる書物が、その後続々と現れる。

伴信友は「皇胤紹運録本名由来考」（『比古婆衣』十六）の中で、「諸家系譜といふは、第一巻の始に編纂本朝尊卑分脈図とあり、是その本名にて、（中略）大日本史に、尊卑分脈とて引給へるすなはち此書なり」と記している（文政三年）。この『編纂本朝尊卑分脈図』は板本『諸家大系図』を指すと思われるが、信友が自筆の題簽「尊卑分脈」を板本に貼り替えたものが、現に小浜市立図書館酒井家文庫に伝えられている。(4)

二　編者・編纂事情

『尊卑分脈』は、内題のある三巻に「特進亜三台藤公定撰」とみえることから、洞院公定（一三四〇―九九）の撰であることが知られる。公定は内大臣実夏（一三一五―六七）の子で、左大臣に昇り、後中園左大臣とよばれた。自筆日記『公定公記』を残している。また祖父の公賢（一二九一―一三六〇）は、有職故実に精しく、『皇代暦』（『歴代皇紀』）、『魚魯愚抄』等の著述があり、現存『拾芥抄』もその撰とされる。日記『園太暦』は名記として名高い（自筆本一巻あり）。猶子の満季（一三九〇―一四三二出家）も『本朝皇胤紹運録』を著している。

また本書の成立は、公定が特進（正二位）、亞三台（大納言）であった時期となるが、権大納言で正二位に叙せられたのは永和三年（一三七七）正月五日のことであり、正二位権大納言から内大臣に昇進したのが応永二年（一三九五）三月二十四日であったから、永和三年正月から応永二年三月までの十八年あまりの間の或る時期ということになる。但し永徳二年（一三八二）十月〜至徳二年（一三八五）三月、至徳三年十一月〜嘉慶二年（一三八八）五月の間は権大納言の官を辞しているので除外しなければならない。

しかし、これは撰号の書かれた時期を本書の完成時期としたに過ぎず、公定が『尊卑分脈』にかかわった時期は、一応彼の死の応永六年まで下げておく必要があろう。『尊卑分脈』には公定以後の人の書継ぎが多く、ほとんど原形がわからない状態になっているが、公定自身による書継ぎ、増補も行なわれていたかも知れないと思うからである。

編纂の事情については徴すべき史料を欠くが、近年公定が編纂中の本書に言及した書状が発見され、編纂の経緯を幾分解明できるようになった(5)。

この書状は、東京大学史料編纂所所蔵『後愚昧記』原本第二十六巻の中に貼り継がれていたもので、永和二年閏七月十六日、公定が『後愚昧記』の記主三条公忠（一三二四―八三）にあてたものである。『尊卑分脈』に関連する部分を示すと、

系図事、公定今度新造十帖、調巻分候、其内藤氏三帖候、今未終功候間、中書ハ当流二巻候、今聊大帖候、上ハ自神代摂家已下九条殿御流輩許候、中帖ハ北家内自余雑々候、下帖ハ北家魚名流幷南・式・京等候、先上の中書進上候、狼藉雖恐憚入候、進上候、随分僧・女已下委細勘注分候、猶参差事幷相備事等候ハヽ、不被置賢慮候、委細可被直付候歟、

この中にみえる「系図」は文面から『尊卑分脈』であることは疑いないが、

イ　今度新たに編纂中の『尊卑分脈』は十帖に分け、そのうち藤原氏の分は三帖である。

ロ　まだ未完成で、中書本が出来たのは当流の二巻だけであるが、少し部厚い分量になった。

ハ　藤原氏の上帖は、「自神代摂家已下九条殿御流輩許」を収めている。

ニ　中帖は、「北家内自余雑々」を収めている。

ホ　下帖は、「北家魚名流幷南・式・京等」を収めている。

ヘ　先ず上帖の中書本を乱筆で恐縮であるが進上する。僧侶や女子等についてかなり詳しく調べて書き入れたが、錯乱・遺漏があったら遠慮なく訂正して頂きたい。

などのことが述べられている。

この書状から藤原氏系図三帖の編成を考えると、

上帖　巻第三（藤氏一、北家甲）と巻第四（藤氏二、北家乙）の二巻にあたり、これが「当流二巻」であり、中・下帖に比べて部厚い内容となっていた。(6)（国史大系本第一篇）

中帖　北家実頼公孫より内麿公孫に至る九篇。（同第二篇前半）

下帖　北家魚名公孫以下五篇と、南・式・京家の六篇、計十一篇。(同後半)

となり、現行の『尊卑分脈』の編成と対応していることがわかる。(7)

藤原氏以外の系図七帖については、その編成は不明であるが、源氏・平氏等諸氏の系図が藤原氏三帖の二倍を越えていることは、ほぼ同じ分量の国史大系本とかなり異なるようにみえる。一帖の分量が不均等であることによるかも知れないが、この中には現行本以外の系図が含まれていた可能性も考えられる。

次に『尊卑分脈』の材料について考えてみよう。洞院家には、南北朝期随一の文化人であった公賢が遺した典籍・記録が大量に伝えられていたはずで、公定が系図を作成するに際し、参考資料に事欠くことはなかったであろう。事実、前掲の公定書状にも、僧侶や女子についてかなり詳しく調べたとあるから、自ら系図を作成したことは確かである。しかし『尊卑分脈』のような浩瀚な系図集を独力で作成することは、到底不可能であろうから、材料として公定以前に成立した系図が利用されたにちがいない。

『尊卑分脈』を注意してみて行くと、次のような記載が目を引く。

(1)　人名を本名(初名)で掲げ、小書で「改名〇〇」と記す(改名の注記がない場合もある)。最終の名で掲げ、「本名〇〇」と注するのが系図の通例であるが、このような例もかなりみられる。写本によっては「A改名B」を「B本名A」としているところもあるので、伝写の過程で最終の名で掲げるように書き直されて行ったことがわかる。たまたま直されずに残ったこのような記載によって、その人物が系図に登場した時期を考えることができるのである。

(2)　官職で「前——」「致仕——」、或は「散位」と書かれている場合もある。これらも系図の普通の書き方ではなく、その箇処が書かれた時期を反映している。

(3) その他、「先帝」「入道」「大殿」「大夫」等、ある時期特有の呼称が系図にあらわれる場合も同様。(8)

右の通例と異なる記載は書継ぎのあとを示しており、公定以前の年代については、『尊卑分脈』の材料となった系図の成立を窺う目安となる。

『尊卑分脈』には、このような書継ぎのあとを示す記載がかなりみられるから、(9) 古い時代に原形が成立していた系図を材料としていることは確かである。また六国史にみえない人物も多く、他にみえない世系が示されているなど、後世に作成されたものとは考えられないところもある。古い系図は、長い間の伝写で誤写はもちろん生じるが、後世の知識によって作られた系図のように、こじつけや誤りがなく、信頼できるものである。

『尊卑分脈』は、公定がこのような古くからの系図を集めて独自の順序に配列し、近代の部分を増補したもので、編者の時代の情報のみによったものでないことが、本書の価値を高めているのである。

三 構成

『尊卑分脈』の現存写本は、互に収載する系図に出入りがあり、その原形を復原することは困難である。『新訂増補国史大系』は写本の取合せによって、現存最大の分量となっているが、すべてが本来の『尊卑分脈』であるという確証はない。

そこで次に国史大系本の配列を示し、これを〔A〕〜〔I〕に区分けして、『尊卑分脈』の構成をみることにしよう。このような配列の写本は実際には存在しないが、部分的にはこの順序となっている写本がいくつかあるので、それらを合せて、一応の配列を定めたものである。

〔A〕

新編纂図本朝尊卑分脈系譜雑類要集巻第三　藤氏一　北家甲

当巻惣録　当巻内諸流標目　系譜略図

藤氏大祖伝　玄古神代大祖稟系之図

第一神代上祖諸流元始以下摂家相続孫　〈摂家相続孫〉

第二九条右丞相師輔公九男太政大臣公季公孫　〈公季公孫〉

標目　系譜略図

第三京極摂政師実公二男左大臣家忠公同三男大納言

経実卿同五男大納言忠教卿等孫　〈師実公孫〉

標目　系譜略図

新編纂図本朝尊卑分脈系譜雑類要集巻第四　藤氏二　北家乙

当巻惣録　当巻内諸流標目　系譜略図

第一法成寺関白道長公次男右大臣頼宗公孫　〈頼宗公孫〉

第二法成寺関白道長公五男権大納言長家卿孫　〈長家卿孫〉

標目　系譜略図

第三法興院摂政兼家公一男中関白道隆公孫　〈道隆公孫〉

標目　系譜略図

第四法興院摂政兼家公次男皇太子傅道綱卿孫　〈道綱卿孫〉

標目　系譜略図

第五法興院摂政兼家公次男粟田関白道兼公孫　〈道兼公孫〉

標目　系譜略図

第六九条右大臣師輔公一男摂政伊尹公孫　〈伊尹公孫〉

標目　系譜略図

第七九条右大臣師輔公九男太政大臣為光公孫　〈為光公孫〉

標目　系譜略図

第八後一条関白師通公三四男参議家政舎弟家隆等孫　〈師通公孫〉

標目　系譜略図

〔B〕　〔第二篇〕

第一摂政太政大臣忠平公嫡男摂政実頼公孫　〈実頼公孫〉

第二摂政太政大臣忠平公四男左大臣師尹公孫　〈師尹公孫〉

第三閑院左大臣冬嗣公六男内舎人良門子利基孫　〈良門孫〉

第四閑院左大臣冬嗣公七男内舎人良門二男内大臣高藤孫　〈高藤公孫〉

第五内大臣高藤七代孫大蔵卿為房二男按察使顕隆孫　〈顕隆卿等孫〉

第六内大臣高藤四代大宰帥為輔三男惟孝并説孝等孫　〈惟孝説孝孫〉
第七閑院左大臣冬嗣公七八男中宮大夫良仁左大臣良世孫　〈良仁良世公孫〉
第八権中納言長良卿嫡男国経次男遠経六男清経等孫　〈長良卿孫〉

〔C〕

式部卿大納言真楯子　〈内麿公孫〉
贈太政大臣藤原朝臣房前五男也　〈魚名公孫〉
〈時長孫〉
〈則光孫〉
左大臣藤原朝臣魚名公三男也　〈末茂孫〉
左大臣魚名公五男也　〈藤成孫〉

〔D〕

贈太政大臣不比等公一男也　（南家）　〈武智麿公孫〉
南家祖左大臣武智麿五男参議巨勢麿五男也　〈真作孫〉
左大臣武智麿四男参議巨勢麿十三男也　〈貞嗣卿孫〉
南家祖左大臣武智麿四男也　〈乙麿卿孫〉
右大臣不比等三男也　（式家）　〈宇合卿孫〉
贈太政大臣右大臣不比等四男也　（京家）　〈麿卿孫〉

〔第三篇〕

〔E〕

源氏　弘仁　嵯峨　〈嵯峨源氏〉

承和　仁明　〈仁明源氏〉

天安　文徳　〈文徳源氏〉

〔F〕

第一清和天皇孫経基王子満政満季満快流　〈清和源氏〉

第二満仲息男頼光頼親頼平頼範等流

第三頼信朝臣息男頼清頼季頼任義政流

新編纂図本朝尊卑分脈系譜雑類巻（マヽ）　源氏乙下　貞観下　清和下

当巻総目

第一義家長子義親幷二男義国流

第二義家五男為義嫡男義朝流

第三頼義次男賀茂二郎義綱三郎義光流

〔G〕

元慶　陽成　〈陽成源氏〉

仁和　光孝　〈光孝源氏〉

寛平　宇多　〈宇多源氏〉

延喜　醍醐

天暦　村上

寛和　華山

長和　三条

延久　後三条

〈醍醐源氏〉

〈村上源氏〉

〈花山源氏〉

〈三条源氏〉

〈後三条源氏〉

〈順徳源氏〉

〈後嵯峨源氏〉

〈後深草源氏〉

〈亀山源氏〉

〈後二条源氏〉

〈伏見宮〉

〔第四篇〕

〔H〕平　氏

〈桓武平氏〉

〈仁明平氏〉

〈光孝平氏〉

〈文徳平氏〉

橘　氏

〔I〕

菅原氏略

中　臣

大江朝臣

高　階

源氏系図　略

〈橘　氏〉

〈菅原氏〉

〈中臣氏〉

〈大江氏〉

〈高階氏〉

〈常磐井宮〉

〈伏見殿〉

〈嵯峨源氏〉

〈光孝源氏〉

〈仁明源氏〉

〈文徳源氏〉

〈清和源氏〉

〈宇多源氏〉

〈村上源氏〉

〈花山源氏〉

平　氏　略　〈桓武平氏〉
清　原　略　〈清原氏〉
中　原　略　〈中原氏〉
小　槻　略　〈小槻氏〉
和　気　略　〈和気氏〉
丹波氏略　〈丹波氏〉
賀　茂　略　〈賀茂氏〉
安倍氏　〈安倍氏〉
紀　氏　〈紀　氏〉
多治比氏　〈多治比氏〉
物部氏　〈物部氏〉
坂　上　〈坂上氏〉
小野氏　〈小野氏〉
蘇我氏　〈蘇我氏〉

〔A〕

国史大系本第一篇に収める巻第三（藤氏一、北家甲）と巻第四（藤氏二、北家乙）で、上記永和二年洞院公定書状にみえる藤原氏系図の上帖にあたる。

この二巻には内題・撰号があり、それぞれを三篇、八篇に分けて摂家以下の系図を収載する。各篇には前付として標目と系譜略図等を添え（第一篇の前付は巻首につける）、また本文系図中に主要人物の官位の任叙を摘記した略伝を収める等、現存する『尊卑分脈』の中で最も形の整った部分である。公定撰の『尊卑分脈』はこのような形であったと考えてよいであろう。

もちろん公定以後の書継ぎがあり、増補も行なわれたであろう。しかし略伝についてみれば、略伝を載せる人物が一般に鎌倉時代までであるのに対し、洞院家のみは南北朝時代の公賢・実夏の代にまで及び、その子の公定に載せていないことは、略伝が後人の増補でないことを示しているようである。

さて『尊卑分脈』の構成で、最大の問題点は、この〔A〕の部分の前の欠失部分、巻第一、巻第二の二巻が何であったかということである。

普通はここに皇室系図が収められていたと考えており、これが通説となっているようである。(10) その根拠として挙げられるのは、『尊卑分脈』の源氏系図に加えられている「皇女正子内親王以下廿七人也、皇女等略之而不載之、悉見帝王系図矣」（嵯峨源氏）のような注記である（「帝皇系図」としているところもある）。しかし巻第三では「載他巻」として「載当巻」と区別しており、「見帝王系図」では『尊卑分脈』外の系図を指すのではないかという疑問もある。また現行の『本朝皇胤紹運録』等の皇室系図では、二巻分の分量になるか否かの疑いもある。

さらに、いわゆる源平藤橘の順として、源氏と平氏の系図を藤原氏の前に置くという考えも可能であるが、現存の系図ではこの〔A〕の部分とあまりにも形式が異なり、分量からみても二巻分を越えるのではなかろうか。

要するに『尊卑分脈』の首部については、今のところ不明としなければならない。

〔B〕

国史大系本第二篇の前半にあたり、実頼公孫より長良卿孫に至る八篇を収める。公定書状にみえる中帖にあたる。この部分には巻題はなく、〔A〕と同じく篇題はあるが、標目・系譜略図・略伝はみられない。第一篇の実頼公孫は、〔A〕の巻第三、摂家相続孫の実頼の項に、「子孫相続略之、委細注別巻」とあるのに対応し、第二篇師尹公孫は、同じく師尹の項の、「子孫相続略之、委細注別巻」と対応しているように、連絡按文がみられるから、これも公定原撰のもので、巻第五、藤氏三、北家丙にあたるところと思われる。〔A〕と異なるところは省略された結果か、未完成の段階を示すものであろう。

〔C〕

国史大系本第二篇の〔B〕に続くところで、公定書状の下帖の前半にあたる。但し、下帖は魚名公孫から始まるから、〔C〕の首とした内麿公孫は中帖の中で、或は〔B〕の最後の第九篇となっていたのかも知れない。

この部分は〔B〕よりもさらに形が不完全で、篇題がなく順序を示すものもない。各篇の首には「式部卿大納言真楯子」「贈太政大臣藤原朝臣房前五男也」のように記されているが、記載のない篇もある。摂家相続孫に「当流相続繁多、子孫委細註別巻」(真夏)、「子孫相続繁多略之、委細註別巻」(魚名)等の連絡按文があり、この部分は、巻第六、藤氏四、北家丁にあたるところであろう。

〔D〕

国史大系本第二篇の最後の部分で、南家・式家・京家の系図を収める。公定書状にいう下帖の後半にあたる。形式は〔C〕と同じであるが、〔C〕の北家とは巻を別けていたと考えられ、巻第七、藤氏五にあたるところであろう。

〔E〕

嵯峨・仁明・文徳源氏の系図で、国史大系本の第三篇源氏はここから始まる。尊経閣文庫所蔵林家訂正本には、この三篇の首に題はないが、他の写本にそれぞれ「源氏　弘仁　嵯峨」「承和　仁明」「天安　文徳」とある。

〔F〕

清和源氏の系図であるが、写本により系図の形が三つに分れる。

(イ)　全体を一本の系図とするもの。

(ロ)　全体を四本の系図とするもの。

(ハ)　全体を上・下に分けて、さらにそれぞれを三篇に分けるもの[11]。

(イ)には「貞観　清和」の内題のある写本があり、上記〔E〕と同形式。

(ハ)には林家訂正本、蓬左文庫所蔵三本、東山御文庫本、宮内庁書陵部所蔵大沢本などがある。清和上の方には内題が欠けているが、下には「新編纂図本朝尊卑分脈系譜雑類巻（マヽ）／特進亞三台藤公定撰」の内題・撰号があり、小題に「源氏乙下　貞観下　清和下」とある。これにより清和源氏の前半を「源氏乙上　貞観上　清和上」、〔E〕の嵯峨・仁明・文徳源氏を「源氏甲」とみることができよう。

次に〔A〕の「当巻内諸流標目」に似た「当巻総目」があるが、上・下とも各篇に題名がつけられていて、系譜略図を欠くところは〔B〕の形に近い。しかし篇題を「——流」としているところは、〔A〕〔B〕の「——孫」と異なる。

このように(ハ)の形は、〔A〕〔B〕に似たところがあり、現状は本来の形が崩れた結果とみることもできるが、逆に後人が形式を統一しようとして、手を加えたものと考えることもできるであろう。(イ)(ロ)(ハ)のいずれが本来の形であるかは、今のところ不明である。

〔G〕

陽成源氏以下の源氏の系図である。林家訂正本は篇題を欠くが、他の写本には〔E〕と同じ形の「元慶　陽成」以下「延久　後三条」に至る題がついている。順徳源氏以下には題を欠く。

〔H〕

平氏と橘氏の系図で、以下国史大系本は第四篇に収める。首にそれぞれ「平氏」「橘氏」の題があるが、平氏の桓武・仁明・光孝・文徳の各流には題がつけられていない。この〔H〕以下は写本にないものが多い。

〔I〕

菅原氏以下諸氏の系図。すべて形が不揃いの単行系図の寄せ集めで、他の類と全く異なるものである。略本が多いが、前掲の源氏・平氏の系図も略系図で再録されている。この部分の系図を含む写本はまれである。

さて以上を通観すると、『尊卑分脈』の現行本は、それぞれ形の異なる系図群の集合体であることがわかる。そのうち最後の〔I〕の諸氏系図は、形が不揃いであること、収録する写本が少ないことから、本来の『尊卑分脈』にはなかったものと考えて誤りないであろう。

『尊卑分脈』には諸道系図が収められていたと想定する説もあるが、(12)この部分にある紀伝道の菅原・大江、明経道の清原・中原、算道の小槻、医道の和気・丹波、陰陽道の賀茂・安倍の諸氏系図をそれにあてることは不可能である。そもそも諸道系図を含むと考える根拠は、摂家相続孫の中臣氏系図に、「兄弟五人子孫等有之、委注神祇道系図」「有子孫、見神祇道系図」「子孫相続、委注社官系図之内」等の注記であるが、この神祇道系図や社官系図を『尊卑分脈』中のものとみるか、他書とみるか問題は残るであろう。仮に諸道系図が『尊卑分脈』に含まれていたとしても、現行本所収のものとは別であったであろう。

〔H〕より先は、いわゆる源平藤橘四姓の系図で、かなりまとまっているから、形がみだれているけれども、『尊卑分脈』中のものと認めることができる。特に〔D〕以前は、永和二年の公定書状にみえる藤原氏系図三帖にあたり、〔A〕はそのうちの上帖に収められ、当時中書本が出来上っていたところである。

『尊卑分脈』の構成がこのように不統一であるのは、なぜであろうか。その答はたやすくはないが、次の二つのことが、その理由として考えられる。

まず第一は、伝写の過程で本来の形体が崩れたためであろう。『尊卑分脈』のような系図書は、補任類や年代記などとともに調べ物の道具という見方をされていて、他の典籍のように尊重され、中には崇敬の対象となったものがあるのに比べると、一段低い扱いを受けていたようである。

従って書写にあたり、こちらは利用の便宜が優先し、原本の一字一句を正確に写し、原形を忠実に伝えようとする意識はあまり働かなかったのである。(13) 人物の書継ぎや記事の追補・改訂は思いのままであり、また必要とする系図の抜き取り、抄録もさかんに行なわれた。その結果多くの異本が生じたのである。こうして一旦編成された浩瀚な系図集は、単一の系図または少量の系図集と化した。そして原本と原形を保った伝本がなくなった後は、異形の系図しか集めることができなくなったのである。このような系図の集大成を称して「大系図」という呼称も生れたのであろう。

ちなみに、現行本の記載は大体天文年間あたりまでであるが、中には江戸時代にまで下る書継ぎもある。管見で最も時代の下る記載は、内閣文庫本の師実公孫（彰考館本による補写）にある、大炊御門経敦（改名経孝）の「寛文十一（一六七一）年五月朔日辞左大臣」という注記である。

第二は、もともと『尊卑分脈』は未完成であったとするか、或は洞院家の没落の中で散逸し、不完全な形で外に出たためと考えることである。伝写の間に形体が崩れることもあろうが、それだけではこれほど不統一にはなりえないとすると、より根源的な理由として、このような推測も生れて来る。

次に『尊卑分脈』所収藤原氏系図の構成をみることにしよう。公定の編成方針は、巻第三の諸流標目に「抑以当流（北家）為一家正統事、所謂摂家以下諸臣、多依出於此流也、夫房前卿孫内、不論流之遠近、不謂家之勝劣、以九条右大臣師輔公孫苗之内、先悉載之、其故者為先摂家流之間、各依拾彼余葉也」とあり、また書状に「上ハ自神代摂家已下九条殿御流輩許候、中帖ハ北家内自余雑々候、下帖ハ北家魚名流幷南・式・京等候」とあるように、まず嫡流である北家について、師輔の子孫の摂家を先とし、次にその分流、さらに北家内の諸流を載せる方針であったことがわかる。

藤氏一は、摂家相続孫・公季公孫（閑院流）・師実公孫（花山院・大炊御門・難波等流）の順となっているが、これは摂家の分流のうち特に清華家を摂家に次ぐ家格としたためである。閑院流が二番目に挙っているのは、多くの清華家や羽林家を出していることによるもので、その流内の公定の身びいきだけではないであろう。

藤氏二以降の細部の編成は、次の分流略系図によって各篇の配列をみるとわかりやすくなる。藤氏二の八篇は師輔の子孫の分流系図であるが、道長を中心とした親族関係の遠近で並べられていることが注目される。即ち、道長の息

〔藤原氏分流略系図〕

- 武智麿71
  - 巨勢麿
    - 真作72
    - 貞嗣73
  - 乙麿74
- 房前31
  - 真楯
    - 内麿
      - 冬嗣
        - 長良58
        - 良房
          - 基経
            - 忠平
              - 実頼51
              - 師輔
                - 伊尹46
                - 兼家
                  - 道隆43
                  - 道綱44
                  - 道兼45
                  - 道長
                    - 頼通
                      - 師実
                        - 師通
                          - 忠実…
                          - 家政48
                          - 家隆48
                        - 家忠33
                        - 経実33
                        - 忠教33
                    - 頼宗41
                    - 長家42
                - 為光47
                - 公季32
              - 師尹52
        - 良門53
          - 高藤54
            - 定方
              - 朝頼
                - 為輔
                  - 惟孝56
                  - 説孝56
                  - 宣孝
                    - 隆光
                      - 隆方
                        - 為房
                          - 顕隆55
                          - 長隆55
                          - 朝隆55
                          - 親隆55
        - 良仁57
        - 良世57
      - 真夏61
  - 魚名62
    - 鷲取
      - 藤嗣
        - 高房
          - 時長63
            - 利仁
              - 叙用
                - 吉信
                  - 伊傅
                    - 則光64
    - 末茂65
    - 藤成66
- 宇合75
- 麿76

31は第三巻第一篇所収を示す。以下これに倣う。第五～七巻の巻次は推定。

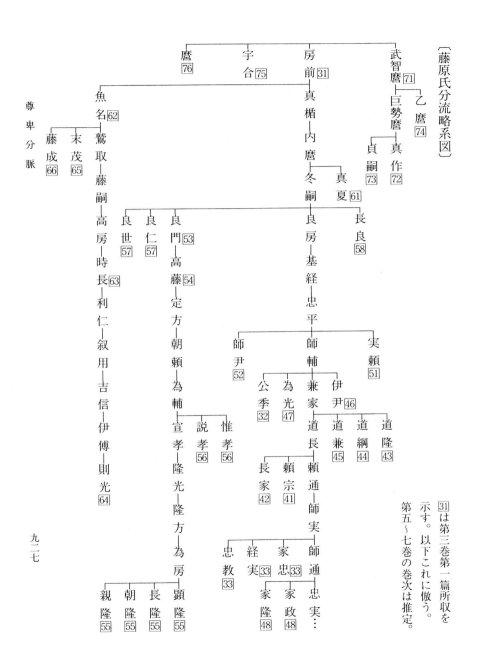

男から兄、伯父・叔父の順となり、遠い子孫をつけ加える（41～48）。

次の藤氏三（推定）は、師輔の兄弟から溯って良房の兄弟の系図となり（51～58）、藤氏四（推定）は、冬嗣の兄の子孫と、溯って房前の五男魚名の子孫の系図で（61～66）、同じく道長からの遠近によって配列されていることがわかる。ここで北家は終って、南家・式家・京家の系図となる（71～76）。

四　伝　来

洞院公定は応永六年（一三九九）六月十五日に六十歳で薨じた。彼には正親町忠季の子実信という養子があったが、遺言によってその子の満季が相続し、洞院家はその後実熈・公数と続いた。しかしこの公数は文明二年（一四七〇）五月二十四日、権大納言左大将の官を辞し、六年後の同八年二月に三十六歳の若さで出家した（『公卿補任』）。戦乱により経済的に困窮し、清華家としての家格を維持できなくなったためといわれている。公数には跡継ぎがなかったので、洞院家はここに断絶した。本家筋の西園寺実遠は名門の絶えることを惜しみ、数年の後、後土御門天皇に奏請して次男の公連を以て洞院家を相続させたが、これは形だけで、公連も左中将を最後に、文亀元年（一五〇一）四月に出家してしまった（『尊卑分脈』『公卿補任』『実隆公記』四月十七日条）。永正五年（一五〇八）六月、西園寺公藤の次男（公連の甥）実賢が相続したが、これも名ばかりのもので（『実隆公記』六月一日条）、その後の消息は間もなくわからなくなった。(14)

『尊卑分脈』は公数の出家後、間もなく三条公敦の手に渡った。同書の西園寺家の祖通季のところに、公敦が文明

十一年四月下旬、四十一歳の時に書いた識語があり（もとは貼紙か）、

　這系図洞院累代本也、而左大将入道俗名公数、不知法名、放埒仁也、一流既断絶分云々、記録抄物等悉沽却、可洗耳者也、仍此本同前、予感得之、抑西園寺為閑院家嫡之由注之、言語道断事也、（下略）

と記されている（㈠一四五）。

　公敦と公数は互に官位の先後を争ったライバル関係にあったから、自然口調は激しくなるが、特に彼が憤慨したのは、『尊卑分脈』が三条家を差し置いて洞院家の本家西園寺家を閑院流の嫡家としていることであった。公数のところに「出家、文書記録方々散失断絶了、経数年之後左府実遠公申請相続之儀、続一流云々、但有名無実歟」と書き入れたのも公敦かと思われるが（㈠一七五）、公敦自身のところでも、自分が洞院公数や西園寺実遠・菊亭教季を昇進の際に超越したことを誇らしげに記し（㈠一三五）、対抗意識をあらわにしているのである。

　洞院家累代の記録・文書の散失は、『園太暦』も同じ運命にあり、中院通秀の『十輪院内府記』によると、文明十五年三月二十四日、通秀によって価千余疋で百二十五巻が公数から買い取られている（三月二十日条）。『洞院家記』或は『洞院家廿巻部類』『洞院家六巻部類』の名で伝わる記録・文書類も、中院家に譲渡されたと推定されている。[15]

　甘露寺親長は中院通秀より『園太暦』を借り、文明十九年四月六日よりその抜書を作り（『親長卿記』）、その抄録本の首に『洞院系図』を加えた。そこには、「此系図親長令書写閇加也、園太暦記書写畢披見之時、就人々名字有不審事、仍加之也」の識語があり、洞院家の祖実雄より公数に至る系図が収められている。

　この系図は恐らく『尊卑分脈』の一部であろうが、現行本と比較してみると、『尊卑分脈』では公賢の世代以降の人々に小書の注記がほとんどないのに対し、『洞院系図』にはくわしい注記があるという違いがある。『親長卿記』長

享二年（一四八八）三月八日条に、親長が清水谷実久の求めに応じ、「近代昇進」を注記した『洞院系図』を貸し与えたというのは、この系図のことであろう。

『尊卑分脈』の写本でも、京都大学附属図書館所蔵菊亭本と、宮内庁書陵部所蔵谷森本（零本）には、この『洞院系図』と同じ詳細な小書の注記があり、室町家や徳大寺家でも流布本にはない小書が多い。このことは、『尊卑分脈』の閑院流（公季公孫）の系図には、早くから省略本があったことを示している。

しかし現存『尊卑分脈』閑院流の写本には、すべて三条公敦の書入れがあるから、『尊卑分脈』はほとんどみな公敦が入手した洞院累代の本から流布したのであろう。菊亭本摂家系図の本奥書に、

右一冊、以後中園左府公定公真跡令模写之訖、凌病眼書之、細字等烏焉之誤、将来之君子可改正而已、
弘治二（一五五六）暦仲夏下旬　特進前亜槐右藤（万里小路惟房）

とあるのは、この洞院家原本を写したことを示すものである。

以下『尊卑分脈』の伝写のあとを、奥書によってみることにしよう。

〔本朝尊卑分脈図〕源氏二之下　清和下　奥書
○尊経閣文庫所蔵前田本

本云、
天文廿一（一五五二）年三月十一日以広橋亜相兼秀家本遂書功了、
左兵衛佐卜部（吉田兼右）御判
天正十九（一五九一）辛卯年四月廿七日唯神院（吉田兼右）以自筆御本書之畢、
重而遂校考畢、五月三日、　梵舜判

〔諸家大系図〕十三 義家流 奥書 ○板本

本云、

天文廿一年三月十一日以広橋亞相兼秀家本遂書功了、　左兵衛佐卜部御判

天正十九辛卯年四月廿七唯（マヽ）神院以自筆御本書之畢、重而遂校考畢、

五月三日、　梵舜判

〔大系図〕十二 橘氏 奥書 ○宮内庁書陵部所蔵谷森本

天文廿一年三月十五日以広橋亞相兼秀卿家本書写之、　左兵衛佐卜部兼右

〔本朝尊卑分脈図〕平氏 橘氏 奥書 ○尊経閣文庫所蔵前田本

本云、

天文廿一年三月十五日以広橋亞相兼秀卿家本書写了、

左兵衛佐卜部兼右

墨付卅四枚

〔編纂本朝尊卑分脈図脱漏〕下 橘氏 奥書 ○板本

速水房常蔵本奥書

天文廿一年三月十五日以広橋亞相兼秀卿家本書写了、

左兵衛佐卜部兼右

墨付卅四枚

天正十九辛卯年八月十二日書写畢、　梵舜在判卅九歳

同月六日筆立、十二日終、於灯下遂校合者也、

〔大系図〕十　源氏　奥書　○宮内庁書陵部所蔵谷森本

天文廿一年五月六日以広橋亜相真筆之本書写之畢、判

自一日至六日終功了、

〔系図〕奥書　○宮内庁書陵部所蔵柳原本

以他本加朱引、仍聊有参差之事、伝已下書誤多之、可改之、

弘治二(一五五六)三廿三引朱了、

前大納言藤(万里小路惟房)(朱印)

〔摂家系脈〕奥書　○京都大学附属図書館所蔵菊亭本

右一冊、以後中園左府公定公真跡令模写之訖、凌病眼書之、細字等烏焉之誤、将来之君子可改正而已、

弘治二暦仲夏下旬

特進前亜槐右藤(万里小路惟房)

〔系図〕清華一流　奥書　○京都大学附属図書館所蔵菊亭本

天正十一(一五八三)仲秋廿感得之、

〔系図〕平氏　橘氏　奥書　○京都大学附属図書館所蔵菊亭本

天正十一年仲秋廿感得之、

課或人令写之訖、朱引以他本後年修補之、猶可熟校者也、

亜槐藤（万里小路惟房カ）

天正十一暦仲秋廿感得之、　給事中清原（国賢）

〔藤原氏〕公季公孫　奥書
〇内閣文庫所蔵紅葉山文庫本

右一冊、予遂書写功者也、

于時慶長十六（一六一一）九七筆立、十五書終、　神竜院　梵舜（花押）

以上を通覧すると、吉田家には、広橋兼秀（一五〇六―六七）の本を吉田兼右（一五一六―七三）が天文二十一年に写した『尊卑分脈』があり、天正十九年にその子梵舜（一五五三―一六三二）がそれを写していることがわかる。梵舜は古典の書写校合につとめたことで知られるが、徳川家康に系図を献上していたことも記録に散見する。即ち慶長二年四月二十六日に中原系図、七年三月二十七日に源家系図二冊、十年四月十三日にも系図、十六年九月十六日藤氏系図一巻、十九年十一月六日藤氏系図七冊を献上していることが、彼の日記である『舜旧記』や『駿府記』にみえる。最後の藤氏系図七冊は、今日紅葉山文庫本として内閣文庫に伝わる『尊卑分脈』（特八九―五）であり、上記の奥書と併せ考えると、『尊卑分脈』の伝来には梵舜が深くかかわっているようである。

また一方で、弘治二年に万里小路惟房（一五一三―七三）が写した『尊卑分脈』があり、天正十一年に舟橋国賢（一五四四―一六一四）が入手して伝写されたことも奥書によって知られる。

しかし、『尊卑分脈』には奥書のあるところが少なく、奥書によって伝写の系統をみることは不可能である。伝本には系図の出入が多く、複雑な取合せの結果、今日に至ったのであろう。

『実隆公記』には、当時公家の間で系図の貸借が行なわれていたことや、三条西実隆（一四五五―一五三七）が系図の書写に精を出していた様子がみられるが、ほとんどが単一系図についてであり、『尊卑分脈』のような大部のものは出て来ない。これらがすべて『尊卑分脈』の一部という確証はないが、かなりばらばらの状態で伝写されることが多かったのではなかろうか。

五　諸　本

『尊卑分脈』の写本は、『国書総目録』によると約四十点が知られている。しかしこれらはほとんど『尊卑分脈』以外の書名で伝わるもので、また単独の系図として伝わるものも多いから、精査すればかなりの数になるであろう。国史大系本は、尊経閣文庫所蔵林家訂正本を底本とし、同文庫の脇坂本・前田本、内閣文庫本、宮内庁書陵部所蔵谷森本等を用いて校訂したものである。以下これらの写本を主とし、他に主要なもの若干を加えて略述する。なお所収系図の配列については、上記の『尊卑分脈』構成区分〔A〕〜〔I〕の記号を用いることにする。

尊経閣文庫所蔵林家訂正本　十五帖

享保六年林鳳岡が前田綱紀に贈った林家の校訂本で、最も善本と称されるものである。藤原氏と源氏のみで、平氏以下諸氏の系図を欠く。表題は、「藤原氏北家甲神代上祖 大織冠流　同甲末京極摂政 師実公流　同乙一法性寺関白 道長公流　一」、「源氏嵯峨天皇流 仁明天皇流　同文徳天皇流　一」の如くで、藤原氏八帖、源氏七帖からなる。藤原氏のうち公季公孫の一篇が欠けている。配列は次の通り。

藤氏一オ（〔A〕藤氏一、摂家相続孫）、ウ（師実公孫、藤氏二、第二まで）、二オ（第三より第五まで）、ウ（第六以下）、三オ（〔B〕第三まで）、四オ（第四・五）、ウ（第六以下）、五オ（〔C〕内麿公孫）、ウ（魚名公孫）、六オ（末茂孫・藤成孫）、七オ（時長孫・則光孫）、ウ（〔D〕武智麿公孫・真作孫）、八オ（乙麿卿孫・宇合卿孫・麿卿孫）、ウ（貞嗣卿孫）。

源氏一オ（〔E〕嵯峨源氏・仁明源氏）、ウ（文徳源氏）、二オ（〔F〕清和下、第一）、ウ（第二・三）、三オ（清和上、第一）、ウ（第二）、四オ（同）、ウ（第三）、五オ（〔G〕陽成・光孝・宇多源氏）、ウ（醍醐源氏）、六オウ（村上源氏）、七オ（花山源氏より後二条源氏まで）。

右のうち〔C〕〔D〕〔F〕の中で、国史大系本はこの底本の順を諸本に従って改めたところがある。

なお尊経閣文庫には、この訂正本を写した表題なしの十七冊本がある。東大史料編纂所に昭和三十一～三十四年作成の影写本『尊卑分脈』八冊（三〇七五―一〇七）があるが、藤原氏のみで源氏は影写されていない。

尊経閣文庫所蔵脇坂本　十一帖

飯田藩主脇坂安元（一五八四―一六五三）の旧蔵本で、おおむね各帖の表・裏の、首に「八雲軒」、尾に「脇坂氏淡路守」「藤亨」「安元」の四種の蔵書印（朱印）を捺す。表紙には折本の順および表・裏を示すものがないため、現在の保存状態で示すと、表題は、(1)オ「神代系図」、ウ「帝王系図伏見殿 常磐井殿 木寺殿 僞主」（後水尾天皇〔今上〕まで）、(11)オ「王代記／藤氏執柄家／源氏／平氏／在原／橘氏各略」、ウ「武家大系図」等で、この二帖には蔵書印がなく、(1)は表紙が異なるが、大きさは他と同一の仕立である。国史大系本はこれらを『尊卑分脈』のうちではないと判断し、採録していない。他の帖には表題はなく、内容を示す目録が表紙に書かれているだけである。その配列は、

(2)オ（〔A〕藤氏一、摂家相続孫）、ウ（〔B〕第三まで、〔C〕末茂孫・藤成孫）、(3)オ（〔A〕藤氏二、第三まで）、ウ（第四以下）、(4)オ（〔B〕第四以下）、ウ（〔D〕、〔I〕多治比氏・物部氏・坂上氏）、(5)オ（〔C〕内麿公孫）、ウ（魚名公孫・時長孫・則光孫）、(6)オ（〔A〕藤氏一、公季公孫）、ウ（〔I〕紀氏）、(7)オ（〔E〕〔F〕清和源氏本）、ウ（同末）、(8)オ（〔G〕醍醐源氏まで）、ウ（村上源氏以下）、(9)オ（〔H〕桓武平氏）、ウ（仁明平氏以下、〔I〕菅原氏）、(10)オ（中臣氏より高階氏まで）、ウ（常磐井宮より安倍氏まで）の順で、〔A〕の藤氏一、師実公孫の一篇が欠けている。

東大史料編纂所に影写本十七冊があるが（三〇七五―六）、(6)(11)の二帖は収められていない。

尊経閣文庫所蔵前田本　十六冊

表題は、「本朝尊卑分脈図　共五冊／源氏一（〜四）」、「本朝尊卑分脈図　共十冊／藤氏一（〜十）」、「本朝尊卑分脈図　全／平氏　橘氏」等で、各冊表紙に「惣計十八冊」とあるから、二冊が不足している。

源氏一（〔E〕）、二上・下（〔F〕）、三（〔G〕宇多源氏まで）、四（醍醐源氏以下）、藤氏一（〔A〕藤氏一、摂家相続孫）、二（〔D〕）、三（〔C〕魚名公孫・時長孫・則光孫）、四（内麿公孫）、五（〔A〕藤氏二、第三まで）、六（〔B〕第三まで、〔C〕末茂孫・藤成孫）、七（〔B〕第四・五）、八（第六以下）、九（〔A〕藤氏一、公季公孫）、十（藤氏二、第四以下）、平氏橘氏（〔H〕）の順で、〔A〕の藤氏一、師実公孫を欠く。

右のうち、源氏一（〔E〕）、二上（〔F〕）、平氏橘氏（〔H〕）の冊の首に、「編纂本朝尊卑分脈図／特進亞槐藤公定撰」の内題と撰号があり、二上にはまたその前に「源姓諸家系図」とあるが、ともに本来あったものとは思われない。源氏二下の冊に、天文二十一年の吉田兼右、天正十九年の梵舜の書写本奥書を収め（板本『諸家大系図』も同じ）、平氏橘氏の冊には天文二十一年の本奥書のみがみえる（上記奥書参照）。

宮内庁書陵部所蔵水野本十八冊（五〇一―五）、静嘉堂文庫所蔵松井簡治旧蔵本十九冊（五三一―六）は、冊分け、冊次に小異はあるが、本書と同系統の写本である。とすれば本書の二冊不足分は、右の両本にみえる荒木田氏系図と度会氏系図の二冊ではなかろうか。

内閣文庫本　十一冊（特八九―四）

表題は「尊卑分脈　藤氏一（〜七）」「尊卑分脈　平氏　橘氏」「尊卑分脈　源氏」。修史局旧蔵本で「史料備用」の旧ラベルが残る。

内容は、藤氏一〜四（〔A〕）、五（〔B〕）、六上・下（〔C〕）、七（〔D〕）、平氏・橘氏（〔H〕）、源氏（〔E〕〔F〕）、源氏（〔G〕）で、藤氏三の師実公孫は菅政友の奥書によれば、明治十六年九月彰考館本で補写したものという。なお明治二十一年、鈴木真年（一八三一―九四）が本書に比較的近い前田本で校合した藍書書入がある。(16)

東大史料編纂所に、大正十三・十四年作成の影写本十一冊がある（三〇七五―七）。

宮内庁書陵部所蔵谷森本　十四冊（谷四四七）

表題は「大系図　一（〜十三）」に、「卜部氏　大中臣氏　藤原氏」の如く、所収系図名を加える。本文十三冊のほかに目録一冊がある。

一〜三（〔A〕藤氏一）、四（〔B〕第三まで、〔C〕末茂孫・藤成孫）、五（〔B〕第四以下）、六（〔A〕藤氏二）、七（〔C〕則

光孫まで）、八（〔D〕）、九（〔E〕〔F〕）、十（〔G〕）、十一（〔I〕常磐井宮より安倍氏まで、中臣氏）、十二（〔H〕）、十三（〔I〕菅原氏・大江氏・紀氏・高階氏・小野氏・多治比氏・蘇我氏・物部氏・坂上氏）。

第十三冊の諸氏系図は、他本とかなり異なり、菅原氏に広略二種の系図を収め、大江氏も略系図で、他にはない小野氏・蘇我氏の系図を収める。

第十冊と十二冊の尾に、吉田兼右が天文二十一年に広橋兼秀本を写した旨を記す本奥書を収める（上記奥書参照）。第十冊の奥書は他にはみえないものである。

一部残存の「冷泉府書」と、「為行」の蔵書印があるが、下冷泉為行（一八二一―五五）の旧蔵本であったことを示すもので、谷森善臣（一八一七―一九一一）を経て書陵部の蔵本となった。

宮内庁書陵部所蔵谷森本（零本）　一冊（谷四四六）

表題「尊卑分脈零本」（谷森善臣筆）、扉題「系図清花一流　三帖之内」、谷森善臣の蔵書印「靖斎図書」がある。『尊卑分脈』の一部が分離したもので、〔A〕の藤氏一、公季公孫、閑院流（三条流・西園寺流・洞院流・徳大寺流）の系図を載せる。収載人物の現行本との異同はほとんどないが、小書の注記に繁簡の違いがあり、洞院家は現行本に比して本書が詳しく、『園太暦』所収の『洞院系図』に近い。また室町家は注記を全く欠き、徳大寺家もほとんどなきに等しい。

奥書に「□□十一年中秋廿感得之」とあり、欠損文字が「天正」と読めるところから、『尊卑分脈』の現存最古の写本とされたが、後述の京都大学附属図書館所蔵菊亭本系図の存在により、本奥書であることが明らかとなった。菊亭本系図は、本書と同じ公季公孫の系図を含む三冊で、すべてに天正十一年中秋二十日感得の奥書があり、そのうちの一冊によれば、舟橋国賢が取得したものであった。また本書と同じく各冊に「三帖之内」とあるから、本書もこれと同じ三帖の中のものであったことがわかる。

菊亭本と比較すると、洞院家の系図では菊亭本の方が少し注記が詳しく、注記が絶無の室町家の系図では、菊亭本に現行本以上に詳しい注記がある。即ち本書は天正十一年感得の本そのものではなく、その抄写本であることが明らかで、菊亭本とともに転写本とみるべきであろう。

京都大学附属図書館所蔵菊亭本　　三冊（菊ケ3）

各冊の表題は、「摂家系脈幷諸流惣標目藤氏大祖伝」「系図清華一流」「系図平氏橘氏　桓武　仁明　光孝　文徳等流」で、〔A〕藤氏一、摂家相続孫、同公季公孫、〔H〕平氏・橘氏が『尊卑分脈』より分離したものである。表紙に各〻「三帖之内」と記されている。三冊ともに「天正十一（年・暦）仲秋廿感得之」の奥書があり、さらに平氏・橘氏の冊には「給事中清原」とあるから、舟橋国賢が取得した本の転写本であることがわかる。

なお奥書によれば、天正十一年感得の本は、万里小路惟房の蔵本かその転写本であったと思われ、摂家相続孫の冊には、弘治二年五月に惟房が洞院公定自筆本を模写したことを記す本奥書がある（書継がれて弘治二年十月の記事がみえる）。とすれば、宮内庁書陵部にある弘治二年惟房手跋の柳原本系図一冊（柳八一二）は、本来菊亭本のもとの本と一具のものであったかも知れない（上記奥書参照）。また宮内庁書陵部には、公季公孫と同系統の写本、谷森本（零本）がある（上述）。ともに洞院家の系図に詳しい注記があるが、菊亭本には室町家の系図に他本にない注記がみられる。

宮内庁書陵部所蔵柳原本　一冊（柳八一二）

後補表紙表題「藤原氏系図」、原表紙旧題「系脈図万里小路惟房公自筆　全」。「妙覚寺常住日典」「隠岐文庫」の蔵書印があり、日典（一五二八―九二）・隠岐秀明（一七四三―八八）の旧蔵本であったことが知られる。

内容は〔D〕の藤原氏南家・式家・京家の系図で、『尊卑分脈』から分離したものと思われるが、南家系図は現行本が武智麿公孫・真作孫・貞嗣卿孫・乙麿卿孫と分れるのに対し、一本の系図となっている点が異なる。

冊尾に、弘治二年の万里小路惟房の奥書がある（上記奥書参照）。前掲菊亭本系図のもとの本と、本来一具のものであろう。

内閣文庫所蔵梵舜手跋本　七冊（特八九―五）

藤原氏のみで、表題は「藤原氏」。冊次はないが、現在の整理状態によると、(1)・(2)（〔A〕藤氏一、摂家相続孫・公季公孫）、(3)（藤氏二）、(4)（〔B〕第四以下）、(5)（〔C〕則光孫まで）、(6)（〔B〕第三まで、〔C〕末茂孫・藤成孫）、(7)（〔D〕）の順となっている。師実公孫を欠く。

(2)公季公孫の冊は、奥書に、

右一冊、予遂書写功者也、
于時慶長十六九七筆立、十五書終、　神竜院　梵舜（花押）

とあって、梵舜の自筆本と知られるが、(1)摂家相続孫の冊と、(5)内麿公孫の前半も同筆と認められる。

『重訂御書籍来歴志』五、氏族類に『藤氏系図』として著録されているが、梵舜奥書の一冊を、『駿府記』にみえる、慶長十六年八〔九〕月十六日に家康に献上した『藤氏系図』一巻としているのは誤りである。この七冊は、『舜旧記』慶長十九年十一月六日条に、「藤氏系図七冊、桐箱入進上也」とあるもので、『駿府記』同日条にも「今日吉田神竜院諸家〔マヽ〕系図七冊進上」とみえる。堀杏庵（一五八五―一六四二）の『杏陰稿』四の「権現様御本之目録」に「四家系図　神龍院　七冊」とあるのもこの本であろう。

蓬左文庫本　八帖（一〇六―一二）

表題は「尊卑分脈藤氏　一（〜八）」で、題簽の文字は新しい。「御本」の蔵書印があり、名古屋藩初代藩主徳川義直（一六〇〇―五〇）の旧蔵書である。

一（〔A〕藤氏一、摂家相続孫）、二（藤氏二）、三（〔D〕）、四（〔C〕則光孫まで）、五（〔B〕第三まで、〔C〕末茂孫・藤成孫）、六（〔A〕藤氏一、公季公孫）、七（師実公孫）、八（〔B〕第四以下）の藤原氏のみ。

本書と同系統の写本に、静嘉堂文庫本八帖（一〇八―一二）がある。

国立国会図書館本　十冊（ひ九一）

後補表紙表題「新編纂図本朝尊卑分脈　一（〜十）」。原表紙の旧題は「藤原氏」「源氏」「平橘氏」で、小書で内容を「大織冠」「北家」「北家秀郷」等と記す。原表紙に冊次なし。

後補表紙の冊次によると、(1)（〔A〕藤氏一、摂家相続孫）、(2)（藤氏二）、(3)（〔B〕第三まで、〔C〕末茂孫・藤成孫）、(4)

（〔A〕藤氏一、公季公孫）、(5)（〔C〕則光孫まで）、(6)（〔B〕第四以下）、(7)（〔D〕）、(8)（〔E〕〔F〕）、(9)（〔G〕）、(10)（〔H〕）で、師実公孫を欠く。(8)清和源氏は一本の系図で、最後に天正十九年四月二十七日の梵舜の本奥書がある（上記奥書に同じ）。

安西雲煙の旧蔵本で、「子孫永保、雲煙家蔵書記、共十本」の蔵書印がある。

宮内庁書陵部所蔵大沢本　二十冊（二七一—三九五）

表題「尊卑分脈　一（〜二十）」。各冊の扉に、板本『諸家大系図』の冊次を記した紙片が入紙されている。雁皮紙を用いた影写本であるが、底本は未詳。大沢清臣（一八三三—九二）の蔵書印「大沢書櫃」がある。清臣は谷森善臣に従って山陵調査に従事したことがあり、宮内省に入って陵墓のことをつかさどった。故実叢書本『尊卑分脈』は本書を底本とした校訂本である。冊次は次の通り。

一（〔A〕藤氏一、摂家相続孫）、二（藤氏二）、三（〔D〕）、四（〔C〕則光孫まで）、五（〔B〕第三まで、〔C〕末茂孫・藤成孫）、六（〔A〕藤氏一、公季公孫・師実公孫）、七（〔B〕第四以下）、八（〔E〕）、九（〔F〕下第一）、十・十一（上第二）、十二（上第三）、十三（下第二）、十四（下第三）、十五（上第一）、十六（〔G〕宇多源氏まで）、十七（醍醐源氏）、十八・十九（村上源氏）、二十（花山源氏より後二条源氏まで）。

伏見宮系図および平氏・橘氏以下の諸氏の系図を欠く。

六　刊本

『尊卑分脈』には、国史大系本の刊行前に三種の刊本があった。いずれも系図の配列が異なり、所収系図にも出入りがある。例により上記の〔A〕～〔I〕の区分で所収系図を示し、略述することにする。

諸家大系図　十三冊

刊記がなく、刊年・版元ともに不明。『寛文書籍目録』（寛文九年?）神書幷有職に、「十四冊諸家大系図」と出ている。第四冊和気氏系図の最後、瑞堅の注記に、「慶安四依将軍家鈞命、聴着素絹、于時二十九歳、同五年元日登城、先諸医奉拝謁」とあり、また次項の『新板大系図』以前の刊行であることから、刊行年は慶安五年（一六五二）から明暦二年（一六五六）の間となる。従って一般に寛永頃の版とされているのは誤りで、承応の頃というべきであろう。後刷の版に、

宝暦九（一七五九）己卯孟春求板、

皇都書林　野田藤八

の刊記を加えたものがあり（東京大学総合図書館所蔵三条本）、また「平安書林橘枝堂蔵板目録 京二条通富小路西江入町 野田藤八」を加えた版もある（宮内庁書陵部所蔵丹鶴書院旧蔵本）。

各冊に「諸家大系図　一（～十三）」の題簽が貼られ、第一冊に、

特進亞槐藤公定撰

の内題と撰号がある。首に『本朝皇胤紹運録』を加えて十四冊としたり、尾に加えて「諸家大系図　十四」とした版もあり、十四巻系図とよぶことがある。

所収系図は、一（〔F〕）、二・三（〔G〕）、四（〔I〕）、五（〔A〕藤氏一、摂家相続孫）、六（藤氏二）、七（〔B〕第四以下）、八（〔D〕）、九（〔C〕則光孫まで）、十（〔B〕第三まで、〔C〕末茂孫・藤成孫）、十一（〔A〕藤氏一、公季公孫）、十二・十三（〔F〕）の順となっており、〔A〕の藤氏一、師実公孫、〔E〕の嵯峨・仁明・文徳源氏、〔H〕の平氏・橘氏の系図を欠く。

第十一冊の公季公孫は、末尾の二葉（国史大系本㈠一八二頁以下）に、他本に欠けている注記がみられるという特色がある。第一・十二・十三の三冊にわたる清和源氏の系図は、四本の系図に分れる。この冊尾に天正十九年の梵舜の奥書を収める（上記奥書参照）。

また第四冊のはじめの源氏・平氏・橘氏の略系図は、国史大系本所収のものとはかなり異なり、続く菅原氏・清原氏・和気氏の系図も別本である。中原氏・小槻氏・丹波氏・賀茂氏・安倍氏は国史大系本に近い。卜部氏・児玉氏・宮道氏の系図は国史大系本にないものであり、逆に国史大系本の紀氏以下の系図はこちらにはない。

なお諸版のうちには、冊次が流布板本と異なり、流布本の一・十二・十三・二・三・四・五・六・八・九・十・十一・七の順となっているものがある。この順の板本は古い刷りとみられるもので、題簽も「諸家大系図　一（〜十三）」が後刷の流布本と異版であるか、「諸家大系図　巻一（〜巻十三）」と表題に巻の字を加えた別のものである。この順の方が源氏・諸氏・藤原氏と比較的よくまとまっていると思われるが、版により題簽の貼り違いも起るのであろう。右の二種と異なる順の版もある。

享和二年（一八〇二）刊行の『群書一覧』に、「諸家系図　十四巻」として掲げられた本書は、流布板本によっており、嘉永二年（一八四九）に丹鶴外書として刊行された『大系図画引便覧』四冊も同様である。この索引に合せるためか、表題の冊次を流布本で改めたものが間々みられる。

また本書に欠けている嵯峨・仁明・文徳源氏、師実公孫、平氏、橘氏の系図を収めた『尊卑分脈脱漏』三冊が刊行され[17]（刊年不明）、『続群書類従』にも収録された。

新板大系図　三十冊

表題は「新板大系図」で、「神書一」「帝子伝二」「藤家三」「略源氏四」「藤氏五（〜七）」「源家八」「藤氏九（十）」「諸氏十一（〜十三）」「藤氏十四（〜廿）」「源氏廿一（廿二）」「平氏廿三」「源氏廿四（〜廿七）」「本願寺仏光寺高田廿八」「諸家上廿九（下卅）」を小書で加えた題簽で内容と冊次を示す。

第一冊の巻頭に承応四年（一六五五）二月の序を載せる版があり、第三十の冊尾に、明暦二年（一六五六）の「題倭朝姓氏譜後　人見氏」という跋文があって、刊行年が知られる。版元は、「洛陽一条室町／西九郎兵衛開板」「洛陽一条通辻本清左衛門 同 勘兵衛」「洛陽錦小路通新町西入町 永田調兵衛開板」と、三種の版にみえるものが知られている。

編者については、跋文に「西氏某」とみえるだけであるが、元禄五年の『広益書籍目録大全』に「三十大系図　西道智作」とあり、堤朝風の『近代名家著述目録』一（文化八年）の西道智の項に「大系図三十」とみえる。西道智は生没年不明であるが、『続諸家人物誌』下、国学部（文政十二年）によれば、京都の人で、はじめ医を業としたが、後に古典・有職の研究に移ったという。著述に「大系図」が挙げられている。

これに対し、建部賢明（一六六一—一七一六）の『大系図評判遮中抄』は、沢田源内（一六一九—八八）を本書の作者としている。「凡大系図卅巻は、佐々木の姦賊六角中務氏郷か古伝に偽補する所也、（中略、後改名沢田源内）尊卑分脈系図の中要を摘て、諸家大系図十四巻と号して、世に行はるゝを本とし、佐々木の譜中に、新に多くの名諱を偽作し、己れか本姓沢田氏、外祖和田氏、従弟の畑氏、及ひ此姦謀に与する者は、皆私に其一流となし、又織田朝倉武田豊臣の系中にも、彼虚名に妄説を書添へ、其余諸氏の家伝を拾ひ集て、真偽をも正さす、悉く書載せて、全部卅巻と作し、更に大系図と名つけて梓に鏤はむ」と序に書いている。

この源内と西道智との関係は明らかでないが、本書を源内の作というのは恐らく誤りであろう。同じ佐々木氏の末流である建部賢明が、佐々木系図を源内が偽作したものとして弾劾するのは、あたっているかも知れないが、本書の全編をその作とするのは感違いであろう。

ただ『諸家大系図』十四巻を本として増補したという指摘は重要で、内容からも確めることができる。『寛文書籍目録』神書幷有職に、「十四冊諸家大系図」と並べて「三十冊同新板三十巻」と記されていることと考え合せると、『新板大系図』という書名は、先の板本『諸家大系図』に対するものであることがわかる。

内容は第一冊に神代系図、第二冊に本朝皇胤紹運録、天皇正統之系図、帝皇一流系図を収め、以下『尊卑分脈』をもとに諸氏の系図を増補しているが、先に各冊の題簽を示した通り、冊の順序に混乱があり、同じ氏の中でも系図の順序は全く乱れている。第十一〜十三冊には、紀・高階・和気・小野・椙原・清原・宮道・丹波・小槻・卜部・橘・

朝倉・児玉・大江・中原・菅原・賀茂・坂上・物部・多治比・津守・織田・豊臣・得川・大内・蘇我・葦名・浅井等の系図を収め、古い氏族から戦国大名に及んでいるが、他の冊と同様入手できた系図を雑然と並べたものにすぎない。従って誤りも多く、信頼のおける系図集とはいえないものである。

故実叢書本　十二冊

表題「尊卑分脈　一（〜十二）」。宮内庁書陵部所蔵大沢本二十冊を底本とし、「某家の古来秘蔵に係れる一本（一）（尊経閣文庫所蔵脇坂本）と、古写本中尤も完良の称ある異本（イ）（同前田本）」とによって校合したもの。明治三十七年十二月、吉川弘文館より『故実叢書』に収めて刊行。活版袋綴装。

冊次は大沢本と同じく、一（〔A〕藤氏一、摂家相続孫）、二（藤氏二）、三（〔D〕）、四（〔C〕則光孫まで）、五（〔B〕第三まで、〔C〕末茂孫・藤成孫）、六（〔A〕藤氏一、公季公孫・師実公孫）、七（〔B〕第四以下）、八（〔E〕〔F〕）、九（〔F〕、〔G〕宇多源氏まで）、十（醍醐・村上源氏）、十一（花山源氏以下、〔H〕、〔I〕菅原氏）、十二（中臣氏以下安倍氏まで）の順。第十一冊の〔G〕伏見宮と〔H〕以降は底本に欠けているため、脇坂本・前田本により、〔I〕の菅原氏以降は脇坂本によって補収している。

第八・九冊にわたる清和源氏は、源氏乙下の標目を掲げて一本の系図としているが、これは底本が六篇に分流分冊（大沢本九―十五）されているのを、脇坂本・前田本に従って旧体に復したものという。

大正十三年十一月に索引が刊行された。

注

（1）清和源氏の内題は、写本により欠くものがある。また「編纂本朝尊卑分脈図」とある写本もあるが、これは後述のように本来のものではない。

（2）『慶応義塾図書館所蔵和漢書善本解題』昭和三十三年十一月。

（3）『図書寮典籍解題』歴史篇一八七頁、昭和二十五年二月。

（4）『尊卑分脈』の書名の成立については、先に「『尊卑分脈』書名考」で書いたことがある。『新訂増補国史大系月報』62、昭和四十二年一月。

（5）益田宗「尊卑分脈の成立と編成」『東京大学史料編纂所報』第二〇号、昭和六十一年三月。

（6）国史大系本の頁数で数えると、上帖は四〇九頁、中帖は二六五頁、下帖は二八一頁となる。

（7）飯田瑞穂「『尊卑分脈』藤氏系図の編成」『姓氏と家紋』第五三号、昭和六十三年七月、『日本古代史叢説』（『飯田瑞穂著作集』五）収録、平成十三年五月。

（8）ほかに最終官位を注記していないもの、最終官位が人名の右隣りでなく、離れたところに書かれているものなども、書継ぎがそのままの形で残った例である。しかし、伝写の際の誤写ということもありうるので、注意を要する。

（9）藤原氏で該当する人物の一部を挙げると、

永谷㊁五四三、玄上母㊁四三七、冬緒㊁五四六、為光母㊀三九三、高遠㊁四、隆方母㊁六〇、頼宣㊁六〇、済家㊁二九七、知信㊁一五四、憲頼母㊁一三九、為盛㊁一五四、忠教母㊀二一七、実兼母㊀一二三、良仲母㊁二〇、泰隆母㊁一一四、信頼㊁四六一、能光母㊁二一〇、季永母㊁四六二、顕隆女子㊁一〇一、朝隆女子㊁一一七、光方母㊁一〇三、顕頼㊁九一、光頼㊁九一、光定㊁一〇三、惟定㊁九一

このうち母の記載については、後に『公卿補任』『弁官補任』のような伝記資料によって書込まれたものか、またその逆か、両様の可能性を考えなければならない。

（10）注（3）に同じ。

（11）その編成は、次の分流略系図に示す通りである。

〔清和源氏分流略系図〕

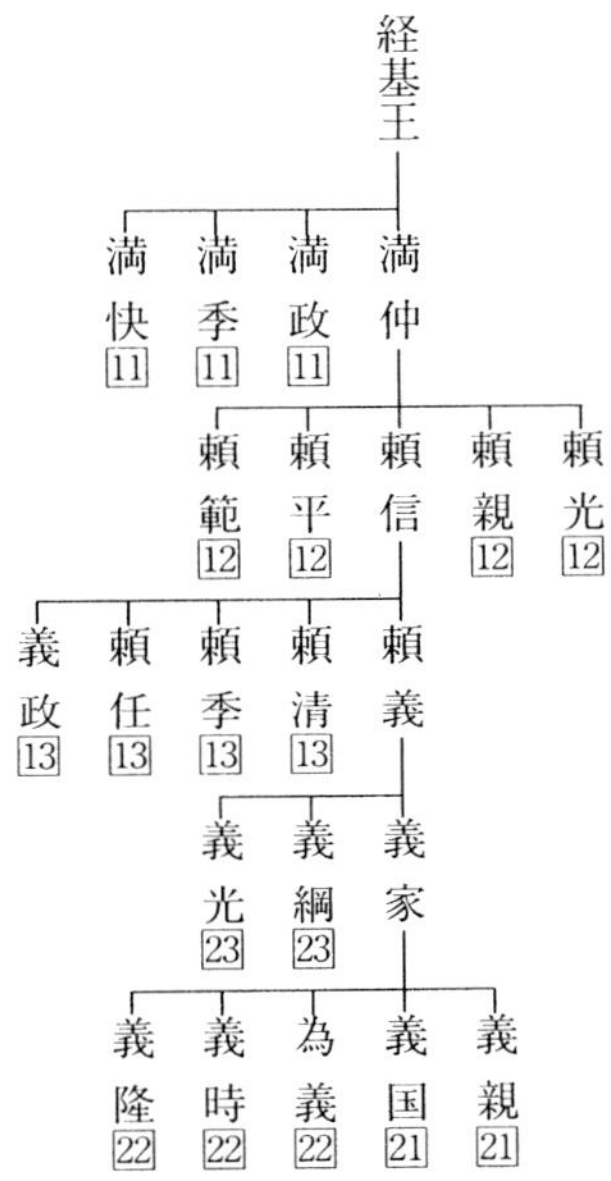

11は上第一篇所収、21は下第一篇所収を示す。以下これに倣う。

(12) 注(3)に同じ。

(13) 飯田瑞穂「尊卑分脈雑記」『新訂増補国史大系月報』62、昭和四十二年一月、『日本古代史叢説』(『飯田瑞穂著作集』五)収録、平成十三年五月。

(14) 末柄豊「洞院公数の出家——東山御文庫本『洞院家今出川家相論之事』から——」科学研究費補助金研究成果報告書(研究代表者田島公)『東山御文庫本を中心とした禁裏本および禁裏文庫の総合的研究』平成十三年三月、同「西園寺家文書について」『遙かなる中世』一九号、平成十三年五月。

(15) 岩橋小弥太「園太暦について」『京畿社寺考』大正十五年二月、および前掲注(14)論文。

(16) 鈴木真年は明治二十年十二月内閣臨時修史局に入り、翌年十月からは帝国大学に設置された臨時編年史編纂掛で『大日本編年史』の編纂に従い、二十四年三月に退職した。系図に関する著述を残している(『鈴木真年伝』)。

(17) 成立時期も明らかでないが、文化七年完成の『宇多天皇事記』にはすでに引用されている。

参考文献

著者未詳　『尊卑分脈考』　彰考館文庫所蔵
菅　政友　「尊卑分脈系譜」（『菅政友全集』収録）　明治二七年　『史学雑誌』五ノ一
宮内庁書陵部編　『図書寮典籍解題』歴史篇　昭和二五年　養　徳　社
飯田瑞穂　「尊卑分脈雑記」（『日本古代史叢説』〔『飯田瑞穂著作集』五〕収録）
山本信吉　「尊卑分脈の注記と三会定一記」　昭和四二年　『新訂増補国史大系月報』六二
皆川完一　「『尊卑分脈』書名考」　同　同
益田　宗　「尊卑分脈の成立と編成」　昭和六一年　『東京大学史料編纂所報』二〇
飯田瑞穂　「『尊卑分脈』藤氏系図の編成」（『日本古代史叢説』〔『飯田瑞穂著作集』五〕収録）　昭和六三年　『姓氏と家紋』五三
末柄　豊　「洞院公数の出家――東山御文庫本『洞院家今出川家相論之事』から――」　平成一三年　『東山御文庫本を中心とした禁裏本および禁裏文庫の総合的研究』

新訂増補国史大系校訂分担者一覧

編輯者　黒板勝美

第一巻上　日本書紀　前篇　（昭和二十六年九月）　丸山二郎　土井　弘　井上　薫
　　　下　日本書紀　後篇　（昭和二十七年十二月）　同
第二巻　続日本紀　（昭和十年十二月）　坂本太郎
第三巻　日本後紀　（昭和九年十一月）　坂本太郎
　　　続日本後紀　（同）　坂本太郎
　　　日本文徳天皇実録　（同）　坂本太郎
第四巻　日本三代実録　（昭和九年七月）　坂本太郎
第五巻　類聚国史　前篇　（昭和八年九月）　坂本太郎
第六巻　類聚国史　後篇　（昭和九年一月）　同
　　　（編年索引）　（同）　丸山二郎　山田康彦

第七巻	古事記	（昭和十一年四月）	丸山二郎
	先代旧事本紀	（同）	丸山二郎
	神道五部書	（同）	丸山二郎
第八巻	日本書紀私記	（昭和七年二月）	丸山二郎
	釈日本紀	（同）	坂本太郎
	日本逸史	（同）	坂本太郎　黒板昌夫
第九巻	本朝世紀	（昭和八年八月）	吉村茂樹　馬杉太郎
第十巻	日本紀略　前篇	（昭和四年八月）	黒板勝美　坂本太郎
第十一巻	日本紀略　後篇	（昭和四年十二月）	同
	百錬抄	（同）	黒板勝美　坂本太郎
第十二巻	扶桑略記	（昭和七年五月）	坂本太郎
	帝王編年記	（同）	丸山二郎　黒板昌夫
第十三巻	続史愚抄　前篇	（昭和五年六月）	丸山二郎　坂本太郎
第十四巻	続史愚抄　中篇	（昭和六年二月）	同
第十五巻	続史愚抄　後篇	（昭和六年六月）	同
第十六巻	今昔物語集　天竺震旦	（昭和五年十二月）	丸山二郎　山田康彦

第十七巻	今昔物語集　本朝	（昭和六年八月）	同
第十八巻	宇治拾遺物語	（昭和七年十月）	丸山二郎　山田康彦
	古事談	（同）	丸山二郎　坂本太郎　山田康彦
	十訓抄	（同）	丸山二郎　坂本太郎　山田康彦
第十九巻	古今著聞集	（昭和五年二月）	丸山二郎
	愚管抄	（同）	丸山二郎　坂本太郎　山田康彦 平泉　澄
第二十巻	栄花物語	（昭和十三年十月）	丸山二郎　原田文穂
第二十一巻　上	水鏡	（昭和十四年五月）	馬杉太郎　原田文穂
	大鏡	（同）	丸山二郎　馬杉太郎　原田文穂
下	今鏡	（昭和十五年二月）	原田文穂
	増鏡	（同）	原田文穂
第二十二巻	律	（昭和十四年四月）	坂本太郎　黒板昌夫
	令義解	（同）	坂本太郎　黒板昌夫
第二十三巻	令集解　前篇	（昭和十八年十二月）	丸山二郎　坂本太郎　黒板昌夫 梅田俊一　原田文穂　弥永貞三

第二十四巻　令集解　後篇　（昭和三十年三月）　丸山二郎　坂本太郎　黒板昌夫　梅田俊一　原田文穂　弥永貞三　皆川完一
第二十五巻　類聚三代格　（昭和十一年十月）　坂本太郎
　弘仁格抄　（同）　丸山二郎
第二十六巻　延暦交替式　（昭和十二年十一月）　丸山二郎
　貞観交替式　（同）　丸山二郎
　延喜交替式　（同）　丸山二郎
　弘仁式　（同）　丸山二郎
　延喜式　（同）　坂本太郎
第二十七巻　新抄格勅符抄　（昭和八年五月）　坂本太郎
　法曹類林　（同）　丸山二郎　黒板昌夫　瀧川政次郎
　類聚符宣抄　（同）　坂本太郎　黒板昌夫
　続左丞抄　（同）　坂本太郎　黒板昌夫
　別聚符宣抄　（同）　坂本太郎
第二十八巻　政事要略　（昭和十年八月）　丸山二郎　黒板昌夫　瀧川政次郎

第二十九巻　上　朝野群載　（昭和十三年六月）　相田二郎　吉村茂樹
　　　　　下　本朝文粋　（昭和十六年九月）　丸山二郎　黒板昌夫　土井　弘
　　　　　　　本朝続文粋　（同）　土井　弘
第三十巻　本朝文集　（昭和十三年十二月）　丸山二郎　坂本太郎　土井　弘
第三十一巻　日本高僧伝要文抄　（昭和五年七月）　坂本太郎
　　　　　　元亨釈書　（同）　丸山二郎
第三十二巻　吾妻鏡　前篇　（昭和七年八月）　丸山二郎　相田二郎　平泉　澄
第三十三巻　吾妻鏡　後篇　（昭和八年二月）　同
第三十四巻　後鑑　第一篇　（昭和七年一月）　黒板昌夫　平泉　澄　原田亨一
　　　　　　　　　　　　　　　　　　　　　　豊田　武
第三十五巻　後鑑　第二篇　（昭和七年十二月）　同
第三十六巻　後鑑　第三篇　（昭和八年十月）　同
第三十七巻　後鑑　第四篇　（昭和九年九月）　同
第三十八巻　徳川実紀　第一篇　（昭和四年十月）　井野辺茂雄　丸山二郎　黒板昌夫
　　　　　　　　　　　　　　　　　　　　　　　馬杉太郎
第三十九巻　徳川実紀　第二篇　（昭和五年四月）　同

第四十巻　徳川実紀　第三篇　（昭和五年九月）　井野辺茂雄　丸山二郎　黒板昌夫
馬杉太郎
第四十一巻　徳川実紀　第四篇　（昭和六年一月）　同
第四十二巻　徳川実紀　第五篇　（昭和六年五月）　同
第四十三巻　徳川実紀　第六篇　（昭和六年九月）　同
第四十四巻　徳川実紀　第七篇　（昭和七年四月）　同
第四十五巻　徳川実紀　第八篇　（昭和八年四月）　同
第四十六巻　徳川実紀　第九篇　（昭和九年二月）　同
第四十七巻　徳川実紀　第十篇　（昭和十年四月）　同
第四十八巻　続徳川実紀　第一篇　（昭和八年十二月）　同
第四十九巻　続徳川実紀　第二篇　（昭和九年三月）　同
第五十巻　続徳川実紀　第三篇　（昭和十年九月）　同
第五十一巻　続徳川実紀　第四篇　（昭和十一年二月）　同
第五十二巻　続徳川実紀　第五篇　（昭和十一年七月）　同
第五十三巻　公卿補任　第一篇　（昭和十三年四月）　黒板昌夫　馬杉太郎
第五十四巻　公卿補任　第二篇　（昭和十二年八月）　同

第五十五巻　公卿補任　第三篇　（昭和十一年八月）　同
第五十六巻　公卿補任　第四篇　（昭和十年一月）　同
第五十七巻　公卿補任　第五篇　（昭和九年十月）　同
第五十八巻　尊卑分脉　第一篇　（昭和三十二年五月）　丸山二郎　馬杉太郎　井上　薫
皆川完一　笹山晴生　山本信吉
飯田瑞穂　三木太郎　福原一男
大橋京子
第五十九巻　尊卑分脉　第二篇　（昭和三十四年三月）　同
第六十巻　上　尊卑分脉　第三篇　（昭和三十六年三月）　同
下　尊卑分脉　第四篇　（昭和三十三年三月）　同
別巻一　公卿補任索引　（昭和十四年六月）　馬杉太郎
別巻二　尊卑分脉索引　（昭和三十九年三月）　皆川完一　渡辺直彦　山本信吉
飯田瑞穂　早川庄八　大橋京子

附

六国史索引 一 日本書紀索引 （昭和四十四年七月）

六国史索引 二 続日本紀索引 （昭和四十二年九月）

六国史索引 三 日本後紀
続日本後紀
日本文徳天皇実録 索引 （昭和四十年五月）

六国史索引 四 日本三代実録索引 （昭和三十八年三月）

徳川実紀索引 人名篇 上巻 （昭和四十七年三月）

徳川実紀索引 人名篇 下巻 （昭和四十八年三月）

徳川実紀索引 幕末篇 （昭和五十二年三月）

徳川実紀事項索引 上巻 （平成十五年四月）

徳川実紀事項索引 下巻 （平成十五年四月）

跋

本書は、さきに刊行された『国史大系書目解題』上巻のあとをうけ、下巻として『新訂増補国史大系』所収五十八書目の、残り三十一書目の解題を収めたものである。

『国史大系書目解題』は、黒板勝美博士編輯の『新訂増補国史大系』が三十五年の歳月をかけて昭和三十九年に完成し、さらにその完成記念版の刊行が完結したのを機に企画された。上巻の序にも記されているように、この事業の完成を記念するため、収載書目の一々について詳しい解題を作り、利用者に提供しようとしたものであるが、それとともに、黒板先生を援け、先生の没後は代表者となって、生涯をこの事業に捧げられた丸山二郎先生の頌寿の記念とするものであった。

昭和四十六年の上巻刊行以来、種々の事情により下巻の刊行が遅延し、三十年の歳月が過ぎてしまったことは、関係者として誠に申し訳なく、お詫び申し上げなければならない。

しかし、今回の再挙にあたり、二十八名の専門家の厚い御協力を得ることができ、御多忙中のところ今日の学界の水準を高める玉稿をお寄せ頂けたことは、『新訂増補国史大系』に最後のお手伝いをした私どもの感謝にたえないところである。また出版にあたられた吉川弘文館に対しても、あわせて感謝の意を表するものである。

最後に、附載の「新訂増補国史大系校訂分担者一覧」についてお断りしたい。『新訂増補国史大系』は、黒板先生が全責任を持って編輯にあたるもので、手伝う人の名前は出さないと初めに言われており、門下生はそれに賛同し、勉強させてもらうつもりで協力したのだと、一般には伝えられている。しかし丸山先生の直話によると、黒板先生は完成後には協力者の名を公表しなければならないと先生には話されていたそうである。先生はその遺命を堅く守り、最終刊の『尊卑分脈索引』の最後に編集経過を載せるおつもりであった。これは黒板先生の名代として校訂事業の全体を鞅掌し、進行を叱咤して来た先生のお気持としては、必ず行なわなければならないことであったが、事情があって実行されなかった。

『日本歴史』第一九八・一九九号（昭和三十九年十一月・十二月）の「座談会『新訂増補国史大

系』校刊の沿革」（上・下）は、編集経過を別冊として希望者に配る材料にするため、関係者に思い出話を伺ったものであるが、これもまとめられて世に出ることはなかった。

今回、書目解題の完成によって一連の事業を総括するにあたり、私どもはあらためて丸山先生の御遺志を継ごうとするものであるが、すでに関係者のほとんどが物故された今日、残念ながら一々確認をとることはできなかった。幸にして吉川弘文館より資料蒐集の尽力を得ることができたが、資料は前記座談会の記事や、関係者の回顧談として私どもの耳目に残るものに留まり、万全を期しがたいことは遺憾の極みである。

このように不備のものではあるが、これを黒板勝美先生、ならびに丸山二郎先生、坂本太郎先生をはじめとする関係者各位の霊前に捧げて寛恕を乞い、先人の労苦を偲び、学恩に謝するよすがにしたいと思う。

平成十三年九月

皆川完一

山本信吉

執筆者一覧（掲載順）

山本信吉	元奈良国立博物館長
笹山晴生	東京大学名誉教授
松崎英一	元福岡県立八女高等学校教諭（平成十三年没）
吉岡眞之	国立歴史民俗博物館教授
岡田莊司	国学院大学教授
北川和秀	群馬県立女子大学教授
佐藤洋一	福島県立博物館専門学芸員
石井正敏	中央大学教授
近藤成一	東京大学教授
堀越光信	四日市市立博物館館付主幹兼企画普及係長（学芸員）
田島公	東京大学教授
益田宗	東京大学名誉教授・国立歴史民俗博物館名誉教授
松本治久	武蔵野大学名誉教授
加納重文	京都女子大学名誉教授
大隅和雄	東京女子大学名誉教授
高塩博	国学院大学教授
石上英一	東京大学教授

水本浩典　神戸学院大学教授
川尻秋生　早稲田大学准教授
西岡芳文　神奈川県立金沢文庫学芸課長
皆川完一　元中央大学教授
清水　潔　皇学館大学教授
後藤昭雄　成城大学教授
横内裕人　文化庁文化財調査官
五味文彦　放送大学教授
井上　聡　東京大学助教
小宮木代良　東京大学准教授
美川　圭　摂南大学教授

国史大系書目解題 下巻

二〇〇一年(平成十三)十一月一日 第一刷発行
二〇〇七年(平成十九)十二月十日 第二刷発行

編者 皆《みな》川《がわ》完《かん》一《いち》
山《やま》本《もと》信《のぶ》吉《よし》

発行者 前田求恭

発行所 株式会社 吉川弘文館
郵便番号一一三―〇〇三三
東京都文京区本郷七丁目二番八号
電話〇三―三八一三―九一五一(代)
振替口座〇〇一〇〇―五―二四四番
http://www.yoshikawa-k.co.jp/

印刷=株式会社 平文社
製本=誠製本株式会社

『国史大系書目解題』上巻　所収書目

日本書紀	坂本太郎
続日本紀	井上　薫
日本三代実録	井上　薫
古事記	川副武胤
先代旧事本紀	阿部武彦
本朝世紀	橋本義彦
続史愚抄	武部敏夫
今昔物語集	山田英雄
宇治拾遺物語	山田英雄
古事談	山田英雄
十訓抄	山田英雄
古今著聞集	山田英雄
愚管抄	多賀宗隼
栄花物語	山中　裕
類聚三代格	吉田　孝
交替式	早川庄八
弘仁式	虎尾俊哉
延喜式	虎尾俊哉
新抄格勅符抄	飯田瑞穂
類聚符宣抄	橋本義彦
政事要略	虎尾俊哉
朝野群載	彌永貞三
本朝文集	飯田瑞穂
元亨釈書	今枝愛真
後鑑	羽下徳彦

国史大系書目解題　下巻（オンデマンド版）

2018年10月1日　発行

編　者　皆川《みながわ》完一《かんいち》・山本《やまもと》信吉《のぶよし》

発行者　吉川道郎

発行所　株式会社 吉川弘文館
〒113-0033 東京都文京区本郷7丁目2番8号
TEL 03(3813)9151(代表)
URL http://www.yoshikawa-k.co.jp/

印刷・製本　株式会社 デジタルパブリッシングサービス
URL http://www.d-pub.co.jp/

皆川完一（1928～2011）
山本信吉（1932～2014）
ISBN978-4-642-70179-2